Über dieses Buch

Die Erlebnisseiten

Auf den zwei Erlebnisseiten vertiefst du das Wissen, das du auf den Basisseiten gesammelt hast. Du findest hier weitere Aufgaben, Experimente oder Untersuchungen. Du erkennst die Erlebnisseiten an dem grünen Rahmen.

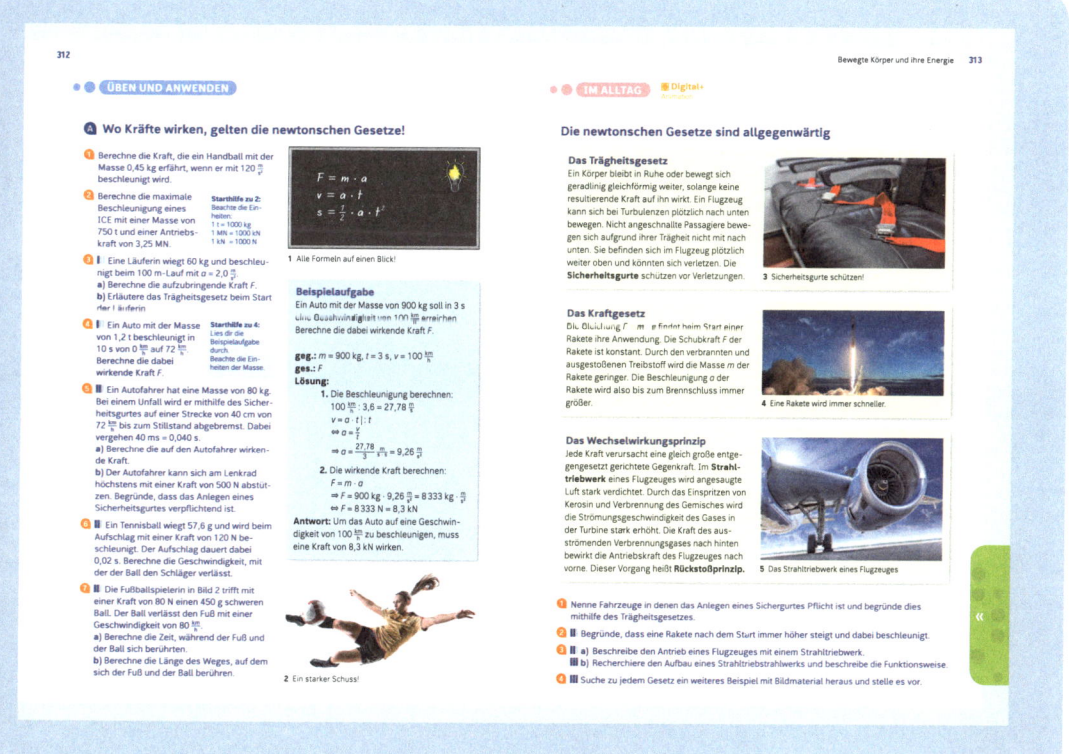

Auf einen Blick + Lerncheck

»Auf einen Blick« fasst das Wichtigste noch einmal übersichtlich zusammen. Mit dem »Lerncheck« am Ende des Kapitels kannst du dein Wissen testen.

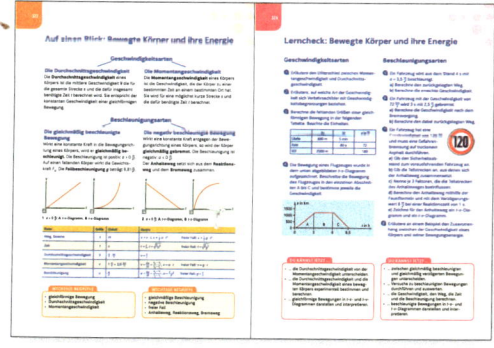

Digitale Ergänzungen zu deinem Buch erkennst du an dem Symbol **Digital+**.

Gehe auf die Seite
www.westermann.de/erlebnis-152250
und gib den Online-Schlüssel ein:

Online-Schlüssel
X1DS-CTSH-AWS7

Du kannst auch den QR-Code scannen und dann den Online-Schlüssel eingeben. Dort findest du Filme und Animationen passend zum jeweiligen Thema.

westermann

Herausgegeben von
Stephanie Gerecke

ERLEBNIS
Physik

Gesamtband

ERLEBNIS
Physik

Herausgegeben von:
Stephanie Gerecke

Autorinnen und Autoren:
Benjamin Banzer, H. Michael Carl, Petra Dams, Imme Freundner-Huneke, Stephanie Gerecke, Thomas Heinlein, Christopher Heinrich, Dr. Stefanie Jerems, Ulrike Raßhofer, Anke Roß, Sandra Schuller-Knoblauch, Siegfried Schulz, Petra Stange, Albert Steinkamp, Reinhard Wendt-Eberhöfer, Andreas Wörle

Zusatzmaterialien zu Erlebnis Physik
für Lehrerinnen und Lehrer:
BiBox – Einzellizenz für Lehrer/-innen (Dauerlizenz)	WEB-14-152253
BiBox – Kollegiumslizenz für Lehrer/-innen (Dauerlizenz)	WEB-14-152254
BiBox – Kollegiumslizenz für Lehrer/-innen (1 Schuljahr)	WEB-14-152255

für Schülerinnen und Schüler:
Förderheft	978-3-14-152251-8
BiBox – Einzellizenz für Schüler/-innen (1 Schuljahr)	WEB-14-152256

Das digitale Schulbuch und digitale Unterrichtsmaterialien für Schülerinnen und Schüler und für Lehrkräfte finden Sie in der BiBox - dem digitalen Unterrichtssystem passend zum Lehrwerk. Mehr Informationen über aktuelle Lizenzen finden Sie auf www.bibox.schule.

© 2023 Westermann Bildungsmedien Verlag GmbH, Georg-Westermann-Allee 66, 38104 Braunschweig
www.westermann.de

Das Werk und seine Teile sind urheberrechtlich geschützt. Jede Nutzung in anderen als den gesetzlich zugelassenen bzw. vertraglich zugestandenen Fällen bedarf der vorherigen schriftlichen Einwilligung des Verlages. Nähere Informationen zur vertraglich gestatteten Anzahl von Kopien finden Sie auf www.schulbuchkopie.de.

Für Verweise (Links) auf Internet-Adressen gilt folgender Haftungshinweis: Trotz sorgfältiger inhaltlicher Kontrolle wird die Haftung für die Inhalte der externen Seiten ausgeschlossen. Für den Inhalt dieser externen Seiten sind ausschließlich deren Betreiber verantwortlich. Sollten Sie daher auf kostenpflichtige, illegale oder anstößige Inhalte treffen, so bedauern wir dies ausdrücklich und bitten Sie, uns umgehend per E-Mail davon in Kenntnis zu setzen, damit beim Nachdruck der Verweis gelöscht wird.

Druck A[1] / Jahr 2023
Alle Drucke der Serie A sind im Unterricht parallel verwendbar.

Redaktion: Iliane Kleine-Boymann
Illustrationen: LIO Design GmbH, Ingrid Schobel
Grundlayout: Janssen Kahlert Design & Kommunikation GmbH
Umschlaggestaltung: LIO Design GmbH
Druck und Bindung: Westermann Druck GmbH, Georg-Westermann-Allee 66, 38104 Braunschweig

ISBN 978-3-14-**152250**-1

Inhalt

Sicherheitsregeln in der Physik 8
METHODE Recherchieren – Strukturieren – Präsentieren 10
METHODE Digitale Geräte: sinnvolle Hilfsmittel 12
METHODE Die wichtige Rolle der Mathematik in der Physik 14
METHODE Einen Vortrag halten 15

Akustische und optische Phänomene

Der Schall 18
Mit den Ohren hören 22
Das Licht überträgt Informationen 26
IM ALLTAG Ein Sender – unterschiedliche Empfänger 29
Die Eigenschaften des Lichtes 30
METHODE Modelle bewerten 32
Licht und Schatten 34
Licht und Schatten im Weltall 38
IM ALLTAG Mond- und Sonnenfinternis 41
Licht trifft auf Oberflächen 42
Auf einen Blick 46
Lerncheck 48

Optische Instrumente

Löcher erzeugen Bilder 52
Die Lichtbrechung 56
Die optischen Linsen 60
METHODE Ein Versuchsprotokoll erstellen 62
Linsen erzeugen Bilder 64
METHODE Die Strahlenkonstruktion bei einer Sammellinse 66
Bildentstehung im Auge und in der Kamera 68
IM ALLTAG Die Vergrößerung und die Auflösung 70
METHODE Eine Mindmap zur Recherche 71
Linsen korrigieren Sehfehler 72
Das Mikroskop und das Fernrohr 76
IM ALLTAG Gegenstände vergrößert darstellen 79
Die Farbzerlegung 80
IM ALLTAG Die Farben des Regenbogens 83
Auf einen Blick 84
Lerncheck 86

Temperatur – Wärme – Wetter

Überall ist Energie 90
IM ALLTAG Die Energieformen und ihre Energieträger 92
Die Sonne liefert Licht und Wärme 94
Wärmequellen und ihre Temperatur 98
METHODE Erstellen eines Versuchsprotokolls mit digitaler Auswertung ... 100
IM ALLTAG Die verschiedenen Thermometerskalen 101

Die Temperatur und die innere Energie 102
Die Aggregatzustände 106
Die Ausdehnung von Stoffen 110
IM ALLTAG Temperaturänderungen als Gefahr und Nutzen 113
Die Aggregatzustände und ihre Übergänge 114
IM ALLTAG Auswirkungen der Anomalie des Wassers 117
Die Arten der Wärmeübertragung 118
IM ALLTAG Überall wird Wärme übertragen 120
Die Wärmespeicherung und die Wärmedämmung 122
IM ALLTAG Luft ist ein schlechter Wärmeleiter 124
LERNEN IM TEAM Wärmedämmung von Häusern
dient der Nachhaltigkeit 125
Das Wetter 126
METHODE Wetterdaten und Wettersymbole analysieren 128
LERNEN IM TEAM Das Wetter beobachten 129
Auf einen Blick 130
Lerncheck 132

Magnetische und elektrische Phänomene

Magnete und ihre Wirkungen 136
Wie lässt sich Magnetismus erklären? 140
IM ALLTAG Gefahren bei der Anwendung von Magneten 143
Das Magnetfeld 144
Das Magnetfeld der Erde 148
IM ALLTAG Vom Magneteisenstein zur Kompass-App 151
Der elektrische Stromkreis 152
Reihen- und Parallelschaltung von Lampen 156
Reihen- und Parallelschaltung von Schaltern 160
IM ALLTAG Schalter in der Technik 163
Leiter und Nichtleiter 164
Der richtige Umgang mit Elektrizität 168
IM ALLTAG Die richtige Spannung ist wichtig! 170
IM ALLTAG Achtung: Hochspannung! 171
Auf einen Blick 172
Lerncheck 174

Elektrizität und elektrische Energie

Die elektrische Energie im Alltag 178
IM ALLTAG Energieumwandlungen in elektrische Energie 181
Die elektrische Ladung 182
IM ALLTAG Elektrische Ladungen in der Natur 185
Das elektrische Feld 186
IM ALLTAG Elektrische Felder machen die Schrift sichtbar 189
Die elektrische Stromstärke 190
METHODE Messgenauigkeit und Messfehler 192
Die elektrische Spannung 194
IM ALLTAG Der Umgang mit Spannung und Stromstärke 197
Die Stromstärke und die Spannung in Schaltungen 198

Der elektrische Widerstand 202
Die Widerstände in Schaltungen 206
IM ALLTAG Widerstände gibt es in unterschiedlichen Bauformen 209
Schutz vor den Gefahren im elektrischen Stromkreis 210
IM ALLTAG Technische Schutzmaßnahmen 213
Die elektrische Leistung und Energie 214
METHODE Diagramme digital auswerten 🌿 216
Die Energierechnung und ein Energiemanagement 💶 🌿 218
IM ALLTAG Energiemanagement im Haushalt 💶 🌿 221
Auf einen Blick 222
Lerncheck 224

Kraft und mechanische Energie
Die Geschwindigkeit 228
METHODE Mit Diagrammen arbeiten 230
Kräfte bewirken Veränderungen 232
IM ALLTAG Reibungskräfte im Straßenverkehr 234
IM ALLTAG Reibungskräfte in der Luft 235
Ein Kraftmesser misst Kräfte 236
IM ALLTAG Die Rolle des Wirkens verschiedener Kräfte 239
Die Kraft ist eine gerichtete Größe 240
IM ALLTAG Überall Kräftezerlegung 243
Die Gewichtskraft und die Trägheitskraft 244
IM ALLTAG Die Rückhaltesysteme und der Crash-Test 247
Mit Rollen und Seilen Kräfte sparen 248
IM ALLTAG Die Vielfalt der Flaschenzüge 251
Mit Hebeln Kräfte sparen 252
IM ALLTAG Hebel in der Werkstatt 255
Die goldene Regel der Mechanik 256
Kraft und mechanische Energie 260
Die mechanische Arbeit und Leistung 264
Der Druck 268
IM ALLTAG Hydraulik im Beruf 271
Der Luftdruck und der Schweredruck 272
IM ALLTAG Druck kann krank machen 274
IM ALLTAG Der Schweredruck in der Anwendung 275
Volumen, Masse und Dichte 276
Der Auftrieb 280
Auf einen Blick 284
Lerncheck 286

Bewegte Körper und ihre Energie
Die Durchschnittsgeschwindigkeit und die Momentangeschwindigkeit .. 290
IM ALLTAG Die Geschwindigkeitsmessung auf der Straße 293
Die gleichmäßig beschleunigte Bewegung 🌿 294
Die negativ beschleunigte Bewegung 🌿 298
Reagieren, bremsen, anhalten 302
IM ALLTAG Assistenzsysteme in Kraftfahrzeugen 305
Der freie Fall 306
IM ALLTAG Die Schwerelosigkeit 309

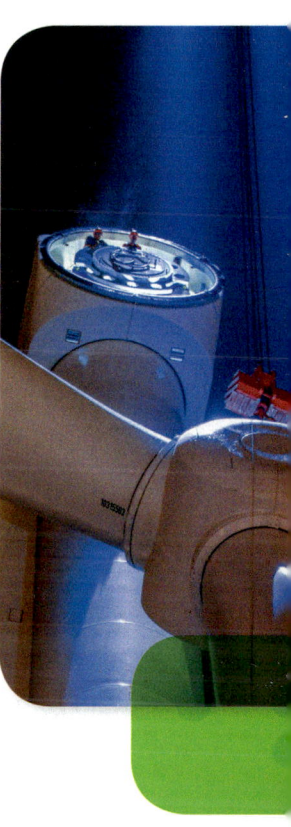

Newton erklärt einen Fallschirmsprung 310
IM ALLTAG Die newtonschen Gesetze sind allgegenwärtig 313
Die potenzielle Energie und die kinetische Energie 314
IM ALLTAG Die kinetische Energie im Sport 317
Die Energieerhaltung und der Wirkungsgrad 318
IM ALLTAG Der Gesamtwirkungsgrad einer Windkraftanlage 320
Auf einen Blick 322
Lerncheck 324

Elektrische Energie und ihre Nutzung

Das Magnetfeld eines elektrischen Leiters 328
IM ALLTAG Die Grundsteine der Elektrizitätslehre werden gelegt 331
Die magnetische Wirkung lässt sich regeln 332
IM ALLTAG Elektromagnete im Einsatz 335
Die elektromagnetische Induktion 336
Die Gleichspannung – die Wechselspannung 340
IM ALLTAG Elektrizitätsquellen für Gleich- und Wechselspannung 343
Der Gleichstrom-Elektromotor 344
Der Generator 348
IM ALLTAG Generatoren im Einsatz 351
Der Transformator 352
Die Arten von Transformatoren 356
IM ALLTAG Der Einsatz von Transformatoren 359
Die elektrische Energie und Leistung von Transformatoren 360
IM ALLTAG Elektrische Leistungen 363
Der Wirkungsgrad 364
Auf einen Blick 368
Lerncheck 370

Energieversorgung

Wärmekraftwerke als nicht gekoppelte Systeme 374
IM ALLTAG Wie funktioniert eine Dampfturbine? 376
IM ALLTAG Ein Kohlekraftwerk stellt sich vor 377
Die Folgen der Verbrennung fossiler Stoffe 378
IM ALLTAG Konferenzen und Bewegungen für das Klima der Erde 381
Elektrische Energie mit regenerativen Systemen 382
IM ALLTAG Wasserkraftwerke – groß und klein 384
Die Speicherung elektrischer Energie 386
IM ALLTAG Indirekte Energiespeicher 388
IM ALLTAG Umrüstung eines Kohlekraftwerkes
zur Produktion von Wasserstoff 389
Wärmekraftwerke als gekoppelte Systeme 390
IM ALLTAG Die Bereitstellung von Wärme und elektrischer Energie 392
Regenerative Anlagen als gekoppelte Systeme 394
IM ALLTAG Die Unterstützung der Energiewende durch Biomasse? 396
Die Bereitstellung von Wärme 398
LERNEN IM TEAM Die Energie der Sonne direkt nutzen 400
IM ALLTAG Energieeffiziente Häuser 401
Der Transport der elektrischen Energie 402

IM ALLTAG Die Beeinflussung der thermischen Leistung 405
Die Verteilung der elektrischen Energie 406
IM ALLTAG Die Energieeffizienz darstellen und dokumentieren 409
Die Hochspannungs-Gleichstrom-Übertragung (HGÜ) 410
METHODE Pro und Contra zur fossilen und
regenerativen Energieversorgung 412
LERNEN IM TEAM Eine nachhaltige Energieversorgung 413
Auf einen Blick 414
Lerncheck 416

Radioaktivität und Kernenergie

Atome enthalten elektrische Ladungen 420
IM ALLTAG Rutherford developed the nuclear model of the atom 423
Quelle der Radioaktivität und ihre Messung 424
IM ALLTAG Die Entdeckung der Radioaktivität 427
Die ionisierende Strahlung und ihr Nachweis 428
IM ALLTAG Hans Geiger und Walther Müller 430
IM ALLTAG Weitere Nachweisgeräte für ionisierende Strahlung 431
Isotope und Elementarteilchen 432
IM ALLTAG Erforschen, was die Welt im Innersten zusammenhält 435
Strahlungsarten und ihre Eigenschaften 436
IM ALLTAG Die ionisierende Strahlung nutzt 439
Der Zerfall dauert seine Zeit 440
IM ALLTAG Mit Radioaktivität das Alter bestimmen 442
Der Zerfall – eine exponentielle Abnahme 444
IM ALLTAG Exponentielle Abnahmen – gar nicht so selten 447
Die biologische Wirkung der ionisierenden Strahlung 448
IM ALLTAG Die natürliche Radonbelastung in Deutschland 450
IM ALLTAG Medizinische Untersuchungsmethoden 451
Die Kernspaltung 452
IM ALLTAG Die Kernfusion 455
Das Kernkraftwerk 456
IM ALLTAG Kernkraftwerke weltweit 458
IM ALLTAG Reaktorunglücke verändern die Welt 459
Der Rückbau eines Kernkraftwerkes 460
IM ALLTAG Wohin mit dem radioaktiven Abfall? 462
IM ALLTAG Die Suche nach einem Endlager 463
Auf einen Blick 464
Lerncheck 466

Anhang

Stichwortverzeichnis 468
Namensverzeichnis 474
Bildquellenverzeichnis 475
Schaltzeichen, GHS-Piktogramme, Vorsätze bei den Einheiten 477
Tabellen zur Physik 478
Das Periodensystem der Elemente
Auszug aus der Nuklidkarte

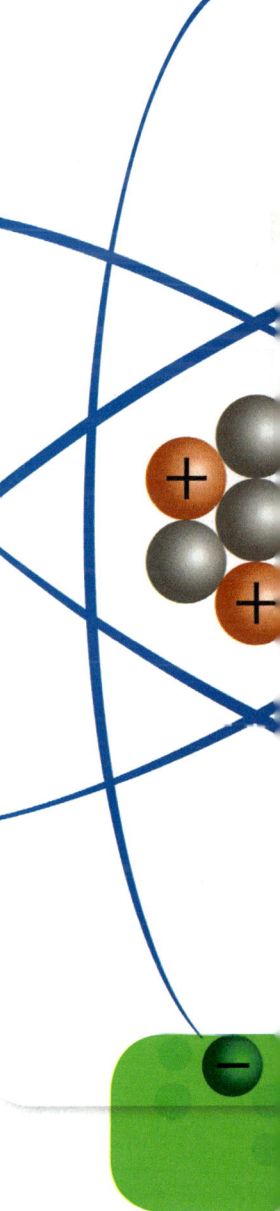

Sicherheitsregeln in der Physik

1 Not-Aus-Schalter

2 Feuerlöscher

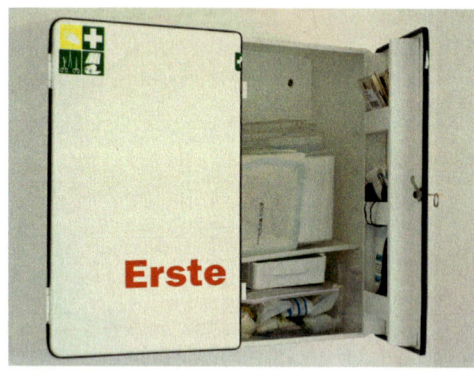

3 Erste-Hilfe-Kasten

4 Symbole: **A** Fluchtweg, **B** Sammelplatz

Die Sicherheitseinrichtungen
In einem Physik-Fachraum musst du sicher arbeiten können. Deshalb gibt es besondere Sicherheitseinrichtungen.
- mehrere Not-Aus-Schalter (→ Bild 1)
- einen Feuerlöscher (→ Bild 2)
- einen Erste-Hilfe-Kasten (→ Bild 3)
- Symbole, die den Fluchtweg und die Lage des Sammelplatzes anzeigen (→ Bild 4)

Das Verhalten im Fachraum
- Du darfst im Fachraum weder essen noch trinken.
- Jacken und Mäntel musst du an der Garderobe aufhängen.
- Schultaschen und Rucksäcke dürfen keine Stolperfallen werden.
- Melde Beschädigungen an Geräten und Verletzungen sofort deiner Lehrerin oder deinem Lehrer.
- Alle Geräte und Anlagen darfst du nur mit der Genehmigung deiner Lehrerin oder deines Lehrers benutzen.
- Bewahre bei Unfällen oder Feuer Ruhe.

Das Experimentieren
① Beginne mit dem Versuch erst dann, wenn deine Lehrerin oder dein Lehrer dich dazu auffordert.
② Benutze nach Anweisung eine Schutzbrille und Schutzhandschuhe.
③ Lies die Arbeitsaufträge vor Versuchsbeginn vollständig durch. Besprich die Versuchsanordnung mit den Mitschülerinnen und Mitschülern deiner Gruppe.
④ Stelle vor Versuchsbeginn alle Geräte bereit.
⑤ Baue alle Geräte übersichtlich und standsicher auf. Bewege die Geräte während des Versuches nicht unnötig.
⑥ Bleibe während des Versuches an deinem Platz und verhalte dich ruhig.
⑦ Erstelle zu jedem Versuch ein Versuchsprotokoll.

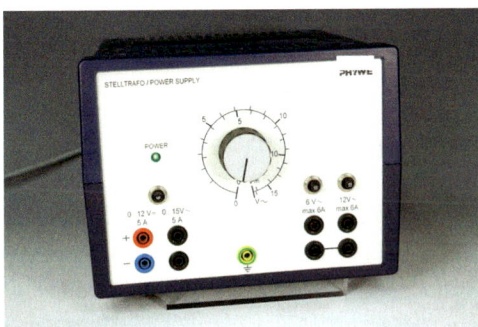

5 Eine Elektrizitätsquelle

Sicherheitsregeln beim Umgang mit elektrischen Geräten

- Vor dem Anschalten der Elektrizitätsquelle muss der Drehknopf auf null gestellt sein. (→ Bild 5)
- Verwende keine beschädigten Leitungen oder defekten Geräte.
- Drücke bei Störungen sofort den Not-Aus-Schalter im Fachraum.
- Gib Störungen und Schäden an elektrischen Geräten sofort bekannt.
- Führe keine Reparaturen an Geräten durch.
- Verlege Leitungen stets so, dass die Isolierung nicht beschädigt wird und keine Stolperfallen entstehen.
- Ziehe Stecker niemals an der Leitung aus der Steckdose.
- Schütze elektrische Geräte vor Feuchtigkeit und Nässe.
- Verwende nur elektrische Geräte mit VDE- oder GS-Zeichen, die auf ihre elektrische Sicherheit geprüft sind. (→ Bild 6)
- Bei Versuchen zur elektromagnetischen Induktion werden Magnetfelder erzeugt. Diese können für **Trägerinnen und Träger von Herzschrittmachern** gefährlich sein. Diese Personen müssen den Fachraum verlassen. (→ Bild 7A)

Sicherheit beim Umgang mit radioaktiven Stoffen

- Bei Verwendung von radioaktiven Stoffen muss die Strahlenschutzverordnung (StrlSchV) eingehalten werden.
- Radioaktive Stoffe geben dauerhaft Strahlung ab. Jede unnötige Einwirkung von Radioaktivität auf den menschlichen Körper oder die Verunreinigung der Umwelt muss vermieden werden.
- Bei der Arbeit mit radioaktiven Stoffen dürfen **schwangere oder stillende Schülerinnen** am Unterricht nicht teilnehmen. Sie müssen den Fachraum verlassen. (→ Bild 7B)

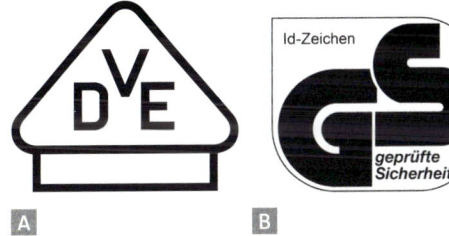

6 **A** VDE-Zeichen, **B** GS-Zeichen

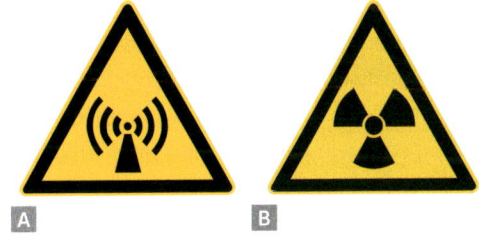

7 Warnzeichen: **A** elektromagnetische Felder, **B** radioaktive Stoffe

> Im **Notfall** erreichst du die Polizei und die Feuerwehr unter der europaweit geltenden Notrufnummer:
>
> **112**

❶ Nenne drei Sicherheitseinrichtungen im Physikraum.

❷ **a)** Nenne 5 Verhaltensregeln beim Experimentieren.
b) Begründe die Notwendigkeit des Einhaltens von 5 Verhaltensregeln beim Experimentieren.

❸ **a)** Nenne mindestens 5 Sicherheitsregeln beim Umgang mit elektrischen Geräten.
b) Begründe 5 Sicherheitsregeln beim Umgang mit elektrischen Geräten.

METHODE

Recherchieren – Strukturieren – Präsentieren

1 Suchworte werden kombiniert.

Informationen recherchieren
① **Stelle** dir **Fragen** zu deinem Thema und überlege dir eine grobe Gliederung.
② **Kombiniere** mit einer Suchmaschine das Hauptwort deines Themas mit einem wichtigen Wort aus deinen Fragen. (→ Bild 1)
③ Die Suchmaschine bietet dir nun eine Vielzahl von Seiten an. Schau dir genau an, wer die Seite bereitgestellt hat. **Wähle** einige Seiten sorgfältig und kritisch **aus.** Lass dich eventuell von deiner Lehrerin oder deinem Lehrer beraten.

Überall Informationen
Du sollst zu einem bestimmten Thema einen Vortrag halten oder eine Facharbeit schreiben. Heutzutage findest du im Internet unzählige Texte, Bilder und Filme, die an sehr unterschiedliche Lesergruppen gerichtet sind. Der Betreiber eines Kraftwerkes nennt ausschließlich die Vorteile seiner Anlage. Eine Gruppe von Umweltschützern stellt die Nachteile einer Anlage in den Vordergrund. Die folgenden Tipps sollen dir helfen, die Inhalte für dein Thema zu werten, sorgfältig auszuwählen und gut zu strukturieren.

> **Beachte:**
> Die Schöpferin oder der Schöpfer eines Werkes wird als **Urheberin** oder **Urheber** bezeichnet. Bei den Werken kann es sich um Texte, Fotos, Bilder, Filme oder Musik handeln. Das **Urheberecht** schützt die Verwendung solcher Werke. Verwendest du in einer Recherche fremde Texte oder Abbildungen, bist du **verpflichtet,** die Quellen **anzugeben.**

Informationen sortieren und gliedern
① **Kopiere** die Texte in ein Textverarbeitungsprogramm. **Notiere** alle Quellen sorgfältig mit Internetadresse, Datum und Uhrzeit deiner Recherche.
② **Lies** die Texte aufmerksam durch.
③ **Lösche** Absätze, die für die Beantwortung deiner Fragen unwichtig sind oder die du nicht verstehst.
④ **Markiere** wie in Bild 2 wesentliche Informationen in der Textdatei.
⑤ **Markiere** unbekannte Fachbegriffe mit einer anderen Farbe. Suche im Internet nach verständlichen Begriffserklärungen und ergänze sie in der Textdatei (→ Bild 2).
⑥ **Schreibe** eine Zusammenfassung. Vermeide dabei lange Aufzählungen.
⑦ **Formuliere** für jeden Gliederungspunkt geeignete Überschriften.

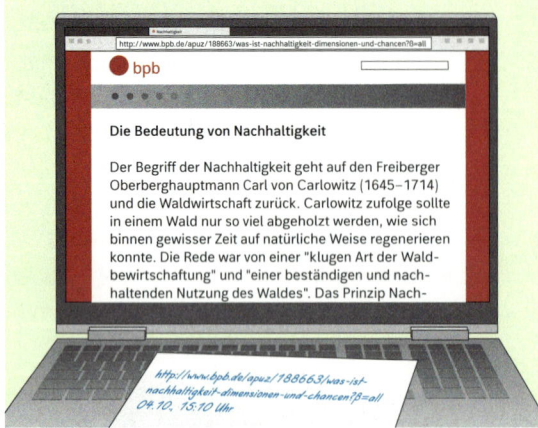

2 Informationen werden sortiert.

METHODE

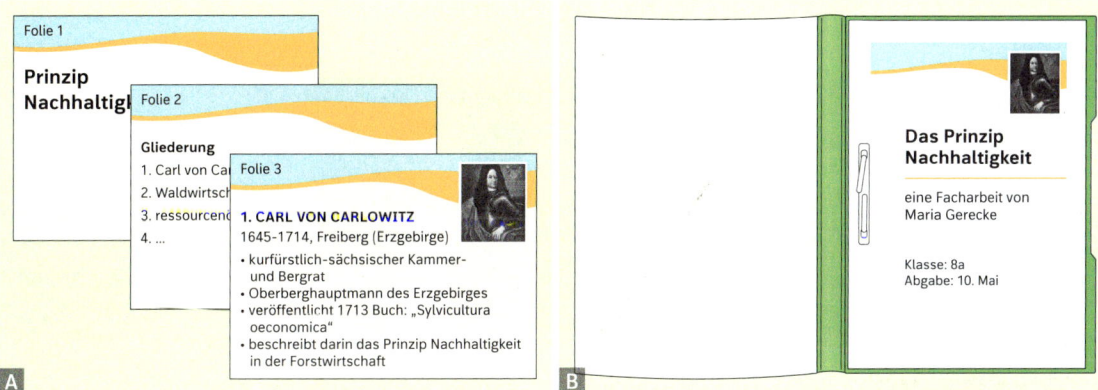

3 Die Informationen werden **A** auf Folien präsentiert, **B** in einer Facharbeit zusammengefasst.

Die Informationen präsentieren
Es gibt verschiedene Medien, um die Informationen deines Themas zu präsentieren. Du kannst einen **Vortrag** mithilfe einer digitalen Präsentation und Anschauungsmaterialien halten. Das Erstellen einer digitalen Präsentation als **Lernvideo** erfordert keine zusätzlichen Worte mehr. Erstellst du eine **Facharbeit,** kann sie von mehreren Personen gelesen werden. (→ Bild 3)

Eine digitale Präsentation erstellen
① Stelle auf der 1. Folie das Thema und eventuell eine Abbildung dar.
② Zeige auf der 2. Folie die Gliederung.
③ Lege zu jedem Gliederungspunkt eine weitere Folie an. Liste die wesentlichen Inhalte aus deinen Texten stichpunktartig auf und füge Fotos, Abbildungen und Grafiken ein.
④ Notiere alle Quellen in den Fußzeilen der Folien.

> **Angabe einer Quelle:**
> Der Begriff der Nachhaltigkeit … . [1]
> [1] www.bpb.de/shop/zeitschriften/apuz/188663/was-ist-nachhaltigkeit-dimensionen-und-chancen/

Den Vortrag halten
Benutzt du eine digitale Präsentation für deinen Vortrag, erläuterst du jede Folie mit eigenen Worten. Ohne digitale Präsentation solltest du dir auf nummerierten Kärtchen Stichpunkte für den Vortrag notieren.

Tipps für einen gelungenen Vortrag:
- Übe den Vortrag mehrmals zu Hause.
- Kontrolliere die benötigte Zeit.
- Sprich frei, laut und deutlich.
- Trete selbstbewusst und sicher auf.
- Halte Blickkontakt zu deinen Zuhörern.
- Stelle dich auf Fragen ein.

Eine Facharbeit schreiben
① Gestalte ein **Deckblatt** mit Thema, Namen, Klasse, Datum und eventuell einer themenorientierten Abbildung.
② Schreibe ein Inhaltsverzeichnis mit allen Überschriften und Seitenzahlen.
③ Binde passende **Abbildungen** (Fotos, Grafiken) in deine Texte ein.
④ Notiere alle **Quellen** in den Fußzeilen der Seiten oder am Ende der Arbeit.

❶ Recherchiere im Internet den Begriff Nachhaltigkeit.

❷ Gliedere die Informationen zum Begriff Nachhaltigkeit und wähle für die Abschnitte geeignete Überschriften.

❸ Präsentiere deine gesammelten Informationen mit einem Medium deiner Wahl.

METHODE

Digitale Geräte: sinnvolle Hilfsmittel

1 Ein Experiment wird durchgeführt.

Smartphones und Tablets im Unterricht

Filme gucken, Nachrichten senden, Musik hören und Fotos machen. Das sind nur einige Funktionen eines Smartphones, Tablets oder Laptops. Du kannst sie nicht nur in deiner Freizeit nutzen, sondern sie mit Erlaubnis deiner Lehrerin oder deines Lehrers auch im Unterricht sinnvoll einsetzen. Allerdings solltest du jede Verwendung kritisch hinterfragen!

Beobachten

Selber experimentieren und beobachten macht eine Menge Spaß. Sollte aber keine Zeit sein, könnt ihr auf Videos zurückgreifen. Ein Video sollte immer nur ein Hilfsmittel sein.

Fotografieren

In der Unterrichtsstunde erarbeitet ihr gemeinsam ein Tafelbild. Am Ende der Stunde kannst du es mit der Kamera des Smartphones oder des Tablets fotografieren, falls du es nicht mehr schaffst, es abzuschreiben.

Filmen

Wenn ihr mit dem Smartphone ein Experiment filmt, könnt ihr das Video beliebig oft abspielen. Es kann euch bei der Auswertung des Versuches helfen. Ihr könnte euch kurze Filmabschnitte immer wieder anschauen und auch in Zeitlupe oder im Zeitraffer abspielen. Eine Videoanalyse hilft euch sogar, Daten auszuwerten und zu vergleichen.

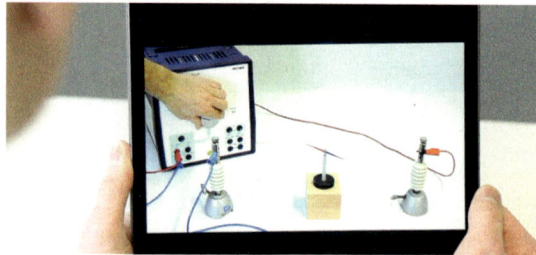

2 Ein Video kann eingesetzt werden.

3 Das Experiment kann gefilmt werden.

Allgemein

METHODE

Diktieren
Im Gegensatz zu Papier und Stift hast du dein Smartphone fast immer dabei. Über die Diktierfunktion kannst du bei der Planung eines Experimentes Ideen aufsprechen, die du dann jederzeit wieder abrufen kannst.
Wenn du ein Referat halten musst, kannst du deinen Text zum Üben aufzeichnen und dich selbst kontrollieren.

Nachschlagen
Viele Nachschlagewerke oder Wörterbücher sind online oder als App verfügbar. Dort kannst du beispielsweise die korrekte Schreibweise eines Fachbegriffes nachschlagen. Auch bei der Übersetzung von Texten können sie dich unterstützen.

4 Ein Referat kann aufgenommen werden.

Messen
Smartphones sind mit den unterschiedlichsten Sensoren ausgestattet. Luftdruck, Entfernung, Beschleunigung oder die Zeit sind nur einige Größen, die ihr mithilfe des Smartphones messen könnt. Experimentelle Apps unterstützen dich beim Messen mit diesen Sensoren.

Auswerten
Softwarefunktionen experimenteller Apps unterstützen dich bei der Auswertung. Sie bieten die Möglichkeit, die Messwerte in Diagramme oder als tabellarisches Analyseergebnis darzustellen. Verlasse dich aber nicht auf die Ergebnisse, sondern überprüfe sie stets kritisch!

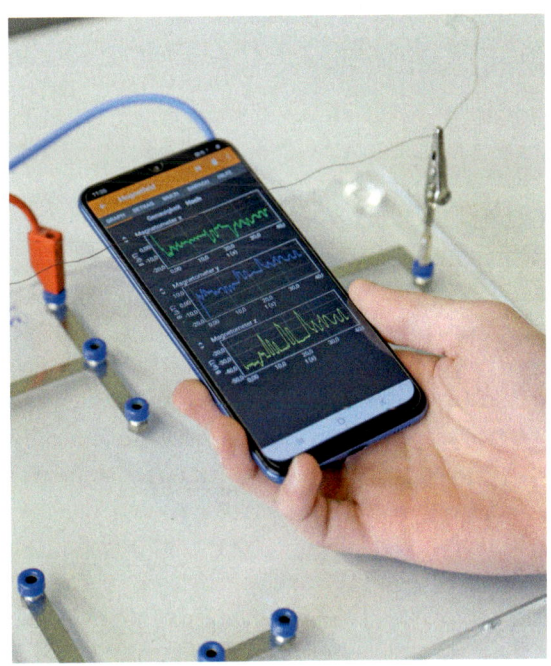
5 Die Sensoren können genutzt werden.

❶ Lade dir eine kostenlose Experimental-App herunter, die die Sensoren deines Smartphones unterstützt. Führe damit folgende Versuche durch:
Starthilfe zu 1: Eine Experimental-App findest du unter phyphox.org der Uni Aachen.
a) Bestimme die GPS-Daten deines Standortes. Verändere deinen Standort deutlich und bestimme die GPS-Daten erneut. Berechne mit den Daten die Strecke, die du zurückgelegt hast.
b) Bestimme den Luftdruck im Erdgeschoss und im höchsten Stock in deinem Schulgebäude.
c) Miss die Zeit zwischen zwei Erschütterungen.
d) Bestimme mithilfe des Sonars die Entfernung zu einer Wand. Ermittle die Grenzen dieses Messverfahrens.

❷ Erläutere die Forderung, experimentelle Ergebnisse stets kritisch zu überprüfen.

METHODE

Die wichtige Rolle der Mathematik in der Physik

Von der Textaufgabe zur Lösung
In einer Textaufgabe findest du verschiedene Angaben zu einer Aufgabenstellung. Du sollst daraus die Lösung für die gestellte Aufgabe ermitteln. Gehe immer folgendermaßen vor:

geg.: Suche die gegebenen Größen heraus.
ges.: Bestimme die gesuchte Größe.
Lösung: Beginne mit der Gleichung für den physikalischen Zusammenhang, die die gegebenen Größen und die gesuchte Größe enthält. Beachte die Einheiten bei den physikalischen Größen. Berechne die gesuchte Größe.
Antwort: Formuliere einen Antwortsatz, der sich auf die Aufgabenstellung bezieht.

Beispielaufgabe
Ein Auto legt in 1 h eine Strecke von 60 km zurück. Berechne die Geschwindigkeit in $\frac{km}{h}$ und in $\frac{m}{min}$.

geg.: $t = 1\,h = 60\,min$, $s = 60\,km = 60\,000\,m$
ges.: v in $\frac{km}{h}$ und in $\frac{m}{min}$
Lösung: $v = \frac{s}{t} = \frac{60\,km}{1\,h} = 60\,\frac{km}{h}$
$v = \frac{s}{t} = \frac{60\,000\,m}{60\,min} = 1\,000\,\frac{m}{min}$
Antwort: Die Geschwindigkeit des Autos beträgt 60 $\frac{km}{h}$ oder 1 000 $\frac{m}{min}$.

Grafische Darstellungen
Anhand von Graphen kannst du schon viel über den Zusammenhang zwischen zwei physikalischen Größen erkennen.

- **Bild 1:** Der Graph ist **linear mit Beginn im Ursprung.** Die beiden physikalischen Größen sind **proportional** zueinander. Der Wert des **Quotienten** aus den Größen ist immer gleich.
  Beispiel: $s \sim t \rightarrow \frac{s}{t}$ = konstant
- **Bild 2:** Die Messpunkte liegen auf einer **Kurve** (Hyperbelast). Die beiden physikalischen Größen sind **antiproportional** zueinander. Der Wert des **Produktes** aus den Größen ist immer gleich.
  Beispiel: $F \sim \frac{1}{s} \rightarrow F \cdot s$ = konstant
- **Bild 3:** Zwei physikalische Größen haben einen nicht proportionalen Funktionsverlauf.
  Beispiel: Kennlinie eines metallischen Leiters

Erkenntnisse liefern neue Größen
Aus dem mathematischen Zusammenhang zwischen zwei physikalischen Größen ergibt sich eine neue physikalische Größe als abgeleitete Größe.
Beispiele:
$\frac{s}{t} = v$ v – Geschwindigkeit
$F \cdot s = E$ E – mechanische Energie

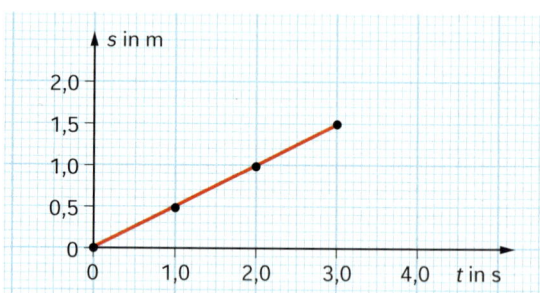

1 Zwei proportionale Größen

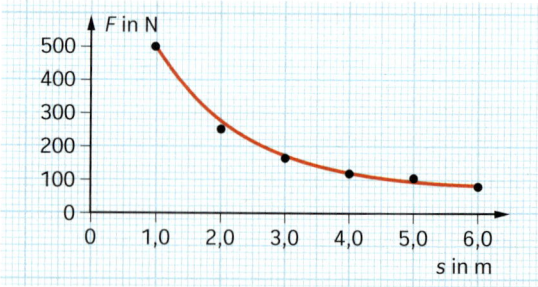

2 Zwei antiproportionale Größen

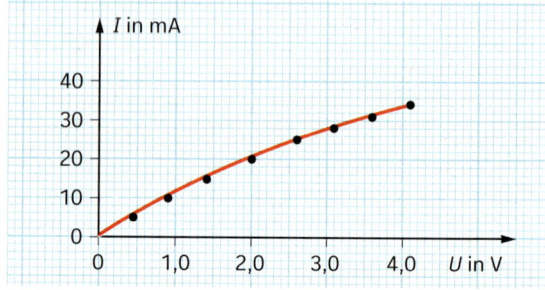

3 Nicht proportionaler Funktionsverlauf von zwei Größen

Allgemein 15

METHODE

Einen Vortrag halten

Halte eine gute Präsentation!

1. Bereite dich gut vor!
Fast alle Menschen sind bei einer Präsentation aufgeregt. Doch dann vergisst du schnell etwas. Sei deshalb gut vorbereitet und arbeite dich gut in das Thema ein. Dann bringt dich so schnell nichts aus der Ruhe. Du kannst dich an die wesentlichen Punkte immer erinnern.

2. Erstelle dir Notizzettel!
Wenn du ein digitales Präsentationsprogramm einsetzt, kannst du die Notizfunktion nutzen. Auf Notizzetteln solltest du Stichpunkte notieren. So vergisst du nichts Wichtiges.
Strukturiere die Notizen gemäß deinem logischen Aufbau. Dann können dir die Zuhörerinnen und Zuhörer gut folgen.

3. Sprich frei!
Lies den Text nicht ab. Denn dann wird dein Vortrag schnell langweilig. Beim Ablesen kannst du zu schnell oder zu monoton sprechen. Beim freien Sprechen können dir die Zuhörerinnen und Zuhörer besser folgen.

4. Sorge für Aufmerksamkeit!
Beginne deine Präsentation erst, wenn du die Aufmerksamkeit aller Zuhörerinnen und Zuhörer hast. Mit einem kurzen Demonstrationsversuch, einem selbstgebauten Modell oder einer kurzen Geschichte kannst du in das Thema einführen. Das schafft gleich Interesse.

5. Stelle Wichtiges heraus!
Deine Zuhörerinnen und Zuhörer sollen auch etwas aus deiner Präsentation lernen und mitnehmen. Stelle Wichtiges heraus. Du kannst Merkhilfen anbieten oder etwas besonders hervorheben. In einem **Handout** kannst du die wichtigsten Inhalte schriftlich zusammenfassen. Am Schluss dürfen deine Zuhörerinnen und Zuhörer Fragen stellen.

4 Du präsentierst deine Inhalte.

5 Ein Demonstrationsversuch weckt Interesse.

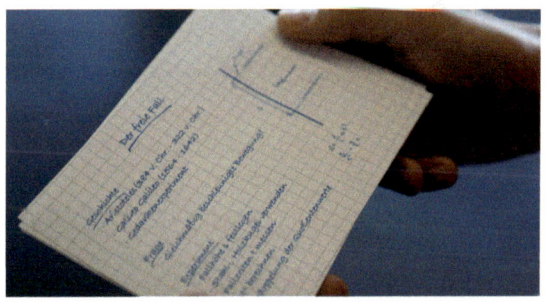
6 Notizzettel helfen dir beim Vortrag.

7 Im Handout sind wichtige Inhalte zusammengefasst.

Akustische und optische Phänomene

Was ist Schall und wie entsteht er?

Wie kannst du dich vor Lärm schützen?

Wie entsteht eine Mondfinsternis?

1 Die „Hau den Lukas"-Glocke klingelt auf dem Jahrmarkt.

Der Schall

Was ist Schall?

Auf dem Jahrmarkt kannst du unterschiedliche Töne, Klänge und Geräusche wahrnehmen. An den Buden wird Musik gespielt und die Fahrgeschäfte machen Krach. Menschen schreien, lachen und reden miteinander. Diese Geräusche erreichen unsere Ohren als **Schall**. Sie sind natürliche **Schallempfänger** (→ Bild 2). Ein Mikrofon kann Schall elektronisch aufnehmen.

Wie entsteht Schall?

Eine beliebte Attraktion ist das Spiel „Hau den Lukas". Mit einem Hammer wird eine Kugel in einer Metallschiene hochgeschleudert. Die Glocke klingelt, wenn die Kugel die Glocke anstößt. Durch den Zusammenstoß schwingt die Glocke schnell hin und her. Die Glocke erzeugt durch die **Schwingungen** Schall. Daher ist die Glocke ein **Schallsender** (→ Bild 2).

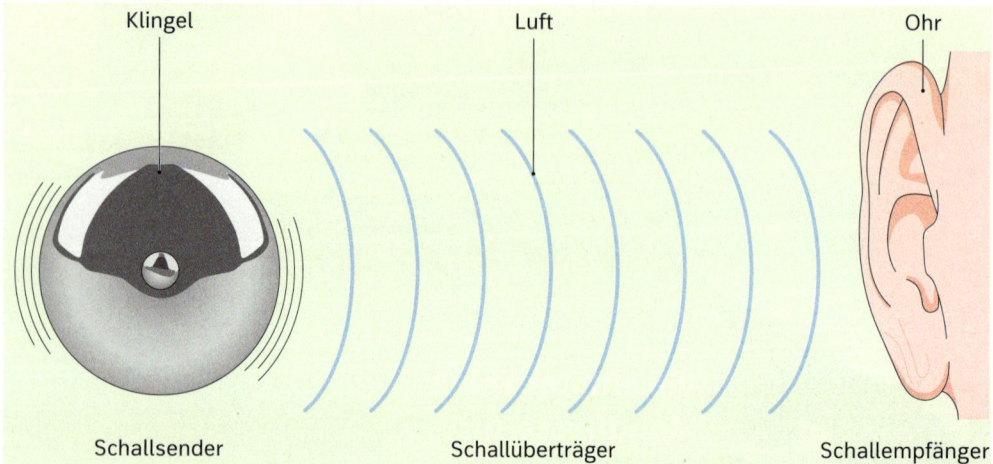

2 Schallsender und Schallempfänger

Akustische und optische Phänomene **19**

Wie breitet sich Schall aus?

Die Luft besteht aus vielen kleinen Luftteilchen. Die schwingende Glocke stößt sie an. Die Luftteilchen schwingen hin und her. Schwingt die Glocke vor, werden Luftteilchen zusammengedrückt. Sie liegen dann dicht aneinander. Es liegt eine **Luftverdichtung** vor. Schwingt die Glocke zurück, liegen die Luftteilchen weiter auseinander. Es entsteht eine **Luftverdünnung.** (→ Bild 3) Die Schwingungen breiten sich als Schall in der Luft gleichmäßig und in alle Richtungen aus. Dafür benötigt der Schall immer einen Stoff wie Luft als **Schallüberträger.** Schall breitet sich auch in flüssigen und in festen Stoffen aus. Schüttest du Wasser auf einen wasserdichten Lautsprecher und spielst Musik ab, schwingt die Wasseroberfläche (→ Bild 4). Der Schall legt in Luft in einer Sekunde 340 m zurück, in Wasser bereits 1480 m. Dieser Wert ist die **Schallgeschwindigkeit.**

Amplitude und Frequenz

Wird eine Gitarrensaite leicht angezupft, entsteht ein **leiser** Ton. Sie hat eine kleine Auslenkung nach oben und unten. Je stärker eine Gitarrensaite angezupft wird, desto **lauter** ist der Ton. Sie hat eine größere Auslenkung. Die Entfernung einer Schwingung von ihrer Ruhelage bis zu ihrem weitesten Ausschlag heißt **Amplitude.** Sie bestimmt die **Lautstärke** des Tons. (→ Bild 5)
Wird eine Gitarrensaite verkürzt, wird der Ton **höher.** Sie schwingt schneller. Die Saite erzeugt mehr Schwingungen pro Sekunde. Eine längere Gitarrensaite schwingt langsamer. Der Ton ist **tiefer.** Die Anzahl der Schwingungen in einer Sekunde bestimmt die **Tonhöhe.** Das ist die **Frequenz** des Tons.

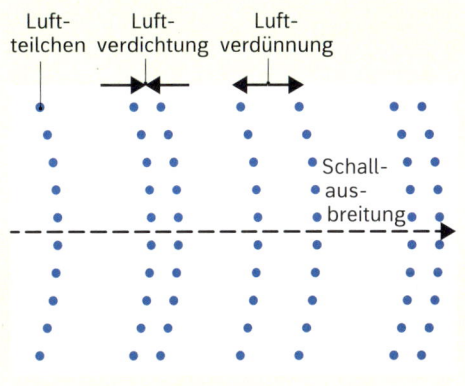

3 Schallausbreitung im Teilchenmodell

4 Lautsprecher bringt Wasser zum Schwingen.

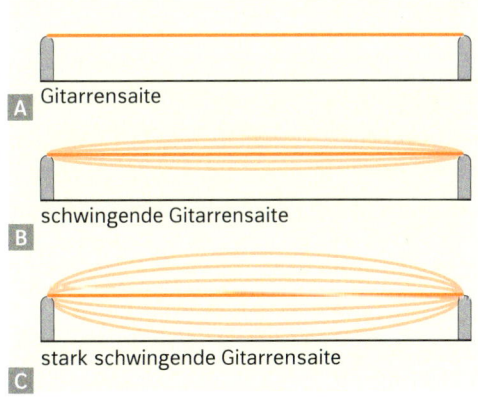

5 Amplitude der Schwingung: **A** kein Ton, **B** leiser Ton, **C** lauter Ton

❶ a) Beschreibe den Weg des Schalls vom Schallsender zum Schallempfänger.
  b) Beschreibe mithilfe des Teilchenmodells, wie sich Schall ausbreitet.

❷ Beschreibe die Auswirkung einer Schwingung
  a) mit einer großen und einer kleinen Amplitude.
  b) mit einer hohen und einer tiefen Frequenz.

Starthilfe zu 1 b):
Das Bild 3 hilft dir dabei.

FORSCHEN UND ENTDECKEN

A Die Schallgeschwindigkeit bestimmen

1 Die Schallgeschwindigkeit sichtbar machen.

Durchführung:
Schritt 1: Zehn Schüler stellen sich im Abstand von 50 m auf (→ Bild 1).
Schritt 2: Der erste Schüler schlägt die Starterklappe zu. Die anderen Schüler heben ihren Arm, sobald sie den Knall hören.
Schritt 3: Wiederholt den Versuch mit 10 Schülerinnen.

Material: Starterklappe, 50 m-Maßband

❶ Beschreibt eure Beobachtungen.
❷ Erklärt die Versuchsbeobachtungen.

B Wie entstehen unterschiedliche Töne?

Mit Gummibändern und unterschiedlich großen Blechdosen kannst du ein Saiteninstrument leicht nachbauen. Mit dem selbstgebauten Saiteninstrument kannst du Töne mit unterschiedlicher Amplitude und Frequenz erzeugen und untersuchen.

Material: Gummibänder, verschieden große Blechdosen

Durchführung:
Schritt 1: Spanne je ein Gummiband so um eine Blechdose, dass es über der Öffnung gespannt ist (→ Bild 2).
Schritt 2: Zupfe das Gummiband unterschiedlich stark an und vergleiche die Lautstärke.
Schritt 3: Vergleiche die Tonhöhen der verschiedenen Blechdosen miteinander.

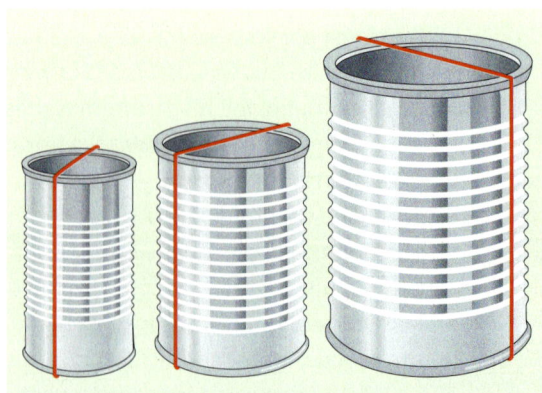

2 Verschiedene Blechdosen – unterschiedliche Töne?

❶ Beschreibe die Unterschiede zwischen den erzeugten Tönen.
❷ Formuliere je eine Regel zur Amplitude und zur Frequenz.

Starthilfe zu 2: Je..., desto ... ist der Ton.

ÜBEN UND ANWENDEN

A Amplitude und Frequenz beeinflussen

Mit einem Lineal kannst du Töne mit unterschiedlicher Amplitude und Frequenz erzeugen. Dafür legst du das Lineal auf einen Tisch. Mit der einen Hand hältst du es fest. Mit der anderen Hand schlägst du es an. Durch das Hin- und Herschwingen entsteht ein Ton.

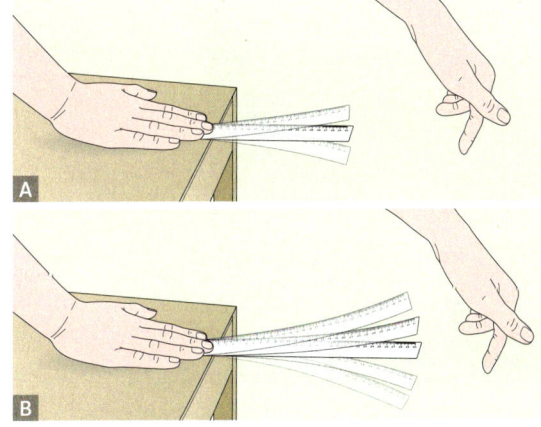

3 Schwingungen: **A** mit einem kurzen Lineal, **B** mit einem langen Lineal

1 a) Beschreibe die Schwingungen in den Bildern 3A und 3B.
b) Erkläre, welches der Lineale einen lauten und welches einen leisen Ton erzeugt.
c) Erkläre, welches Lineal einen hohen und welches einen tiefen Ton erzeugt.

2 ‖ Beschreibe, wie du mit einem Lineal einen hohen und tiefen Ton erzeugen kannst.

B Schwingungsbilder zeichnen

Schwingt eine Glocke, hörst du einen Ton. Die Schwingungen kannst du kaum sehen. Ein Mikrofon nimmt diese Schwingungen auf. Mithilfe eines Computerprogramms, kannst du den aufgenommenen Ton als **Schwingungsbild** sehen (→ Bild 4). Der Ton wird als gleichmäßige Wellenlinie dargestellt. Dabei stellt die **Auslenkung** die Amplitude der Schwingung dar, die die Lautstärke des Tons bestimmt. Du kannst im Schwingungsbild auch die Tonhöhe ablesen. Umso kürzer die **Schwingungsdauer** ist, desto höher ist die Frequenz des Tons. Unregelmäßige Schwingungen ergeben ein **Geräusch**. Ein **Knall** erzeugt kurze, starke Schwingungen im Schwingungsbild.

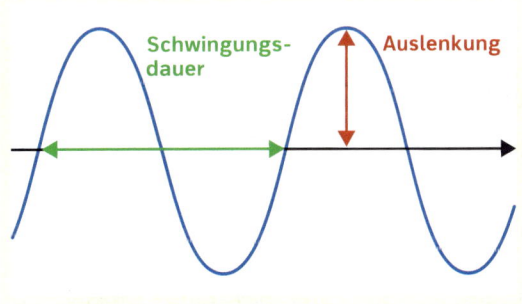

4 Schwingungsbild eines Tons

1 Zeichne die Schwingungsbilder von einem lauten und einem leisen Ton.

2 Zeichne die Schwingungsbilder von einem hohen und einem tiefen Ton.

3 ‖ Zeichne die Schwingungsbilder von einem Ton, einem Geräusch und einem Knall.

1 Auch leises Flüstern können wir mit den Ohren hören.

Mit den Ohren hören

Das Ohr als Schallempfänger
Von Weitem hörst du das Klappern aus der Küche und weißt, dass es bald Essen geben wird. Solche Geräusche werden über die Luft übertragen. Das Ohr nimmt den Schall als Reiz auf.

Die Ohrmuschel fängt Schall ein
Unsere Ohren liegen an den Seiten des Kopfes. Von außen ist nur die **Ohrmuschel** zu sehen. Sie ist so geformt, dass sie den Schall in das Innere des Ohres weiterleitet. Das eigentliche Hören findet erst im Inneren der Ohren statt.

Richtungshören
Mit unseren Ohren hören wir auch dann, wenn etwas an einem anderen Ort oder im Dunkeln passiert. Die Ohren nehmen auch sehr leise Töne wahr. Auch die Richtung, aus der ein Geräusch kommt, kannst du mit deinen Ohren erkennen.

Ohren brauchen Stille
Deine Ohren sind immer aktiv. Du kannst sie nicht einfach schließen wie die Augen. Deshalb musst du vorsichtig mit deinen Ohren sein. Höre nicht zu laut Musik, das ist schädlich für deine Ohren. Sonst kann es passieren, dass du mit der Zeit immer schlechter hörst. Du wirst schwerhörig.

2 Ist das gesund für die Ohren?

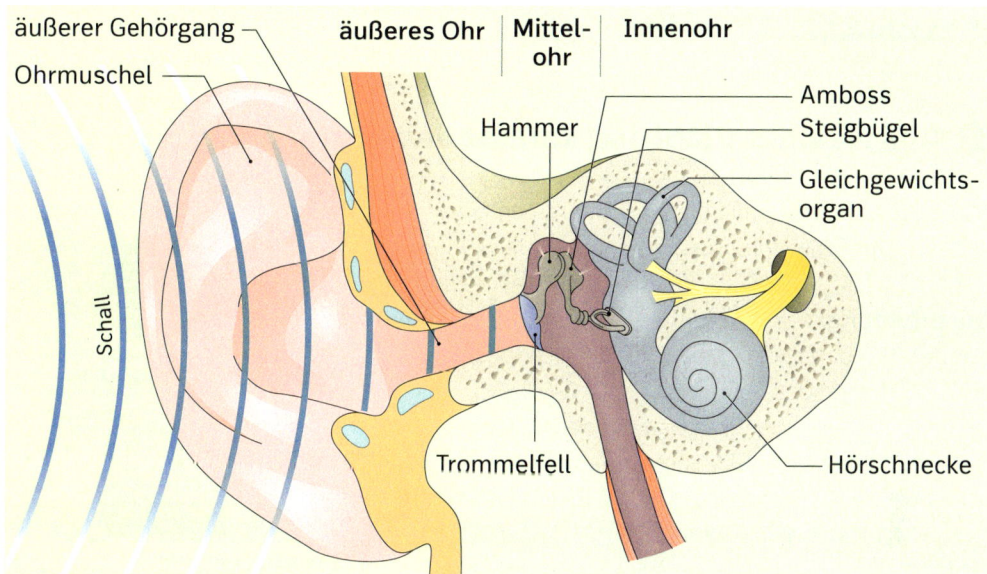

3 Der Bau eines Ohres

Das Außenohr
Der Schall gelangt über die Ohrmuschel in den **äußeren Gehörgang.** Am Ende des Gehörganges liegt das **Trommelfell.**

Das Mittelohr
Das Trommelfell ist ein dünnes Häutchen. Der eintreffende Schall bewirkt, dass dieses dünne Häutchen in Schwingungen gerät. Dabei überträgt es diese Schwingungen auf die nachfolgenden Knochen: den Hammer, den Amboss und den Steigbügel. Diese drei Knochen werden auch **Gehörknöchelchen** genannt.
Die Gehörknöchelchen sind die kleinsten Knochen im menschlichen Körper. Sie sind untereinander beweglich mit Gelenken verbunden.

Das Innenohr
Im Innenohr befindet sich die **Hörschnecke.** Sie ist mit einer Flüssigkeit gefüllt. Diese Flüssigkeit gerät in Bewegung, wenn Schwingungen von den Gehörknöchelchen übertragen werden.
Diese Bewegung reizt die Hörsinneszellen, die dann Signale erzeugen, die über den Hörnerv zum Gehirn gelangen. Im Gehirn entsteht ein Höreindruck.

Das Gleichgewichtsorgan
Im Innenohr befindet sich außerdem das **Gleichgewichtsorgan.** Es besteht aus drei Bögen. Darin befindet sich ebenfalls eine Flüssigkeit. Sie bewegt sich mit deinen Bewegungen. So kannst du das Gleichgewicht halten.

1. Beschreibe den Weg eines Geräusches von seiner Entstehung bis zum Innenohr und weiter ans Gehirn.
2. Erkläre, warum Ohren Stille brauchen.
3. Nenne jeweils die Teile, die zum äußeren Ohr, zum Mittelohr und zum Innenohr gehören.
4. Erkläre den Satz: „Ohren können Sachen, die Augen nicht können."

Starthilfe zu 3:

äußeres Ohr	...
Mittelohr	...
Innenohr	...

FORSCHEN UND ENTDECKEN

A Aus welcher Richtung kommt das Geräusch?

Material: Gummischlauch (etwa 1 m), 2 Trichter, wasserfester Folienstift, Bleistift, Lineal

Durchführung:
Schritt 1: Verbindet die beiden Trichter mit den Enden des Schlauchs.
Schritt 2: Markiert den Schlauch mit dem Folienstift wie in Bild 1 dargestellt.
Schritt 3: Die Versuchsperson hält sich die Trichter an die Ohren.
Schritt 4: Eine andere Person klopft leicht mit einem Bleistift an verschiedenen Stellen auf den Schlauch.
Schritt 5: Die Versuchsperson gibt jeweils an, ob sie das Klopfen links, rechts oder in der Mitte hört.

1. Notiere die Versuchsergebnisse.
2. Beschreibe, ab welchem Abstand von der Mitte die Versuchsperson „links" und „rechts" richtig erkannt hat.

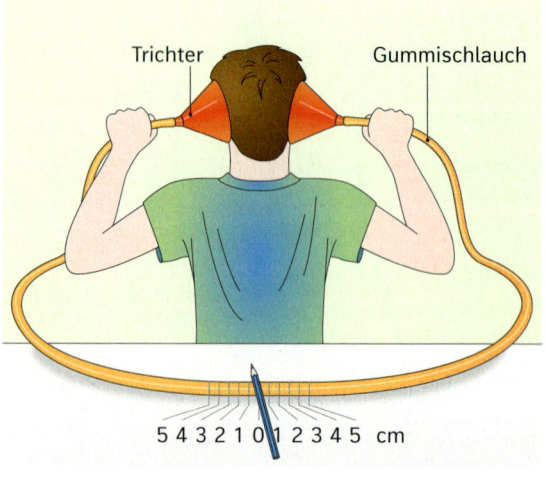

1 Versuch zum Richtungshören

3. Nenne Situationen, in denen das Richtungshören wichtig ist. Begründe deine Meinung.

B Wie nehmen die Ohren Schall auf?

Material: eine Handtrommel, einige Reiskörner

Durchführung:
Schritt 1: Lege die Trommel auf den Tisch und streue einige Reiskörner darauf.
Schritt 2: Setze dich einen halben Meter entfernt und rufe etwas.

Tipp: Du kannst auch einen Eimer mit Frischhaltefolie bespannen. Befestige die Folie mit einem Gummiband.

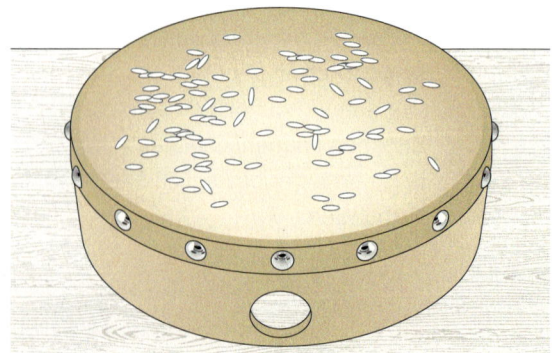

2 Was passiert mit den Reiskörnern?

1. Beschreibe die Reaktion der Reiskörner auf das Rufen.

2. Beschreibe, wie im Ohr der Schall weitergeleitet wird, indem du das Experiment auf die Wirklichkeit überträgst.

ÜBEN UND ANWENDEN

A Lärm schadet den Ohren

Unser Ohr ist ständig Geräuschen aus der Umwelt ausgesetzt. Manche Geräusche sind so laut, dass sie unserem Gehör schaden. Wenn du zum Beispiel laute Musik über Kopfhörer hörst, schadest du damit deinen Ohren. Du kannst dich vor Lärm schützen, wenn du die Lautstärke verringerst oder den Abstand zum Lärm vergrößerst. Auch Gehörschutz aus Materialien, die den Schall brechen, schützen deine Ohren.

1. Nenne leise Geräusche. Nutze dazu Bild 3.
2. Nenne Geräusche, die zu Hörschäden führen können. Nutze dazu Bild 3.
3. ❚❚ Beurteile die Gefahren für das Gehör, wenn du dauerhaft lauten Geräuschen ausgesetzt bist. Nenne mögliche Schutzmaßnahmen.
4. ❚❚ An manchen Autobahnen stehen Schallschutzwände. Erkläre, wozu diese da sind und wie sie die Anwohner schützen.

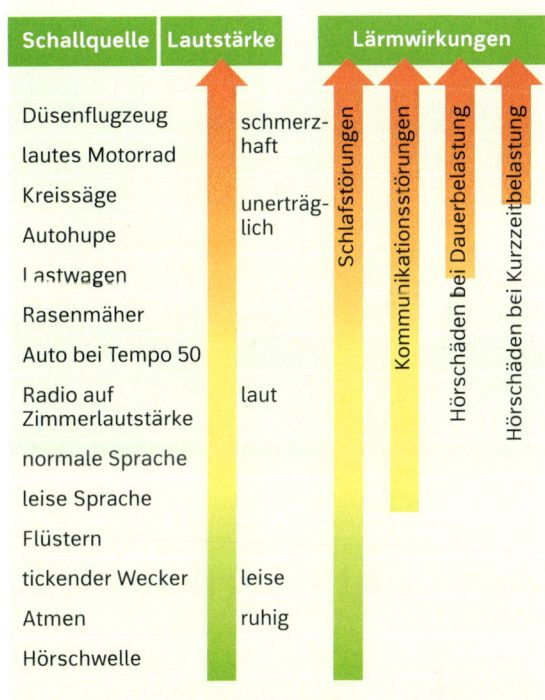

3 Lärmquellen und ihre Wirkung auf die Ohren

B Gefahr für die Ohren

Der Ohrenschmalz hält die Gehörgänge sauber. Außerdem schützt Ohrenschmalz das Ohr. Eigentlich reinigt sich das Ohr von allein.

> Keine Panik ...
> ... wenn du plötzlich schlecht hörst.
> ... wenn du ein Gefühl wie Watte im Ohr hast.
> ... wenn du im Ohr Druck spürst.
> Benutze kein Wattestäbchen, sondern gehe lieber zu einem Ohrenarzt!
> Der Ohrenarzt spült deine Ohren professionell mit einem Wasserstrahl wieder frei.

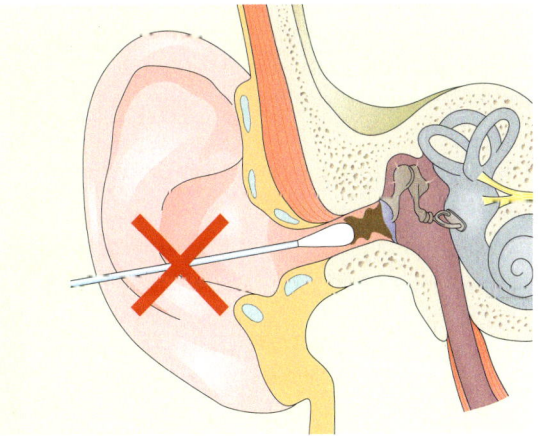

4 Vorsicht, so verstopft das Ohr!

1. Beschreibe mithilfe von Bild 4, welche Gefahr beim Benutzen von Wattestäbchen drohen kann.
2. Beschreibe, was du tun solltest, wenn du plötzlich schlechter hörst.

1 Ein Spaziergang im Dunkeln

Das Licht überträgt Informationen

Die Signalwirkung des Lichts

Gerade in der Dunkelheit sollen Hunde gut im Straßenverkehr gesehen werden. Dazu gibt es leuchtende Halsbänder. Sie senden vom Hals des Hundes Licht aus (→ Bild 1). Dies kann von den Verkehrsteilnehmern wahrgenommen werden. Das Licht sagt ihnen: „Achtung, bitte übersteht mich nicht!" Damit überträgt das Licht eine Information.

Die Übertragung von Informationen

Das leuchtende Halsband dient als **Sender** der Information. Die Augen der Menschen sehen das Licht des Halsbandes. Sie sind die **Empfänger** der Information. Es wird von einem **Sender-Empfänger-Modell** gesprochen. Das Licht ist dabei der Übermittler von Informationen. Die Übertragung erfolgt mit **Lichtgeschwindigkeit.** Dabei ist Licht sehr viel schneller als Schall. In Luft legt das Licht in einer Sekunde 299 711 km zurück, im luftleeren Raum 299 792 km und in Wasser immer noch 225 000 km.

Eine Vereinbarung ist wichtig

Die beiden Ampelzeichen in Bild 2 befinden sich in den USA. Obwohl sie anders aussehen als in Deutschland, würdest du bei diesen Zeichen in den USA auch an der Fußgängerampel stehen bleiben. Weltweit bedeutet die Farbe Rot bei Ampeln: Stehen bleiben! Diese Festlegung hilft dabei, dass dem Signal die richtige Information zugeordnet wird.

2 Ampelzeichen in den USA: **A** Text, **B** Symbol

Akustische und optische Phänomene **27**

Selbstleuchtende Körper

Die Leuchtdioden (LED) in den Headsets sind **selbstleuchtende Körper.** Sie können das Licht selbst erzeugen. Es sind **Lichtquellen.**
Bei eSport-Turnieren verwenden Spieler oft leuchtende Headsets (→ Bild 3). Die Sonne gehört zu den natürlichen, selbstleuchtenden Körpern. Die LED ist ein künstlicher, selbstleuchtender Körper.

3 Ein leuchtendes Headset

Beleuchtete Körper

Das Brandenburger Tor in Berlin wird nachts von Scheinwerfern angestrahlt. Es ist somit ein **beleuchteter Körper.** Es kann das Licht nicht selbst erzeugen. Während des Lichterfests in Berlin wird das Brandenburger Tor mit buntem Licht aus Scheinwerfern angestrahlt (→ Bild 4). Auch der Mond ist ein beleuchteter Körper. Er erzeugt selbst kein Licht. Er wird von der Sonne angestrahlt und leitet das Sonnenlicht von seiner Oberfläche weiter in unsere Augen. Du siehst beleuchtete Körper wie das Brandenburger Tor oder den Mond, weil sie das Licht in deine Augen weiterleiten.

4 Das Brandenburger Tor wird beleuchtet

> Selbstleuchtende Körper erzeugen Licht.
> Beleuchtete Körper können kein Licht erzeugen. Sie werfen einen Teil des auftreffenden Lichtes zurück.

5 Der Weg des Lichtes

---

① Eine Ampel an einer Straßenkreuzung teilt den Autofahrern bestimmte Informationen mit.
   a) Ordne die Begriffe Sender und Empfänger in diesem Beispiel richtig zu.
   b) Gib die Bedeutung der drei Ampelfarben an.

② An Fahrrädern befinden sich ein Vorderlicht, ein Rücklicht und Reflektoren. Ordne diese Gegenstände den selbstleuchtenden und den beleuchteten Körper zu.

③ Beschreibe den Weg des Lichtes, um einen beleuchteten Körper zu sehen. Verwende dazu die Fachbegriffe.

ÜBEN UND ANWENDEN

A Sehen und gesehen werden

1 Lichtquellen und beleuchtete Körper: **A** Glühwürmchen, **B** Vollmond, **C** Radfahrer mit Warnwesten, **D** Gewitterblitz, **E** Freiheitsstatue, **F** LED-Streifen

Bei vielen Körpern ist es auf den ersten Blick nicht genau zu erkennen, ob es sich um Lichtquellen oder beleuchtete Körper handelt. Ein Merkmal für eine Lichtquelle ist jedoch ihre Fähigkeit, Licht selbst zu erzeugen.

① Unterscheide die oben dargestellten Körper in Lichtquellen und beleuchtete Körper. Erstelle dazu eine Tabelle.

② ❙❙ Ergänze in der Tabelle jeweils weitere Lichtquellen und beleuchtete Körper.

B Informationen werden unterschiedlich übertragen

Worte können auch ohne Sprechen übertragen werden. Gehörlose Menschen nutzen dazu die **Gebärdensprache**.

① Nenne den Sender, die Art der übertragenen Information und den Empfänger in Bild 2.

② ❙❙ a) Nenne drei Möglichkeiten, eine Information zu übertragen.
❙❙ b) Nenne jeweils den Sender und den Empfänger.

2 Verständigungen ohne zu sprechen

IM ALLTAG

Ein Sender – unterschiedliche Empfänger

3 Aszra beim Fernsehen

4 Der Leuchtturm von Westerheversand

Fernbedienung und Fernseher

Azra verwendet die Fernbedienung, um ihr Lieblingsprogramm am Fernseher einzustellen (→ Bild 3). So muss sie nicht aufstehen. Ebenso verwendet der Lehrer in der Schule eine Fernbedienung für den Beamer, da dieser meist an der Decke angebracht ist. Die Fernbedienung gibt ein für uns unsichtbares Licht, das **Infrarotlicht,** ab. Dazu ist an der Vorderseite der Fernbedienung eine kleine LED angebracht. Die LED ist der Sender. Der Fernseher oder der Beamer ist der Empfänger. Er empfängt das Infrarotlicht und reagiert darauf. Allerdings ist die Reichweite der Fernbedienung begrenzt.

Leuchttürme und Seezeichen

Ein Leuchtturm sendet Licht aus. Sein Licht hilft dem Steuermann eines Schiffes, seinen Standort zu bestimmen. Damit das Licht auch von weit draußen auf dem Meer zu sehen ist, befindet sich ein Leuchtturm meist auf einer Klippe oder einer anderen Erhöhung.
Um Hafeneinfahrten oder Untiefen im Hafenbereich zu kennzeichnen, werden Seezeichen benutzt. Im befahrbaren Bereich kann weißes Licht gesehen werden. Rotes oder grünes Licht zeigt rechts beziehungsweise links an. Das Seezeichen sendet mithilfe des Lichtes Informationen. Der Steuermann auf dem Schiff kann diese Informationen empfangen.

---

1 Erstelle eine Tabelle mit Beispielen für Sender und den dazugehörigen Empfängern.

2 Das Blaulicht eines Rettungswagens ist ein Sender.
  a) Beschreibe die übertragenen Informationen.
  b) Nenne den oder die Empfänger dieser Information.

3 An deiner Schule wird der Feueralarm ausgelöst. Nenne mindestens drei Empfänger dieses Signals.

4 ❚❚ Als Empfänger einer Information können beim Menschen unterschiedliche Sinne angesprochen werden. Nenne alle dafür in Frage kommenden Sinne des Menschen.

Starthilfe zu 1:

Sender	Empfänger
rote Fußgängerampel	…

1 Licht breitet geradlinig aus.

Die Eigenschaften des Lichtes

Licht ist nicht sichtbar

Unsere wichtigste Lichtquelle ist die Sonne. Das Licht breitet sich **in alle Richtungen geradlinig** aus. Dies kannst du in der Lasershow in Bild 2 erkennen. Das Licht der Laser trifft auf viele kleinste Teilchen in der Luft. Sie werden beleuchtet und lenken das Licht in deine Augen. Ohne diese Teilchen ist Licht nicht sichtbar. Du kannst das Licht der Sonne deshalb nur selten sehen.

Licht als Lichtbündel

Das Licht einer Taschenlampe wird nach vorne abgestrahlt. Es tritt aus der Taschenlampe als **Lichtbündel** aus (→ Bild 3). Trifft das Lichtbündel auf eine Wand, so entsteht dort ein Lichtfleck.

Du kannst das Lichtbündel sehen, weil sich viele kleine Staubteilchen in der Luft befinden. Diese senden das Licht der Taschenlampe in deine Augen.

2 Eine Lasershow

3 Das Lichtbündel einer Taschenlampe

4 Das Lichtbündel wird immer schmaler.

Die Randstrahlen

In dem Versuch in Bild 4 soll ein möglichst schmales Lichtbündel erzeugt werden. Dazu wird eine Lichtquelle in eine Kiste gestellt. Diese Kiste besitzt auf einer Seite eine kleine, runde Öffnung. Das Licht tritt dort als schmales Lichtbundel aus. Das Lichtbündel wird durch **Randstrahlen** begrenzt. Zur Vereinfachung wird angenommen, dass die Lichtquelle aus einem einzigen Punkt besteht. Diese einfache Darstellung einer Lichtquelle wird **punktförmige Lichtquelle** genannt. Nun soll das Lichtbündel noch schmaler werden. Deshalb wird zweimal nacheinander ein Hindernis mit einem kleineren Loch in der Mitte, einer **Lochblende,** in das Lichtbündel gestellt (→ Bild 4).

Das Modell Lichtstrahl

Bei dem Versuch in Bild 4 werden vor eine Lichtquelle immer kleiner werdende Lochblenden gestellt. Dadurch wird ein immer schmaleres Lichtbündel geschaffen. Aber ein einzelner **Lichtstrahl** kann trotzdem nicht erzeugt werden. Er existiert in der Wirklichkeit nicht. Bei einem Lichtstrahl handelt es sich um ein **Modell.** In Zeichnungen werden Lichtstrahlen vereinfacht als Linien dargestellt.

> Das Licht breitet sich geradlinig und in alle Richtungen aus.
> Es wird durch das **Modell Lichtstrahl** beschrieben.

① Nenne die Eigenschaften des Lichtes.

② Nenne zwei Beispiele aus dem Alltag, bei denen sich Licht in alle Richtungen ausbreitet.

③ Zeichne das Lichtbündel einer Taschenlampe. Kennzeichne die Randstrahlen.

④ ❚❚ Moderne Automodelle verwenden Kurvenlicht. Dafür wird ein beweglicher Scheinwerfer verwendet. Er leuchtet in die jeweilige Kurve hinein. Erkläre diesen Sachverhalt.

METHODE

Modelle bewerten

Das Modell Lichtstrahl
In Bild 1 B wird mit zwei Lichtbündeln der Weg des Lichts anschaulich gezeigt. Die Randstrahlen begrenzen jeweils das Lichtbündel des Scheinwerfers. Diese Modellvorstellung hilft dabei festzustellen, ob wirklich der gewünschte Bereich der Bühne ausgeleuchtet wird.
So lässt sich die Wirklichkeit in Bild 1 A leichter erklären und verstehen.

Ein Modell bewerten
Da Modelle nie die Wirklichkeit darstellen, solltest du dir immer folgende Fragen stellen:
- Was ist wie in der Wirklichkeit?
- Was wurde vereinfacht?
- Was wurde verändert?

Die Vorteile eines Modells
Modelle dienen dazu, die Wirklichkeit vereinfacht darzustellen. Dabei werden nur wichtige Eigenschaften der Wirklichkeit abgebildet. In Bild 1 B wird mit Lichtstrahlen der Weg des Lichts anschaulich gezeigt. Die Randstrahlen begrenzen das Lichtbundel des Scheinwerfers. Das Modell hilft dabei festzustellen, ob der gewünschte Bereich der Bühne ausgeleuchtet wird.

Die Nachteile eines Modells
Mit Lichtstrahlen kann der Weg des Lichts dargestellt werden. Die Lichtstrahlen in diesem Modell sagen jedoch nichts darüber aus, ob der Scheinwerfer die Bühne hell genug ausleuchtet (→ Bild 1B). Sie zeigen nur an, welcher Bereich der Bühne angestrahlt wird. Wie jedes Modell hat auch das Modell Lichtstrahl Nachteile.

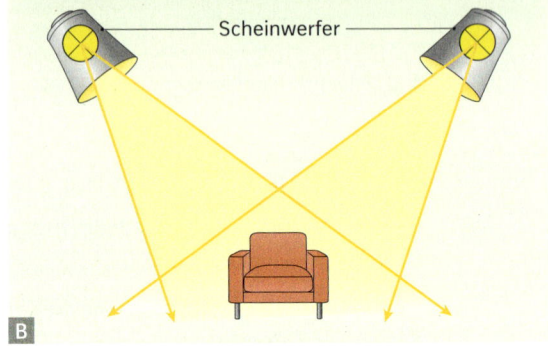

1 Ein Stuhl im Scheinwerferlicht: **A** Erfahrungswelt, **B** Modellvorstellung

Vorteile	Nachteile
+ leichter verständlich	– teilweise ungenau
+ ...	– ...
+ ...	– ...
+ ...	– ...
+ ...	– ...
+ ...	– ...

2 Tabelle mit Vorteilen und Nachteilen

① Notiere in einer Tabelle die Vorteile und die Nachteile des Modells Lichtstrahl.

② **a)** Sammel Vorteile und Nachteile des Modells eines Globus.
   b) Notiere in einer Tabelle die Vorteile und Nachteile.

③ ‖ Bewerte das Modell Lichtstrahl mit den drei Fragen aus dem oberen Text.

Akustische und optische Phänomene   33

FORSCHEN UND ENTDECKEN

A Die Lichtausbreitung

Material: Teelicht, Anzünder, roter Gummischlauch (ca. 15 cm)

Durchführung:
Schritt 1: Stelle das Teelicht auf einen Tisch und zünde es an.
Schritt 2: Halte den Gummischlauch so vor deine Augen, dass du die Flamme des Teelichtes sehen kannst.

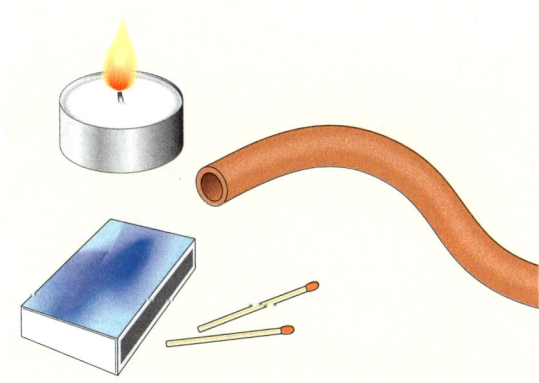

3 Das Versuchsmaterial

1 Beschreibe dein Vorgehen, um das Teelicht durch den Gummischlauch sehen zu können.

2 Nenne die Eigenschaft des Lichtes, die es aufgrund deiner Beobachtungen haben muss.

3 ❙ Zeichne mithilfe von Lichtstrahlen, den Weg des Lichtes vom Teelicht über den Schlauch in dein Auge.

B Der Weg des Lichtes

Material: Alufolie, spitzer Bleistift, Smartphone, Teelicht, Anzünder

Durchführung:
Schritt 1: Steche mit dem Bleistift kleine Löcher in die Alufolie.
Schritt 2: Schalte die Lampe des Smartphones ein und umwickle es mit der Alufolie.
Schritt 3: Lege dein Smartphone mit der Lampe nach oben auf einen Tisch und dunkle den Raum leicht ab.
Schritt 4: Zünde das Teelicht an. Lasse es kurz brennen und puste es aus. Der Rauch soll durch das Licht der Lampe ziehen.

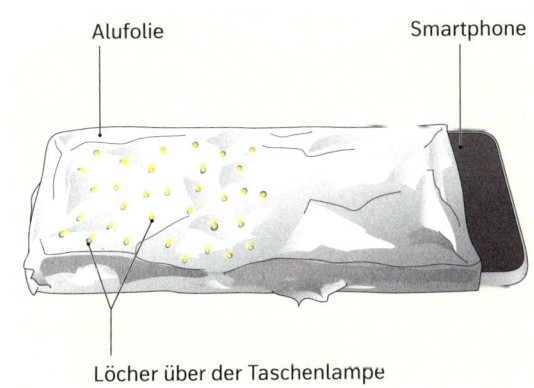

4 Ein Smartphone in Alufolie

1 Beschreibe, in welchen Bereichen in Schritt 3 und in Schritt 4 du das Licht der Lampe sehen kannst.

2 Zeichne den Weg des Lichtes im durchgeführten Versuch mithilfe von Lichtstrahlen.

3 ❙ Erkläre deine Beobachtungen.

Digital+
Film

1 Ein Sonnenschirm spendet Schatten am Strand.

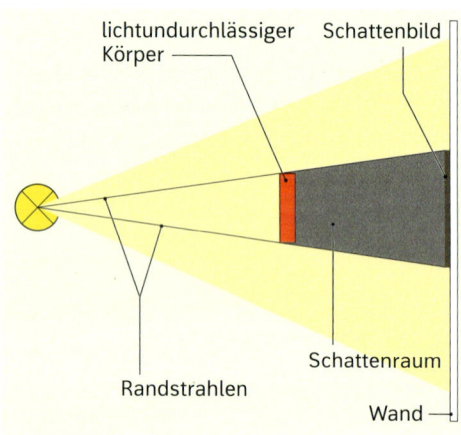

2 Schattenraum und Schattenbild

Licht und Schatten

Ohne Licht entsteht kein Schatten

Im Sommer ist das Licht der Sonne sehr intensiv. Deshalb begeben sich viele Menschen unter einen Sonnenschirm. Sie setzen sich in den **Schatten** des Schirms (→ Bild 1).
Befindet sich ein lichtundurchlässiger Körper im Weg des Lichtes, so gelangt in den Raum hinter diesen Körper kein Licht. Es entsteht der **Schattenraum** (→ Bild 2).

Schattenbilder

In Bild 3 siehst du das **Schattenbild** eines Dinosauriers an der Wand. Es wird durch die Randstrahlen des Schattenraums begrenzt. Der Dinosaurier ist von der Wand weiter entfernt als der Junge. Deshalb ist das Schattenbild des kleinen Dinosauriers sehr groß. Ist der Dinosaurier näher an der Wand, ist auch sein Schattenbild kleiner.

3 Ein Schattenbild

> Hinter jedem beleuchteten, lichtundurchlässigen Körper entsteht ein Schattenraum.

Zwei Schattenbilder

In der Dämmerung finden Fußballspiele unter Flutlicht statt. Die Lampen sind in einigen Metern Höhe am Spielfeldrand. Auf einen Fußballspieler trifft somit das Licht von mindestens zwei Lampen. Dadurch entstehen mindestens zwei Schattenbilder eines Spielers (→ Bild 4). Die Lampen sind weit voneinander entfernt.

Rücken zwei Lichtquellen näher zusammen, so überlagern sich die entstehenden Schattenbilder (→ Bild 5).

In den **Halbschatten** gelangt das Licht von nur einer Lampe. Der Schatten ist nicht so dunkel, als wenn nur eine Lampe leuchten würde. Dieser Schattenraum und das Schattenbild sind aufgehellt.

In den **Kernschatten** fällt von keiner Lampe Licht. Der Schatten ist dunkler als die daneben liegenden Halbschatten. Beide Schatten sind scharf voneinander getrennt.

Das Zeichnen von Schatten

Für das Zeichnen von Schatten benötigst du die Lichtstrahlen, die an den Kanten des Hindernisses entlanglaufen. Die Randstrahlen trennen den beleuchteten Raum vom Schattenraum. Zur Vereinfachung wird bei der Beschriftung nicht mehr zwischen dem Schattenraum und dem Schattenbild unterschieden (→ Bild 6).

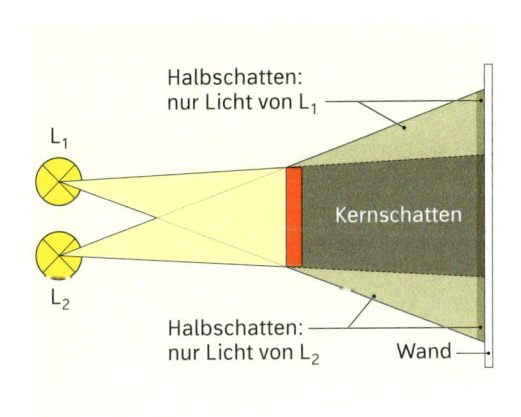

4 Zwei Schattenbilder eines Fußballspielers

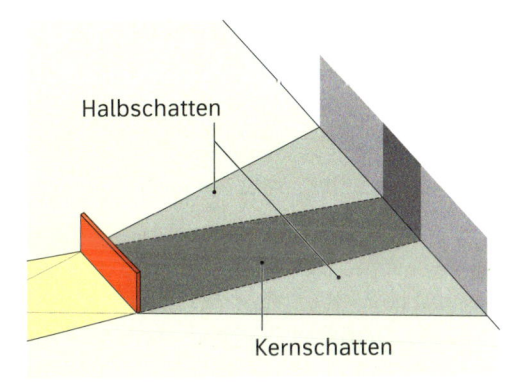

5 Zwei sich überlagernde Schattenbilder

6 Zeichnen von Schatten

> Bei zwei Lichtquellen können ein Kernschatten und zwei Halbschatten entstehen.

---

① Nenne drei Dinge, die für die Entstehung eines Schattenbildes notwendig sind.

② a) Erläutere die Begriffe Schattenraum und Schattenbild.
b) Erkläre die Unterschiede zwischen Schattenraum und Schattenbild.

③ a) Erkläre, was ein Kernschatten und was ein Halbschatten ist.
b) Nenne die Unterschiede zwischen dem Kernschatten und dem Halbschatten.

④ Beschreibe die Entstehung von Kernschatten und Halbschatten mit Bild 6.

⑤ Zeichne wie in Bild 6 die Schatten hinter einem Hindernis, die durch drei Lampen entstehen.

ÜBEN UND ANWENDEN

A Licht und Schatten

In Bild 1 wird ein Mann von Scheinwerfern angestrahlt.

1 Beschreibe in Bild 1, wie du den Halbschatten und den Kernschatten erkennst.

1 Nenne die Anzahl der verwendeten Scheinwerfer.

2 II Erkläre die Entstehung von Halbschatten und Kernschatten.

3 III Zeichne das Schattenbild in dein Heft und beschrifte die Halbschatten und den Kernschatten.

1 Die Schatten von zwei Beinen

FORSCHEN UND ENTDECKEN

A Wie entsteht ein Schattenbild?

Material: Taschenlampe, Geodreieck, Radiergummi (oder gleich großer Gegenstand), weißes Papier DIN A4

Durchführung:
Schritt 1: Falte das Papier wie in Bild 2.
Schritt 2: Schalte die Taschenlampe ein.
Schritt 3: Stelle den Radiergummi auf das Papier vor die Taschenlampe, so dass der Schatten auf die aufgestellte Hälfte des Papieres fällt.
Schritt 4: Wiederhole Schritt 2. Verwende jetzt das Geodreieck anstatt des Radiergummis.

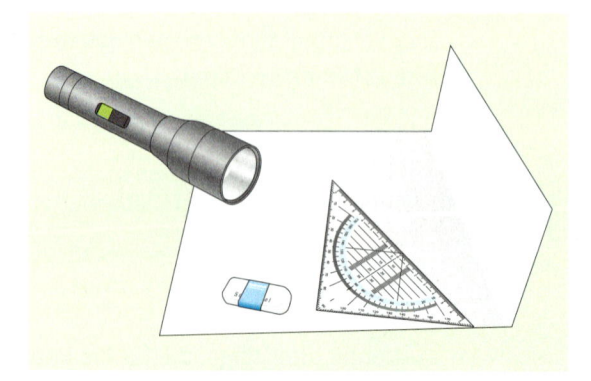

2 Versuchsmaterialien

1 Erläutere dein Vorgehen um ein Schattenbild zu erzeugen.

2 Beschreibe deine Beobachtungen.

3 II Formuliere deine Versuchsbeobachtung mit einem Je-desto-Satz.

FORSCHEN UND ENTDECKEN

B Können sich Schattenbilder überlagern?

Material: zwei Taschenlampen, helle Wand

Durchführung:
- Schritt 1: Leuchte mit beiden Lampen die Schattenbilder deines Mitschülers oder deiner Mitschülerin an die Wand.
- Schritt 2: Entferne die beiden Lampen möglichst weit voneinander.

Hinweis: Halte immer die gleiche Entfernung der Lampen zur Wand ein!

3 Versuchsaufbau

① Beschreibe deine Beobachtungen.

② Mit beiden Lampen soll nur ein Schattenbild entstehen. Wie kannst du das erreichen? Notiere dein Vorgehen.

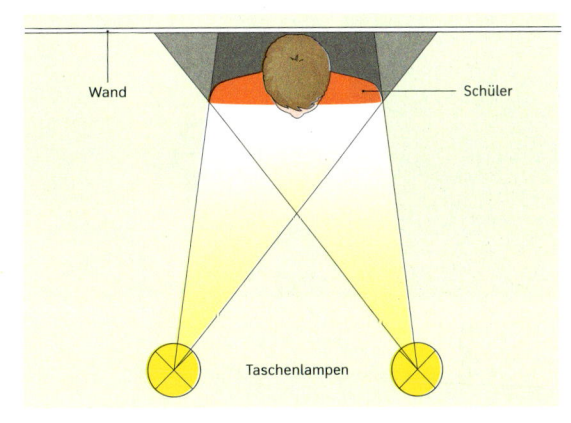

③ ❙❙ Fertige für die Endposition in Schritt 2 eine Zeichnung des Schattenbildes mithilfe der Randstrahlen an.

C Wie entstehen Halbschatten und Kernschatten?

Material: zwei Taschenlampen, weißes Blatt Papier, Radiergummi

Durchführung:
- Schritt 1: Baue den nebenstehenden Versuch auf (→ Bild 4).
- Schritt 2: Zeichne für die erste Lampe mit Bleistift und Lineal die Randstrahlen auf das Papier.
- Schritt 3: Färbe den dazugehörigen Schattenraum hellgrau. Schalte die Lampe wieder aus.
- Schritt 4: Wiederhole die Schritte 2 und 3 mit der zweiten Lampe.
- Schritt 5: Schalte beide Lampen wieder ein.

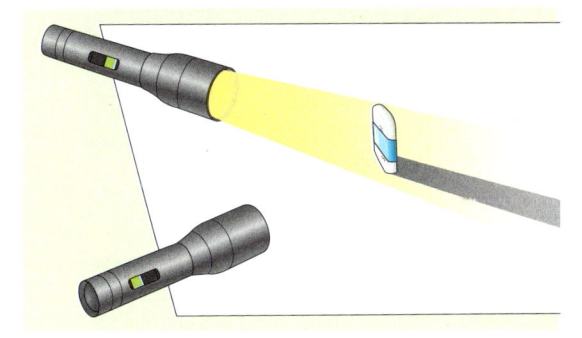

4 Versuchsaufbau mit zwei Lampen

Hinweis: Verändere die Position der Lampen während der Versuche nicht.

① Beschreibe deine Beobachtungen zu den Schritten 2 bis 5.

Starthilfe zu 1:
Randstrahlen, Schattenraum, beleuchteter Körper, dunkel, hell, …

② Ordne den entstandenen Schatten die Begriffe Halbschatten und Kernschatten zu.

1 Tag in Europa und Afrika, Nacht in Japan und Südostasien

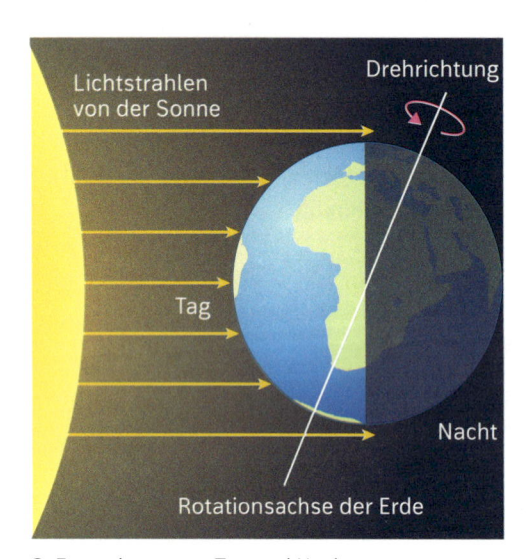

2 Entstehung von Tag und Nacht

Licht und Schatten im Weltall

Tag und Nacht auf der Erde

Das neue Jahr beginnt in Japan lange bevor in Deutschland Silvester gefeiert wird. Während in Deutschland die Menschen am Tag noch auf den Beginn des neuen Jahres warten, begann in Japan bereits das neue Jahr (→ Bild 1). Die Menschen in Japan befinden sich zu dieser Zeit auf dem Teil der Erde, der von der Sonne abgewandt ist. Ihr Erdteil liegt im Schattenraum der Erde (→ Bild 2).

Zur gleichen Zeit befindet sich Deutschland auf der sonnenzugewandten Seite der Erde. Dort ist es Tag.
Da sich die Erde um sich selbst dreht und dabei von der Sonne angestrahlt wird, ist immer nur eine Hälfte der Erde der Sonne zugewandt. Durch die Drehung der Erde um sich selbst, wechseln sich Tag und Nacht ab (→ Bild 3).

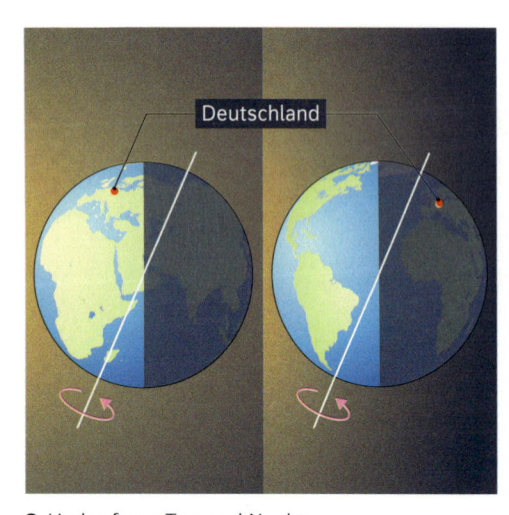

> Tag ist es auf der sonnenzugewandten Seite der Erde.
> Nacht ist es auf der sonnenabgewandten Seite der Erde.

3 Verlauf von Tag und Nacht

Akustische und optische Phänomene   **39**

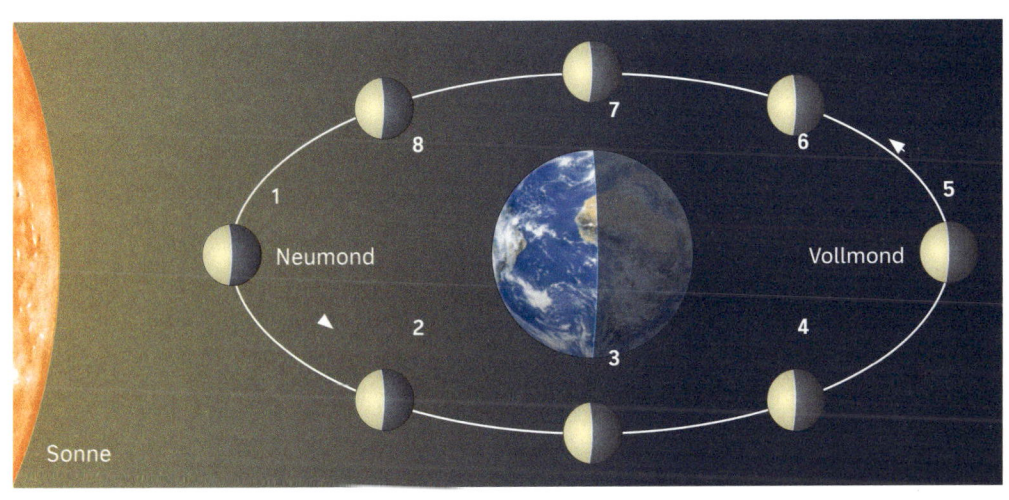

4 Die Positionen des Mondes während eines Monats.

Die Mondphasen

Der **Mond** dreht sich um die Erde. Für eine Umrundung benötigt er etwa 29,5 Tage. Der Mond wird dabei ständig zur Hälfte von der Sonne beleuchtet. Beobachtest du den Mond einen Monat lang, stellst du fest, dass du immer dieselben Krater auf seiner Oberfläche siehst. Die Rückseite des Mondes kann nie von der Erde aus gesehen werden.

Durch seine Drehung um die Erde, sehen wir immer nur einen Teil der beleuchteten Oberfläche des Mondes. Ist die beleuchtete Mondhälfte nur teilweise der Erde zugewandt, erscheint uns der Mond als Sichel oder Halbkreis. Er befindet sich in verschiedenen **Mondphasen.**

Neumond

Steht der Mond genau zwischen Sonne und Erde, ist **Neumond.** Die Sonne beleuchtet jetzt nur die erdabgewandte Seite des Mondes. Er ist dann fast nicht von der Erde zu sehen. Die erdzugewandte Seite des Mondes liegt dann im Schatten.

Vollmond

Schließlich ist die ganze beleuchtete Seite des Mondes zu sehen. Es ist **Vollmond.** Anschließend bewegt sich der Mond weiter um die Erde, bis er schließlich wieder genau zwischen Sonne und Erde steht. Der Mond hat die Erde einmal komplett umrundet.

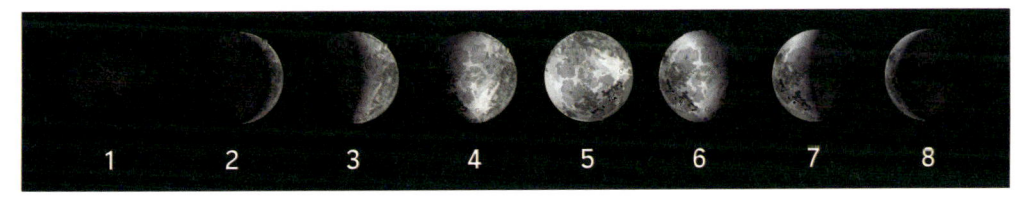

5 Die Mondphasen in den Positionen 1 – 8 wie in Bild 4

❶ Beschreibe mithilfe der Bilder 4 und 5 die Entstehung der Mondphasen.

❷ ❙❙ Beschreibe die Entstehung von Tag und Nacht.

❸ ❙❙ Erkläre die Begriffe Neumond und Vollmond.

❹ ❙❙ Beschreibe, wie Sonne, Mond und Erde bei Vollmond zueinander stehen.

FORSCHEN UND ENTDECKEN

A Wie entstehen Tag und Nacht?

Material: Globus, größere Lampe (Overhead-Projektor), Knete

Durchführung:
Schritt 1: Markiere auf dem Globus Deutschland und Japan jeweils mit einem Stück Knete.
Schritt 2: Beleuchte den Globus mit einer Lampe.
Schritt 3: Drehe den Globus langsam gegen den Uhrzeigersinn.

1 Der Tag- und Nacht-Versuch

1 Beschreibe die Lage von Deutschland in Bezug auf die Lichtquelle, wenn es in Japan Tag ist.

2 ❙❙ Drehe den Globus so, dass auf ihm in Deutschland gerade die Sonne untergeht.

B Wie entstehen die Mondphasen?

Material: Globus, Lampe, Papierkugel, Faden

Durchführung:
Schritt 1: Binde den Faden an die Papierkugel.
Schritt 2: Halte die Kugel zwischen Lampe und Globus. Die Papierkugel stellt den Mond dar.
Schritt 3: Bewege die Kugel langsam gegen den Uhrzeigersinn um den Globus herum. Betrachte dabei genau die Papierkugel.

2 Ein Modellversuch zu den Mondphasen

1 Beschreibe deine jeweilige Position bezüglich der Lampe, damit du deine Mondkugel in folgenden Phasen sehen kannst:
a) Vollmond.
b) Neumond.

2 ❙❙ Erkläre, dass du zur Neumondphase den Mond nicht am Nachthimmel sehen kannst.

IM ALLTAG **Digital+** Film/Animation

Mond- und Sonnenfinsternis

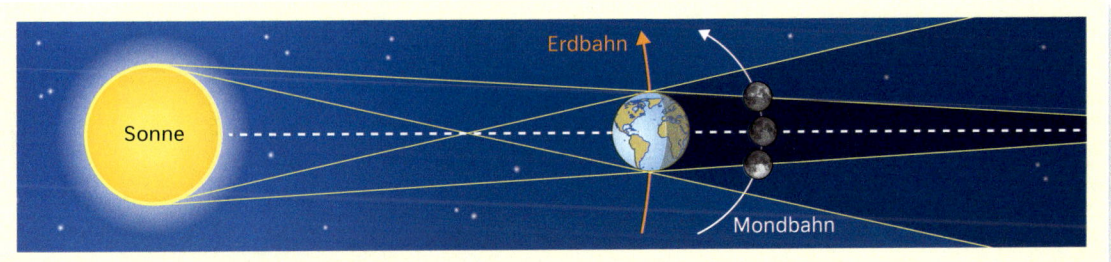

3 Die Position von Sonne, Erde und Mond bei einer Mondfinsternis

Die Mondfinsternis
Eine Mondfinsternis fasziniert die Menschen. Damit es zu einer Mondfinsternis kommen kann, müssen Sonne, Erde und Mond auf einer Linie liegen (→ Bild 3).

Befindet sich der Mond im Kernschatten der Erde, tritt eine **totale Mondfinsternis** auf. Sie kann nur bei Vollmond beobachtet werden. Bleibt ein Teil des Mondes beleuchtet, handelt es sich um eine **partielle Mondfinsternis.**

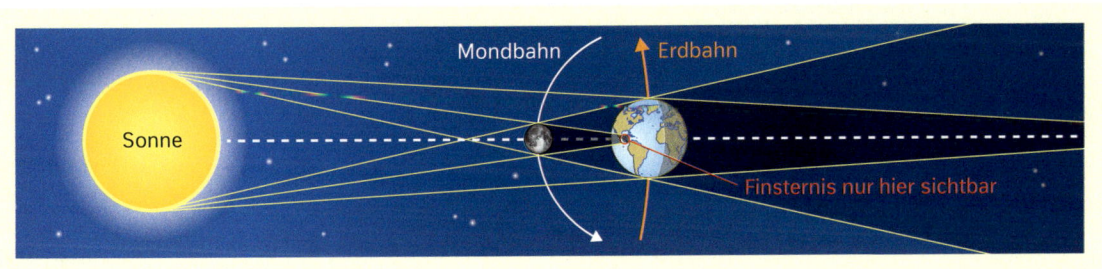

4 Die Position von Sonne, Mond und Erde bei einer Sonnenfinsternis

Die Sonnenfinsternis
Bei einer Sonnenfinsternis gerät der Mond auf seiner Umlaufbahn genau zwischen Sonne und Erde (→ Bild 4). Alle drei Himmelskörper liegen auf einer Linie. Allerdings ist der Mond nicht groß genug, um die ganze Tagseite der Erde mit seinem Kernschatten zu bedecken.

Eine **totale Sonnenfinsternis** ist deshalb nur in einem sehr kleinen Kernschattenbereich auf der Tagseite der Erde zu beobachten.
Bei einer **partiellen Sonnenfinsternis** ist die Sonne nur teilweise durch den Mond verdeckt. Dieser Halbschattenbereich ist etwas größer.

① Gib die Anordnung von Erde, Sonne und Mond
 a) für eine Mondfinsternis an.
 b) für eine Sonnenfinsternis an.

② Eine Mondfinsternis kann nur zu einer bestimmten Mondphase erfolgen. Nenne sie.

③ Erkläre, dass nicht alle Menschen auf der sonnenzugewandten Hälfte der Erde eine Sonnenfinsternis beobachten können.

1 Ein spiegelglatter See

Licht trifft auf Oberflächen

Licht breitet sich aus
Licht breitet sich geradlinig aus. Wenn es auf eine Oberfläche trifft, wird es unterschiedlich in deine Augen zurückgeworfen. Manche Oberflächen werfen viel Licht zurück, andere wenig. Diese Oberflächen verschlucken viel Licht.

Die Reflexion
Die Wasseroberfläche eines Sees kann wie ein Spiegel wirken (→ Bild 1). Ein sehr glatter Gegenstand lenkt viel Licht in deine Augen. Er **reflektiert** das Licht (→ Bild 2 A).

Die Streuung
Zerknitterst du eine Alufolie, ist die Oberfläche nicht mehr glatt. Licht, das auf die zerknitterte Oberfläche trifft, wird in verschiedene Richtungen gelenkt. Das Licht wird **gestreut** (→ Bild 2 B).

Die Absorption
Eine schwarze Jacke siehst du bei Nacht schlecht. Denn die Oberfläche ist dunkel und rau. Sie verschluckt das meiste Licht. Das Licht wird **absorbiert** (→ Bild 2 C).

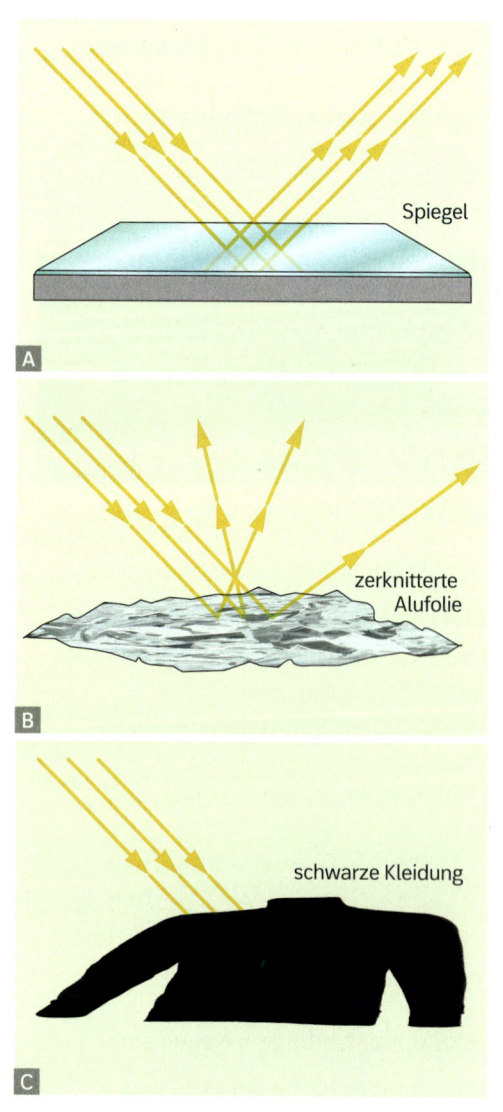

2 **A** Reflexion, **B** Streuung, **C** Absorption

Akustische und optische Phänomene 43

Reflexion an glatten Oberflächen

In dem See in Bild 1 spiegelt sich die Natur. Dieses Spiegelbild entsteht, weil das Licht an der glatten Oberfläche des Wassers reflektiert wird. Der Weg, den das Licht bei einer Reflexion nimmt, wird mit dem **Reflexionsgesetz** beschrieben.

In Bild 3 siehst du ein Modell der Reflexion von Licht. Der **Einfallswinkel α** gibt an, in welchem Winkel das Licht auf die Oberfläche trifft. Der **Reflexionswinkel β** gibt an, in welchem Winkel das Licht von der Oberfläche reflektiert wird. Der Einfallswinkel ist immer genauso groß wie der Reflexionswinkel. Für die Messung benötigst du eine Hilfslinie, das **Lot.** Es ist eine senkrechte Linie zur Spiegelfläche. Dort, wo das Lot auf die glatte Fläche trifft, wird das Licht reflektiert.

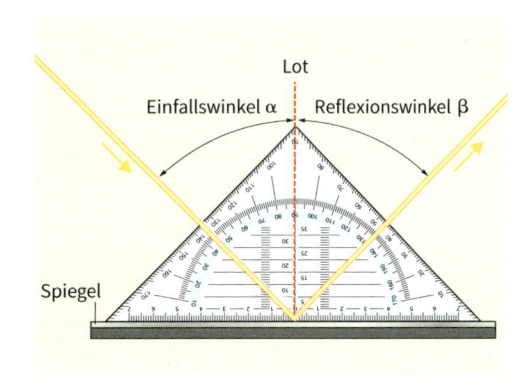

3 Das Reflexionsgesetz als Modell

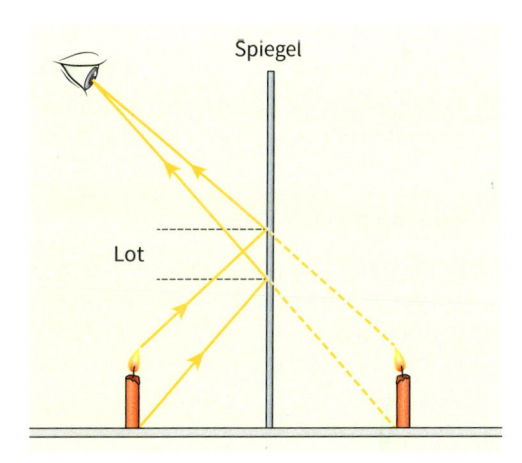

Spiegelbilder

Spiegel sind besonders glatte Flächen. Sie bestehen aus Glasscheiben, die einseitig mit einem Metall beschichtet sind. Spiegel erzeugen ein **Spiegelbild** von dem, was vor ihnen steht. Das Bild ist gleich groß. In Bild 4 wird eine Kerze gespiegelt. Für eine einfachere Darstellung werden in dem Modell nur zwei Lichtstrahlen gezeigt. In Wirklichkeit strahlt die Kerze Licht in alle Richtungen ab. Wenn du in den Spiegel schaust, scheint es, als ob die Kerze hinter dem Spiegel steht. Du weißt aber, dass dort in Wirklichkeit keine Kerze ist. Es handelt sich dabei um ein **virtuelles Bild.**

4 Spiegelbild einer Kerze

> **Reflexionsgesetz:**
> Bei der Reflexion von Licht sind der Einfallswinkel α und der Reflexionswinkel β gleich groß: α = β.
> Der einfallende Strahl, das Lot und der reflektierte Strahl liegen in einer Ebene.

❶ Betrachte deinen Schulrucksack und nenne Oberflächen, die das Licht reflektieren, streuen und absorbieren.

❷ Zeichne mit einem Geodreieck wie ein Lichtstrahl reflektiert wird, der mit einem Einfallswinkel von 45° auf einen Spiegel trifft. Zeichne auch das Lot und beschrifte beide Winkel.

❸ Erkläre, wieso in Bild 1 sich die Landschaft im See spiegelt.

❹ Beschreibe, wie sich Licht an diesen Oberflächen verhält:
  a) weiße, raue Hauswand
  b) dunkler Asphalt auf der Straße
  c) Display eines Smartphones

Starthilfe zu 4:
Verwende die Begriffe: reflektiert, gestreut, absorbiert, glatt, dunkel, rau, Oberfläche

ÜBEN UND ANWENDEN

A Die Sonne nutzen

Die Energie der Sonne kann auf vielfältige Weise genutzt werden. In manchen Regionen der Erde gibt es aber keinen Strom. Um dort Essen oder Wasser zu erwärmen, nutzen die Menschen zum Beispiel **Solaröfen** (→ Bild 1 A).
In **Solarkollektoren** verlaufen Rohre, die Wasser enthalten (→ Bild 1 B). Sie sind mit der Heizung des Hauses verbunden.

1. Beschreibe, wie die Energie der Sonne in den Bildern 1A und 1B genutzt wird.
2. Erkläre, weshalb die Geräte in Bild 1 unterschiedlich gebaut sind.
3. Recherchiere Beispiele aus dem Alltag, in denen Reflexion, Streuung und Absorption genutzt werden.

1 Die Sonne nutzen: **A** Solarofen, **B** Solarkollektor

B Sicherheit bei Dunkelheit

Bei Dunkelheit ist es besonders im Straßenverkehr wichtig, dass du gesehen wirst. Es passieren immer wieder Unfälle, weil Autofahrer Fußgänger oder Radfahrer zu spät sehen.
Damit du auch bei Dunkelheit gut im Straßenverkehr zu erkennen bist, solltest du zu deiner Sicherheit leuchtendes oder reflektierendes Material tragen. Reflektoren wie an einer Warnweste oder Reflektorstreifen auf der Jacke, reflektieren das Licht in die Richtung, aus der es kommt.

1. Auf den Bildern 2A bis 2D sind verschiedene Verkehrssituationen abgebildet. Beschreibe, auf welchen Bildern die Verkehrsteilnehmer gut sichtbar sind und warum sie es sind.
2. Nenne weitere Beispiele für Maßnahmen, welche die Sicherheit im Verkehr durch Reflexion erhöhen.

2 Gut sichtbar im Straßenverkehr

Akustische und optische Phänomene 45

FORSCHEN UND ENTDECKEN

A Reflexion und Streuung

Material: ein glattes Stück Alufolie und ein zerknittertes Stück Alufolie, Taschenlampe

Durchführung:
Schritt 1: Lege die beiden Stücke Alufolie auf den Tisch.
Schritt 2: Beleuchte im dunklen Raum die beiden Alufolien mit der Taschenlampe aus verschiedenen Richtungen.

1. Beschreibe deine Beobachtungen.
2. Erkläre deine Beobachtungen.
3. Nenne weitere Materialien oder Gegenstände, die besonders gut reflektieren.

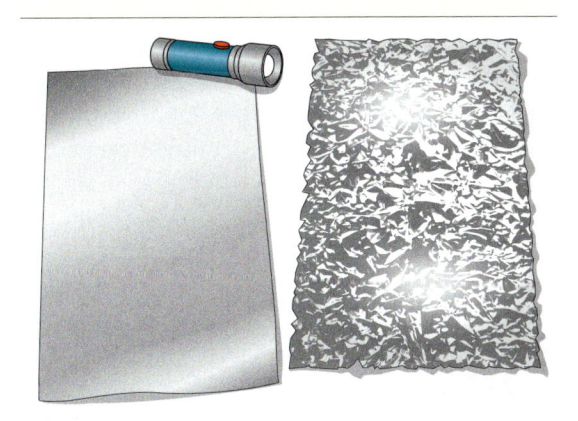

3 Glatte und zerknitterte Alufolie

B Bau einer Mini-Solarheizung

Die Wärme der Sonne kannst du mit einer Mini-Solarheizung nachweisen. Führe den Versuch an einem sonnigen Tag durch.

Material: dickes Papier (10 cm x 10 cm), Alufolie (10 cm x 10 cm), Zirkel, Schere, Kleber

Durchführung:
Schritt 1: Klebe das Papier auf die Alufolie.
Schritt 2: Zeichne mit dem Zirkel zwei Kreise auf das Papier. Sie haben denselben Mittelpunkt und die Durchmesser von 2 cm und 9 cm.
Schritt 3: Schneide beide Kreise aus. Schneide einmal vom Rand zur Mitte (→ Bild 4 A).
Schritt 4: Forme aus dem Kreis einen Trichter und klebe die Ränder zusammen.
Schritt 5: Stecke einen Finger in den Trichter. Zeige damit auf die Sonne (→ Bild 4 B).

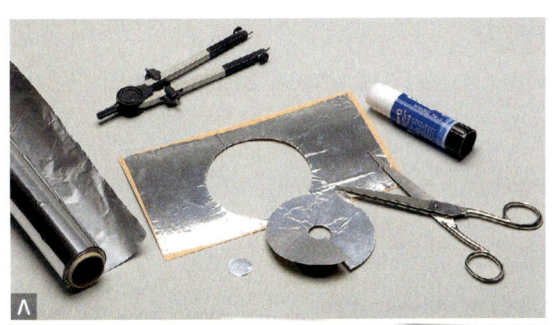

4 Eine Solarheizung: **A** Bau, **B** fertige Heizung

1. Notiere und erkläre deine Beobachtungen.

Auf einen Blick: Akustische und optische Phänomene

Schall und Schallausbreitung

Sender-Empfänger-Modell: Der Schall wird von einem **Schallsender** ausgesendet und in einem Schallüberträger mit **Schallgeschwindigkeit** zum **Schallempfänger** übertragen. Im Schallüberträger werden die Schwingungen auf Teilchen weitergegeben. Die Teilchen können Luft, Wasser oder ein anderer Stoff sein.

Lautstärke und Tonhöhe

Ein Ton kann unterschiedlich klingen. Je größer die **Amplitude** ist, desto lauter ist der Ton. Je größer die **Frequenz** ist, desto höher ist der Ton.

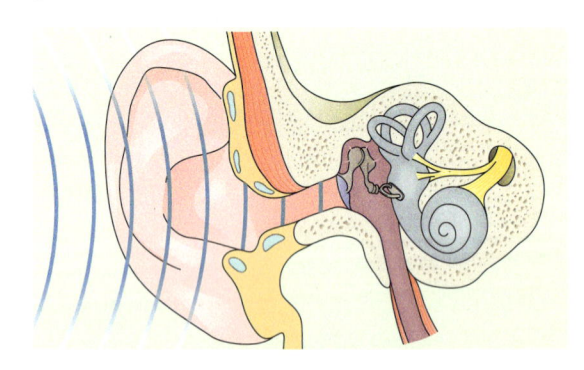

Die Ohren als Schallempfänger

Mit den **Ohren** hören wir. Die Ohrmuscheln nehmen den Schall auf und leiten ihn an das Mittelohr weiter. Das Trommelfell kommt durch Schall in Schwingung. Die Gehörknöchelchen leiten diese Schwingungen in das Innenohr. Nerven leiten die Signale ins Gehirn.

Ein verstopfter Gehörgang kann das Hören verschlechtern. Zu viel **Lärm** kann das Gehör dauerhaft schädigen.

Licht überträgt Informationen

Sender-Empfänger-Modell: Licht hat eine Signalwirkung. Das Licht überträgt dabei eine festgelegte Information. Eine Lichtquelle wie eine Ampel ist ein **Lichtsender.** Die Augen empfangen das Licht. Sie sind **Lichtempfänger.** Zwischen Sender und Empfänger werden Informationen mit **Lichtgeschwindigkeit** übertragen.

Selbstleuchtende und beleuchtete Körper

Selbstleuchtende Körper können Licht erzeugen. Sie strahlen Licht ab. Die Sonne ist wie eine Taschenlampe ein selbstleuchtender Körper. Die Sonne ist eine **natürliche Lichtquelle,** die Taschenlampe eine **künstliche Lichtquelle.**

Beleuchtete Körper können Licht nicht selbst erzeugen. Sie werden beleuchtet und können gesehen werden, weil sie das Licht reflektieren. So muss eine Buchseiten beim Lesen vom Licht einer Taschenlampe angestrahlt werden. Das reflektierte Licht gelangt in deine Augen und du siehst die Buchseite.

WICHTIGE BEGRIFFE
- Schall, Schallausbreitung
- Schallgeschwindigkeit
- Amplitude, Frequenz
- Ohr, Trommelfell, Gehörknöchelchen
- Hören, Lärmschutz

WICHTIGE BEGRIFFE
- Sender-Empfänger-Modell
- Lichtgeschwindigkeit
- selbstleuchtender und beleuchteter Körper
- natürliche und künstliche Lichtquelle

Akustische und optische Phänomene

Das Modell Lichtstrahl

Licht ist **nicht sichtbar.** Es breitet sich **geradlinig** und **in alle Richtungen** aus. Trifft ein Lichtbündel auf eine Oberfläche, entsteht dort ein Lichtfleck. Das Lichtbündel wird in einem Modell durch die **Randstrahlen** begrenzt. **Lichtstrahlen** werden vereinfacht als Linien gezeichnet und sind nur eine Modellvorstellung.

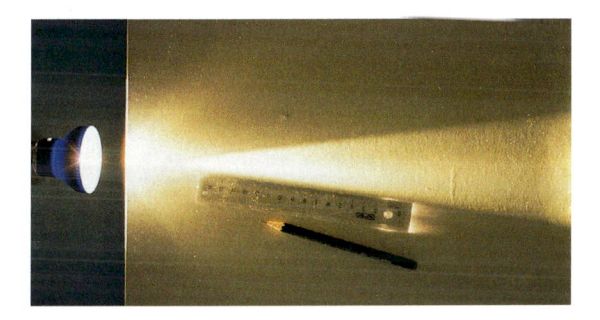

Licht und Schatten

Trifft Licht auf einen undurchsichtigen Gegenstand, entsteht dahinter ein **Schattenraum.** Strahlen zwei Lichtquellen auf den Gegenstand, entstehen ein **Kernschatten** und **Halbschatten.**

Im Weltraum entstehen je nach Lage der Planeten Schatten. Auf der sonnenzugewandten Seite der Erde ist **Tag,** auf der anderen Seite ist **Nacht.** Der Mond bewegt sich um die Erde. Ist die beleuchtete Mondhälfte teilweise oder vollständig der Erde zugewandt, entstehen die **Mondphasen.** Bei **Vollmond** steht der Mond hinter der Erde. Bei **Neumond** steht der Mond zwischen Sonne und Erde. Seine erdzugewandte Seite liegt im Schatten.

Licht trifft auf Oberflächen

Licht wird von Oberflächen unterschiedlich zurückgeworfen. Bei der **Reflexion** wird fast das ganze Licht zurückgeworfen. Bei der Reflexion an einem Spiegel entsteht eine **virtuelles Spiegelbild.**
Bei der **Streuung** wird Licht in viele verschiedene Richtungen gelenkt. Bei der **Absorption** wird das ganze Licht vom beleuchteten Körper verschluckt.

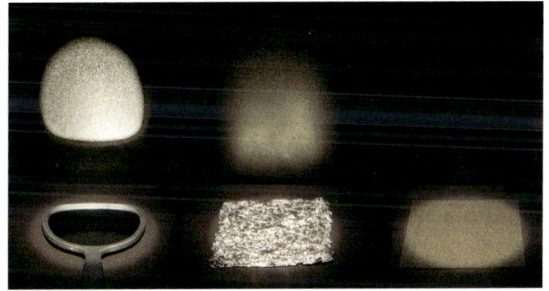

Das Reflexionsgesetz

Bei der Reflexion von Licht sind der Einfallswinkel α und der Reflexionswinkel β gleich groß: $\alpha = \beta$. Der einfallende Strahl, das Lot und der reflektierte Strahl liegen in einer Ebene.

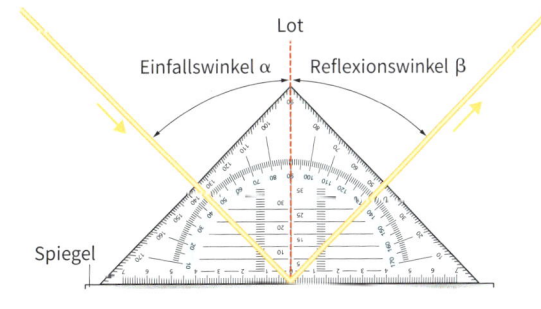

> **WICHTIGE BEGRIFFE**
> - Modell Lichtstrahl
> - Lichtbündel, Randstrahlen
> - Schattenraum und Schattenbild
> - Halbschatten und Kernschatten
> - Mondphasen, Vollmond, Neumond

> **WICHTIGE BEGRIFFE**
> - Reflexion, Streuung, Absorption
> - virtuelles Spiegelbild
> - Reflexionsgesetz
> - Einfallswinkel, Reflexionswinkel, Lot

Auf einen Blick

Lerncheck: Akustische und optische Phänomene

Der Schall und die Ohren

1 Erkläre die Entstehung, die Ausbreitung und das Empfangen von Schall.

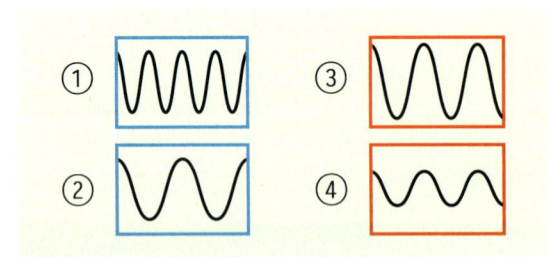

2 Vergleiche die Schwingungsbilder. Ordne die Töne ① bis ④ zu.
  a) lauter Ton   b) leiser Ton
  c) hoher Ton   d) tiefer Ton

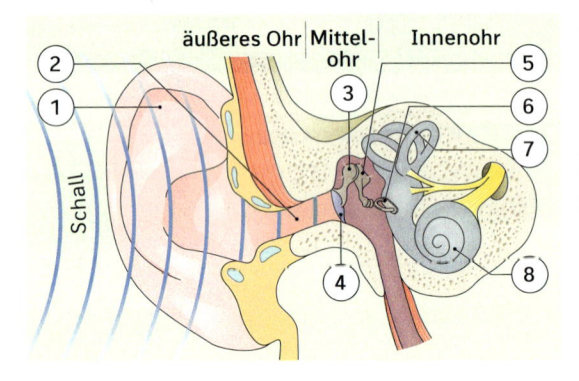

3 Nenne die Teile ① bis ⑧ des äußeren Ohres, des Mittelohres und des Innenohres.

4 Beschreibe anhand des Bildes, wie ein Höreindruck entsteht.

5 Nenne Gefahren, die dein Gehör verschlechtern oder sogar schädigen können.

DU KANNST JETZT ...

- ... die Entstehung und Ausbreitung von Schall erklären.
- ... Mit Schwingungsbildern Frequenz und Amplitude von Tönen beschreiben.
- ... den Bau und die Funktionsweise des Ohres beschreiben.
- ... Gefahren für dein Gehör benennen.

Sender-Empfänger-Modell

6 Nenne Beispiele für selbstleuchtende und beleuchtete Körper.

7 Schreibe zwei natürliche und zwei künstliche Lichtquellen auf.

8 Nenne Beispiele zu Informationen, die das Licht übertragen kann.

9 Beschreibe den Weg des Lichtes an einem Beispiel mit dem Sender-Empfänger-Modell.

10 Nenne zwei Möglichkeiten, mit denen du den Weg des Lichtes von einer Lichtquelle sichtbar machen könntest.

11 Nenne die Eigenschaften des Lichtes.

12 Zeichne, wie aus einem Lichtbündel durch unterschiedliche Blenden ein Lichtstrahl wird. Beschrifte deine Zeichnung mit den Begriffen: Lichtquelle, Lochblende, Lichtbündel, Randstrahlen, Lichtstrahl.

13 Begründe, dass das Modell Lichtstrahl eine vereinfachte Darstellung des Lichtweges ist.

DU KANNST JETZT ...

- ... selbstleuchtende und beleuchtete Körper benennen.
- ... das Sender-Empfänger-Modell erklären und Beispiele zuordnen.
- ... die Eigenschaften des Lichtes nennen.
- ... das Modell Lichtstrahl beschreiben und zeichnerisch anwenden.

Licht und Schatten

14 Erkläre die Begriffe Schatten, Schattenraum und Schattenbild.

15 Beschreibe jeweils einen Versuch, bei dem
a) ein Kernschatten und zwei Halbschatten,
b) zwei Halbschatten entstehen.

16 a) Die Flutlichtanlage ist an jeder Ecke eines Sportplatzes aufgebaut. Gib die Anzahl der Schatten an, die von jedem Spieler entstehen.
b) Gib die Himmelsrichtung des Schattens eines Spielers an, der durch den Lichtmast im Osten des Spielfeldes erzeugt wird.

17 Erkläre die Entstehung von Tag und Nacht.

18 Erkläre wie Sonne, Mond und Erde zueinander stehen bei:
a) Vollmond,
b) Neumond,
c) Mondfinsternis,
d) Sonnenfinsternis.

19 Erkläre die Aussage: Bei einer Mondfinsternis wird das Sonnenlicht für den Mond von der Erde abgefangen.

20 Erkläre den Unterschied zwischen einer totalen und einer partiellen Mondfinsternis.

> **DU KANNST JETZT ...**
> - ... die Entstehung von Schatten und Schattenräumen erläutern.
> - ... die Entstehung von Tag und Nacht auf der Erde erklären.
> - ... die Entstehung von Mondphasen und Finsternissen erklären.

Licht trifft auf Oberflächen

21 a) Erkläre die Begriffe Reflexion, Streuung und Absorption.
b) Nenne zu jedem Begriff ein Beispiel.

22 a) Zeichne die Reflexion eines Lichtstrahls an einem Spiegel. Beschrifte deine Zeichnung mit den Begriffen: Spiegel, Einfallswinkel, Reflexionswinkel und Lot.
b) Schreibe das Reflexionsgesetz unter deine Zeichnung.

23 a) Ein Lichtstrahl fällt mit einem Einfallswinkel $\alpha = 34°$ auf einen Spiegel. Gib das Maß von β an.
b) Ein reflektierter Strahl verlässt einen ebenen Spiegel in einem Winkel von 17°. Gib das Winkelmaß von α an.

24 Ein Spiegel steht senkrecht auf einem anderen Spiegel. Auf den ersten Spiegel fällt ein Lichtstrahl mit $\alpha = 45°$. Fertige eine Zeichnung an. Triff eine Aussage zum letzten reflektierten Strahl.

25 Beschreibe die Eigenschaften eines Spiegelbildes.

> **DU KANNST JETZT ...**
> - ... die Begriffe Reflexion, Streuung und Absorption erklären.
> - ... das Reflexionsgesetz formulieren und bei Zeichnungen anwenden.
> - ... ein Spiegelbild mit seinen Eigenschaften beschreiben.
> - ... den Begriff virtuelles Bild erklären.

Lerncheck

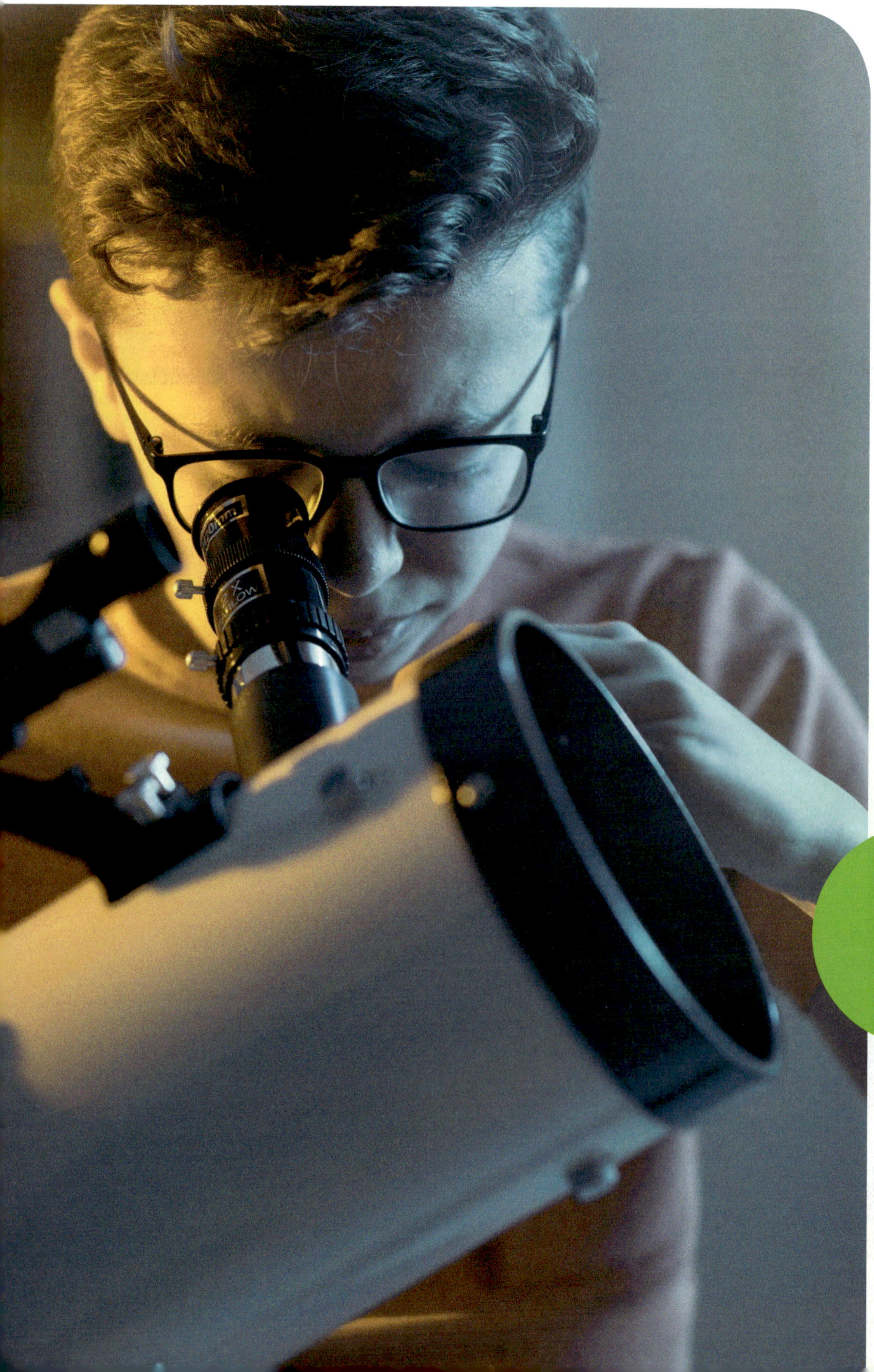

Optische Instrumente

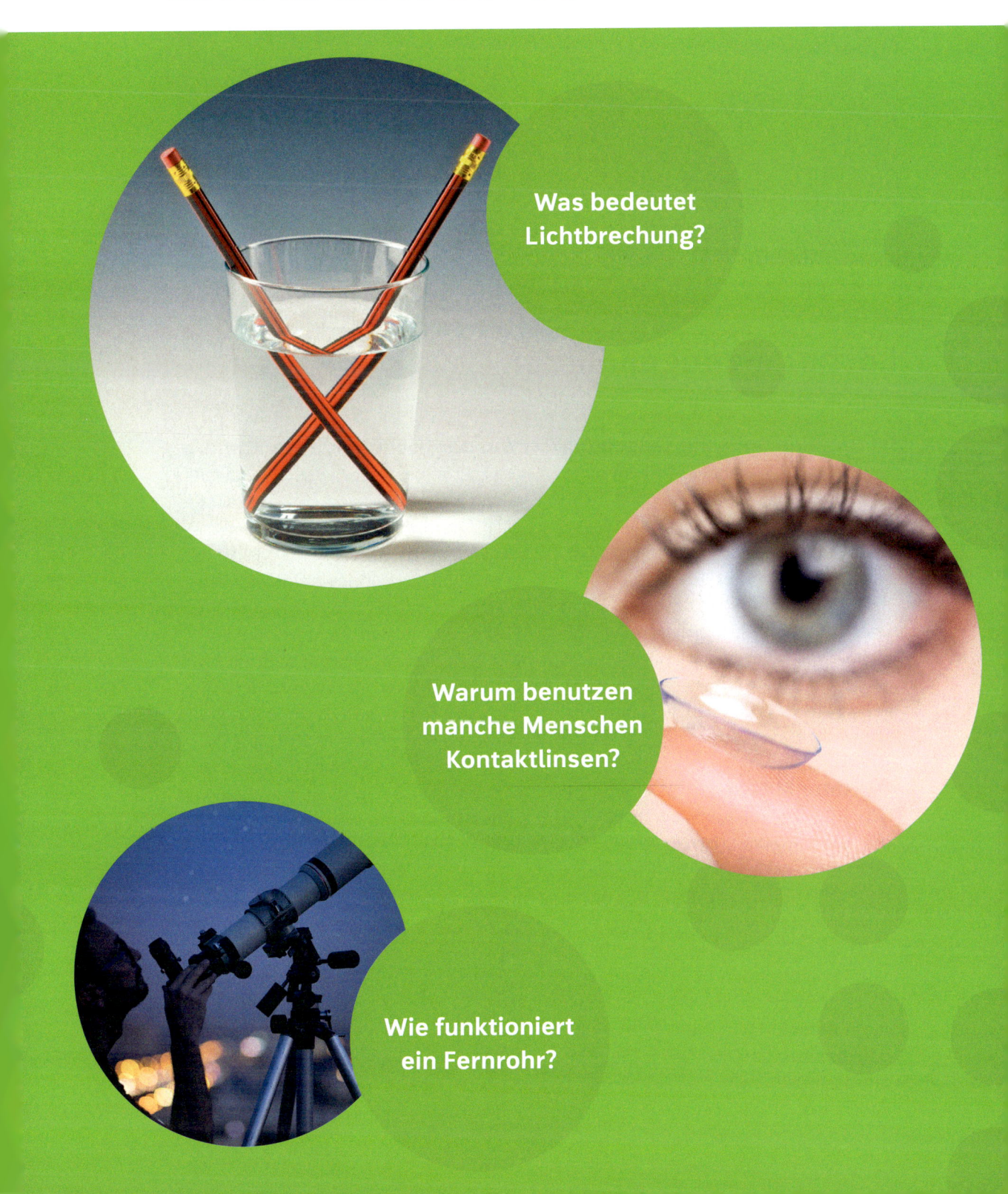

Was bedeutet Lichtbrechung?

Warum benutzen manche Menschen Kontaktlinsen?

Wie funktioniert ein Fernrohr?

1 Das Bild der Umgebung durch eine Lochblende

Löcher erzeugen Bilder

Ist das eine optische Täuschung?
Das Bild an der Wand von Bild 1 stammt nicht von einem Projektionsapparat. Es ist die Abbildung der Umgebung. Allerdings ist diese Abbildung seitenverkehrt und steht auf dem Kopf.
Die Verdunkelung am Fenster hat ein kleines Loch. So ein Loch kann in diesem Fall als **Lochblende** bezeichnet werden. Das Licht aus der Umgebung dringt geradlinig durch die Lochblende und bilden die Umgebung auf der Wand ab.

Die Natur abbilden
Vor rund 700 Jahren wurde die Lochkamera zur Beobachtung der Sonne genutzt. So mussten die Menschen nicht mit bloßem Auge in das helle Licht blicken. Das Bild der Sonne wurde auf eine Fläche projiziert.

In der Renaissance im 15. – 16. Jahrhundert beschäftigten sich die Menschen viel mit der Natur. Zeichner und Maler nutzten **Lochkameras,** um Dinge abzubilden und dann nachzuzeichnen. Die Zeichnungen wurden dadurch naturgetreu. (→ Bild 2)

Von der Lochblende zur Kamera
Die Lochkamera ist ein großer Raum mit einem kleinen Loch in einer Wand. Auf der gegenüberliegenden Wand erscheint dann das Bild der Umgebung. Der Maler kann dieses Bild nun auf eine Leinwand übertragen.
Eine dunkle, finstere Kammer heißt auf Latein **Camera obscura.** So hat die Lochkamera ihren Namen bekommen. Im Laufe der Zeit haben sich die Lochkameras und die gesamte Technik der Fotografie weiterentwickelt. Der Name Kamera aber wird bis heute beibehalten. Auch heute findest du als Attraktion in manchen Städten noch eine Camera obscura.

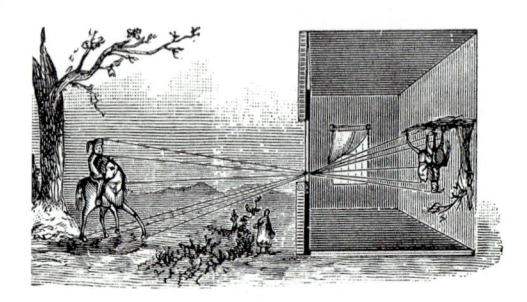

2 Skizze einer Camera obscura

Die Bildentstehung an einer Lochblende

Ein sichtbarer Gegenstand sendet Licht in alle Richtungen aus. Steht eine Kerze vor einer Lochblende, fällt von jeder Stelle der Kerze Licht durch die Blende auf die Wand oder einen Schirm. Dort entsteht ein kleiner Lichtfleck von der entsprechenden Stelle der Kerze (→ Bild 3). Aus diesen Lichtflecken setzt sich dann das Bild zusammen.

Der Verlauf der Lichtbündel

Den Verlauf der Lichtstrahlen kannst du wie in Bild 4 zeichnen. Die Lichtstrahlen verlaufen immer geradlinig. Der Lichtstrahl von der Kerzenspitze trifft daher unten auf den Schirm. Der Lichtstrahl vom unteren Teil der Flamme trifft weiter oben auf den Schirm. Das Bild steht auf dem Kopf. Rechts und links werden ebenfalls vertauscht. Das Bild ist also seitenverkehrt.

Die Helligkeit

Die Lochblende ist klein. Daher kann nur wenig Licht einfallen und das Bild ist lichtschwach, aber scharf. Bei einer Lochblende mit einem größeren Durchmesser fällt mehr Licht durch die Lochblende. Dadurch weiten sich die Lichtbündel auf, die durch die Blende fallen. Sie erzeugen auf dem Schirm größere Lichtflecken, die sich überlagern. Das Bild wird zwar heller, aber unschärfer.

3 Licht fällt durch eine Lochblende.

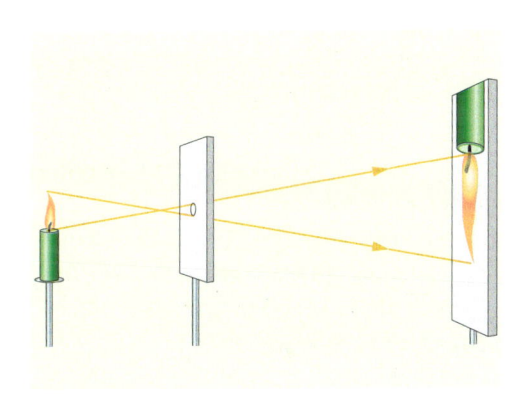

4 Verlauf der Lichtstrahlen an einer Lochblende

> **Das Bild durch eine Lochblende:**
> ist seitenverkehrt,
> steht auf dem Kopf,
> ist scharf, aber lichtschwach oder
> unscharf, aber lichthell.

---

❶ Nenne eine wichtige Erfindung, die durch die Camera obscura möglich wurde.

❷ a) Nenne die Eigenschaften des Bildes, das hinter einer Lochblende auf einem Schirm aufgefangen werden kann.
b) Beurteile die Änderung des Bildes in Abhängigkeit von der Lochgröße.

❸ ‖ Erkläre, zu welchem Zweck Maler und Zeichner eine Camera obscura benutzten.

❹ ‖ Erstelle eine Skizze von einer Tasse, von der hinter einer Lochblende ein Bild auf einem Schirm entsteht. Zeichne den Verlauf eines Lichtbündels ein, das vom Henkel ausgeht.

Starthilfe zu 4:
Betrachte dazu Bild 4.

FORSCHEN UND ENTDECKEN

A Eine Lochkamera bauen

Material: Pappröhre (z. B. von einer Haushaltspapierrolle), schwarze Pappe, Nähnadel, Transparentpapier, Klebeband, Schere, weißer Stift

Durchführung:

Schritt 1: Schneide ein Stück schwarze Pappe zurecht. Es soll einmal um die Pappröhre gewickelt werden und etwa die Länge der Röhre haben.

Schritt 2: Wickele das Pappstück so fest um deine Pappröhre, dass es sich gerade noch verschieben lässt. Klebe es mit dem Klebeband zusammen, sodass eine zweite Pappröhre entsteht (→ Bild 1B).

Schritt 3: Zeichne auf schwarze Pappe und Transparentpapier mithilfe der Pappröhre einen Kreis.

Schritt 4: Schneide die beiden Kreise im Radius etwa 0,5 cm größer aus.

Schritt 5: Schneide Zacken in diese Teile bis zur Kreislinie (→ Bild 1C).

Schritt 6: Befestige den schwarzen Kreis (Lochblende) mit Klebeband an der schwarzen Pappröhre und den Transparentpapierkreis (Mattscheibe) an der anderen Pappröhre.

Schritt 7: Stich mit der Nadel ein Loch in die Mitte der Lochblende.

1 Vom Material zur fertigen Lochkamera

1. Betrachte deine Umgebung mit der Lochkamera.
2. Betrachte immer aus der selben Entfernung einen hellen Gegenstand. Verändere die Länge der Kamera durch Zusammenschieben und Auseinanderziehen der Röhren. Beschreibe die Veränderung des Bildes auf der Mattscheibe.
3. Beschreibe die Veränderung des Bildes auf der Mattscheibe, wenn du mit der Kamera näher an den beobachteten Gegenstand herangehst und dich wieder entfernst.

Optische Instrumente 55

FORSCHEN UND ENTDECKEN

B Wie lässt sich das Bild der Lochkamera verändern?

Material: Camera obscura aus dem vorherigen Versuch, verschieden dicke Nähnadeln, Schere

Durchführung:

Schritt 1: Schneide einen rechteckigen Pappstreifen zurecht (→ Bild 2).
Schritt 2: Stich mit den verschiedenen Nadeln Löcher in den Streifen.
Schritt 3: Vergrößere das Loch in der Blende der Kamera so, dass es etwas größer ist als das größte Loch deiner Nadel.
Schritt 4: Halte den Lochstreifen so vor die Blende deiner Lochkamera, dass Licht durch eines der Löcher auf die Mattscheibe fallen kann.
Schritt 5: Betrachte einen hellen Gegenstand durch die verschieden großen Löcher.

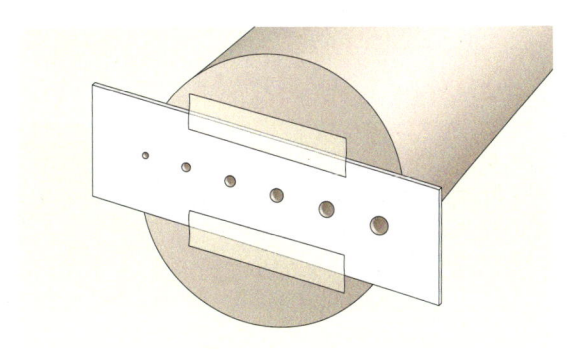

2 Eine Camera obscura mit veränderbarer Lochblende

Schritt 6: Wiederhole den Schritt 4 und den Schritt 5 mit den anderen Löchern in den Lochblenden.

❶ Erkläre die Veränderung des Bildes in Abhängigkeit von der Größe der Lochblende.

ÜBEN UND ANWENDEN

A Mithilfe einer Lochblende zeichnen

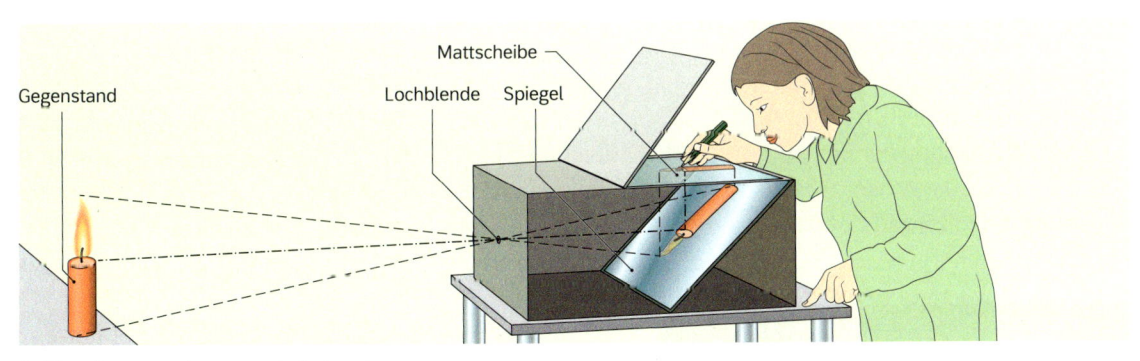

3 Eine Camera obscura mit Spiegel

Die Camera obscura, die früher von Zeichnerinnen und Zeichnern verwendet wurde, hatte eine Lochblende und oft auch einen Spiegel (→ Bild 3). Damit konnten Dinge gespiegelt und auf eine Mattscheibe zum Nachzeichnen abgebildet werden.

❶ Erstelle eine Skizze wie in Bild 3 und zeichne den Verlauf der Lichtstrahlen von zwei Punkten am Gegenstand zum Spiegel und vom Spiegel zur Mattscheibe ein.

❷ Vergleiche die Eigenschaften von dem Bild auf der Mattscheibe mit denen des Bildes, das nur von einer Lochblende erzeugt wird.

1 Optische Täuschung durch Lichtbrechung.

Die Lichtbrechung

Der doppelte Pinguin

Der Bauch des Pinguins in Bild 1 scheint viel tiefer im Wasser zu liegen, als es der Kopf vermuten lässt. Grund ist die unterschiedliche Dichte von Luft und Wasser. In durchsichtigen Stoffen wie Luft, Wasser und Glas breitet sich Licht geradlinig aus. Der Übergang von einem Stoff zum anderen ist die **Grenzfläche.** Trifft Licht auf eine Grenzfläche, ändert sich seine Richtung. Das Licht wird **gebrochen.** Der Vorgang ist die **Lichtbrechung.** Ein Teil des Lichtes wird dabei an der Grenzfläche reflektiert. Für die Beschreibung der Brechung des Lichtes werden die Winkel zwischen Lichtbündel und **Einfallslot** gemessen (→ Bild 2).

Die Winkel bei der Lichtbrechung

Der Winkel zwischen einfallendem Lichtbündel und Einfallslot ist der Einfallswinkel. Der Winkel zwischen dem Lot und dem gebrochenen Lichtbündel heißt **Brechungswinkel.** Bei großen Einfallswinkeln ist die Brechung stärker, als wenn das Licht fast senkrecht auf die Grenzfläche fällt. Beim Übergang des Lichtes von Luft in Wasser ist der Einfallswinkel größer als der Brechungswinkel. Das Licht wird **zum Lot hin** gebrochen. Beim Übergang von Wasser in Luft ist der Einfallswinkel kleiner als der Brechungswinkel. Das Licht wird **vom Lot weg** gebrochen. (→ Bild 3)
Bei der Reflexion ist der Reflexionswinkel immer so groß wie der Einfallswinkel.

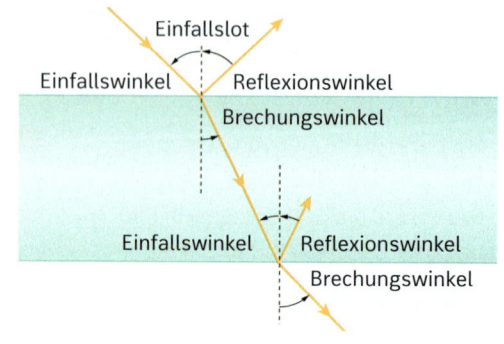

2 Licht durchdringt Luft – Wasser – Luft.

3 Lichtweg durch Luft – Wasser – Luft

Optische Instrumente 57

Die optische Dichte

Durchsichtige Stoffe wie Luft, Wasser und Glas sind **optische Medien.** Jedes optische Medium hat eine andere **optische Dichte.** Je höher die optische Dichte des Mediums ist, desto langsamer breitet sich das Licht darin aus. Also ist Licht in Luft schneller als Licht in Wasser.

Beim Übergang in ein **optisch dichteres** Medium wird das Licht zum Lot hin gebrochen. Geht Licht in ein **optisch dünneres** Medium über, wird das Licht vom Lot weggebrochen. Wasser ist optisch dichter als Luft. Deshalb scheint der Bleistift im Wasserglas an der Grenzfläche abzuknicken (→ Bild 4). Das Auge betrachtet die Spitze des Bleistifts. Durch die Lichtbrechung im Wasser scheint die Spitze aber nach oben verschoben zu sein (→ Bild 5).

4 Lichtbrechung bei einem Stift

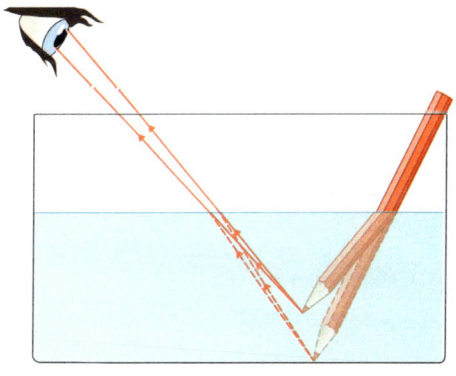

5 Skizze einer Lichtbrechung bei einem Stift

Die Totalreflexion

Etwas Besonderes kannst du beobachten, wenn Licht aus einem optisch dichteren Medium auf die Grenzfläche zu einem optisch dünneren Medium fällt. Bei einem kleinen Einfallswinkel durchdringt das Licht die Grenzfläche und wird vom Lot weg gebrochen. Je größer der Einfallswinkel ist, desto mehr Licht wird wieder in das dichtere Medium reflektiert. Von einem bestimmten Einfallswinkel an wird das gesamte Licht wieder in das dichtere Medium reflektiert (→ Bild 6). Das Licht tritt gar nicht aus dem dichteren Medium aus. Dieser Effekt heißt **Totalreflexion.**

6 Totalreflexion bei großen Einfallswinkeln

❶ Beschreibe die Wegänderung des Lichtes, wenn das Lichtbündel von Luft in Wasser übergeht.

❷ Erläutere den Lichtweg durch Luft – Wasser – Luft anhand von Bild 3.

❸ ❙❙ Erläutere den Unterschied zwischen einem optisch dichteren und einem optisch dünneren Stoff.

❹ ❙❙ Beschreibe die Bedingung, unter der Totalreflexion entsteht.

❺ ❙❙ a) Skizziere den Weg eines Lichtstrahls durch Wasser – Luft – Wasser.
❙❙ b) Stelle Überlegungen bezüglich des Einfallswinkels des Lichtstrahls an und erläutere verschiedene Strahlenverläufe.

FORSCHEN UND ENTDECKEN

A Wie hängen Einfallswinkel, Reflexionswinkel und Brechungswinkel zusammen?

Material: Halbzylinder aus Glas, Experimentierleuchte mit Schlitzblende, Winkelscheibe

Durchführung:
Schritt 1: Lege den Halbzylinder auf die Winkelscheibe wie in Bild 1.
Schritt 2: Leuchte mit der Lampe aus fünf verschiedenen Winkeln auf die gerade Fläche des Halbzylinders. Der Lichtstrahl soll dabei immer durch den Mittelpunkt der Winkelscheibe verlaufen.
Schritt 3: Wiederhole Schritt 2. Leuchte jetzt aber auf die runde Fläche des Halbzylinders. Der Lichtstrahl verläuft wieder durch den Mittelpunkt der Winkelscheibe.

1 Ein Halbzylinder auf einer Winkelscheibe

① a) Erstelle jeweils eine Tabelle mit den Einfallswinkeln und den zugehörigen Reflexionswinkeln sowie Brechungswinkeln aus Schritt 2 und 3.
b) Beschreibe den Zusammenhang zwischen Einfallswinkel und Brechungswinkel.

② Erkläre den Unterschied zwischen den Werten der Einfallswinkel und der Brechungswinkel in der Tabelle aus 1a) mit der unterschiedlichen optischen Dichte.

B Die schwebende Münze

Material: Wasser, Becherglas oder Tasse, Münze

Durchführung:
Schritt 1: Lege die Münze in die Tasse.
Schritt 2: Schaue von der Seite so in die Tasse, dass du den Boden nicht mehr sehen kannst.
Schritt 3: Gieße Wasser in die Tasse.
Schritt 4: Beobachte, was in der Tasse passiert.

2 Versuchsaufbau

① Notiere deine Beobachtung.

② Stelle Vermutungen über das Zustandekommen dieses Phänomens an.

③ ❚❚ Zeichne den Strahlenverlauf von der Lichtquelle durch die Tasse in ein Auge.

Optische Instrumente   59

ÜBEN UND ANWENDEN

A Fische jagen

Ein Speerfischer steht mit einer Harpune am Ufer und möchte einen Fisch jagen. Doch wenn er den Speer in Richtung des Fisches ins Wasser sticht, schwimmt der Fisch weiter. Der Fisch befindet sich im Wasser nicht dort, wo er zu sein scheint. Das Gehirn denkt, dass Lichtstrahlen sich nur geradlinig fortsetzen. Bild 4 zeigt einen Versuchsaufbau, der diese Situation nachstellt. Statt eines Speers wird ein Stab verwendet.

3 Zielen über der Wasseroberfläche

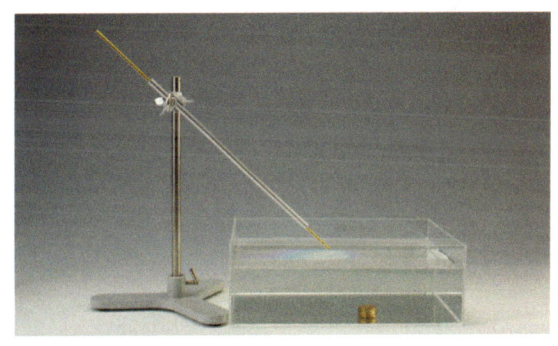

1. Skizziere Bild 4 und zeichne darin den Weg des Lichtes von der Münze zu deinem Auge, mit dem du am oberen Ende durch das Rohr schaust.

2. **a)** Beurteile, ob du mit dem Stab die Münze mit der Einstellung auf dem Bild treffen kannst.
   b) Beschreibe und begründe mögliche Anpassungen der Einstellung, um die Münze mit dem Stab zu treffen.

4 Versuchsaufbau

B Die Lichtbrechung in unterschiedlichen Medien

Wenn du ein Becherglas mit Wasser und Öl füllst und einen Stift hineinstellst, scheint der Stift nicht gerade zu sein (→ Bild 5).

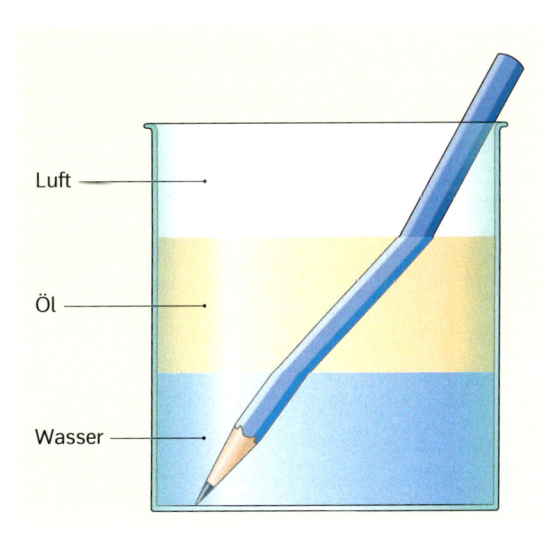

1. Erkläre das Aussehen des Stiftes in Bild 5. Verwende dafür die Begriffe Grenzfläche, Einfallswinkel und Brechungswinkel.

2. Begründe mithilfe von Bild 5 die optischen Dichten der drei Materialien. Bringe sie in eine logische Reihenfolge und begründe deine Wahl.

5 Ein Becherglas mit Wasser und Öl gefüllt.

1 Sammellinse als Brennglas

Die optischen Linsen

Brechung durch Sammellinsen

Hältst du eine Lupe bei Sonnenlicht in einem bestimmten Abstand über Holz, siehst du einen kleinen, sehr hellen Lichtfleck. Die Stelle wird heiß (→ Bild 1). Leicht brennbares Material wie Holz lässt sich mit einem solchen Brennglas entzünden. Eine Lupe kann Licht an einer Stelle sammeln. Sie ist eine **Sammellinse** (→ Bild 2).
Im Sommer können leere Glasflaschen ein Feuer entfachen. Der Boden vieler Glasflasche ist wie eine Sammellinse geformt. Das gesammelte Licht erhitzt getrocknetes Gras und es fängt an zu brennen.

Bilder durch Sammellinsen

Sammellinsen bündeln parallel einfallendes Licht in einem Punkt, dem **Brennpunkt F.** In der Mitte einer Sammellinse liegt die **Mittelebene.** Der Abstand der Sammellinse von der Mittelebene zum Brennpunkt F ist die **Brennweite f** (→ Bild 3). Eine Sammellinse ist in der Mitte dicker als am Rand. Sie ist also **gewölbt.**
Die Brennweite hängt von der Wölbung der Linse ab. Je größer die Wölbung der Linse ist, desto kleiner ist die Brennweite.
Sammellinsen werden als Lupe eingesetzt, können in Brillen Sehfehler korrigieren und werden in Fotoobjektiven verwendet.

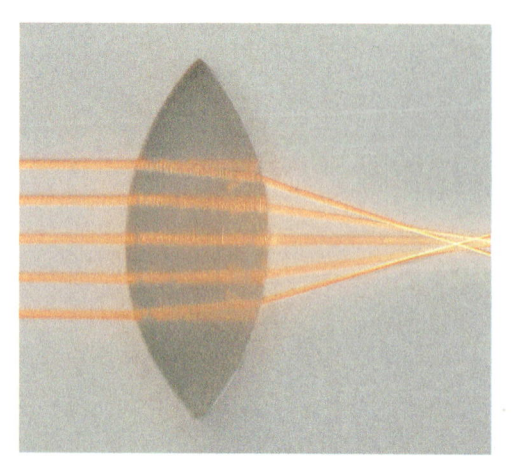

2 Eine Sammellinse

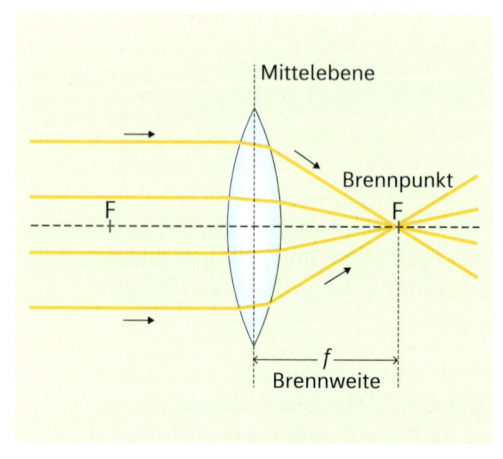

3 Der Lichtweg durch eine Sammellinse

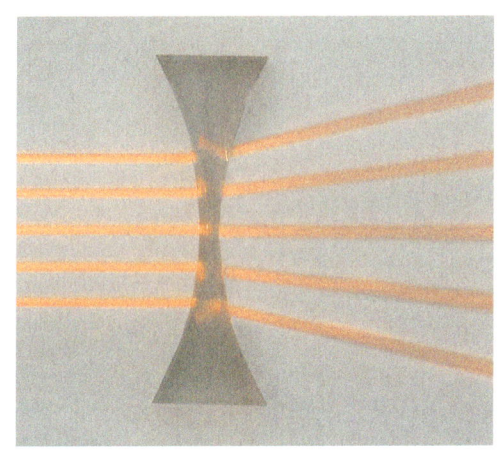

4 Eine Zerstreuungslinse

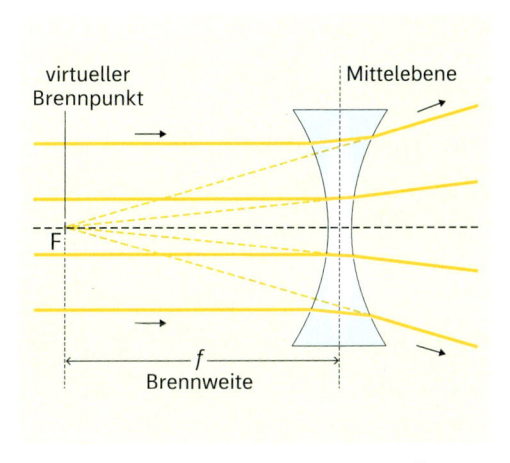

5 Der Lichtweg durch eine Zerstreuungslinse

Brechung durch Zerstreuungslinsen

Eine **Zerstreuungslinse** ist im Gegensatz zur Sammellinse am Rand dick und innen dünn. Je länger der Weg des Lichtbündels durch das Glas ist, desto mehr wird das Licht gebrochen. Deshalb laufen Lichtbündel nach der Lichtbrechung auseinander. Zerstreuungslinsen werden hauptsächlich bei Brillen verwendet. Sie können Kurzsichtigkeit korrigieren. Je stärker die Kurzsichtigkeit ist, desto dicker sind die Brillengläser am Rand und desto mehr wird das einfallende Licht aufgeweitet.
Zerstreuungslinsen finden sich auch in manchen Fernrohren, LED und Fotoapparaten.

Virtuelle Bilder bei der Zerstreuungslinse

Trifft ein paralleles Lichtbündel auf eine Zerstreuungslinse, werden die Lichtstrahlen hinter der Linse von der optischen Achse weggebrochen.
Um den Weg des Lichtes bei einer Zerstreuungslinse zu konstruieren, musst du die gestreuten Lichtbündel geradlinig zurück vor die Linse verlängern. Sie scheinen von einem Punkt auszugehen. Dies ist der **virtuelle Brennpunkt F** (→ Bild 5). Die Brennweite f ist auch hier der Abstand von der Mittelebene zum Brennpunkt. Brennweite und Brennpunkt werden mit negativen Werten angegeben, da sie vor der Linse liegen.

❶ Beschreibe den Weg des Lichts durch eine Sammellinse.

❷ Erläutere den Begriff Brennglas.

❸ **I** Erkläre die Bestimmung der Brennweite einer Sammellinse mithilfe von Sonnenlicht.

Starthilfe zu 4:
Eine Sammellinse ... parallele...
... hat einen Brennpunkt, die ...linse ...
Eine Sammellinse ist in der Mitte...

❹ **II** Formuliere Sätze, in denen du die beiden Linsentypen gegenüberstellst.

❺ **III** Eine Sammellinse hat eine Brennweite von $f = 4$ cm. Konstruiere die Strahlen eines einfallenden parallelen Lichtbündels in dein Heft.

❻ **III** Eine Zerstreuungslinse hat eine Brennweite von $f = 5$ cm. Konstruiere die Strahlen eines einfallenden parallelen Lichtbündels in dein Heft.

METHODE

Ein Versuchsprotokoll erstellen

Versuchsprotokoll

Name: Klasse: Datum:

Versuch: Bestimmung der Brennweite einer Sammellinse

Vermutung oder Frage: Wie lässt sich die Brennweite einer Samellinse bestimmen?

Material: Sammellinse, Maßband, Schirm, Lampe

Versuchsaufbau: Die Lampe, die Sammellinse und der Schirm werden auf einer Gerade hintereinander angeordnet. Der Abstand zwischen Lampe und Sammellinse wird möglichst groß gewählt.

Durchführung: Die Sammellinse wird zwischen Lampe und Schirm verschoben. Auf dem Schirm wird die Größe des Brennflecks beobachtet.

Beobachtung: Wenn die Linse sehr weit entfernt oder sehr nah am Schirm ist, ist der Brennfleck auf dem Schirm groß. Es gibt eine Stelle, an der der Brennfleck auf dem Schirm minimal ist. Dieser Abstand zwischen der Linse und dem Schirm wird mithilfe des Maßbandes gemessen.

Auswertung: Der Abstand zwischen der Linse und dem Schirm ist die Brennweite der Linse.

1 Ein vollständiges Versuchsprotokoll

Versuche helfen weiter

Wenn du die Brennweite einer Sammellinse bestimmen möchtest, kannst du das mit einem wissenschaftlichen Versuch herausfinden. In der Physik werden Versuche durchgeführt, um wissenschaftliche Erkenntnisse über unterschiedlichste Phänomene zu gewinnen.

Wozu ein Versuchsprotokoll erstellen?

Wenn du im Physikunterricht einen Versuch durchführst, musst du ihn genau protokollieren. Nur so kannst du später nachvollziehen, welche einzelnen Schritte du durchgeführt hast. Dazu fertigst du immer ein Versuchsprotokoll an.

Anleitung für ein Versuchsprotokoll

Ein Versuchsprotokoll ist immer gleich aufgebaut. Diese Anleitung hilft dir beim Erstellen.

Schritt 1: **Versuch:**
Beschreibe den Versuch in wenigen Sätzen. Notiere das Datum, deine Klasse und deinen Namen.

Schritt 2: **Vermutung oder Frage:**
Vor dem Versuch stellst du eine Vermutung auf oder notierst die Frage, die du mit dem Versuch beantworten willst.

Schritt 3: **Material:**
Hier notierst du die benötigten Geräte und das Zubehör für deinen Versuch.

Schritt 4: **Versuchsaufbau:**
Jetzt beschreibst du, wie der Versuch aufgebaut ist. Du kannst auch eine Skizze des Versuchs anfertigen.

Schritt 5: **Durchführung:**
Hier notierst du die einzelnen Schritte, die du nacheinander durchführst.

Schritt 6: **Beobachtung:**
In diesem Schritt schreibst du nur auf, was du sehen kannst. Dazu zählt zum Beispiel die Veränderung der Größe des Brennflecks.

Schritt 7: **Auswertung:**
Ist der Versuch beendet, wertest du deine Beobachtungen aus. In diesem Schritt formulierst du einen Antwortsatz auf deine Frage oder Vermutung aus Schritt 2.

1 Plant einen Versuch, die Brennweite einer Sammellinse zu bestimmen. Bereitet dafür das Versuchsprotokoll vor. Führt den Versuch durch und füllt das Versuchsprotokoll aus. Notiert eure Ergebnisse auch in einer Skizze.

2 ▋▋ Erläutert den Unterschied zwischen Beobachtung und Auswertung.

Optische Instrumente   63

FORSCHEN UND ENTDECKEN

A Wie hängen Brennpunkt und Brennweite zusammen?

Material: zwei verschiedene Sammellinsen, Knete, Lampe, Millimeterpapier, Maßstab

Durchführung:
Schritt 1: Klebe das Millimeterpapier an eine Wand.
Schritt 2: Leuchte mit der Lampe auf die Wand.
Schritt 3: Stelle eine Linse parallel zur Wand in das Lichtbündel der Lampe. Die Knete kann helfen, die Linse zu halten.
Schritt 4: Miss den Durchmesser des hellen Lichtflecks, den Durchmesser des Schattens und den Abstand der Linse zur Wand.
Schritt 5: Verändere den Abstand der Linse zur Wand und wiederhole den Schritt 4.
Schritt 6: Wiederhole den Schritt 5 dreimal. Wähle den Wandabstand der Linse so, dass ein möglichst kleiner Lichtfleck entsteht.
Schritt 7: Wiederhole die Schritte 3 bis 6 mit der zweiten Linse.

2 Eine Sammellinse vor Millimeterpapier

1. Nenne die Brennweiten der beiden Linsen.
2. Erstelle eine Tabelle, in der du jeweils den Abstand zur Wand, die Größe des Lichtflecks und die des Schattens einträgst.
3. Beschreibe deine Beobachtungen.

B Wie kannst du Papier mit einer Linse entzünden?

Mit einer Sammellinse kannst du bei Sonnenschein Papier entzünden.

Material: Sammellinse ($f = 50$ mm, zum Beispiel eine Leselupe), Papier oder anderes leicht entzündbares Material, feuerfeste Unterlage

Durchführung:
Schritt 1: Halte eine Sammellinse so, dass die Lichtstrahlen der Sonne senkrecht darauf fallen.
Schritt 2: Lege ein Stück Papier oder leicht entzündbares Material auf die andere Seite der Linse auf eine feuerfeste Unterlage. Verändere den Abstand zur Linse, bis der helle Lichtfleck ganz klein wird.

3 Die Durchführung des Versuches

1. Beschreibe deine Beobachtungen.
2. Wenn im Sommer im trockenen Gras Glasscherben liegen und die Sonne darauf scheint, kann dies nicht nur für deine Füße gefährlich werden. Erkläre mögliche Auswirkungen auf das Gras.

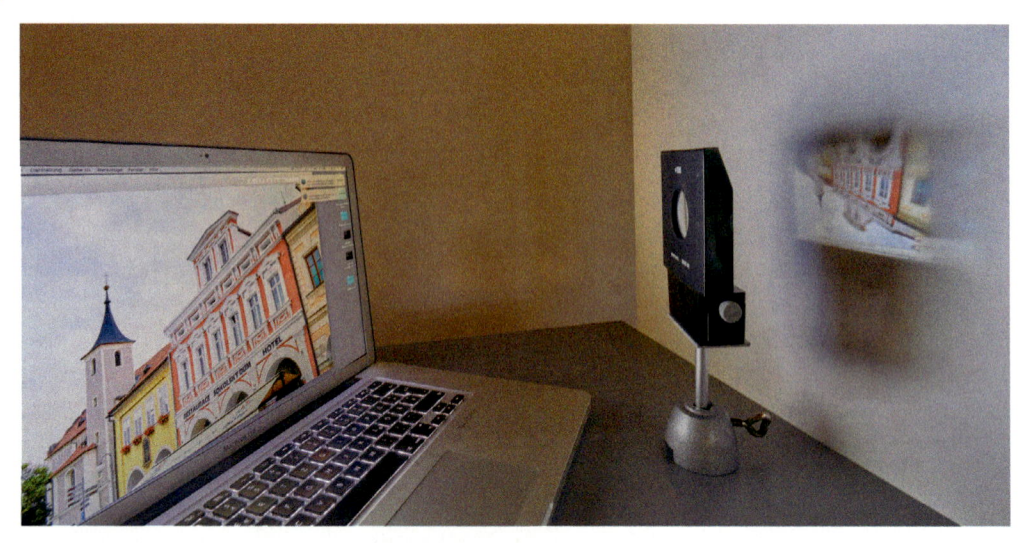

1 Das Original auf einem Monitor und das Bild durch eine Linse auf einem Schirm

Linsen erzeugen Bilder

Die Bildentstehung durch eine Sammellinse

Schaust du mit einem kurzen Abstand durch eine Sammellinse auf einen Gegenstand, siehst du die Einzelheiten vergrößert. Das Bild ist aufrecht und seitenrichtig. Vergrößerst du den Abstand zwischen der Linse und dem Gegenstand, verschwindet das Bild. In diesem Moment ist der Abstand so groß wie die Brennweite der Linse. Vergrößerst du den Abstand weiter, kannst du das Bild wieder sehen. Es steht jetzt aber auf dem Kopf und ist seitenverkehrt. Dieses Bild kannst du auch auf einem weißen Blatt Papier auffangen (→ Bild 1).

Die optischen Größen einer Sammellinse

Um Linsenabbildungen zu beschreiben, sind verschiedene Größenangaben entlang der **optischen Achse** notwendig. Der Gegenstand hat die **Gegenstandsgröße G.** Er ist mit der **Gegenstandsweite g** von der Mittelachse der Linse entfernt. Das Bild hinter der Linse auf dem Schirm hat die **Bildgröße B.** Der Abstand von der Linse zum Bild heißt **Bildweite b.** Der Brennpunkt F befindet sich im Abstand der Brennweite f von der **Mittelebene** der Linse. Normalerweise ist die Brennweite zu beiden Seiten gleich.

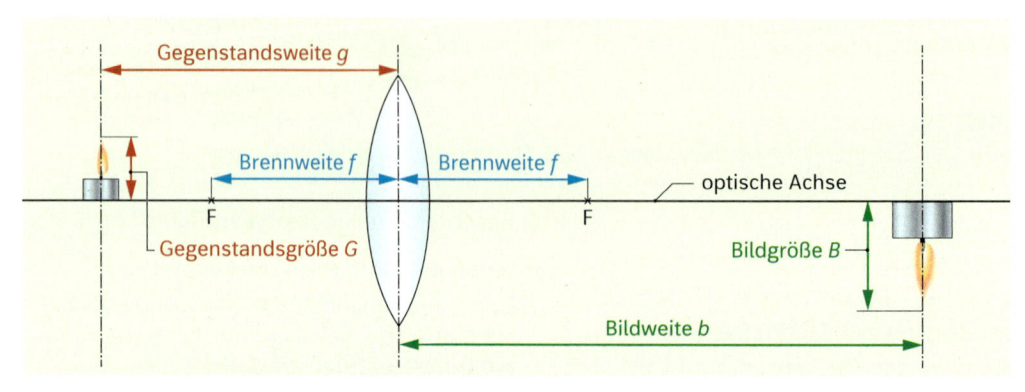

2 Die optischen Größen bei einer Bildkonstruktion

3 Die Bildkonstruktion mithilfe ausgezeichneter Lichtstrahlen

Ausgezeichnete Lichtstrahlen

Eine Linse erzeugt ein Bild von einem Gegenstand. Um ein Bild zu konstruieren, kannst du **ausgezeichnete Lichtstrahlen** benutzen (→ Bild 3).
Ein Lichtstrahl verläuft von der Spitze des Gegenstandes parallel zur optischen Achse und trifft auf die Linse. Nach der Brechung geht dieser Strahl durch den Brennpunkt der Linse (→ Bild 2). Dieser Strahl heißt **achsenparalleler Strahl.**
Ein Lichtstrahl, der von der Spitze des Gegenstandes durch den Brennpunkt verläuft und dann auf die Linse trifft, heißt **Brennpunktstrahl.** Er geht nach der Brechung parallel zur optischen Achse weiter.
Licht, das durch den Mittelpunkt der Linse verläuft, wird nicht gebrochen. Dieser Strahl heißt **Mittelpunktstrahl.**
Vereinfacht wird die Brechung an der Mittelebene der Linse gezeichnet, obwohl das Licht an beiden Grenzflächen gebrochen wird.

Reelle Bilder

Lässt sich ein Bild mit einem Schirm auffangen, ist es ein **reelles Bild.** Das Bild ist seitenverkehrt und steht auf dem Kopf. Solche Bilder entstehen bei einer Sammellinse, wenn die Gegenstandsweite g größer als die Brennweite f ist ($g > f$).

Virtuelle Bilder

Manche Bilder lassen sich aber nicht auf einem Schirm auffangen. Es handelt sich dann um ein scheinbares Bild oder **virtuelles Bild.** Die Bildgröße B eines virtuellen Bildes ist stets größer als die Gegenstandsgröße G. Außerdem ist das Bild seitenrichtig.
Virtuelle Bilder entstehen, wenn sich der Gegenstand innerhalb der Brennweite f der Sammellinse befindet. Für die Konstruktion virtueller Bilder müssen die ausgezeichneten Strahlen jeweils nach hinten verlängert werden.

---

1 Beschreibe die Veränderung des Bildes, das du durch eine Lupe siehst, wenn du mit der Lupe zuerst nah an einem Gegenstand bist und die Lupe dann weiter von dem Gegenstand entfernst.

2 Nenne die drei ausgezeichneten Strahlen zur Beschreibung der Bildentstehung durch Linsen. Beschreibe jeweils den Verlauf dieser Strahlen vor und nach der Brechung an einer Sammellinse.

Starthilfe zu 2:
Der ...strahl verläuft ... und nach der Brechung ...

3 Stelle die Begriffe Bildweite und Gegenstandsweite zeichnerisch dar.

4 a) Beschreibe das Bild, das an einer Zerstreuungslinse entsteht.
   b) Nenne den Ort, an dem das Bild entsteht.

METHODE

Die Strahlenkonstruktion bei einer Sammellinse

Die Vorbereitung (→ Bild 1)
Schritt 1: Zeichne eine optische Achse horizontal auf ein Blatt ein (durchgezogene Linie).
Schritt 2: Zeichne senkrecht zur optischen Achse die Mittelebene der Linse ein (gestrichelte Linie).
Schritt 3: Zeichne die Brennpunkte F der Linse vor und hinter der Mittelebene ein.
Schritt 4: Zeichne den Gegenstand als roten Pfeil.

Der achsenparallele Strahl (→ Bild 2)
Schritt 5: Zeichne von der Spitze des Gegenstandes eine Gerade parallel zur optischen Achse. Die Gerade endet an der Mittelebene der Linse.
Schritt 6: Zeichne von diesem Punkt in der Mittelebene eine Gerade durch den hinteren Brennpunkt.

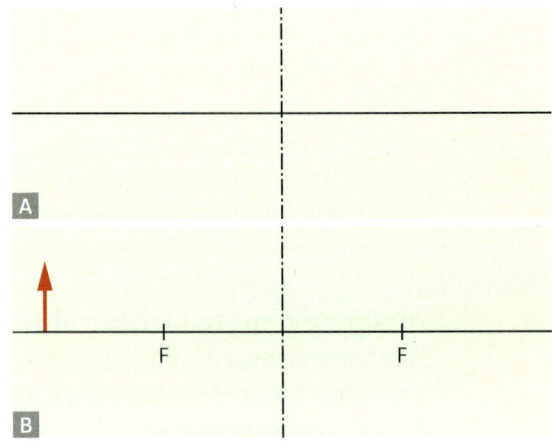

1 Die Vorbereitung: **A** optische Achse und Mittelebene der Linse, **B** Brennpunkte und Gegenstand

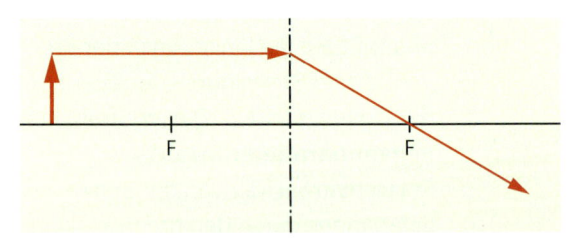

2 Der achsenparallele Strahl

Der Mittelpunktstrahl (→ Bild 3)
Schritt 7: Zeichne von der Spitze des Gegenstandes eine Gerade durch den Mittelpunkt der Linse. Das ist der Schnittpunkt zwischen der Mittelebene und der optischen Achse.

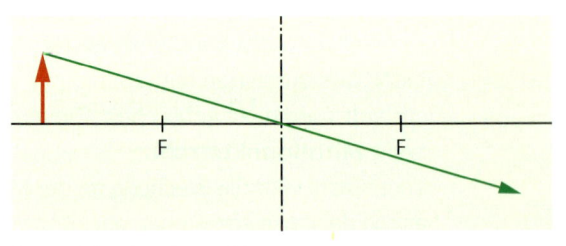

3 Der Mittelpunktstrahl

Der Brennpunktstrahl (→ Bild 4)
Schritt 8: Zeichne von der Spitze des Gegenstandes eine Gerade durch den vorderen Brennpunkt. Die Gerade endet an der Mittelebene der Linse.
Schritt 9: Zeichne von diesem Punkt in der Mittelebene eine Gerade parallel zur optischen Achse.

Das Bild
Du erhältst das Bild aus dem Schnittpunkt der einzelnen Strahlen hinter der Mittelebene.

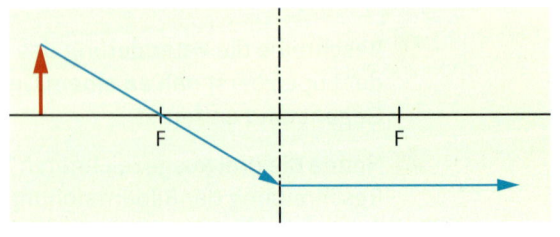

4 Der Brennpunktstrahl

❶ Eine Sammellinse hat eine Brennweite von 2 cm. Der Gegenstand befindet sich 4 cm vor der Linse. Konsturiere das Bild.

❷ ❙❙ Zeichne einen Gegenstand, der im Brennpunkt vor der Linse steht. Konstruiere das Bild.

Optische Instrumente **67**

FORSCHEN UND ENTDECKEN

A Wie beeinflusst die Gegenstandsweite die Bildgröße?

Material: Lampe, weiße Pappe, Maßband, Sammellinse (f = 20 cm – 30 cm)

Durchführung:
Schritt 1: Stelle die Gegenstände wie in Bild 5 auf. Erzeuge jeweils ein möglichst scharfes Bild.
Schritt 2: Erstelle eine Tabelle wie in Bild 6.
Schritt 3: Variiere die Gegenstandsweite wie in der Tabelle vorgegeben und trage deine Beobachtungen in die Tabelle ein.

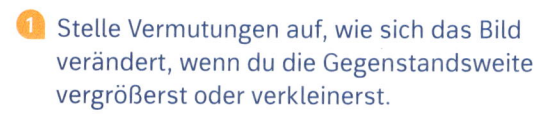

5 Der Versuchsaufbau

g in cm	b in cm	Bild- eigenschaften	Bildgröße in cm
10	...	...	...
20	...	...	...
25	...	...	...

6 Die Wertetabelle

① Stelle Vermutungen auf, wie sich das Bild verändert, wenn du die Gegenstandsweite vergrößerst oder verkleinerst.

② Beschreibe den Zusammenhang zwischen der Bildweite b und der Brennweite f, wenn der Gegenstand doppelt so weit von der Linse entfernt ist wie die Brennweite.

③ Vergleiche die Bildgröße mit der Gegenstandsgröße und formuliere einen Je-desto-Satz.

ÜBEN UND ANWENDEN

A Scheinbare Bilder

Sammellinsen können auch scheinbare Bilder erzeugen, die nicht auf einem Schirm aufgefangen werden können.

① Ein Gegenstand ist 2 cm groß und er steht 3 cm vor der Mittelebene einer Linse.
a) Konstruiere das Bild des Gegenstandes vor einer Sammellinse mit einer Brennweite von f = 8 cm.
b) Beschrifte in deiner Zeichnung Brennweite, Bildweite und Gegenstandsweite mit den Abkürzungen.

7 Blick durch eine Lupe auf das scheinbare Bild

Digital+
Film

1 Eine Kamera und ein Auge funktionieren unterschiedlich.

Bildentstehung im Auge und in der Kamera

Der Aufbau des Auges

Das Auge ist fast kugelförmig. Es ist mit einer durchsichtigen Masse, dem Glaskörper gefüllt (→ Bild 2). Das Licht fällt durch die **Pupille** ins Auge und wird durch die Linse auf der **Netzhaut** abgebildet.
Die Netzhaut besteht aus **lichtempfindlichen Sinneszellen,** den **Stäbchen** und den **Zapfen.** Die Stäbchen erkennen Helligkeiten, die Zapfen sind für das Farbsehen zuständig. Die Stäbchen und Zapfen wandeln das einfallende Licht in elektrische Impulse um und senden diese durch den **Sehnerv** ins Sehzentrum des Gehirns. Dort entsteht das Bild, das du siehst.

Der Aufbau einer Kamera

Äußerlich scheint eine Kamera nur wenig Ähnlichkeit mit dem Auge zu haben. Doch beim Aufbau kannst du Teile entdecken, die denen des Auges entsprechen (→ Bild 3).
Bei der Kamera fällt das Licht durch das **Objektiv** auf eine Linse. Diese bündelt das Licht und lenkt es auf einen **lichtempfindlichen Sensor.** Das eintreffende Licht wird in elektrische Signale umgewandelt und kann als **Datensatz** gespeichert werden. So kannst du das Bild immer wieder anschauen. Je mehr Pixel, also lichtempfindliche Stellen, der Sensor hat, desto genauer werden Details abgebildet.

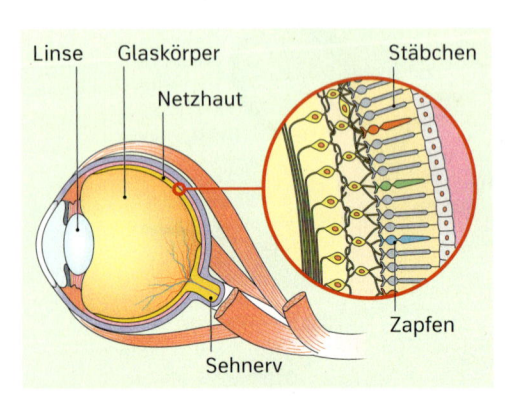

2 Der Aufbau des Auges

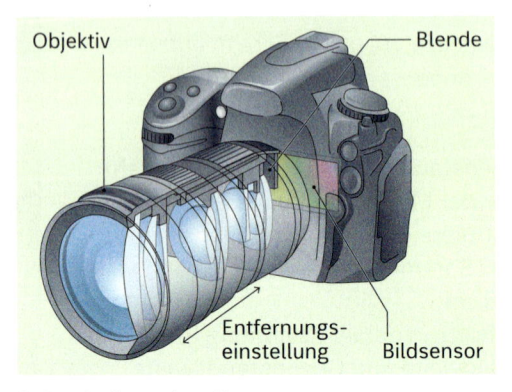

3 Der Aufbau einer Kamera

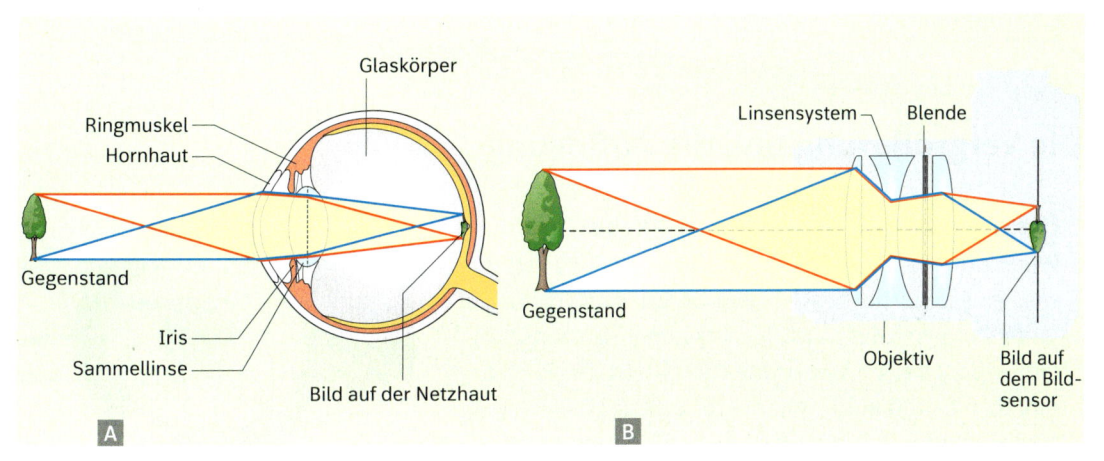

4 Der Strahlenverlauf: **A** im Auge, **B** in einer Digitalkamera

Der Strahlenverlauf im Auge

Fällt Licht in dein Auge, wird es an der durchsichtigen Hornhaut und an der Sammellinse gebrochen. Die Iris, welche vor der Pupille liegt, reguliert die einfallende Lichtmenge. Das Licht verläuft durch den Glaskörper zur Netzhaut. Diese dient als Schirm. Auf der Netzhaut entsteht ein reelles Bild, das umgekehrt, verkleinert und seitenverkehrt ist. Das Gehirn dreht das Bild so um, dass wir im Sehzentrum ein aufrechtes Bild wahrnehmen.

Der Strahlenverlauf in einer Digitalkamera

Das Licht fällt durch das Objektiv, das aus einem Linsensystem besteht. Eine Blende reguliert die einfallende Lichtmenge. Das Licht wird so gebrochen, dass auf dem Bildsensor ein reelles Bild entsteht. Das Bild ist umgekehrt, verkleinert und seitenverkehrt. Der Bildsensor dient als Schirm. Das Bild wird auf der Speicherkarte gespeichert. Mit einem Comupterprogramm kannst du es aus der Speicherkarte auslesen.

❶ a) Beschreibe Aufbau und Funktion des Auges und vergleiche sie mit dem Aufbau und der Funktion einer Kamera.
b) Erläutere den Strahlenverlauf des Lichtes im Auge und vergleiche ihn mit dem Strahlenverlauf in einer Kamera.

❷ Vergleiche das Auge und die Kamera miteinander. Übertrage dazu die Tabelle in dein Heft und ergänze sie.

❸ ❚❚ Das Netzhautbild ist umgekehrt. Begründe, dass wir das Bild trotzdem aufrechtstehend sehen.

Starthilfe zu 2:

biologischer Aufbau	physikalisches Bauteil	Aufgabe
Iris	...	...
...	Sammellinse	...
...	...	verändert die Brennweite
Netzhaut	...	...
...	...	Bildverarbeitung

IM ALLTAG

Die Vergrößerung und die Auflösung

Die Vergrößerung eines Objektes
Wenn du ein Objekt durch eine Lupe anschaust, dann wird es größer dargestellt. Ein Detail, das vorher nur 2 mm lang war, ist dann 10 mm lang. So kannst du die Eigenschaften viel besser erkennen. Dir können plötzlich Dinge auffallen, die du vorher gar nicht wahrgenommen hast, weil sie zu klein waren.

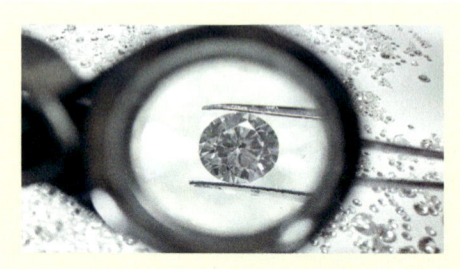

1 Eine Lupe macht Details sichtbar.

Die Auflösung
Auf den ersten Blick scheinen Bilder von unterschiedlichen Kameras gleich zu sein. Doch die Qualität einer Kamera zeigt sich in ihrer **Auflösung.**
Wenn du die Details der Blume genauer betrachten möchtest, dann zoomst du in die Aufnahme hinein. Das heißt, du machst den Bildausschnitt, den du betrachtest, immer größer. Bei einer Kamera mit einer hohen Auflösung kannst du auch beim Hineinzoomen noch viele Einzelheiten erkennen (→ Bild 3 A).
Bei einer schlechteren Auflösung wirst du irgendwann keine Farbverläufe erkennen, sondern grobe Übergänge. Das Bild ist verpixelt (→ Bild 3 B).
Je höher die Auflösung einer Kamera ist, desto mehr **Pixel** hat die Kamera. Deshalb kannst du auch länger in das Bild hineinzoomen, ohne dass es pixelig wird.
Die Auflösung beschreibt, wie viele Informationen auf einer bestimmten Fläche gespeichert werden können. In Bild 4 A ist eine Fläche abgebildet. Diese gleiche Fläche ist in Bild 4 B in 16 Teilflächen und in Bild 4 C in 256 Teilflächen aufgeteilt. Du hast in C also viel mehr Informationen als in B. Die Angabe der Auflösung erfolgt in Pixel pro Inch (ppi). Ein Inch ist eine amerikanische Maßeinheit und hat die Länge von 2,54 cm.

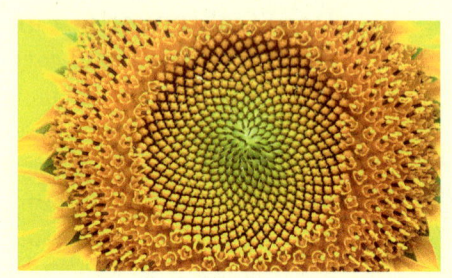

2 Fotoaufnahme einer Blume

3 Details der Blume: **A** mit hoher Auflösung, **B** mit geringer Auflösung

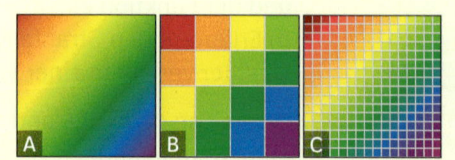

4 Anzahl der Pixel einer Fläche: **A** 1 Pixel, **B** 4 x 4 = 16 Pixel, **C** 16 x 16 = 256 Pixel

❶ Erkläre die Begriffe Vergrößerung und Auflösung mit eigenen Worten.

❷ Vergleiche die Bilder 3 A und 3 B und erläutere die Unterschiede.

❸ Erläutere die höhere Detailtreue bei Fotos, die eine hohe Auflösung haben.

Optische Instrumente 71

METHODE

Eine Mindmap zur Recherche

Ein neues Thema erarbeiten

Wenn du zu einem neuen Thema recherchierst, erhältst du sehr viele Informationen, beispielsweise aus dem Internet oder aus Büchern und Zeitungen (→ Bild 5). Um sie zu sortieren, kann dir eine **Mindmap** helfen. Mindmap bedeutet Gedankenlandkarte. Auf ihr ordnest du die unterschiedlichen Informationen an (→ Bild 6).

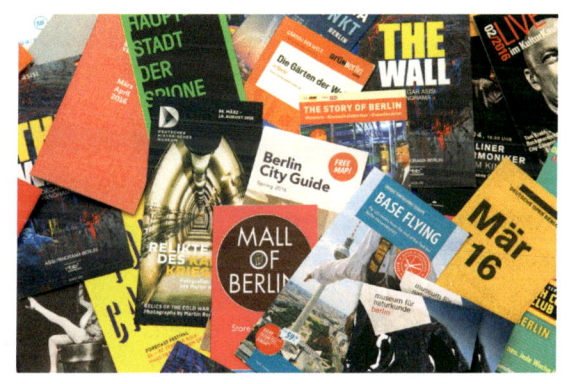

Schritt 1: Schreibe das Hauptthema in die Mitte eines großen Blattes Papier.
Schritt 2: Suche Informationen zu dem Thema.
Schritt 3: Notiere jeweils einen Stichpunkt zu dem Thema auf einem Zettel.
Schritt 4: Sortiere die Stichpunkte um das Hauptthema herum. Hänge dabei ähnliche Inhalte zusammen.
Schritt 5: Fasse die verschiedenen Themen zu Schwerpunkten zusammen.
Schritt 6: Versuche, deine Stichworte immer weiter zu verfeinern und auf die verschiedenen Ebenen zu sortieren.
Schritt 7: Mithilfe der Themenschwerpunkte und der Inhalte der Karten kannst du die vielen Informationen gut strukturieren.
Zusatz: Du kannst deine Mindmap auch digital mit einem Textverarbeitungsprogramm oer einer geeigneten Software erstellen.

5 Informationsmaterial über Berlin

6 Eine Mindmap zu möglichen Aktivitäten in Berlin

① **a)** Suche im Schulbuch und im Internet Informationen zu dem Thema optische Instrumente.
b) Erstelle mithilfe deiner Informationen eine Mindmap.

② Schreibe einen Sachtext mithilfe deiner Mindmap über optische Instrumente. Gehe dabei schrittweise jeden einzelnen Themenschwerpunkt nacheinander durch.

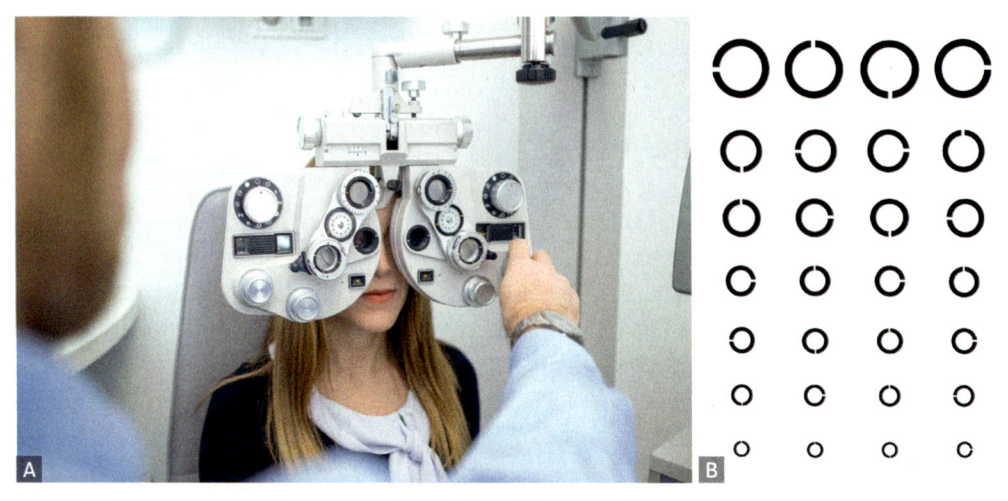

1 Beim Augenarzt: **A** Untersuchung, **B** Sehtest

Linsen korrigieren Sehfehler

Sehfehler

Kannst du in der Schule die Schrift an der Tafel oder projizierte Bilder nur schlecht erkennen? Wirst du beim Lesen schnell müde und bekommst Kopfschmerzen? Ist die Schrift am Computer oft zu klein? Erkennst du Hinweisschilder oder Personen auf größere Entfernung nur unsicher? Dann solltest du deine Augen einmal untersuchen lassen.

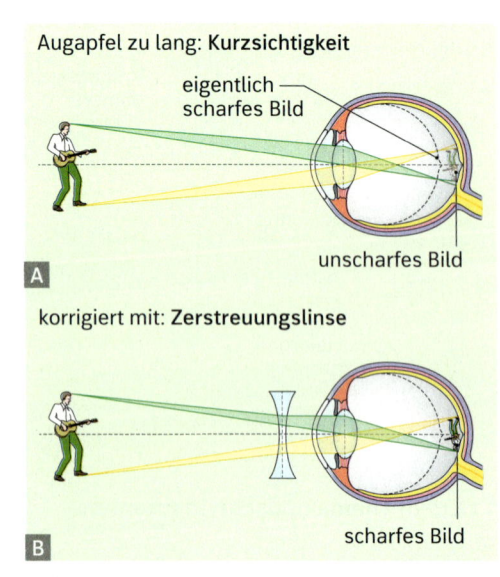

Die Augen untersuchen

Ein Augenarzt oder eine Augenärztin kann ins Auge schauen, den Augenhintergrund untersuchen und den Augendruck messen. Augenkrankheiten lassen sich so erkennen und gezielt behandeln.

Häufige Sehfehler wie die **Kurzsichtigkeit** oder die **Weitsichtigkeit** lassen sich durch eine Brille oder Kontaktlinsen korrigieren. Sie können auch durch einen Optiker oder eine Optikerin angepasst werden.

Die Kurzsichtigkeit

Kurzsichtige Menschen sehen nahe Dinge scharf. Sie erkennen aber Gegenstände in größerer Entfernung nicht genau.
Die Augenlinse erzeugt ein scharfes Bild bereits vor der Netzhaut. Wenn diese Lichtbündel anschließend auf die Netzhaut fallen, laufen sie schon wieder auseinander und bilden ein unscharfes Bild (→ Bild 2 A). Eine Zerstreuungslinse vor dem Auge weitet die Lichtbündel auf. So entsteht das scharfe Bild erst weiter hinten auf der Netzhaut. Die Stärke der Zerstreuungslinse wird genau an die Entfernung zur Netzhaut angepasst (→ Bild 2 B).

2 Kurzsichtigkeit: **A** scharfes Bild vor der Netzhaut, **B** Korrektur durch eine Zerstreuungslinse

Die Weitsichtigkeit

Bei der Weitsichtigkeit sind die Verhältnisse genau umgekehrt. Weitsichtige können in der Entfernung alles gut erkennen. Sie haben aber beim Lesen kleiner Schrift und beim genauen Betrachten naher Gegenstände Schwierigkeiten.
Das Lichtbündel trifft bereits die Netzhaut, obwohl es noch nicht fokussiert ist. Das scharfe Bild würde erst hinter der Netzhaut entstehen. Auf der Netzhaut dagegen bleibt das Bild unscharf (→ Bild 3 A).
Hier schaffen Sammellinsen der richtigen Stärke Abhilfe. Sie brechen das Licht so, dass das scharfe Bild vorgezogen auf der Netzhaut entsteht (→ Bild 3 B).

Ältere Personen benutzen oft eine Lesebrille. Grund ist die **Altersweitsichtigkeit.** Die Augenlinse ist im Alter weniger elastisch. Sie bleibt in der etwas flacheren Form zur Fernsicht und kugelt sich zur Nahsicht nicht mehr genug.

Brille oder Kontaktlinsen

Sowohl Brillengläser als auch Kontaktlinsen sind genau angepasste Zerstreuungslinsen oder Sammellinsen. Kontaktlinsen sind Kunststofflinsen, die direkt auf das Auge gesetzt werden. Brillenträger können sich aus kosmetischen Gründen oder bei bestimmten Sportarten oder Arbeiten für die eine oder andere Lösung entscheiden und auch situationsbedingt wechseln.

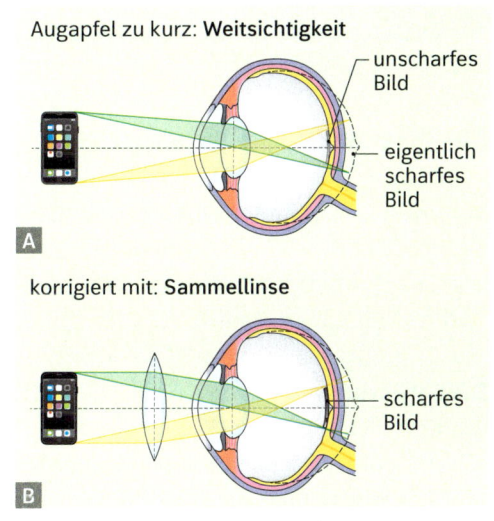

3 Weitsichtigkeit: **A** scharfes Bild hinter der Netzhaut, **B** Korrektur durch eine Sammellinse

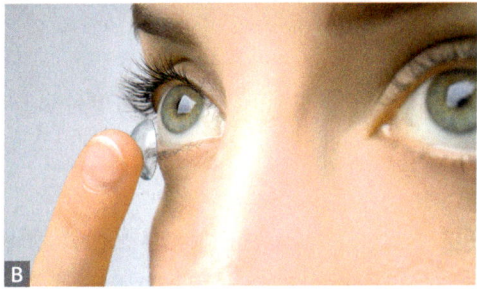

4 Sehhilfen: **A** Brille, **B** Kontaktlinsen

---

1. Stelle in einer Tabelle wichtige Informationen zur Kurzsichtigkeit und Weitsichtigkeit zusammen.

2. Erkläre die Verwendung von unterschiedlichen Linsentypen für die Korrektur von Sehfehlern.

3. ▮ Beschreibe Nachteile in der Schule, die durch Sehfehler entstehen.

4. ▮ Vergleiche die Altersweitsichtigkeit mit der „normalen" Weitsichtigkeit.

5. ▮ Erläutere die Korrektur von Fehlsichtigkeit mithilfe von Linsen.

Starthilfe zu 1:

Sehproblem	Augapfel	Korrekturlinsen
kurzsichtig: in der Ferne schlecht sehen	zu …	…-linsen
…	…	…

FORSCHEN UND ENTDECKEN

A Wie wirken Brillengläser?

Material: weißer Karton DIN A4, Klebeband, Sammellinsen $f = 15$ cm, $f = 30$ cm, Zerstreuungslinse $f = -30$ cm, Kerze, optische Bank oder andere Halterungen

Hinweis: Bei entsprechender Anpassung der Abstände können auch andere Linsenstärken verwendet werden.

Durchführung:
Schritt 1: Schneide zwei 25 cm lange und 6 cm breite Kartonstreifen und klebe sie zu einem Kreis mit einem Durchmesser von etwa 15 cm. Schneide auf einer Seite ein Loch von etwa 3 cm Durchmesser hinein.
Schritt 2: Stelle die Sammellinse ($f = 15$ cm) als Augenlinse vor das Augenmodell.
Schritt 3: Stelle die Entfernung zwischen Kerze und Augenlinse so ein, dass auf dem „Augenhintergrund" ein scharfes Bild der Flamme entsteht.
Schritt 4: Drücke den Pappkreis etwas zusammen oder ziehe ihn auseinander und verändere so die Form des Auges.
Schritt 5: Stelle eine der anderen Linsen als „Brillenglas" so vor die Augenlinse, dass wieder ein scharfes Bild entsteht.

1 Der Versuchsaufbau zur Bildentstehung am Auge

1 a) Beschreibe deine Beobachtungen für die beiden veränderten „Augenformen".
b) Erkläre die Beobachtungen am Augenmodel mit deinem Wissen über Kurz- und Weitsichtigkeit von Augen.

B Wie simulierst du Sehfehler im Auge?

Material: Computer, Präsentationsprogramm

Durchführung:
Schritt 1: Erstelle eine einfache Folie mit einem Kreis als Auge, einer Linse, einem Gegenstand, seinem Bild und Lichtbündeln.
Schritt 2: Kopiere die Folie und verändere die Form des Auges. Simuliere eine Kurzsichtigkeit oder eine Weitsichtigkeit.
Schritt 3: Kopiere die Folien weiter und verändere sie so, dass Sehfehler und ihre Korrekturen deutlich werden.

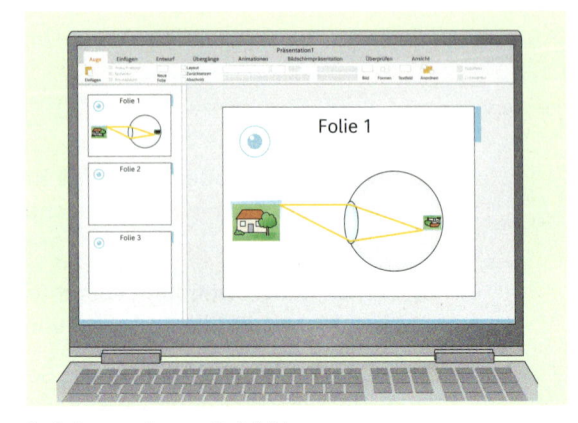

2 Präsentation zu Sehfehlern

1 Präsentiere deine Simulation.

Optische Instrumente 75

FORSCHEN UND ENTDECKEN

C Kann ich gleichzeitig nah und fern sehen?

Material: zwei Bücher oder Hefte

Durchführung:
Schritt 1: Halte ein aufgeschlagenes Buch mit ausgestrecktem Arm, das andere daneben mit der anderen Hand in etwa 30 cm Entfernung.
Schritt 2: Lies abwechselnd in beiden Büchern. Prüfe, ob du die Schrift auch gleichzeitig in beiden Büchern scharf sehen kannst.

3 Gleichzeitig scharf?

1 a) Beschreibe deine Beobachtungen.
b) Beantworte die Fragestellung des Experiments und formuliere eine Aussage, ob du gleichzeitig nah und fern sehen kannst.

D Wie nah kann ich noch scharf sehen?

Material: Lineal, Stift

Durchführung:
Schritt 1: Setze wie in Bild 4 das Lineal auf die Wange und führe einen Stift langsam an das Auge heran, bis du die Spitze gerade nicht mehr scharf erkennst. Diese Stelle heißt Nahpunkt.

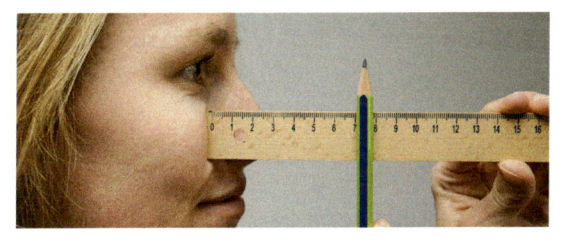

4 Abstand des Nahpunktes messen

1 a) Notiere den Abstand deines Nahpunkts.
b) Vergleiche deinen Nahpunkt mit denen deiner Mitschülerinnen und Mitschüler.

E Welche Linsenstärke für Nahsicht und welche für Fernsicht?

Material: verschieden starke Sammellinsen, Teelicht oder Kerze, weißer Schirm

Durchführung:
Schritt 1: Stelle ein Teelicht, eine Sammellinse mittlerer Wölbung (Stärke) und den Schirm so auf, dass ein möglichst scharfes Bild der Flamme entsteht.
Schritt 2: Lass den Abstand zwischen Linse und Schirm gleich. Tausche die Linse gegen eine andere aus und verschiebe das Teelicht, bis das Bild wieder scharf ist.

5 Welche Sammellinse passt besser?

1 Formuliere als Versuchsergebnis: Je weiter weg ..., desto ... gewölbt muss die Linse sein.

2 Vergleiche den Modellversuch mit der Nah- und Fernanpassung beim Auge.

Digital+
Film

1 Mit dem Mikroskop können kleine Objekte vergrößert betrachtet werden.

Das Mikroskop und das Fernrohr

Eigenschaften eines Mikroskops

Mit einem **Mikroskop** lassen sich sehr kleine Gegenstände unterschiedlich stark vergrößern. Für jede Vergrößerungsstufe gibt es ein eigenes **Objektiv.** Diese lassen sich mithilfe des **Objektivrevolvers** auswählen (→ Bild 2). Im Wesentlichen besteht ein Mikroskop aus zwei Sammellinsen mit kleinen Brennweiten. Das Objektiv erzeugt ein vergrößertes **reelles Zwischenbild,** das durch das **Okular** als Lupe nochmals vergrößert wird.

Der Aufbau des Mikroskops

Das Okular ist meist abgewinkelt am Mikroskop angebaut, um leichter hineinschauen zu können (→ Bild 3). Die verschiedenen Objektive haben unterschiedliche Vergrößerungen, beispielsweise 5-fache, 20-fache oder sogar 100-fache Vergrößerung. Das kürzeste Objektiv vergrößert am wenigsten. Es dient dazu, einen Überblick zu bekommen. Um mehr Einzelheiten zu sehen, werden die längeren Objektive mit dem Objektivrevolver herangedreht.

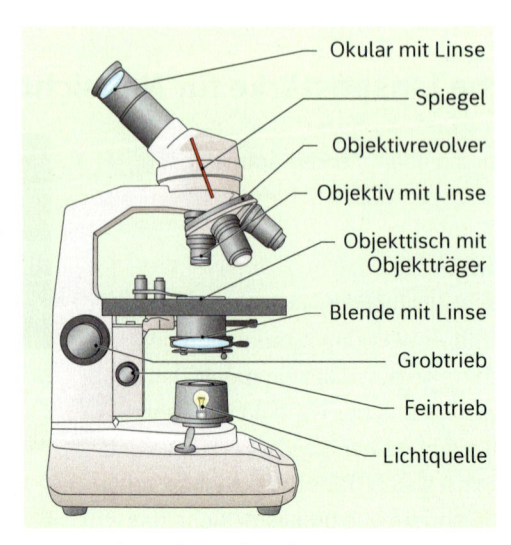

2 Der Objektivrevolver eines Mikroskops

3 Der Aufbau eines Mikroskops

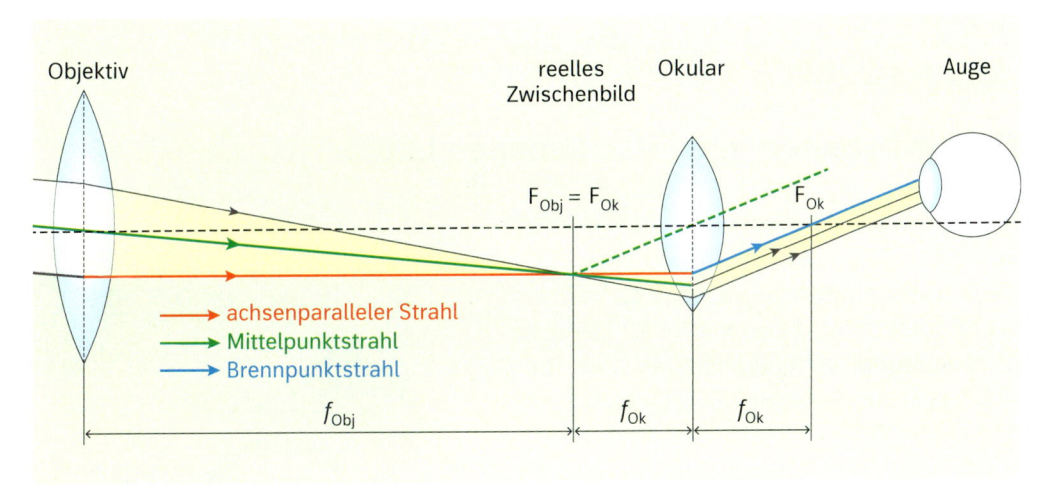

4 Der Strahlengang im astronomischen Fernrohr

Die ersten Fernrohre

Das erste **Fernrohr** wurde Anfang des 16. Jahrhunderts von einem holländischen Brillenmacher entwickelt und dann vom Astronom und Physiker GALILEO GALILEI (1564-1642) weiterentwickelt. Er beobachtete damit vor allem das Weltall und entdeckte Sonnenflecken, Mondberge und die vier Monde des Jupiter.

Der Aufbau eines Fernrohrs

Die ursprünglichen Fernrohre bestehen aus zwei Sammellinsen, die hintereinander angeordnet sind. Das Objektiv befindet sich auf der Seite des Gegenstandes, der beobachtet werden soll. Es hat eine große Brennweite. Dadurch wird das Fernrohr sehr lang. Das Objektiv erzeugt ein reelles Zwischenbild. Das Okular befindet sich auf der Seite des Auges und wirkt als Lupe. Deshalb wird das Zwischenbild stark vergrößert.

Das astronomische Fernrohr

Beim **astronomischen Fernrohr** ist sowohl das Objektiv als auch das Okular eine Sammellinse. Das Objektiv hat eine lange Brennweite. In der Brennweite entsteht ein reelles Zwischenbild des Sterns. Das vom Stern einfallende Lichtbündel kann als paralleles Lichtbündel angesehen werden. Deshalb wird das Bild an einem Punkt scharf abgebildet. Dieses Zwischenbild befindet sich gleichzeitig in der Brennweite des Okulars. Das Okular wirkt als Lupe und vergrößert das Zwischenbild ins Auge (→ Bild 4).

5 Ein antikes Fernrohr

❶ Erkläre jeweils den Nutzen eines Mikroskopes und eines Fernrohres.

❷ Beschreibe den Aufbau des astronomischen Fernrohres und erläutere den Strahlengang.

❸ ❙❙ Beschreibe die Bedeutung des Fernrohres für die Menschen mit Hinblick auf die Erforschung des Weltalls.

❹ ❙❙ Recherchiere nach dem galileischen Fernrohr und benenne Unterschiede zum astronomischen Fernrohr.

ÜBEN UND ANWENDEN

A Das Arbeiten mit verschiedenen Lupen

Es gibt verschiedene Lupen. Mit Lupen können Objekte bis zu 20-fach vergrößert werden.
Die **Einschlaglupen** vergrößern relativ stark. Sie sind gut für das Arbeiten draußen geeignet.
Die **Stiellupen** vergrößern nicht so stark. Dafür kann mit ihnen eine größerer Ausschnitt vergrößert werden.
Die **Becherlupen** sind gut für Beobachtungen von bewegten Objekten beispielsweise von Insekten geeignet.
Beim Untersuchen mit Lupen siehst du immer nur mit einem Auge durch die Lupe. Das andere Auge bleibt geschlossen.

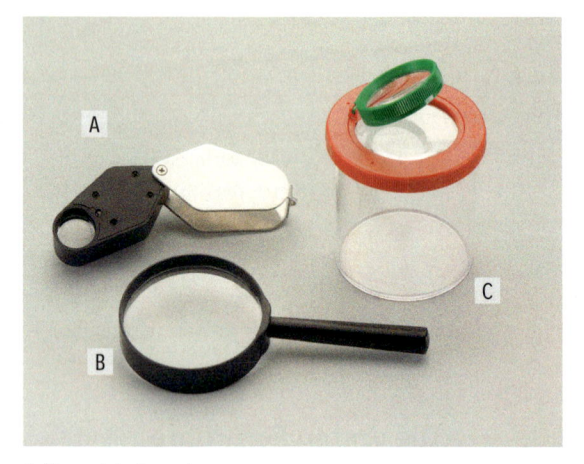

1 Verschiedene Lupen

① Ordne den Lupen A – C in Bild 1 die folgenden Bezeichnungen zu: Becherlupe, Stiellupe, Einschlaglupe

② Beschreibe mithilfe der Tabelle in Bild 2 die Vorteile und Nachteile der einzelnen Lupen.

Lupe	Vorteile	Nachteile
Becherlupe	auch für lebende Objekte	…
…	…	…

2 Vor- und Nachteile verschiedener Lupen

B Der sorgsame Umgang mit dem Mikroskop

Bevor die Arbeit mit einem **Mikroskop** beginnt, solltest du dich mit den Bedienungshinweisen eines Mikroskops beschäftigen.
Mikroskope sind empfindliche optische Instrumente, die bei falscher Bedienung schnell kaputt gehen können.

Vergrößerung Okular: 10-fach

Vergrößerung Objektiv: 40-fach

Hinweise zum Gebrauch:
- Mikroskop immer aufrecht transportieren
- Niemals die Linsen berühren
- Objektive dürfen das Präparat nicht berühren
- Für Beobachtungen das Licht einschalten

① Beschreibe mithilfe von Bild 3, was beim Umgang mit einem Mikroskop beachtet werden muss.

② Nenne die maximale Gesamtvergrößerung, die mit dem größten Objektiv erreicht werden kann.

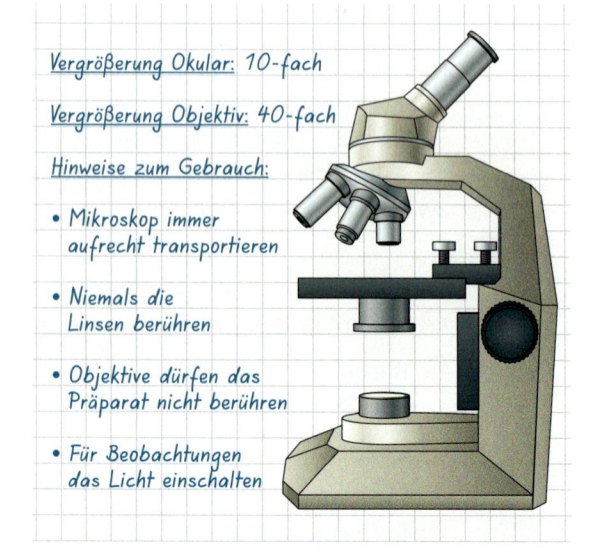

3 Informationen zum Umgang mit dem Mikroskop

Optische Instrumente   79

IM ALLTAG

Gegenstände vergrößert darstellen

Das Foto eines Schmetterlings
Wenn du einen Schmetterling mit einem Smartphone fotografierst, zeigt das Bild meistens das ganze Tier. Du kannst einzelne Details auf dem Flügel erkennen, beispielsweise die schwarzen Punkte.
Den genauen Aufbau der Flügel siehst du aber nicht. Dafür ist die Vergrößerung des Smartphones nicht ausreichend.

4 Das Foto eines Schmetterlings

Der Flügel unter der Lupe
Eine **Lupe** oder eine Stereolupe kann ein Objekt 20-mal bis 40-mal vergrößern. Ein Detail mit einer Länge von 1 mm ist dann 20 mm bis 40 mm lang. Mit der Lupe kannst du also auch Dinge gut erkennen, die nur ungefähr 0,1 mm groß sind.
Bei dem Schmetterlingsflügel kannst du einzelne Schuppen erkennen, aus denen der Flügel besteht.

5 Der Schmetterlingsflügel unter der Lupe

Der Flügel unter dem Mikroskop
Wenn du den Flügel noch genauer anschauen möchtest, nutzt du ein **Lichtmikroskop.** Es kann einen Gegenstand bis zu 2000-fach vergrößern. Damit kannst du auch Strukturen sehr gut erkennen, die nur $\frac{1}{1000}$ mm groß sind.
Beim Schmetterling siehst du, dass die Schuppen wie Dachziegeln angeordnet sind.

6 Der Flügel unter dem Mikroskop

Das Elektronenmikroskop
Wenn du wissen willst, wie eine einzelne Schuppe aufgebaut ist, reicht ein Lichtmikroskop nicht mehr aus. Dann wird ein **Elektronenmikroskop** benötigt. Ein Elektronenmikroskop kann sogar einzelne Atome sichtbar machen. Es sind bis zu 500 000-fache Vergrößerungen möglich.

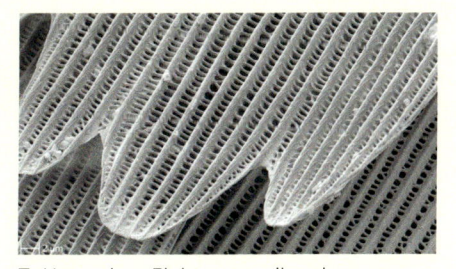

7 Unter dem Elektronenmikroskop

❶ Ein menschliches Haar hat eine Dicke von 0,07 mm. Recherchiere und beschreibe die Darstellung eines menschlichen Haares in den verschiedenen Vergrößerungsstufen.

1 Ein Regenbogen auf Seifenblasen

Die Farbzerlegung

Die Regenbogenfarben

Die Farben eines Regenbogens bringen uns immer wieder zum Staunen. Dieselbe Abfolge von Farben beobachtest du aber auch an einem Springbrunnen, an Seifenblasen oder an einer DVD im Sonnenlicht. Das farblose, oft auch als „weiß" bezeichnete Sonnenlicht enthält offenbar viele Farben.

Weißes Licht zerlegen

Weißes Licht lässt sich auch mithilfe eines Prismas aus Glas oder Quarz in die „Regenbogenfarben" zerlegen (→ Bild 2). Sie heißen **Spektralfarben** und die Abfolge der Farben ist das **Spektrum.** Im Spektrum beobachtest du Rot, Orange, Gelb, Grün, Blau und Violett. Dazwischen sind fließende Übergänge.

Spektralfarben sind rein

Wenn Licht einer Spektralfarbe noch einmal durch ein Prisma geschickt wird, lässt es sich nicht mehr in weitere Farben auftrennen. Spektralfarben sind reine Farben. Licht einer bestimmten Spektralfarbe wird an Glaskörpern oder Wassertropfen in ganz bestimmter Weise gebrochen. Blau wird zum Beispiel stärker gebrochen als Rot.

Spektralfarben zu weiß addieren

Lässt du das Licht des Spektrums durch eine Sammellinse laufen, so bündelt die Linse das Licht wieder. Die Farben überlagern sich und bilden auf einem dahinter aufgestellten Bildschirm wieder einen hellen, weißen Fleck. Die Spektralfarben lassen sich zu Weiß **addieren** (→ Bild 3).

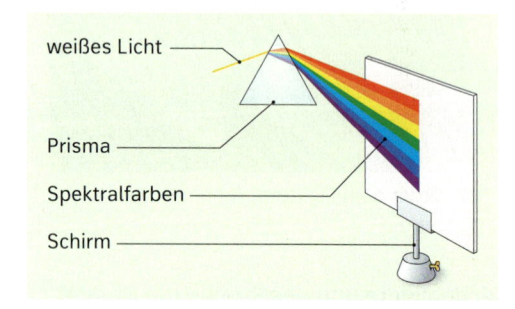

2 Schema zur Spektralzerlegung am Prisma

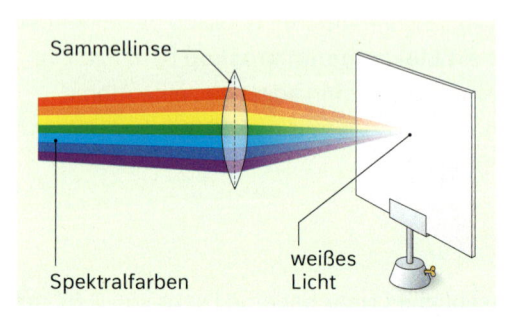

3 Spektralfarben überlagert zu weißem Licht

4 Die additive Farbmischung aus rotem, grünem und blauem Licht

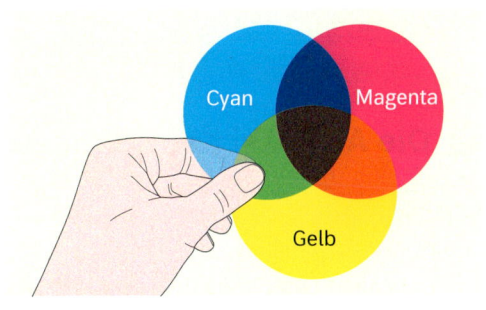

5 Die subtraktive Farbmischung mit Cyan, Gelb und Magenta

Die Farbaddition

Weißes Licht lässt sich in viele Farben auftrennen. Es muss also auch der umgekehrte Weg möglich sein. Aus der Überlagerung vieler Farben lässt sich weißes Licht erzeugen. Doch erstaunlicherweise reichen schon drei Farben, um weißes Licht zu erzeugen. Die Überlagerung von rotem, grünem und blauem Licht ergibt weißes Licht. Diese drei Farben befinden sich an den Enden und in der Mitte des Spektrums.

Mithilfe dieser drei Grundfarben lassen sich auch alle möglichen **Mischfarben** erzeugen. Dafür wird die Lichtstärke der drei Lampen verändert. Die Überlagerung verschiedenfarbigen Lichtes heißt **Farbaddition.**

> Bei der **additiven Farbmischung** überlagert sich Licht verschiedener Farben. Die Grundfarben der additiven Farbmischung sind Blau, Grün und Rot.

Die Farbsubtraktion

Eine weiße Farbfläche reflektiert das gesamte einfallende Licht. Eine rote Farbfläche absorbiert das gesamte einfallende Licht bis auf den roten Anteil. Der Farbanteil im Licht wird **subtrahiert.**

Wenn du zwei Farben miteinander mischst, erhältst du eine Mischfarbe. So entsteht aus Gelb und Blau die Farbe Grün. Wenn du alle Farben übereinander malst, erhältst du Schwarz. Schwarz nimmt jede Farbe in sich auf. Um bunte Bilder zu drucken, sind nur drei Farben notwendig, nämlich Cyan (Blaugrün), Gelb und Magenta (Rotviolett). Durch Überlagerung erhältst du jede andere Mischfarbe.

> Bei der **subtraktiven Farbmischung** wird Licht verschiedener Farben absorbiert. Die Grundfarben der subtraktiven Farbmischung sind Cyan, Gelb und Magenta.

---

1 a) Nenne Beispiele dafür, wo du in der Natur oder im Alltag Farbspektren beobachtest.
b) Nenne die Hauptspektralfarben in der Reihenfolge, wie sie tatsächlich auftreten. Betrachte den Regenbogen genau und begründe, warum du deine Aufzählung sowohl mit Rot als auch mit Blau beginnen kannst.

2 Stelle Unterschiede zwischen additiver und subtraktiver Farbmischung heraus.

Starthilfe zu 2:
Beachte: das Vorgehen, die Grundfarben, die Mischfarbe aus allen drei Grundfarben.

3 ▌ Zeichne mithilfe von Bild 2 die Versuchsanordnung zur Lichtzerlegung in dein Heft. Beschrifte die Zeichnung.

4 ▌▌▌ Hunde besitzen zum Farbensehen nur zwei Zapfentypen, nämlich für Blau und für Rot. Wenn Hunde sprechen könnten: Welche Grundfarben der Farbaddition würden sie nennen? Begründe deine Vermutung.

ÜBEN UND ANWENDEN

Ⓐ Die Auswahl der richtigen Sonnenbrille

Sonnenbrillen können in unterschiedliche Kategorien eingeteilt werden. In welche Kategorie eine Sonnenbrille eingeteilt wird, hängt von ihrer Tönung und ihrer Lichtdurchlässigkeit ab. In der Produktbeschreibung einer Sonnenbrille kannst du nachlesen, in welche Filterkategorie die Sonnenbrille eingeteilt ist. Für die verschiedenen Bedingungen sollte immer die richtige Sonnenbrille ausgewählt werden.

Kategorie	Wirkung	Nutzung
1		bedeckter Himmel
2		draußen im Schatten bzw. im Wald
3		mittags bei hellem Sonnenlicht, am Strand
4		stark reflektierende Oberflächen: Wassersport, im Schnee

1 Kategorien von Sonnenbrillen

❶ Beschreibe die Einsatzgebiete der verschiedenen Sonnenbrillen.

❷ ∥ Erkläre, welche Sonnenbrille du im Sommer kaufen solltest.

❸ ∥∥ Stelle Vermutungen an, warum eine Sonnenbrille der Kategorie 4 nicht zum Autofahren getragen werden sollte.

FORSCHEN UND ENTDECKEN

Ⓐ Farbfilter nehmen Licht weg

Material: Farbfilter (Folien) für Blau, Gelb und Rot, Overhead-Projektor oder Beamer

Durchführung:
Schritt 1: Halte Farbfilter einzeln und auch übereinander in das Licht des Projektors. Erzeuge verschiedene Mischfarben.

❶ a) Beschreibe deine Beobachtungen.
b) Erkläre deine Beobachtungen.

❷ ∥ a) Erkläre, dass die Mischfarben immer dunkler werden, je mehr Farben du mischst.
∥ b) Erkläre, dass Weiß und Schwarz physikalisch gesehen keine Farben sind.

2 Subtraktive Farbmischung

IM ALLTAG

Die Farben des Regenbogens

Wann entsteht ein Regenbogen?
Für die Entstehung eines Regenbogens sind zwei Voraussetzungen notwendig. Während oder nach einem Regenschauer muss gleichzeitig die Sonne scheinen. Zudem siehst du den Regenbogen nur, wenn die Sonne hinter dir steht und du auf die Regenwand blickst. Der Regen besteht aus vielen kleinen Wassertropfen. Diese brechen das weiße Licht der Sonne wie ein Prisma.

3 Ein Regenbogen

Wie entsteht ein Regenbogen?
Der Regen besteht aus vielen, fast kugelförmigen Wassertropfen. In diese Tropfen fällt weißes Sonnenlicht. Das Licht wird beim Eintritt in den Tropfen gebrochen. Die im weißen Licht enthaltenen Spektralfarben werden dabei unterschiedlich stark gebrochen. An der Rückwand des Tropfens werden die Spektralfarben reflektiert. Beim Austritt aus dem Tropfen wird das Licht ein zweites Mal gebrochen.

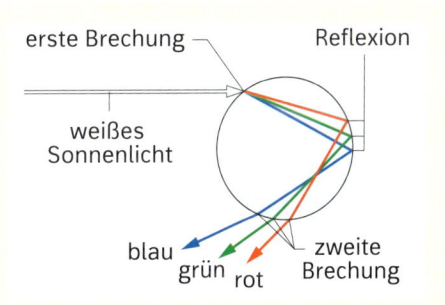

4 Weißes Licht wird gebrochen.

Wieso erscheint der Himmel blau?
Das weiße Licht der Sonne erreicht die Atmosphäre. In der Erdatmosphäre befinden sich Luftteilchen. Wenn das Licht auf die Luftteilchen trifft, wird blaues Licht stärker in alle Richtungen gestreut. Aus der Luft trifft das blaue Licht in unsere Augen. So erscheint der Himmel für unsere Augen blau. Violettes Licht wird auch gestreut, aber es ist nicht so intensiv wie blaues Licht.

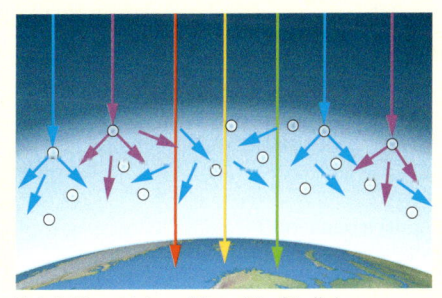

5 Weißes Licht trifft auf Luftteilchen.

---

1 a) Nenne die Wettervoraussetzungen, damit ein Regenbogen entstehen kann.
   b) Beschreibe deinen Stand zur Sonne, damit du einen Regenbogen sehen kannst.

2 Erkläre, auf welche Weise das Sonnenlicht in einem Regentropfen in die Spektralfarben zerlegt wird.

3 ❚ Erkläre die blaue Färbung des Himmels.

Auf einen Blick: Optische Instrumente

Die Lichtbrechung

Lichtdurchlässige Stoffe sind **optische Medien,** die eine **optische Dichte** besitzen. Je langsamer sich das Licht in dem Stoff ausbreitet, desto größer ist seine optische Dichte.

Beim Übergang von zwei optisch unterschiedlichen Medien wird das Licht an der Grenzfläche **gebrochen.** Je dichter das Medium ist, desto kleiner ist der **Brechungswinkel,** das Licht wird **zum Lot** hingeborchen. Geht Licht in ein optisch dünneres Medium über, wird es **vom Lot** weggebrochen.

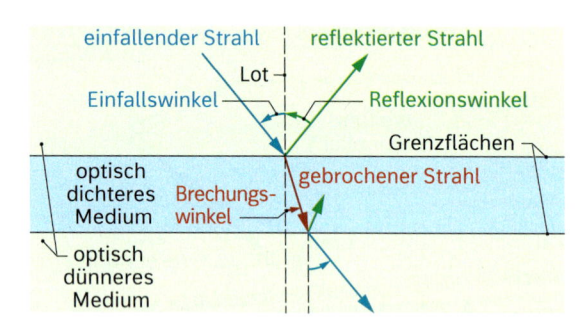

Die Totalreflexion

Beim Übergang von einem optisch dichteren zu einem optisch dünneren Medium kann das Licht wieder in das optisch dichtere Medium reflektiert werden. Das ist die **Totalreflexion.**

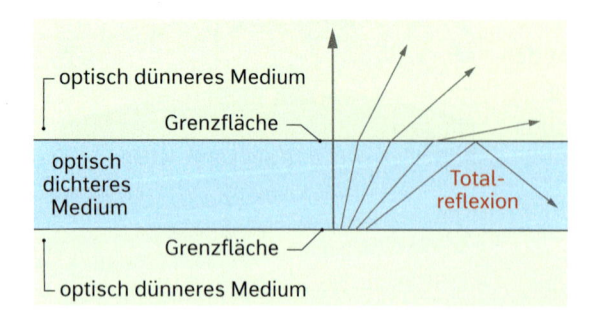

Die optischen Linsen

Sammellinsen führen das Licht am Brennpunkt F zusammen. Es entsteht ein **reelles Bild. Zerstreuungslinsen** weiten den Strahlenverlauf. Es entsteht ein **virtuelles Bild.**

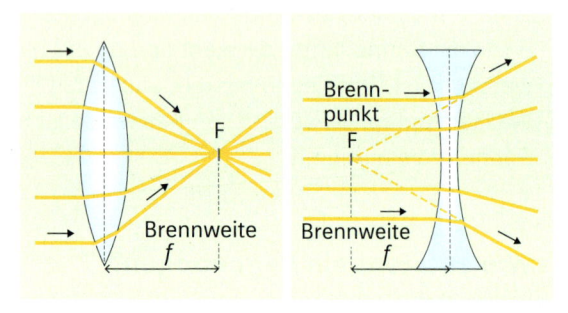

Die Augenlinse

Die Augenlinse ist eine Sammellinse. Sie bricht das einfallende Licht und fokussiert es auf der Netzhaut. Ist das Bild auf der Netzhaut nicht scharf, hat der Mensch einen **Sehfehler.**

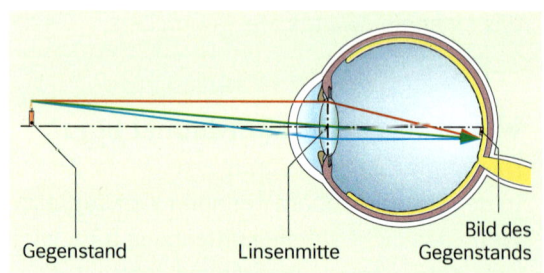

Linsen zur Korrektur

Linsen können Sehfehler korrigieren. **Kurzsichtige** Menschen benötigen eine Brille mit Zerstreuungslinsen. Sie verschieben den Fokuspunkt nach hinten auf die Netzhaut. Bei **weitsichtigen** Menschen liegt der Fokuspunkt hinter der Netzhaut. Sie benötigen Sammellinsen.

WICHTIGE BEGRIFFE
- optisches Medium
- optische Dichte
- Lichtbrechung, Brechungswinkel
- Totalreflexion

WICHTIGE BEGRIFFE
- Sammellinse, Zerstreuungslinse
- reelles und virtuelles Bild
- Sehfehler
- Kurzsichtigkeit, Weitsichtigkeit

Optische Instrumente   85

Das Auge

Wenn Licht ins Auge fällt, wird es durch die Augenlinse auf der Netzhaut fokussiert. Die **Stäbchen** und **Zapfen** wandeln das Licht in elektrische Signale um und senden sie über den **Sehnerv** ans Gehirn. Dort entsteht das Bild. Fokussiert die Augenlinse bereits vor der Netzhaut, liegt eine **Kurzsichtigkeit** vor. Das Bild ist unscharf. Bei der **Weitsichtigkeit** fokussiert die Linse hinter der Netzhaut. Das Bild ist ebenfalls unscharf. **Brillen** oder **Kontaktlinsen** korrigieren solche Sehfehler.

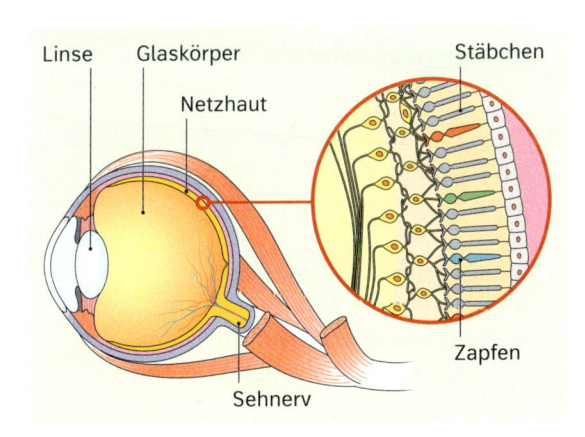

Optische Instrumente

Optische Instrumente enthalten meistens **Linsensysteme,** die aus mindestens zwei Linsen bestehen.

Die **Digitalkamera** besitzt als Objektiv ein Linsensystem. Das Licht fällt durch eine Blende, die die Lichtmenge reguliert.. Das Licht wird gebrochen und als reelles Bild auf einem Bildsensor abgebildet.

Mit einem **Mikroskop** lassen sich sehr kleine Gegenstände stark vergrößert betrachten. Das Mikroskop besteht aus zwei Sammellinsen mit kleinen Brennweiten, dem Objektiv und dem Okular. Das Objektiv erzeugt ein **reelles Zwischenbild,** das durch das Okular nochmals vergrößert wird.

Fernrohre helfen, weit entfernte Gegenstände zu betrachten. Das **astronomische Fernrohr** besteht aus zwei Sammellinsen mit großen Brennweiten. Sie habe einen gemeinsamen Brennpunkt, der sich zwischen den beiden Linsen befindet. Die Abbildung ist seitenverkehrt sowie oben und unten sind vertauscht.

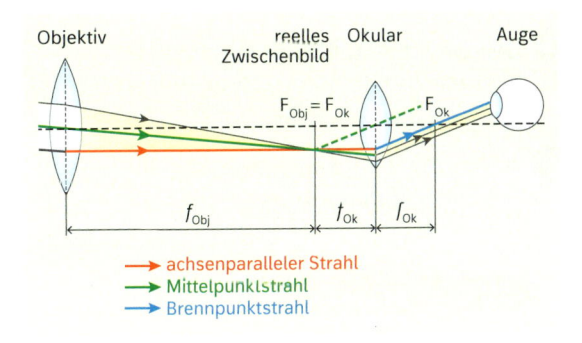

Licht und Farben

Fällt weißes Licht durch ein Prisma, wird es in seine **Spektralfarben** zerlegt. Die Gesamtheit aller Spektralfarben ergibt das **Farbspektrum.** Um eine beliebige Farbe zu erzeugen, sind nur drei Lichtquellen notwendig. Rotes, grünes und blaues Licht zusammen ergeben weißes Licht. Das ist die **Farbaddition.**
Bei der **Farbsubtraktion** wird immer ein Teil des Lichtes entfernt. Die Überlagerung von blauer, gelber und rotvioletter Farbe ergibt Schwarz.

WICHTIGE BEGRIFFE
• Bau und Funktion des Auges
• Sehhilfen: Brillen, Kontaktlinsen
• Farbspektrum, Spektralfarben
• Farbaddition, Farbsubtraktion

WICHTIGE BEGRIFFE
• Linsensysteme
• Digitalkamera
• Mikroskop
• astronomisches Fernrohr

Auf einen Blick

Lerncheck: Optische Instrumente

Brechung und Totalreflexion

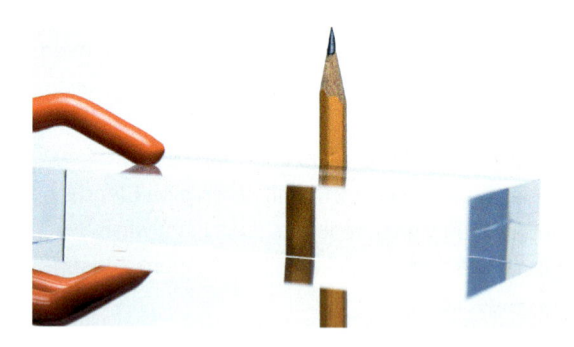

1 a) Zeichne eine Lochkamera, eine davor stehende Kerze und das Bild der Kerze auf dem Schirm der Lochkamera.
b) Erläutere den Zusammenhang zwischen Schärfe und Lichtstärke des Bildes bei unterschiedlicher Lochgröße.

2 a) Erläutere den Unterschied zwischen der Reflexion und der Brechung.
b) Erläutere den Zusammenhang zwischen der optischen Dichte eines Mediums und dem Brechungswinkel.

3 Ergänze die Sätze zur Lichtbrechung:
a) Beim Übergang des Lichtes von Luft in Glas, …
b) Beim Übergang des Lichtes von Glas in Luft, …

4 Beschreibe mithilfe der Brechung des Lichtes, was auf dem oberen Bild abgebildet ist.

5 Nenne die Voraussetzungen für das Entstehen einer Totalreflexion.

> **DU KANNST JETZT …**
> - … die Bildentstehung an der Lochkamera beschreiben und erklären.
> - … die Begriffe optisches Medium und optische Dichte erklären.
> - … die Lichtbrechung beschreiben und zeichnerisch darstellen.
> - … die Voraussetzungen für das Entstehen einer Totalreflexion nennen.

Optische Linsen

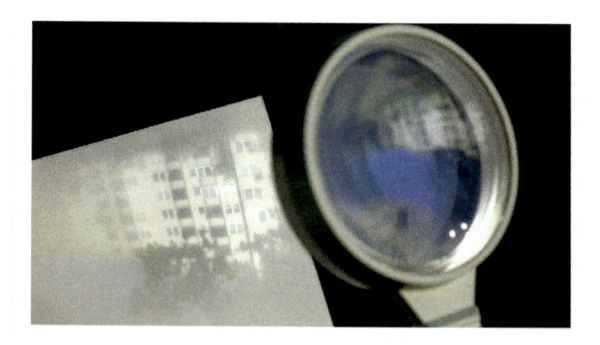

6 a) Beschreibe die Wirkungsweise einer optischen Linse.
b) Beschreibe den Aufbau unterschiedlicher optischer Linsen.

7 Zeichne den Strahlenverlauf eines parallelen Lichtbündels
a) durch eine Sammellinse mit der Brennweite $f = 3$ cm.
b) durch eine Zerstreuungslinse mit der Brennweite $f = -3$ cm
c) Begründe das unterschiedliche Vorzeichen bei den Brennweiten in b) und c).

8 Ein Gegenstand mit der Höhe 2 cm wird durch eine Sammellinse abgebildet. Die Linse hat eine Brennweite von $f = 4$ cm. Der Gegenstand befindet sich 6 cm von der Mittelachse der Linse entfernt.
a) Konstruiere den Strahlengang durch die Linse und benenne die ausgezeichneten Strahlen.
b) Beschrifte die Abbildung mit allen dir bekannten Begriffen und Angaben.

> **DU KANNST JETZT …**
> - … die Lichtbrechung an Sammellinsen und Zerstreuungslinsen vergleichen.
> - … Linsen über ihre Brennweite charakterisieren.
> - … die Bildentstehung an einer Sammellinse beschreiben und zeichnerisch darstellen.
> - … die Unterschiede zwischen einem reellen Bild und einen virtuellen Bild nennen.

Auge und Farben

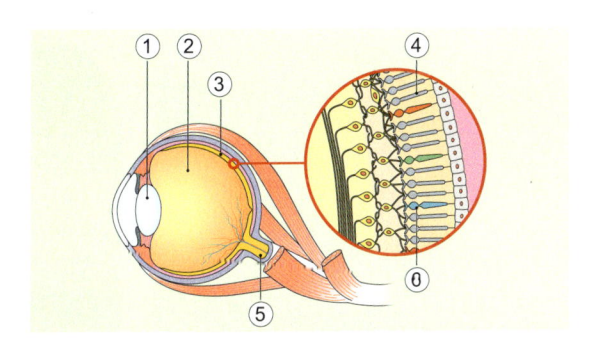

9 a) Benenne die mit Zahlen gekennzeichneten Bestandteile des Auges.
b) Nenne die Bestandteile, die das Auge schützen.
c) Nenne die Bestandteile, die das Licht brechen.

10 Can und Clara vergleichen ihre neuen Brillen. Die Gläser von Cans Brille sind in der Mitte dicker als am Rand, die von Clara am Rand dicker als in der Mitte.
a) Entscheide und begründe, wer von den beiden kurzsichtig und wer weitsichtig ist.
b) Erkläre die Funktionsweise der Brillengläser bei Ausgleich der Sehfehler.

11 a) Erläutere die Verfahren der Farbaddition und der Farbsubtraktion.
II b) Bei der Farbsubtraktion werden Farben miteinander vermischt. Begründe, dass das keine Farbaddition ist.

12 Erkläre die Entstehung eines Regenbogens mit seinen Farben.

DU KANNST JETZT ...

- ... die Bestandteile des Auges nennen und ihre Funktionen beschreiben.
- ... Sehfehler und ihre Korrektur durch Linsen erläutern.
- ... die Farbzerlegung von weißem Licht beschreiben.
- ... die Erzeugung von Farben durch Farbaddition und Farbsubtraktion erläutern.

Optische Instrumente

13 Erkläre den Begriff Linsensystem und nenne mindestens drei optische Geräte, die Linsensysteme enthalten.

14 Vergleiche den Aufbau des Auges mit dem Aufbau einer Digitalkamera. Gib Gemeinsamkeiten und Unterschiede an.

15 a) Beschreibe den Aufbau des astronomischen Fernrohres und nenne die Besonderheiten.
b) Konstruiere den Strahlengang eines weit entfernten Gegenstandes durch ein astronomisches Fernrohr mithilfe der ausgezeichneten Strahlen.

16 a) Erläutere den Aufbau eines Mikroskopes.
b) Nenne Gemeinsamkeiten und Unterschiede von einem astronomischen Fernrohr und einem Mikroskop.

17 Beschreibe die besondere Rolle des Okulars beim astronomischen Fernrohr und beim Mikroskop.

DU KANNST JETZT ...

- ... die Bildentstehung in optischen Instrumenten erklären.
- ... den Aufbau einer Kamera beschreiben.
- ... das astronomische Fernrohr beschreiben und den Strahlengang konstruieren.
- ... den Aufbau und die Funktionsweise eines Mikroskopes erläutern und mit einem astronomischen Fernrohr vergleichen.

Lerncheck

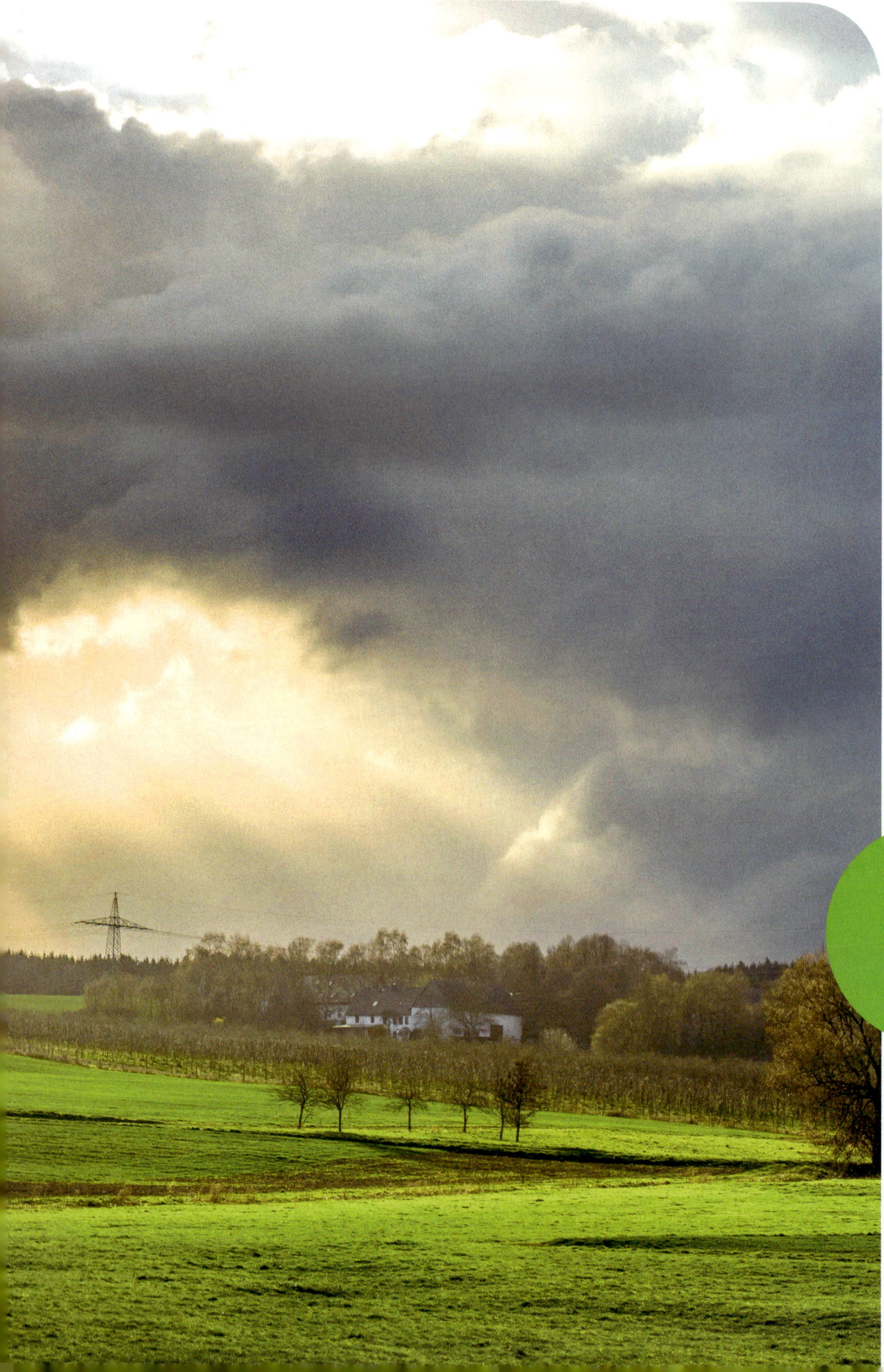

Temperatur – Wärme – Wetter

Was ist Wärme und worin unterscheidet sie sich zur Temperatur?

Warum ist die Dämmung von Häusern so wichtig?

Wie wird das Wetter vorhergesagt?

1 Verschiedene Energieträger und Energieformen

Überall ist Energie

Die Welt, auf der wir leben
Die Sonne scheint vom Himmel, beleuchtet die Erde und erwärmt die Umgebung. Mit Holz kannst du ein schönes Lagerfeuer anzünden und Würstchen grillen. Aus dem Getreide auf dem Feld kann der Bäcker später im Ofen Brot für uns backen. Die Flügel der Windkraftanlagen drehen sich im Wind und es entsteht Elektrizität. Die Sonne erwärmt Wasser in den Sonnenkollektoren. Mithilfe von Solarzellen wird das Licht der Sonne in Elektrizität gewandelt. Autos tanken an der Tankstelle Kraftstoff und können dann über Land fahren.

Die Energieträger
Damit du dich bewegen kannst, benötigst du **Energie.** Diese bekommst du durch dein Butterbrot. Der Backofen bekommt seine Energie vom Kraftwerk über die Steckdose. Damit kann der Bäcker das Brot backen. Das Auto bekommt seine Energie aus dem Kraftstoff im Tank. Das Lagerfeuer erhält seine Energie aus dem Holz, das verbrennt. Das Butterbrot, das Holz und der Kraftstoff sind **Energieträger.** Energieträger tragen Energie in sich. Sie kann durch einen Prozess in Energie anderer Form umgewandelt werden.

Die Energieformen
In den verschiedenen Energieträgern sind unterschiedliche **Energieformen** gespeichert. Im Benzin und im Holz ist **chemische Energie** gespeichert. Von der Sonne bekommen wir die Energieformen **Licht** und **Wärme.** Elektrizität ist **elektrische Energie.** Diese Energie lässt sich mithilfe von Leitungen über weite Strecken transportieren. Im Wasser eines Bergsees ist **Höhen- oder Lageenergie** gespeichert. Fließt Wasser durch ein Tal, hat es **Bewegungsenergie.**

Die Energieumwandlung
Energie kann in Energie anderer Form **umgewandelt** werden. Beim Verbrennen von Holz wird chemische Energie in Licht und Wärme umgewandelt. Die in deinem Butterbrot gespeicherte chemische Energie können deine Muskeln in Bewegungsenergie umwandeln. Die Generatoren in den Windkraftanlagen wandeln die Bewegungsenergie des Windes in elektrische Energie um. Die Sonnenkollektoren wandeln die Strahlungsenergie der Sonne in Wärme um. Module aus Solarzellen wandeln die Strahlungsenergie der Sonne in elektrische Energie um (→ Bild 1).

Die regenerativen Energieträger

Regenerative Energieträger sind Bestandteil der Welt, auf der wir leben. So wächst das Holz von Bäumen durch das Licht und die Wärme der Sonne.
Sonne, Wind und Wasser sind immer verfügbar, allerdings nicht immer im gleichen Maße und zur gleichen Zeit. Nachts scheint die Sonne nicht und mal weht der Wind stärker und mal weniger stark. Die Strahlung der Sonne ist dabei der „Antriebsmotor" für die Bewegungsenergie von Wind und Wasser (→ Bild 2).

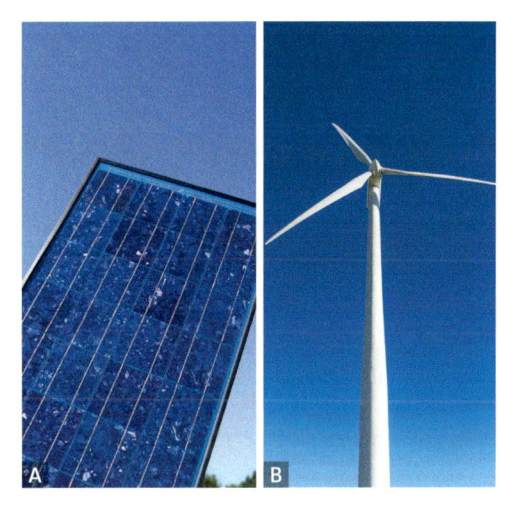

2 Nutzung von regenerativen Energien: **A** Sonnenlicht, **B** Wind

Die nicht regenerativen Energieträger

Das Erdöl, das Erdgas und die Kohle haben sich über Jahrmillionen tief in der Erde entwickelt. Unter hohem Druck, hoher Temperatur und über eine lange Zeit wurden diese Stoffe aus absterbenden Pflanzen gebildet. Wenn diese **fossilen Brennstoffe** einmal aufgebraucht sind, wachsen sie nicht nach. Sie sind dann verbraucht. Es sind **nicht regenerative Energieträger.** Deshalb muss sparsam mit diesen Ressourcen umgegangen werden (→ Bild 3).
Des Weiteren entstehen beim Verbrennen dieser Stoffe umweltschädliche Gase. Diese müssen aufwendig gereinigt werden. Die Reinigung von Verbrennungsgasen ist sehr energie- und kostenintensiv.

3 Die Nutzung von fossilen Brennstoffen ist problematisch: **A** Braunkohle, **B** Erdöl

---

1 a) Beschreibe mit eigenen Worten die Begriffe Energie, Energieträger und Energieform.
b) Zähle jeweils drei regenerative Energieträger und drei nicht regenerative Energieträger auf.

2 ▌▌ a) Suche aus dem Text verschiedene Energieträger heraus. Ordne jeweils den verschiedenen Energieträgern ihre gespeicherte Energieform zu.
▌▌ b) Finde aus deinem Alltag weitere Beispiele für Energieträger mit ihrer gespeicherten Energieform. Unterscheide dabei regenerative und nicht regenerative Energieträger.

Starthilfe zu 2 a):

Energieträger	Energieform	Beispiel
Holz	chemische Energie	Lagerfeuer
...	...	...

3 ▌▌▌ Beschreibe für jede der beschriebenen Form von Energie mindestens eine Energieumwandlung.

IM ALLTAG

Die Energieformen und ihre Energieträger

1 Pizza schmeckt immer.

Chemische Energie
Diese Form der Energie ist enthalten
- in Nahrungsmitteln,
- in fossilen Brennstoffen,
- in deinen Körperzellen.

3 Das Wasser fließt über Stufen in das Tal.

Bewegungsenergie
Diese Form der Energie ist enthalten
- im Wind,
- im fließenden Wasser,
- in bewegten Körpern.

2 Das Netz des Schlägers ist gespannt.

Spannenergie
Diese Form der Energie ist enthalten
- in einem gespannten Netz,
- in einer gespannten Bogensehne,
- in einem gespannten Gummiband.

4 Am Lagerfeuer ist es gemütlich.

Strahlungsenergie
Diese Form der Energie wird abgegeben
- bei einem Feuer,
- von der Sonne,
- von einer Lampe.

① Nenne zu jeder angegebenen Energieform einen weiteren Energieträger.

② ▌▌ Nenne Einsatzmöglichkeiten der Energieformen im Alltag.

③ ▌▌ a) Nenne für die Energieform Lage- oder Höhenenergie zwei Energieträger.
▌▌ b) Nenne für die Energieform elektrische Energie zwei Beispiele und beschreibe daran jeweils eine mögliche Energieumwandlung.

Temperatur - Wärme - Wetter 93

ÜBEN UND ANWENDEN

A Es läuft nur mit Energie

Elektrische Geräte sind **Energiewandler.** Auf den Bildern 5 A - 5C sind Gegenstände abgebildet, die mit unterschiedlichen Formen von Energie betrieben werden.

1 a) Gib für die drei Geräte jeweils an, welche Energieumwandlung sie durchführen.
b) Beschreibe den Nutzen, den du von den gezeigten Energieumwandlungen hast.

5 Verschiedene elektrische Energiewandler: **A** ein Bügeleisen, **B** ein Fahrraddynamo, **C** eine Gartensolarleuchte

B Energie wird umgewandelt

Energie kann in verschiedenen Formen vorkommen. Sie lässt sich von jeder Erscheinungsform in jede andere umwandeln. Es findet ein **Energiefluss** statt.

1 a) Beschreibe das im Bild gezeigte Energieflussdiagramm. Gib dabei an, in welche Energieform und über welchen Energiewandler eine Energieform umgewandelt wird.
b) Überlege dir ein eigenes Energieflussdiagramm aus deinem Alltag und zeichne es.

6 Ein Energieflussdiagramm

1 Im Sommer ist der Asphalt zu heiß, um barfuß zu gehen.

Die Sonne liefert Licht und Wärme

Die Strahlung der Sonne

Die Entfernung zwischen der Sonne und der Erde beträgt etwa 150 Millionen km. Die Sonne strahlt große Mengen an Energie in Form von Licht und Wärme ins Weltall ab. Ein Teil dieser Strahlung gelangt auf den Boden unserer Erde. Die Strahlung der Sonne trifft als weißes Licht auf die Straße und wird reflektiert (→ Bild 1).

Die Spektralfarben des Lichtes

Weißes Licht besteht aus verschiedenfarbigen Bestandteilen. Diese Lichtfarben sind die Spektralfarben, die in einer bestimmten Abfolge das Spektrum des Lichtes bildet. (→ Bild 2). Du kennst diese Farben vom Regenbogen.
Die farbigen Bestandteile werden an Oberflächen unterschiedlich reflektiert. So siehst du den Zebrastreifen in Weiß und den Asphalt in einem Dunkelgrau.

Das unsichtbare Licht

Neben den Spektralfarben des weißen Lichtes gibt es Strahlung, die du mit deinen Augen nicht wahrnehmen kannst. Du kannst diese Strahlung jedoch auf deiner Haut spüren.
Scheint die Sonne auf den Asphalt, wird dieser von der Sonnenstrahlung erwärmt. Diese Strahlung ist zu einem großen Teil Wärmestrahlung. Sie ist als Wärme auf der Haut spürbar. Im Spektrum in Bild 2 befindet sich die Wärmestrahlung neben dem Rot als **infrarote Strahlung,** kurz **IR.** Die Farben des Zebrastreifens verblassen mit der Zeit. Dafür verantwortlich ist die **ultraviolette Strahlung,** kurz **UV,** die im Spektrum neben Violett liegt. Sie ist sehr energiereich. Sie ist auch für einen Sonnenbrand auf deiner Haut verantwortlich. Mit Sonnencreme oder Kleidung musst du dich vor der UV-Strahlung schützen.

UV   IR

2 Das Farbspektrum des Sonnenlichtes

Die Wärme

Nicht nur die Sonne liefert Wärme. Ebenso wird Wärme abgegeben, wenn ein Lagerfeuer brennt. Bei der **Verbrennung** des Holzes wird Wärme an die Umgebung abgegeben. Die Wärme reicht aus, um beispielsweise Stockbrot über dem Feuer zu backen (→ Bild 3). Wärme entsteht auch durch **Reibung.** Im Winter reibst du deine Hände aneinander, damit sie warm werden (→ Bild 4). Wärme kann in Form von Energie gespeichert und zu einem anderen Zeitpunkt abgegeben werden. Tagsüber erwärmt die Sonne den Asphalt. Ist die Sonne untergegangen, ist der Boden noch warm. Die Wärme wird dann an die Umgebung abgegeben.

3 Stockbrot über einem Lagerfeuer

Temperatur und Wärme

Wie warm ein Körper ist, wird durch seine **Temperatur** angegeben. Ein wärmerer Körper hat eine höhere Temperatur als ein weniger warmer Körper. Wenn einem Körper Wärme zugeführt wird, steigt die Temperatur des Körpers an. Gibt der Körper Wärme ab, sinkt seine Temperatur.

4 Die Hände können im Winter mit Reibung erwärmt werden.

Der Temperatursinn

Mit den winzigen **Kältekörperchen** und **Wärmekörperchen** in deiner Haut empfindest du unterschiedliche Temperaturen. Diese Sinneskörperchen geben an, ob du gerade kalte oder warme Gegenstände berührst. Es ist aber sehr schwer abzuschätzen, wie kalt oder warm etwas wirklich ist. Die Sinneskörperchen reagieren nur auf Temperaturunterschiede, sie vergleichen Temperaturen. Was für eine Person angenehm warm ist, kann sich für eine andere Person kalt anfühlen (→ Bild 5).

5 Kinder beim Baden im See

❶ Gib den Bestandteil der Sonnenstrahlung an, den du als Wärme empfinden kannst.

❷ Nenne drei Wärmequellen, die Wärme liefern können.

❸ ▎ Beschreibe, was beim ungeschützen Sonnenbaden passieren kann und nenne Möglichkeiten dich zu schützen.

❹ ▍ Erkläre den Unterschied zwischen Temperatur und Wärme.

❺ ▍ Erkläre, wieso wir mit der Haut keine genauen Temperaturen fühlen können.

FORSCHEN UND ENTDECKEN

A Welche Kleidungsfarbe erwärmt dich schneller?

Wenn du im Sommer dunkle Kleidung trägst, wird dir schneller warm, als wenn du helle Kleidung trägst. Lässt sich diese Behauptung auch beweisen? Mit einem Versuch kannst du diese Behauptung überprüfen.

Material: 2 Bechergläser mit Wasser, 2 Thermometer, schwarzes Papier, weißes Papier, Klebestreifen, Wärmelampe

Durchführung:
Schritt 1: Baue den Versuch wie in Bild 1 auf.
Schritt 2: Beleuchte beide Bechergläser gleichmäßig mit der Wärmelampe. Achte darauf, dass die beiden Gläser den gleichen Abstand zur Lampe haben.
Schritt 3: Ließ nach 5 Minuten die Temperaturen in beiden Bechergläsern ab.

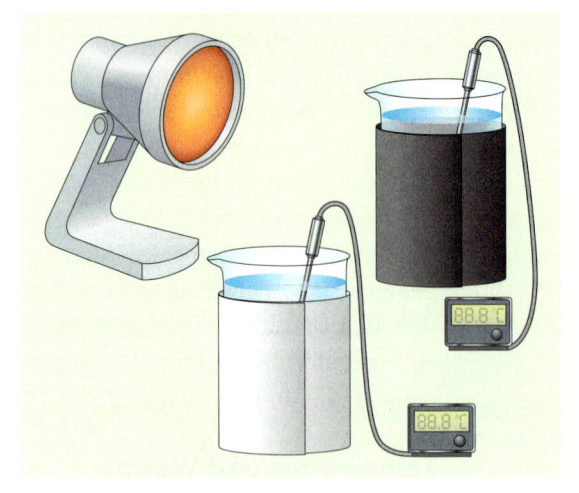

1 Experiment zur Infrarotstrahlung

❶ Beschreibe deine Beobachtungen.
❷ Nimm mithilfe deiner Versuchsergebnisse Stellung zur obigen Behauptung.

B Ist das Temperaturempfinden immer gleich?

Material: drei Schüsseln mit unterschiedlich warmen Wasser (10 °C, 20 °C, 40 °C), Thermometer.

Durchführung:
Schritt 1: Miss die Temperaturen des Wassers in den Schüsseln und notiere sie.
Schritt 2: Tauche eine Hand in die Schüssel mit dem 10 °C kalten Wasser, die andere Hand in die Schüssel mit dem 40 °C warmen Wasser. Warte etwa 1 Minute.
Schritt 4: Tauche anschließend beide Hände in die Schüssel mit dem 20 °C warmen Wasser.

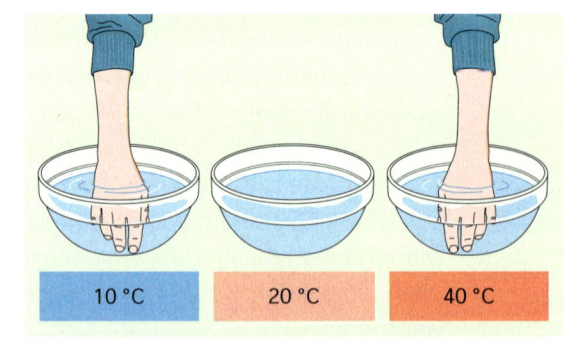

2 Drei-Schüssel-Versuch

❶ Beschreibe deine Temperaturempfindung, nachdem du beide Hände in das 20 °C warme Wasser gehalten hast.
❷ ‖ Beurteile folgende Aussage: „Mit der Haut können wir die Temperatur von Wasser so genau messen wie mit einem Thermometer."

ÜBEN UND ANWENDEN

A Das Spektrum des Lichtes

Mit einem **Prisma** kannst du das weiße Licht der Sonne in seine verschiedenfarbigen Bestandteile zerlegen.
Ein Prisma ist ein Körper aus Glas oder Kunststoff mit einer dreieckigen Grundfläche. Die Seitenflächen sind rechteckig.
Wenn weißes Licht auf eine Seitenfläche eines Prismas fällt, wird es im Prisma gebrochen und dabei in die farbigen Bestandteile des Lichtes zerlegt (→ Bild 3).

3 Ein Prisma zerlegt das Sonnenlicht.

① Beschreibe, welche Bestandteile des Lichtes du in Bild 3 siehst.

② Beschreibe, welche Bestandteile des Lichtes du in Bild 3 nicht siehst.

B Wasser erwärmen

In zwei Bechergläser werden je 500 ml und 100 ml Wasser gefüllt. Vor dem Erwärmen wird die Temperatur gemessen. Anschließend werden beide Bechergläser gleichzeitig und gleich lang erwärmt. Nach dem Erwärmen wird wieder die Temperatur gemessen.

4 Wasser im Becherglas: **A** vor dem Erwärmen, **B** nach dem Erwärmen

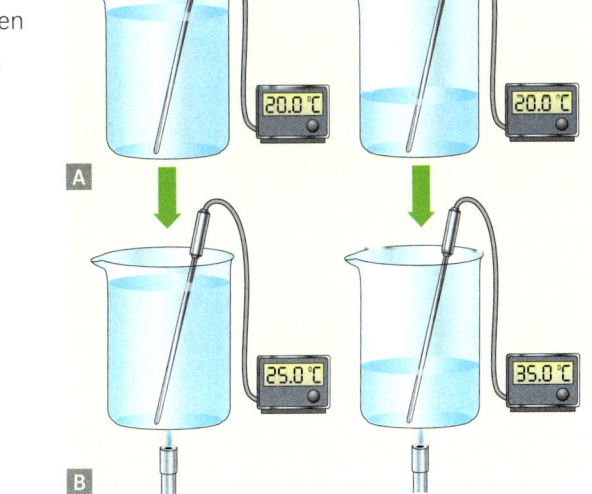

① Beschreibe die Beobachtungen in Bild 4.

② Erkläre die Temperaturunterschiede nach dem Erwärmen.

1 Ein Feuer wärmt.

Wärmequellen und ihre Temperatur

Verschiedene Wärmequellen

Im Winter verbreitet ein Kamin im Wohnzimmer wie in Bild 1 kuschelige Wärme. Auch Kerzen geben Wärme ab. Das merkst du, wenn du deine Hand vorsichtig über die Kerzenflamme hältst. Beim Verbrennen wird die chemische Energie von Holz oder Kerzenwachs umgewandelt und als Wärme abgegeben. Bei der Zentralheizung wird Heizöl oder Erdgas verbrannt. Diese Wärme nimmt das Wasser auf, das durch die Heizungsrohre fließt, und erwärmt das Zimmer. Auch mit elektrischer Energie kannst du Wärme erzeugen. Deshalb wird eine Herdplatte oder der Backofen warm.

Die Temperatur eines Körpers

Jeder Körper besitzt eine bestimmte Temperatur. Der Mensch kann die Temperatur eines Körpers nicht genau angeben. Er kann nur Temperaturen von Körpern miteinander vergleichen. Zur genauen Messung wird ein Messgerät benötigt.

Das Thermometer

Ein **Thermometer** ist das Messgerät für die Temperatur. Der Messfühler des Thermometers berührt den Körper und nimmt dessen Temperatur an. So kann das Thermometer die Temperatur des Körpers anzeigen.

Die Celsius-Skala

Um Temperaturen weltweit vergleichen zu können, müssen die Messwerte vergleichbar sein. Dafür benötigt ein Thermometer eine überall gültige Temperaturskala.

In vielen Bereichen der Welt wird die Temperatur in der **Celsius-Skala** angegeben. Die Skala besitzt zwei **Fixpunkte.** Die **Schmelztemperatur** von Wasser ist der untere Fixpunkt. Er wird als 0 °C bezeichnet. Die **Siedetemperatur** von Wasser ist der obere Fixpunkt. Er wird als 100 °C bezeichnet. Dazwischen wird die Skala gleichmäßig in 100 Teile aufgeteilt.

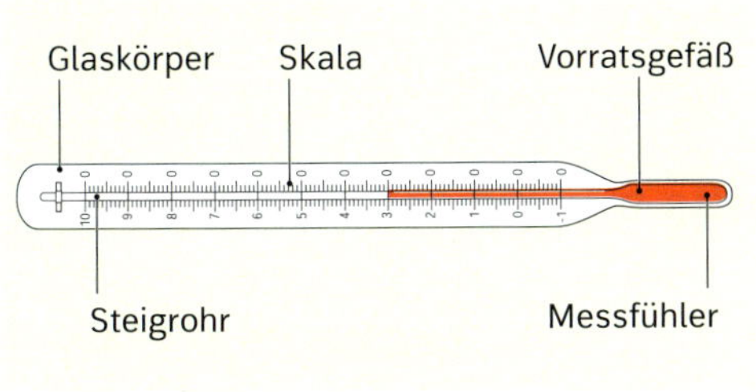

2 Der Aufbau eines analogen Thermometers

3 Ein digitales Thermometer

Analoge und digitale Thermometer

Beim Messen von Temperaturen werden analoge oder digitale Thermometer eingesetzt.

Bei einem **analogen Thermometer** wie in Bild 2 befindet sich ein Steigrohr in einem Glaskörper. In dem Messfühler befindet sich ein Vorratsgefäß mit einer gefärbten Flüssigkeit. Je höher die Temperatur am Messfühler ist, desto höher steigt die Flüssigkeit im Steigrohr. An der Skala kannst du die Temperatur ablesen. Zum korrekten Ablesen musst du senkrecht auf die Skala schauen.

Ein **digitales Thermometer** wie in Bild 3 besitzt einen Messfühler, der einen Sensor enthält. Mit einer Elektronik im Thermometer wird die Temperatur ermittelt. Du kannst sie auf dem Display sofort ablesen. Ein digitales Thermometer benötigt immer eine Batterie.

Das Einsatzgebiet bestimmt die Skala

Die Gestaltung der Skala von analogen Thermometern richtet sich nach ihrem Einsatzgebiet. Ein analoges **Fieberthermometer** soll die Körpertemperatur messen. Deshalb zeigt seine Skala nur den Temperaturmessbereich von 34,5 °C bis 42 °C an (→ Bild 4A).

Bei einem **Außenthermometer** möchtest du sowohl Temperaturen unter 0 °C als auch über 0 °C ablesen. Daher muss die Skala in den negativen Temperaturbereich erweitert werden (→ Bild 4B).

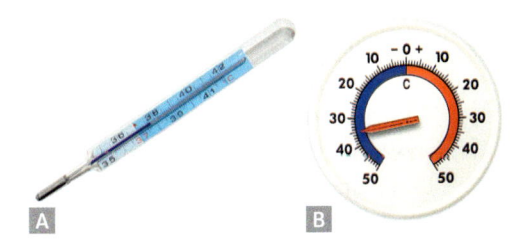

4 **A** Fieberthermometer, **B** Außenthermometer

---

1 a) Zeichne ein analoges Thermometer mit einer Celsius-Skala und beschrifte es.
b) Erkläre die Einteilung einer Celsius-Skala.
c) Begründe das senkrechte Ablesen der Temperatur bei einem analogen Thermometer.

Starthilfe zu 1:
Nutze die Begriffe: Glaskörper, Skala, Steigrohr, Messfühler, Vorratsgefäß.

2 Nenne Temperaturen, die du auch ohne Thermometer bestimmen kannst. Begründe deine Auswahl.

3 ▌ Beschreibe die Eigenschaft von Flüssigkeitsthermometern, die für deren Funktion ausgenutzt wird.

4 ▌▌ Nenne Gründe, die den Einsatz von Flüssigkeitsthermometern über alle Temperaturbereiche ausschließen.

5 ▌▌ a) Zeichne ein analoges Thermometer mit einer Einteilung in $\frac{1}{10}$ Grad-Schritten.
▌▌▌ b) Begründe die Einsatzmöglichkeit dieses Thermometers.

METHODE

Erstellen eines Versuchsprotokolls mit digitaler Auswertung

Du solltest dich mit einem **Versuchsprotokoll** auf jeden Versuch vorbereiten (→ Bild 1).

Schritt 1: Plane den Versuch. Stelle eine Forschungsfrage, überlege dir das Vorgehen und stelle eine Vermutung an.

Schritt 2: Plane einen Versuchsaufbau mit den notwendigen Geräten und zeichne ihn.

Schritt 3: Baue den Versuch auf und führe ihn durch. Dokumentiere deine Beobachtungen und deine Messwerte, wenn möglich in Tabellenform.

Schritt 4: Werte den Versuch **digital** aus.
a) Übertrage deine Messwerte in ein **Tabellenkalkulationsprogramm.** Markiere die Tabelle mithilfe der linken Maustaste.
b) Wähle über Einfügen/Empfohlene Diagramme den **Diagrammtyp** aus. Wenn ein Zusammenhang zwischen zwei Größen dargestellt werden soll, eignet sich besonders gut der Typ **Punkt (XY).** Nach dem Anklicken des ausgewählten Diagrammtyps erscheint das fertige Diagramm (→ Bild 2).
c) Interpretiere den Verlauf des Graphen in deinem Diagramm.

Schritt 5: Nutze die Messwerte, um gegebenenfalls Berechnungen durchzuführen.

Schritt 6: Betrachte Ungenauigkeiten bei der Beobachtung und der Messung.

Schritt 7: Formuliere ein Ergebnis, das sich auf die Ausgangsfrage bezieht. Ein Vergleich mit deiner Vermutung in Schritt 1 schließt das Protokoll ab.

1 a) Plane einen Versuch zur Temperaturmessung und führe ihn durch. Bereite dazu das Versuchsprotokoll vor und fülle es während des Versuches aus.
b) Werte den Versuch mithilfe eines Tabellenkalkulationsprogramms aus.

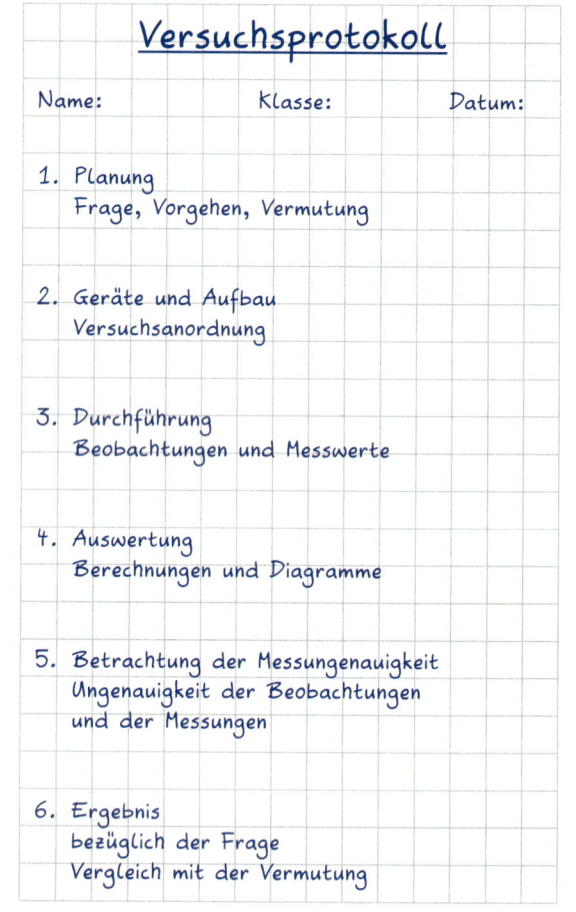

1 Der Aufbau eines Versuchsprotokolls

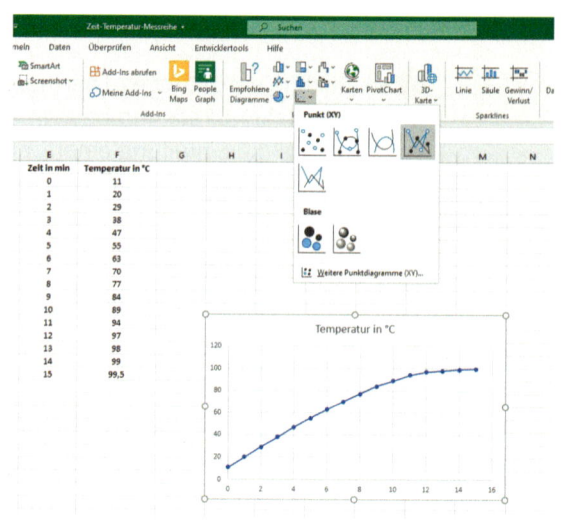

2 Ein Zeit-Temperatur-Diagramm als Liniendiagramm

Temperatur - Wärme - Wetter

IM ALLTAG

Die verschiedenen Thermometerskalen

Die Celsius-Skala
- zurückzuführen auf den schwedischen Astronomen, Mathematiker und Physiker **ANDERS CELSIUS** (1701 – 1744)
- unterer Fixpunkt: Schmelztemperatur von Wasser: 0 °C (Grad Celsius)
- oberer Fixpunkt: Siedetemperatur von Wasser: 100 °C
- Skaleneinteilung: 1 Grad-Einteilung
- Einsatzgebiete: weltweit außer USA, Belize, Bahamas, Cayman Islands (gehören zu Großbritannien)

3 ANDERS CELSIUS

Die Kelvin-Skala
- zurückzuführen auf den britischen Physiker **WILLIAM THOMSON,** (später: **LORD KELVIN OF LARGS**) (1824 – 1907)
- Fixpunkt: die tiefstmögliche erreichbare Temperatur, der **absolute Temperatur-Nullpunkt:** – 273,15 °C = 0 K (Kelvin)
- Skaleneinteilung: 1 Grad-Einteilung
- Einsatzgebiet: Wissenschaft, da die Skala keine negativen Temperaturen enthält
- Besonderheit: Temperaturdifferenzen werden in K angegeben.

4 LORD KELVIN OF LARGS

Die Fahrenheit-Skala
- zurückzuführen auf den deutschen Physiker **DANIEL GABRIEL FAHRENHEIT** (1686 – 1736)
- unterer Fixpunkt: tiefste Temperatur eines Wasser-Salz-Gemisches – 17,8 °C ≙ 0 °F (Grad Fahrenheit)
- oberer Fixpunkt: Körpertemperatur eines „gesunden Menschen" 37 °C ≙ 98 °F
- Hinweis: Wasser siedet bei 212 °F, Wasser schmilzt bei 32 °F
- Skaleneinteilung: 1 Grad-Einteilung
- Umrechnung: $T_{in\,°F} = \frac{9}{5} \cdot T_{in\,°C} + 32$; $T_{in\,°C} = \frac{5}{9} \cdot (T_{in\,°F} - 32)$
- Einsatzgebiet: USA, Belize, Bahamas, Cayman Islands

5 DANIEL G. FAHRENHEIT

① Nenne die drei gängigen Temperaturskalen und ihre Einsatzgebiete.

② Rechne folgende Temperaturen von der Einheit °C jeweils in die anderen Temperatureinheiten K und °F um:
  a) Schmelztemperatur von Wasser: 0 °C, Sommertag: 25 °C, Gefrierschrank: – 18 °C
  b) normale Körpertemperatur des Menschen, Schmelztemperaturen von Wasser und Wachs

③ Zeichne die drei Temperaturskalen nebeneinander und markiere die verschiedenen Fixpunkte.

Starthilfe zu 2:
−273 °C = 0 K; 0 °C = 273 K
$T_{in\,°F} = \frac{9}{5} \cdot T_{in\,°C} + 32$

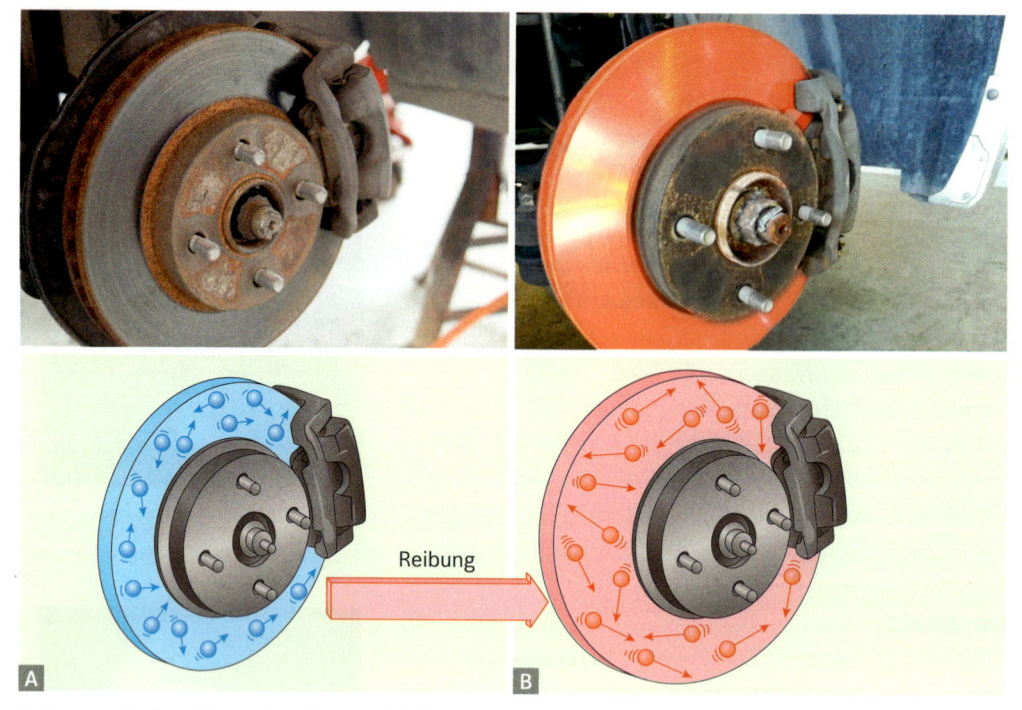

1 Bremsscheibe: **A** im kalten Zustand, **B** im rotglühenden Zustand

Die Temperatur und die innere Energie

Was ist innere Energie?
Ein Rennwagen in voller Fahrt hat Bewegungsenergie. Soll er wieder zum Stillstand kommen, muss er abgebremst werden. Beim Bremsen werden Bremsbacken gegen die Bremsscheibe gepresst. Sie verursachen eine sehr starke Reibung. Dadurch wird die Bremsscheibe heiß und sie dehnt sich aus. Ihre Temperatur steigt an und ihr Volumen wird größer (→ Bilder 1 A und 1 B).

Die Bremsscheibe besitzt bei jeder Temperatur eine bestimmte Menge an Energie. Diese gespeicherte Energie heißt **thermische** oder **innere Energie** E_i. Sie beschreibt den Zustand der Bremsscheibe.
Beim Bremsen wird die Bewegungsenergie des Wagens als innere Energie der Bremsscheibe gespeichert. Je höher die Temperatur der Bremsscheibe ist, desto größer ist ihre innere Energie. Sie wird in Form von Wärme an die Umgebung abgegeben.

Innere Energie im Teilchenmodell
Wie alle Körper besteht die Bremsscheibe aus kleinsten Teilchen. Diese bewegen sich ständig. Sie besitzen Bewegungsenergie. Beim Bremsen wird durch die Reibung mechanische Energie auf die Teilchen übertragen. Die Bewegung aller Teilchen wird heftiger. Ihre Bewegungsenergie wird größer. Durch die heftige Bewegung vergrößert sich auch der Abstand der Teilchen zueinander. Damit vergrößert sich die Lageenergie aller Teilchen. Beide Energien zusammen bestimmen die innere Energie der Bremsscheibe. Je heftiger sich die Teilchen bewegen, desto größer ist ihre Temperatur. Je größer der Abstand der Teilchen zueinander ist, desto größer ist ihr Volumen.

> Die innere Energie eines Körpers ist die Summe aus der Bewegungsenergie und der Lageenergie aller seiner Teilchen.

Änderung der inneren Energie durch mechanische Energie

Turnierpferde haben empfindliche Hufe. Um die Hufe nicht zu beschädigen, werden die Hufeisen nicht erhitzt, sondern kalt bearbeitet. Dafür legt der Schmied das kalte Hufeisen auf einen Amboss. Mit einem Hammer schlägt er auf das Eisen, um es in die richtige Form zu bringen (→ Bild 2). Durch die Hammerschläge wird dem Eisen mechanische Energie zugeführt. Das führt im Inneren des Eisens zu Veränderungen. Die Teilchen bewegen sich schneller, ihre Bewegungsenergie wird größer. Die Temperatur des Hufeisens steigt. Der Temperaturanstieg ist ein Merkmal für die Erhöhung der inneren Energie des Hufeisens.

2 Kaltschmieden

Änderung der inneren Energie durch Abgabe oder Zufuhr von Wärme

Wird heißer Tee in eine kalte Tasse gegossen, gibt er Wärme an seine Umgebung ab. Die Teilchen des Tees werden langsamer, ihre Bewegungsenergie nimmt ab. Die Temperatur des Tees sinkt. Damit wird seine innere Energie kleiner.
Die Tasse nimmt einen Teil der Wärme des Tees auf. Die Teilchen der Tasse bewegen sich heftiger, ihre Bewegungsenergie nimmt zu. Die Temperatur der Tasse steigt. Damit wird die innere Energie der Tasse größer (→ Bild 3).

Wärmeabgabe ⇒ E_i wird kleiner

Wärmeaufnahme ⇒ E_i wird größer

3 Direkter Kontakt von Körpern mit unterschiedlicher Temperatur

> Die **Temperatur** eines Körpers ist ein Maß für die Bewegungsenergie aller seiner Teilchen.

❶ Beschreibe den Bremsvorgang mit einer Felgenbremse an einem Fahrrad. Benutze dabei die Begriffe innere Energie und Temperatur. Orientiere dich dabei an der Beschreibung zum Bremsen eines Rennwagens.

❷ Eine Steinfigur befindet sich im Garten an einem sonnigen Platz.
  a) Beschreibe die Änderung ihrer Temperatur, ihres Volumens und ihrer inneren Energie über einen Zeitraum von 24 Stunden.
  b) Erläutere den Zusammenhang zwischen der inneren Energie, der Temperatur und dem Volumen der Steinfigur im Laufe eines Tages. Benutze dabei Fachbegriffe.

Starthilfe zu 2:
Gliedere deine Beschreibung in die Zeitabschnitte Morgen, Vormittag, Nachmittag, Abend und Nacht.

❸ In einem Flüssigkeitsthermometer steigt die Flüssigkeitssäule mit zunehmender Temperatur an. Erläutere den Vorgang mit dem Teilchenmodell.

FORSCHEN UND ENTDECKEN

A Erhöhung der inneren Energie eines Körpers

Material: Eisennagel (20 cm), Metallsäge, Schleifpapier mit Schleifklotz (→ Bild 1)

Durchführung:
Schritt 1: Bearbeite den Nagel 1 min kräftig mit Schleifpapier. Befühle dann mit den Fingern die Oberfläche von Nagel und Schleifpapier.
Schritt 2: Säge den Eisennagel in der Mitte durch.
Schritt 3: Befühle mit den Fingern die Schnittstellen an beiden Hälften.

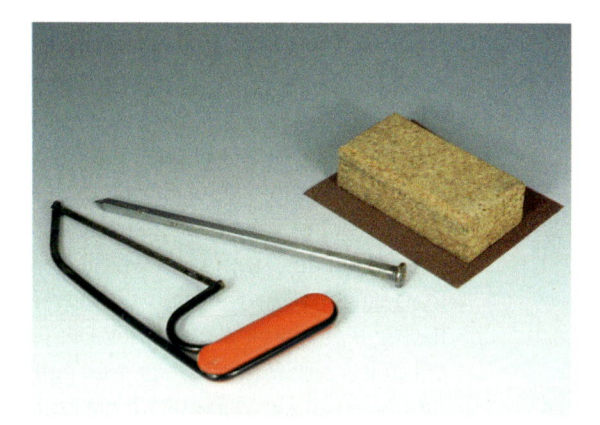

1 Ein Eisennagel soll bearbeitet werden.

① Beschreibe jeweils deine Beobachtungen.

② ‖ Erläutere am Beispiel des Nagels den Begriff innere Energie. Grenze ihn dabei zum Begriff Temperatur ab.

③ ‖ Erkläre die Auswirkung der Veränderung der inneren Energie mit dem Teilchenmodell. Gehe dabei auf die Temperatur und das Volumen des Nagels ein.

B Verringerung der inneren Energie eines Körpers

Material: Becherglas, Digitalthermometer, Uhr, 100 ml Wasser, Heizplatte, Tassen aus verschiedenen Materialien mit ungefähr gleicher Größe

Durchführung:
Schritt 1: Erwärme 100 ml Wasser in einem Becherglas auf der Heizplatte. Miss dabei die Temperatur. Schalte die Platte bei einer Wassertemperatur von 50 °C ab.
Schritt 2: Fülle das Wasser in eine Tasse. Bestimme die Wassertemperatur in der Tasse. Wiederhole die Messung nach 60 s. Trage deine Messwerte in eine Tabelle ein.
Schritt 3: Wiederhole die Schritte 1 und 2 für die Tassen aus den verschiedenen Materialien.

Starthilfe zu 1:
Verwende Tassen aus Keramik, Porzellan, Glas und Kunststoff.

Material der Tasse	Temperatur des Wassers nach dem Eingießen	Temperatur des Wassers nach 60 s
...	...	...

① a) Vergleiche die Temperaturabnahme in den Tassen. Stelle eine Reihenfolge der Materialien auf.
b) Beschreibe die Bedeutung der Materialeigenschaft für die innere Energie der Tassen.

② ‖ Nenne die Bedingung, unter der keine Veränderung der inneren Energie eines Körpers mehr stattfindet.

③ ‖‖ Erkläre die Veränderung der inneren Energie und der Temperatur von Wasser und Tasse mit dem Teilchenmodell.

Temperatur - Wärme - Wetter   105

FORSCHEN UND ENTDECKEN

C Erwärmung von unterschiedlichen Stoffen bei gleicher Masse

Material: Eisenkugel und annähernd gleich schwerer Stein, zwei Wärmeschutzplatten, Tiegelzange, Gasbrenner, zwei Bechergläser, zwei Thermometer, Leitungswasser

Durchführung:
Schritt 1: Fülle ein Becherglas mit 100 ml Wasser und miss die Temperatur.
Schritt 2: Erwärme die Eisenkugel 2 min über einer Gasflamme.
Schritt 3: Lege mit der Tiegelzange die Eisenkugel vorsichtig in das Becherglas.
Schritt 4: Lies nach 2 min die Wassertemperatur im Becherglas ab.
Schritt 5: Wiederhole die Schritte 1 bis 4 mit dem Stein und vergleiche die Temperaturen.

2 Heiße Gegenstände erwärmen kaltes Wasser.

1 a) Beschreibe das Ergebnis des Versuches. Gehe dabei auf die Anfangs- und Endtemperaturen bei den verschiedenen Materialien und die Wärmeübertragung an das Wasser ein.
II b) Erkläre das Ergebnis des Versuches. Gehe dabei auf den Unterschied von Temperatur und Wärme ein, wenn die Masse unterschiedlicher Stoffe gleich ist.

D Erwärmung des gleichen Stoffes bei unterschiedlicher Masse

Material: Becherglas, zwei große Reagenzgläser, Gasbrenner, Dreifuß mit Keramiknetz, zwei Thermometer, Leitungswasser

Durchführung:
Schritt 1: Fülle in ein Reagenzglas 20 ml kaltes Leitungswasser und in das andere 40 ml Wasser. Miss die Temperaturen.
Schritt 2: Erwärme 100 ml Wasser im Becherglas, bis es siedet.
Schritt 3: Stelle beide Reagenzgläser gleichzeitig in das Becherglas mit heißem Wasser. Lies nach 15 s die Temperaturen in den Reagenzgläsern ab.

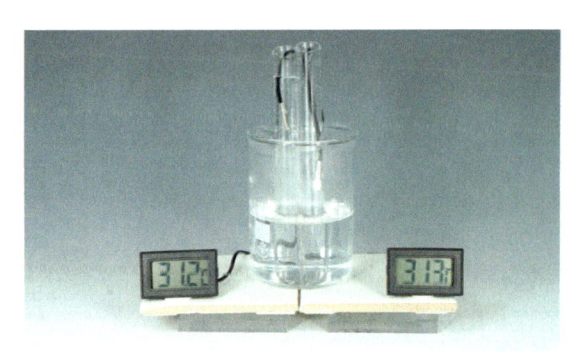

3 Heißes Wasser erwärmt kaltes Wasser.

1 a) Bestimme für beide Reagenzgläser die Differenz zwischen Anfangs- und Endtemperatur.
b) Beschreibe den Zusammenhang zwischen der Wärmeübertragung, der Wassermenge und der Temperaturänderung in einem Je-desto-Satz.

2 II Erkläre für einen Körper den Unterschied zwischen der Temperaturänderung und der Wärmeübertragung, wenn bei gleichem Stoff die Masse unterschiedlich ist.

1 Das Wasser in einer Pfütze verschwindet an warmen Tagen schnell.

Die Aggregatzustände

Ein Stoff verschwindet?
An warmen Tagen strahlt die Sonne auf eine Pfütze. Nach einer Weile scheint das Wasser in einer Pfütze verschwunden zu sein (→ Bild 1). Das Wasser hat dabei jedoch nur seinen Zustand geändert.

Aggregatzustände von Stoffen
Der Stoff Wasser begegnet dir überall im Alltag und in der Natur. Dabei nimmt Wasser unterschiedliche Zustände an. Ist es kalt genug, ist Wasser **fest** wie Eis. Eis besteht aus Wasser. Du merkst das, sobald das Eis schmilzt. Das Wasser wird dann **flüssig**. Es entsteht eine Pfütze. Der dritte Zustand von Wasser ist schwer zu beobachten. Ist das Wasser **gasförmig**, ist es für uns unsichtbar in der Luft. Wenn die Pfütze trocknet, ist das Wasser also nicht verschwunden. Das Wasser ist gasförmig geworden.
Die drei verschiedenen Zustandsformen von Stoffen fest, flüssig und gasförmig werden als **Aggregatzustände** bezeichnet.

Kugeln als Modelle
Wie Wasser sind alle Stoffe aus kleinen Teilchen aufgebaut. Diese sind so klein, dass du sie mit dem bloßen Auge nicht sehen kannst. Diese Teilchen kannst du als Kugeln zeichnen. Die Kugeln eines Stoffs werden gleich groß und in gleicher Farbe gezeichnet. Die Kugeln anderer Stoffe bekommen eine andere Größe und Farbe. Dieses Modell heißt **Teilchenmodell**.

Aggregatzustände im Teilchenmodell
In Bild 3 kannst du erkennen, wie die Aggregatzustände im Teilchenmodell aussehen.
Im festen Wasser, im Eis sind die Teilchen dicht beieinander und regelmäßig angeordnet (→ Bild 2 A). In dem flüssigen Wasser sind die Teilchen ebenfalls dicht zusammen, aber weniger geordnet (→ Bild 2 B). In Wasserdampf haben die Teilchen einen großen Abstand und sind ungeordnet (→ Bild 2 C).

Temperatur - Wärme - Wetter **107**

2 Die drei Aggregatzustände von Wasser: **A** festes Wasser (Eis), **B** flüssiges Wasser (Wasser), **C** gasförmiges Wasser (Wasserdampf)

Ein Modell zum Anfassen

Gibst du Erbsen in eine Schale mit gewölbtem Boden, sammeln sich diese in der Mitte. Bewegst du die Schale leicht, ordnen sie sich regelmäßig an (→ Bild 3). Die Anordnung der Erbsen ist der des festen Wassers in Bild 2 sehr ähnlich. Die Erbsen können dir helfen, das Teilchenmodell einfacher zu verstehen.

Im Eis und anderen Feststoffen halten die Teilchen zusammen, weil sie sich gegenseitig anziehen. Im flüssigen Wasser und anderen Flüssigkeiten sind diese **Anziehungskräfte** auch immer vorhanden.

3 Erbsen in einer Müslischale

① Nenne den Grund, warum die Teilchen eines Stoffes zusammenhalten.

② Beschreibe die Anordnung der Erbsen in Bild 3 mit eigenen Worten.

③ Beschreibe die drei Aggregatzustände mit dem Teilchenmodell.

④ Erkläre, worauf du beim Zeichnen der Teilchen achten musst.

⑤ ‖ Zeichne das Teilchenmodell von Eis.

⑥ ‖ Zeichne das Teilchenmodell von festem Wasser. Beschreibe die Veränderung der Anordnung, wenn die Temperatur erniedrigt oder erhöht wird.

⑦ ‖‖ Zeichne das Teilchenmodell von Wasserdampf. Erkläre die Veränderung der Anordnung, wenn die Temperatur zunehmend erniedrigt wird.

ÜBEN UND ANWENDEN

A Flugzeugmodelle genauer betrachtet

Wirklichkeit und Modell
Modelle bilden immer nur einen Teil der Wirklichkeit ab. Sie helfen uns dabei winzig kleine oder sehr große Gegenstände besser zu verstehen.

Miniatur-Modell
Das Miniatur-Modell aus Bild 1B ist aus Metall. Es sieht dem wirklichen Flugzeug wie in Bild 1A sehr ähnlich. Es ist aber viel kleiner, damit es in eine Hand passt.
Im Modell sind die Größenverhältnisse und Farben wie beim wirklichen Flieger dargestellt. Das Modell soll den Betrachter beeindrucken und einen Sammler zum Kauf überzeugen.
Das Modell kann allerdings nicht fliegen. Es ist zu schwer, hat keinen Antrieb und stürzt sofort zu Boden.

Papierflieger-Modell
Ein Papierflieger soll weit und elegant fliegen. Papierflieger sehen wirklichen Flugzeugen wenig ähnlich (→ Bild 1 C). Sie tragen selten eine Bemalung. Es gibt keine Triebwerke und die Flügel sind stark vereinfacht.

1 Flugzeuge: **A** Original, **B** Miniatur-Modell, **C** Papierflieger-Modell

❶ Vergleiche die Eigenschaften des Flugzeuges mit denen der zwei Modelle in den Bildern 1 B und 1 C. Erstelle dazu eine Tabelle.

Starthilfe zu 1:

Original	Tischmodell	Papierflieger
4 Flügel	4 Flügel	2 Flügel
Sitze	Keine Sitze	Keine Sitze
...	...	...

❷ ❚❚ Das Tischmodell aus Bild 1 B soll preisgünstiger hergestellt werden.
a) Notiere, welche der folgenden Maßnahmen sinnvoll und welche nicht sinnvoll sind: Farben weglassen, Flügel verkürzen, Modell vergrößern, Triebwerke weglassen, Kunststoff statt Metall verwenden.
b) Begründe deine Entscheidungen.

Starthilfe zu 2:

sinnvoll	nicht sinnvoll
...	...

ÜBEN UND ANWENDEN

B Teilchen beschreiben Stoffe

Wie Wasser sind alle Stoffe aus Teilchen aufgebaut. Werden mehrere Stoffe zusammengegeben, entsteht ein Teilchen-Stoffgemisch. In Bild 2 sind vier Gemische im Teilchenmodell dargestellt.

1. Nenne jeweils die Anzahl der Stoffe, die in den vier Modellen in den Bildern 2A bis 2D vorhanden sind.
2. Nenne die Teilchensorte, die in drei der vier Gemische vorkommt.
3. Zeichne das Teilchenmodell von reinem Wasser.
4. ❚ Zeichne das Teilchenmodell eines Gemisches, das vier verschiedene Stoffe enthält.

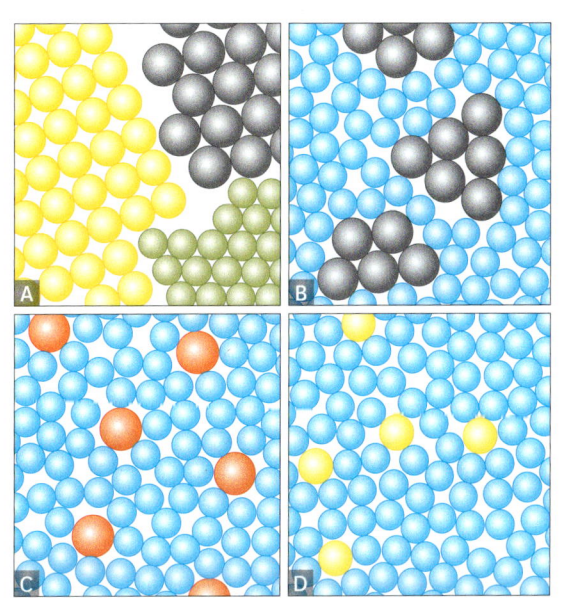

2 Verschiedene Stoffgemische im Teilchenmodell

FORSCHEN UND ENTDECKEN

A Das Teilchenmodell nachstellen

Material: Schüssel mit gewölbtem Boden, trockene Erbsen

Durchführung:
Schritt 1: Fülle 30 bis 40 Erbsen in die Schüssel.
Schritt 2: Schüttle die Schüssel leicht, sodass keine Erbsen übereinander liegen. Halte die Schale nun ganz ruhig. Erstelle eine Zeichnung von der Anordnung der Erbsen in der Schale.
Schritt 3: Schüttle die Schüssel stärker ohne dass die Erbsen aus der Schüssel fliegen. Erstelle eine Zeichnung von der Anordnung der Erbsen.

3 Erbsen als Teilchenmodell

1. Suche Ähnlichkeiten zwischen deinen Skizzen und dem Teilchenmodell des Wassers auf den vorangegangenen Seiten.

1 Brücken benötigen Dehnungsfugen

Die Ausdehnung von Stoffen

Stoffe verändern sich

Beim Bau von Brücken werden Spalten zwischen der Straße und der Brücke eingeplant, die **Dehnungsfugen** (→ Bild 1). Im Sommer dehnen sich Beton und Stahl durch die Wärme aus. Die Brücke wird länger. Im Winter ziehen sich die Baustoffe durch die Kälte wieder zusammen. Die Brücke wird wieder kürzer. Die Fugen werden mit Eisenblechen überdeckt. So können die Autos leicht über die Fugen fahren. Durch die Zufuhr von innerer Energie in Form von Wärme verändern Stoffe ihre Form. Der Prozess heißt **Wärmeausdehnung.**

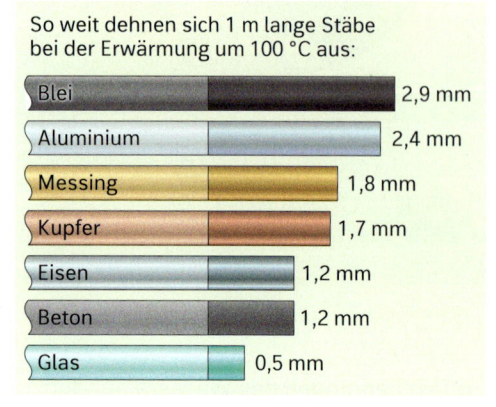

Feststoffe dehnen sich aus

So wie die Brücke in Bild 1 dehnen sich beim Erwärmen alle Feststoffe aus. Nicht jeder Feststoff dehnt sich dabei gleich stark aus. Ein Kupferrohr beispielsweise dehnt sich stärker aus als ein Rohr aus Eisen (→ Bild 2).
Die Metallkugel in Bild 3 passt durch den Ring. Nach dem Erwärmen passt sie nicht mehr durch den Ring. Die Kugel ist nun warm und zu groß für den Ring. Sie hat sich ausgedehnt. Wenn Festkörper erwärmt werden, nimmt das Volumen in alle Richtungen zu. Kühlt der Feststoff wieder ab, geht er in seinen Ausgangszustand zurück.

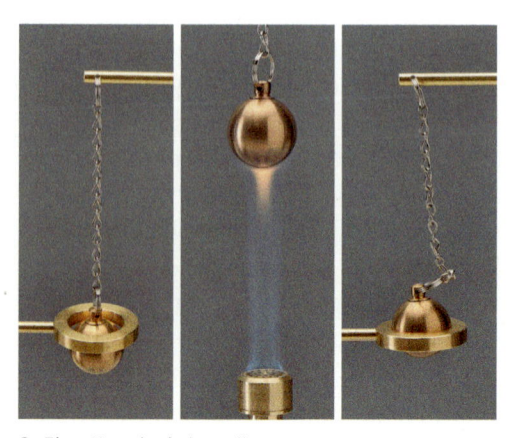

So weit dehnen sich 1 m lange Stäbe bei der Erwärmung um 100 °C aus:

Stoff	Ausdehnung
Blei	2,9 mm
Aluminium	2,4 mm
Messing	1,8 mm
Kupfer	1,7 mm
Eisen	1,2 mm
Beton	1,2 mm
Glas	0,5 mm

2 Ausdehnung verschiedener Feststoffe

3 Eine Kugel wird erwärmt.

4 Wärmeausdehnung im Modell: **A** bei Feststoffen, **B** bei Flüssigkeiten, **C** bei Gasen

Flüssigkeiten dehnen sich aus

Im Flüssigkeitsthermometer steigt eine Flüssigkeit hoch, wenn die Temperatur steigt. Die Flüssigkeit wird durch die höhere Außentemperatur erwärmt. Sie dehnt sich nach oben hin aus. Wird es kühler, zieht sich die Flüssigkeit wieder zusammen. Je höher der Temperaturanstieg ist, desto stärker ist die Ausdehnung einer Flüssigkeit. Verschiedene Flüssigkeiten dehnen sich unterschiedlich stark aus.

Gase dehnen sich aus

Ein Luftballon dehnt sich aus, wenn er von der Sonne angestrahlt wird (→ Bild 5). Wenn abends die Sonne untergeht, kühlt die Luft ab. Der Luftballon wird schlaff. Der Luftballon ist mit Luft gefüllt, die sich bei höheren Temperaturen ausdehnt. Die abgekühlte Luft im Luftballon benötigt weniger Platz. So zieht sich auch der Ballon zusammen. Neben Luft dehnen sich auch andere Gase aus. Die Volumenzunahme ist bei allen Gasen jedoch **gleich groß**.

Wärmeausdehnung im Teilchenmodell

Die Teilchen von Feststoffen, Flüssigkeiten und Gasen sind immer in Bewegung. Auch im Feststoff schwingen sie leicht hin und her. Wird der Stoff erwärmt, nimmt die Bewegung der Teilchen zu. Sie nehmen einen größeren Raum ein. Dadurch dehnt sich der Stoff aus. Das Volumen nimmt zu. Beim Abkühlen, nimmt die Bewegung der Teilchen wieder ab. Das Volumen verringert sich (→ Bild 4).

5 Ein Luftballon dehnt sich aus.

❶ Beschreibe die Wärmeausdehung in einem Feststoff mit dem Teilchenmodell.

❷ Erkläre, wieso Heizungsrohre eher aus Kupfer als aus Blei gefertigt werden.

❸ Beschreibe, was mit einem Luftballon beim Abkühlen passiert.

❹ Vergleiche die Ausdehnung von Gasen und Festkörpern.

ÜBEN UND ANWENDEN

A Die Ausdehnung von Flüssigkeiten

Wasser, Olivenöl und Bezin wurden in gleich große Stehkolben gefüllt. Mit einem Stopfen und Steigrohr wurde jeder Stehkolben fest verschlossen. Die Flüssigkeiten hatten alle die gleiche Füllhöhe. Anschließend wurden alle drei Stehkolben gleich lange und gleich stark erwärmt.

① Beschreibe deine Beobachtungen in Bild 1.

② Erkläre deine Beobachtungen.

② ‖ Erkläre, warum Kraftstofftanks nie randvoll befüllt werden dürfen.

1 Flüssigkeiten wurden erwärmt.

B Die Ausdehnung von Feststoffen

Ein Eisendraht ist zwischen zwei Halterungen straff gespannt. Der Eisendraht wird auf der ganzen Länge mit der Brennerflamme erwärmt.

① Beschreibe, was mit dem Eisendraht in Bild 2 beim Erwärmen passiert.

② ‖ Stelle Vermutungen auf, was mit dem Eisendraht passiert, wenn dieser abkühlt.

③ ‖‖ Erkläre mit dem Teilchenmodell, was mit dem Eisendraht in Bild 2 beim Erwärmen passiert.

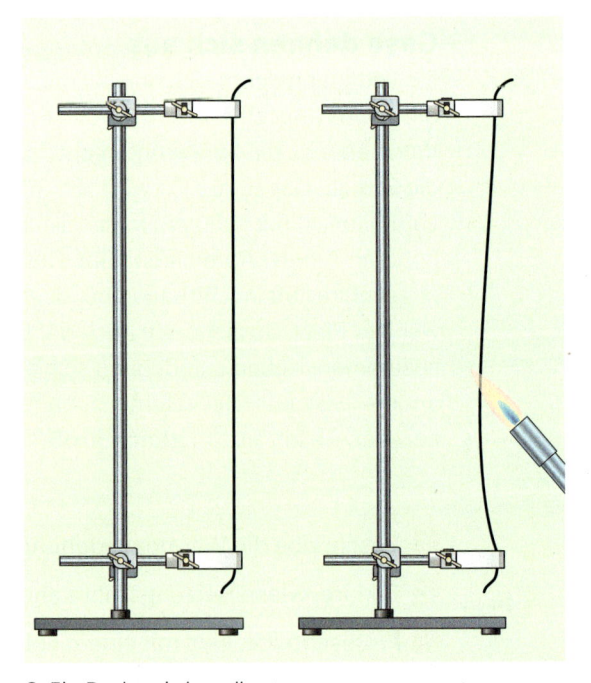

2 Ein Draht wird erwärmt.

IM ALLTAG

Temperaturänderungen als Gefahr und Nutzen

3 Verbogene Bahnschienen stellen eine Gefahr dar!

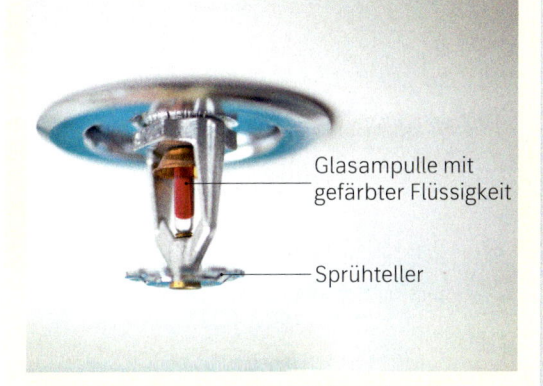

4 Eine Sprinkleranlage im Gebäude kann Leben retten!

(Glasampulle mit gefärbter Flüssigkeit, Sprühteller)

Bahnschienen im Sommer
Bei alten Eisenbahnschienen wie in Bild 3 kannst du beobachten, wie Metalle sich ausdehnen. Bei hohen Temperaturen im Sommer dehnen sich die Schienen aus. Da sie keinen Platz in der Länge haben, biegen sie sich zur Seite. Dadurch verbiegen sich die Schienen und können nicht mehr befahren werden. Ein Zug würde auf den verbogenen Schienen entgleisen.
In neue Eisenbahnschienen werden Dehnungsfugen wie bei den Brücken eingebaut. Wenn sich die Schienen wieder in der Länge ausdehnen, haben sie genügend Platz. Die Schienen verbiegen sich nicht.

Die Sprinkleranlage
Ein **Sprinkler** ist an der Decke eines Raumes angebracht. Er ist mit einem Bewässerungssystem verbunden. Damit kein Wasser fließt, ist der Sprinkler mit einer kleinen Glasampulle verschlossen. Diese ist mit einer gefärbten Flüssigkeit gefüllt.
Bei Feuer erwärmt sich die Flüssigkeit. Sie dehnt sich so stark aus, dass die Flüssigkeit die Glasampulle platzen lässt. Nun kann das Wasser fließen. Das Wasser fließt dabei auf einen kleinen Sprühteller. So wird das Wasser im Raum verteilt. Das Feuer kann dadurch schnell gelöscht werden.

---

1 Beschreibe, wie Temperaturänderungen zur Gefahr werden können.

2 Beschreibe, wie Temperaturänderungen genutzt werden können.

3 ∥ Erkläre, wieso die Sprinkler einer Sprinkleranlage nur in den Räumen Wasser versprühen, wo auch das Feuer brennt.

4 ∥∥ Erkläre, welche Flüssigkeiten für eine Glasampulle einer Sprinkleranlage geeignet wären.

1 Wasser erstarrt an einem Stein zu Eis.

Die Aggregatzustände und ihre Übergänge

Die Temperatur entscheidet

Je höher die Temperatur ist, desto schneller bewegen sich die Teilchen eines Stoffes. Schnellere Teilchen benötigen mehr Platz. Deshalb nimmt der Abstand der Teilchen mit steigender Temperatur zu. Wird ein Stoff erwärmt, ändert sich sein Aggregatzustand. Feste Stoffe werden flüssig, sie **schmelzen.** Flüssige Stoffe können beim Erwärmen gasförmig werden, sie **verdampfen.** Kühlt ein Stoff ab, verringert sich die Geschwindigkeit der Teilchen. Gasförmige Stoffe werden dann flüssig, sie **kondensieren.** Flüssige Stoffe können beim Abkühlen fest werden, sie **erstarren** (→ Bild 2).

Schmelzen und Erstarren

Im Winter frieren Bäche bei Temperaturen unter 0 °C zu (→ Bild 1). Die Wasserteilchen bewegen sich bei tiefen Temperaturen langsam. Sie benötigen weniger Platz und rücken näher zusammen. Die Teilchen sind aufgrund der Anziehungskräfte dicht beieinander. Sie bilden eine regelmäßige Anordnung. Es entstehen Eiskristalle. Scheint tagsüber die Sonne auf das Eis, schmilzt es wieder. Durch die Sonneneinstrahlung bewegen sich die Wasserteilchen im Eis schneller. Sie benötigen mehr Platz und lösen sich voneinander. Aus dem Eis wird Wasser.

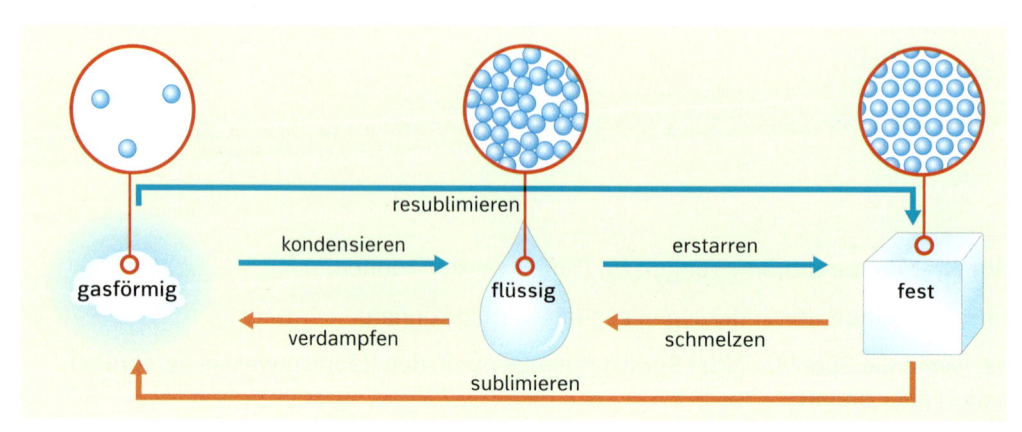

2 Die Übergänge zwischen den Aggregatzuständen

Temperatur - Wärme - Wetter   **115**

Verdampfen und Kondensieren

Wird Wasser erwärmt, steigt gasförmiges Wasser auf (→ Bild 3). Beim Erwärmen bewegen sich die Teilchen schneller. Ihr Abstand nimmt zu. Das Wasser verdampft. Lässt du eine gekühlte Wasserflasche im Zimmer stehen, bilden sich an der Oberfläche der Flasche Wassertropfen. Der Wasserdampf aus der Luft kondensiert an der kalten Oberfläche (→ Bild 4). Die Teilchen des Wasserdampfs werden langsamer. Sie benötigen weniger Platz. Das gasförmige Wasser wird flüssig.

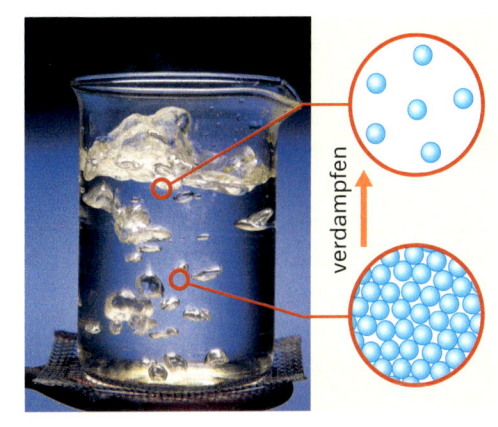

3 Wasser verdampft im Glas.

Sublimieren und Resublimieren

Wird nasse Wäsche im Winter zum Trocknen aufgehängt, ist sie trotz niedriger Temperaturen nach einiger Zeit trocken (→ Bild 5). Das gefrorene Wasser ist zu Wasserdampf **sublimiert** ohne vorher zu schmelzen. Die Wasserteilchen bewegen sich durch die Sonneneinstrahlung schneller. Sie benötigen mehr Platz, und das Eis wird zu Wasserdampf. In kalten Winternächten bilden sich auf Fenstern Eisblumen. Dabei **resublimiert** der Wasserdampf aus der Luft auf den Scheiben direkt zu Eis.

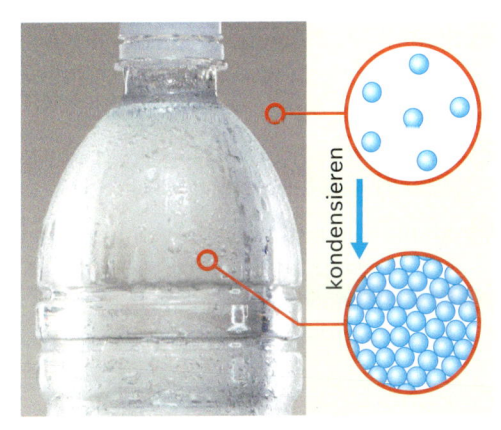

4 Wasserdampf kondensiert an einer Flasche.

Anomalie des Wassers

Im festen Zustand sind fast alle Stoffe am dichtesten gepackt. Bei Wasser ist es anders. Die Wasserteilchen bilden im Eis ein Gitter. Das Gitter hat große Hohlräume. Schmilzt das Eis, bricht das Gitter der Wasserteilchen langsam zusammen. Im flüssigen Wasser liegen die Teilchen dichter zusammen. Dass Wasser sich beim Erstarren ausdehnt, ist eine **Anomalie des Wassers.**

5 Eis sublimiert aus der Wäsche.

① Beschreibe die Vorgänge beim Kondensieren von Wasser im Teilchenmodell.

② Beschreibe die Besonderheit von Wasser.

③ ❙ Nenne den Fachbegriff des Übergangs von flüssigem zu gasförmigem Wasser.

④ ❙❙ Die Geschwindigkeit der Teilchen bestimmt den Aggregatzustand. Ordne den drei Aggregatzuständen jeweils eine Geschwindigkeit (langsam, mittel, schnell) zu.

Starthilfe zu 2:
Nutze folgende Satzteile:
eine bestimmte Menge Wasser; braucht mehr/weniger Platz; bei Temperaturen ...

ÜBEN UND ANWENDEN

A Die Scheibe beschlägt

In der kalten Jahreszeit kannst du beobachten, dass Autoscheiben oft von innen beschlagen.

1. Nenne den Namen des Übergangs zwischen den Aggregatzuständen, der hier stattfindet.
2. **II** Begründe das Beschlagen der Scheiben mithilfe des Teilchenmodells.
3. Im Alltag passiert es öfter, dass Gegenstände beschlagen.
   II a) Nenne weitere Beispiele.
   III b) Begründe das Beschlagen.

1 Eine beschlagene Autoscheibe

FORSCHEN UND ENTDECKEN

A Wie wirkt sich die Anomalie des Wassers aus?

Material: 2 Plastikbecher (150 ml), 75 ml Wasser, 75 ml Pflanzenöl, wasserfester Folienstift

Durchführung:

Schritt 1: Fülle das Wasser in den einen und das Öl in den anderen Becher. Beide Becher sollen etwa halb voll sein.
Schritt 2: Markiere mit dem Stift, wie hoch die Flüssigkeit jeweils steht.
Schritt 3: Stelle beide Becher für mindestens 8 Stunden ins Gefrierfach.
Schritt 4: Vergleiche nach dem Einfrieren, wie hoch die Becher jetzt gefüllt sind.

2 Becher mit Öl (links) und Wasser (rechts)

1. Beschreibe und zeichne deine Beobachtung.
2. Erläutere, welche Besonderheit von Wasser hier deutlich wird.
3. **II** Erkläre, wieso du eine Wasserflasche aus Glas nicht ins Tiefkühlfach legen solltest.

Temperatur - Wärme - Wetter 117

IM ALLTAG **Digital+** Film

Auswirkungen der Anomalie des Wassers

3 Schokoladenkante im Detail

4 Merkwürdige Eisform: ein Ice-Spike

Schokolade
Schokolade zieht sich beim Erstarren zusammen. Dies kannst du sehen, wenn du dir die Kante auf der Rückseite ansiehst: Die Schokolade ist nach innen gewölbt. Sie wird flüssig in die Form gegossen und zieht sich beim Abkühlen zusammen. Würde sie sich beim Erstarren ausdehnen, müsste sie auch nach außen gewölbt sein.

Eisspitzen
Durch die Besonderheit des Wassers können merkwürdige Formen entstehen. Die Form im Bild 4 wird „Ice-Spike" oder „Eisspitze" genannt. So etwas kann entstehen, wenn das Wasser sehr langsam von der Außenseite her gefriert.

Frostschutzmittel
Viele Motoren werden mit Wasser gekühlt. Würde das Wasser gefrieren, würde es sich ausdehnen und dabei den Motor beschädigen. Deshalb wird Frostschutzmittel hinzugefügt. Es verhindert, dass das Wasser in der Kälte fest wird und sich ausdehnt.

5 Frostschutzmittel schützt den Motor.

① Begründe, warum dem Kühlwasser von Autos Frostschutzmittel hinzugefügt wird.

② Recherchiere im Internet nach Bildern und Filmen von Eisspitzen („Ice Spikes"). Stelle die besten Bilder der Klasse vor.

③ ‖ Schokolade besteht aus verschiedenen Stoffen. Eine Tafel Schokolade zeigt auf der Rückseite eine Wölbung nach innen. Beurteile vor dem Hintergrund dieser Beobachtung, ob Schokolade eher viel oder eher wenig Wasser enthält.

1 Wärmestrom im Teeglas

2 Warum schützen Topflappen?

Die Arten der Wärmeübertragung

Die Wärmeleitung zwischen Körpern

Ein kalter Löffel aus Metall erwärmt sich in heißem Tee. Dabei berühren sich ein kalter Körper und ein warmer Körper. Die Wärme geht dabei immer vom warmen auf den kalten Körper über. Sie bewegt sich als **Wärmestrom** vom heißen Tee auf den kalten Löffel (→ Bild 1).
Die Temperatur des Tees sinkt, die des Löffels steigt an. Die innere Energie des Tees wird kleiner, die des Löffels wird größer. Der Wärmestrom endet, wenn beide Körper die gleiche Temperatur haben. Diese Form der Wärmeübertragung heißt **Wärmeleitung.**

Die Wärmeleitung innerhalb eines Körpers

Die Erwärmung des Metalllöffels im heißen Tee ist schnell auch am oberen Ende des Löffels spürbar. Die Wärme wird innerhalb des Metalllöffels weitergeleitet. Der Wärmestrom breitet sich gleichmäßig in alle Richtungen aus. Er endet, wenn die Temperatur an allen Stellen gleich ist. Dann hat sich innerhalb des Löffels ein **thermisches Gleichgewicht** gebildet.

Gute und schlechte Wärmeleiter

Alle Metalle, vor allem Silber, Kupfer, Gold und Aluminium sind **gute Wärmeleiter.** Körper aus diesen Stoffen werden dort verwendet, wo eine gute Wärmeleitung erwünscht ist. Deshalb sind beispielsweise Kochtöpfe aus Metall gefertigt.

Körper aus Kunststoffen, Holz und Glas sind **schlechte Wärmeleiter.** Luft ist ebenfalls ein schlechter Wärmeleiter. Sie ist in flauschigen Stoffen und Schaumstoffen eingeschlossen. Dadurch wird die Wärme schlecht durch den Stoff transportiert. So schützen Topflappen vor einer Verbrennung am heißen Backblech (→ Bild 2).

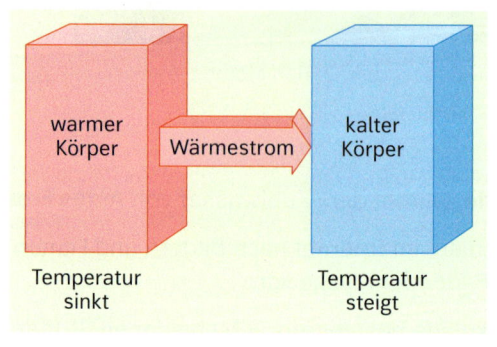

3 Wärme geht immer vom warmen Körper auf den kalten Körper über.

Temperatur - Wärme - Wetter **119**

Die Wärmeströmung

Die Luft über einer Kerzenflamme strömt nach oben. Es entsteht ein Strom von Luftteilchen. Sie setzen das Rad der Weihnachtspyramide in Bild 4 in Bewegung. Die Luft führt Wärme als Wärmestrom mit sich. Diese Art der Übertragung ist **Wärmeströmung.**

Sie findet auch in Flüssigkeiten statt. Das Wasser unter der Dusche führt die Wärme vom Heizkessel mit sich. Im Kühlsystem eines Autos wird Wärme des Motors zur Außenluft transportiert.

4 Die Wärme strömt nach oben.

Die Wärmestrahlung

Ein Lagerfeuer wie in Bild 5 verbreitet eine angenehme Wärme. Sie ist aber nur mit der dem Feuer zugewandten Körperseite zu spüren. Dabei strömt die Wärme ohne die Beteiligung eines anderen Körpers. Diese Form der Übertragung heißt **Wärmestrahlung.**

Auch die Wärme der Sonne gelangt durch Strahlung zur Erde. Zwischen Sonne und Erde befindet sich kein Stoff, der die Wärme weiterleiten kann.

5 Die Wärme strahlt in alle Richtungen.

Trifft die Wärmestrahlung auf einen Körper mit heller oder glatter Oberfläche, so wird ein Teil davon zurückgeworfen. Dieser Teil wird **reflektiert.** Trifft die Wärme auf einen Körper mit dunkler oder rauer Oberfläche, so wird die auftreffende Wärme aufgenommen. Sie wird von dem Körper **absorbiert.** Deshalb erwärmen sich dunkle Körper in der Sonne stärker als helle Körper.

> **Wärmeübertragung:** Wärme kann durch
> - Wärmeleitung,
> - Wärmeströmung,
> - Wärmestrahlung
>
> von einem wärmeren auf einen kälteren Körper übertragen werden.
> Die Wärmeübertragung endet, wenn sich zwischen den Körpern ein **thermisches Gleichgewicht** gebildet hat.

❶ Nenne zu jeder Art der Wärmeübertragung zwei Beispiele.

❷ a) Du stehst erst mit einem weißen T-Shirt und dann mit einem schwarzen T-Shirt jeweils für einige Minuten in der Sonne. Beschreibe deine Wahrnehmung.
b) Begründe die Ursache für deine Wahrnehmung.

❸ Eine Pizza wird für die Zubereitung aus der Tiefkühltruhe in den Backofen gelegt. Nach dem Aufbacken kommt sie auf den Teller.

Starthilfe zu 3:
Verwende für die Beschreibung die grafische Darstellung aus Bild 3.

 a) Beschreibe die Wärmeübertragung für den Backvorgang.
 b) Beschreibe die Wärmeübertragung, nachdem sich die Pizza auf dem Teller befindet und von dir gegessen wird.

IM ALLTAG

Überall wird Wärme übertragen

Die Wärmeströmung
Bei der Verbrennung von Kraftstoff im Motor eines Autos wird eine große Menge Wärme freigesetzt. Sie wird im Motorblock an einen **Kühlmittelkreislauf** abgegeben. Das Kühlmittel nimmt Wärme auf und strömt in den Kühler im vorderen Bereich des Autos. Dort wird sie an die Umgebung abgegeben.

1 Der Kühler wird mit Kühlmittel befüllt.

Die Wärmeleitung
Im **Hauptprozessor (CPU)** eines Computers kommt es zu einer starken Wärmeentwicklung. Das Bauteil würde sehr heiß und dadurch zerstört werden. Durch einen Kühlkörper aus Metall wird die Wärme abgeführt. Er sitzt direkt auf der CPU. Er nimmt die Wärme durch Wärmeleitung auf. Dabei sorgt eine Wärmeleitpaste für einen guten Kontakt. Über die Kühlrippen wird die Wärme an die Umgebung abgegeben.

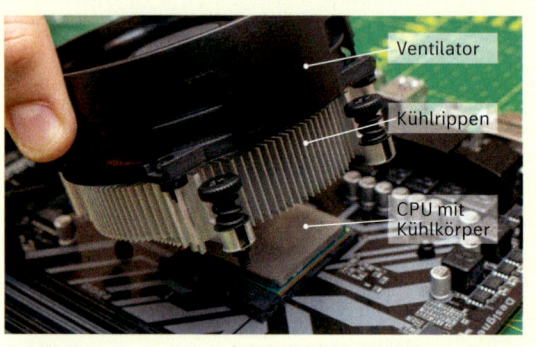

2 Kühlkörper auf einer CPU

Die Wärmestrahlung
Die Wärmestrahlung einer **Rotlichtlampe** oder **Infrarot-Lampe** kannst du zur Unterstützung der Heilung bei einer Muskelzerrung oder bei einer Erkältung nutzen. Die Wärme wird direkt von der Lampe auf deinen Körper gestrahlt.

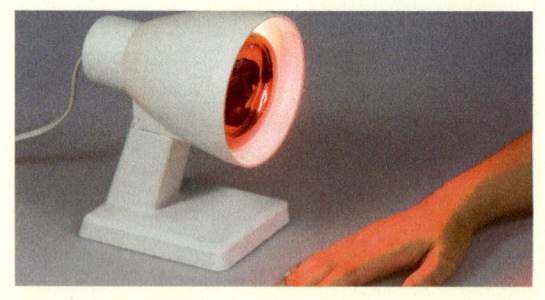

3 Heilende Wärme

---

① Nenne je ein weiteres Beispiel zu den Arten der Wärmeübertragung.

② ‖ In manchen Fällen ist die Wärmeübertragung unerwünscht.
  a) Beschreibe, wie die Übertragung durch Wärmestrahlung verringert werden kann.
  b) Beschreibe, wie die Übertragung durch Wärmeleitung verringert werden kann.

③ ‖ Nenne Beispiele, bei denen zwei Arten der Wärmeübertragung gleichzeitig vorkommen.

④ ‖‖ Erkläre die Wärmeleitung mit dem Teilchenmodell.

IM ALLTAG

Die Zentralheizung

In vielen Häusern werden die Räume durch eine **Zentralheizung** mit Wärme versorgt.
Im **Heizkessel** wird die chemische Energie eines Brennstoffes in Wärme umgewandelt. Gas, Heizöl oder Holz wird unter Zufuhr von Luft verbrannt. Die entstehende Wärme wird an zwei **Wärmetauscher** abgegeben.

An einen Wärmetauscher ist der **Heizkreislauf** angeschlossen. Das Wasser im Heizkreislauf nimmt die Wärme auf und überträgt sie über die **Vorlaufleitung** zu den Heizkörpern in den Räumen. Dort geben die Heizkörper die Wärme an die Raumluft ab.
Das abgekühlte Wasser strömt dann durch die **Rücklaufleitung** zum Heizkessel zurück. Der Kreislauf wird durch eine **Umwälzpumpe** unterstützt.

Über den **Warmwasserkreislauf** im Heizkessel wird Wärme in einen Warmwasserspeicher übertragen. Darüber werden Waschbecken und Duschen mit warmem Wasser versorgt.

Solarthermie unterstützt

Sonnenkollektoren auf dem Dach eines Hauses sind mit Wasser gefüllt. Sie nehmen die Wärme der Sonne auf. Die Wärme des Wassers wird über einen weiteren Kreislauf in die Anlage eingespeist. Dieser Teil der Wärmenutzung ist umweltschonend und spart Ressourcen.

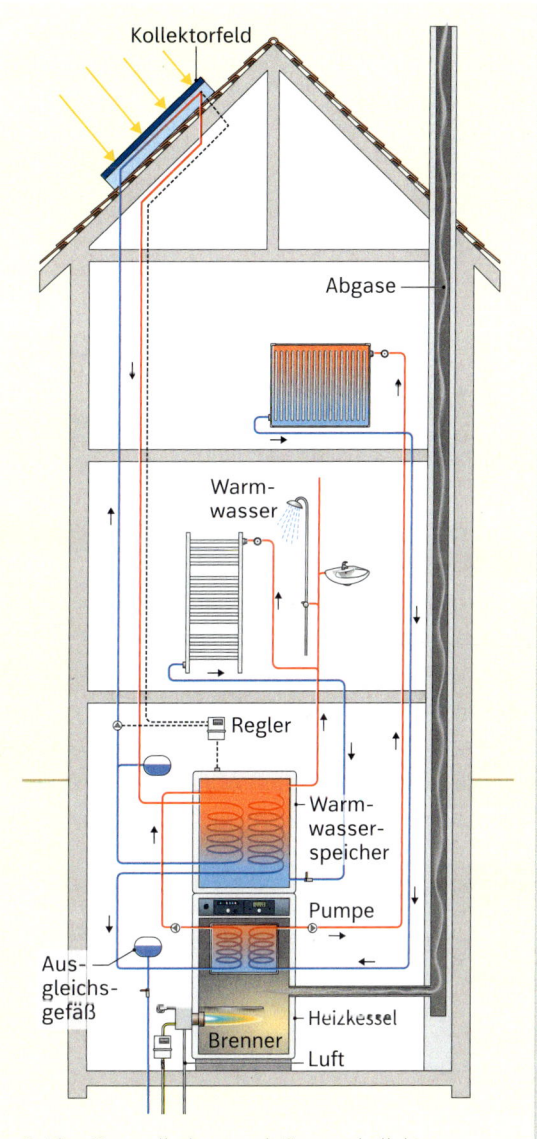

4 Eine Zentralheizung mit Sonnenkollektoren

---

5 a) Nenne die wichtigsten Teile einer Zentralheizung.
b) Beschreibe den Weg des Wassers im Heizkreislauf.
c) Begründe den Temperaturunterschied zwischen der Vorlaufleitung und der Rücklaufleitung.

6 II a) Beschreibe die Wirkungsweise der Wärmetauscher in einem Heizkessel.
II b) Beschreibe die Wärmeübertragung vom Heizkessel zum Heizkörper in einem Zimmer.

7 III Beschreibe den Weg der Luftströmung in einem Zimmer. Beginne beim Heizkörper.

1 Sommer am Badestrand

Die Wärmespeicherung und die Wärmedämmung

Ein Sommertag am Badestrand

Du kommst an einem heißen Sommertag an den Strand (→ Bild 1). Dabei hast du das Gefühl, du könntest dir im Sand die Füße verbrennen. Im Vergleich zum Wasser fühlt sich der Sand deutlich wärmer an. Sand und Wasser sind aber gleich lange von der Sonne beschienen worden. Wie ist die unterschiedliche Erwärmung zu erklären?

2 Temperaturmessung: **A** im Sand, **B** im Wasser

Die Wärme wird gespeichert

Am Morgen spürst du zwischen Sand und Wasser kaum einen Temperaturunterschied. Im Tagesverlauf werden beide Oberflächen gleichmäßig von der Sonne beschienen. Die Wärme der Sonne wird als innere Energie im Sand und im Wasser gespeichert. Der Temperaturanstieg im Wasser ist jedoch geringer als im Sand (→ Bilder 2 A und 2 B).
Um die gleiche Temperatur zu erreichen, müsste dem Wasser mehr Wärme zugeführt werden. Das Wasser kann mehr Wärme aufnehmen. Es ist ein besserer **Wärmespeicher** als Sand.

Der Stoff bestimmt die gespeicherte Wärmemenge

Werden gleiche Mengen von Wasser, Öl und Sand längere Zeit von der Sonne beschienen, steigt in allen Stoffen die Temperatur. Sand erreicht den höchsten Wert, Wasser den niedrigsten. Dem Öl muss mehr Wärme zugeführt werden als dem Sand, wenn es die gleiche Temperatur wie der Sand erreichen soll. Dies bedeutet, dass die Menge der gespeicherten Wärme abhängig von der **Art des Stoffes** ist.

Die Wärmedämmung beeinflusst den Wärmestrom

Das Ziel einer guten **Wärmedämmung** ist es, den Wärmestrom zu behindern. Die Größe des Wärmestromes kann dabei durch verschiedene Faktoren beeinflusst werden.

Die Größe der Oberfläche

Heißer Tee ist in einem schlanken Becher nach 30 min kalt. Auf einem flachen Teller ist der Tee nach 1 min kalt. Die **kleinere Oberfläche** im Becher verhindert eine schnellere Wärmeübertragung an die Umgebungsluft (→ Bild 3).

3 Eine große Fläche gibt Wärme schnell ab.

Die Art des Stoffes

Wird der Becher wie in Bild 4 mit einer Lage Schaumstoff ummantelt, dauert die Wärmeübertragung länger. Stoffe, die schlechte Wärmeleiter sind, verlängern die Zeit der Wärmeübertragung. Sie heißen **Dämmstoffe.**

Die Querschnittsfläche des Dämmstoffes

Durch eine doppelte Lage Schaumstoff um den Becher wird die Zeit der Wärmeübertragung weiter verlängert. Mit einer doppelten Lage wird die **Querschnittsfläche** der Dämmstoffschicht verdoppelt. Je größer die Querschnittsfläche ist, desto geringer ist die Menge der Wärme, die von dem Becher abgegeben wird.

4 Ein Dämmstoff behindert die Wärmeübertragung.

> Die Wärmeübertragung durch einen Körper kann durch drei Faktoren beeinflusst werden:
> - die Größe der Oberfläche des Körpers,
> - die Art des Dämmstoffes,
> - die Querschnittsfläche des Dämmstoffes.

1 a) Beschreibe für einen Sonnentag im Sommer den Temperaturverlauf von Sonnenaufgang bis zum Sonnenuntergang.
b) Beschreibe die Auswirkung der Wärmestrahlung der Sonne auf einen Weg aus Steinplatten.

Starthilfe zu 1:
Teile den Tagesverlauf in mehrere Zeitabschnitte ein.

2 Wenn du Bauchschmerzen hast, kann eine Wärmeflasche helfen.
II a) Beschreibe die Benutzung der Wärmeflasche.
II b) Vergleiche die Wirkung einer mit Wasser gefüllten Wärmeflasche mit einer Wärmeflasche, die mit Sand gefüllt ist.
III c) Begründe, dass Wasser für die Nutzung in der Wärmeflasche besonders gut geeignet ist.

3 II a) Nenne die Eigenschaften eines Thermobechers.
III b) Zeichne den Aufbau eines Thermobechers im Querschnitt und beschrifte ihn.

IM ALLTAG

Luft ist ein schlechter Wärmeleiter

1 Ein Warmhaltegefäß

So bleiben Speisen warm
Der Einsatz eines **Warmhaltegefäßes** besteht aus einem doppelwandigen Gefäß mit glatter, glänzender Oberfläche. Aus dem Raum zwischen den Wänden wurde die Luft weitgehend abgesaugt. Dadurch wird die Wärmeübertragung von innen nach außen vermindert. Zusätzlich ist der Innenraum mit einer Spiegelschicht überzogen. Sie verhindert die Übertragung durch Wärmestrahlung. So bleiben die Speisen länger warm.

3 Pelz, Fleece und Daunen halten warm.

Die Wärme soll im Körper bleiben
Warme Kleidung besteht immer aus flauschigen Stoffen. Sie bilden eine Schicht aus Fasern von natürlichen oder künstlichen Stoffen. Zwischen den Fasern ist Luft eingeschlossen. Die Luft als schlechter Wärmeleiter behindert in den Schichten eines Kleidungsstückes die Wärmeübertragung nach außen. Durch die warme Kleidung wird der Körper vor Auskühlung geschützt.

2 Eine Thermobox

Die Thermobox schützt
In einer **Thermobox** können größere Mengen an warmen oder kühlen Speisen transportiert werden. Die Thermobox besteht aus einem Schaumstoff, der sehr viel Luft enthält. Luft als schlechter Wärmeleiter behindert die Wärmeübertragung nach außen oder nach innen.

① Nenne Beispiele für die Nutzung von Warmhaltegefäßen.

② a) Zeichne den Aufbau eines Warmhaltegefäßes wie in Bild 1.
b) Recherchiere den Aufbau einer Thermoskanne und zeichne ihn.
c) Gib die Wärmeübertragung für jede Schicht an und wie sie vermindert wird.

③ Zeichne für eine Thermobox wie in Bild 2 die Wärmeübertragung für Speisen,
a) die warm gehalten werden sollen.
b) die kühl gehalten werden sollen.

④ Nenne Beispiele, wie sich Tiere in der Natur vor Kälte schützen. Begründe die jeweilige Schutzfunktion.

LERNEN IM TEAM

Wärmedämmung von Häusern dient der Nachhaltigkeit

Wärme hat den größten Anteil bei der Energieversorgung eines Hauses. Heizungsanlagen werden überwiegend mit Öl oder Gas betrieben. Diese fossilen Brennstoffe sind in ihrer Verfügbarkeit begrenzt. Alle Maßnahmen, mit denen Wärme eingespart werden kann, tragen zur Nachhaltigkeit bei. Sie bewirken eine Schonung der Energieträger und sorgen für eine Reduzierung der Erderwärmung. In diesem Projekt untersucht ihr, welche Wirkung Dämmstoffe haben.

4 Eine Fassadendämmung mindert den Wärmestrom.

TEAM 1   Art des Dämmstoffes

Material: zwei gleich große Schuhkartons, Schaumstoff, Wellpappe, Alufolie, Schraubgläser, warmes Wasser (50 °C), Digitalthermometer
Auftrag: Kleidet die Kartons mit unterschiedlichen Dämmmaterialien aus. Stellt Schraubgläser mit gleicher Menge und gleicher Temperatur an warmem Wasser hinein. Messt nach 10 min die Wassertemperatur. Vergleicht die Messergebnisse. Stellt eine Reihenfolge der Dämmstoffe auf. Beginnt mit dem Material, das den Wärmestrom am stärksten vermindert.

5 Verschiedene Dämmstoffe und ihre Wirkung

TEAM 2   Dämmstoff – einlagig oder zweilagig?

Material: zwei gleich große Schuhkartons, Schaumstoff, Schraubgläser, warmes Wasser (50 °C), Digitalthermometer
Auftrag: a) Kleidet die Kartons mit einer Lage und mit einer doppelten Lage eines Schaumstoffes aus. Stellt Schraubgläser mit gleicher Menge und gleicher Temperatur an warmem Wasser hinein. Messt nach 10 min die Wassertemperatur. Vergleicht die Messergebnisse.
b) Wiederholt den Versuch mit weiteren Dämmstoffen, beispielsweise Styrodur oder Moosgummi.

6 Verschiedene Querschnittsflächen und ihre Wirkung

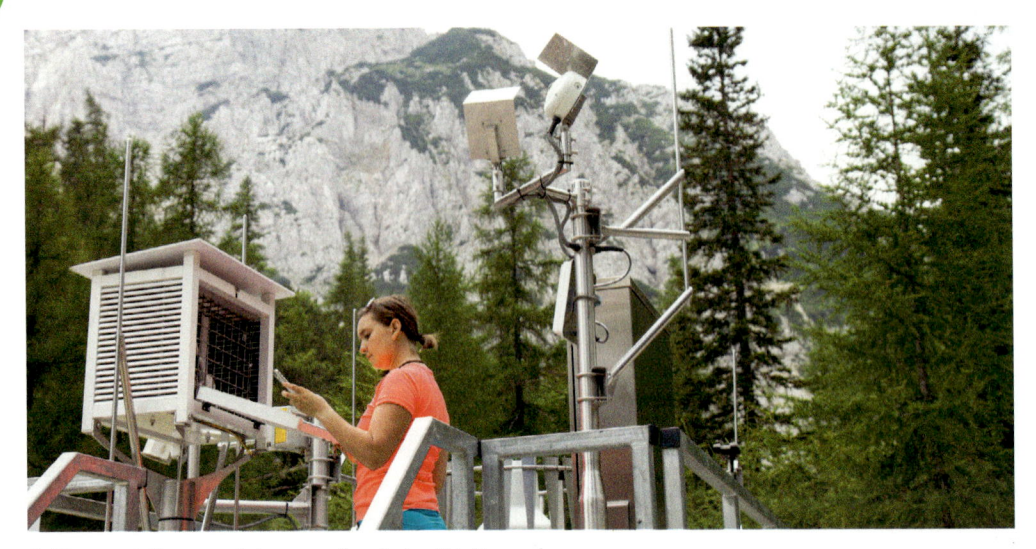

1 Wetterstationen zeichnen weltweit das Wetter auf.

Das Wetter

Die Wetterstation

In einer Wetter-App bekommst du mehrere Werte angezeigt. Am Meisten wird auf die Werte Temperatur und Niederschlag geachtet. Dadurch weißt du schon, ob du warme und regenfeste Kleidung anziehen solltest. Mit der Windstärke erfährst du, ob es stürmisch wird. Manchmal werden auch die Bewölkung, der Luftdruck und die Luftfeuchtigkeit angezeigt. Das Wetter setzt sich aus diesen Teilen zusammen. Diese werden als **Wetterelemente** bezeichnet. Die Wetterelemente kannst du mithilfe von Messgeräten messen. Die Temperatur wird mit einem Thermometer, die Windgeschwindigkeit mit einem Windmesser gemessen. Eine Station mit allen Messgeräten zusammen ist eine **Wetterstation** (→ Bild 1).

Wetter und Witterung

Ob es warm ist oder kalt, regnet oder schneit, ob es windig ist oder windstill – all diese Erscheinungen nennen wir **Wetter**. Das Wetter herrscht dann an einem bestimmten Ort zu einer bestimmten Zeit. Das Wetter an einem Ort über längere Zeit wird **Witterung** genannt.

Luftdruck, Wind und Bewölkung

Die Sonne erwärmt die Erdoberfläche und die Luft über dem Boden. Warme Luftteilchen steigen auf. Am Boden sind weniger Luftteilchen. Der Luftdruck am Boden sinkt. So ein **Tiefdruckgebiet** (T) saugt Luftteilchen an. Kalte Luftteilchen strömen von der Seite nach. Diese Strömung wird als **Wind** bezeichnet. Die aufgestiegene Luft kühlt in der Höhe ab und die Luftteilchen sinken wieder zu Boden. In solchen Bereichen entsteht ein **Hochdruckgebiet** (H). (→ Bild 3) Es entsteht ein Kreislauf, in dem Wärme durch Wärmeströmung übertragen wird. Der Luftdruck wird mit einem Barometer gemessen. Bei höherem Luftdruck ist der Himmel meistens nicht bewölkt. Bei niedrigem Luftdruck regnet es oft.

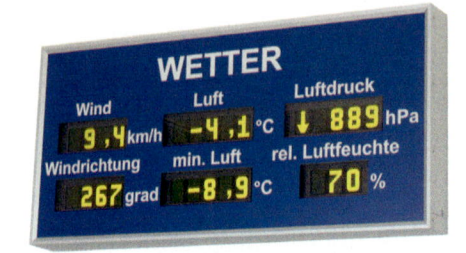

2 Werte der Wetterelemente

3 Die Entstehung von Wind durch Druckausgleich

Niederschlag

In einem Behälter kann der **Niederschlag** aufgefangen werden. Die Füllhöhe gibt die Wassermenge in Liter pro Quadratmeter an. Wenn Wasser verdunstet, liegt es in Form von Wasserdampf in der Luft vor. Der Anteil des Wasserdampfes wird als **Luftfeuchtigkeit** bezeichnet. Mit einem Hygrometer wird die Luftfeuchtigkeit gemessen.

Die Wettervorhersage

Meteorologen werten aktuelle Wetterdaten aus, um das zukünftige Wetter vorherzusagen. Das können sie inzwischen recht gut. Das Wetter wird morgen in 9 von 10 Fällen so, wie es die Meteorologen heute vorhersagen. Dazu nutzen sie aufwendige Computerprogramme, aber auch ihre Erfahrung fließt in die Vorhersage ein. Für längere Zeiträume wird die Vorhersage aber immer schwieriger und ungenauer.

Der Wetterbericht

Im Fernsehen oder in der Wetter-App bekommst du die Daten der Meteorologen angezeigt. Dabei wird oft eine **Wetterkarte** gezeigt. Auf der Wetterkarte kannst du erkennen, wie das Wetter an deinem Wohnort wird. Dabei werden verschiedene Wettersymbole für Sonnenschein oder Bewölkung verwendet. Zusätzlich werden die Temperaturen an dem Ort angezeigt.

4 Ein Meteorologe bei der Arbeit.

❶ Nenne alle Wetterelemente und ihre passenden Messgeräte.

❷ Beschreibe, welche Kleidung bei den Wetterdaten in Bild 2 sinnvoll wäre und welche Freizeitaktivitäten möglich sind.

❸ Erkläre die Entstehung von Wind in Bild 3.

❹ I Erkläre den Unterschied zwischen Wetter und Witterung.

❹ III Beschreibe den Weg von der Wetterstation bis zum Wetterbericht in einer App.

METHODE

Wetterdaten und Wettersymbole analysieren

Wettersymbole verstehen

In der **Wettervorhersage** findest du verschiedene Symbole. Jedes Symbol stellt dabei ein Wetterelement dar und hat eine Bedeutung. Mit der Sonne beispielsweise wird gezeigt, dass der Himmel wolkenlos sein wird.
Zusätzlich werden Werte angegeben. Am häufigsten findest du Temperaturangaben in °C (Grad Celsius). Die Luftfeuchtigkeit wird in % (Prozent) und der Luftdruck in hPa (Hektopascal) angegeben. Mit $\frac{km}{h}$ (Kilometer pro Stunde) wird die Windgeschwindigkeit und mit mm (Millimeter) die Niederschlagsmenge angegeben.

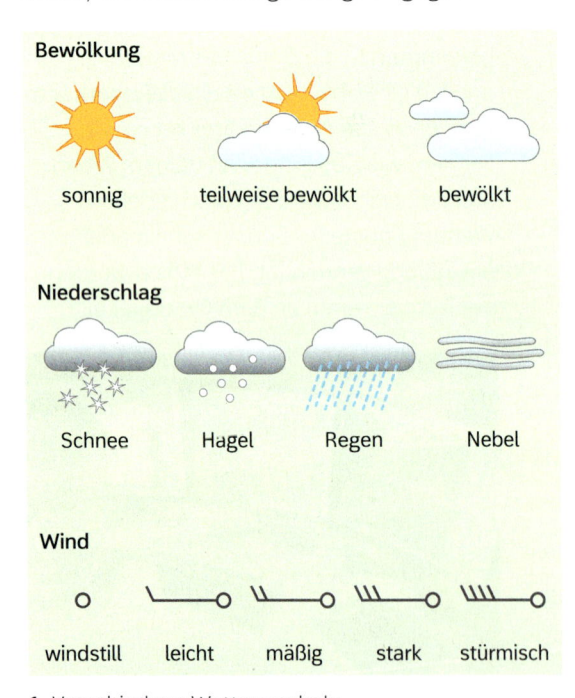

Einen Wetterbeobachtungsbogen erstellen

In einem **Wetterbeobachtungsbogen** kannst du deine Wetterbeobachtungen mit den Symbolen und Werten notieren. Es ist wichtig, dass die Werte am gleichen Ort zur gleichen Zeit gemessen werden.

Schritt 1: Zeichne acht Spalten nebeneinander.
Schritt 2: In die erste Spalte schreibst du die Wetterelemente hinein. Für jedes Wetterelement zeichnest du eine Zeile: Temperatur, Bewölkung, Niederschlag, Wind.
Schritt 3: In den restlichen Spalten trägst du die Wochentage ein.
Schritt 4: In den Zellen notierst du jeden Tag deine Wetterbeobachtung. Das können Messwerte oder Wettersymbole sein.

1 Verschiedene Wettersymbole

Bewölkung: sonnig, teilweise bewölkt, bewölkt
Niederschlag: Schnee, Hagel, Regen, Nebel
Wind: windstill, leicht, mäßig, stark, stürmisch

2 Ein Wetterbeobachtungsbogen

Tag	Mo	Di	...
Temperatur	22°C	18°C	17°C
Bewölkung	☀	⛅	☁
Niederschlag	-	🌧	🌧
Wind	leicht	mäßig	mäßig

1 a) Suche für die kommende Woche verschiedene Wettervorhersagen heraus. Nutze dabei verschiedene Medien (Zeitung, App, Fernsehen).
   b) Notiere, welche Kleidung du anziehen solltest.

2 a) Notiere deine Wetterbeobachtung für die gleiche Woche. Verwende dabei die Symbole.
   b) Vergleiche die Wettervorhersage und deine Wetterbeobachtung.

3 Informiere dich beim Deutschen Wetterdienst über das Wetter in deinem Wohnort. Erläutere die Wettervorhersage mithilfe der Wettersymbole auf einer aktuellen Wetterkarte.

Temperatur - Wärme - Wetter **129**

> **LERNEN IM TEAM**

Das Wetter beobachten

Mit einer Wetterstation kannst du die Wetterelemente messen und so das Wetter beschreiben. Bei der Wetterbeobachtung werden jeden Tag an einem Ort zur gleichen Zeit die Werte gemessen.

TEAM 1 Das Thermometer und das Barometer

Auftrag: Mit dem Thermometer messt ihr einmal am Tag die Temperatur in °C (Grad Celsius). Manche Thermometer haben wie in Bild 3 ein Barometer dabei. An dem Barometer könnt ihr den aktuellen Luftdruck in hPa (Hektopascal) ablesen.

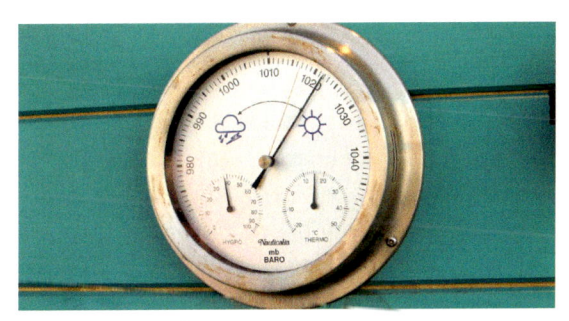

3 Thermometer und Barometer in einem Gerät

TEAM 2 Der Niederschlagsmesser und das Hygrometer

Auftrag: Am Niederschlagsmesser lest ihr einmal am Tag die Füllhöhe in mm (Millimeter) ab. Dabei entsprechen 1 mm Niederschlag 1 l Regen auf einer Fläche von 1 m². Danach muss er entleert werden. Zur gleichen Zeit messt ihr mit dem Hygrometer die Luftfeuchtigkeit in % (Prozent).

4 Niederschlagsmesser und Hygrometer

TEAM 3 Der Windmesser

Auftrag: Der Windmesser (Anemometer) zeigt die Windrichtung an. Dort, wo die Spitze hinzeigt, weht der Wind hin. Dabei orientiert ihr euch an den Himmelsrichtungen wie beispielsweise Westen. Der Wind bringt das Rädchen des Windmessers zum Drehen. An dem Windmesser könnt ihr die Windgeschwindigkeit in $\frac{km}{h}$ (Kilometer pro Stunde) ablesen.

5 Windmesser

1. Notiert eure Messwerte in einem Wetterbeobachtungsbogen für eine Woche. Legt vorher einen festen Zeitpunkt für die Messungen fest.
2. Tragt die Informationen aller Teams in einem Wetterbeobachtungsbogen zusammen.

Auf einen Blick: Temperatur – Wärme – Wetter

Energieträger und Energieformen

Energieträger sind Stoffe, die Energie in sich gespeichert haben.
Regenerative Energieträger sind nachwachsende Rohstoffe wie Holz und Pflanzen. Sonne, Wind und Wasser sind Träger regenerativer Energien, die dauerhaft zur Verfügung stehen.
Nicht regenerative Energieträger sind fossile Rohstoffe wie Erdöl, Erdgas und Kohle. Sie sind auf der Erde nur begrenzt verfügbar. Ihre Verbrennung verursacht Klimaveränderungen.

Energieformen sind in verschiedenen Energieträgern gespeichert: chemische Energie, elektrische Energie, Lageenergie, Bewegungsenergie.

Temperatur, innere Energie, Wärme

Jeder Körper besitzt eine bestimmte **Temperatur,** die mit einem **Thermometer** gemessen wird. Sie ist ein Messwert für die **innere Energie** des Körpers. Je höher seine Temperatur ist, desto höher ist dessen innere Energie, die als **Wärme** an die Umgebung abgegeben wird.

Wärme wird immer vom wärmeren zum kühleren Körper übertragen. Besitzen beide Körper dann die gleiche Temperatur, hat sich ein **thermisches Gleichgewicht** eingestellt.

Die Aggregatzustände und ihre Übergänge

Die **Aggregatzustände** eines Stoffes sind fest, flüssig und gasförmig. Sie ändern sich in Abhängigkeit von seiner Temperatur. Wird ein Feststoff erwärmt, bewegen sich seine Teilchen schneller. Die Teilchen benötigen mehr Platz. Der Stoff schmilzt. Wird weiter erwärmt, bewegen sich die Teilchen noch schneller und benötigen noch mehr Platz. Der Stoff verdampft. Wird ein Stoff abgekühlt, bewegen sich die Teilchen langsamer. Der Abstand der Teilchen nimmt dabei ab.

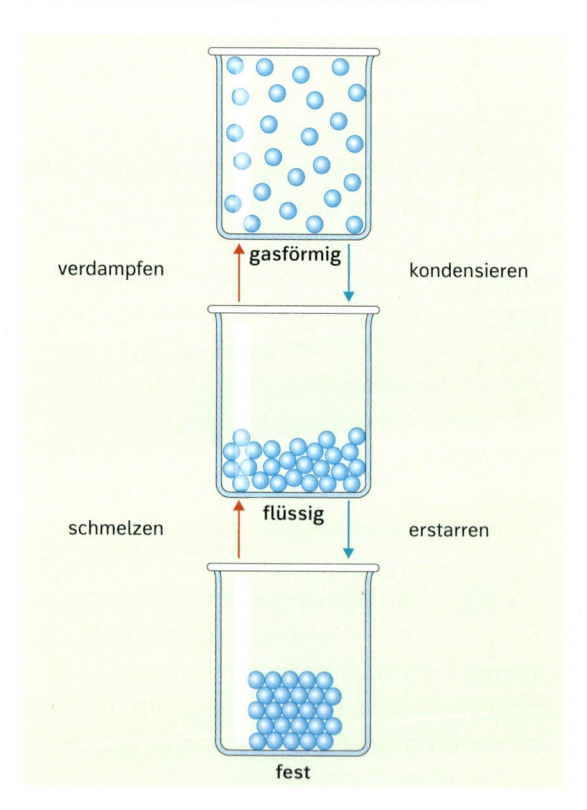

WICHTIGE BEGRIFFE
- regenerative und nicht regenerativ Energieträger
- Energieformen
- Temperatur, Thermometer
- innere Energie, Wärme
- thermisches Gleichgewicht

WICHTIGE BEGRIFFE
- Aggregatzustände: fest, flüssig, gasförmig
- Übergänge: Schmelzen, Verdampfen, Kondensieren, Erstarren, Sublimieren, Resublimieren
- Teilchenmodell

Die Arten der Wärmeübertragung

Wärmeleitung
Heißer Tee erwärmt das Innengefäß eines Thermobechers. Es entsteht ein Wärmestrom durch **Wärmeleitung.** Seine Größe ist abhängig vom Temperaturunterschied der Körper und ihren Materialien. Alle Metalle leiten den Wärmestrom gut, Kunststoffe und Holz sind schlechte **Wärmeleiter.**

Wärmeströmung
Der warme Tee in einem Thermobecher erwärmt die Luft über dem Flüssigkeitsspiegel. Die Luft steigt auf. Die Luftteilchen führen Wärme als Wärmestrom mit sich. Der Deckel verhindert die **Wärmeströmung** an die Umgebungsluft.

Wärmestrahlung
Metallische Thermobecher sind von innen metallisch glänzend. Dadurch wird die Wärme durch **Wärmestrahlung** im Becher hin und her reflektiert. Der Wärmestrom findet dabei ohne Beteiligung eines festen, flüssigen oder gasförmigen Körpers statt.

Wärmedämmung
Der Hohlraum zwischen Innen- und Außengefäß des Thermobechers enthält Luft oder einen **Dämmstoff.** Diese Stoffe sind schlechte Wärmeleiter und vermindern die Übertragung der Wärme.

Wärmespeicherung
Verschiedene Stoffe speichern Wärme unterschiedlich gut. Gute Wärmespeicher können mehr Wärme aufnehmen als schlechte Wärmespeicher. Wasser speichert die Wärme am besten.

Die Wärmeausdehnung
Beim Erwärmen dehnen sich alle Stoffe aus. Kühlen sie ab, ziehen sie sich zusammen. Flüssigkeiten und Festkörper dehnen sich unterschiedlich stark aus. Gase dehnen sich dagegen immer gleich stark aus.
Eine Besonderheit des Wassers ist seine **Anomalie:** Eis benötigt mehr Platz als das Wasser, aus dem es entstanden ist.

Das Wetter beobachten
Um das Wetter vorhersagen zu können, muss es lange beobachtet werden. Dabei helfen Messgeräte in einer **Wetterstation.** Sie messen die verschiedenen **Elemente des Wetters.** Dies sind neben der Temperatur die Windgeschwindigkeit, die Niederschlagsmenge, der Luftdruck und die Luftfeuchtigkeit.

WICHTIGE BEGRIFFE
- Wärmeübertragung: Wärmeleitung, Wärmeströmung, Wärmestrahlung
- Wärmedämmung
- Wärmespeicherung
- Wärmeausdehnung
- Anomalie des Wassers

WICHTIGE BEGRIFFE
- Wetterelemente
- Wetterstation
- Wettervorhersage
- Hoch- und Tiefdruckgebiet
- Wetterbericht

Auf einen Blick

Lerncheck: Temperatur – Wärme – Wetter

Temperatur, innere Energie und Wärme

1 Erkläre den Unterschied zwischen Temperatur und Wärme.

2 Begründe, dass der menschliche Temperatursinn für die Bestimmung der Körpertemperatur nur eingeschränkt geeignet ist.

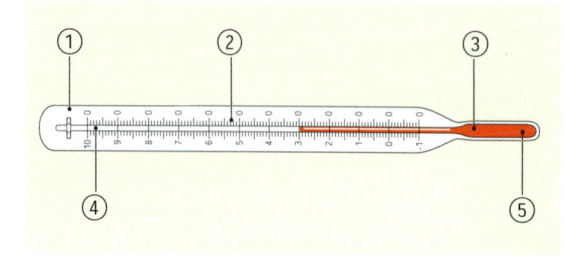

3 Benenne die Bestandteile des Thermometers im Bild.

4 Beschreibe den Aufbau der Celsius-Skala.

5 Beschreibe am Beispiel eines Gehweges aus Steinplatten die Änderung der inneren Energie über den Tag und über die Nacht.

6 Ein Eisennagel wird in eine Brennerflamme gehalten.
a) Beschreibe die Wirkung der Brennerflamme auf die innere Energie des Nagels.
b) Gib die Auswirkungen der Änderung der inneren Energie beim Nagel an.
c) Beschreibe die Änderung der inneren Energie des Nagels mit dem Teilchenmodell.
d) Gib den Zusammenhang zwischen innerer Energie und Temperatur an.

> **DU KANNST JETZT ...**
> - ... die Begriffe Temperatur, Wärme und innere Energie unterscheiden.
> - ... die Funktionsweise eines Thermometers erklären.
> - ... die Celsius-Skala mit ihren Fixpunkten beschreiben.
> - ... analoge und digitale Thermometer unterscheiden.

Die Aggregatzustände und die Wärmeausdehnung

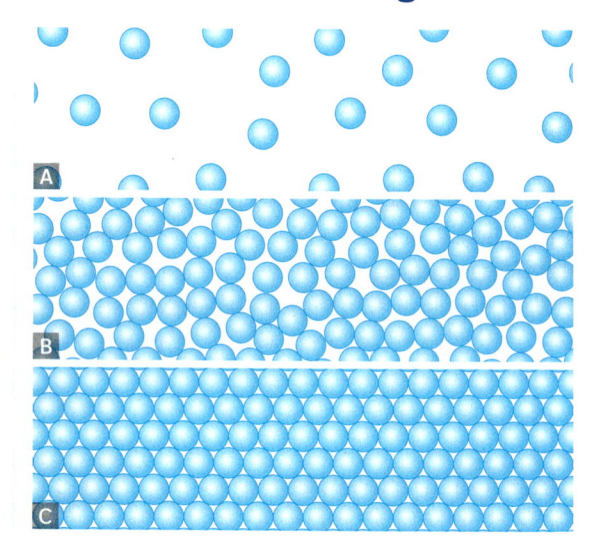

7 a) Ordne den drei Abbildungen im Teilchenmodell (A – C) den jeweils dargestellten Aggregatzustand zu.
b) Nenne die Übergänge zwischen den Aggregatzuständen.

8 Beschreibe, was beim Erwärmen mit Teilchen in einem Feststoff passiert.

9 Nenne mögliche Gefahren, die durch die Ausdehnung von Stoffen entstehen können.

10 Eis benötigt mehr Platz, als das flüssige Wasser, aus dem es entsteht. Erkläre vor diesem Hintergrund, warum Asphalt im Winter aufplatzt, wenn eine nasse Straße bei Frost gefriert.

> **DU KANNST JETZT ...**
> - ... die Aggregatzustände und die Übergänge im Teilchenmodell erklären.
> - ... die Wärmeausdehnung im Teilchenmodell erklären.
> - ... an Beispielen die Besonderheit von Wasser (Anomalie) erklären.

Die Wärmeübertragung und die Wärmedämmung

11 Nenne die drei Arten der Wärmeübertragungen.

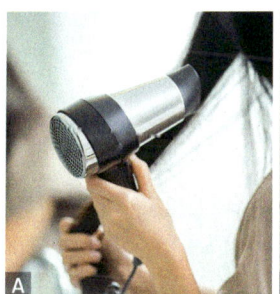

A 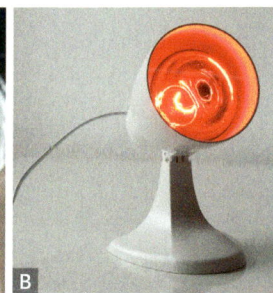 B

12 Ordne den Bildern eine Art der Wärmeübertragung zu. Begründe deine Antwort.

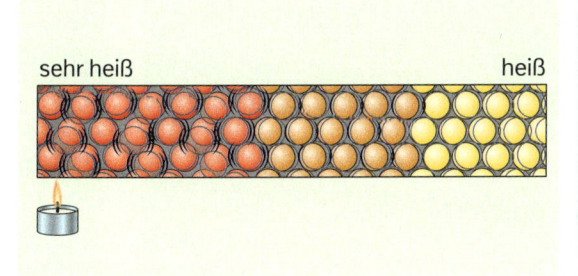

sehr heiß — heiß

13 Erkläre mit dem Teilchenmodell im Bild, wie Wärme in einem Teelöffel übertragen wird.

14 Beschreibe an Beispielen, wozu Menschen wärmedämmende Materialien einsetzen.

15 Erkläre an Beispielen, wie Luft zur Wärmedämmung eingesetzt wird.

DU KANNST JETZT ...

- ... die Arten der Wärmeübertragung beschreiben.
- ... Wärmeübertragung mit dem Teilchenmodell erklären.
- ... die Wirkung von wärmedämmenden Materialien beschreiben.
- ... Wärmedämmung mit Luft erklären.

Das Wetter beobachten und die Sonnenenergie nutzen

16 Nenne die Elemente des Wetters. Trage die Begriffe in eine Mindmap ein.

17 Nenne Messgeräte, mit denen die Wetterelemente gemessen werden können. Ergänze die Minmap aus Aufgabe 16.

18 Erkläre, wie das Wetter beobachtet werden kann.

19 a) Beschreibe die Funktion eines Sonnenkollektors.
b) Erläutere, warum er neben Wasser auch ein Frostschutzmittel enthalten muss, obwohl er zu einer Heizung gehört.

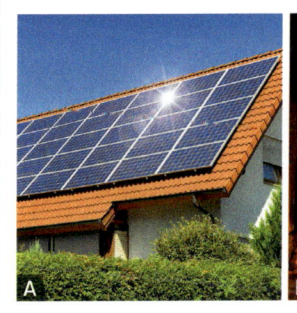

A  B

20 a) Erkläre, warum es auf beiden Bildern die regenerative Energie der Sonne ist, die genutzt wird.
b) Nenne weitere Beispiele, wie die Energie der Sonne direkt oder indirekt genutzt wird.

DU KANNST JETZT ...

- ... an Beispielen die Wetterelemente beschreiben.
- ... Wetterbeobachtunngen erklären.
- ... an Beispielen zeigen, wie Menschen Energie nutzen und dass diese letztlich von der Sonne stammt.

Lerncheck

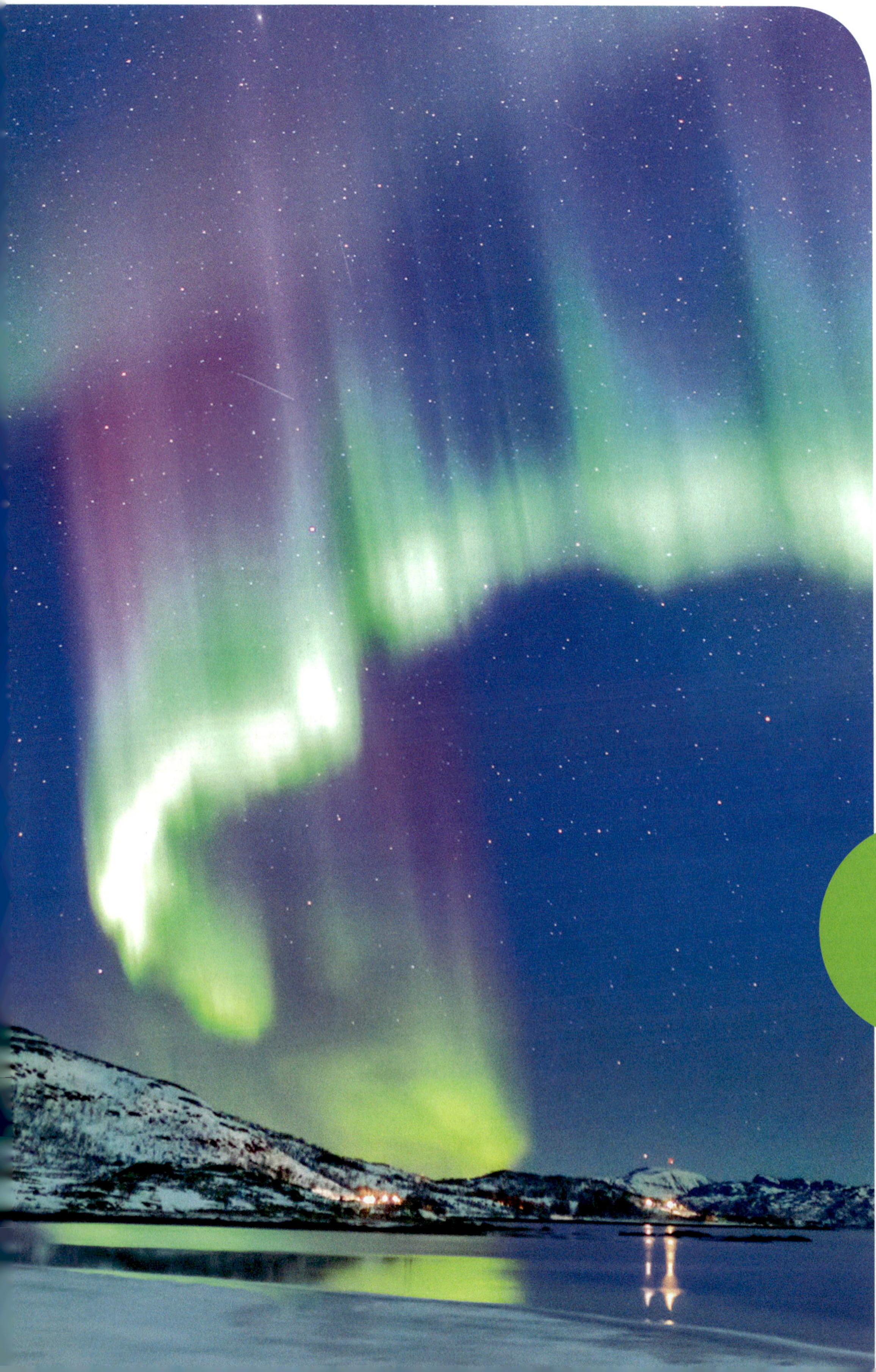

Magnetische und elektrische Phänomene

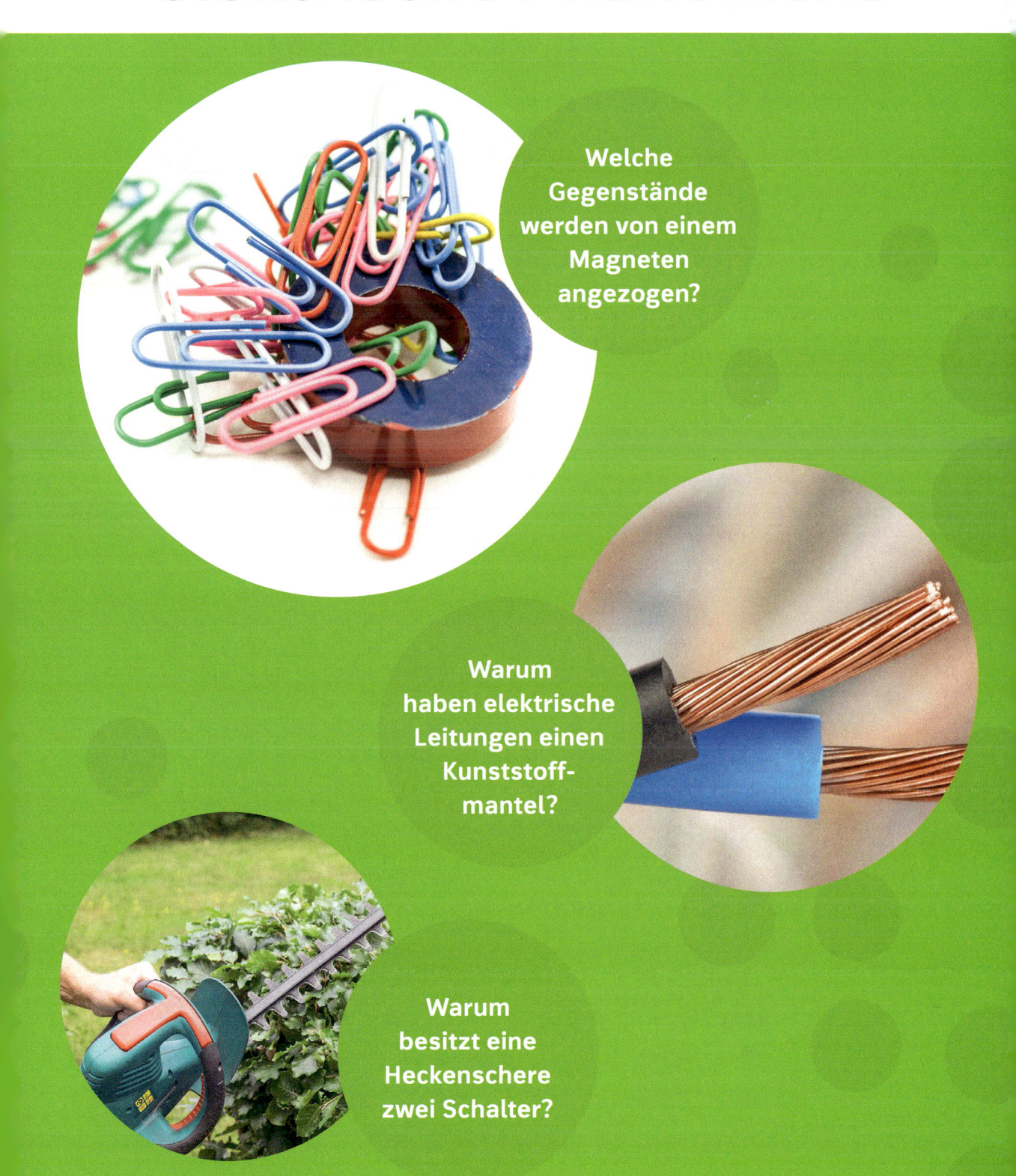

Welche Gegenstände werden von einem Magneten angezogen?

Warum haben elektrische Leitungen einen Kunststoffmantel?

Warum besitzt eine Heckenschere zwei Schalter?

1 Eine Magnetleiste hält Ordnung.

Magnete und ihre Wirkungen

Magnete wirken anziehend

Magnete begegnen dir oft im Alltag. Sie helfen, Ordnung zu halten. So kannst du wie in Bild 1 Messer an einer Magnetleiste aufbewahren oder mit einem Magneten Zettel an einer Magnetwand befestigen.

Der Stoff ist entscheidend

Hältst du einen Magneten wie in Bild 2 an verschiedene Gegenstände, stellst du fest, dass der Magnet nur bestimmte Gegenstände anzieht. So wird ein Nagel aus Eisen angezogen, eine Glasmurmel jedoch nicht. Magnete ziehen nur Gegenstände an, die **Eisen, Nickel** oder **Cobalt** enthalten.

> Magnete wirken auf alle Gegenstände, die Eisen, Nickel oder Cobalt enthalten.

Die Wirkungen eines Magneten

Näherst du einen Magneten einem Gegenstand, der Eisen, Nickel oder Cobalt enthält, wird er von dem Magneten angezogen, bevor er ihn berührt. Die magnetische Wirkung reicht in die Umgebung hinein. Je stärker die Wirkung eines Magneten ist, desto größer ist seine **Reichweite.**
Mithilfe eines Magneten kannst du die Glasscheibe eines Aquariums wie in Bild 3 von innen reinigen. Die Magnetwirkung **durchdringt** Stoffe wie Papier, Holz, Glas oder Kunststoff.
Die Wirkung eines Magneten kann durch Stoffe, die Eisen, Nickel oder Cobalt enthalten, **abgeschirmt** werden. Wird ein solcher Stoff zwischen Halterung und Scheibe geschoben, fällt der Scheibenwischer im Aquarium herunter.

2 Magnetangeln

3 Ein magnetischer Scheibenwischer

Magnete haben Pole

Legst du einen **Stabmagneten** in eine mit Eisennägeln gefüllte Box und hebst ihn langsam an, stellst du fest, dass sehr viele Nägel von den Enden des Magneten angezogen werden (→ Bild 4). In der Mitte bleibt kein Nagel hängen. Die Stellen der stärksten magnetischen Wirkung sind die beiden Enden des Magneten. Sie heißen **Pole.**

Der Nordpol und der Südpol

Hängst du einen Stabmagneten freibeweglich an einen Bindfaden, zeigt immer der gleiche Pol des Magneten in die Himmelsrichtung Norden. Dieser Pol heißt **Nordpol.** Der andere Pol zeigt nach Süden. Er heißt **Südpol.** Um die Pole eines Magneten zu unterscheiden, sind sie farbig gekennzeichnet. Der Nordpol ist rot und der Südpol grün markiert. (→ Bild 5)

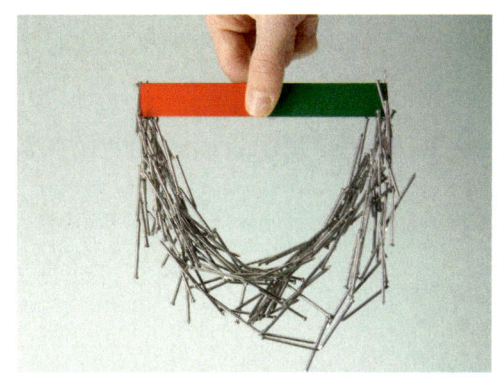

4 Ein Stabmagnet mit Eisennägeln

5 Der rote Pol zeigt nach Norden.

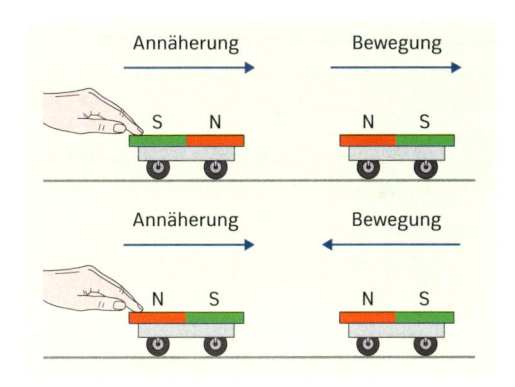

Die Polregel

Wenn du zwei Magnete wie in Bild 6 mit ihren Polen aufeinander zu bewegst, kannst du zwei Beobachtungen machen. Entweder stoßen die Pole einander ab oder sie ziehen einander an. Die gegenseitige Beeinflussung der Pole zweier Magnete heißt **magnetische Wechselwirkung**. Es gilt die **Polregel**.

> **Polregel:** Gleichartige Pole zweier Magneten stoßen einander ab. Ungleichartige Pole ziehen einander an.

6 Magnete wirken aufeinander.

① Nenne Gegenstände, die von einem Magneten angezogen werden.

② Begründe, weshalb folgende Aussage ungenau ist: „Ein Stabmagnet zieht Nägel an".

③ a) Zeichne einen Stabmagneten in dein Heft und kennzeichne die Pole rot und grün.
  b) Benenne die Pole in deiner Zeichnung.
  c) Erläutere die Bedeutung der Pole.

④ **I** a) Zeichne in dein Heft jeweils zwei gegenüberliegende Stabmagnete. Kennzeichen die Pole so, dass sich ein Paar abstößt und das andere anzieht.
  II b) Erkläre mithilfe von Bild 6 die Polregel.

Starthilfe zu 4 b):
Beginne so: Wenn ich den Nordpol eines Magneten dem Südpol eines anderen Magneten annähere, dann ...

⑤ **III** „Magnete ziehen sich immer gegenseitig an." Nimm Stellung zu dieser Aussage.

FORSCHEN UND ENTDECKEN

A Welche Münzen werden von einem Magneten angezogen?

Material: Magnet, verschiedene Euro-Münzen

Durchführung:
Schritt 1: Lege in deinem Heft eine Tabelle wie in Bild 1 an.
Schritt 2: Teste, welche Münzen vom Magneten angezogen werden.
Schritt 3: Notiere deine Ergebnisse in der Tabelle.

Münze	Material der Münzen	wird angezogen
1, 2 oder 5 Cent	Eisen, Kupfer	...
10, 20 oder 50 Cent	Kupfer, Aluminium, Zink, Zinn	...
1-Euro-Münze	Kupfer, Zink, Nickel	...
2-Euro-Münze	Kupfer, Nickel	...

1 Tabelle zur Versuchsbeobachtung

2 Euro-Münzen mit einem Magneten testen

❶ Beantworte die obige Frage zum Versuch.

❷ Erkläre, warum manche Münzen angezogen werden und andere nicht.

B Die Durchdringung und die Abschirmung untersuchen

Material: : Magnet, Stativmaterial, Büroklammer, Faden, Platten aus verschiedenen Materialien

Durchführung:
Schritt 1: Binde eine Büroklammer wie in Bild 3 am Stativfuß an. Der Faden soll etwa 20 cm lang sein.
Schritt 2: Befestige den Magneten mit einer Klemme am Stativstab.
Schritt 3: Verschiebe den Magnet gerade soweit nach unten, bis die Büroklammer schwebt.
Schritt 4: Halte Platten aus verschiedenen Materialien zwischen die Büroklammer und den Magneten.

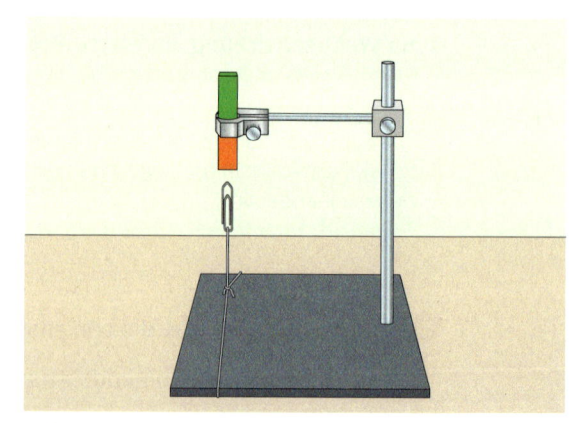

3 Wird die Büroklammer herunterfallen?

❶ Notiere deine Beobachtungen.

❷ Zähle 6 Stoffe auf, die von der Wirkung eines Magneten durchdrungen werden.

❸ ‖ Nenne 3 Stoffe, die die Wirkung eines Magneten abschirmen.

Magnetische und elektrische Phänomene   **139**

FORSCHEN UND ENTDECKEN

C Die Pole werden bestimmt

Material: Stabmagnet, Stativmaterial, Faden

Durchführung:
Schritt 1: Hänge den Magnet mit einem Bindfaden an ein Stativ (→ Bild 4).
Schritt 2: Warte solange, bis der Magnet sich nicht mehr bewegt.
Schritt 3: Bestimme die Himmelsrichtungen, in die die Pole des Magneten zeigen.

1. Notiere deine Beobachtungen.
2. Benenne die Stellen des Magneten, die in eine bestimmte Himmelsrichtung zeigen.
3. Vergleiche die Richtung aller im Klassenraum hängenden Stabmagnete miteinander.
4. ▮▮ Ziehe eine Schlussfolgerung aus deinen Beobachtungen.

4 Ein Magnet richtet sich aus.

Starthilfe zu 4:
Nutze zur Bestimmung der Himmelsrichtungen einen Kompass oder eine Kompass-App.

D Zwei Magnete wirken aufeinander

Material: zwei Stabmagnet, zwei runde Bleistifte

Durchführung:
Schritt 1: Lege einen Stabmagneten wie in Bild 5 auf zwei Bleistifte.
Schritt 2: Bewege den zweiten Stabmagnet mit dem Nordpol langsam auf den Nordpol des liegenden Magneten zu.
Schritt 3: Bewege den zweiten Stabmagnet mit dem Südpol langsam auf den Nordpol des liegenden Magneten zu.
Schritt 4: Nähere nun nacheinander die Pole des zweiten Magneten dem Südpol des liegenden Magneten.

1. Notiere deine Beobachtungen.
2. ▮▮ Ziehe eine Schlussfolgerung aus deinen Beobachtungen.

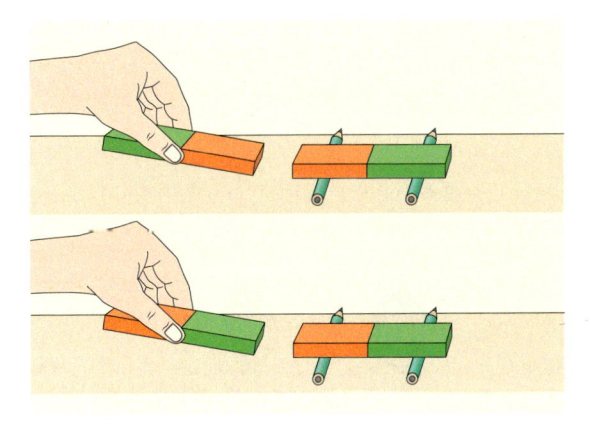

5 Anziehung oder Abstoßung?

Starthilfe zu 1:

gegenüberliegende Pole		Pole ziehen sich an	
		ja	nein
Nordpol	Nordpol	...	...
...	...	...	...

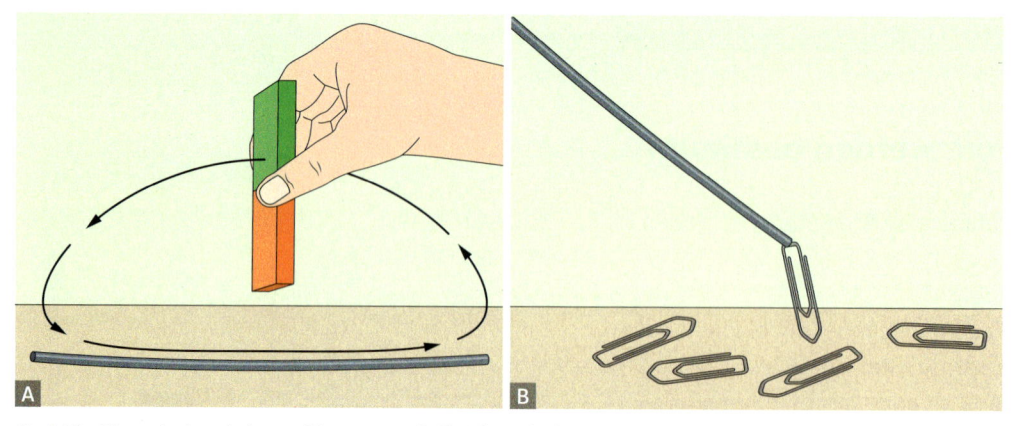

1 A Ein Eisendraht wird zum Magneten, **B** Ein Eisendraht zieht Büroklammern an.

Wie lässt sich Magnetismus erklären?

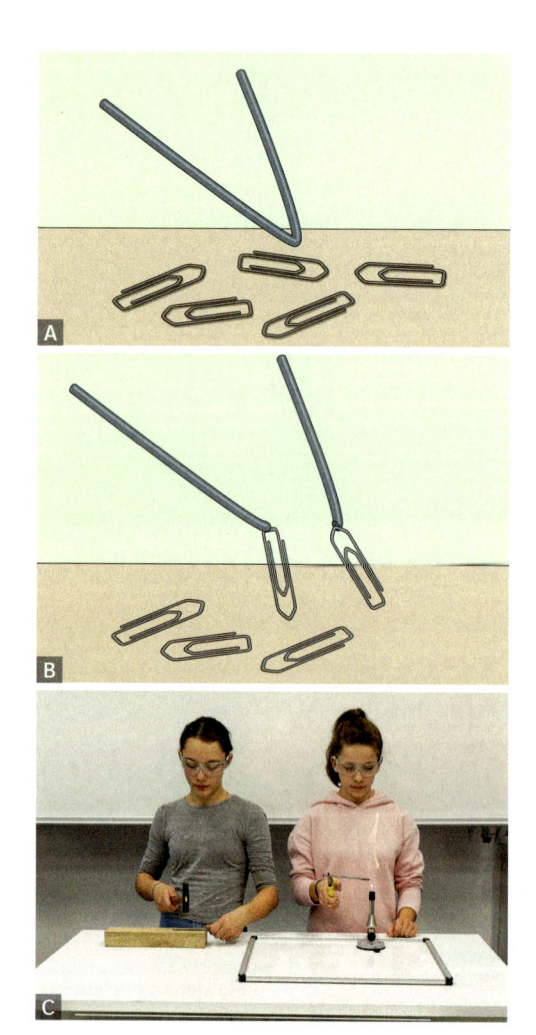

Das Magnetisieren

Du überstreichst einen Eisendraht wie in Bild 1 A mehrfach mit einem Magneten. Anschließend näherst du ein Ende des Drahtes einigen Büroklammern. Sie werden vom Eisendraht angezogen (→ Bild 1 B). Biegst du den Eisendraht zu einem V und näherst seine Spitze den Büroklammern, ist keine Anziehung erkennbar (→ Bild 2 A). Der Eisendraht verhält sich wie ein Magnet.

Aus eins mach zwei

Wird ein magnetisierter Eisendraht in der Mitte durchgeschnitten, bleiben beide Stücke magnetisch. Jedes Stück hat wieder zwei Pole, an denen Büroklammern angezogen werden. Bei jedem weiteren Halbieren des Eisendrahtes entstehen kleinere Magnete mit zwei Polen (→ Bild 2 B).

Das Entmagnetisieren

Führst du einen Magneten mit unregelmäßigen Bewegungen über einen magnetisierten Draht, verliert er seine magnetische Wirkung. Das Gleiche geschieht, wenn der magnetisierte Draht über einer Kerze stark erwärmt wird (→ Bild 2 C). Lässt du einen magnetisierten Draht fallen oder klopfst mit ihm auf den Tisch, wird er erschüttert und entmagnetisiert.

2 A Keine Anziehung in der Mitte,
B Zwei Magnete mit neuen Polen,
C Entmagnetisieren

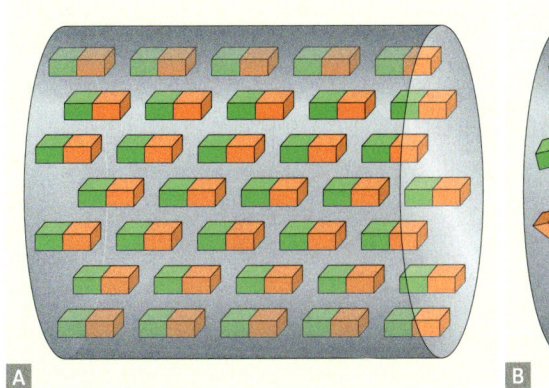

3 A Geordnete Elementarmagnete, **B** Ungeordnete Elementarmagnete

Die Elementarmagnete

Teilst du einen Magneten in Gedanken immer weiter in zwei Teile, erhältst du am Ende einen kleinsten unteilbaren Magneten. Er heißt **Elementarmagnet** und hat zwei Pole. Mithilfe dieser **Modellvorstellung** lassen sich magnetische Wirkungen erklären. In Stoffen, die Eisen, Nickel oder Cobalt enthalten, sind diese Elementarmagnete ungeordnet. Beim **Magnetisieren** eines solchen Stoffes, werden die Elementarmagnete wie in Bild 3 A geordnet und zeigen in die gleiche Richtung. Beim **Entmagnetisieren** geraten die Elementarmagnete wieder durcheinander (→ Bild 3 B).

> **Das Modell Elementarmagnete:**
> Stoffe, die Eisen, Nickel oder Cobalt enthalten, sind aus Elementarmagneten aufgebaut.

Die Magnetwirkung hat Folgen

Auf dem Magnetstreifen von Geldkarten werden Daten gespeichert. Bereiche mit unterschiedlich ausgerichteten Elementarmagneten enthalten verschiedene Informationen. Kommt eine Geldkarte in die Nähe eines starken Magneten, geraten die Elementarmagnete durcheinander und die Daten werden gelöscht. Deshalb findest du an Kassentischen oft den Hinweis, dass dort keine Geldkarte abgelegt werden darf.

4 Geldkarten dürfen nicht überall abgelegt werden.

① **a)** Zeichne zwei Rechtecke. Stelle in einem Rechteck geordnete und in dem anderen Rechteck ungeordnete Elementarmagnete dar.
b) Beschrifte deine Zeichnungen mit „magnetisch" und „nicht magnetisch".
II c) Schreibe unter jede Zeichnung eine Ursache für die jeweilige Anordnung der Elementarmagnete.

② **II a)** Du streichst mehrmals mit einem Magneten in die gleiche Richtung über einen Eisennagel. Beschreibe mithilfe des Modells der Elementarmagnete, was geschieht.
II b) Zerbricht dir ein Magnet in der Mitte, hast du zwei Magnete. Begründe diese Aussage mithilfe des Modells der Elementarmagnete.
III c) Begründe mithilfe des Modells der Elementarmagnete, dass Karten mit Magnetstreifen nicht in die Nähe eines Magneten geraten dürfen.

FORSCHEN UND ENTDECKEN

A Einen Magneten selbst herstellen

Material: Magnet, Stricknadel, Büroklammer, Kerze, Zange, Anzünder

Durchführung:
Schritt 1: Streiche mit dem Magneten mehrfach in einer Richtung über die Stricknadel.
Schritt 2: Nähere die Stricknadel der Büroklammer.
Schritt 3: Halte die Stricknadel wie in Bild 1 einige Minuten mit der Zange in die Kerzenflamme.
Schritt 4: Nähere die Stricknadel erneut der Büroklammer.
Schritt 5: Wiederhole Schritt 1 und Schritt 2.
Schritt 6: Schlage die Stricknadel einige Male auf den Tisch und nähere sie erneut der Büroklammer.

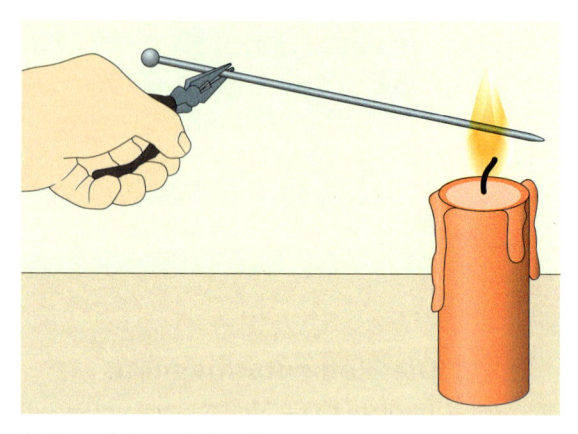

1 Was wird geschehen?

① Notiere deine Beobachtungen.

② ❚ Beschreibe die Vorgänge des Magnetisierens und des Entmagnetisierens.

③ ❚ Ziehe eine Schlussfolgerung aus deinen Beobachtungen.

ÜBEN UND ANWENDEN

A Ein geteilter Magnet

Bild 2 zeigt einen Eisendraht, der magnetisiert wurde. Die Enden des Drahtes wurden in Eisenspäne getaucht. Anschließend wurde der Draht in der Mitte geteilt. Die Enden des geteilten Eisendrahtes wurden wieder in Eisenspäne getaucht. Dieser Vorgang wurde mehrmals wiederholt.

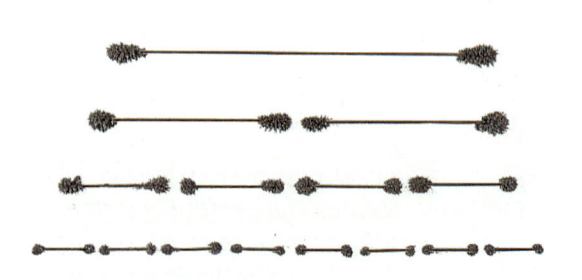

2 Ein magnetisierter Eisendraht wurde mehrfach geteilt.

① Übertrage Bild 2 als Zeichnung in dein Heft.

② Zeichne ein, wo die Pole der Bruchstücke des Drahtes liegen.

③ ❚ Erkläre deine Zeichnung. Nutze dazu die Vorstellung von Elementarmagneten.

IM ALLTAG

Gefahren bei der Anwendung von Magneten

Schlüsselkarten und Smartphones

Heute werden häufig Schlüsselkarten wie in Bild 3 zum Öffnen von Türen eingesetzt. Solche Karten besitzen einen schwarzen Magnetstreifen auf der Rückseite. Auf ihm werden Daten gespeichert. Sie ermöglichen es dem Benutzer der Karte, Türen zu öffnen. Eine Schlüsselkarte sollte nicht in der Hülle eines Smartphones aufbewahrt werden. Der Magnet im Lautsprecher des Smartphones kann die Daten löschen.

3 Eine Schlüsselkarte mit Magnetstreifen

Geldkarten und Diebstahlsicherung

In Kaufhäusern werden Waren häufig mit Hartetiketten wie in Bild 4 vor Diebstahl gesichert. An der Kasse werden diese Hartetiketten mit einem starken Magnet von der Ware entfernt. Legst du eine Geldkarte in die Nähe dieses starken Magneten, könnten alle Daten auf dem Magnetstreifen der Karte gelöscht werden.

4 Ein Hartetikett als Diebstahlschutz

Hörgeräte und Magnetschmuck

Ein Hörgerät ist ein kleines elektronisches Gerät (→ Bild 5). Es besteht neben anderen Bauteilen aus einem Mikrofon und einem Lautsprecher. Jedes Mikrofon und jeder Lautsprecher enthalten kleine Magnete. Menschen die ein Hörgerät benötigen, sollten keinen Magnetschmuck am Ohr tragen. Die Wechselwirkung zwischen den Magneten kann die Funktion des Hörgerates beeinflussen.

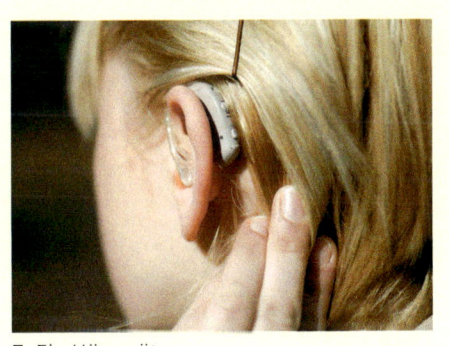

5 Ein Hörgerät

1 Recherchiere Datenträger, deren Daten durch die Wechselwirkung mit anderen Magneten gelöscht werden können.

2 ❚❚ Recherchiere Anwendungsbereiche für starke Magnete.

1 Magnetfelder wirken in den Raum.

Das Magnetfeld

Die magnetische Wirkung

Hältst du einen Eisennagel in die Nähe eines Magneten, spürst du die magnetische Wirkung. Durch die **Magnetkraft** ziehen sich der Nagel und der Magnet gegenseitig an. Die Magnetkraft kannst du nicht sehen.

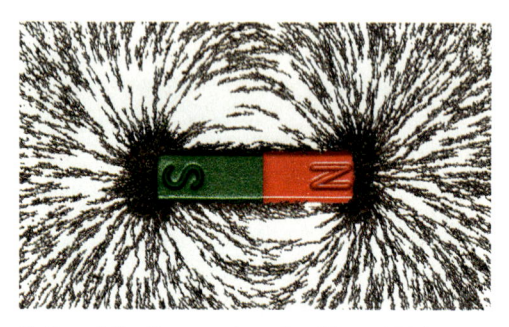

2 Eisenfeilspäne machen das Magnetfeld sichtbar.

Magnetfeld veranschaulichen

Das **Magnetfeld** umgibt einen Magneten an allen Seiten. In Bild 1 wurde ein Stabmagnet in **Eisenfeilspäne** getaucht. Die Späne richten sich in allen Richtungen um den Magneten an. Es entsteht ein räumliches Muster. Jeder Eisenfeilspan wird magnetisiert und selbst zu einem kleinen Magneten. Die Eisenfeilspäne richten sich hintereinander aus.

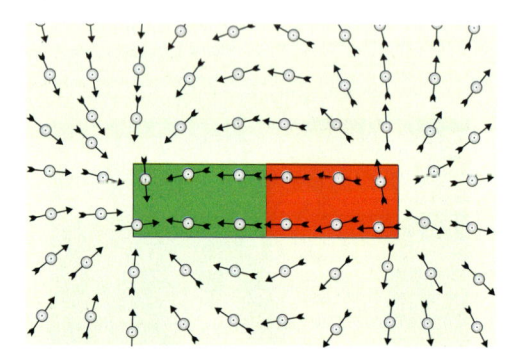

3 Magnetnadeln im Magnetfeld

Die Magnetkraft kannst du einfach veranschaulichen. Feine Eisenfeilspäne auf einer Glasscheibe über einem Magneten richten sich nach einem bestimmten Muster aus (→ Bild 2). Auch kleine **Magnetnadeln** richten sich im Magnetfeld aus (→ Bild 3). Jede der Magnetnadeln ist ein kleiner drehbarer Magnet. Die Pfeilspitze jeder Nadel ist ihr Nordpol.

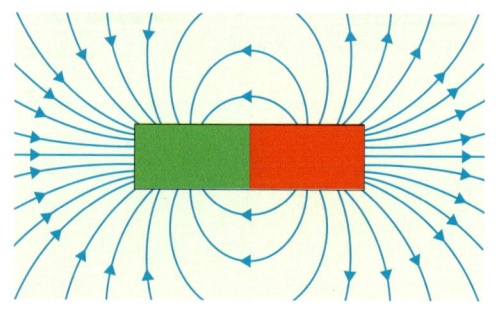

4 Feldlinienbild eines Stabmagneten

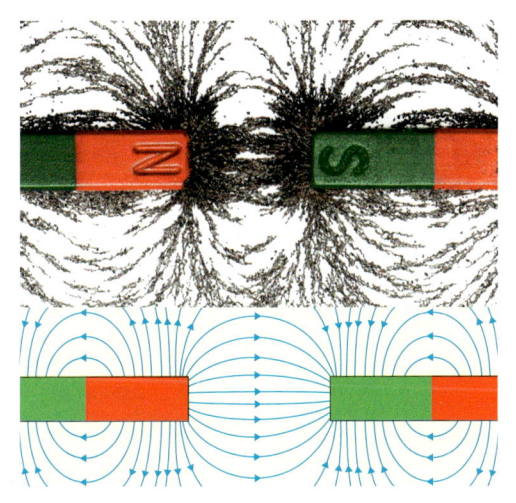

5 Zwei Magnete ziehen sich gegenseitig an.

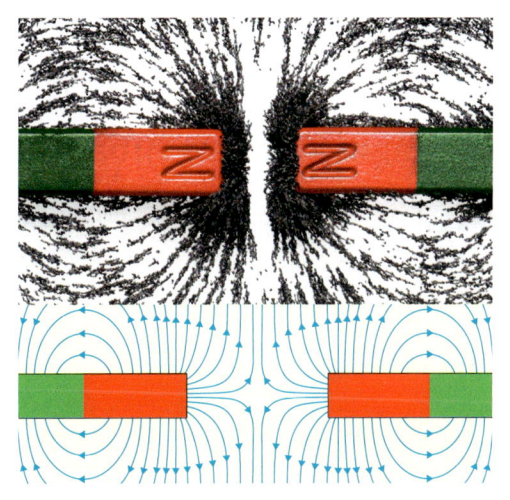

6 Zwei Magnete stoßen sich gegenseitig ab.

Feldlinienbild eines Magneten

Die Eisenfeilspäne folgen gedachten Linien. Diese Linien heißen **magnetische Feldlinien** (→ Bild 4). Das **Modell** der Feldlinien zeigt das Magnetfeld an.

Auch die Magnetnadeln richten sich in einem Magnetfeld immer entlang dieser Feldlinien aus. Daher kannst du den Feldlinien eine Richtung geben. Der Nordpol einer Magnetnadel zeigt die Richtung der Feldlinie an. Die Richtung kannst du in einer Zeichnung durch eine Pfeilspitze darstellen. Die Feldlinien verlaufen vom Nordpol zum Südpol. Sie überschneiden und berühren sich dabei nicht.
Die Magnetkraft ist besonders stark an Stellen, wo die Feldlinien dicht zusammenliegen. Mit zunehmender Entfernung zum Magneten nimmt die Wirkung ab.

Magnetfelder treffen sich

Zwei Magnete können sich gegenseitig anziehen oder abstoßen. Dies erkennst du auch am Magnetfeld.
Liegen sich der Nordpol und der Südpol von zwei Stabmagneten gegenüber, ordnen sich die Eisenfeilspäne entlang der Feldlinien an. Diese verlaufen vom Nordpol des einen Magneten zum Südpol des anderen Magneten (→ Bild 5). Liegen sich jedoch die Nordpole von zwei Magneten gegenüber, stoßen sich die Eisenfeilspäne voneinander ab. Die Feldlinien verlaufen nach oben und unten, ohne sich dabei zu berühren (→ Bild 6).

> Jeder Magnet ist von einem **Magnetfeld** umgeben. Magnetfelder sind räumlich. Sie können mit dem **Modell magnetische Feldlinien** dargestellt werden.

❶ Beschreibe mithilfe der Bilder 1 und 2, wie du ein Magnetfeld sichtbar machen kannst.

❷ Beschreibe, in welche Richtung die Pfeilspitzen in Bild 3 zeigen.

❸ Vergleiche Bild 3 und Bild 4. Nenne die Gemeinsamkeiten und Unterschiede.

❹ Erkläre, welche Informationen du einem Feldlinienbild entnehmen kannst.

❺ ❙ Beschreibe die Unterschiede in den Feldlinienbildern in Bild 5 und in Bild 6.

❻ ❙❙❙ Ein Hufeisenmagnet hat eine U-Form. Er ist im Prinzip ein gebogener Stabmagnet.
 a) Zeichne das Feldlinienbild eines Hufeisenmagneten in dein Heft.
 b) Beschreibe die Besonderheiten dabei.

FORSCHEN UND ENTDECKEN

A Magnetfelder sichtbar machen

Material: Magnete mit verschiedenen Formen, Eisenfeilspäne aus einer Streudose, Kopierfolie oder Acrylglasscheibe

Durchführung:
Hinweis: Es dürfen keine Eisenfeilspäne an die Magnete gelangen.

Schritt 1: Lege die Kopierfolie oder die Acrylglasscheibe auf einen Magnet.
Schritt 2: Streue vorsichtig Eisenfeilspäne auf die Kopierfolie.
Schritt 3: Hebe die Kopierfolie mit den Eisenfeilspänen vorsichtig nach oben. Fülle die Eisenfeilspäne zurück in die Streudose.
Schritt 4: Wiederhole die Schritte 1-3 mit anderen Magneten.

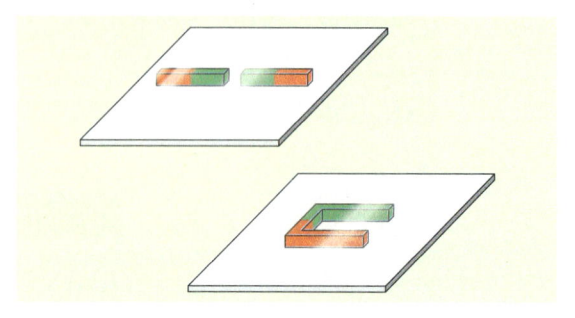

1 Acrylglas über Magneten

❶ a) Zeichne die Magnete und die Lage der Eisenfeilspäne ab.
▮▮ b) Kennzeichne in deinen Zeichnungen die Stellen, an denen die magnetische Wirkung besonders groß ist. Benenne diese Stellen.

❷ ▮▮▮ Formuliere einen Je-desto-Satz, der den Zusammenhang zwischen dem Abstand der Feldlinien und der Stärke der magnetischen Wirkung beschreibt.

B Die Wechselwirkung sichtbar machen

Material: zwei Stabmagnete, Eisenfeilspäne aus einer Streudose, Kopierfolie

Durchführung:
Schritt 1: Lege die Stabmagnete so auf den Tisch, dass sich gleichnamige Pole gegenüberlegen (→ Bild 2). Lege die Kopierfolie darüber.
Schritt 2: Streue vorsichtig Eisenfeilspäne auf die Kopierfolie.
Schritt 3: Hebe die Kopierfolie mit den Eisenfeilspänen vorsichtig nach oben. Fülle die Eisenfeilspäne wieder in die Streudose.
Schritt 4: Variiere die Lage der Magnete und wiederhole die Schritte 1-3.
Hinweis: Es dürfen keine Eisenfeilspäne an die Magnete gelangen.

2 Wechselwirkung zwischen zwei Magneten.

❶ Zeichne die Magnete und die Lage der Eisenfeilspäne ab.

❷ ▮▮ Stelle einen Zusammenhang zwischen der Polregel und dem Feldlinienverlauf her.

Magnetische und elektrische Phänomene   **147**

ÜBEN UND ANWENDEN

A Magnetfelder zeichnen

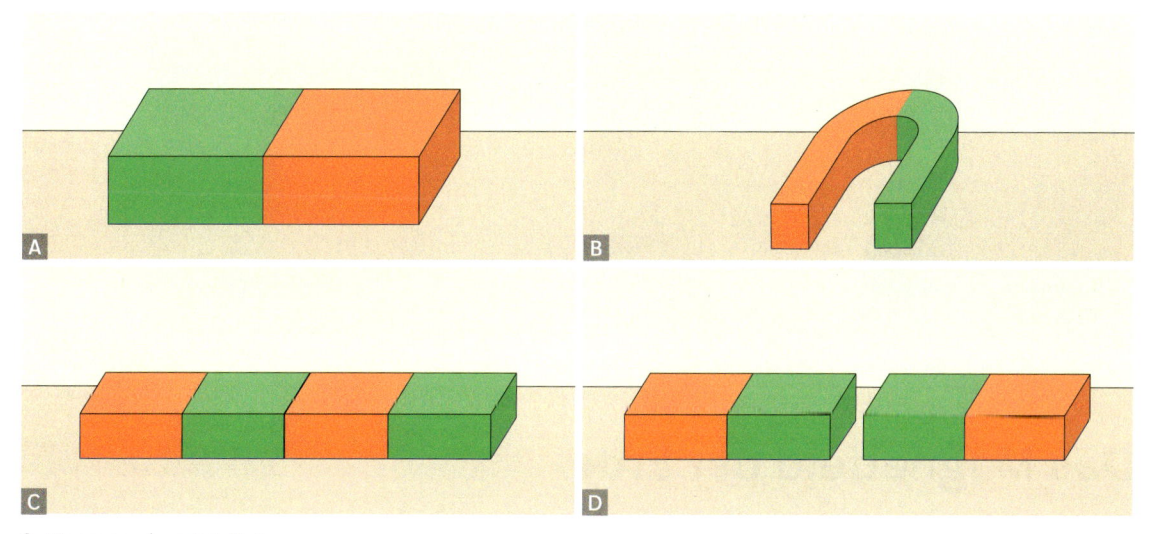

3 Magnete ohne Feldlinien

① In Bild 3 sind verschiedene Magnete abgebildet. Zeichne die Magnete ab.
Ergänze die passenden Feldlinienbilder.

B Magnetfelder erkennen

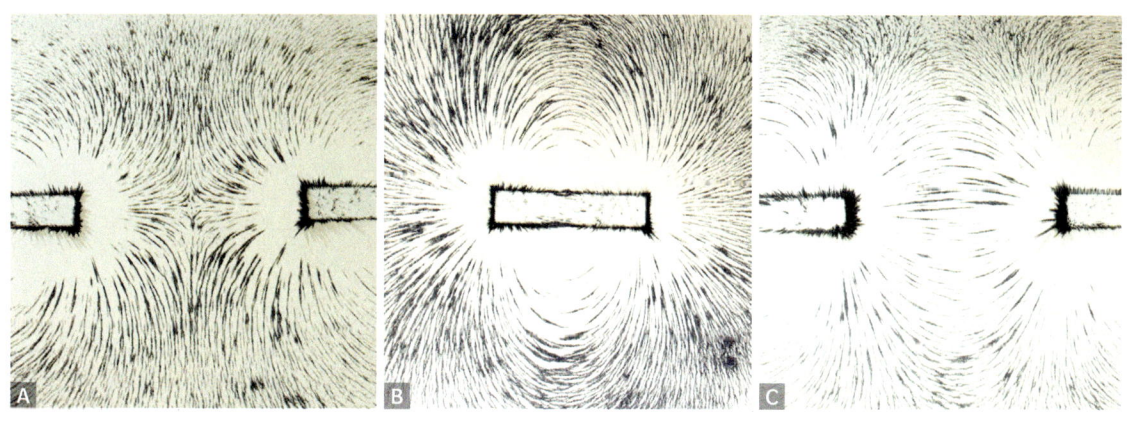

4 Feldlinienbilder ohne Magnete

① In Bild 4 sind verschiedene Feldlinienbilder abgebildet. Nenne die Form und die Lage der Magnete, durch die sie entstanden sind.

② ∥ Begründe deine Entscheidung aus Aufgabe 1.

1 Mit einem Kompass kannst du dich im Gelände orientieren.

Das Magnetfeld der Erde

Der Kompass

Mit einem **Kompass** kannst du zu jeder Tageszeit und bei jedem Wetter die Himmelsrichtung bestimmen. Der Kompass hat in der Mitte eine Magnetnadel. Diese **Kompassnadel** ist drehbar gelagert. Darunter befindet sich die **Kompassrose,** auf der du die Himmelsrichtungen ablesen kannst. Die Kompassnadel richtet sich am Magnetfeld der Erde aus. Die markierte Spitze der Kompassnadel zeigt immer in Richtung Norden.

Die Bewegungsrichtung bestimmen

Beim Wandern im Gelände kannst du die Himmelsrichtung bestimmen, in die du läufst. Dazu drehst du dich mit dem Kompass so, dass Kimme und Korn in deine Laufrichtung zeigen. Anschließend hältst du den Kompass waagerecht auf der flachen Hand und lässt die Kompassnadel zur Ruhe kommen. In Bild 3 ist die Laufrichtung zwischen Nord und Ost, also Nord-Ost.

2 Kompass mit Kompassrose

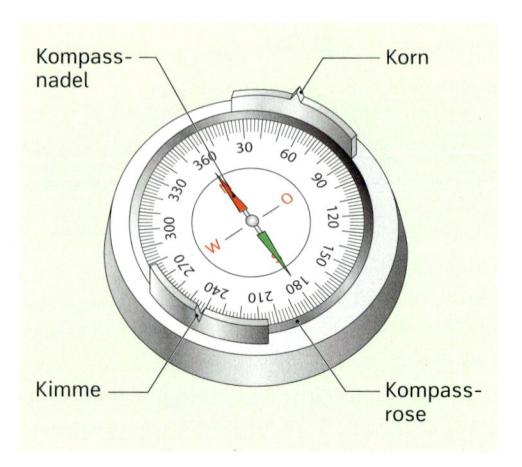

3 Aufbau eines Kompasses

Magnetische und elektrische Phänomene **149**

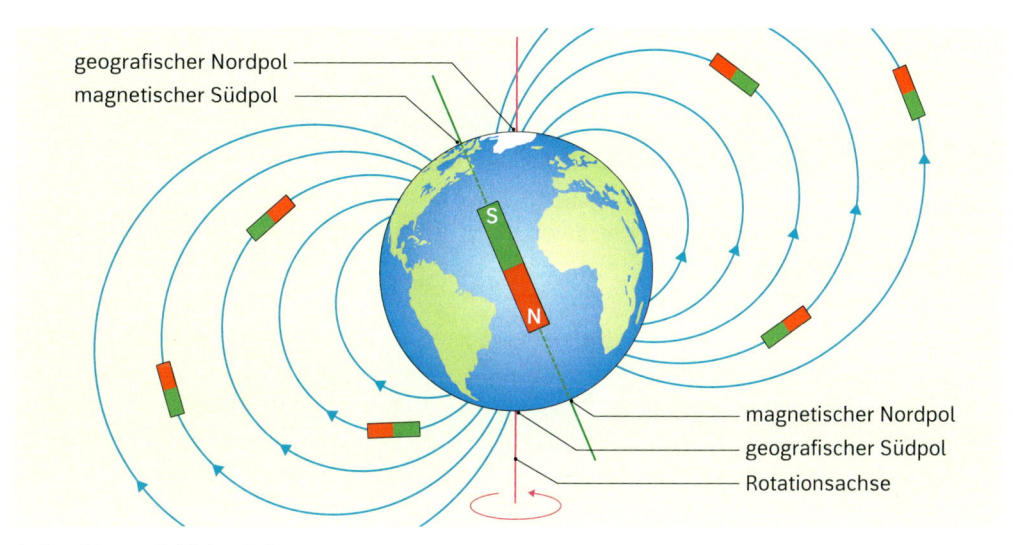

4 Das Magnetfeld der Erde

Das Erdmagnetfeld

Unsere Erde ist von einem Magnetfeld umgeben. Die Erde ist also selbst ein kugelförmiger Magnet. Deshalb hat die Erde wie jeder andere Magnet zwei magnetische Pole. Das Feldlinienbild der Erde sieht dem Bild eines Stabmagneten sehr ähnlich.
Eine Magnetnadel richtet sich am Magnetfeld der Erde aus. Der Nordpol der Magnetnadel wird dabei vom **magnetischen Südpol der Erde** angezogen. Dieser Pol liegt in der Nähe des geografischen Nordpols in der Arktis. Der Südpol der Magnetnadel zeigt somit zum **magnetischen Nordpol der Erde.** Der befindet sich in der Nähe des geografischen Südpols in der Antarktis.

Entstehung des Erdmagnetfelds

Die Erde besteht aus der Erdkruste, dem Erdmantel und dem Erdkern. Der Erdkern besteht aus einer inneren und einer äußeren Schicht.
Der innere Erdkern besteht aus Eisen und Nickel. Der äußere Erdkern besteht aus flüssigem, heißem Eisengestein. Dieses umströmt den festen inneren Erdkern. Das Magnetfeld der Erde wird durch diese Strömung des flüssigen Eisens erzeugt. Der flüssige äußere Erdkern verschiebt sich. Dadurch verändert sich auch das Erdmagnetfeld. Innerhalb der letzten hundert Jahre verschob sich der magnetische Südpol in der Arktis um etwa 1100 km.

❶ Nenne die Bauteile eines Kompasses.

❷ Erkläre, weshalb das Gehäuse eines Kompasses nicht aus Eisen bestehen darf.

❸ Beschreibe, wo der magnetische Südpol und wo der magnetische Nordpol der Erde liegen.

❹ Erkläre, welcher Pol der Kompassnadel in Richtung Norden zeigt.

❺ ▍▍ Beschreibe, wie du deine Bewegungsrichtung mit einem Kompass bestimmen kannst.

❻ ▍▍ Betrachte Bild 3. Die Nutzerin des Kompasses möchte nach Westen wandern. Erkläre, wie sie seine Richtung ändern sollte.

❼ ▍▍▍ Stelle Vermutungen an, wie sich die Kompassnadel verhält, wenn du genau auf einem der magnetischen Pole stehen würdest.

FORSCHEN UND ENTDECKEN

A Einen einfachen Kompass bauen

Mit wenigen Gegenständen kannst du einen eigenen Kompass bauen.

Material: Flaschendeckel aus Kunststoff, Sticknadel aus Eisen, Klebestreifen, Magnet, Schale mit Wasser

Durchführung:

Schritt 1: Baue einen Kompass mit den Materialien aus Bild 1.

> **Tipps:**
> - Magnetisiere zuerst die Sticknadel.
> - Stelle den Flaschendeckel mit der geschlossenen Seite auf das Wasser.

1 Erkläre die Funktionsweise deines selbst gebauten Kompasses.

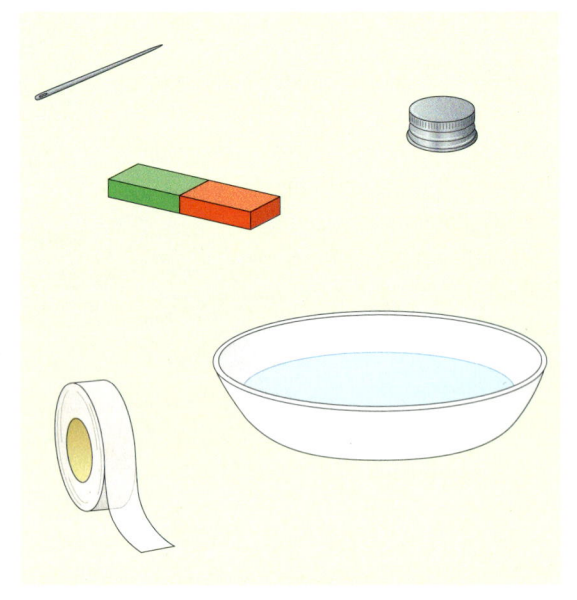

1 Bestandteile für den Bau eines eigenen Kompasses

ÜBEN UND ANWENDEN

A Polarlichter

Polarlichter leuchten grün, rot, blau und lila am Nachthimmel. Sie sind meist in den Polargebieten zu sehen. Die Polarlichter entstehen, weil die Sonne große Mengen Teilchen ins Weltall schleudert. Es entstehen die **Sonnenwinde.** Treffen die Sonnenwinde auf die Erde, schützt uns das Magnetfeld der Erde davor. An den Polen kommen die Sonnenwinde der Erde am nächsten. Wenn die Sonnenwinde hier auf die Erdatmosphäre treffen, strahlen und leuchten sie hell auf. Das kannst du als Polarlicht erkennen.

1 Beschreibe genau, was du auf dem Bild 2 erkennen kannst.

2 Erkläre mit eigenen Worten, wie Polarlichter entstehen.

2 Polarlichter über dem Nordpol

IM ALLTAG

Vom Magneteisenstein zur Kompass-App

Der Magneteisenstein
Vermutlich waren es die Chinesen, die als erste Menschen den Magnetismus zur Orientierung benutzten. Sie benutzten einen kleinen Splitter des Magneteisensteins als schwimmende Kompassnadel (nasser Kompass). Der schwimmende Splitter aus Magneteisenstein richtete sich mithilfe des Erdmagnetfelds in Nord-Süd-Richtung aus.

3 Ein Magneteisenstein

Der erste trockene Kompass
Als Erfinder des heutigen Kompasses gilt der italienische Seefahrer FLAVIO GIOIA. Er soll 1302 einen Kompass erfunden haben, der kein Wasser mehr benötigte. Bei seinem trockenen Kompass konnte sich eine Magnetnadel frei auf einem Stift bewegen und zeigte immer nach Norden.

4 Ein trockener Kompass für Seefahrer

Ein moderner Kompass
In der Luftfahrt und der Seefahrt werden heutzutage Magnetkompasse mit der Satellitennavigation **GPS** ergänzt.
Heute hat fast jedes Smartphone eine **Kompass-App**. Im Smartphone befindet sich jedoch keine Kompassnadel. Mithilfe eines Sensors wird das Erdmagnetfeld erkannt und somit die Nord-Süd-Richtung ermittelt.

5 Eine Kompass-App für das Smartphone

① Erkläre, weshalb ein Magneteisenstein als Kompass eingesetzt werden kann.

② Im Laufe der Geschichte hat sich der Kompass weiter entwickelt. Beschreibe die Entwicklung des Kompasses. Recherchiere dazu im Internet. Beantworte folgende Fragen:
 a) Wo wurde der erste schwimmende Kompass entwickelt?
 b) Wann bekam der Kompass eine Windrose?
 c) Was ist eine kardanische Aufhängung?

③ Probiere eine kostenlose Kompass-App auf deinem Smartphone aus. Vergleiche anschließend die Anzeigen der App mit der Anzeige auf einem „richtigen" Kompass.

1 Ströme im Alltag: **A** Ein Fluss strömt die Berge hinab, **B** Menschen strömen eine Straße entlang.

Der elektrische Stromkreis

Ströme gibt es viele

Im Alltag kommt der Begriff Strom häufig vor. In Flüssen strömt Wasser von den Bergen ins Tal (→ Bild 1A). Menschenmengen strömen bei einem Marathonlauf durch die Straßen (→ Bild 1B). Alle diese Strömungen haben zwei Gemeinsamkeiten:
- Es bewegt sich etwas: In den Beispielen sind es das Wasser und die Menschen.
- Es gibt einen Antrieb für diese Bewegungen: Das Gefälle der Berge und der Siegeswille der Läufer.

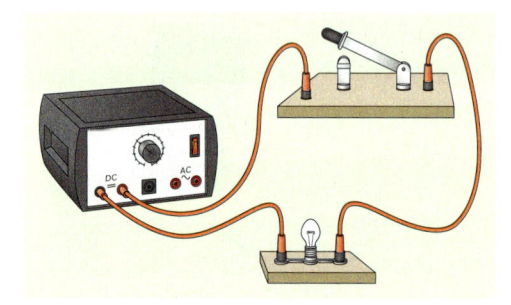

2 Ein einfacher Stromkreis mit Schalter

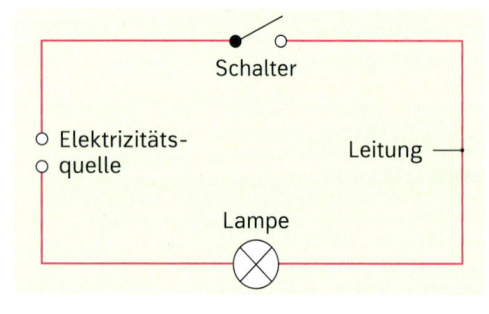

3 Der Schaltplan eines einfachen Stromkreises

Bauteile werden zu einem Stromkreis

Ein Stromkreis hat mindestens drei Bauteile: eine **Elektrizitätsquelle,** einen **Nutzer** und **Leitungen.** Eine typische Elektrizitätsquelle ist das **Netzgerät.** Als Nutzer wird häufig eine **Lampe** verwendet. Diese ist in Bild 2 in eine Fassung geschraubt, um das Experimentieren zu erleichtern. Die Anschlüsse der Elektrizitätsquelle werden mit dem Nutzer über Leitungen verbunden. Die am häufigsten verwendeten Leitungen sind Elektrokabel, die mit Kunststoff ummantelt sind. Die Lampe kann nur leuchten, wenn der Stromkreis geschlossen ist. Um den Stromkreis zu öffnen oder zu schließen, kann ein **Schalter** eingefügt werden. Er wird an einer beliebigen Stelle in den Stromkreis eingebaut (→ Bild 2).

Ein Schaltplan hilft

Stromkreise sind oft kompliziert und schwer zu verstehen. **Schaltpläne** helfen, diese Stromkreise übersichtlich darzustellen. Bei Schaltplänen geht es nur um die Verknüpfung der Bauteile, aber nicht um das tatsächliche Aussehen der Teile. So werden Leitungen immer als gerade Linien gezeichnet. Statt aufwendige Bilder werden für die Bauteile **Schaltzeichen** verwendet (→ Bild 3). Schaltpläne werden als Rechtecke gezeichnet. Benutze beim Zeichnen der Leitungen daher ein Lineal.

Bauteile und ihre Schaltzeichen

Schaltzeichen dienen zur Darstellung von elektrischen Bauteilen. Sie sind international einheitlich. Mithilfe von Schaltzeichen können elektrische Stromkreise in vereinfachter Form gezeichnet werden.

Wichtige Bauteile sind
- die Elektrizitätsquelle: Ein Netzgerät wird in Form von zwei Kreisen dargestellt (→ Bild 4 A).
- der Nutzer: Lampen werden als Kreis mit einem Kreuz dargestellt (→ Bild 4 B).
- der Schalter: Er wird durch zwei Punkte mit einem Strich dargestellt. Im geschlossenen Zustand verbindet der Strich beide Kreise (→ Bild 4 C).
- die Leitungen: Kabel werden als gerade Linien gezeichnet (→ Bild 4 D).

Einstellen eines Netzgeräts

Bei der Benutzung eines Netzgeräts gehst du immer nach dem gleichen Verfahren vor:
- Überprüfe die Kabel und das Gehäuse des Netzgerätes auf Beschädigungen. Beschädigte Geräte dürfen nicht eingesetzt werden!
- Stelle den Regler des Netzgeräts auf „0". Mit dem Regler stellst du die Stärke des elektrischen Stroms ein.
- Baue den Versuch auf.
- Nutze bei Versuchen immer die Anschlüsse am Netzgerät, die mit einem „=" gekennzeichnet sind. In Bild 5 sind diese links unten.
- Schalte das Netzgerät erst ein, nachdem deine Lehrerin oder dein Lehrer den Versuchsaufbau kontrolliert hat.

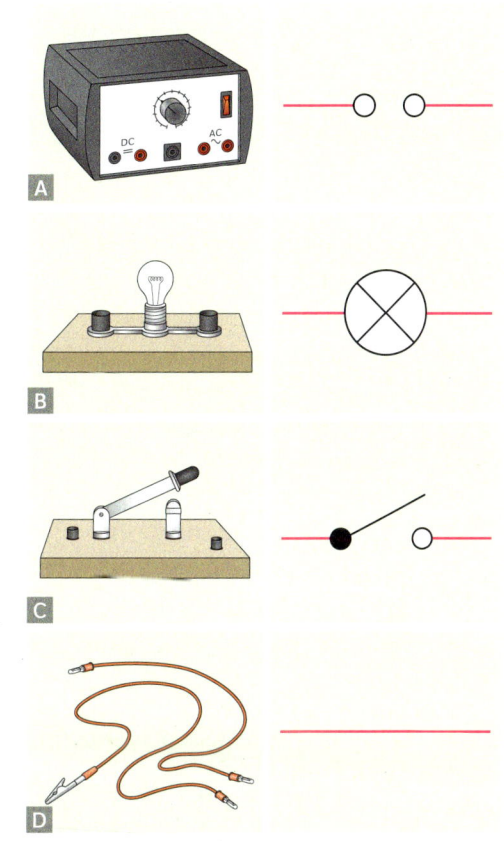

4 Schaltzeichen: **A** Netzgerät, **B** Lampe, **C** Schalter, **D** Kabel als Leitung

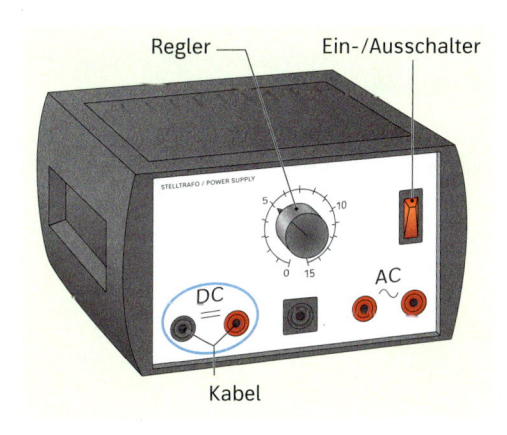

5 Das Netzgerät – eine Elektrizitätsquelle

---

① Nenne verschiedene Ströme aus dem Alltag.

② Nenne drei Bauteile, die für den Bau eines Stromkreises notwendig sind.

③ Identifiziere bei dem Netzgerät in deiner Schule den Ein- und Ausschalter, den Regler und die beiden Anschlüsse für die Kabel.

④ ‖ Skizziere einen einfachen Stromkreis. Beschrifte die notwendigen Bauteile.

FORSCHEN UND ENTDECKEN

A Wie ist ein einfacher Stromkreis aufgebaut?

Material: Batterie, verschiedene Leuchtmittel (Glühlampe, Leuchtdioden), Lampenfassungen, Experimentierkabel, Anschlussstecker

Durchführung:
Schritt 1: Bringe mithilfe der Batterie und der Kabel eine Glühlampe zum Leuchten.
Schritt 2: Vertausche die Anschlüsse und beobachte.
Schritt 3: Wiederhole die Schritte 1 und 2 mit anderen Leuchtmitteln und notiere deine Beobachtungen.

1 a) Beschreibe deine Beobachtungen.
b) Erkläre deine Beobachtungen.

2 Beschreibe, wie du mehrere Lampen gleichzeitig zum Leuchten bringen kannst.

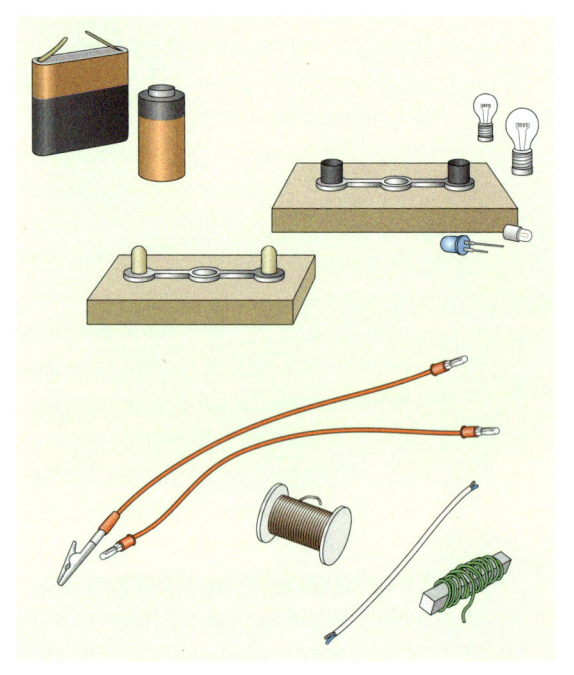

1 Verschiedene Bauteile

ÜBEN UND ANWENDEN

A Elektrische Stromkreise prüfen

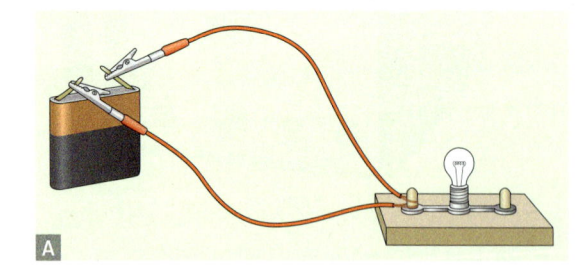

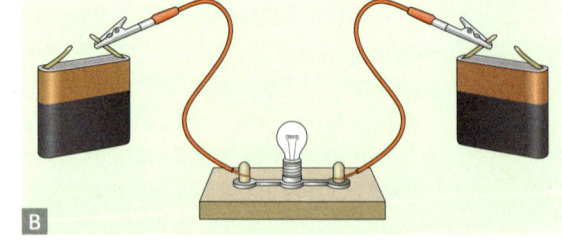

1 Beurteile, ob die Lampe in der Schaltung in den Bildern 2 A bis 2 C leuchtet. Begründe jeweils deine Entscheidung.

2 Baue die Schaltungen nach und überprüfe deine Aussage.

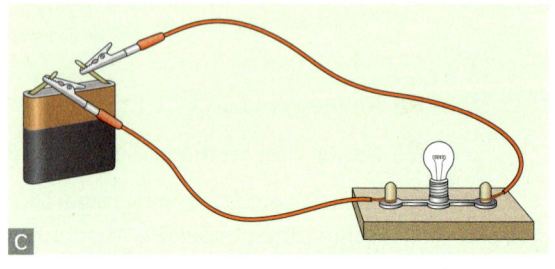

2 In welchem Stromkreis leuchtet die Lampe?

Magnetische und elektrische Phänomene **155**

ÜBEN UND ANWENDEN

B Der Wasserkreislauf und der Stromkreis im Vergleich

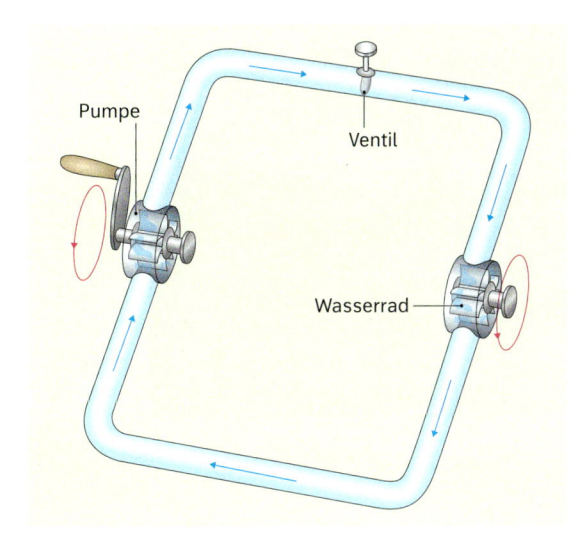

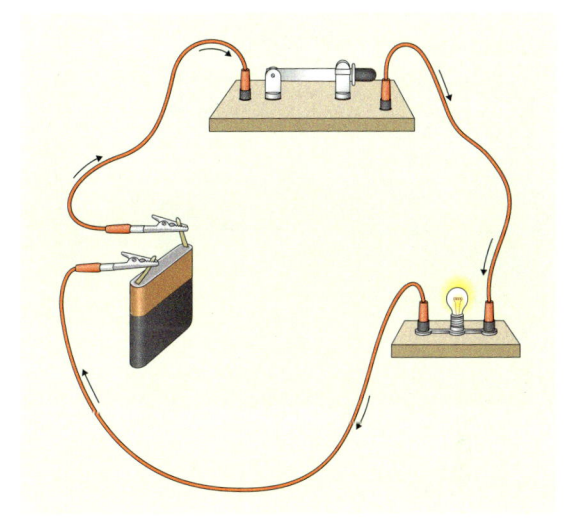

3 Das Modell Wasserkreislauf

4 Der Stromkreis

1 a) Vergleiche einen elektrischen Stromkreis mit einem Wasserkreislauf.
b) Ordne die Bestandteile eines elektrischen Stromkreises der Pumpe, dem Wasserrad, dem Ventil und den Rohrleitungen zu.

C Weitere elektrische Bauteile und ihre Schaltzeichen

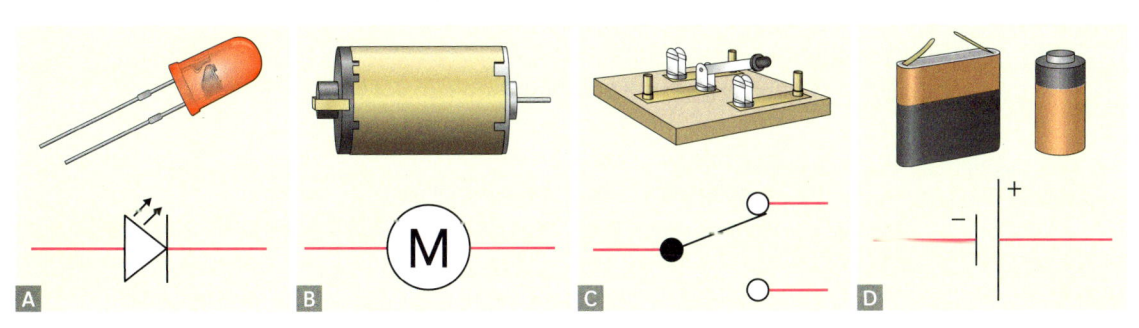

2 Weitere elektrische Bauteile mit ihren Schaltzeichen: **A** Leuchtdiode, **B** Elektromotor, **C** Umschalter, **D** Batterie

Es gibt es noch weitere wichtige Bauteile:
- die **Leuchtdiode,** kurz: **LED** (→ Bild 2A). Es gibt sie in verschiedenen Farben und Größen.
- der **Elektromotor.** Je nach Anschluss dreht er sich in die eine oder in die andere Richtung (→ Bild 2B).
- der **Umschalter.** Mit ihm kann ein Stromkreis geöffnet und gleichzeitig ein anderer geschlossen werden (→ Bild 2C).
- die **Batterie.** Sie ist eine Elektrizitätsquelle, die unabhängig von einer Steckdose genutzt werden kann. Daher sind viele bewegliche elektrische Geräte mit Batterien ausgestattet (→ Bild 2D).

1 Zeichne den Schaltplan eines Stromkreises mit Batterie, LED und Schalter.
Hinweis: Es ist egal, an welcher Stelle im Stromkreis der Schalter eingebaut wird.

Digital+
Film

1 Eine bunte Lichterkette für die Party

Reihen- und Parallelschaltung von Lampen

Die Anwendung entscheidet

Eine Lichterkette besteht aus mehreren Lampen (→ Bild 1). Diese werden alle gleichzeitig ein- und ausgeschaltet. Dafür eignet sich eine **Reihenschaltung.**
Anders ist es, wenn mit der gleichen Elektrizitätsquelle mehrere Lampen einzeln geschaltet werden sollen. Hierfür wird eine **Parallelschaltung** benötigt.

Reihenschaltung

In der Reihenschaltung wird die Verbindung zwischen den Nutzern über jeweils nur einen einzelnen Leiter hergestellt. Gut nachzuvollziehen ist die Reihenschaltung mit Lampen (→ Bild 2). Der Stromkreis beginnt an einem Kontakt der Elektrizitätsquelle. Im Bild 2 A ist diese ein Netzgerät. Der Stromkreis führt dann von einer Lampe zur nächsten Lampe und von dort zur Elektrizitätsquelle zurück. Die Lampen sind hintereinander geschaltet.
Wenn eine Lampe herausgedreht wird oder kaputt geht, wird der Stromkreis unterbrochen und alle Lampen gehen aus.

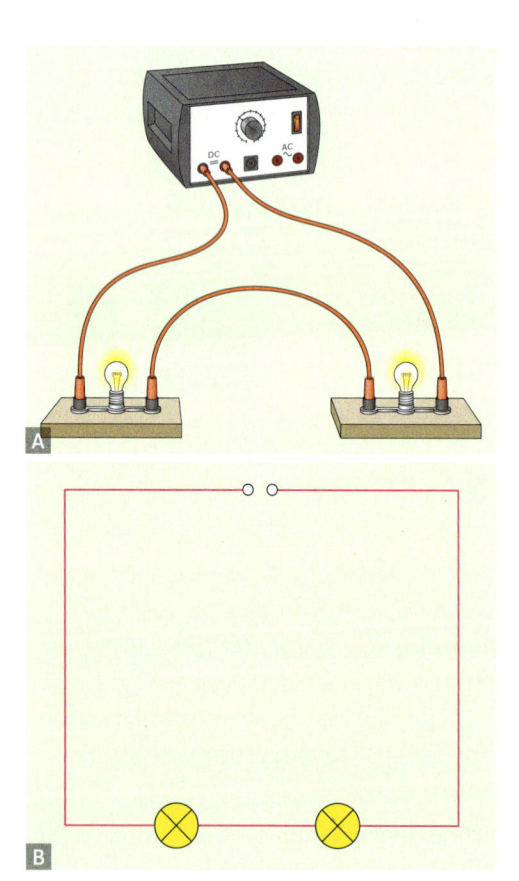

2 Reihenschaltung von zwei Lampen:
A Stromkreis, **B** Schaltplan

Parallelschaltung

Zimmerlampen werden häufig so geschaltet, dass sie unabhängig voneinander ein- und ausgeschaltet werden können. Sie sind parallel geschaltet.
In Bild 3 sind drei Lampen parallel geschaltet. Der Stromkreis beginnt in Bild 3 A wieder an einem Kontakt des Netzgerätes. Von dort geht er zu den einzelnen Lampen. Nach den Lampen vereinigen sich die Kabel wieder. Sie führen zum Netzgerät zurück. Es handelt sich um eine Parallelschaltung. Wird eine Lampe herausgedreht oder geht sie kaputt, leuchten die anderen weiterhin.

Parallelschaltung im Haushalt

Alle elektrischen Haushaltsgeräte, die an Steckdosen angeschlossen sind, sind parallel geschaltet. So kann beispielsweise die Waschmaschine zwar einmal ausfallen, aber der Kühlschrank funktioniert weiterhin.

> In einer **Reihenschaltung** sind alle Nutzer hintereinander geschaltet. Fällt ein Nutzer aus, ist der Stromkreis unterbrochen.
>
> In einer **Parallelschaltung** sind die Nutzer nebeneinander geschaltet. Fällt ein Nutzer aus, ist der Stromkreis nicht unterbrochen.

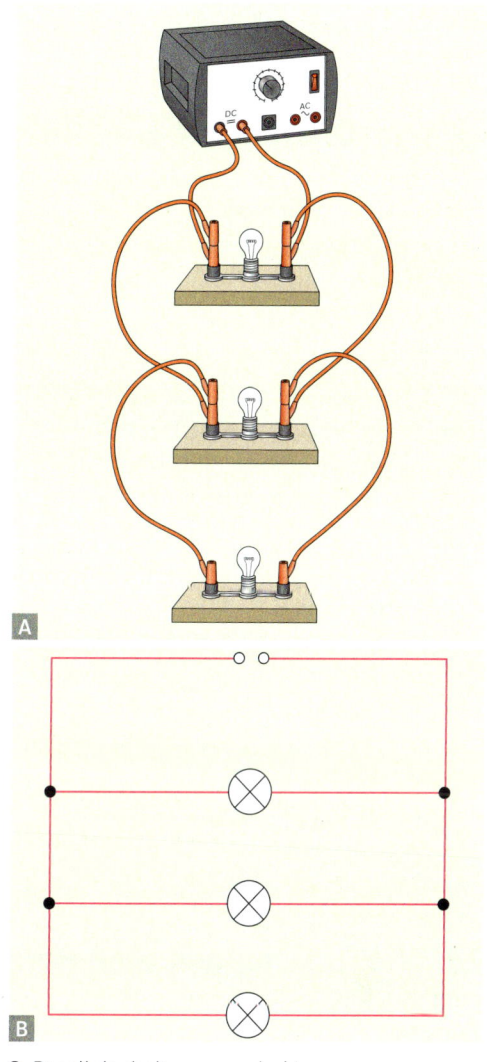

3 Parallelschaltung von drei Lampen:
A Stromkreis, **B** Schaltplan

---

1 Nenne den Namen der Schaltung, bei der
  a) alle Lampen beim Schalten gleichzeitig an- und ausgehen.
  b) jede Lampe einzeln geschaltet werden kann.

2 Betrachte die Lampen in dem Raum, in dem du dich gerade befindest.
  Gib an, welche der Lampen parallel und welche in Reihe geschaltet sind.

3 Schaltungen werden in Schaltplänen übersichtlich dargestellt.
  I a) Zeichne einen Schaltplan, in dem zwei Lampen parallel an einer Elektrizitätsquelle angeschlossen sind.
  II b) Zeichne den Schaltplan einer Lichterkette, in der drei Lampen in Reihe geschaltet sind.
  III c) Zeichne einen Schaltplan, in dem drei Lampen einzeln ein- und ausgeschaltet werden können. Du benötigst hierfür drei Schalter.

FORSCHEN UND ENTDECKEN

A Wie funktioniert eine Reihenschaltung von Lampen?

Material: drei identische Lampen in Schraubfassungen, Netzgerät, Schalter, Experimentierkabel

Durchführung:
Schritt 1: Baue die Schaltung wie in Bild 1 auf.
Schritt 2: Schalte das Netzgerät an und erhöhe die Spannung langsam bis die Lampen zu leuchten beginnen.
Schritt 3: Drehe die Lampen nacheinander aus der Fassung heraus und wieder hinein. Notiere deine Beobachtung.
Schritt 4: Baue einen Schalter in den Stromkreis ein. Prüfe, welche Lampen geschaltet werden.
Schritt 5: Ändere den Ort des Schalters im Stromkreis. Prüfe, ob nun andere Lampen geschaltet werden.

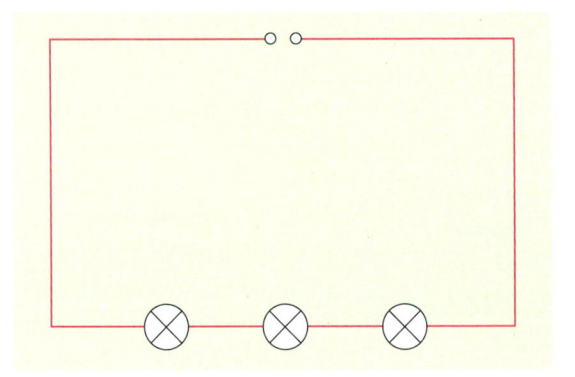

1 Reihenschaltung von drei Lampen

❶ Nenne die Wirkung, wenn eine Lampe in einer Reihenschaltung herausgeschraubt wird.

❷ Nenne die Wirkung eines Schalters auf eine Reihenschaltung von Lampen.

B Wie funktioniert eine Parallelschaltung von Lampen?

Material: zwei identische Lampen in Schraubfassungen, Netzgerät, zwei Schalter, Experimentierkabel

Durchführung:
Schritt 1: Baue die Schaltung wie in Bild 2 auf.
Schritt 2: Schalte das Netzgerät an und erhöhe die Spannung langsam bis die Lampen zu leuchten beginnen.
Schritt 3: Drehe die Lampen nacheinander aus der Fassung heraus und wieder hinein. Notiere deine Beobachtung.
Schritt 4: Baue einen Schalter so in den Stromkreis ein, dass nur eine Lampe geschaltet wird. Dafür musst du möglicherweise verschiedene Stellen für den Schalter ausprobieren.
Schritt 5: Baue einen zweiten Schalter ein, der nur die zweite Lampe schaltet.

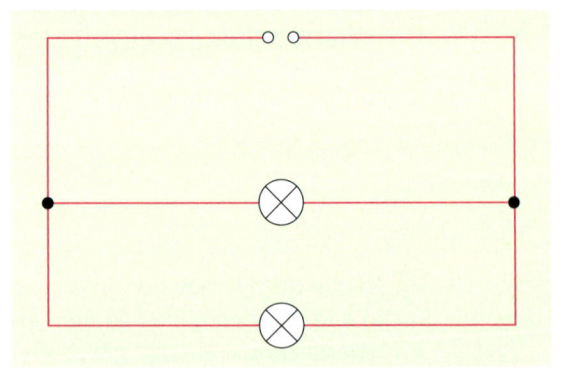

2 Parallelschaltung von zwei Lampen

❶ Nenne die Wirkung, wenn eine Lampe in einer Parallelschaltung herausgeschraubt wird.

❷ Zeichne den Schaltplan in Bild 2 mit zwei Schaltern. Diese Schalter sollen jeweils eine der Lampen schalten.

Magnetische und elektrische Phänomene **159**

ÜBEN UND ANWENDEN

A Reihen- und Parallelschaltungen im Alltag

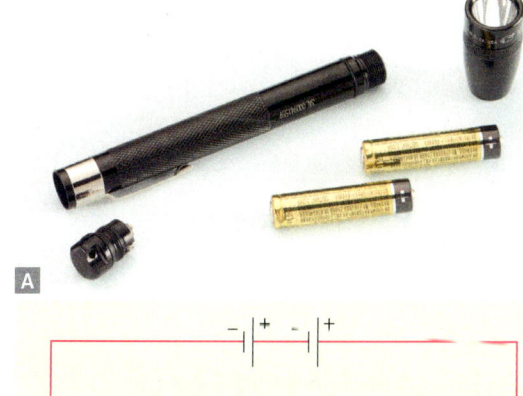

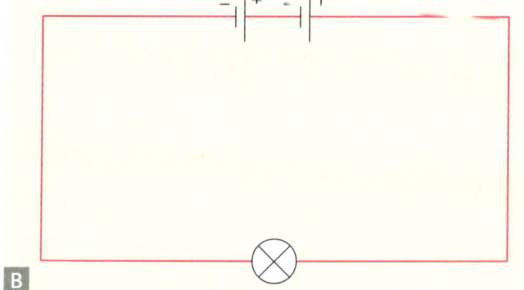

3 Reihenschaltung von zwei Batterien: **A** in einer Taschenlampe, **B** Schaltplan

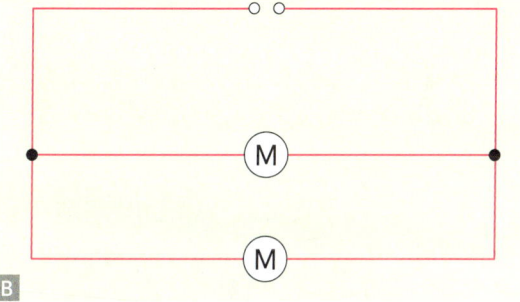

4 Parallelschaltung von zwei Elektromotoren: **A** in zwei Triebwagen, **B** Schaltplan

Es können nicht nur Lampen in Reihe oder parallel geschaltet werden. Auch mit Elektrizitätsquellen, Schaltern und anderen Bauteilen ist dies möglich. In Taschenlampen sind die Batterien meist in Reihe geschaltet. Die Taschenlampe in Bild 3 wird mit zwei Batterien betrieben, die in Reihe geschaltet sind.

Straßenbahnen und Züge, die eine Oberleitung besitzen, werden von Elektromotoren angetrieben. Ein Kabel der Elektrizitätsquelle ist die Oberleitung, das andere ist die Schiene. Wenn die Lokomotive Kontakt zwischen Oberleitung und Schiene herstellt, schließt sie den elektrischen Stromkreis. Der Zug in Bild 4 besteht aus zwei Triebwagen. Jeder hat einen eigenen Elektromotor und einen eigenen Abnehmer für die Oberleitung. Die beiden Motoren sind parallel geschalten.

1 **a)** Gib die Funktion der einzelnen Schalter der Mehrfachsteckdose in Bild 5 an.
b) Gib an, ob die Steckdosen parallel oder in Reihe geschaltet sind.

2 ‖ Zeichne einen Schaltplan zu Bild 5 für den Fall, dass in jeder Steckdose eine Lampe eingesteckt ist.

5 Eine Mehrfachsteckdose mit vielen Schaltern

Digital+
Film

1 Eine Heckenschere hat zwei Schalter.

Reihen- und Parallelschaltung von Schaltern

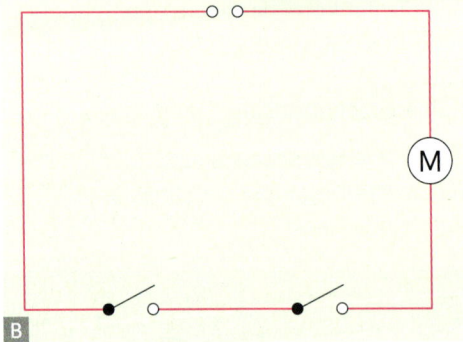

UND-Schaltung

Eine Heckenschere ist ein hilfreiches Werkzeug bei der Gartenpflege. Bei der Benutzung kann es jedoch zu gefährlichen Verletzungen kommen. Damit die Heckenschere nicht aus Versehen eingeschaltet wird, gibt es zwei Schalter. Diese müssen gleichzeitig gedrückt werden, um den Elektromotor in Gang zu setzen (→ Bild 1). Bei der Führung der Heckenschere umfasst die rechte Hand den Griff, an dem sich ein Schalter befindet. Die linke Hand greift den Haltebügel. Er enthält den zweiten Schalter. Erst wenn beide Schalter gedrückt werden, schaltet sich der Motor ein. Da für den Betrieb die Schalter am Griff und am Haltebügel gedrückt werden müssen, heißt die Anordnung **UND-Schaltung** oder **Sicherheitsschaltung.** Im Stromkreis sind die beiden Schalter in Reihe geschaltet.

Diese Schaltung ist bei vielen Geräten, wie beispielsweise einer Brotschneidemaschine eingebaut (→ Bild 2 A). Die Sicherheitsschalter sind so weit auseinander, dass kleine Kinder die Maschine nicht mit einer Hand starten können.

2 Sicherheitsschaltung: **A** Brotschneidemaschine, **B** Schaltplan

> Bei einer UND-Schaltung sind zwei Schalter in Reihe geschaltet. Erst wenn beide Schalter geschlossen sind, ist der Stromkreis geschlossen.

3 Alle STOP-Schalter in einem Bus sind parallel geschaltet.

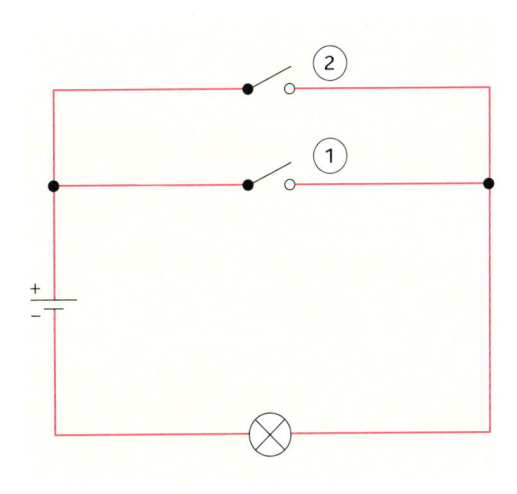

4 Schaltplan einer ODER-Schaltung

ODER-Schaltung

Wenn du aus einem Bus aussteigen möchtest, drückst du auf einen der STOP-Knöpfe (→ Bild 3). Vorne erscheint ein Licht und der Bus hält an der nächsten Haltestelle an. Diese Schaltung heißt **ODER-Schaltung.** Bei der ODER-Schaltung werden zwei oder mehr Schalter **parallel** geschaltet. Der Stromkreis wird geschlossen, wenn schon einer der Schalter gedrückt wird (→ Bild 4).
Eine ODER-Schaltung findet sich auch im Auto. Wenn eine der Türen geöffnet wird, geht das Innenlicht an. Erst wenn alle Türen geschlossen sind, erlischt es wieder.

> Bei einer ODER-Schaltung sind zwei Schalter parallel geschaltet. Wenn einer der Schalter geschlossen wird, ist der Stromkreis geschlossen.

Wechselschaltung

In einem Hausflur ist an fast jeder Tür ein Lichtschalter. Die Beleuchtung kann an einem beliebigen Schalter eingeschaltet und an jedem anderen wieder ausgeschaltet werden. Eine solche Schaltung heißt **Wechselschaltung.**
Für diese Schaltung werden besondere Schalter benötigt, die **Umschalter** (→ Bild 5). Ein Umschalter hat einen Eingang und zwei Ausgänge.

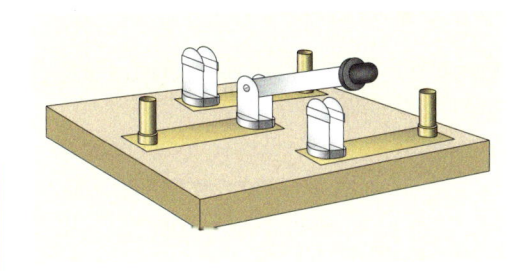

5 Ein Umschalter

① Begründe, dass viele gefährliche Geräte zwei Schalter besitzen.

② Ordne der UND-Schaltung und der ODER-Schaltung die Begriffe Reihen- und Parallelschaltung zu.

③ Beschreibe Sachverhalte aus dem Alltag, in denen eine Wechselschaltung benötigt wird.

④ ❚ Nenne jeweils zwei Anwendungen der UND- und der ODER-Schaltung.

⑤ ❚ Zeichne den Schaltplan einer UND-Schaltung. Erkläre die Funktionsweise.

⑥ ❚ Zeichne den Schaltplan einer ODER-Schaltung. Erkläre die Funktionsweise.

FORSCHEN UND ENTDECKEN

A Wie funktioniert eine UND-Schaltung und eine ODER-Schaltung?

Material: Lampe in Schraubfassung, zwei Schalter, Netzgerät, Experimentierkabel

Durchführung:
Schritt 1: Baue die UND-Schaltung aus Bild 1 auf.
Schritt 2: Schließe beide Schalter.
Schritt 3: Stelle das Netzgerät so ein, dass die Lampe leuchtet.
Schritt 4: Überprüfe, bei welchen Schaltereinstellungen die Lampe leuchtet.
Schritt 5: Baue die ODER-Schaltung aus Bild 2 auf.
Schritt 6: Überprüfe, bei welchen Schaltereinstellungen die Lampe nun leuchtet.

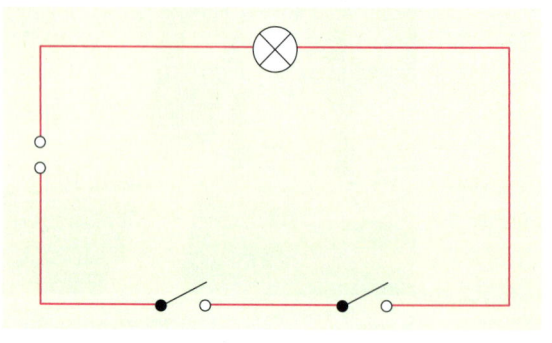

1 Der Schaltplan der UND-Schaltung

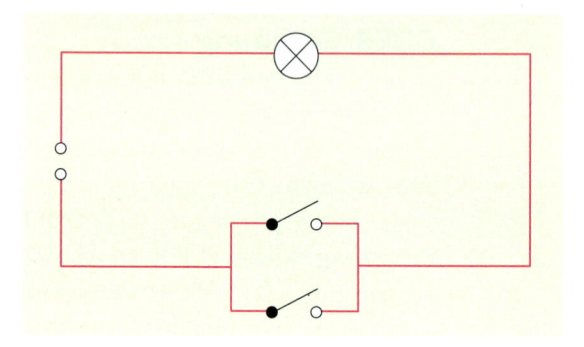

① Notiere deine Beobachtungen zu Schritt 4 und zu Schritt 6.

② Begründe die Beobachtungen jeweils.

2 Der Schaltplan der ODER-Schaltung

B Wie funktioniert eine Wechselschaltung?

Material: Lampe in Schraubfassung, zwei Umschalter, Netzgerät, Experimentierkabel

Durchführung:
Schritt 1: Baue die in Bild 3 abgebildete Wechselschaltung auf.
Schritt 2: Überprüfe die Funktionsfähigkeit der Schaltung.

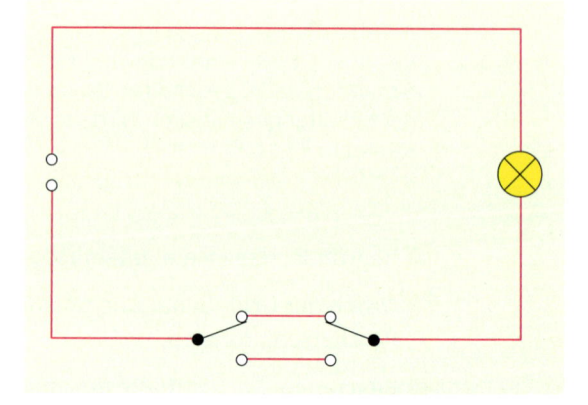

① Notiere die Beobachtungen beim Schalten der beiden Umschalter.

② ❚❚ Zeichne vier Schaltpläne der Wechselschaltung. In jedem Schaltplan sollen die Schalter unterschiedlich stehen. Zeichne den Weg des Stromkreises jeweils farbig, der geschlossen ist.

3 Der Schaltplan einer Wechselschaltung

IM ALLTAG

Schalter in der Technik

Der Wippschalter

Mehrfachsteckdosen haben häufig einen Schalter, mit dem alle Steckdosen gleichzeitig an- oder ausgeschaltet werden können. Für diese Schaltung wird ein **Wippschalter** verwendet. Dieser öffnet oder schließt den Stromkreis. Beim Betätigen des Schalters klappt eine Wippe, die von einer Feder angedrückt wird, zur anderen Seite. Der Stromkreis ist nur in einer der beiden Positionen geschlossen. Geschlossen ist der Stromkreis, wenn die Wippe die beiden Leitungen miteinander verbindet.

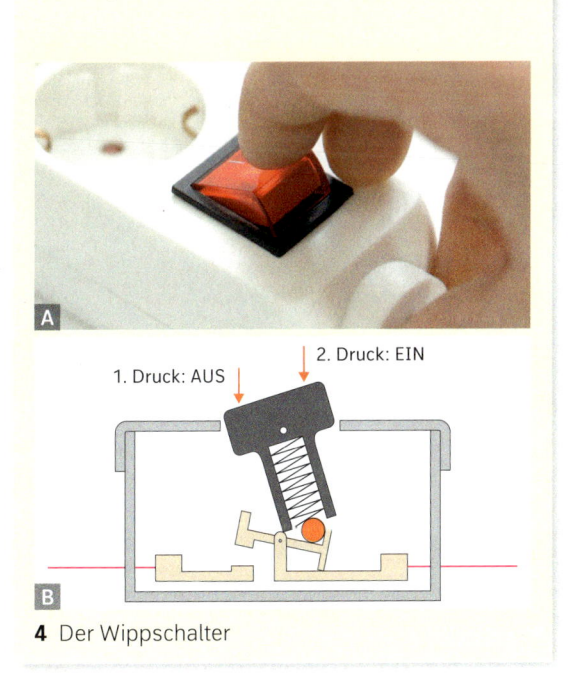

Der Drucktaster

Drucktaster gibt es in zwei Ausführungen, den **Schließer** und den **Öffner**. Bei einer Ausführung wird durch das Drücken ein Stromkreis geschlossen. Bei der anderen wird der Stromkreis beim Betätigen geöffnet. Betätigst du einen Klingelschalter, wird ein Stromkreis geschlossen. Die Klingel beginnt zu läuten. Der Taster ist also ein Schließer. Die Innenbeleuchtung eines Kühlschrankes wird ausgeschaltet, wenn ein Schalter im Inneren bei geschlossener Tür gedrückt wird. Der Stromkreis wird unterbrochen. Der Taster ist also ein Öffner.

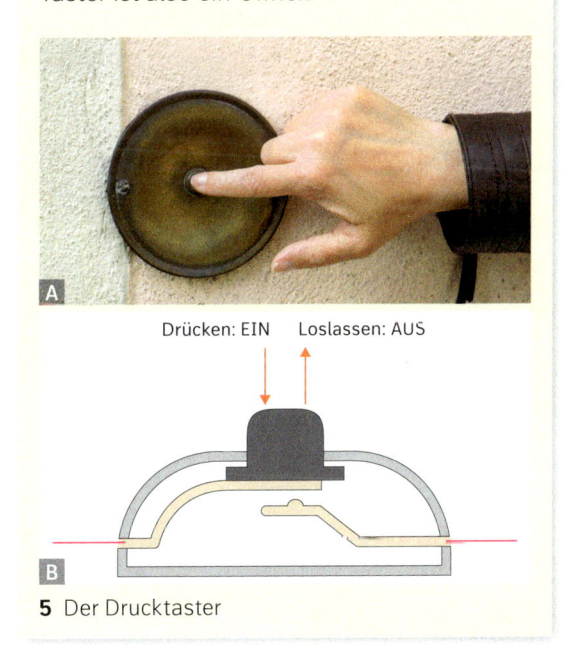

4 Der Wippschalter

5 Der Drucktaster

① Beschreibe die Funktionsweise eines Wippschalters und eines Drucktasters in eigenen Worten.

② Nenne jeweils drei Anwendungsbereiche, bei denen Wippschalter oder Drucktaster zum Einsatz kommen.

③ Gib an, ob der Notaus-Knopf in eurem Fachraum ein Wippschalter oder ein Drucktaster ist. Begründe deine Antwort.

④ Beschreibe den Unterschied zwischen Öffnern und Schließern bei Tastern.

⑤ Gib an, ob es sich bei dem Taster in Bild 5A um einen Schließer oder einen Öffner handelt.

1 Überlandleitungen bestehen aus Leitern und Isolatoren.

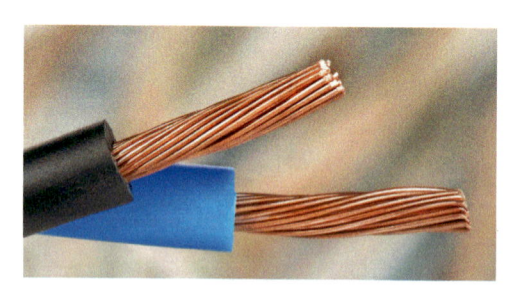

2 Elektrische Leiter im Elektrokabel

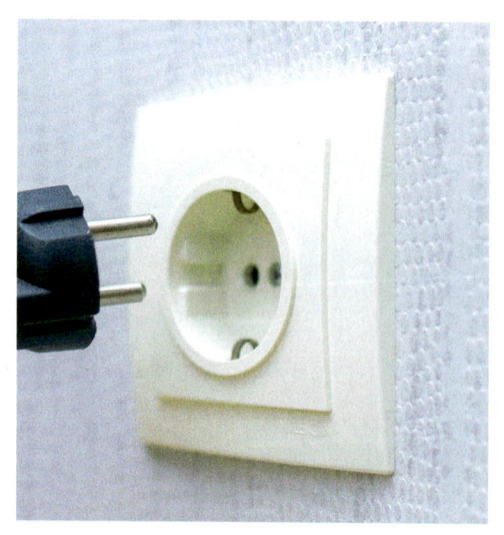

3 Steckdosen, eine Kombination aus Leitern und Nichtleitern

Leiter und Nichtleiter

Überlandleitungen
In Überlandleitungen wird elektrische Energie durch **Leiter** transportiert. An den Masten verhindern **Nichtleiter,** dass diese Energie durch die Masten zur Erde abfließt. Solche Nichtleiter heißen **Isolatoren.** Sie bestehen aus Porzellan (→ Bild 1).

Leitfähigkeit von Feststoffen
Es gibt Feststoffe, die den elektrischen Strom leiten. Gute Leiter sind Metalle wie Kupfer, Silber oder Gold. Kupferleitungen findest du beispielsweise in Leitungen von elektrischen Geräten (→ Bild 2).
Nichtmetalle wie Kunststoffe, Gummi, Glas und Keramik hingegen sind Isolatoren. Sie leiten den elektrischen Strom nicht. Daher sind Elektrokabel mit Kunststoff ummantelt.
Eine **Steckdose** verbindet Leitungen aus Metall miteinander. Zur Sicherheit sind die Blenden der Steckdosen aus nicht leitfähigem Kunststoff (→ Bild 3).

4 Elektrogeräte im Bad können gefährlich sein.

Wasser schließt den Stromkreis

Beim Baden Musik oder Videos zu streamen, kann sehr entspannend sein. Dabei darf der Laptop oder das Tablet nicht an die Steckdose angeschlossen sein (→ Bild 4). Falls das Gerät in das Badewasser fällt, kann dies gefährliche Folgen haben. Wenn das Tablet oder der Laptop in das Wasser fällt, ist der Stromkreis über das Wasser geschlossen. Du kannst einen elektrischen Schlag erhalten, denn das Badewasser leitet den elektrischen Strom. Besonders gefährlich wird es, wenn das Ladegerät mit in das Wasser fällt. An ihm liegt die Netzspannung von 230 V an.

Leitfähigkeit flüssiger Stoffe

Manche Flüssigkeiten leiten den elektrischen Strom. Gute Leiter sind Salzwasser und Essig. Sie besitzen eine hohe **elektrische Leitfähigkeit.** Andere Flüssigkeiten leiten den elektrischen Strom nicht oder nur wenig. Eine geringere elektrische Leitfähigkeit besitzt Leitungswasser. Destilliertes Wasser ist nur sehr schwach leitend. Öl ist ein Nichtleiter.

> Flüssigkeiten leiten den elektrischen Strom unterschiedlich gut.

❶ Nenne Feststoffe und Flüssigkeiten, die elektrische Leiter sind und solche, die Isolatoren sind.

❷ Nenne Anwendungen von elektrischen Leitern und Isolatoren im Alltag.

❸ ▮ Begründe, dass Elektrokabel zumeist aus Kupfer sind.

❹ ▮ Begründe die Gefährlichkeit elektrischer Geräte im Bad.

❺ ▮ Beschreibe den Weg des elektrischen Stromes, wenn der Mast einer Überlandleitung bei einem Unwetter umfällt. Verfolge dazu den Weg des elektrischen Stromes von der Elektrizitätsquelle aus.

FORSCHEN UND ENTDECKEN

A Bau eines Leitfähigkeitsmessgerätes

Material:
- 9 V-Blockbatterie mit Batterie-Clip
- Stegleitung (2 x 1,5 mm², etwa 20 cm lang)
- Lüsterklemme (für 1,5 mm²-Kabel, 4-teilig)
- rote Leuchtdiode (LED) (5 mm, 2 mA)
- Widerstand (220 Ω)
- Klebeband
- Abisolierzange, Seitenschneider, Schere
- Schlitzschraubendreher

Durchführung:
Entferne von der Isolierung der **Stegleitung** auf beiden Seiten jeweils etwa 1 cm, sodass die Drähte frei liegen. Befestige die Anschlüsse nach dem Schaltplan in Bild 2.
Achte darauf, dass du die **LED** wie in Bild 2 anschließt. Leuchtdioden (LED) haben ein kurzes und ein längeres Beinchen. Das längere Beinchen musst du mit dem roten Kabel verbinden. Das kurze Beinchen verbindest du über die Lüsterklemme mit der Stegleitung.
Bei dem **Widerstand** ist die Richtung nicht wichtig. Er muss auf einer Seite mit dem schwarzen Kabel verbunden sein. Auf der anderen Seite über die Lüsterklemme mit der Stegleitung. Befestige die Batterie mithilfe des Klebebands an der Stegleitung.

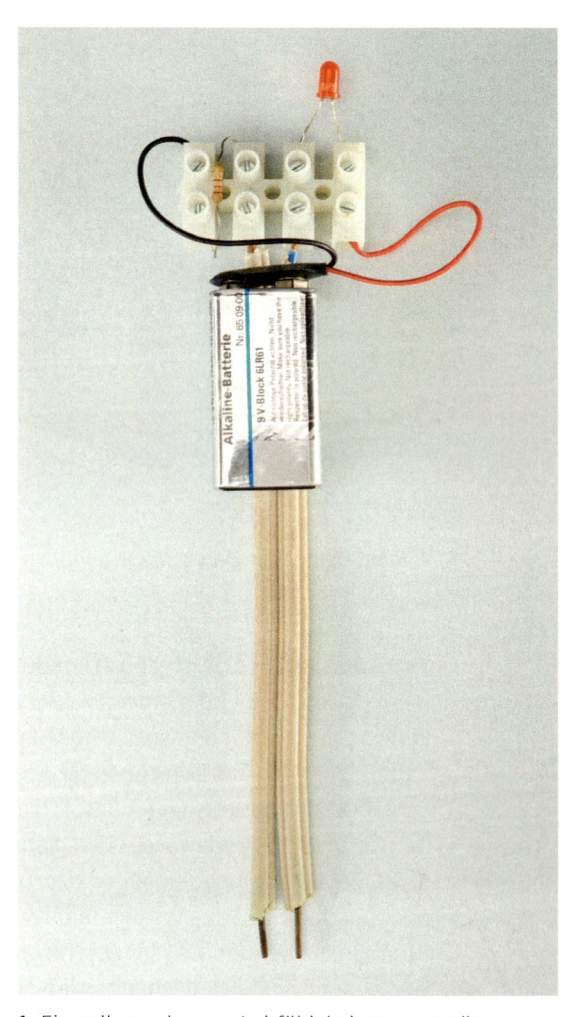

1 Ein selbst gebautes Leitfähigkeitsmessgerät

① Überprüfe die Funktionsfähigkeit des Leitfähigkeitsmessers. Drücke dazu die beiden freien Enden der Stegleitung auf einen Metallgegenstand, beispielsweise einen Schlüssel (→ Bild 3). Die Leuchtdiode sollte nun hell leuchten. Falls nicht, überprüfe deinen Aufbau mit der Verkabelung in Bild 2.

> Je heller die LED leuchtet, desto besser leitet das getestete Material den elektrischen Strom.

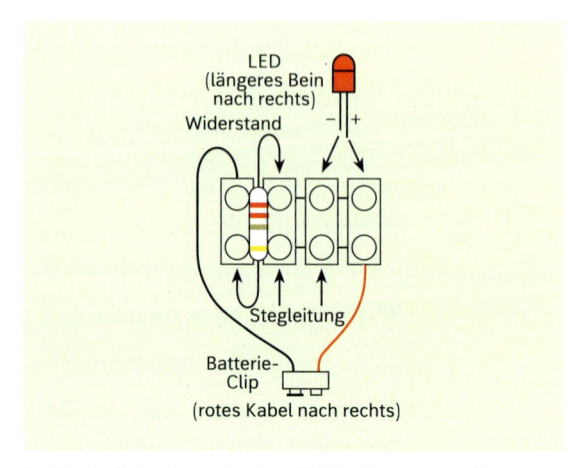

2 Die Verkabelung des Leitfähigkeitsmessgeräts

Magnetische und elektrische Phänomene **167**

FORSCHEN UND ENTDECKEN

B Die elektrische Leitfähigkeit von Feststoffen prüfen

Material: Leitfähigkeitsmessgerät (→ Bild 1), Feststoffe zum Testen: Kupfer, Eisen, verschiedene Kunststoffe, Holz, Aluminium, Glas, Gummi, Zinkblech

Durchführung:
Schritt 1: Überprüfe die vorliegenden Feststoffe auf ihre elektrische Leitfähigkeit, indem du die beiden freien Enden der Stegleitung auf die Gegenstände drückst (→ Bild 3).

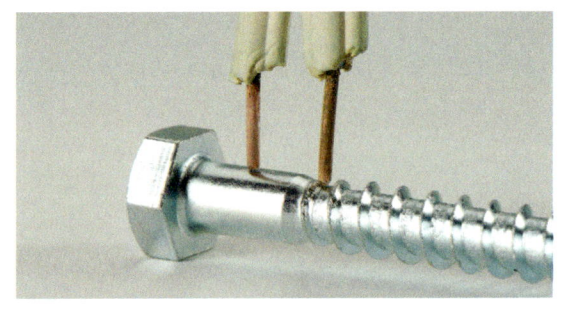

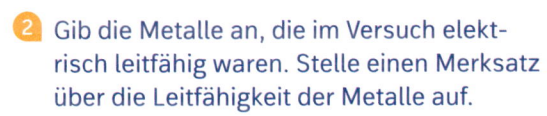

3 Messen der elektrische Leitfähigkeit eines Feststoffs

Starthilfe zu 2:

Feststoff	LED leuchtet	LED leuchtet nicht
Kupfer	...	...

1 Erstelle eine Tabelle deiner Beobachtungen.

2 Gib die Metalle an, die im Versuch elektrisch leitfähig waren. Stelle einen Merksatz über die Leitfähigkeit der Metalle auf.

3 Nenne weitere Stoffe, die den elektrischen Strom leiten.

C Die elektrische Leitfähigkeit von Flüssigkeiten prüfen

Material: Leitfähigkeitsmessgerät (→ Bild 1), Kochsalz, Flüssigkeiten zum Testen: entmineralisiertes Wasser, Leitungswasser, Essig, Salatöl, Schutzbrille

Durchführung:
Schritt 1: Überprüfe die Flüssigkeiten auf ihre elektrische Leitfähigkeit, indem du die beiden freien Enden der Stegleitung jeweils in die Flüssigkeiten hältst (→ Bild 4). Reinige die Enden nach jeder Messung sorgfältig.
Schritt 2: Gib zu 200 ml entmineralisiertem Wasser schrittweise 0,5 g, 2 g, 4 g und 8 g Kochsalz. Rühre jeweils so lange, bis das Salz gelöst ist und prüfe dann die elektrische Leitfähigkeit.

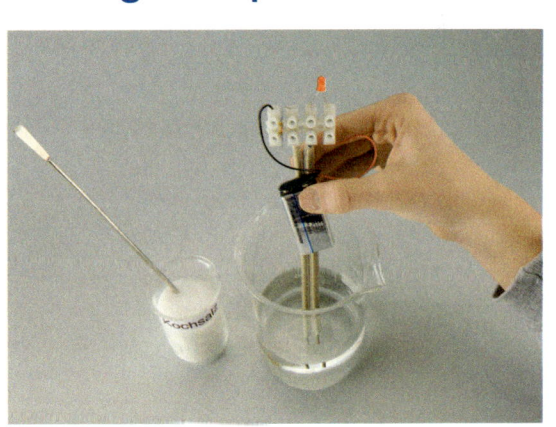

4 Messen der elektrische Leitfähigkeit einer Flüssigkeit

Starthilfe zu 1:

Flüssigkeit	guter Leiter	mittelguter Leiter	schlechter Leiter
entmin. Wasser	...	...	...

1 Beschreibe deine Beobachtungen.

2 Erkläre deine Ergebnisse.

Digital+
Film

1 Drachensteigen macht Spaß, birgt aber auch Gefahren.

Der richtige Umgang mit Elektrizität

Drachensteigen kann gefährlich sein

Drachensteigen macht Spaß. Kommst du mit deinem Drachen aber in die Nähe einer Überlandleitung oder berührst diese, wird es gefährlich. Die Schnur kann den elektrischen Strom auf dich weiterleiten. Sie durchfließt deinen Körper. Dies kann zu schweren Verletzungen führen. Vorsichtig musst du auch bei Gewittern sein.
Die Elektrizität eines Blitzes kann sich über die Schnur entladen (→ Bild 1).
Ähnliches gilt für die Oberleitung von Zügen und S-Bahnen. Vermeide es, diesen nahe zu kommen. Berühre sie niemals, auch nicht mit einem Gegenstand. Beim Klettern auf einen Bahnwaggon besteht **Lebensgefahr!**

> Unvorsichtiger Umgang mit Elektrizität kann lebensgefährlich sein.

Elektrischer Strom steuert den menschlichen Körper

Der menschliche Körper besteht zu einem großen Teil aus Wasser, in dem Salze gelöst sind. Der Körper wird dadurch elektrisch leitfähig. Viele Funktionen des Körpers werden mithilfe von schwachen elektrischen Strömen gesteuert. Nerven nehmen Reize auf. Nervenbahnen befördern diese Informationen mithilfe schwacher elektrischer Ströme zum Gehirn. Umgekehrt reagiert das Gehirn, indem es selbst Ströme über die Nervenbahnen aussendet. Mit diesen steuert es beispielsweise die Muskeln. Wird von außen ein starker elektrischer Strom durch den Körper geleitet, so stört er die Signale der Nervenbahnen. Besonders kritisch ist diese Wirkung für das Herz. Es kann dadurch aus dem Takt geraten. Ebenso führt Elektrizität häufig zu Verbrennungen, die die Körperorgane schädigen. Oft enden Unfälle mit Elektrizität sogar tödlich.

2 A – D Elektrizität im Alltag

Die elektrische Spannung

Elektrische Geräte sind auf eine bestimmte **elektrische Spannung** in V (Volt) ausgelegt. Je höher die Spannung ist, desto gefährlicher ist der Umgang mit dieser.

Sicherheitshinweise

Die Gebrauchsanweisungen von Elektrogeräten beinhalten auch Hinweise zur Sicherheit. Hier kannst du nachlesen, ob bei einzelnen Bauteilen Verletzungsgefahr besteht. Es wird auch erklärt, welche Gefahren bei der falschen Bedienung entstehen könnten.

> Beim Umgang mit elektrischen Geräten musst du zu deiner Sicherheit Regeln beachten:
> - Experimente darfst du nur mit höchstens 24 V betreiben.
> - Elektrogeräte darfst du nicht mit nassen Händen, barfuß oder auf feuchtem Boden stehend benutzen.
> - Geräte mit Isolationsschäden an den Kabeln darfst du nicht in Betrieb nehmen. Sie müssen zur Reparatur.
> - Es gibt Warnzeichen, die auf Gefahren beim Umgang mit elektrischen Geräten hinweisen. Ein wichtiges Symbol ist ein gelbes, dreieckiges Schild mit einem schwarzen Blitz. Es warnt dich vor gefährlicher Spannung.

1. Begründe, dass Drachensteigen in der Nähe von Überlandleitungen gefährlich ist.
2. Beschreibe mögliche Folgen, wenn ein starker elektrischer Strom den menschlichen Körper durchfließt.
3. Lese dir die Gebrauchsanweisung von zwei verschiedenen elektrischen Geräten durch. Vergleiche die Sicherheitshinweise beider Geräte.
4. Beschreibe jeweils die Gefahr, die in den Bildern 2 A bis 2 D vorliegt.
5. Schlage für jede Szene in den Bildern 2 A bis 2 D ein Vorgehen vor, um die Gefahren zu verringern oder zu vermeiden.

IM ALLTAG

Die richtige Spannung ist wichtig!

1 Das Typenschild eines Netzteils

2 Ein Batteriefach

Die Spannung muss passen
Elektrische Geräte haben unterschiedliche Elektrizitätsquellen. So sind Geräte wie ein Fernseher an die Steckdose angeschlossen. Mobile Geräte enthalten dagegen Akkus oder Batterien. Die Spannungen der Geräte und der Elektrizitätsquellen müssen zusammenpassen. Wenn die Spannung zu niedrig ist, funktioniert das Gerät nicht. Ist sie zu hoch, kann das Gerät zerstört werden. Die richtige Spannung findest du auf dem Typenschild.

Polung von Akkus und Batterien
Wechselst du die Batterien eines elektrischen Gerätes, musst du beim Einsetzen auf die Polung achten. Diese ist im Batteriefach angegeben. Dort findest du den Umriss einer Batterie oder ein Plus- und Minuszeichen (→ Bild 2). Diese findest du auch auf einer Batterie. Du musst sie so einlegen, dass + zu + zeigt. Legst du die Batterien falsch herum ein, funktioniert das Gerät nicht. Die Batterien entladen sich dann in kurzer Zeit.

Gefährliche Spannung
Das Stromversorgungsnetz in Europa hat eine Spannung von 230 V. Von dieser Netzspannung geht eine große Gefahr aus. Die Isolation der Kabel und die Gehäuse der Geräte schützen uns. Berühre nie beschädigte Kabel und öffne auch nie das Gehäuse von Geräten, die an die Steckdose angeschlossen sind. Selbst nach dem Ziehen des Steckers geht von vielen Geräten noch eine große Gefahr aus.

1 Gib die Netzspannung in Europa an.

2 Nenne mögliche Folgen, wenn ein Gerät mit einer Spannung betrieben wird,
   a) die zu niedrig ist.
   b) die zu hoch ist.

3 Beschreibe die Richtung, in der die Batterien in Bild 2 eingelegt werden müssen.

IM ALLTAG

Achtung: Hochspannung!

Vorsicht vor beschädigten Geräten

Wenn elektrische Geräte eine Beschädigung aufweisen droht Gefahr. Die Berührung von losen oder beschädigten Kabeln kann lebensgefährlich sein (→ Bild 3). Wenn du solch eine Beschädigung an einem Elektrogerät siehst, darfst du es nicht mehr benutzen. Es muss von Fachleuten repariert werden.

3 Achtung, beschädigtes Kabel!

Schutzkontakt und Schutzleiter

Elektrische Geräte mit Metallgehäuse sind mit einem Stecker mit Schutzkontakt ausgerüstet. Die Stecker, die in Deutschland vorgeschrieben sind, werden als **Schukostecker** bezeichnet. Der Schutzkontakt ist über eine gelbgrün isolierte Leitung, den Schutzleiter, mit dem Metallgehäuse verbunden. Auch an Steckdosen ist ein Schutzkontakt in Form von Metallklammern angebracht (→ Bild 4). Wird ein Stecker in die Steckdose gesteckt, berühren sich diese Schutzkontakte, bevor die Strom führenden Leitungen miteinander verbunden werden. Bei einem beschädigten Geräte verhindert der Schutzkontakt, dass der Benutzer einen elektrischen Schlag bekommt.

4 Eine Steckdose mit Schutzkontakt

Schutzisolierte Geräte

Geräte mit einem isolierenden Gehäuse brauchen keinen Schutzleiter und keinen Schukostecker. Sie werden mit einem zweiadrigen Kabel mit Flachstecker oder Kragenstecker an eine Steckdose angeschlossen (→ Bild 5). Flachstecker heißen auch Eurostecker, da sie zu den Steckdosen in ganz Europa passen.

5 Ein Eurostecker

① Nenne die Farbe des Schutzleiters in Elektrokabeln.

② Beschreibe, auf welche Weise ein Schutzleiter schützt.

③ Beschreibe Fälle, in denen Schukostecker durch Flachstecker oder Kragenstecker ersetzt werden dürfen.

Auf einen Blick: Magnetische und elektrische Phänomene

Die Formen
Magnete können verschiedenste Formen haben. Sie sind häufig stabförmig

Die magnetischen Stoffe
Magnete enthalten immer **Eisen, Nickel** oder **Cobalt.** Magnete ziehen nur Stoffe an, die Eisen, Cobalt oder Nickel enthalten. Diese Stoffe können dann magnetisiert und entmagnetisiert werden.

Die magnetischen Wirkungen
Die Wirkung eines Magneten reicht in seine Umgebung hinein. Sie kann abgeschirmt werden und sie kann andere Stoffe durchdringen.

Die magnetischen Pole
Jeder Magnet hat mindestens einen **Nordpol** und einen **Südpol.** An den beiden Polen ist die magnetische Wirkung am stärksten. Zwischen den Polen liegt ein Bereich ohne magnetische Anziehung.

Die Polregel
Die gleichartigen Pole von zwei Magneten stoßen einander ab. Ungleichartige Pole der Magnete ziehen einander an.

Die Elementarmagnete
Alle Stoffe, die Eisen, Nickel oder Cobalt enthalten, bestehen aus winzigen, unteilbaren **Elementarmagneten.** In einem magnetisierten Stoff sind die Elementarmagnete geordnet, in einem entmagnetisierten Stoff sind sie ungeordnet.

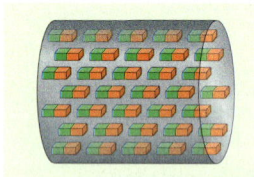

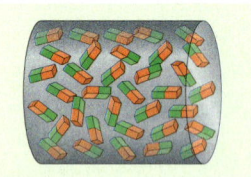

Das Feldlinienmodell
Magnete sind von einem **Magnetfeld** umgeben. Das Magnetfeld wird durch **magnetische Feldlinien** dargestellt. An den Polen eines Magneten liegen die Feldlinien dichter als an Stellen mit geringerer magnetischer Wirkung.

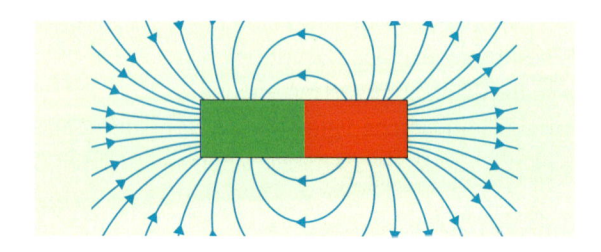

Das Magnetfeld der Erde
Die Erde ist von einem Magnetfeld umgeben. Es ähnelt dem Magnetfeld eines Stabmagneten. In der Nähe des geografischen Nordpols liegt der **magnetische Südpol.** In der Nähe des geografischen Südpols liegt der **magnetische Nordpol.** Die Nadel eines Kompasses ist ein Magnet, die sich am Magnetfeld der Erde ausrichtet.

WICHTIGE BEGRIFFE
- Dauermagnete, magnetische Wirkung
- Reichweite, Durchdringung, Abschirmung
- Magnetisieren, Entmagnetisieren
- Nordpol, Südpol
- magnetische Abstoßung und Anziehung

WICHTIGE BEGRIFFE
- Elementarmagnet
- Magnetfeld, Modell Feldlinien
- geografische und magnetische Pole
- Kompass
- Erdmagnetfeld

Magnetische und elektrische Phänomene **173**

Der elektrischer Stromkreis

Ein **elektrischer Stromkreis** besteht aus den Bauteilen **Elektrizitätsquelle** (Netzgerät, Batterie), **Nutzer** (Lampe, Motor), **Leitungen** und **Schalter**.
Stromkreise können in **Schaltplänen** übersichtlich dargestellt werden. In diesen werden für die Bauteile einheitliche **Schaltzeichen** verwendet.

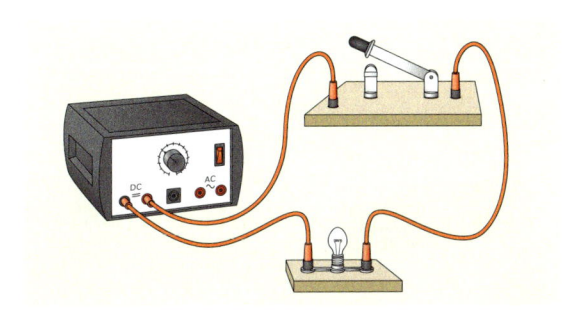

Die elektrischen Schaltungen

In einer **Reihenschaltung** sind alle Nutzer hintereinander geschaltet. Fällt ein Nutzer aus, ist der Stromkreis unterbrochen.
In einer **Parallelschaltung** sind alle Nutzer nebeneinander geschaltet. Fällt ein Nutzer aus, ist der Stromkreis nicht unterbrochen.
Bei einer **UND-Schaltung** sind Schalter in Reihe geschaltet. Erst wenn alle Schalter geschlossen sind, ist der Stromkreis geschlossen.

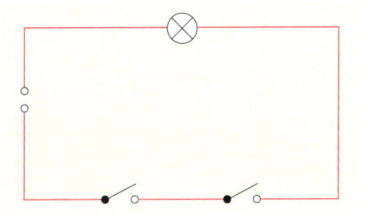

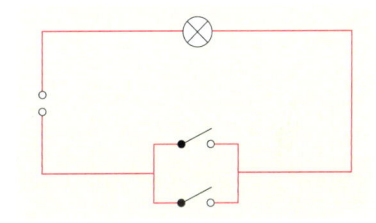

Bei der **ODER-Schaltung** sind die Schalter parallel geschaltet. Es reicht, einen Schalter zu drücken, um den Stromkreis zu schließen.
Wechselschaltungen enthalten **Umschalter**. Sie dienen dazu, einen Nutzer von verschiedenen Stellen aus ein- und ausschalten zu können.

Elektrische Leiter und Nichtleiter

Stoffe, die den elektrischen Strom leiten, heißen **elektrische Leiter**. Sie besitzen eine **elektrische Leitfähigkeit**. Gute Leiter sind Metalle und Salzlösungen.
Stoffe, die den Strom nicht leiten, heißen Nichtleiter oder **Isolatoren**. Hierzu gehören Kunststoffe, Gummi und trockenes Holz.

Der richtige Umgang mit Elektrizität

Da der Mensch zu einem großen Teil aus salzhaltigem Wasser besteht, ist er ein elektrischer Leiter. Deshalb musst du beim Umgang mit Elektrizität besondere Sicherheitsregeln einhalten.

Die **elektrische Spannung** wird in **V (Volt)** angegeben. Die Netzspannung beträgt 230 V. Jedes elektrische Gerät benötigt seine Spannung. Diese findest du auf dem **Typenschild**.

> **WICHTIGE BEGRIFFE**
> - elektrischer Stromkreis
> - Schaltplan, Schaltzeichen
> - Reihen- und Parallelschaltung
> - UND- und ODER-Schaltung
> - Wechselschaltung

> **WICHTIGE BEGRIFFE**
> - elektrischer Leiter, Isolator
> - elektrische Leitfähigkeit
> - elektrische Spannung
> - Typenschild

Auf einen Blick

Lerncheck: Magnetische und elektrische Phänomene

Magnete und ihre Wirkungen

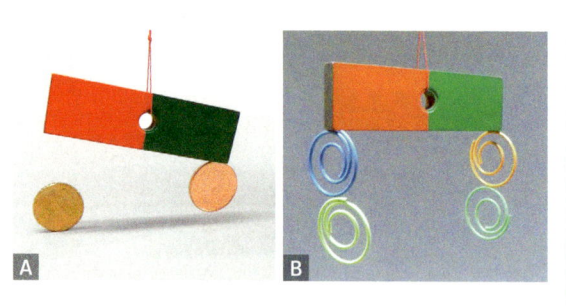

A   B

1 Begründe, dass nur die rechte Münze in Bild A von dem Magneten angezogen wird.

2 Beschreibe die Anordnung der Büroklammern in Bild B. Begründe die Anordnung mithilfe von Fachbegriffen.

3 Nenne alle Eigenschaften der magnetischen Wirkung.

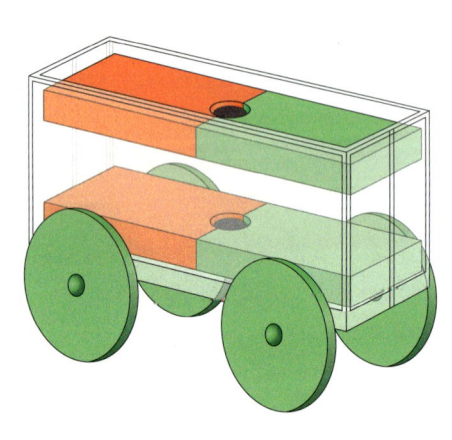

4 a) Begründe, dass der Magnet in dem Bild oben schwebt.
b) Der obere Magnet wird horizontal gedreht. Beschreibe die neue Situation und begründe deine Aussage.

DU KANNST JETZT …

- … Stoffe nennen, die magnetische Eigenschaften haben und ihre Wirkungen beschreiben.
- … die Pole eines Magneten unterscheiden und die Polregel anwenden.

Magnete und Modelle

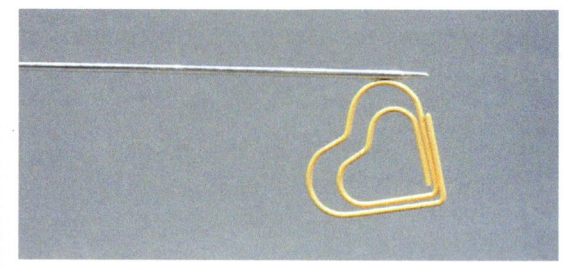

5 a) Begründe mithilfe des Modells Elementarmagnete, dass die Büroklammer im oberen Bild nicht herunterfällt.
b) Nenne zwei Möglichkeiten, die magnetische Anziehungskraft der Stricknadel zu beenden. Begründe die Vorgänge mithilfe des Modells Elementarmagnete.

6 a) Beschreibe die Ausrichtung der Magnetnadel eines Kompasses mithilfe der Fachbegriffe: magnetische Pole und geografische Pole.
b) Begründe die Ausrichtung der Kompassnadel mithilfe des Feldlinienmodells.

DU KANNST JETZT …

- … mithilfe des Modells Elementarmagnete das Magnetisieren und das Entmagnetisieren erklären.
- … mithilfe des Modells Feldlinien Magnetfelder darstellen.

Der elektrische Stromkreis – elektrische Schaltungen

7 Zeichne einen Schaltplan für eine Schaltung, mit der eine Lampe ein- und ausgeschaltet werden kann.

8 Begründe, warum es sinnvoll ist, internationale Schaltsymbole zu nutzen.

9 Die folgende Schaltung wird aufgebaut:

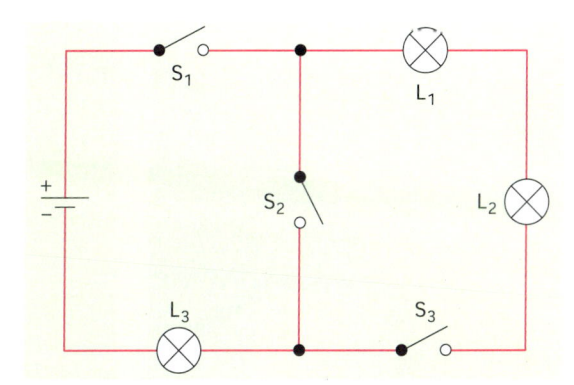

Gib jeweils an, welche Schalter geschlossen sein müssen, damit die Lampen L_1, L_2 und L_3 leuchten.

10 Zeichne jeweils den Schaltplan für:
a) eine Klingel, die mit einer Batterie und einem Schalter betrieben wird.
b) einen Motor, der mit zwei Batterien betrieben wird.

11 Die Waschmaschine läuft erst, wenn der Geräteschalter auf EIN steht und die Tür geschlossen ist.
a) Zeichne einen Schaltplan für die Waschmaschine.
b) Gib Geräte an, die ähnlich funktionieren.

DU KANNST JETZT ...
- ... einen Schaltplan lesen und zeichnen.
- ... die Reihenschaltung und die Parallelschaltung erklären.
- ... die UND-, ODER- und Wechselschaltung unterscheiden und begründet anwenden.

Elektrische Leiter und Nichtleiter – Umgang mit Elektrizität

12 a) Beurteile jeweils, ob du aus den folgenden Gegenständen elektrische Leitungen herstellen könntest: Blumendraht, Holzstäbchen, Silberdraht, Golddraht, Baumwollfaden.
b) Begründe deine Entscheidungen.
c) Plane ein Experiment, durch das du deine Antwort überprüfen könntest.

13 Zähle auf, was du beim Umgang mit Elektrizität beachten musst.

14 Beschreibe die Wirkung von elektrischem Strom auf den menschlichen Körper.

15 Nenne Gefahren, die beim Umgang mit elektrischem Strom auftreten können.

16 Gib die Spannung des Haushaltsnetzes an.

17 Erkläre, welche Gefahr in dem Bild abgebildet wird.

DU KANNST JETZT ...
- ... elektrische Leiter und Nichtleiter erklären.
- ... Verhaltensweisen beim Umgang mit Elektrizität nennen.
- ... die passende elektrische Spannung eines Gerätes vom Typenschild ablesen.

Lerncheck

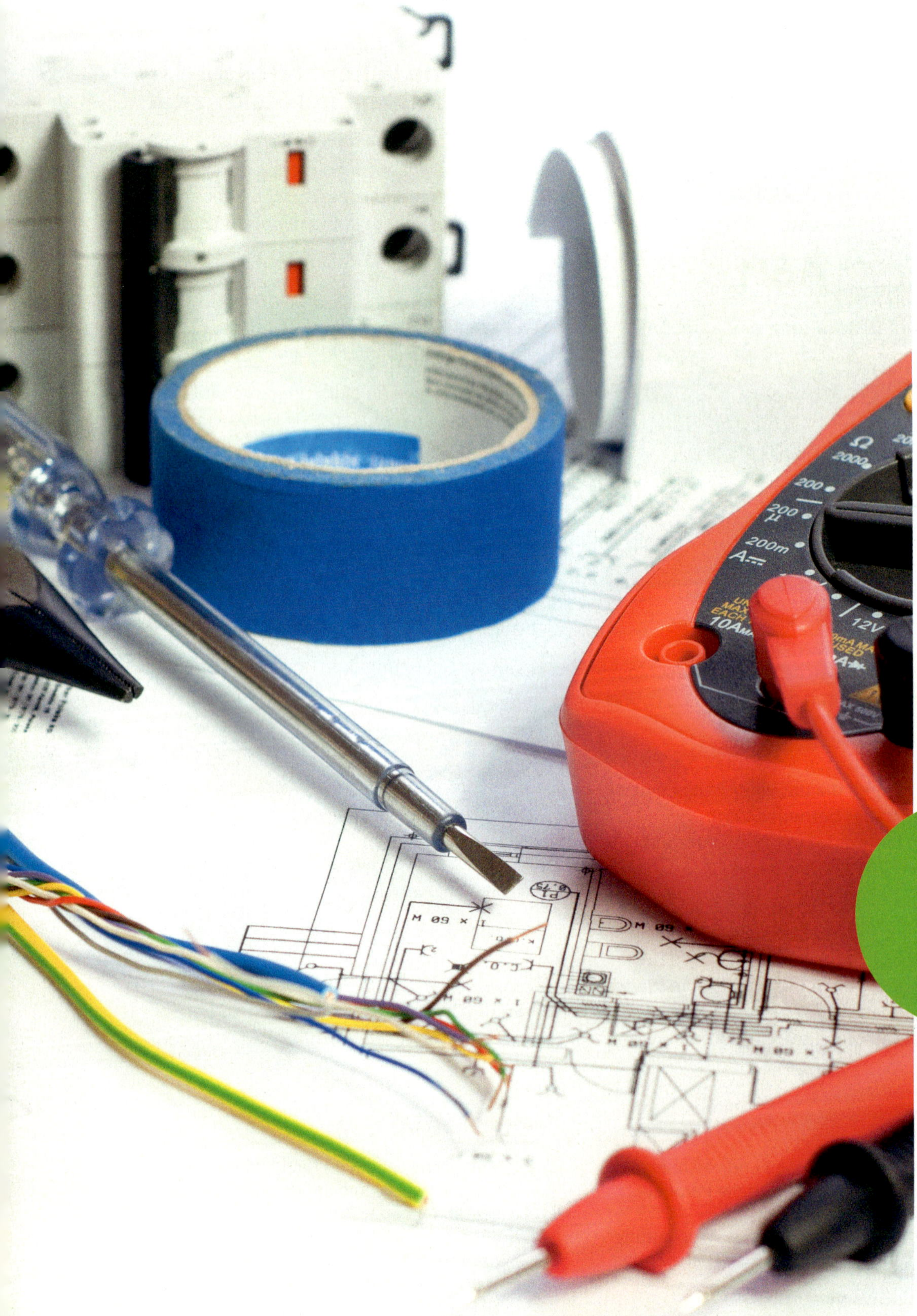
200m
12V

Elektrizität und elektrische Energie

Wie verhalten sich elektrische Ladungen?

Wie werden die Spannung und die Stromstärke gemessen?

Welche Maßnahmen schützen vor den Gefahren des elektrischen Stromes?

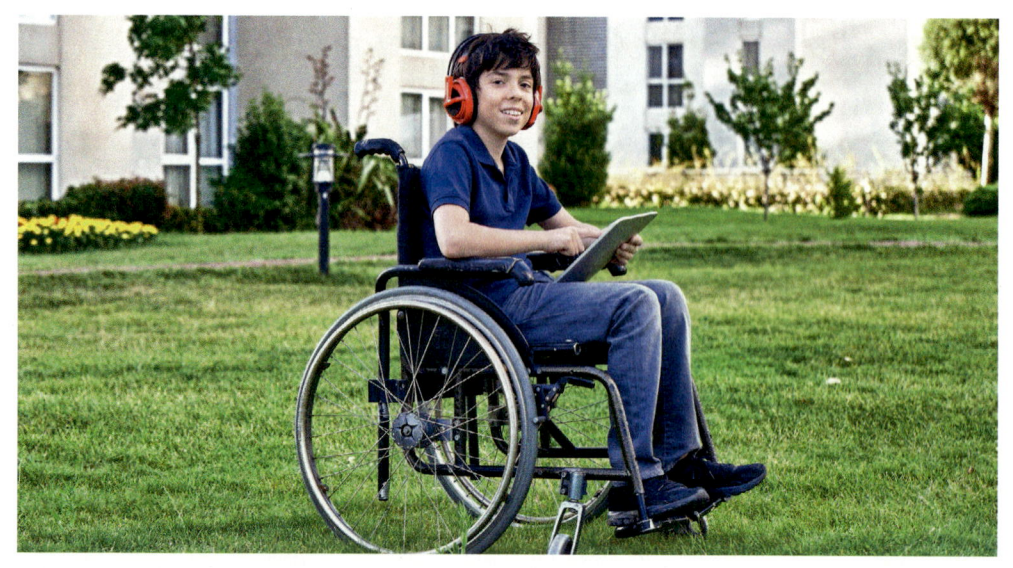

1 Elektrische Geräte begleiten uns im Alltag.

Die elektrische Energie im Alltag

Energie für elektrische Geräte

Viele Geräte wie das Smartphone, das Tablet, elektrische Küchengeräte, der Fernseher oder die Kopfhörer benötigen **elektrische Energie** (→ Bild 1). Diese wird von einer **Elektrizitätsquelle,** beispielsweise von einem Akku oder aus der Steckdose des Haushaltsnetzes, auf die Geräte übertragen (→ Bild 2).
Die elektrische Energie hat viele Vorteile gegenüber anderen Energieformen. Sie kann als einzige Energie in alle anderen Formen von Energie umgewandelt werden. Außerdem kann sie transportiert und gespeichert werden.

Die Energie wird gewandelt

Elektrische Geräte werden oft Stromverbraucher genannt. Das ist jedoch nicht richtig. Elektrische Geräte wandeln die elektrische Energie in andere Formen von Energie um. Eine LED beispielsweise wandelt elektrische Energie in Licht und innere Energie um. Die innere Energie wird in Form von Wärme an die Umgebung abgegeben. Der Weg der Energie von der Elektrizitätssquelle zum Nutzer kann in einem **Energieflussdiagramm** dargestellt werden. Das elektrische Gerät ist der **Wandler,** der die elektrische Energie in Energien anderer Form umwandelt. (→ Bild 3)

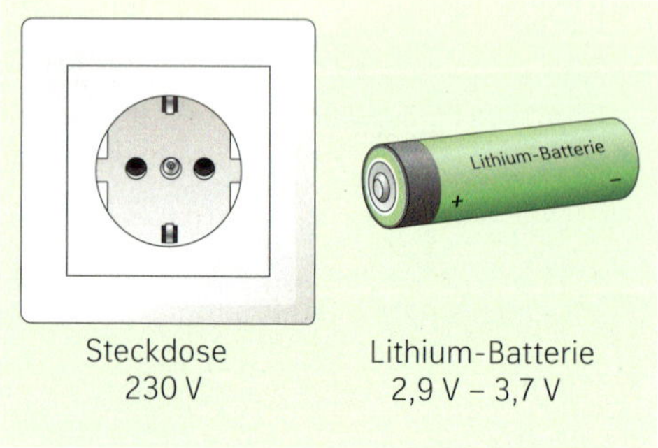

Steckdose 230 V   Lithium-Batterie 2,9 V – 3,7 V

2 Verschiedene Elektrizitätsquellen

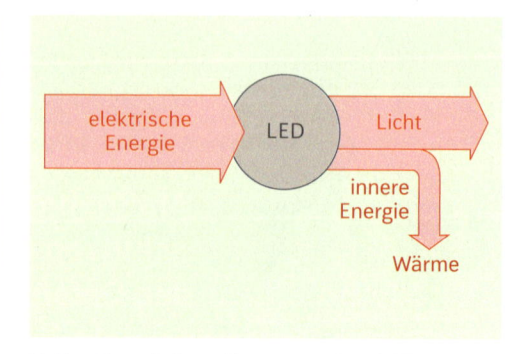

3 Das Energieflussdiagramm einer LED

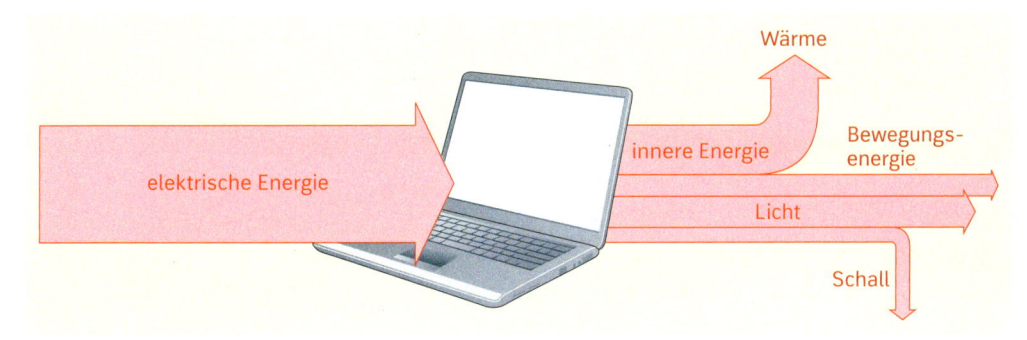

4 Umwandlung elektrischer Energie

Energie geht nicht verloren

Elektrische Geräte wandeln die elektrische Energie in eine **erwünschte Energie** um. Eine LED-Lampe wandelt elektrische Energie in Licht um. Bei einem Toaster wird die innere Energie der Heizdrähte erhöht und als Wärme abgegeben. Die elektrische Bohrmaschine gibt Bewegungsenergie ab. Aus dem Radio kommt Schall.

Die Umwandlung in die erwünschte Energie erfolgt jedoch nie vollständig. Bei jeder Umwandlung tritt **unerwünschte Energie** auf. So wird beim Betrieb aller elektrischen Geräte die innere Energie der Geräte erhöht. Sie wird in Form von Wärme an die Umgebung abgegeben. Die nach der Wandlung abgegebene Energie setzt sich somit aus der erwünschten Energie und der unerwünschten Energie zusammen. Jedoch gilt immer: Die Menge der zugeführten Energie und der nach der Umwandlung abgegebenen Energie ist gleich. Es gilt das **Prinzip Energieerhaltung.** Es geht keine Energie verloren (→ Bild 4).

Energieentwertung

Bei der Umwandlung von elektrischer Energie in der Bohrmaschine entstehen als unerwünschte Energien innere Energie und Schall. Ein Heizstrahler wie in Bild 5 gibt neben der erwünschten Wärme auch Licht ab. Die unerwünschten Energien können in den meisten Fällen nicht weiter genutzt werden. Es sind **entwertete Energien.**

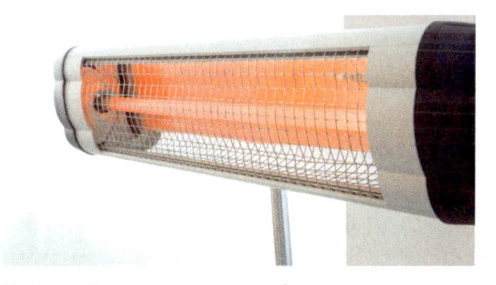

5 Licht als entwertete Energie

> **Energieerhaltung:** Bei einer Energieumwandlung ist die Summe der abgegebenen Energien gleich der zugeführten Energie.

---

① Nenne Elektrizitätsquellen für elektrische Energie, die im Haushalt vorkommen.

② Beschreibe die besondere Eigenschaft der elektrischen Energie.

③ ‖ Erstelle eine Tabelle mit elektrischen Geräten. Ergänze die Energieformen, in die gewandelt wird. Markiere dabei die erwünschte Energieform in grün und die unerwünschte Energieform in rot.

Starthilfe zu 3:

Gerät	Energieform
Laptop	Schall, Bewegungsenergie, ...

④ ‖ Erstelle für zwei Beispiele aus Aufgabe 3 jeweils ein Energieflussdiagramm.

⑤ ‖‖ Glühlampen alter Art dürfen in der Europäischen Union nicht mehr verwendet werden. Erläutere dafür die Gründe.

ÜBEN UND ANWENDEN

A Solarladegeräte liefern elektrische Energie

Wenn du dein Smartphone umweltfreundlich aufladen möchtest oder wenn du draußen unterwegs bist, kannst du ein **Solarladegerät** verwenden. Seine Solarzellen wandeln Licht in elektrische Energie um, die zum Aufladen des Smartphones genutzt werden kann.

1 a) Nenne die Vorteile eines Solarladegeräts.
b) Nenne weitere Beispiele aus dem Haushalt, in denen elektrische Energie aus Solarzellen Anwendung finden.

2 Zeichne ein Energieflussdiagramm für das Aufladen des Smartphones mit einem Solarladegerät.

1 Licht wird in elektrische Energie gewandelt.

B Elektrische Energie lässt sich in andere Energien umwandeln

Die elektrische Energie kann in jede andere Energie umgewandelt werden. Neben der gewünschten Energieform treten auch unerwünschte Formen auf. Innere Energie in Form von Wärme ist die Energieform, die bei jeder Umwandlung auftritt.

1 Beschreibe mithilfe von Bild 2 die Energieumwandlungen der elektrischen Energie bei einem Toaster und bei einer Bohrmaschine. Benenne dabei die erwünschte Energieform und die unerwünschten Energieformen.

2 Zeichne ein Energieflussdiagramm
 a) für einen Fernseher
 b) für einen Rasenmäher
 c) für eine Fahrradbeleuchtung.

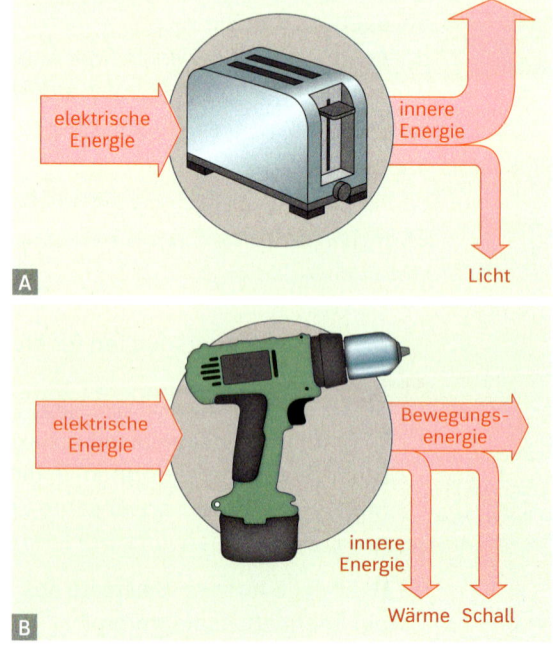

2 Energieumwandlungen: **A** in einem Toaster **B** in einer Bohrmaschine

IM ALLTAG

Energieumwandlungen in elektrische Energie

3 Mit Ebbe und Flut zu elektrischer Energie

Ein Gezeitenkraftwerk
Das **Gezeitenkraftwerk** nutzt Ebbe und Flut, um elektrische Energie bereitzustellen. Je größer der Unterschied zwischen dem Niedrigwasserstand und dem Hochwasserstand ist, desto stärker ist die Strömung und desto mehr Energie kann bereitgestellt werden.

5 Die Ausnutzung der Wellenbewegung

Ein Wellenkraftwerk
Bei einem **Wellenkraftwerk** treibt die Hin- und Herbewegung der Meereswellen einen Generator an. Der Generator gibt elektrische Energie ab. Gleichzeitig wird der Generator durch das umgebene Wasser gekühlt.

Ein Windgenerator
Windgeneratoren werden auch als Kleinanlagen gebaut. Die Rotorflügel treiben über ein gekoppeltes Getriebe direkt den Generator an. Er stellt nun elektrische Energie bereit. Ein Teil der Energie wird durch Reibungsvorgänge in innere Energie gewandelt. Diese wird in Form von Wärme an die Umgebung abgegeben.

4 Für den Hausgebrauch!

Eine Taschenlampe
Über die Kurbel wird ein kleiner Generator in der **Taschenlampe** angetrieben. Er gibt elektrische Energie ab und die LEDs leuchten.
Ein kleiner Teil wird in innere Energie umgewandelt. Die Lager und der Generator werden warm. Die Wärme wird an die Umgebung abgegeben. Häufig enthalten diese Lampen auch noch einen Akku. In ihm wird die elektrische Energie gespeichert. Das Gerät benötigt keine Batterien.

6 Eine Kurbellampe

① Zeichne je ein Energieflussdiagramm für das Solarladegerät und für den Windgenerator. Gib dabei die zugeführte Energie, den Wandler und die abgegebenen Energien an.

② **II a)** Zeichne für die Kurbellampe das Energieflussdiagramm.
II b) Zeichne für die Kurbellampe das Energieflussdiagramm, wenn die Lampe zusätzlich einen Akku enthält.

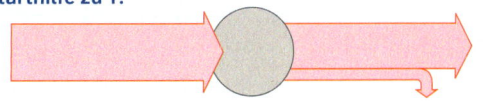

Starthilfe zu 1:

③ **III** Zeichne jeweils ein Energieflussdiagramm für einen Elektroroller und für einen Roller mit Verbrennungsmotor. Vergleiche die entwerteten Energien.

1 Elektrisch aufgeladene Haare

Die elektrische Ladung

Stoffe laden sich elektrisch auf

Du streifst dir bei frisch gewaschenen Haaren einen Pullover aus Kunststofffasern über den Kopf. Plötzlich stehen dir die Haare zu Berge (→ Bild 1). Die Ursache dafür ist **Elektrizität.**

Elektronen im Atommodell

Alle Stoffe bestehen aus kleinsten Teilchen, den **Atomen.** Atome sind aus einem **Atomkern** und aus **Elektronen** in der **Atomhülle** aufgebaut (→ Bild 2).
Der Atomkern ist **elektrisch positiv** geladen, die Elektronen sind negativ geladen. Nur die Elektronen in der Atomhülle sind beweglich, der Atomkern ist nicht beweglich. Die Elektronen tragen die **elektrisch negative Ladung.**

Die Ladungstrennung

Jeder Körper enthält nach außen hin gleich viele positive und negative Ladungen. Er ist **elektrisch neutral.**
Beim Überstreifen des Pullovers reiben die Fasern des Pullovers über deine Haare. Dabei wandern Elektronen vom Pullover auf dich über. Deine Haare haben Elektronen aufgenommen. Sie haben einen **Elektronenüberschuss** und sind elektrisch negativ geladen. Von der Oberfläche des Pullovers werden elektrische Ladungen entfernt. Dadurch hat der Pullover einen **Elektronenmangel.** Er ist elektrisch positiv geladen. Der Pullover und deine Haare sind unterschiedlich elektrisch geladen. Es findet eine **Ladungstrennung** statt. (→ Bild 3)

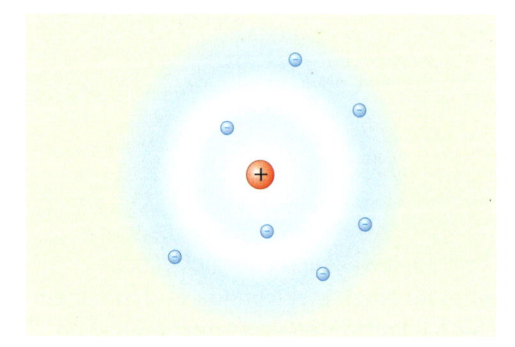

2 Das Kern-Hülle-Atommodell

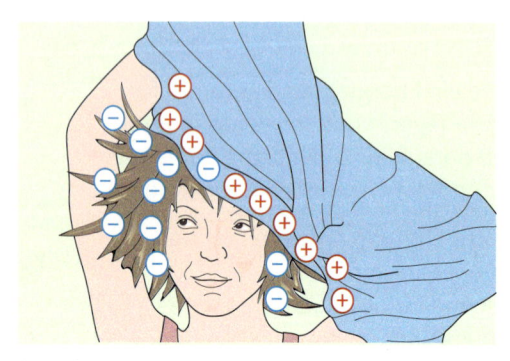

3 Ladungstrennung

Der Ladungsausgleich

Durch den direkten Kontakt wurden die Ladungen getrennt. Berührst du nun eine Türklinke aus Metall, kannst du einen elektrischen Schlag bekommen. Es kommt zu einem schlagartigen **Ladungsausgleich**. Die Elektronen fließen von dir über die Tür ab und transportieren die elektrische Energie. (→ Bild 4)

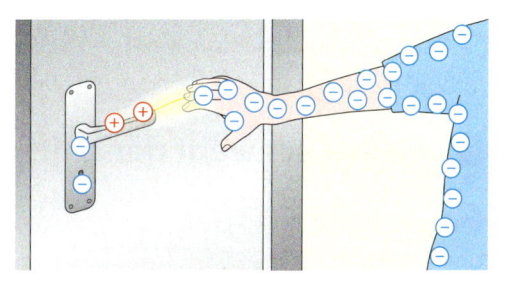

4 Der Ladungsausgleich ist spürbar.

Die Anziehung und die Abstoßung

Sind zwei elektrisch geladene Körper nahe beieinander, stoßen sie sich bei **gleichartiger Ladung** ab. Je stärker sie geladen sind, desto stärker stoßen sie sich ab. Sind die Körper dagegen **ungleichartig** geladen, ziehen sie sich an. (→ Bild 5)

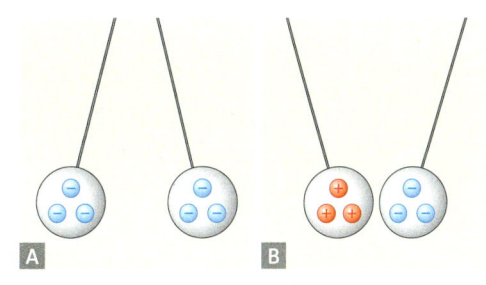

5 Elektrisch geladene Kugeln: **A** Abstoßung, **B** Anziehung

Die Nachweisgeräte

Mit einem **Elektroskop** kannst du nachweisen, dass ein Körper elektrisch geladen ist. Bei einem Elektroskop sind die Teile leitend miteinander verbunden. Streifst du einen geladenen Körper an dem Metallteller ab, werden der Teller, der Metallstab und der Metallzeiger gleichartig geladen. Da sich gleichartige Ladungen abstoßen, schlägt der Zeiger aus. (→ Bild 6)

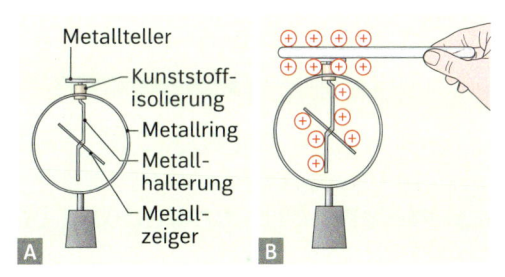

Mit einer **Glimmlampe** kannst du sogar die Art der Ladung bestimmen. Im Inneren der Glimmlampe befinden sich zwei voneinander getrennte Drähte und das Gas Neon. Hältst du die Glimmlampe an einen elektrisch geladenen Gegenstand, leuchtet der Draht auf, der Elektronen abgibt. Besitzt der Gegenstand einen Elektronenüberschuss, leuchtet also der Draht am Körper auf. (→ Bild 7)

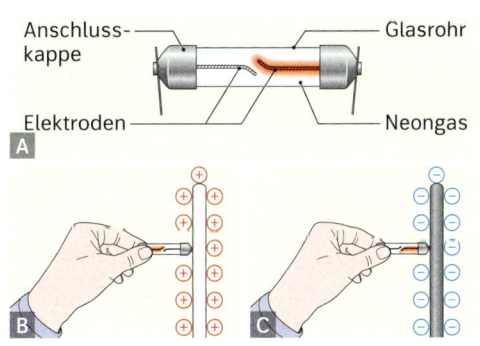

6 Elektroskop: **A** Aufbau, **B** Ladungsnachweis

7 Glimmlampe: **A** Aufbau, **B** Elektronenmangel, **C** Elektronenüberschuss

---

❶ Beschreibe Situationen, in denen du einen elektrischen Schlag bekommst.

❷ Beschreibe mithilfe von Bild 2 den Aufbau eines Atoms.

❸ Eine elektrisch geladene Kugel wird einer zweiten geladenen Kugel genähert.
   a) Die Kugeln haben gleichartige Ladungen. Beschreibe das Verhalten der Kugeln.
   b) Beschreibe das Verhalten der Kugeln, wenn die Kugeln ungleichartig geladen sind.

FORSCHEN UND ENTDECKEN

A Warum schwebt der Luftballon?

Material: sehr dünne Plastiktüte, Wolltuch, langer Luftballon (→ Bild 1)

Durchführung:
Schritt 1: Schneide von der Plastiktüte 5 cm des oberen Randes ab. Du erhältst einen geschlossenen Ring. Reibe ihn kräftig auf einer trockenen Unterlage mit einem Wolltuch.
Schritt 2: Puste den Luftballon auf und reibe ihn ebenfalls kräftig mit dem Wolltuch.
Schritt 3: Ziehe den Tütenstreifen zu einem Ring auf und lass ihn aus 2 m Höhe gleiten. Versuche, den Ring mit dem Luftballon in der Schwebe zu halten, ohne dass sich Ballon und Ring berühren.

1 Das Versuchsmaterial

❶ Erkläre das Beeinflussen des Plastikringes durch den Luftballon. Berücksichtige dabei ihre Ladungszustände. Beginne beim Reiben der Kunststofffolie und des Ballons.

B Welche Art von Ladung liegt vor?

Material: Kunststofffolie, Wolltuch, Fell, Seide, Tuch aus Kunstfasern, Glimmlampe

Durchführung:
Beobachte jeweils die Glimmlampe.
Schritt 1: Lege die Kunststofffolie auf eine trockene Unterlage. Reibe sie kräftig mit dem Wolltuch (→ Bild 2A).
Schritt 2: Taste verschiedene Stellen der Folie mit der Glimmlampe ab (→ Bild 2B).
Schritt 3: Wiederhole die Schritte 1 und 2. Reibe die Folie jetzt mit dem Fell, dem Seidentuch und dem Kunstfasertuch.

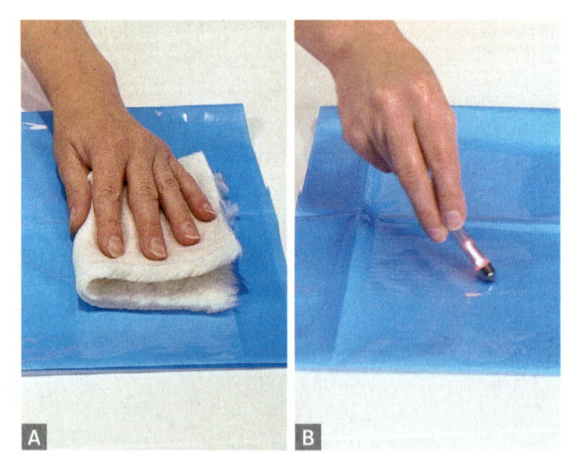

2 Eine Folie wird: **A** aufgeladen, **B** geprüft.

❶ a) Beschreibe die Anzeige der Glimmlampe, nachdem die Folie mit dem Wolltuch gerieben wurde.
b) Beschreibe die Anzeige der Glimmlampe nach dem Reiben mit dem Fell und mit den Tüchern.

Starthilfe zu 1:
Gehe bei deiner Beschreibung auf den Draht der Glimmlampe ein, der leuchtet.

❷ Erkläre die verschiedenen Anzeigen der Glimmlampe. Benutze die Begriffe: Elektronenüberschuss, elektrisch negativ geladen, elektrisch positiv geladen und Elektronenmangel.

IM ALLTAG

Elektrische Ladungen in der Natur

Eine besondere Rutschpartie

Rutschen ist für Kinder ein Vergnügen, besonders, wenn sich dabei auch noch die Frisur verändert. Beim Rutschen werden Elektronen aus der Oberfläche der Rutsche auf die Kleidung des Kindes übertragen. Sie verteilen sich über den Körper bis in die Haare. Die gleichartigen Ladungen stoßen sich ab. Dabei nehmen sie die Haare mit und lassen sie zu Berge stehen (→ Bild 3).

3 Eine Rutschpartie

Ein Gewitter zieht auf

An sonnigen Tagen erwärmt die Sonne die Erdoberfläche und die Luft darüber. Die Luft steigt auf. Enthält die Luft viel Wasserdampf, kondensiert dieser in großen Höhen zu Wasser. Es bildet sich eine Wolke, die immer höher wächst. Im Inneren der Wolke entstehen kräftige Aufwinde. Die Wassertropfen werden noch höher getragen und gefrieren zu Eiskristallen. Beim Herunterfallen reiben die Eiskristalle an den darunter schwebenden Wassertropfen in der Luft. Dabei werden Ladungen getrennt. Zwischen den Wolken entstehen große Ladungsunterschiede. Der Ladungsausgleich erfolgt durch einen **Wolkenblitz.**
An der Erdoberfläche sammeln sich Ladungen, die zu denen in der Wolke entgegengesetzt sind. Ein Leitblitz macht die Luft leitfähig. Ihm wachsen vom Boden Fangentladungen entgegen. Treffen sich beide, kommt es zum Ladungsausgleich durch einen **Erdblitz.** (→ Bild 4)

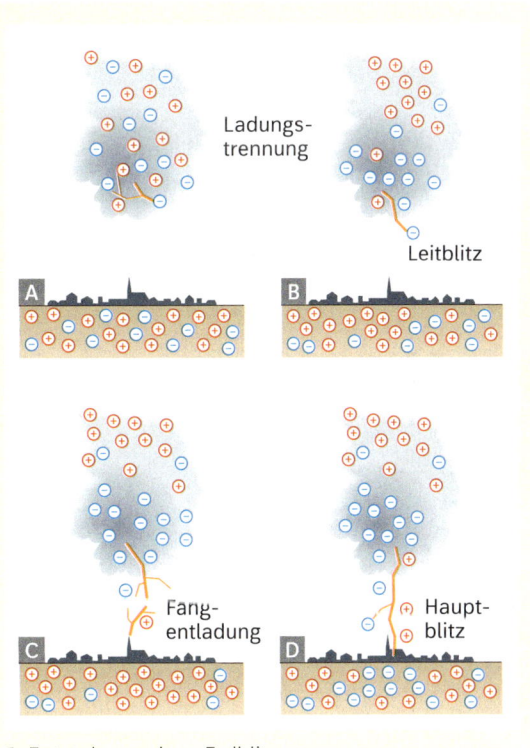

4 Entstehung eines Erdblitzes

---

1 Das Kind in Bild 3 berührt nach dem Rutschen eine Begleitperson.
 a) Beschreibe die Beobachtung.
 b) Erkläre die Beobachtung. Nenne Materialien für eine Rutsche, bei denen es kaum zu einer Ladungstrennung kommt.

Starthilfe zu 1:
Benutze die Begriffe:
• Ladungstrennung
• Ladungsausgleich
• elektrischer Schlag

2 Überlege, wo es im Alltag zu kleinen Entladungen oder Blitzen kommen kann. Beschreibe den Vorgang und erkläre ihn.

1 Elektrische Entladungen durch Blitze

Das elektrische Feld

Ein elektrisches Feld entsteht

In Bild 2 befinden sich jeweils zwei runde Kupferplatten in einer Glasschale. Sie sind in Öl eingetaucht. Auf der Oberfläche des Öls schwimmen Grießkörner. Die Kupferplatten werden an eine Elektrizitätsquelle angeschlossen. Dabei laden sich die Platten positiv oder negativ auf. Zwischen den elektrisch geladenen Platten entsteht ein **elektrisches Feld.**
Wenn beide Platten jeweils an unterschiedlichen Polen angeschlossen sind, bilden die Grieskörner Bahnen zwischen den Polen (→ Bild 2 A). Wenn beide Platten jeweils an den gleichen Pol angeschlossen sind, verlaufen die Bahnen weg von den Platten (→ Bilder 2 B und 2 C).

Das elektrische Feld im Modell

Die Bahnen zwischen den Platten können durch Linien modellhaft dargestellt werden. Diese Linien heißen **Feldlinien.** Mit ihnen kann das elektrische Feld zeichnerisch dargestellt werden. Dabei sind die Feldlinien keine in sich geschlossenen Kurven. Die Feldlinien verlaufen immer von der positiven Ladung zur negativen Ladung. Sie schneiden und berühren sich nicht.

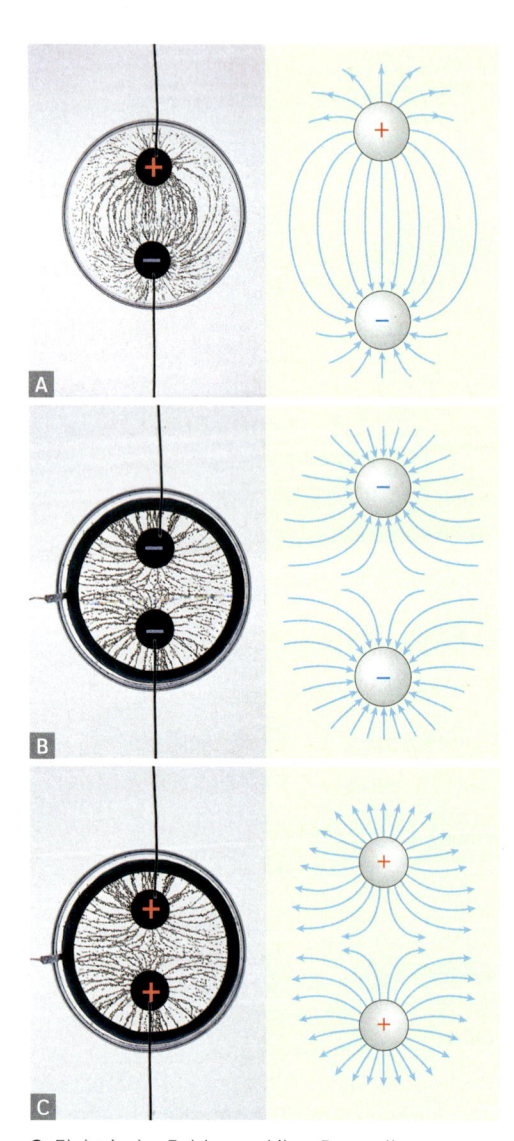

2 Elektrische Felder und ihre Darstellung

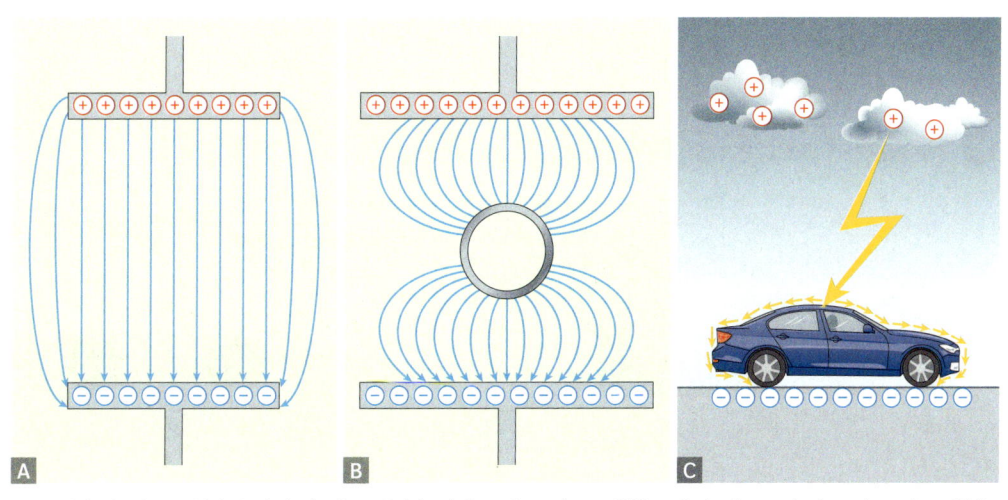

3 A Elektrisches Feld, **B** elektrisches Feld mit faradayschem Käfig, **C** ein Auto als faradayscher Käfig

Parallel verlaufende Feldlinien
In Bild 3A haben die Kupferplatten eine ebene Form. Sie sind parallel zueinander aufgestellt. Zwischen den Platten verlaufen die Linien fast parallel. Das elektrische Feld ist sehr gleichmäßig, es ist **homogen.**

Ein Metallring schirmt ab
Die Form der Feldlinien ändert sich, wenn in die Mitte zwischen den Platten ein Metallring gelegt wird (→ Bild 3B). Die Grießkörner innerhalb des Ringes bleiben ungeordnet. Sie erfahren keine Kraftwirkung mehr durch das elektrische Feld. Der Metallring schirmt den Innenraum ab.
Die Abschirmung eines elektrischen Feldes funktioniert auch durch einen Körper, beispielsweise bei einem Würfel oder einer Kugel. Der Innenraum bleibt frei von der Einwirkung des elektrischen Feldes.

Ein Käfig schirmt ab
Diese Entdeckung gelang dem englischen Naturforscher MICHAEL FARADAY (1791 – 1867). Nach ihm wird ein metallischer Hohlkörper, der zur Abschirmung gegen elektrische Erscheinungen genutzt wird, als **faradayscher Käfig** bezeichnet.

Ein Auto als faradayscher Käfig
Bei einem Gewitter kommt es zu heftigen Ladungsbewegungen in der Atmosphäre. Die entstandenen Ladungsunterschiede werden durch Blitze ausgeglichen. Ihre Wirkungen sind für Menschen, Tiere und Gegenstände gefährlich. (→ Bild 1)
Du kannst in einem Auto Schutz suchen, denn ein Auto wirkt als faradayscher Käfig. Seine Außenhülle aus Metall schirmt den Innenraum gegen das elektrische Feld ab. So schützt ein Auto die Menschen darin vor einem Blitzeinschlag. (→ Bild 3C)

---

❶ a) Zeichne das Feldlinienbild zwischen einer Kugel mit negativer Ladung und einer Kugel mit positiver Ladung.
b) Beschreibe den Verlauf der Feldlinien.

Starthilfe zu 1:
Benutze die Stichwörter:
- Richtung des Austritts
- Richtung des Eintritts

❷ Beschreibe die Merkmale elektrischer Feldlinien.

❸ Beschreibe die Wirkung eines Metallringes im elektrischen Feld zwischen zwei Metallplatten.

❹ Erkläre die Schutzwirkung eines Autos bei einem Gewitter.

ÜBEN UND ANWENDEN

A Magnetische und elektrische Felder im Vergleich

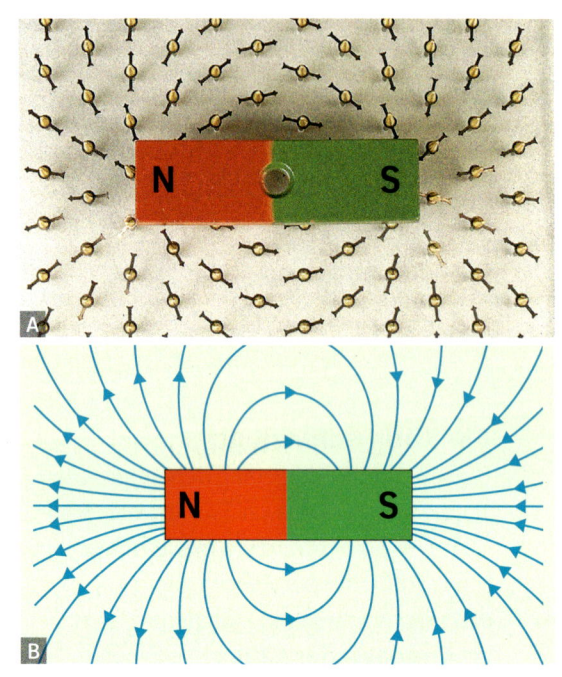

1 Das magnetische Feld eines Stabmagneten:
A Versuch mit Magnetnadeln, **B** Feldlinienbild

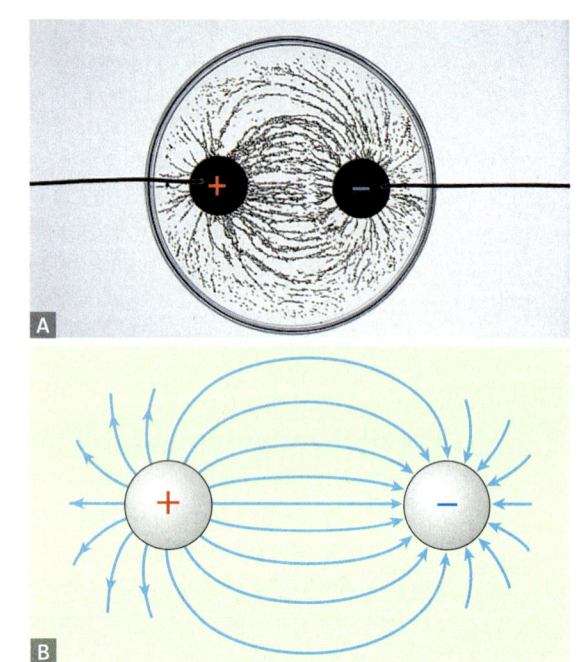

2 Das elektrische Feld zwischen zwei Elektroden:
A Versuch mit Grieskörnern, **B** Feldlinienbild

Das Modell magnetische Feldlinien

Das magnetische Feld kann mit kleinen Magnetnadeln sichtbar gemacht werden. Dort ordnen sich die Magnetnadeln auf gebogenen Linien an. Diese Linien heißen magnetische Feldlinien. Sie
- treten senkrecht aus dem Magneten aus und wieder ein.
- sind in sich geschlossene Kurven.
- verlaufen vom Nordpol zum Südpol.
- schneiden und berühren sich nicht.

Die Feldlinien stellen ein physikalisches Modell zur Veranschaulichung eines magnetischen Feldes dar. Sie existieren nicht wirklich.

Das Modell elektrische Feldlinien

Die Wechselwirkung zwischen elektrischen Ladungen kann durch elektrische Feldlinien dargestellt werden. Sie
- stehen senkrecht auf der Oberfläche metallischer Leiter.
- sind keine in sich geschlossenen Kurven.
- verlaufen von der positiven Ladung zur negativen Ladung.
- schneiden und berühren sich nicht.

Die elektrischen Feldlinien stellen ein physikalisches Modell zur Darstellung des elektrischen Feldes dar.

① Beschreibe das Feldlinienbild eines Stabmagneten in Bild 1.

② Beschreibe das Feldlinienbild zwischen einer positiven und einer negativen Ladung zweier Elektroden.

③ Vergleiche die Modelle magnetische Feldlinien und elektrische Feldlinien. Nenne dabei Gemeinsamkeiten und Unterschiede.

④ ❚❚ Zeichne das Bild der magnetischen Feldlinien für einen Bügelmagneten.

IM ALLTAG

Elektrische Felder machen die Schrift sichtbar

Der Fotokopierer

Das wichtigste Bauteil eines Fotokopierers ist die **Bildtrommel** aus Aluminium mit einer besonderen Beschichtung. Die Bildtrommel wird elektrisch negativ aufgeladen. Eine Textseite, die kopiert werden soll, besteht aus schwarzen Stellen, den Buchstaben, und den weißen Zwischenräumen. Bei der Belichtung werden diese Schwarz-Weiß-Unterschiede auf die Bildtrommel projiziert. An den weißen Stellen entlädt sich die Trommel und wird elektrisch neutral. An den dunklen Stellen wird elektrisch positiv geladenes **Tonerpulver** aufgebracht. Es wird angezogen und haftet auf der Trommel. Nun wird ein negativ geladenes Blatt Papier zugeführt. Das Tonerpulver geht als Buchstabenmuster auf das Papier über. Durch eine beheizte Walze und eine Andruckwalze wird es auf das Papier dauerhaft eingebrannt. Danach verlässt die fertige Kopie den Kopierer.

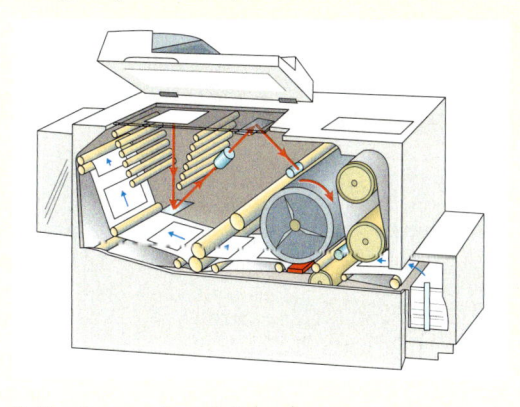

3 Das Innere eines Fotokopierers

Das elektronische Papier

Auf einem E-Book-Reader werden Textseiten dargestellt. Vergrößert betrachtet setzen sich die Buchstaben aus vielen kleinen schwarzen Kapseln zusammen (→ Bild 4). Das Display besteht aus einer durchsichtigen Platte und einer geladenen Platte. Zwischen den Platten schwimmen in einer dünnen Flüssigkeitsschicht viele tausend Farbkapseln. Die Kapseln beinhalten schwarze negativ geladene Teilchen und weiße positiv geladene Teilchen. Je nach Ladung der Platte werden die schwarzen oder weißen Teilchen angezogen und erzeugen so ein Buchstabenbild (→ Bild 5).

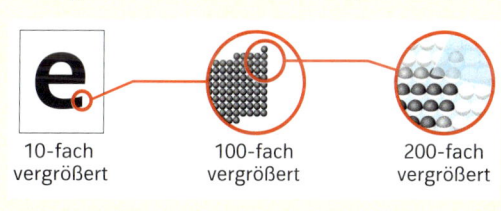

10-fach vergrößert   100-fach vergrößert   200-fach vergrößert

4 Buchstaben vergrößert betrachtet

A Weiße Kapsel   B Partikel wandern
C Schwarze Kapsel   D Graue Kapsel

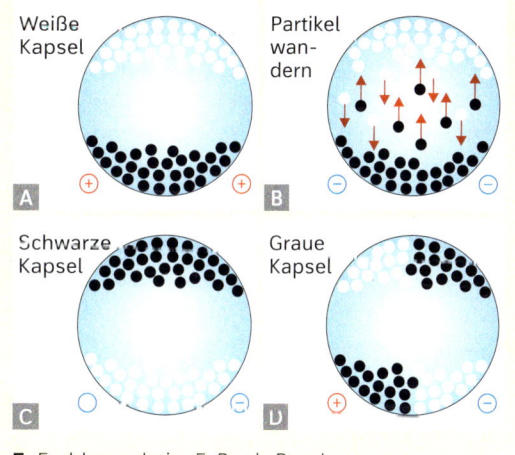

5 Farbkapseln im E-Book-Reader

---

1 Beschreibe schrittweise die Entstehung einer Fotokopie. Gehe dabei auf die positiven und negativen elektrischen Ladungszustände der beteiligten Materialien ein.

2 ❚❚ Recherchiere im Internet nach den Begriffen Fotokopierer und Elektrofotografie. Beschreibe den Zusammenhang.

3 Beschreibe mithilfe von Bild 5 die Entstehung von weißen, schwarzen und grauen Flecken auf dem E-Book-Reader.

4 ❚❚ Recherchiere im Internet das Entstehen von Buchstaben in einem E-Book-Reader.

1 Eine Verkehrsmessstelle

Die elektrische Stromstärke

Die elektrische Stromstärke
In metallischen Leitern transportieren Elektronen die negativen Ladungen. Wenn in der gleichen Zeit mehr Elektronen durch den elektrischen Leiter fließen, wird eine größere Ladungsmenge transportiert. Die Stärke dieses Elektronenstromes wird als **elektrische Stromstärke** bezeichnet.
Sie ist also ein Maß für die Anzahl der Elektronen, die mit ihren Ladungen in einer bestimmten Zeit durch die Querschnittsfläche eines elektrischen Leiters fließen (→ Bild 2A).
Für die Stromstärke wird das Formelzeichen I verwendet. Sie wird zu Ehren von ANDRÉ-MARIE AMPÈRE (1775 – 1836) in der Einheit **A (Ampere)** gemessen. Die Stromstärke 1 A gibt an, dass in einer Sekunde 6 Trillionen 241 Billiarden ($6{,}241 \cdot 10^{18}$) Elektronen durch die Leiterquerschnittsfläche fließen.

Der Verkehrsstrom
Das Messen der Stromstärke kannst du mit dem Messen des Verkehrsstroms vergleichen. Auf Autobahnen wird die Anzahl der Fahrzeuge gemessen. Es werden die Fahrzeuge gezählt, die an einer festgelegten Stelle in einer bestimmten Zeit in einer Richtung vorbeifahren. Das Ergebnis ist die Stärke des Verkehrsstromes (→ Bild 2B). Mithilfe dieser Messungen lässt sich auf Autobahnen die Geschwindigkeit regeln. Bei zu vielen Autos wird die Geschwindigkeit verringert und die erlaubte Geschwindigkeit angezeigt (→ Bild 1).

> **Name:** elektrische Stromstärke
> **Formelzeichen:** I
> **Einheit:** A (Ampere)
> **Weitere Einheiten:**
>   1 A = 1000 mA (Milliampere)
>   1 mA = 0,001 A

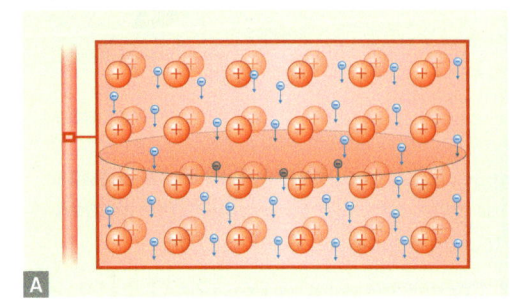

2 Ein Vergleich: **A** der Elektronenstrom, **B** der Verkehrsstrom

Die Messung der Stromstärke

Mit einem Messgerät für die Stromstärke, einem **Stromstärkemessgerät,** kannst du die Stärke des Elektronenstromes in einem Stromkreis messen. Oft werden dazu **Vielfachmessgeräte** verwendet. Diese können neben der Stromstärke noch andere elektrische Größen messen. Die Anzeige kann digital oder analog erfolgen (→ Bild 3). Das Messgerät muss dabei immer **in Reihe** in den Stromkreis eingebaut werden. Dazu wird der Stromkreis geöffnet und der Minuspol der Elektrizitätsquelle mit dem Minuspol des Messgerätes (COM-Buchse) verbunden. Der Pluspol des Messgerätes wird folglich mit dem Pluspol der Elektrizitätsquelle verbunden. Im Stromkreis muss ein Nutzer wie eine Lampe enthalten sein, sonst könnte das Messgerät zerstört werden (→ Bild 4).

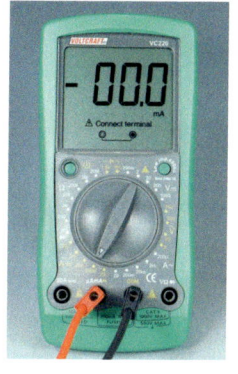

3 Digitales Stromstärkemessgerät

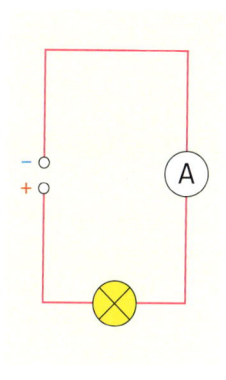

4 Messung der Stromstärke

Die Angabe der Stromstärke

Im Alltag ist es für den Anschluss von elektrischen Geräten wichtig, deren Stromstärke zu kennen. Auf dem **Typenschild** zum Beispiel von Netzteilen für Smartphones wie in Bild 5 wird die Stromstärke mit 1 A angegeben. Wenn das Smartphone für das Laden aber 1,5 A benötigt, dauert der Ladevorgang entsprechend länger.

5 Typenschild des Netzteils eines Smartphones

> Ein **Stromstärkemessgerät** muss **in Reihe** in den Stromkreis geschaltet werden.

---

1 Gib die folgenden Stromstärken
   a) in mA an: 3 A; 0,25 A; 0,04 A.
   b) in A an: 1200 mA, 250 mA, 30 mA.

2 ‖ Begründe, dass das Stromstärkemessgerät an jeder Stelle in den Stromkreis eingebaut werden kann.

3 ‖ An einer Verkehrsmessanlage wie in Bild 2 werden an einem Tag 2880 Fahrzeuge gemessen. Berechne die Verkehrsstromstärke
   a) für eine 1 h.
   b) für eine 1 min.
   c) Begründe, dass in a) und b) nur Durchschnittswerte berechnet werden.

4 ‖ Leo und Mia wollen die Stärke des Schülerstromes bestimmen, der am Ende der Schulstunde durch den Haupteingang auf den Pausenhof strömt.
   a) Beschreibe ein mögliches Vorgehen.
   b) Sie haben in 120 s 240 Schüler gezählt, die durch die Tür gehen. Berechne die Schülerstromstärke.

Starthilfe zu 3:
• Einheiten der Zeit:
   d - Tag, h - Stunde, min - Minute
• Umrechnungen:
   1 d = 24 h, 1 h = 60 min

METHODE

Messgenauigkeit und Messfehler

Messgröße und Messgenauigkeit
Für die richtige Wahl des Messinstrumentes ist es wichtig, dass du die **Messgröße** kennst. Mit Vielfachmessgeräten wie in Bild 1 sind Messungen von Gleichstrom (A−), Wechselstrom (A~), Gleichspannung (V−) oder Wechselspannung (V~) möglich. Hier muss am Gerät die richtige Messgröße eingestellt werden. Für die Messgenauigkeit ist die Einstellung des **Messbereiches** wichtig. Innerhalb eines Messbereiches sollte die größtmögliche Anzeige erreicht werden.

Zufällige Messfehler
Wenn du ein Messgerät einsetzt, musst du dich vor der Messung mit dem Gebrauch vertraut machen. So kannst du **Auslöse- und Handhabungsfehler** vermeiden. Bei analogen Messgeräten musst du beim Ablesen des Messwertes auf den richtigen Blickwinkel zur Skala achten. An der Skala befindet sich ein Spiegel. Du musst den Messwert so ablesen, dass der Zeiger und sein Spiegelbild deckungsgleich sind. Sonst kommt es zum **Ablesefehler** (→ Bild 2).
Auch äußere Faktoren wie Temperatur oder Luftfeuchte können sich auf das Messgerät und das Messobjekt auswirken. Durch solche **zufälligen Fehler** wird das Messergebnis verfälscht.

Systematische Messfehler
Zeigen verschiedene Messgeräte beim Messen desselben Objektes unterschiedliche Werte an, liegen **systematische Fehler** vor. Dies tritt beispielsweise ein, wenn in einem Gleichstromkreis immer mit der Einstellung für Wechselstrom gemessen wird. Viele Messgeräte müssen vor der Messung justiert, also auf null gestellt werden.

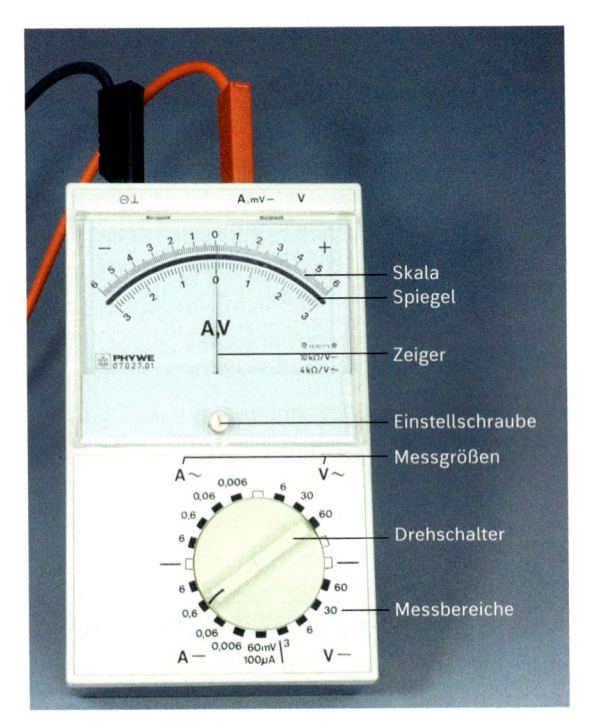

1 Analoges Vielfachmessgerät

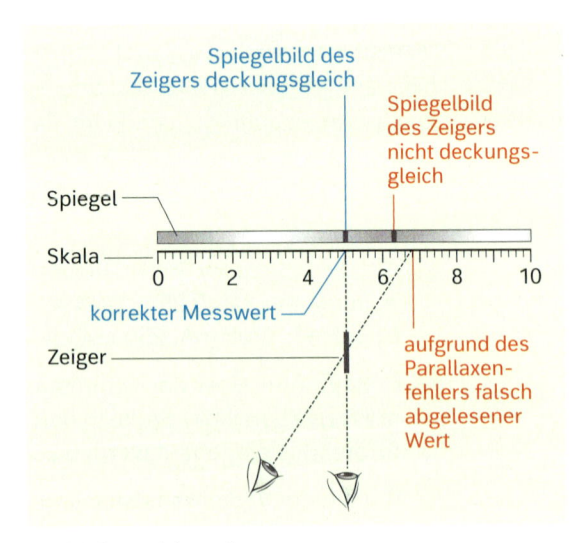

2 Richtiges Ablesen!

① Der Zeiger zeigt auf der Skala eines analogen Stromstärkemessgerätes nur zwei Teilstriche an. Beschreibe das Vorgehen, durch das die Messgenauigkeit verbessert werden kann.

② Drei Messgeräte von drei Schülern zeigen gleiche Werte an. Die Schüler nennen aber unterschiedliche Ergebnisse. Nenne mögliche Gründe für die unterschiedlichen Antworten.

ÜBEN UND ANWENDEN

A Die Stromstärke mit einem analogen Vielfachmessgerät messen

① Aufbau
- Messgerät im Stromkreis in Reihe schalten
- Pluspol an Buchse A anschließen
- Minuspol an Buchse COM anschließen
- Zeiger auf Nullpunkt einstellen (→ Bild 3)

② Messung
- Messbereich für Gleichstrom wählen: DCA oder A–
- Drehschalter auf höchsten Messbereich stellen
- Zeigerstellung senkrecht zur Skala ablesen
- Messbereich beachten und Messwert in richtiger Maßeinheit angeben

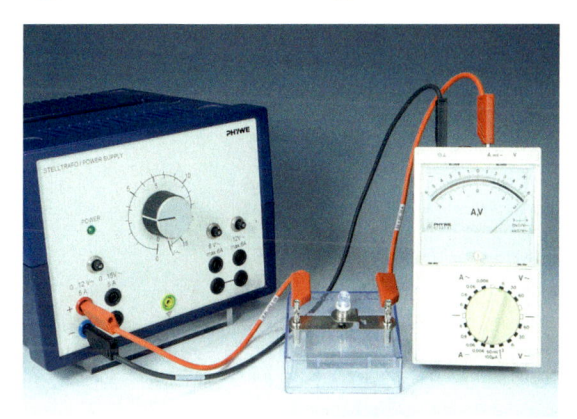

3 Messung der Stromstärke in einem Gleichstromkreis mit einem analogen Vielfachmessgerät

B Die Stromstärke mit einem digitalen Vielfachmessgerät messen

① Aufbau
- Messgerät im Stromkreis in Reihe schalten
- 1. eine Leitung an Buchse A anschließen
- 2. eine Leitung an Buchse COM anschließen
  (→ Bild 4)

② Messung
- Messbereich für Wechselstrom wählen: ACA oder A~
- Drehschalter auf den höchsten Messbereich stellen
- Messwert mit richtiger Maßeinheit angeben

4 Messung der Stromstärke in einem Wechselstromkreis mit einem digitalen Vielfachmessgerät

❶ a) Lies von dem Sockel einer Experimentierlampe die voraussichtliche Stromstärke ab. Baue die Lampe anschließend in einen einfachen Gleichstromkreis ein.
b) Miss mit einem analogen Messgerät die Stromstärke im Stromkreis. Vergleiche den Messwert mit dem Wert auf dem Lampensockel.
c) Wiederhole die Messung mit einem digitalen Messgerät.

Starthilfe zu 1 b):

❷ ▍ Beschreibe die Unterschiede in der Handhabung beider Messgeräte.

❸ ▍▍ Bei einem analogen Messgerät bewegt sich der Zeiger über den Höchstwert hinaus. Beschreibe die notwendige Korrektur deiner Einstellung am Messgerät.

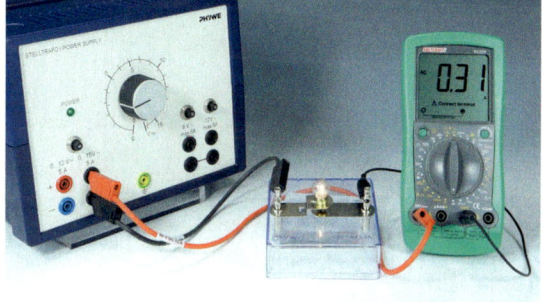

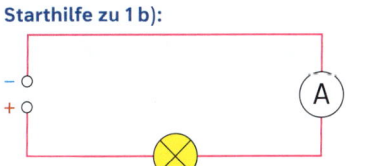

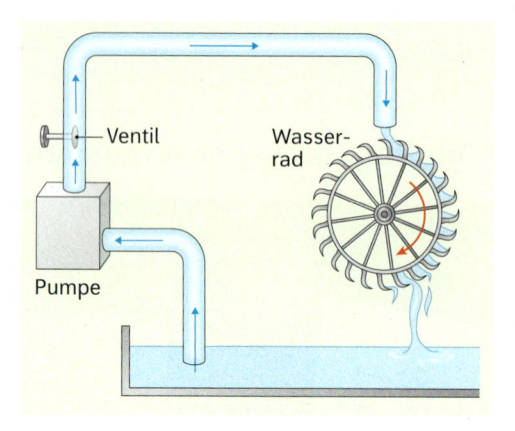

1 Ein Wasserkreislauf

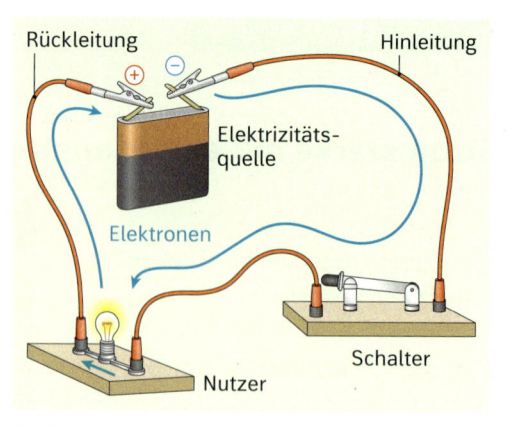

2 Ein elektrischer Stromkreis

Die elektrische Spannung

Ein Wasserkreislauf
Die Pumpe in Bild 1 befördert Wasser in der Rohrleitung nach oben. Das Wasser fällt auf ein Wasserrad und fließt durch den Wassergraben zurück zur Pumpe. Die Wasserteilchen bewegen sich in einem **Kreislauf** durch Pumpe, Rohr, Wasserrad und Graben. Das Wasserrad dreht sich und kann über eine Achse Maschinen antreiben.

Höhendifferenz im Wasserkreislauf
Zwischen der Lage des Wassers im Graben und der Lage des Wassers in der Rohrleitung besteht eine **Höhendifferenz.**

Energieübertragung
Die Pumpe gibt Bewegungsenergie an das Wasser in der Rohrleitung ab. Dadurch erhält das Wasser eine höhere Lageenergie. Das Wasserrad nimmt Energie aus dem fallenden Wasser auf. So wird Energie von der Pumpe auf das Wasserrad übertragen. Die Energie bewegt sich also nur in einer Richtung.

Ein Stromkreis
Die Elektrizitätsquelle in Bild 2 besitzt an ihrem Minuspol einen Elektronenüberschuss, am Pluspol einen Elektronenmangel. Sie treibt einen Elektronenstrom von ihrem Minuspol durch den Nutzer zu ihrem Pluspol. In einem geschlossenen Stromkreis bewegen sich die Elektronen mit ihren Ladungen in einem ständigen **Kreislauf.**

Potenzialdifferenz im Stromkreis
Der Unterschied zwischen dem Elektronenüberschuss am Minuspol und dem Elektronenmangel am Pluspol heißt **Potenzialdifferenz** oder **elektrische Spannung** U. Ihre Einheit wird zu Ehren von ALESSANDRO VOLTA (1745 – 1827) mit **V (Volt)** bezeichnet.

> **Name:** elektrische Spannung
> **Formelzeichen:** U
> **Einheit:** V (Volt)
> **Weitere Einheiten:** 1000 V = 1 kV (Kilovolt)
> 1 V = 1000 mV (Millivolt)

Energieübertragung
Die Elektrizitätsquelle überträgt elektrische Energie pro Ladung in den Stromkreis. Der Nutzer wandelt sie in Energie anderer Form um. Die Energie bewegt sich also gerichtet von der Elektrizitätsquelle zum Nutzer.

Die Spannung messen

Die Spannung an einer Lampe kann mit einem **Spannungsmessgerät** bestimmt werden. Dazu muss das Vielfachmessgerät **parallel** zur Lampe geschaltet werden (→ Bild 3).

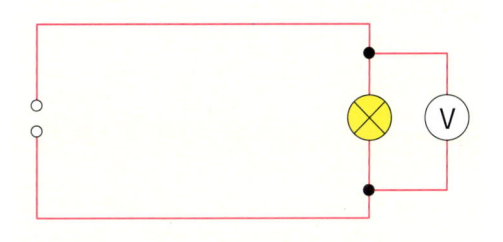

Digitale und analoge Messgeräte

Auf der Ziffernanzeige eines **digitalen Vielfachmessgerätes** wie in Bild 4 können die gemessen Werte direkt abgelesen werden. Alle digitalen Messgeräte benö-tigen für ihren Betrieb eine Batterie. Bei einem **analogen Vielfachmessgerät** wie in Bild 5 wird der Messwert aus Messbereich und Zeigerstellung bestimmt. Vor dem Messen muss der Zeiger mit der Stellschraube auf null eingestellt werden.

Schritt für Schritt zum Messwert

- Stelle am Messgerät den größten geeigneten Messbereich für Gleichspannung ein: DCV oder V-.
- Schließe das Messgerät wie in Bild 3 **parallel** zur Lampe an. Dabei muss die COM-Buchse mit dem Minuspol der Elektrizitätsquelle verbunden werden. Der Pluspol wird an Buchse V angeschlossen.

digital
Lies den Messwert ab. Achte auf die Einheit.

analog
Lies die Zeigerstellung ab. Beachte den Messbereich und notiere den Messwert in der richtigen Einheit.

3 Schaltplan zur Messung der Spannung

4 Digitale Messung einer Wechselspannung

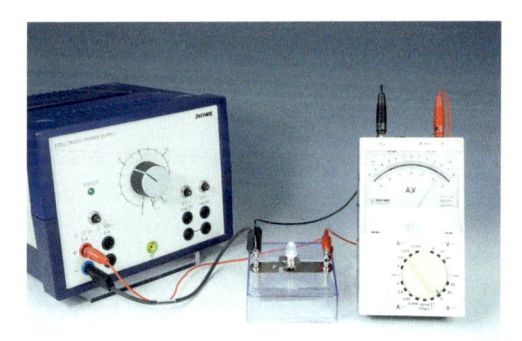

5 Analoge Messung einer Gleichspannung

> Ein **Spannungsmessgerät** muss **parallel** zur Elektrizitätsquelle oder zum Nutzer geschaltet werden.

---

❶ Vergleiche den Stromkreis mit dem Wasserkreislauf nach Aufbau und Arbeitsweise. Erstelle eine Tabelle.

❷ Zwischen den Polen einer Batterie besteht eine Spannung. Nenne die Ursache und beschreibe ihre Wirkung.

❸ Du hast einen einfachen Stromkreis mit Motor und Schalter. Beschreibe die Messung der Spannung am Motor
   a) mit einem digitalen Vielfachmessgerät.
   b) mit einem analogen Vielfachmessgerät.
   c) Zeichne den Schaltplan.

Starthilfe zu 1:

Wasserkreislauf	Stromkreis
Pumpe	Elektrizitätsquelle
...	...

FORSCHEN UND ENTDECKEN — Digital+ Film/Animation

A Die Messung von Spannung und Stromstärke

Material: 2 unterschiedliche 6 V-Lampen, 2 Fassungen, 6 V-Elektromotor mit Lüfterrad, Elektrizitätsquelle, 1 Schalter, Experimentierkabel, 2 Vielfachmessinstrumente (→ Bild 1)

Durchführung:

Schritt 1: Zeichne den Schaltplan eines einfachen Stromkreises mit Lampe, Schalter und einem Vielfachmessinstrument zur Stromstärkenmessung sowie einem Vielfachmessinstrument zur Spannungsmessung.

Schritt 2: Baue den Stromkreis nach deinem Schaltplan mit Lampe 1 auf.

Schritt 3: Erhöhe die Spannung in 1 V-Schritten von 1 V bis 6 V. Wähle jeweils am Spannungsmessgerät den passenden Messbereich. Beginne am Stromstärkemessgerät immer mit dem größten Messbereich. Schalte auf kleinere Messbereiche um, bis der Wert für die Stromstärke gut ablesbar ist. Trage die Messwerte in Tabelle 2 ein.

Schritt 4: Entnimm die Stromstärken für die Lampe 1 aus Tabelle 2. Stelle die Elektrizitätsquelle nacheinander auf diese Werte ein und miss die zugehörigen Spannungen an Lampe 1. Trage die Werte in die Tabelle 3 ein.

Schritt 5: Wiederhole die Schritte 3 und 4 mit der Lampe 2 und anschließend mit dem Elektromotor.

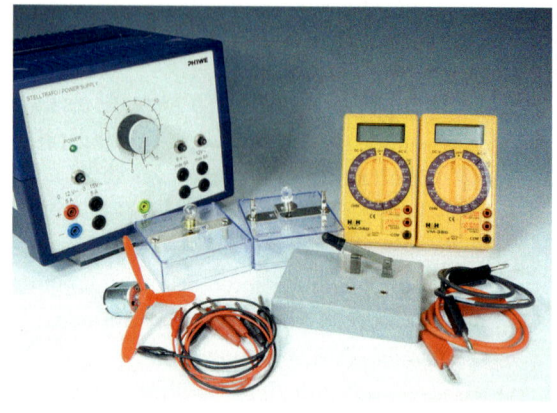

1 Bauteile für die Messung der Stromstärke und der Spannung in einem Stromkreis

ACHTUNG: Lass die Schaltung von deiner Lehrerin oder deinem Lehrer abnehmen, bevor du die Elektrizitätsquelle einschaltest.

E-Quelle	U in V	1,0	2,0	3,0	4,0	5,0	6,0
Lampe 1	I in A	...	...	...	...	...	...
Lampe 2	I in A	...	...	...	...	...	...
Elektromotor	I in A	...	...	...	...	...	...

2 Wertetabelle für die Stromstärkemessung

Lampe 1	I in A	...	...	...	...	...
	U in V	...	...	...	...	...
Lampe 2	I in A	...	...	...	...	...
	U in V	...	...	...	...	...
Elektromotor	I in A	...	...	...	...	...
	U in V	...	...	...	...	...

3 Wertetabelle für die Spannungsmessung

❶ Gib die Schaltungsart der Vielfachmessinstrumente zur Messung der Stromstärke und der Spannung an.

❷ Beschreibe, wie sich beim Erhöhen der Spannung die Stromstärke
   a) in den Lampen 1 und 2,
   b) im Elektromotor ändert.
   c) Beschreibe jeweils die Auswirkung der Erhöhung der Spannung.

❸ III Begründe, dass bei der Messung mit einem Vielfachmessgerät immer mit dem größten Messbereich begonnen werden muss, wenn der höchstmögliche Wert noch nicht bekannt ist.

IM ALLTAG

Der Umgang mit Spannung und Stromstärke

Die richtige Spannung ist wichtig!
Elektrische Geräte dürfen nur an eine Elektrizitätsquelle mit der passenden Spannung angeschlossen werden. Bei Geräten, die an das öffentliche Versorgungsnetz angeschlossen werden sollen, ist die Spannung auf dem Typenschild mit 230 V angegeben (→ Bild 4). Elektrische Kleingeräte werden mit passenden Steckernetzgeräten, Akkus oder Batterien betrieben. Ist die Spannung der Elektrizitätsquelle zu hoch, können die Geräte zerstört werden. Ist die Spannung zu niedrig, arbeiten sie nicht richtig. Akkus dürfen nur mit den passenden Ladegeräten aufgeladen werden. Auf den Ladegeräten findest du zwei Angaben. Der **Input-Wert** gibt die Spannung an, mit dem das Ladegerät betrieben wird, in Bild 5 mit 12 V. Der **Output-Wert** ist die Spannung, die an die Akkus im Ladegerät abgegeben wird, um sie aufzuladen, hier beispielsweise 2 x 1,45 V.

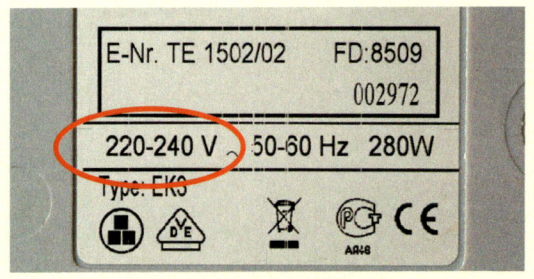

4 Typenschild eines elektrischen Gerätes

5 Input- und Output-Spannungsangaben

ACHTUNG: Werden Akkus mit zu hoher Spannung geladen, besteht Brandgefahr!

Beruf: Elektronikerin/Elektroniker
Das Berufsbild umfasst unterschiedliche Fachrichtungen mit verschiedenen Arbeitsfeldern.
- Automatisierungstechnik
- Energie- und Gebäudetechnik
- Informations- und Telekommunikationstechnik
- Maschinen- und Antriebstechnik
- Informations- und Systemtechnik
- Telekommunikationssystem-Elektronik
- Mikrotechnologie

Die Ausbildung dauert 3 Jahre bis 3,5 Jahre. Voraussetzung ist der Realschulabschluss.

6 Elektronikerin und Elektroniker in der Ausbildung

1 a) Suche in den Bedienungsanleitungen von elektrischen Haushaltsgeräten die Sicherheitshinweise für den elektrischen Anschluss heraus und vergleiche sie.
b) Lies von einem Akku und dem dazugehörigen Ladegerät die Input- und Output-Angaben in Volt (V) ab und vergleiche sie.

2 Recherchiere zwei Arbeitsfelder aus dem Berufsbild Elektronikerin/Elektroniker. Stelle sie in einem Kurzvortrag deinen Mitschülerinnen und Mitschülern vor.

Digital+ Film

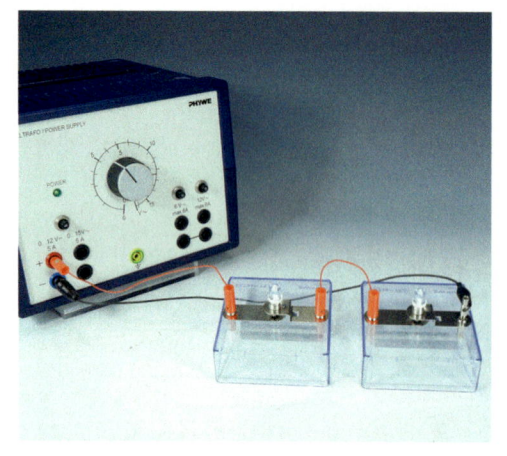

1 Zwei Lampen in Reihenschaltung

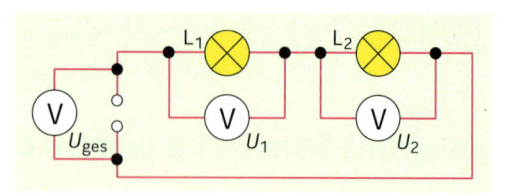

2 Spannungen messen in der Reihenschaltung

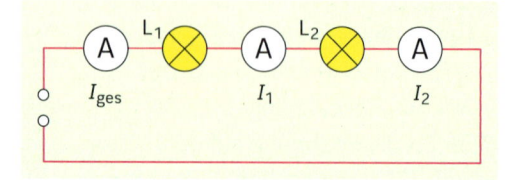

3 Stromstärken messen in der Reihenschaltung

Die Stromstärke und die Spannung in Schaltungen

Spannungen in der Reihenschaltung

Liegen zwei Lampen wie in Bild 1 in Reihe in einem Stromkreis, so wird die Spannung der Elektrizitätsquelle aufgeteilt. An jeder der beiden Lampen liegt dann eine **Teilspannung** U_1 oder U_2 an. Beide Teilspannungen addieren sich zur **Gesamtspannung** U_{ges} (→ Bild 3).
Für die Spannungen in einer Reihenschaltung gilt:

$$U_{ges} = U_1 + U_2$$

Stromstärken in der Reihenschaltung

Alle Elektronen bewegen sich vom Minuspol der Elektrizitätsquelle durch beide Lampen zum Pluspol. Die elektrische Stromstärke I_{ges} an der Elektrizitätsquelle und die Stromstärken I_1 und I_2 an den Lampen sind gleich (→ Bild 3).

Für die Stromstärke in einer Reihenschaltung gilt:

$$I_{ges} = I_1 = I_2$$

Für zwei baugleiche Lampen in Reihenschaltung ergibt sich $U_1 = U_2 = \frac{1}{2} \cdot U_{ges}$.

Messung der Spannungen

Die Teilspannungen U_1 und U_2 an den Lampen 1 und 2 sind zusammen so groß, wie die Spannung U_{ges} an der Elektrizitätsquelle. Die Vielfachmessgeräte müssen deshalb für die Gesamtspannung und die Teilspannungen auf die passenden Messbereiche eingestellt sein.

Messung der Stromstärke

In der Reihenschaltung ist die Stromstärke überall gleich. Das Vielfachmessgerät kann deshalb an jeder Stelle in den Stromkreis eingebaut werden. Es kann an jeder Stelle derselbe Messbereich eingestellt sein.

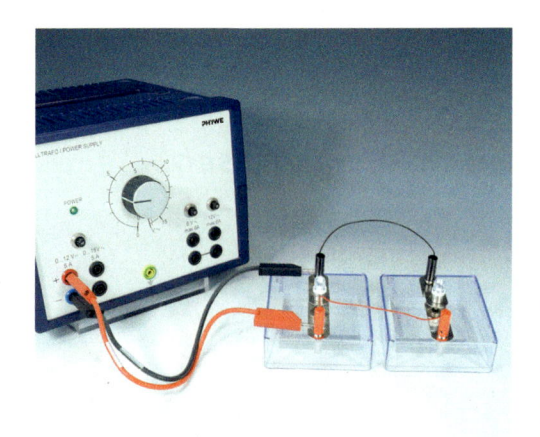

4 Zwei Lampen in Parallelschaltung

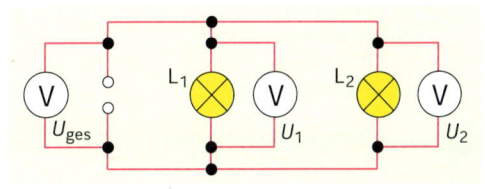

5 Spannungen messen in der Parallelschaltung

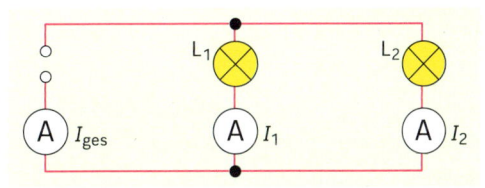

6 Stromstärken messen in der Parallelschaltung

Spannungen in der Parallelschaltung

Liegen zwei Lampen wie in Bild 4 parallel in einem Stromkreis, so liegt an jeder die gesamte Spannung der Elektrizitätsquelle. Für die Spannung in der Parallelschaltung gilt:

$$U_{ges} = U_1 = U_2$$

Messung der Spannung

In der Parallelschaltung sind die Spannungen U_{ges}, U_1 und U_2 überall gleich. Die Vielfachmessgeräte können deshalb parallel zu jeder Lampe und zur Elektrizitätsquelle eingebaut werden (→ Bild 5). Jedes Vielfachmessgerät kann auf denselben Messbereich eingestellt sein.

Stromstärken in der Parallelschaltung

In der Parallelschaltung teilt sich der Elektronenstrom in Teilströme. Die **Teilstromstärken** I_1 und I_2 ergeben zusammen die **Gesamtstromstärke** I_{ges} in der Parallelschaltung.

$$I_{ges} = I_1 + I_2$$

Messung der Stromstärken

Die Stromstärken I_1 und I_2 an den Lampen sind zusammen so groß wie die Gesamtstromstärke I_{ges}. Die Stromstärken I_1, I_2 und I_{ges} müssen daher einzeln gemessen werden (→ Bild 6). Die Vielfachmessgeräte müssen für jede Stromstärke auf den passenden Messbereich eingestellt sein.

---

1 In einer Reihenschaltung mit zwei baugleichen Lampen kann an einer Lampe eine Spannung von 4 V und eine Stromstärke von 1 A gemessen werden.
a) Gib die Gesamtspannung und die Gesamtstromstärke an.
b) Gib die Spannung und die Stromstärke an der zweiten Lampe an.

2 Zwei baugleiche Lampen sind parallel an eine Batterie mit U_{ges} = 6 V angeschlossen. Die Gesamtstromstärke I_{ges} beträgt 0,5 A. Gib für jede der Lampen die Spannung in V und die Stromstärke in A an.

3 a) In einer Parallelschaltung mit zwei verschiedenen Lampen beträgt I_{ges} = 4,85 A und I_2 = 3,15 A. Berechne I_1.
b) In einer Reihenschaltung mit drei baugleichen Lampen beträgt I_3 = 2,5 A und U_3 = 1,5 V. Gib die Spannungen und die Stromstärken an den beiden anderen Lampen und an der Elektrizitätsquelle an.

FORSCHEN UND ENTDECKEN

A Die Spannungen in der Reihenschaltung messen

Material: Elektrizitätsquelle, 3 LED mit Fassung, 4 Vielfachmessinstrumente, Experimentierkabel

Durchführung:

Schritt 1: Zeichne den Schaltplan zu Bild 1 und baue den Versuch auf.

Schritt 2: Stelle die Elektrizitätsquelle auf 2,0 V ein und erhöhe die Spannung in 0,2 V-Schritten bis 4,0 V. Lies jeweils die Höhe der Spannung an der Elektrizitätsquelle und an den LEDs ab. Trage die Werte in die Tabelle ein. (→ Bild 2)

1 Spannungen messen in einer Reihenschaltung

Spannung U_{ges} an der E-Quelle	Spannung U_1 an LED 1	Spannung U_2 an LED 2
...	...	...

2 Messwerttabelle

1 a) Vergleiche die Spannungen in deiner Tabelle. Nenne den Zusammenhang.
  b) Stelle das Ergebnis des Versuches in mathematischer Form dar.

2 Erweitere die Schaltung in Bild 1 und die Tabelle in Bild 2 auf 3 LED und wiederhole den Versuch. Vergleiche das Ergebnis mit dem Ergebnis aus dem Versuch mit 2 LED. Formuliere den mathematischen Zusammenhang.

B Die Stromstärken in der Reihenschaltung messen

Material: Elektrizitätsquelle, 3 LED mit Fassung, 4 Vielfachmessinstrumente, Experimentierkabel

Durchführung:

Schritt 1: Zeichne den Schaltplan zu Bild 3 und baue den Versuch auf.

Schritt 2: Stelle die Elektrizitätsquelle auf 2,0 V ein und erhöhe die Spannung in 0,2 V-Schritten bis 4,0 V. Lies jeweils die Höhe der Stromstärke an der Elektrizitätsquelle und an den LEDs ab. Trage die Werte in die Tabelle ein. (→ Bild 4)

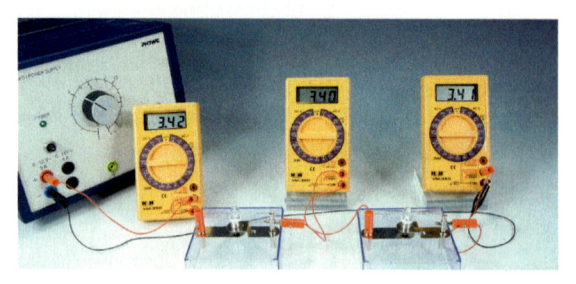

3 Stromstärken messen in einer Reihenschaltung

Stromstärke I_{ges} an der E-Quelle	Stromstärke I_1 an LED 1	Stromstärke I_2 an LED 2
...	...	...

4 Messwerttabelle

1 a) Vergleiche die Stromstärken in deiner Tabelle. Nenne den Zusammenhang.
  b) Stelle das Ergebnis des Versuches in mathematischer Form dar.

2 Erweitere die Schaltung in Bild 3 und die Tabelle in Bild 4 auf 3 LED und wiederhole den Versuch. Vergleiche das Ergebnis mit dem Ergebnis aus dem Versuch mit 2 LED. Formuliere den mathematischen Zusammenhang.

Elektrizität und elektrische Energie **201**

FORSCHEN UND ENTDECKEN

C Die Spannungen in der Parallelschaltung messen

Material: Elektrizitätsquelle, 3 LED mit Fassung, 4 Vielfachmessinstrumente, Experimentierkabel

Durchführung:

Schritt 1: Zeichne den Schaltplan zu Bild 5 und baue den Versuch auf.

Schritt 2: Stelle die Elektrizitätsquelle auf 2,0 V ein und erhöhe die Spannung in 0,2 V-Schritten bis 4,0 V. Lies jeweils die Höhe der Spannung an der Elektrizitätsquelle und an den LEDs ab. Trage die Werte in die Tabelle ein. (→ Bild 6)

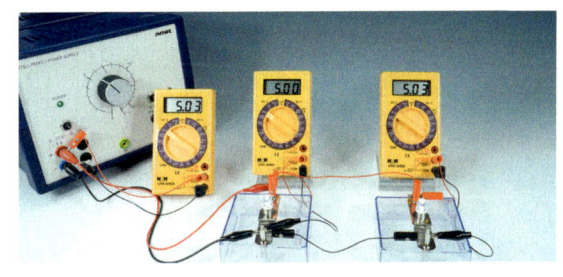

5 Spannungen messen in einer Parallelschaltung

Spannung U_{ges} an der E-Quelle	Spannung U_1 an LED 1	Spannung U_2 an LED 2
...	...	...

6 Messwerttabelle

1 a) Vergleiche die Spannungen in deiner Tabelle. Nenne den Zusammenhang.
b) Stelle das Ergebnis des Versuches in mathematischer Form dar.

2 Erweitere die Schaltung in Bild 5 und die Tabelle in Bild 6 auf 3 LED und wiederhole den Versuch. Vergleiche das Ergebnis mit dem Ergebnis aus dem Versuch mit 2 LED. Formuliere den mathematischen Zusammenhang.

D Die Stromstärken in der Parallelschaltung messen

Material: Elektrizitätsquelle, 3 LED mit Fassung, 4 Vielfachmessinstrumente, Experimentierkabel

Durchführung:

Schritt 1: Zeichne den Schaltplan zu Bild 7 und baue den Versuch auf.

Schritt 2: Stelle die Elektrizitätsquelle auf 2,0 V ein und erhöhe die Spannung in 0,2 V-Schritten bis 4,0 V. Lies jeweils die Höhe der Stromstärke an der Elektrizitätsquelle und an den LEDs ab. Trage die Werte in die Tabelle ein. (→ Bild 8)

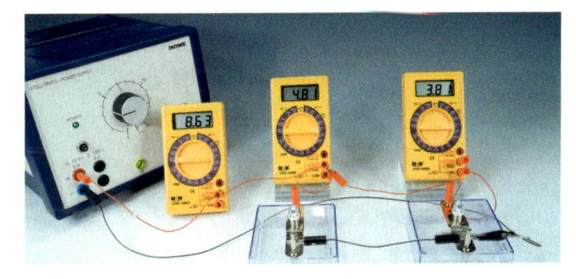

7 Stromstärken messen in einer Parallelschaltung

Stromstärke I_{ges} an der E-Quelle	Stromstärke I_1 an LED 1	Stromstärke I_2 an LED 2
...	...	...

8 Messwerttabelle

1 a) Vergleiche die Stromstärken in deiner Tabelle. Nenne den Zusammenhang.
b) Stelle das Ergebnis des Versuches in mathematischer Form dar.

2 Erweitere die Schaltung in Bild 7 und die Tabelle in Bild 8 auf 3 LED und wiederhole den Versuch. Vergleiche das Ergebnis mit dem Ergebnis aus dem Versuch mit 2 LED. Formuliere den mathematischen Zusammenhang.

1 Verlangsamter Verkehrsfluss

Der elektrische Widerstand

Eine Baustelle im Verkehrsstrom
Auf Autobahnen fließt der Verkehr langsamer, wenn eine Spur durch eine Baustelle blockiert ist. Die Geschwindigkeit der Autos verringert sich. In gleichen Zeitabschnitten können weniger Autos die Engstelle passieren (→ Bild 1).

Elektronen in einem Stromkreis
In einem Stromkreis sind Elektronen die Teilchen, die bewegt werden. Die Elektrizitätsquelle ist der Antrieb für die Elektronen. In einem metallischen Leiter stoßen die Elektronen mit den Atomrümpfen des Metallgitters zusammen. Dadurch werden die Elektronen in ihrer Bewegung gebremst. Diese Eigenschaft ist der **elektrische Widerstand** eines Leiters.

Das ohmsche Gesetz
Wenn du in einem Stromkreis mit Lampe die Spannung veränderst, ändert sich auch die Stromstärke. Das erkennst du daran, dass sich die Helligkeit der Lampe ändert. An einem **Konstantandraht** im Stromkreis lässt sich der Zusammenhang zwischen der Stromstärke und der Spannung besonders gut zeigen. Eine Messung zeigt, dass sich bei einer Verdoppelung (Halbierung) der Spannung auch der Wert der Stromstärke verdoppelt (halbiert). Die Stromstärke und die Spannung sind **proportional zueinander** (→ Bild 2). Die Werte der Quotienten aus Stromstärke und Spannung bei einem Konstantandraht haben immer den gleichen Wert. Der Quotient ist konstant. Diese Gesetzmäßigkeit zwischen Stromstärke und Spannung heißt **ohmsches Gesetz.**

> **Ohmsches Gesetz:** $I \sim U$, $\frac{I}{U}$ = konstant

Gültigkeit des ohmschen Gesetzes
Bei metallischen Leitern aus Eisen, Kupfer oder Aluminium bewirkt eine Erhöhung der Spannung in gleichen Schritten eine immer geringere Zunahme der Stromstärke (→ Bild 2). Bei diesen Metallen gilt das ohmsche Gesetz nicht.

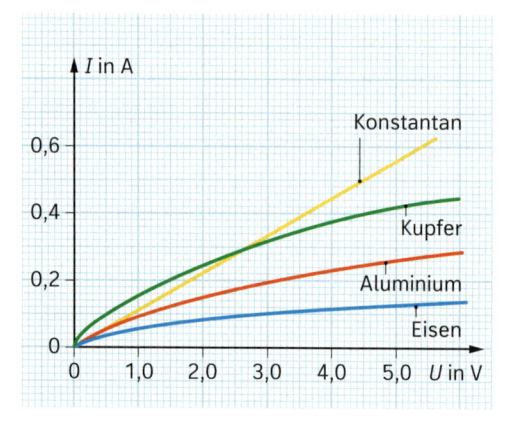

2 Ein Spannung-Stromstärke-Diagramm

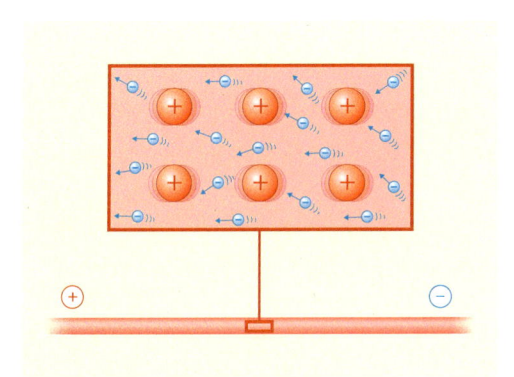

3 Ein Metallgitter im warmen Zustand

4 Der Widerstand als Bauteil

Der elektrische Widerstand

Der Quotient $\frac{I}{U}$ gibt an, wie gut ein Leitermaterial den elektrischen Strom leitet. Er heißt **elektrische Leitfähigkeit**.
Der Kehrwert $\frac{U}{I}$ ist der **elektrische Widerstand R**. Er beschreibt, wie stark die Elektronen auf dem Weg durch den metallischen Leiter gebremst werden. Die Einheit des elektrischen Widerstandes ist **Ω (Ohm)**.

> **Name:** elektrischer Widerstand
> **Formelzeichen:** R
> **Berechnung:** $R = \frac{U}{I}$
> **Einheit:** $\frac{V}{A} = \Omega$ (Ohm)
> **Weitere Einheit:** 1000 Ω = 1 kΩ

Abhängigkeiten des Widerstandes

Mit zunehmender **Leiterlänge** stoßen die Elektronen mit mehr Atomrümpfen zusammen. Dadurch steigt der Widerstand an.
Mit zunehmender **Querschnittsfläche** können mehr Elektronen durch den Leiter strömen. Eine Vergrößerung der Querschnittsfläche verringert den Widerstand.
Auch das **Material** des elektrischen Leiters beeinflusst den Widerstand. Die Materialien unterscheiden sich dadurch, wie stark sie einen Elektronenstrom bremsen.

Widerstände und Temperatur

Bei metallischen Leitern aus Kupfer, Aluminium oder Eisen steigt die **Temperatur** an, wenn Elektronen durch den Leiter strömen. Je höher die Temperatur des Leiters ist, desto größer ist sein Widerstand. Die Temperaturerhöhung wird durch eine hohe Stromstärke hervorgerufen. Bei einer höheren Stromstärke strömen mehr Elektronen durch den Leiter. Je mehr Elektronen sich bewegen, desto häufiger kommt es zu Zusammenstößen mit den Atomrümpfen. Sie beginnen zu schwingen. Die Temperatur des Leiters steigt. Bei jedem Zusammenstoß wird also Wärme abgegeben (→ Bild 3).

Widerstände als Bauteile

Der Begriff Widerstand bezeichnet die Eigenschaft eines elektrischen Leiters. Er wird aber auch für die Bezeichnung von Bauteilen verwendet. Diese Bauteile heißen **Festwiderstände**.
Sie sind aus unterschiedlichen Materialien hergestellt und haben feste Widerstandswerte. Die Farben der Ringe auf dem Bauteil geben die Größe des Widerstandes an (→ Bild 4).

---

❶ Erläutere die doppelte Bedeutung des Wortes Widerstand für einen Stromkreis.

❷ a) Beschreibe den Zusammenhang zwischen der Spannung und der Stromstärke an einem elektrischen Leiter.
b) Beschreibe das ohmsche Gesetz mit eigenen Worten.

❸ ❚❚ Beschreibe die Abhängigkeiten des Widerstandes eines Leiters in Je-desto-Sätzen.

FORSCHEN UND ENTDECKEN

A Das ohmsche Gesetz für einen Konstantandraht

Material: Elektrizitätsquelle, 2 Vielfachmessgeräte, Stativfüße mit Isolatoren, Experimentierkabel, Konstantandraht ($d = 0{,}2$ mm, $\ell = 0{,}5$ m)

Durchführung:
- Schritt 1: Baue einen Stromkreis mit einem Konstantandraht als Leiter auf (→ Bild 1).
- Schritt 2: Schalte Vielfachmessgeräte zur Messung von Spannung und Stromstärke in den Stromkreis.
- Schritt 3: Erhöhe die Spannung schrittweise um 0,5 V bis 5 V. Lies die Höhe der Stromstärke ab und trage die Werte in die Tabelle ein (→ Bild 2).
- Zusatz: Wiederhole die Schritte für Konstantandraht ($d = 0{,}2$ mm, $\ell = 1{,}0$ m).

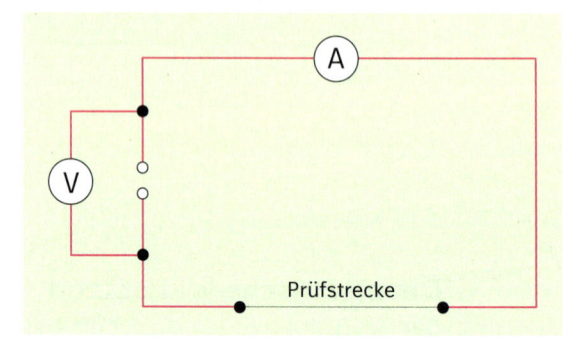

1 Spannung und Stromstärke werden gemessen.

U in V	0	0,5	1,0	1,5	2,0	2,5	3,0
I in A	0	…	…	…	…	…	…
$\frac{U}{I}$ in $\frac{V}{A}$	–	…	…	…	…	…	…

2 Messwerttabelle

1 Berechne die Werte der Quotienten von Spannung und Stromstärke und vergleiche sie.

2 a) Zeichne das U-I-Diagramm und beschreibe den Graphen.
  b) Interpretiere den Graphen und formuliere einen mathematischen Zusammenhang.

3 Zusatz: Vergleiche den Verlauf beider Graphen. Formuliere ein Ergebnis und interpretiere es.

B Der Widerstand und die Temperatur

Material: Eisendraht ($d = 0{,}2$ mm), digitales Vielfachmessgerät, Gasbrenner, Stift

Durchführung:
- Schritt 1: Wickle einen 1 m langen Eisendraht über einen Stift zu einer Wendel.
- Schritt 2: Spanne die Wendel in die Prüfstrecke (→ Bild 2). Miss den Widerstand.
- Schritt 3: Erwärme die Drahtwendel vorsichtig mit der Gasflamme. Beobachte dabei die Anzeige des Messgerätes.

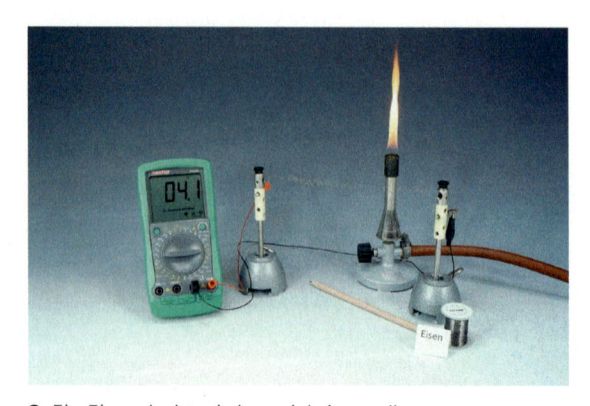

3 Ein Eisendraht wird vorsichtig erwärmt.

1 Beschreibe den Einfluss der Temperatur auf den Widerstand eines Leiters.

2 Erläutere den Einfluss der Temperatur auf den Widerstand mit dem Teilchenmodell.

ÜBEN UND ANWENDEN

A Überprüfe, ob das ohmsche Gesetz gilt!

1 Die Tabelle 1 enthält Messwerte für die Spannung und die Stromstärke für einen elektrischen Leiter. Überprüfe durch Berechnung, ob für diesen Leiter das ohmsche Gesetz gilt. Bilde dazu den Quotienten $\frac{U}{I}$.

2 Die Tabellen 2 und 3 enthalten Messwerte für andere elektrische Leiter.
a) Trage beide Messreihen in dasselbe U-I-Diagramm ein.
b) Begründe, ob für diese elektrischen Leiter das ohmsche Gesetz gilt.

U in V	0	0,64	1,66	4,23	10,8	27,65
I in A	0	0,25	0,64	1,64	4,2	10,75

4 Tabelle 1

U in V	0	0,8	1,6	2,4	3,2	4,0
I in A	0	0,3	0,6	0,9	1,2	1,5

5 Tabelle 2

U in V	0	0,42	0,84	1,26	1,68	2,1
I in A	0	0,18	0,38	0,72	1,16	1,4

6 Tabelle 3

B Berechne die fehlende Größe!

Beispielaufgabe
Ein Bügeleisen wird im Haushaltsnetz an eine elektrische Spannung von 230 V angeschlossen. Während des Betriebs beträgt die elektrische Stromstärke 4,4 A. Berechne die Größe des elektrischen Widerstandes R.

geg.: $U = 230$ V, $I = 4{,}4$ A **ges.:** R

Lösung: $R = \frac{U}{I}$

$R = \frac{230\ \text{V}}{4{,}4\ \text{A}}$

$R = 52{,}27\ \Omega$

Antwort: Der Widerstand des Bügeleisens beträgt 52 Ω.

Starthilfe zu 1:
$R = \frac{U}{I}$, $U = I \cdot R$, $I = \frac{U}{R}$

1 Berechne die fehlenden Werte.

Spannung U	Stromstärke I	Widerstand R
...	0,55 A	200 Ω
1 kV	...	0,1 kΩ
12 V	10 mA	...

2 Ein Lötkolben für feine Lötarbeiten hat bei Betrieb einen Widerstand von 29 Ω. Die Stromstärke beträgt 415 mA. Berechne die Größe der Spannung, an die der Lötkolben angeschlossen ist.

3 Ein Glätteisen wird an eine Spannung von 230 V angeschlossen. Es hat einen elektrischen Widerstand von 294 Ω. Berechne die Größe der Stromstärke.

4 Ein Mini-Raclette wird üblicherweise an eine Spannung von 230 V angeschlossen. Es hat einen Widerstand von 151 Ω.
a) Berechne die Stromstärke, wenn es auf dem Campingplatz versehentlich an 12 V angeschlossen wird.
b) Gib die Veränderung der Stromstärke in Prozent (%) an.

1 Festwiderstände auf einer Platine

Die Widerstände in Schaltungen

Der Wert eines Festwiderstandes

Der Widerstandswert eines Festwiderstandes kann mit einem digitalen Vielfachmessgerät gemessen werden. Dazu muss das Bauteil über Messkabel an die entsprechenden Anschlüsse des Messgerätes angeschlossen werden. Im Display wird der Widerstandswert in Ω angezeigt.

Widerstände in Reihe geschaltet

Mehrere Widerstände, die hintereinander geschaltet sind, bilden eine Reihenschaltung (→ Bild 2). Mit jedem weiteren Widerstand, der dazu geschaltet wird, erhöht sich der angezeigte Wert. Der Wert des **Gesamtwiderstandes** einer Reihenschaltung aus mehreren Widerständen ist so groß wie die Summe der einzelnen Widerstandswerte.

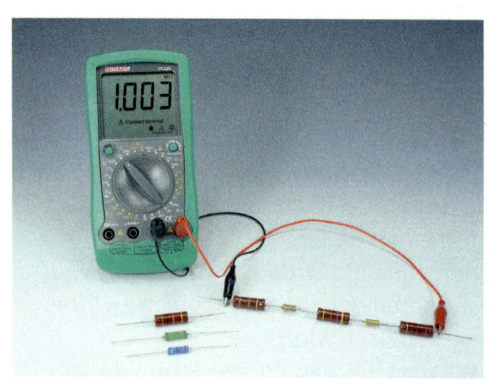

Den Ersatzwiderstand berechnen

Mehrere in Reihe geschaltete Einzelwiderstände können durch einen Widerstand ersetzt werden. Dazu muss die Summe der Einzelwerte mit dem Wert dieses **Ersatzwiderstandes** übereinstimmen. In Schaltungen kann er anstelle der Einzelwiderstände eingebaut werden.
Für die Berechnung werden die Einzelwerte addiert. Sie ergeben den Wert des **Ersatzwiderstandes** R_{Ersatz}, der dem Wert des Gesamtwiderstandes R_{ges} für die Reihenschaltung entspricht (→ Bild 3).

> **Ersatzwiderstand** in einer Reihenschaltung von Widerständen:
> $$R_{ges} = R_1 + R_2 + R_3$$

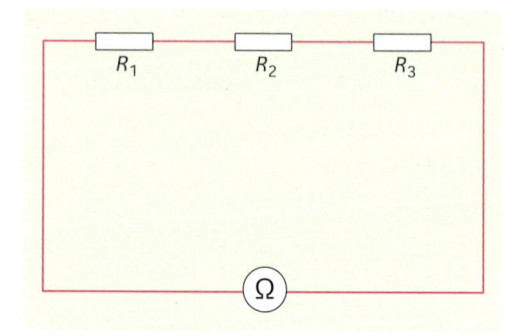

2 Festwiderstände in einer Reihenschaltung

3 Messen des Gesamtwiderstandes einer Reihenschaltung von Widerständen

Widerstände parallel geschaltet

Für Widerstände, die parallel geschaltet sind, kann ebenfalls ein Ersatzwiderstand bestimmt werden (→ Bild 4). Werden zwei gleich große Widerstände parallel geschaltet, zeigt das Display einen Wert an, der der Hälfte des Einzelwertes entspricht. Wird ein weiterer Widerstand gleicher Größe hinzugeschaltet, beträgt der Gesamtwiderstand ein Drittel des Einzelwertes. Sind die Einzelwiderstände nicht gleich groß, ist der Ersatzwiderstand kleiner als der kleinste Einzelwiderstand.

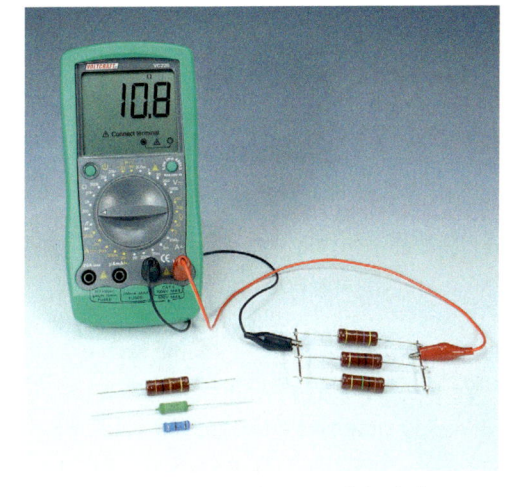

4 Festwiderstände in einer Parallelschaltung

Den Ersatzwiderstand berechnen

Für die Berechnung des Ersatzwiderstandes in einer Parallelschaltung werden die Kehrwerte der Einzelwiderstände addiert. Zur Bestimmung des Ersatzwiderstandes R_{Ersatz} für die Parallelschaltung muss dann der Kehrwert gebildet werden.

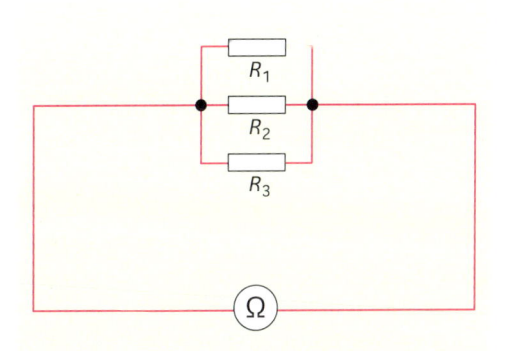

> **Ersatzwiderstand** in einer Parallelschaltung von Widerständen:
> $$\frac{1}{R_{ges}} = \frac{1}{R_1} + \frac{1}{R_2} + \frac{1}{R_3}$$

5 Messen des Gesamtwiderstandes einer Parallelschaltung von Widerständen

---

1 Erläutere die doppelte Bedeutung des Wortes Widerstand für einen Stromkreis.

2 In einer Reihenschaltung mit 3 Widerständen wird der Ersatzwiderstand gemessen. Zeichne den Schaltplan.

Starthilfe zu 2 und 4:
Benutze die folgenden Schaltzeichen.

3 a) Zwei Widerstände mit 200 Ω und 3000 Ω sind in Reihe geschaltet. Berechne den Ersatzwiderstand.
b) Drei Widerstände mit 27 Ω, 80 Ω und 4,5 kΩ sind in Reihe geschaltet. Berechne den Ersatzwiderstand.

4 In einer Parallelschaltung mit 3 Widerständen wird der Gesamtwiderstand gemessen. Zeichne den Schaltplan.

5 a) Zwei Widerstände mit 5 Ω und 20 Ω sind parallel geschaltet. Berechne den Ersatzwiderstand.
b) Drei Widerstände mit 20 Ω, 30 Ω und 60 Ω sind parallel geschaltet. Berechne den Ersatzwiderstand.

6 Begründe, dass für die Widerstandsmessungen mit einem digitalen Vielfachmessgerät keine separate Elektrizitätsquelle notwendig ist.

ÜBEN UND ANWENDEN

A Die Kennzeichnung von Festwiderständen

Material: Festwiderstände verschiedener Größe mit vier Ringen, Tabelle mit dem internationalen Widerstandsfarbcode (→ Bild 1)

Durchführung:
Schritt 1: Halte den Widerstand so, dass der silberfarbene oder der goldfarbene Ring nach rechts zeigt.
Schritt 2: Starte links! Lies den ersten, zweiten und dritten Farbring ab und ordne ihm die Ziffer aus der Farbcodetabelle zu.
Schritt 3: Bestimme mithilfe des vierten Farbringes den Toleranzbereich des Widerstandes.

Farbe	1. Ring	2. Ring	3. Ring	4. Ring
schwarz	0	0	·1	
braun	1	1	·10	± 1 %
rot	2	2	·100	± 2 %
orange	3	3	·1000	
gelb	4	4	·10000	
grün	5	5	·100000	
blau	6	6	·1000000	
violett	7	7	·10000000	
grau	8	8	·100000000	
weiß	9	9	·1000000000	
gold			:10	± 5 %
silber			:100	± 10 %

1 Farbcode für Widerstände mit vier Ringen

❶ a) Bestimme den Wert eines Widerstandes, der sich aus der Farbenfolge rot-grün-braun ergibt.
b) Gib den Toleranzbereich des Widerstandes an, wenn der vierte Ring silberfarben ist.
‖ c) Gib den Widerstandswert der Toleranz aus b) in Ω an. Erkläre das Ergebnis in Bezug auf die Angabe des Widerstandwertes in a).

Starthilfe zu 1 und 2:
Halte den Widerstand so, dass der silberne oder goldfarbene Ring nach rechts zeigt.

❷ Bestimme für einen Widerstandswert von 470 Ω ± 5 % die Farbenfolge des Widerstandes.

B Die Größe der Widerstände an der Farbenfolge erkennen

❶ Bestimme mit dem Widerstandsfarbcode in Bild 1 den Widerstandswert, der sich
a) aus der Farbenfolge in Tabelle 1 ergibt.
b) aus der Farbenfolge in Tabelle 2 ergibt.

❷ Bestimme die Farben der Ringe für einen Widerstand nach Tabelle 3.

❸ Bestimme die Größe eines Widerstandes mit der Farbenfolge blau-grün-schwarz-silber.

❹ ‖ Bestimme die Farbenfolge für einen Widerstand mit 470 kΩ ± 10 %.

❺ ‖ Zeichne einen Widerstand mit einem Wert von 10 kΩ ± 2 %.

	1. Ring	2. Ring	3. Ring	4. Ring
Farbe	gelb	violett	braun	gold

2 Tabelle 1

	1. Ring	2. Ring	3. Ring	4. Ring
Farbe	blau	grün	orange	silber

3 Tabelle 2

	1. Ring	2. Ring	3. Ring	4. Ring
R in Ω	3	5	·10^5	± 5 %

4 Tabelle 3

IM ALLTAG

Widerstände gibt es in unterschiedlichen Bauformen

Schiebewiderstand

Ein langer Widerstandsdraht wird auf ein Keramikrohr gewickelt. Mit einem verschiebbaren Schleifkontakt kann die genutzte Länge des Widerstandsdrahtes in einem Stromkreis verändert werden. Mit verstellbaren Widerständen können die Spannung und die Stromstärke verändert werden. Schiebewiderstände werden als Schieberegler in Mischpulten eingesetzt

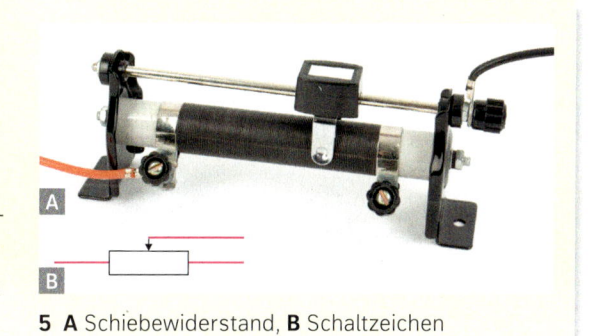

5 A Schiebewiderstand, **B** Schaltzeichen

Drahtpotenziometer

Um eine Keramikröhre ist ein Widerstandsdraht gewickelt. Seine Anschlüsse liegen bei A und B. Die mittlere Klemme C ist mit einem Schleifkontakt verbunden. Dieser lässt sich mit einer Achse drehen. Mit dem Schleifkontakt wird von dem Draht der Widerstandswert abgegriffen, der genutzt werden soll. Diese Schaltung heißt **Potenziometerschaltung.** Drahtpotenziometer werden als Lautstärkeregler eingesetzt.

6 A Drahtpotenziometer, **B** Schaltplan

Schichtpotenziometer

Bei einem Schichtpotenziometer besteht die leitende Schicht aus Kohlenstoff oder einem Kunststoff, der leitendes Material enthält. Die Schicht ist ringförmig aufgetragen. Sie umfasst einen Kreisringausschnitt von 270°. Durch Drehen an der Stellschraube wird der genutzte Widerstandsbereich verändert. Die Einstellmöglichkeit ist nicht so genau wie bei einem Drahtpotenziometer. Sie werden als Helligkeitsregler eingesetzt.

7 Schichtpotenziometer

① Erkläre, dass ein Schiebewiderstand und ein Potenziometer drei Anschlüsse haben müssen.

② Recherchiere elektrische Geräte, in denen Schichtpotenziometer eingebaut sind.

③ **III** Ein Schiebewiderstand aus Draht hat einen Widerstand von 1 kΩ. Gib den Widerstandswert an, der bei 75,5 % der Drahtlänge abgegriffen werden kann.

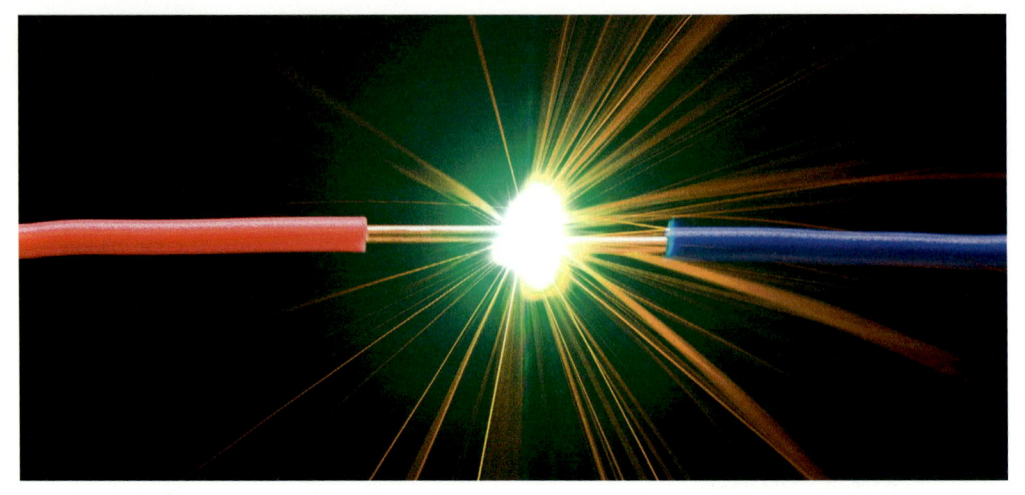

1 Bei einem Kurzschluss berühren sich Hinleitung und Rückleitung.

Schutz vor den Gefahren im elektrischen Stromkreis

Ein Kurzschluss

Ein elektrischer Stromkreis besteht mindestens aus der Elektrizitätsquelle, einem Nutzer und den Leitungen. Bei einem **Kurzschluss** berühren sich die Leitungen direkt (→ Bild 1). Die Elektronen fließen in einem solchen Fall direkt von der Hinleitung in die Rückleitung. Die Stromstärke steigt rasant an. Die Leitungen erwärmen sich stark, glühen und können sogar schmelzen. In einer Hausinstallation oder einem Auto hätte das gefährliche Folgen. Durch die Erwärmung der Kurzschlussstelle kann ein Brand ausgelöst werden.

Eine Überlastung

Eine ähnliche Situation kann entstehen, wenn zu viele elektrische Geräte parallel in einen Stromkreis geschaltet werden. Die Stromstärken der einzelnen Geräte addieren sich. Es kommt zu einer **Überlastung**. Die Stromstärke ist für die Leitung zu hoch. Sie erwärmt sich zu stark. Die Kunststoffisolierung der Leitung verschmort. Das erkennst du an der Geruchsbildung. Auch hier kann es zu einem Brand kommen.

Die Sicherung

Bei Gefahr eines Kurzschlusses oder einer Überlastung muss der elektrische Stromkreis sofort unterbrochen werden. Dazu wird eine **Sicherung** in den Stromkreis eingebaut. Bei einer **Schmelzsicherung** ist es ein kurzes Leiterstück, das in einer Keramik- oder Glashülse eingebaut ist (→ Bild 2A). Es schmilzt bei einer bestimmten Stromstärke. Der Stromkreis wird unterbrochen. Die Schmelzsicherung muss dann ausgetauscht werden.

Zur Absicherung einer Hausinstallation werden meistens **Sicherungsautomaten** eingebaut (→ Bild 2B). Auch sie unterbrechen den Stromkreis. Sie können aber wieder eingeschaltet werden, wenn der Fehler beseitigt ist.

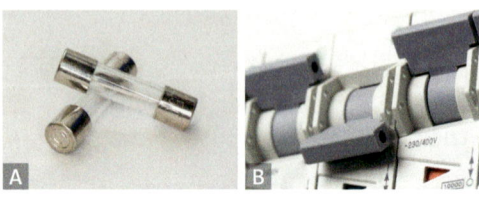

2 Sicherungen schützen den Stromkreis: **A** Schmelzsicherung, **B** Sicherungsautomat

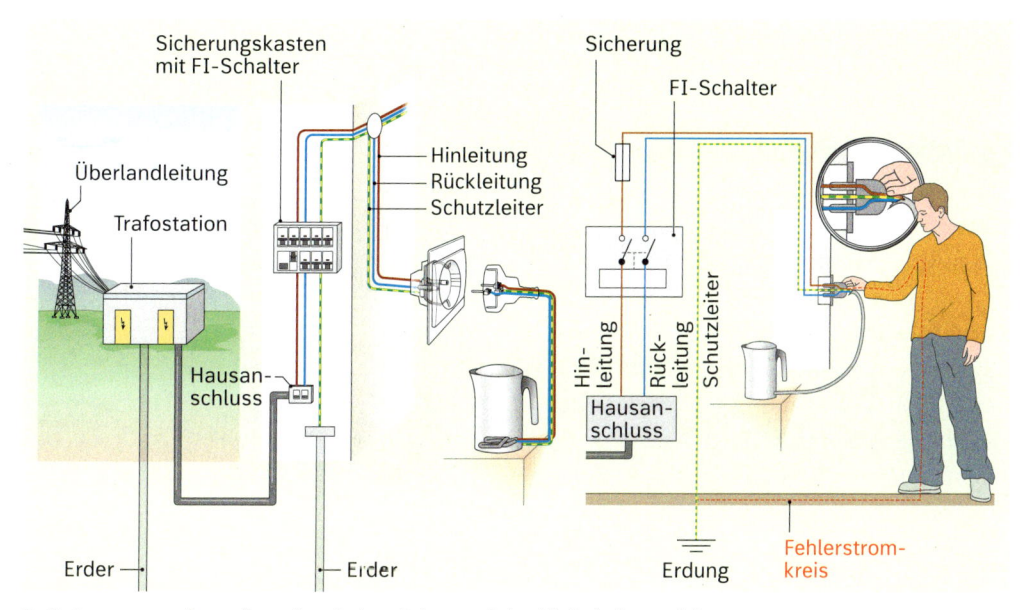

3 Sicherungen, der gelb-grüne Schutzleiter und der FI-Schalter schützen.

Der gelb-grüne Schutzleiter

Die Berührung Strom führender Teile ist für Menschen gefährlich. In jeder Hausinstallation wird neben der Hinleitung und der Rückleitung ein dritter Leiter mitgeführt. Er heißt **Schutzleiter** und ist **gelb-grün** gekennzeichnet. Dieser Leiter ist besonders wichtig für elektrische Geräte aus Metall. Er wird über den Stecker des Gerätes durch die gesamte Installation zu einem **Erder** im Erdreich geführt (→ Bild 3).

Wenn aufgrund eines Defektes einer der Leiter das Metallgehäuse des elektrischen Gerätes berührt, wird der Elektronenstrom über den gelb-grünen Schutzleiter in das Erdreich geleitet. Je nach Größe der Stromstärke unterbricht dann eine Sicherung den Stromkreis.

Der Fehlerstromschutzschalter

Für Menschen bietet ein **Fehlerstromschutzschalter,** der kurz **FI-Schalter** oder **RCD-Schalter** heißt, einen besseren Schutz. Dieses Gerät vergleicht die Stromstärken in der Hinleitung und in der Rückleitung. Wenn wegen eines Defektes ein Teil der Elektronen durch den Schutzleiter fließt, unterbricht der FI-Schalter den Stromkreis. Das Gleiche geschieht, wenn ein Mensch ein schadhaftes Gerät berührt. Dann fließen Elektronen über den menschlichen Körper zur Erde. Der FI-Schalter unterbricht schon bei einer Stromstärke von 30 mA den Stromkreis.

> **Schutzmaßnahmen** vor Gefahren im Stromkreis: Sicherungen, gelb-grüner Schutzleiter und FI-Schalter.

---

1 Erkläre die Begriffe Kurzschluss und Überlastung mit eigenen Worten.

2 Beschreibe den Unterschied zwischen einer Überlastung und einem Kurzschluss in einem Stromkreis.

Starthilfe zu 2: Betrachte die Höhe der Stromstärke.

3 II Beschreibe den Unterschied zwischen dem Leiter in einer Installation und dem Leiterstück in einer Schmelzsicherung.

4 III Die Berührung Strom führender Teile ist für Menschen gefährlich. Recherchiere die Auswirkungen von Stromstärken ab 10 mA auf den menschlichen Körper.

FORSCHEN UND ENTDECKEN

A Wie entsteht ein Kurzschluss?

Material: Elektrizitätsquelle (4,5 V), Lampe, Schalter, blanke Drähte, 2 Holzstäbchen

Durchführung:
Schritt 1: Baue einen einfachen Stromkreis wie in Bild 1 auf und schalte ihn ein.
Schritt 2: Schiebe die Zuleitungsdrähte mit den Holzstäbchen kurzzeitig zusammen, sodass sie sich berühren.

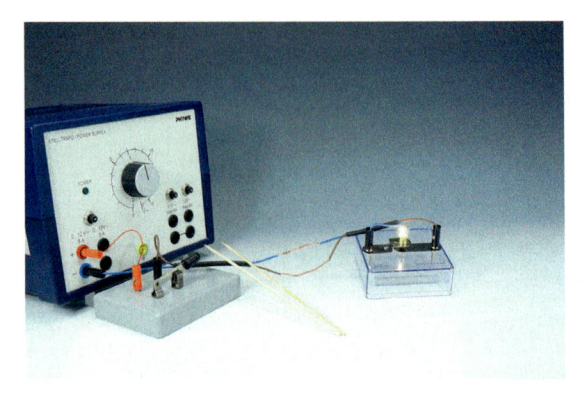

1 Kurzschluss im Stromkreis

① Beschreibe deine Beobachtung.

② Zeichne den Schaltplan zum Versuch vor und nach dem Zusammenschieben der Leitungen.

③ Beschreibe die Wirkung im Stromkreis, wenn die blanken Drähte sich berühren.

④ ❚❚ Nenne Gefahren, die von einem Kurzschluss im Stromkreis ausgehen können.

B Schutz der elektrischen Leitung vor Überlastung

Material: Elektrizitätsquelle, mehrere Lampen, Schalter, Eisendraht ($d = 0{,}2$ mm, $\ell = 10$ cm), Kupferdraht ($d = 0{,}1$ mm, $\ell = 10$ cm)

Durchführung:
Schritt 1: Baue einen einfachen Stromkreis mit einem Eisendraht als Leiter auf (→ Bild 2).
Schritt 2: Schalte nacheinander mehrere Lampen parallel zur ersten Lampe. Beobachte den Eisendraht.
Schritt 3: Wiederhole die Schritte 1 und 2 mit Kupferdraht.

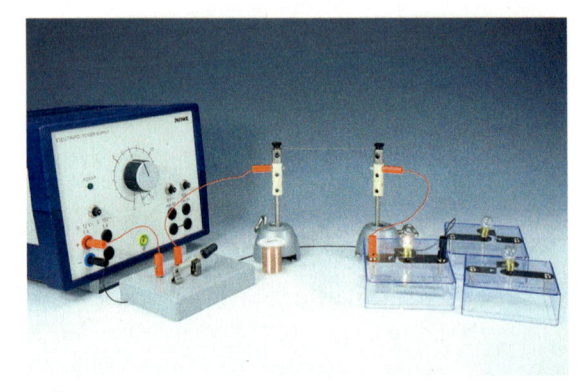

2 Überlastung im Stromkreis

① Zeichne den Schaltplan zum Versuch.

② a) Beschreibe das Verhalten des Eisendrahtes, wenn mehrere Lampen parallel dazugeschaltet werden.
b) Nenne die sich ändernde elektrische Größe im Stromkreis, wenn weitere Lampen parallel dazugeschaltet werden.

③ Beschreibe die Aufgabe, die der Kupferdraht im Stromkreis übernimmt.

④ ❚❚ a) Drei Elektrogeräte mit Stromstärken von 4,5 A, 7,2 A und 10,4 A werden parallel geschaltet. Berechne die Gesamtstromstärke.
❚❚❚ b) Nenne das Gerät, welches mindestens abgeschaltet werden muss, wenn der Stromkreis durch eine Sicherung von 16 A geschützt ist.

IM ALLTAG

Technische Schutzmaßnahmen

3 Ein Schuko-Stecker

Der Knickschutz am Stecker
Flexible Anschlusskabel oder Verlängerungskabel werden häufig am Stecker geknickt. Dadurch wird die Isolierung brüchig. Dadurch können sich die blanken Leiterdrähte direkt berühren. Es kommt zu einem Kurzschluss. Durch einen **Knickschutz** kann der Bruch der Isolierung verhindert werden.

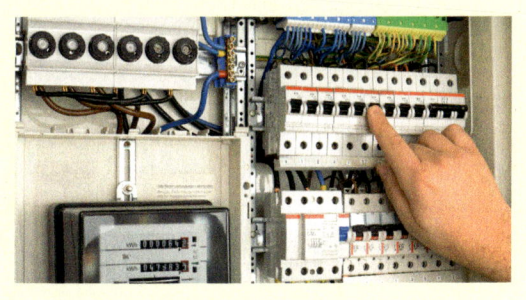

5 Hier werden Unterputz-Leitungen gesucht.

Das Kabelsuchgerät
Beim Bohren in einer Wand kann es passieren, dass eine elektrische Leitung getroffen wird. Wenn der Bohrer dabei die Leitungen blank reibt, kommt es zu einem Kurzschluss oder Kontakt zum gelb-grünen Schutzleiter. Deshalb sollte die Wandfläche vor dem Bohren mit einem **Kabelsuchgerät** nach Leitungen abgesucht werden.

4 Sicherungsautomaten und FI-Schalter

Der Sicherungsschrank
Jedes Haus hatt einen **Sicherungsschrank.** Dieser enthält den FI-Schalter und Sicherungsautomaten. Bei einem Kurzschluss oder einer Überlastung klappt der Schalter nach unten und der Stromkreis ist unterbrochen. Ist der Fehler beseitigt, kann der Schalthebel nach oben gedrückt werden. Der Stromkreis ist wieder geschlossen.

6 Schmelzsicherungen für das Auto

Die Schmelzsicherungen
Schmelzsicherungen gibt es in unterschiedlichen Formen und Größen. In Autos schützen sie vor einem Kabelbrand. In Häusern sind im **Hausanschlusskasten** zur Sicherheit nur Schmelzsicherungen eingebaut.

① a) Zeichne den Aufbau einer Schmelzsicherung.
   b) Beschreibe den Vorgang in einer Schmelzsicherung bei einem Kurzschluss oder bei einer Überlastung im Stromkreis.

② Begründe, dass im Hausanschlusskasten nur Schmelzsicherungen eingebaut sein dürfen.

③ Informiere dich im Internet über die Funktion eines Kabelsuchgerätes.

1 Ein Glätteisen

Die elektrische Leistung und Energie

Keine leichte Entscheidung!

Glätteisen gibt es in vielen verschiedenen Farben. Bei dem Kauf von einem Glätteisen kommt es jedoch nicht nur auf die Farbe oder die Marke an. Jedes Glätteisen wandelt eine bestimme Energiemenge pro Zeit um. Dies wird auf der Verpackung in der **elektrischen Leistung P** angegeben. Jedes Glätteisen hat jedoch eine maximale Leistung. Die maximale Leistung vom Glätteisen darf nicht überschritten werden, sonst besteht Brandgefahr.

Die elektrische Leistung

Zwei Lampen sind wie in Bild 2A in Reihe geschaltet. Sie benötigen die doppelte Spannung, um genauso hell zu leuchten wie nur eine Lampe. Sind zwei Lampen wie in Bild 2B parallel geschaltet, benötigen sie die doppelte Stromstärke, um genauso hell zu leuchten wie nur eine Lampe. Die elektrische Leistung der Lampe wird durch das Produkt der Spannung und der Stromstärke bestimmt. Sie wird in der Einheit **W (Watt)** angegeben.

Name: elektrische Leistung
Formelzeichen: P

Berechnung: $P = U \cdot I$
Einheit: $V \cdot A = W$ (Watt)

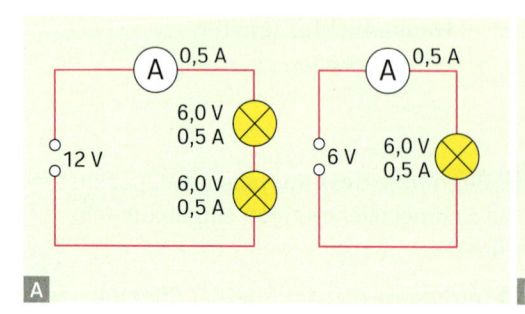

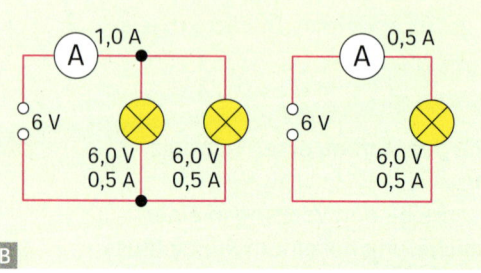

2 Die elektrische Leistung wird bestimmt durch: **A** Spannung, **B** Stromstärke.

Elektrische Leistung im Haushalt

Elektrische Geräte im Haushalt haben unterschiedliche Leistungen. Alle elektrischen Geräte besitzen ein **Typenschild.** Dort kannst du die elektrische Leistung des Gerätes in W (Watt) ablesen (→ Bild 3). Ein Fernseher hat ungefähr 80 W. Eine Mikrowelle hat bis zu 1000 W, also 1 kW. Die Leistung der Mikrowelle kann über Tasten eingestellt werden (→ Bild 4). Je höher die Watt-Zahl ist, desto höher ist die Leistung eines elektrischen Gerätes.

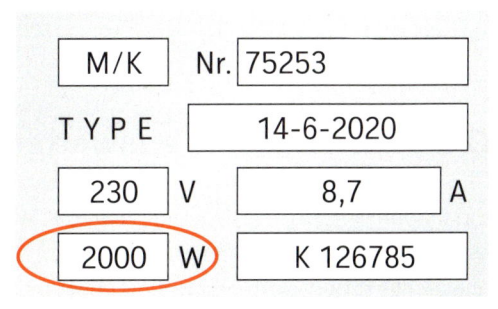

3 Ein Typenschild mit Leistungsangabe

Elektrische Energie im Haushalt

Alle elektrischen Geräte wie die Mikrowelle nehmen **elektrische Energie E** auf und geben Energie in anderer Form ab. Wie viel elektrische Energie aufgenommen wird, hängt von der elektrischen Leistung P und der Einschaltdauer t ab. Die Einheit der elektrischen Energie ist **J (Joule).** Für die elektrische Energie wird häufig die Einheit **kWh (Kilowattstunde)** verwendet. Sie besteht aus der Einheit Watt für die Leistung und der Zeit für die Einschaltdauer. Ein Joule entspricht genau einer Wattsekunde. Die genutzte elektrische Energie wird mit einem **Elektrizitätszähler** gemessen. Er zeigt die Menge der genutzten Energie in der Einheit kWh an (→ Bild 5).

4 Die Leistung der Mikrowelle einstellen.

> **Name:** elektrische Energie
> **Formelzeichen:** E
> **Berechnung:**
> $E = P \cdot t$ mit $P = U \cdot I \Rightarrow E = U \cdot I \cdot t$
> **Einheiten:** $V \cdot A \cdot s = Ws = 1\ J$ (Joule)
> $1\ kWh = 3\,600\,000\ Ws = 3{,}6\ MJ$

5 Ein moderner Elektrizitätszähler

① Erkläre, was beim Kauf eines Glätteisens beachtet werden muss.

② ❙❙ Ein Toaster ist an eine Spannung von 230 V angeschlossen. Die Stromstärke beträgt 5,2 A. Berechne
a) die elektrische Leistung des Gerätes.
b) die elektrische Energie, wenn der Toaster 15 min in Betrieb ist.

③ ❙❙ Berechne, ob die Angabe der Leistung auf dem Typenschild in Bild 3 korrekt ist.

④ ❙❙ Vergleiche die elektrische Energie mit verschiedenen Leistungsbegriffen aus deinem Alltag.

METHODE

Diagramme digital auswerten

Ein moderner Elektrizitätszähler zeigt die Menge der genutzten elektrischen Energie täglich an. Die gemessenen Werte kannst du in verschiedenen Formen darstellen:

Tabellen
In einer Tabelle können die Messwerte zusammengefasst werden. Dabei steht jede Spalte für einen Wochentag. In der Zeile darunter ordnest du die Energiemesswerte in kWh dem Wochentag zu (→ Bild 1A).

Liniendiagramme
Um Messwerte übersichtlicher darzustellen, kannst du Diagramme nutzen. Bei einem Liniendiagramm trägst du die Wertepaare als Kreuz ein. Alle Kreuze verbindest du mit Linien (→ Bild 1B).

Säulendiagramme
In einem Säulendiagramm trägst du die Wertepaare auch als Kreuz ein. Nur zeichnest du hier eine Säule von der waagerechten Achse zum Kreuz ein (→ Bild 1C).

Tabellenkalkulationsprogramme
Bei der Erstellung von Diagrammen kann dir ein Programm helfen. Hier sind unterschiedliche Darstellungsformen möglich.

Schritt 1: Trage die die Messwerte als Tabelle in das Programm ein.
Schritt 2: Markiere die Tabelle.
Schritt 3: Wähle über die Einstellung **Einfügen → Diagramme** ein Diagrammtyp aus.
Schritt 4: Passe mit den Diagrammeinstellungen Farbe, Beschriftung und andere Optionen an (→ Bild 2).

Neben dem Liniendiagramm und Säulendiagramm kannst du auch Kreisdiagramme erstellen lassen. In einem Kreisdiagramm werden die Tagesanteile der Woche dargestellt. Dies eignet sich eher für eine Verteilung ohne einen zeitlichen Verlauf.

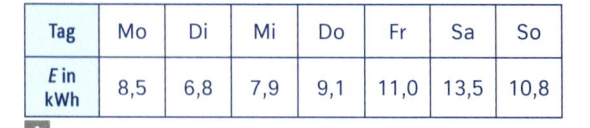

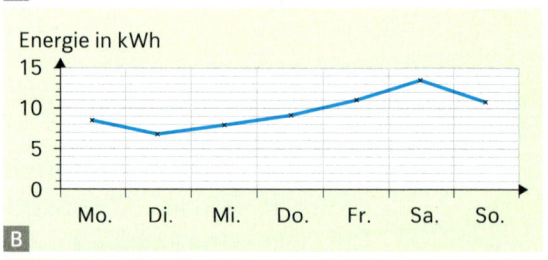

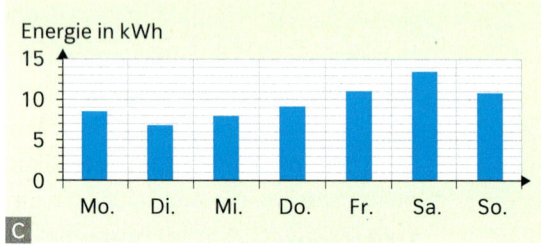

Tag	Mo	Di	Mi	Do	Fr	Sa	So
E in kWh	8,5	6,8	7,9	9,1	11,0	13,5	10,8

A

B

C

1 Darstellung des Energiebedarfs: **A** Tabelle, **B** Liniendiagramm, **C** Säulendiagramm

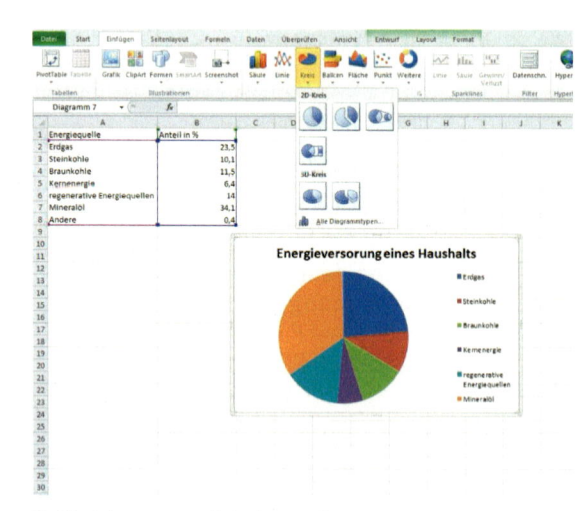

2 Ein Diagramm digital erstellen

① Übertrage die Tabelle in Bild 1 A in ein Tabellenkalkulationsprogramm. Erstelle daraus ein Liniendiagramm, ein Säulendiagramm und ein Kreisdiagramm.

② Beurteile die Diagramme hinsichtlich ihrer Eignung für die gewünschte Übersicht.

ÜBEN UND ANWENDEN

A Berechnungen zur elektrischen Leistung

1 Eine LED-Laterne ist an das öffentliche Versorgungsnetz ($U = 230$ V) angeschlossen. Bei einer Messung ergibt sich eine Stromstärke von 0,13 A. Berechne die elektrische Leistung P.

Starthilfe zu 1 bis 6:
$P = U \cdot I, I = \frac{P}{U}, U = \frac{P}{I}$

2 Ein Stromkreis im Haushalt ($U = 230$ V) ist mit 16 A abgesichert. Berechne die maximal zulässige Leistung für diesen Stromkreis.

3 Der Akku eines Smartphones

3 ▮▮ Für Staubsauger ist in der EU eine elektrische Leistung von maximal 900 W bei einer Spannung von 230 V zugelassen. Berechne die zugehörige Stromstärke.

4 ▮▮ Bei einem E-Bike mit einem 250 W-Motor stellt sich bei voller Last eine Stromstärke von 6,9 A ein. Berechne die Spannung des Akkus.

5 ▮▮ Ein Smartphone ist mit einem Akku mit einer Spannung von 3,8 V ausgerüstet. Der Akku wird mit 765 mA aufgeladen. Berechne die elektrische Leistung.

6 ▮▮ Ein Widerstand ist für eine Leistung von höchstens 4,5 W ausgelegt. Dieser Wert wird bei einer Stromstärke von 180 mA erreicht. Berechne die maximal zulässige Spannung.

B Berechnungen zur elektrischen Energie

1 Berechne in der Tabelle die fehlenden Werte.

Starthilfe zu 1 bis 5:
$E = P \cdot t, P = \frac{E}{t}, t = \frac{E}{P}$

elektrische Energie E	elektrische Leistung P	Betriebszeit t
...	900 W	20 min
45 kJ	...	5 h
11,52 MJ	2000 W	...
...	2 kW	25 d
648 J	...	45 min
540 kJ	1,5 kW	...

2 ▮▮ Beim Start eines Pkw ergibt sich an der 12 V-Batterie für eine Zeit von 4 s eine Stromstärke von 240 A. Berechne die entnommene Energie.

Starthilfe zu 2:
$E = P \cdot t$ und $P = U \cdot I$
$\Rightarrow E = U \cdot I \cdot t$

3 ▮▮ Ein E-Bike kann mit einer Energiemenge von 1,62 MJ für 5 h unterwegs sein. Sein Akku hat eine Spannung von 36 V. Berechne die elektrische Stromstärke.

Starthilfe zu 3 bis 5:
1 kJ = 1000 J
1 MJ = 1000 kJ
1 GJ = 1 000 000 kJ

4 ▮▮ Die elektrische Leistung einer Wärmepumpe ist mit 4,2 kW angegeben. Im vergangenen Jahr wurden 17,64 GJ elektrische Energie genutzt. Berechne die Einschaltdauer der Pumpe.

5 ▮▮ Der Monitor eines Computers ($U = 230$ V) nutzt in 8 h 40 min eine Energiemenge von 1076,4 kJ. Berechne die elektrische Stromstärke.

Energienutzung						
Zählerstand ET	am 12.10.21	158.263,8				
	am 31.12.21	159.069,3	Rechnerische Ermittlung			
Differenz		805,5	Faktor 1		805,5 kWh	in 81 Tagen
Zählerstand ET	am 01.01.22	159.069,3				
	am 10.10.22	161.893,7	Ablesung durch Kunden			
Differenz		2.824,4	Faktor 1		2.824,4 kWh	in 283 Tagen
				Aktuell ET	3.629,9 kWh	in 364 Tagen
				Vorjahr ET	3.764,9 kWh	in 363 Tagen

Berechnung der Energiepreise								
Tarifbestandteile	Abrechn.-Zeitraum	Tage	Nutzung	Einheit	Preis	Preis in	Preis	Betrag
Arbeitspreis ET	12.10.21 -31.12.21	81	805.5	kWh	32,0000	Ct/kWh	257,76 €	
Arbeitspreis ET	01.01.22 -10.10.22	283	2.824.4	kWh	40,0000	Ct/kWh	1129,76 €	
Leistungspreis fest	12.10.21 -10.10.22	364	1,0		42,9500	€/365 Tage	42,83 €	
Verrechnungspreis	12.10.21 -10.10.22	364	1,0		34,3600	€/365 Tage	34,27 €	
Summe Vertrag								1464,62 €
Netto								1464,62 €
+ 19,00 % USt.								278,28 €
Summe								1742,90 €

Enthaltener Nutzungsanteil ohne Umsatzsteuer: 194,25 €. Darin enthaltener Energiesteueranteil: 83,25 €

1 Eine Energieabrechnung eines Energieversorgungsunternehmens

Die Energierechnung und ein Energiemanagement

Energie ist wertvoll

Energie wird in jedem Haus benötigt. Mit der Nutzung elektrischer Energie ist vieles einfacher. Elektrische Energie wird in großen und teuren Kraftwerken bereitgestellt. Zu Betrieben und Haushalten gelangt sie über ein verzweigtes Leitungsnetz.
Die Kosten für den gesamten Aufwand werden in der **Energierechnung** vom Energieversorgungsunternehmen (EVU) erhoben.

Die Energierechnung

Jeder Haushalt hat einen Elektrizitätszähler. Der Zähler wird einmal im Jahr abgelesen. Dann wird vom EVU eine Rechnung geschrieben.
So eine Rechnung kann aussehen wie in Bild 1. Es ist angegeben, wie viel elektrische Energie genutzt worden ist und wie viel für jede kWh bezahlt werden muss. Dazu kommen Festbeträge, die vom vereinbarten Tarif abhängen und die Umsatzsteuer.

Verantwortungsvoller Umgang mit der elektrischen Energie

Wer verantwortungsvoll mit der elektrischen Energie umgeht, schont die Umwelt und die Ressourcen. Der Energiebedarf eines elektrischen Gerätes sollte schon beim Kauf berücksichtigt werden. Die Nutzung eines billigeren Gerätes kann im Verlauf mehrerer Jahre viel teurer werden als die Nutzung eines teuren, aber energiesparenden Gerätes.
Bei vielen Elektrogeräten ist angegeben, wie groß der Energiebedarf für ein Jahr ist. Das kann bei der Entscheidung für oder gegen ein bestimmtes Gerät helfen.
Es gibt auch gesetzliche Beschränkungen. Staubsauger mit einer Leistung von mehr als 900 W dürfen in Europa nicht mehr verkauft werden. LED haben in den letzten Jahren die Glühlampen ersetzt. LED leuchten genauso hell. Sie benötigen dafür aber weit weniger elektrische Energie.

Ein Energiemanagement

Energie sollte so sparsam wie möglich verwendet werden. **Energiemanagement** bedeutet also, bewusst mit Energie umzugehen. Dabei können beim Kauf eines neuen Gerätes **Energieeffizienzlabel** der Europäischen Union (EU) auf den Geräten helfen (→ Bild 2).

Das Energielabel

Für Elektro-Großgeräte wie Kühlschrank, Waschmaschine oder Geschirrspüler gibt es das Energieeffizienzlabel der EU. Die elektrischen Geräte sind in **Energieeffizienzklassen** A bis G eingeteilt. Ein Gerät der Gruppe A benötigt viel weniger Energie als ein Gerät der Gruppe G. Die Energielabel werden der technischen Entwicklung angepasst. Neuere Geräte der Energieeffizienzklasse A sind oft sparsamer als Geräte, die vor längerer Zeit diese Bewertung erhalten haben.

Der Einsatz eines Energiemessgerätes

Wer es ganz genau wissen will, kann mit einem **Energiemessgerät** wie in Bild 3 überprüfen, wie viel Energie seine Geräte nutzen. Damit können die Kosten für verschiedene Geräte verglichen werden. Auch der jeweilige Energiebedarf für verschiedene Programme eines Gerätes kann so ermittelt werden. Es lässt sich aber auch kontrollieren, wie viel Energie ein Gerät im **Stand-by-Modus** benötigt oder wie sich der Energiebedarf ändert, wenn eine Einstellung am Gerät verändert wird.

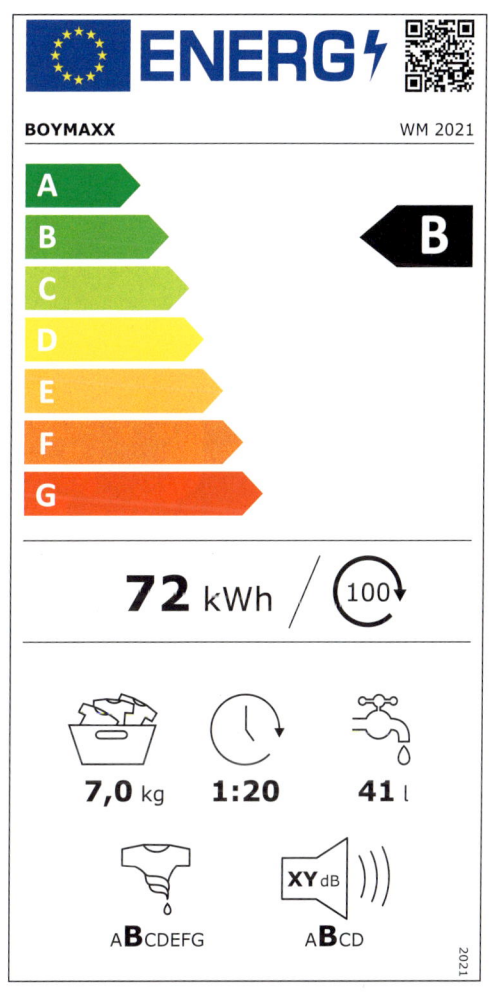

2 Das EU-Label für Waschmaschinen seit 2021

3 Ein Energiemessgerät im Einsatz

1 a) Protokolliere für einen Tag, wofür du elektrische Energie nutzt.
b) Nenne elektrische Geräte, auf die du verzichten kannst oder deren Benutzung du einschränken könntest.
c) Vergleicht eure Energieprotokolle und diskutiert eure Überlegungen zur Energieeinsparung.

Starthilfe zu 1:

Energieprotokoll			
Gerät	Nutzungsdauer	Art der Nutzung	Einsparmöglichkeit
...	...	...	...

2 ❙ Berechne die Höhe der Rechnung aus Bild 1 für 2500 kWh Energie.

ÜBEN UND ANWENDEN

A Berechnung von Energiekosten

Leistung der LED-Lampe	Anzahl	Nutzung pro Tag
3 W	6	7 h
6 W	4	5 h
10 W	5	6 h

2 Übersichtstabelle

1 Spaß an der Spielekonsole

1 Die Tabelle 2 zeigt die Nutzung von LED-Lampen in einem Haushalt. Berechne die täglichen und die jährlichen Energiekosten, wenn 1 kWh 0,40 € kostet (Stand: 03/2023).

2 Ein WLAN-Router hat eine durchschnittliche Leistung von 10 W. Er ist in der Regel im Haushalt 24 h in Betrieb. Berechne für den Router die benötigte Energie pro Jahr.

3 Im Computerraum einer Schule stehen 30 PCs. Jeder PC hat eine Spannung von 230 V und eine Stromstärke von 550 mA. Berechne die elektrische Energie für eine Nutzung von täglich 5 h an 200 Schultagen.

4 Für das Aufladen einer elektrischen Zahnbürste wird eine Leistung von 2 W benötigt. Der Ladevorgang dauert 14 h. Die Aufladung muss im wöchentlichen Rhythmus wiederholt werden. Berechne den jährlichen Energiebedarf für eine Familie mit 4 Personen.

5 Während des Ladens eines Smartphones beträgt die Stromstärke im Ladegerät 25 mA. Die Spannung beträgt 3,8 V. Der tägliche Ladevorgang dauert 2 h.
a) Berechne die jährliche Menge an Energie, die für das Laden eines Smartphones benötigt wird.
b) Berechne die Energiekosten pro Jahr, wenn 1 kWh elektrische Energie 40 Cent kostet (Stand: 03/2023).
c) Im Schuljahr 2021 besuchten 1919595 Schülerinnen und Schüler die allgemeinbildenden Schulen in Nordrhein-Westfalen. Berechne den Energiebedarf, wenn alle Schülerinnen und Schüler ihr Smartphone täglich 2 h laden.

Berechnen der Energiekosten

Eine Spielekonsole hat eine Leistung von 17 W. Sie wird durchschnittlich 1,5 h an 270 Tagen im Jahr genutzt. Zusätzlich muss auch das TV-Gerät mit einer Leistung von 70 W für diesen Zeitraum genutzt werden. Berechne die Energiekosten für ein Jahr, wenn 1 kWh 40 Cent kostet (Stand: 03/2023).

geg.: $P_K = 17$ W, $P_{TV} = 70$ W, $t = 1{,}5$ h an 270 d, Preis $= 0{,}40 \frac{€}{kWh}$

ges.: Energiekosten für ein Jahr

Lösung:
Gesamtleistung von Konsole und TV:
$$P_{ges} = P_K + P_{TV}$$
$$P_{ges} = 17 \text{ W} + 70 \text{ W}$$
$$P_{ges} = 87 \text{ W}$$

Energiebedarf für ein Jahr:
$$E = P \cdot t$$
$$E = 87 \text{ W} \cdot 1{,}5 \text{ h} \cdot 270 \text{ d}$$
$$E = 35\,235 \text{ Wh} = 35{,}2 \text{ kWh}$$

Energiekosten für ein Jahr:
$$\text{Kosten}_{Energie} = 35{,}2 \text{ kWh} \cdot 0{,}40 \tfrac{€}{kWh}$$
$$\text{Kosten}_{Energie} = 14{,}08 \text{ €}$$

Antwort: Die jährlichen Energiekosten für die Nutzung der Spielekonsole betragen 14,08 €.

IM ALLTAG

Energiemanagement im Haushalt 💶 🌿

Energie ist wertvoll
In Kraftwerken werden unterschiedliche Energien in elektrische Energie umgewandelt. Viele davon stehen nicht unbegrenzt und zu jeder Zeit zur Verfügung. Bei der Nutzung von fossilen Energieträgern wird die Umwelt durch unterschiedliche Schadstoffe belastet. Daher muss jeder mit Energie verantwortungsvoll umgehen. Ein **Energiemessgerät** kann beim sparsamen Umgang mit elektrischer Energie helfen.

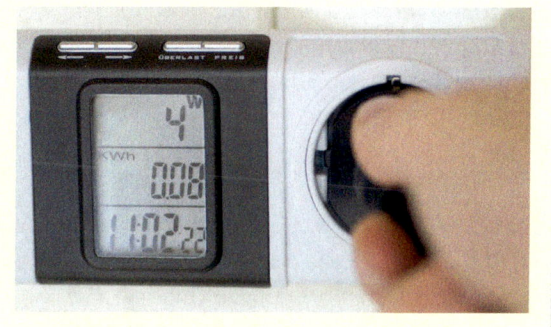

3 Ein Energiemessgerät

Energie im Haushalt einsparen
Waschmaschinen oder Geschirrspülmaschinen sind heutzutage mit **Energiesparprogrammen** ausgestattet. Diese arbeiten bei niedrigerer Temperatur. Der Wasserbedarf und die Waschmittelmenge werden über Sensoren dem Verschmutzungsgrad des Wassers angepasst. So werden Ressourcen gespart.

4 Den ECO-Programmwahlschalter nutzen!

Leistung – gesetzlich beschränkt
Seit 2017 begrenzt eine EU-Vorschrift die Leistungsaufnahme von Staubsaugern auf 900 W. Geräte mit höherer Aufnahme bieten keinen höheren Nutzen und dürfen daher nicht mehr verkauft werden.

5 Ein Staubsauger mit Leistungsbegrenzung

Stand-by-Modus
Viele elektronische Geräte bleiben im **Stand-by-Modus,** wenn sie nicht genutzt werden. Sie benötigen dann elektrische Energie, auch wenn sie nicht eingeschaltet sind. Diese Geräte müssen aktiv vom Netz getrennt werden.

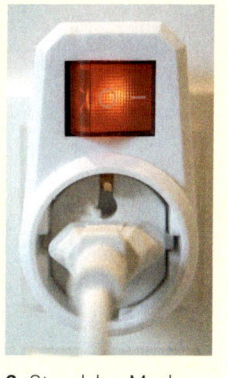

6 Stand-by-Modus aktiv ausschalten!

---

❶ Nenne Geräte in eurem Haushalt
a) mit Energiesparprogramm.
b) bei denen du durch eine schaltbare Steckdosenleiste den Stand-by-Modus vermeiden kannst.

❷ ❙ Finde Beispiele für Energieverschwendung.

❸ ❙❙ Recherchiere die Energiesparziele der EU. Gib an, wie nahe Deutschland diesen Zielen gekommen ist.

Auf einen Blick: Elektrizität und elektrische Energie

Die elektrische Ladung
Elektrizität entsteht durch die Trennung von **elektrisch positiven** und **negativen Ladungen**. **Elektronen** sind die Träger der negativen Ladung. Sie sind im Leiter frei beweglich und bilden im Stromkreis einen **Elektronenstrom**.

Das Verhalten und der Nachweis von Ladungen
Ungleichartige Ladungen ziehen sich an. Gleichartige Ladungen stoßen sich ab.
Elektroskop: Der Zeiger bewegt sich aufgrund der Abstoßung gleichartiger Ladungen.
Glimmlampe: Es leuchtet die Elektrode auf, die Elektronen abgibt. Damit kann die Art der Ladung bestimmt werden.

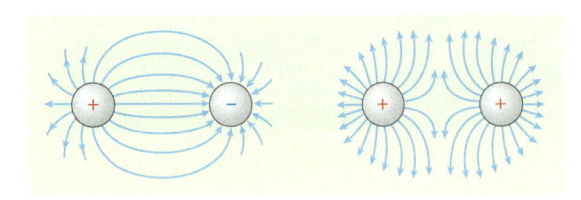

Das elektrische Feld
Zwischen elektrisch geladenen Körpern entsteht ein **elektrisches Feld**. Die Wechselwirkung zwischen den Körpern wird durch **Feldlinien** dargestellt. Sie sind ein **physikalisches Modell**.

Die elektrische Stromstärke
Die **elektrische Stromstärke** ist ein Maß für die Anzahl der Elektronen, die in einer bestimmten Zeit durch die Querschnittsfläche eines Leiters fließen.

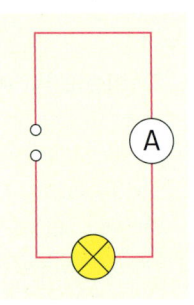

Die elektrische Spannung
Die **elektrische Spannung** gibt die Potenzialdifferenz zwischen dem Pluspol und dem Minuspol einer Elektrizitätsquelle an. Sie ist der Antrieb für die Elektronen.

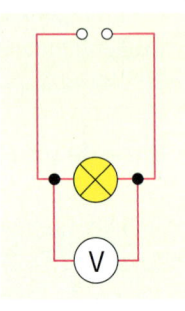

Die elektrische Energie und die elektrische Leistung
Elektrische Geräte wandeln die **elektrische Energie E** in eine andere Form von Energie um. Die Menge der Energie, die dabei in einer bestimmten Zeit durch ein Gerät strömt, heißt **elektrische Leistung P**.

Name	Größe	Einheit	Gesetz
elektrische Spannung	U	V (Volt)	in Reihe: $U_{ges} = U_1 + U_2$, parallel: $U_{ges} = U_1 = U_2$
elektrische Stromstärke	I	A (Ampere)	in Reihe: $I_{ges} = I_1 = I_2$, parallel: $I_{ges} = I_1 + I_2$
elektrische Leistung	P	W (Watt)	$P_{el} = U \cdot I$, $P_{el} = \frac{E_{el}}{t}$
elektrische Energie	E	J (Joule), Ws (Wattsekunde), kWh (Kilowattstunde)	$E_{el} = P_{el} \cdot t$, $E_{el} = U \cdot I \cdot t$

WICHTIGE BEGRIFFE
- positive und negative Ladungen
- Ladungstrennung, Ladungsausgleich
- Elektronen, Elektronenstrom
- Elektroskop, Glimmlampe
- elektrisches Feld, Modell Feldlinien

WICHTIGE BEGRIFFE
- elektrische Stromstärke I
- elektrische Spannung U
- Potenzialdifferenz, Elektrizitätsquelle
- elektrische Energie E
- elektrische Leistung P

Elektrizität und elektrische Energie 223

Das ohmsche Gesetz

Ohmsches Gesetz: In einem Stromkreis ist die Stromstärke proportional zur Spannung. Es gilt: $\frac{I}{U}$ = konstant. Es gilt für metallische Leiter, wenn sie sich nur geringfügig erwärmen.

Der elektrische Widerstand

Der Quotient $\frac{I}{U}$ ist die **elektrische Leitfähigkeit** und gibt an, wie gut ein Leiter den elektrischen Strom leitet.

Der Kehrwert $\frac{U}{I}$ ist der **elektrische Widerstand R.** Er gibt an, wie stark der Elektronenstrom behindert wird.

Der elektrische Widerstand R ist abhängig von der **Länge,** von der **Querschnittsfläche,** dem **Material** und der **Temperatur** des elektrischen Leiters.

Schutzmaßnahmen im Stromkreis

Bei einem **Kurzschluss** oder einer **Überlastung** entsteht in einem Stromkreis ein hoher Elektronenstrom. Er würde die Leitungen beschädigen oder zerstören. Davor schützt eine **Schmelzsicherung** oder ein **Sicherungsautomat.**

Die Berührung Strom führender Teile kann lebensgefährlich sein. Davor schützen in einer Hausinstallation der **gelb-grüne Schutzleiter** und der **Fehlerstromschutzschalter** (FI-Schalter).

Der Energietransport

Die elektrische Energie bewegt sich **gerichtet** von der Elektrizitätsquelle zum Nutzer. Der Nutzer wandelt sie in Energie anderer Form um.

Energiemanagement

Die elektrische Energie wird von den Energieversorgungsunternehmen bereitgestellt. Die Menge der für einen Haushalt gelieferten Energie wird mit einem **Elektrizitätszähler** in der **Einheit kWh** gemessen.

Elektrische Energie muss sparsam genutzt werden. Dafür sind elektrische Geräte in **Energieeffizienzklassen** eingeteilt.

Name	Größe	Einheit	Gesetz
elektrischer Widerstand	R	Ω (Ohm)	ohmsches Gesetz: $I \sim U$; $\frac{I}{U}$ = konstant → $R = \frac{U}{I}$ Ersatzwiderstand: in Reihe: $R_{ges} = R_1 + R_2$ parallel: $\frac{1}{R_{ges}} = \frac{1}{R_1} + \frac{1}{R_2}$

WICHTIGE BEGRIFFE
- ohmsches Gesetz
- elektrischer Widerstand R
- Ersatzwiderstand

WICHTIGE BEGRIFFE
- Kurschluss
- Überlastung
- Sicherung
- gelb-grüner Schutzleiter
- Fehlerstromschutzschalter

WICHTIGE BEGRIFFE
- Energieumwandlung
- Energiemanagement
- Elektrizitätszähler
- effiziente Energienutzung
- Energieeffizienzklassen

Auf einen Blick

Lerncheck: Elektrizität und elektrische Energie

Elektrische Ladung – elektrisches Feld

1 a) Beschreibe die Veränderung in einem Körper, der elektrisch geladen wird.
b) Nenne die 2 Formen elektrischer Ladung und erkläre, worin sie sich unterscheiden.

2 a) Zeichne eine Skizze von 2 Kugeln mit unterschiedlichen Ladungen, die sich nicht berühren.
b) Skizziere, wie sich der Zwischenraum unter dem Einfluss der Ladungen verändert.
c) Nenne den Namen für die Änderung aus b).
d) Beschreibe das Modell, das du zur Darstellung des Zwischenraumes benutzt und nenne seine charakteristischen Eigenschaften.

3 Beschreibe die Vorgänge in einem elektrischen Leiter, der zwei unterschiedlich geladene Körper verbindet.

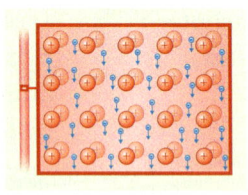

4 a) Nenne die Ladungsträger in Metallen.
b) Begründe, dass Metalle sich besonders als elektrische Leiter eignen.

5 a) Zeichne einen elektrischen Stromkreis aus Elektrizitätsquelle, Leitungen und Lampe.
b) Kennzeichne mit Pfeilen die Bewegungsrichtung der Ladungsträger und die Richtung des Energieflusses.

DU KANNST JETZT ...

- ... die Änderungen an Körpern beschreiben, die unterschiedlich elektrisch geladen werden.
- ... den Begriff Ladungstransport erklären.
- ... die Entstehung von Blitzen erklären.
- ... den Begriff elektrisches Feld und seine Darstellung mit dem Modell Feldlinien erklären.
- ... den Grund für die elektrische Leitfähigkeit von Metallen beschreiben.

Elektrische Grundgrößen – elektrische Schaltungen

6 Nenne die physikalische Größe mit ihrer Einheit,
a) die den Antrieb der Ladungsträger im elektrischen Stromkreis beschreibt.
b) die den Ladungstransport im elektrischen Stromkreis beschreibt.

7 Zeichne einen elektrischen Stromkreis aus Elektrizitätsquelle, Leitungen, Lampe und je ein Messgerät zum Messen der Spannung und der Stromstärke.

8 a) Nenne unterschiedliche Messgeräte, die sich für die Messung elektrischer Größen eignen.
b) Beschreibe Unterschiede im Aufbau und in der Handhabung der Messgeräte aus a).

9 a) Zeichne je einen Schaltplan für die beiden folgenden Stromkreise. Notiere jeweils darunter den Namen der Schaltung.
b) Notiere jeweils für beide Schaltungen die Gleichungen, die die Gesamtspannung und die Gesamtstromstärke in der Schaltung beschreiben.

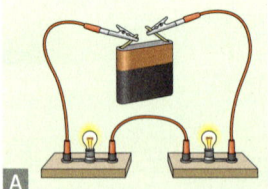

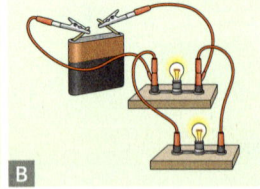

DU KANNST JETZT ...

- ... die Größen angeben, die den Elektronenstrom in einem Stromkreis kennzeichnen.
- ... unterschiedliche Bauarten von Messgeräten beschreiben und die Messgeräte benutzen.
- ... elektrische Grundschaltungen zeichnen.
- ... die Gesamtspannung und die Gesamtstromstärke einer Reihenschaltung und einer Parallelschaltung bestimmen.

Elektrischer Widerstand – Schutzmaßnahmen

10 Die Stromstärke wurde in Abhängigkeit von der Spannung untersucht. Dabei ergaben sich folgende Messwerte:

U in V	0	1,8	3,6	5,4	7,2	9,0	10,8
I in A	0	0,31	0,55	0,74	0,84	0,93	0,96

a) Stelle die Messwerte grafisch dar.
b) Interpretiere den Verlauf der Kennlinie.

11 Der Widerstand eines Leiters beträgt 50 Ω. Die Stromstärke im Draht wird mit 400 mA bestimmt. Berechne die anliegende Spannung.

12 Gib an, von welchen Größen der elektrische Widerstand eines Leiters abhängig ist.

13 Nenne Schutzmaßnahmen, die vor den Gefahren des elektrischen Stromes schützen
a) bei Überlastung und Kurzschluss im elektrischen Stromkreis.
b) bei Berührung Strom führender Teile in der Hausinstallation.

DU KANNST JETZT ...

- ... den Zusammenhang zwischen Spannung und Stromstärke beschreiben.
- ... den elektrischen Widerstand berechnen.
- ... die Abhängigkeiten des elektrischen Widerstandes eines Leiters benennen.
- ... Sicherungsmaßnahmen nennen, die bei Überlastung, Kurzschluss und bei Berührung Strom führender Teile in einem elektrischen Stromkreis schützen.

Elektrische Leistung und Energie – Energieeffizienz

14 Eine Waschmaschine hat eine elektrische Leistung von 1200 W. Berechne die notwendige elektrische Energie für ein Waschprogramm, wenn dieses 1,5 h dauert.

15 Ein Tischgrill hat bei einer Spannung von 230 V eine Stromstärke von 8,7 A. Berechne seine elektrische Leistung.

16 Ein Taschenrechner hat eine 1,5 V-Knopfzelle. Die Stromstärke beträgt 2 mA. Berechne die elektrische Leistung des Taschenrechners.

17 Ein Toaster hat eine elektrische Leistung von 575 W. Die Spannung beträgt 230 V. Berechne die elektrische Stromstärke des Toasters.

18 In einer Fernsehshow sind über der Bühne 150 Strahler mit einer Leistung von je 1000 W für 5 h eingeschaltet.
a) Berechne den Energiebedarf.
b) Berechne, wie lange diese Energiemenge für einen Haushalt mit einem Jahresbedarf von 4500 kWh ausreichen würde.

19 a) Begründe, dass es erforderlich ist, die Nutzung von Energie effizient zu gestalten.
b) Nenne Hilfsmittel und Verhaltensweisen, die dabei helfen.

DU KANNST JETZT ...

- ... die elektrische Leistung und den Energiebedarf eines elektrischen Gerätes berechnen.
- ... den Zusammenhang zwischen elektrischer Leistung und elektrischer Energie angeben.
- ... Energiesparmaßnahmen nennen und die Notwendigkeit dieser Maßnahmen begründen.

10315583

Kraft und mechanische Energie

Ein raffinierter Hammer! Wie kann er den Nagel herausheveln?

Wie verhalten sich eingesetzte Kraft und Gegenkraft beim Fahrradfahren?

Was hat ein Umzug mit Kraft, mechanischer Energie und Leistung zu tun?

1 Fahrradfahren: **A** gemütlich, **B** sportlich

Die Geschwindigkeit

Langsam oder schnell

In Bild 1A siehst du eine Familie bei einer gemütlichen Radtour. In einer Minute legen sie 100 m zurück. Sie fahren langsam. Die Rennfahrer in Bild 1B fahren schneller und schaffen in einer Minute 300 m. Die Familie und die Rennfahrer fahren mit unterschiedlichen **Geschwindigkeiten.**

Die gleichförmige Bewegung

Die Familie in Bild 1A legt in jeder weiteren Minute jeweils 100 m zurück. In 10 min schaffen sie also 1000 m. Ihre Geschwindigkeit bleibt dabei immer gleich groß. Sie ist **konstant.** Diese Art der Bewegung heißt **gleichförmige Bewegung.**

Die Zeit und den Weg messen

Auf einem geradlinigen Weg werden eine Startlinie festgelegt und ein Maßband ausgelegt (→Bild 2). Du fährst mit dem Fahrrad etwas vor der Startlinie los. Dieser Start heißt **„fliegender Start".**
Rollt das Vorderrad deines Fahrrades über die Startlinie, wird eine Stoppuhr gestartet. Du fährst gleichförmig weiter. Am Maßband wird nach jeweils 5 s die Stelle markiert, die das Vorderrad überrollt. Die Werte für die benötigte **Zeit t** und den dabei zurückgelegten **Weg s** sind in Bild 2 in einer **Wertetabelle** dargestellt.

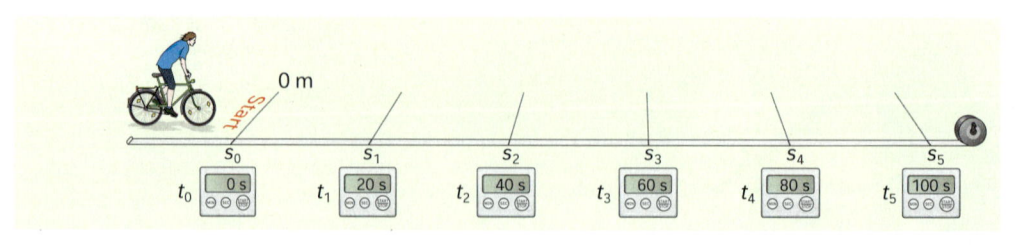

t in s	0	5	10	15	20	25
s in m	0	20	40	60	80	100
$\frac{s}{t}$ in $\frac{m}{s}$	–	4	4	4	4	4

2 Eine gleichförmige Bewegung untersuchen

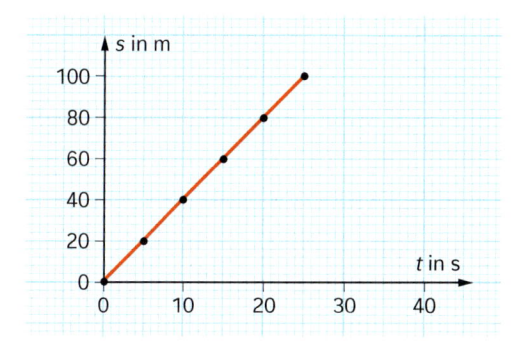

3 Das Zeit-Weg-Diagramm

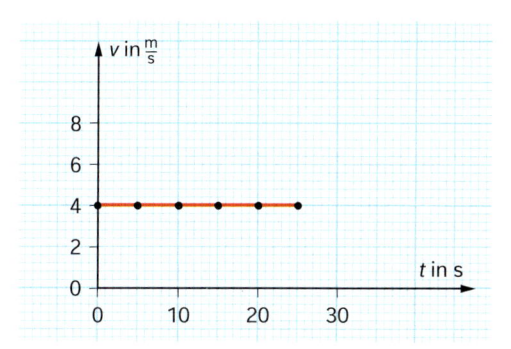

4 Das Zeit-Geschwindigkeits-Diagramm

Die Geschwindigkeit berechnen
Berechnest du die Werte der Quotienten aus dem zurückgelegten Weg und der dazu benötigten Zeit, sind sie immer gleich groß (→ Bild 2). Sie geben deine **Geschwindigkeit v** (lat.: velocitas) an.

Ein anderes Kind fährt schneller als du. Es legt mit dem Fahrrad in gleichen Zeiten jeweils längere Wege zurück. Die Werte der Quotienten $\frac{s}{t}$ sind größer. Die Geschwindigkeit des anderen Kindes ist größer.

Das Zeit-Weg-Diagramm
Überträgst du die Zeit-Weg-Wertepaare aus der Wertetabelle in ein t-s-Diagramm, entsteht ein **linearer Graph** (→ Bild 3). Er beginnt im Ursprung des Diagramms. Der Verlauf des Graphen zeigt, dass der zurückgelegte Weg und die benötigte Zeit **proportional zueinander** sind.

Einheiten der Geschwindigkeit
Ein Läufer legt die Strecke von 100 m in wenigen Sekunden zurück. Seine Geschwindigkeit wird in $\frac{m}{s}$ angegeben (gesprochen: Meter pro Sekunde). Ein ICE legt viele Kilometer in einer Stunde zurück. Seine Geschwindigkeit wird in $\frac{km}{h}$ angegeben (gesprochen: Kilometer pro Stunde).

> **Name:** Geschwindigkeit
> **Formelzeichen:** v
> **Berechnung:** $v = \frac{s}{t}$
> **Einheit:** $\frac{m}{s}$
> **Weitere Einheiten:** $1 \frac{m}{s} = 3{,}6 \frac{km}{h}$

Das Zeit-Geschwindigkeits-Diagramm
Da sich die Geschwindigkeit bei einer gleichförmigen Bewegung nicht ändert, verläuft der lineare Graph in einem t-v-Diagramm **parallel** zur Zeitachse. (→ Bild 4)

---

❶ Ein Läufer legt die Strecke von 3000 m gleichförmig in einer Zeit von 10 min zurück.
 a) Berechne seine Geschwindigkeit in $\frac{m}{s}$.
 b) Gib seine Geschwindigkeit in $\frac{km}{h}$ an.
 c) Lege für den gleichförmigen Lauf eine Wertetabelle mit 5 Wertepaaren an.
 d) Zeichne für die Bewegung ein t-s-Diagramm und ein t-v-Diagramm.

Starthilfe zu 1 a):
Rechne zunächst die Minuten (min) in Sekunden (s) um: 1 min = 60 s.

Starthilfe zu 1 b):

t in s	0	...	...	...	600
s in m	0	...	...	...	3000

❷ Ein ICE fährt gleichförmig mit einer Geschwindigkeit von 144 $\frac{km}{h}$.
 a) Gib seine Geschwindigkeit in $\frac{m}{s}$ an.
 b) Berechne die Strecke, die er in 40 min zurücklegt.
 c) Berechne die Zeit, die er für eine Strecke von 50 km benötigt.

❸ Begründe den Umrechnungsfaktor von $\frac{m}{s}$ in $\frac{km}{h}$.

METHODE

Mit Diagrammen arbeiten

Die Messwerte im Diagramm darstellen

Während eines Versuches ermittelst du Messwerte. Du überträgst sie in eine **Messwerttabelle.** In der ersten Zeile der Messwertabelle steht immer die vorgegebene Größe, hier die Zeit t in s. Die gemessene Größe steht in der zweiten Zeile, hier der Weg s in m (→ Bild 1). In einem **Diagramm** stellst du auf der Rechtsachse die vorgebebene Größe und auf der Hochachse die gemessene Größe dar. Nun kannst du alle Wertepaare in das Diagramm einzeichnen. Es entstehen Punkte (→ Bild 2).

t in s	0	1,0	2,0	3,0	4,0	5,0	6,0
s in m	0	0,9	1,4	2,9	3,1	3,9	4,7

1 Die Messwerttabelle

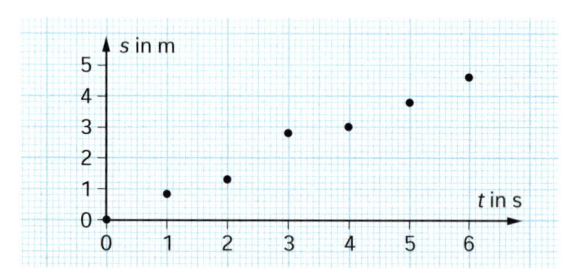

2 Die Wertepaare bilden Punkte im Diagramm.

Die Punkte miteinander verbinden

Verbindest du die Punkte wie in Bild 3 miteinander, entsteht ein **Graph.** Er zeigt sehr anschaulich, dass während der Messung Ungenauigkeiten aufgetreten sind. Liest du in dieser Darstellung Wertepaare zwischen den Messwerten ab, sind diese häufig nicht korrekt. Du darfst sie nicht in deine Versuchsauswertung einbeziehen.

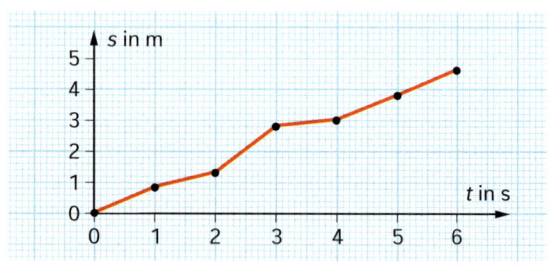

3 Die Punkte werden verbunden.

Eine Ausgleichsgerade zeichnen

In Bild 4 ist eine **Ausgleichsgerade** zwischen den Punkten dargestellt. Sie beginnt im Ursprung des Diagramms und verläuft mittig zwischen den Punkten. Die Summen aller Abstände der oberhalb liegenden Punkte ist dabei genauso groß wie die Summe aller Abstände der unterhalb liegenden Punkte. Alle Punkte auf der Ausgleichsgeraden stellen ideale Messwerte dar. Diese kannst du ablesen, in eine Wertetabelle wie in Bild 5 eintragen und mit deinen realen Messwerten in Bild 1 vergleichen.

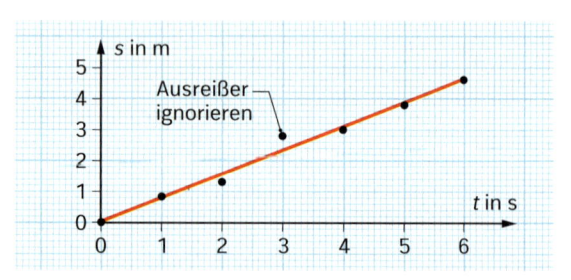

4 Die Punkte werden sinnvoll verbunden.

t in s	0	1,0	2,0	3,0	4,0	5,0	6,0
s in m	0	0,8	1,6	2,4	3,2	4,0	4,8

5 Ideale Messwerte in einer Messwerttabelle

❶ Übertrage die Messwerte aus Bild 1 in zwei t-s-Diagramme.
   a) Verbinde im ersten Diagramm die Punkte. Beschreibe den Graphen.
   b) Zeichne in das zweite Diagramm eine Ausgleichsgerade zwischen den Messpunkten. Beschreibe dein Vorgehen.
   c) Vergleiche die Diagramme aus a) und b) miteinander und formuliere eine Schlußfolgerung.
   d) Lies auf der Ausgleichsgeraden aus b) 5 Wertepaare ab. Übertrage sie in eine Wertetabelle und vergleiche sie mit den Messwerten aus Bild 1.

Starthilfe zu 1:
Benutze als Maßstab für deine t-s-Diagramme:
t-Achse: 1 cm ≙ 1 s
s-Achse: 1 cm ≙ 1 m

ÜBEN UND ANWENDEN

A Die Geschwindigkeit berechnen

1 a) Schreibe die Formel zur Berechnung der Geschwindigkeit auf.
b) Stelle die Formel zur Berechnung der Geschwindigkeit nach dem Weg s um.
c) Stelle die Formel zur Berechnung der Geschwindigkeit nach der Zeit t um.

2 Der Schweizer Rollstuhlfahrer MARCEL HUG stellte 2021 einen Weltrekord im Marathon auf. Er legte in Oita (Japan) die Marathonstrecke von 42,195 km in einer Zeit von 1 h 17 min 47 s (= 4667 s) zurück (→ Bild 6).
a) Berechne seine durchschnittliche Geschwindigkeit in $\frac{m}{s}$ und in $\frac{km}{h}$.
b) Recherchiere die Geschwindigkeitsweltrekorde für 5 weitere Sportarten und vergleiche sie miteinander.

6 MARCEL HUG – Höchstleistungen im Rollstuhl

3 Ein Gepard erreicht eine Geschwindigkeit von 120 $\frac{km}{h}$ (→ Bild 7).
a) Gib die Geschwindigkeit des Gepards in $\frac{m}{s}$ an.
b) Recherchiere die Geschwindigkeit für 5 weitere Raubtiere.
c) Ein Gepard legt 50 m mit der Geschwindigkeit 120 $\frac{km}{h}$ zurück. Berechne die benötigte Zeit.

7 Der Gepard – ein schneller Jäger

4 Eine Weinbergschnecke (→ Bild 8) legt 7 m in einer Stunde zurück.
a) Berechne die Geschwindigkeit der Weinbergschnecke.
b) Recherchiere die Geschwindigkeit für 5 andere langsame Landtiere.
c) Berechne die Zeit, die eine Weinbergschnecke benötigt, um 1 km zurückzulegen.

8 Die Weinbergschnecke – langsam und gemütlich

5 Das Licht hat im luftleeren Raum eine Geschwindigkeit von 299 792 458 $\frac{m}{s}$.
a) Gib die Geschwindigkeit des Lichtes in $\frac{km}{h}$ an.
b) Das Licht des Stern ALPHA CENTAURI A benötigt etwa 8765,3 h bis zur Erde. Berechne die Entfernung des Sterns zur Erde.
c) Die Sonne ist 149 600 000 km von der Erde entfernt. Berechne die Zeit, die das Licht für diese Strecke benötigt.

9 Sterne senden Licht aus.

Kräfte bewirken Veränderungen

Die Änderung der Bewegung

Fährst du Fahrrad wie in Bild 1A, musst du eine Kraft aufbringen. Soll deine Geschwindigkeit konstant sein, muss diese wirkende Kraft immer gleich groß sein. Deine Bewegung ist gleichförmig.
Möchtest du wie in Bild 1B schneller fahren, musst du zusätzlich Kraft aufbringen. Deine Geschwindigkeit wird größer, du beschleunigst.

Die Änderung der Richtung

Möchtest du mit dem Fahrrad abbiegen, musst du ebenfalls eine Kraft aufbringen. Beim Fußballspielen änderst du nur durch das Aufbringen einer Kraft die Richtung des Balles.

Die plastische Änderung der Form

Das Biegen eines Drahtes wie in Bild 1C oder das Kneten eines Teiges ist nur möglich, wenn eine Kraft wirkt. Der Draht und der Teig behalten nach der Wirkung der Kraft die neue Form. Sie werden **plastisch** verformt.

Die elastische Änderung der Form

Beim Zusammendrücken einer Spiralfeder wie in Bild 1D oder beim Dehnen eines Gummibandes müssen ebenfalls Kräfte wirken. Die Feder und das Gummiband gehen nach der Wirkung der Kraft wieder in ihre ursprüngliche Form zurück. Sie werden **elastisch** verformt.

1 Wirkungen: **A** gleichförmige Bewegung, **B** beschleunigte Bewegung, **C** plastische Verformung, **D** elastische Verformung

> Bewegungsänderungen, Richtungsänderungen und Verformungen werden durch das Wirken von Kräften verursacht.

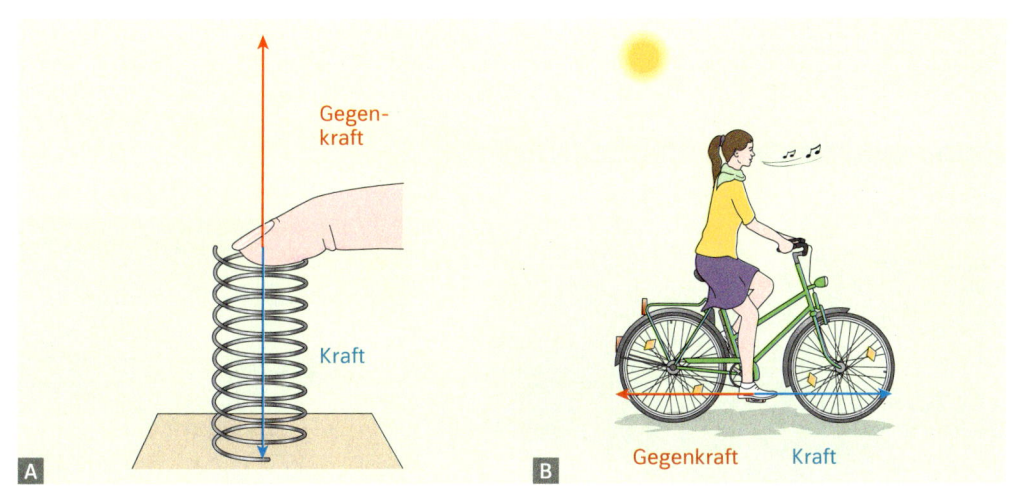

2 Kräftegleichgewicht bei: **A** Verformungen, **B** Bewegungen

Kraft und Gegenkraft

Drückst du eine Spiralfeder zusammen, spürst du eine Kraft, die deiner Kraft entgegenwirkt. Sie heißt **Gegenkraft.**
Bei einer Fahrt mit dem Fahrrad über einen Sandweg spürst du ebenfalls eine Kraft, die deiner entgegenwirkt. Diese Gegenkraft heißt **Reibungskraft.** Versuchst du mit deinem Fahrrad auf einer vereisten Fahrbahn anzufahren, drehen die Reifen durch. Der Bewegungszustand deiner Beine ändert sich. Sie werden beschleunigt. Der Bewegungszustand des Fahrrades ändert sich nicht, weil die Reibungskraft zu gering ist. Sie reicht als Gegenkraft nicht aus.

> Überall wo eine Kraft wirkt, ist eine Gegenkraft vorhanden.

Kräfte im Gleichgewicht

Wenn du eine Spiralfeder langsam zusammendrückst, werden der Betrag der eingesetzten Kraft und der Betrag der Gegenkraft größer. Beide Kräfte sind immer gleich groß. Sie befinden sich im **Kräftegleichgewicht** (→ Bild 2A).
Wenn du mit konstanter Geschwindigkeit Fahrrad fährst, ist der Betrag der eingesetzten Kraft genau so groß wie der Betrag der Reibungskraft. Es herrscht Kräftegleichgewicht wie in Bild 2B.
Wenn du beschleunigst, muss der Betrag der eingesetzten Kraft größer als der Betrag der Reibungskraft sein. Die eingesetzte Kraft und ihre Gegenkraft befinden sich nicht im Gleichgewicht.

---

① Kräfte bewirken Veränderungen.
   a) Nenne alle möglichen Veränderungen.
   b) Nenne zu jeder Veränderung ein Beispiel aus dem Alltag.
   c) Nenne für jedes Beispiel aus b) die wirkende Kraft und ihre Gegenkraft.

Starthilfe zu 1:
Lege eine Tabelle an.

Veränderung	Beispiel	Kraft	Gegenkraft
…	…	…	…

② Eine wirkende Kraft und ihre Gegenkraft können sich im Gleichgewicht befinden.
   a) Beschreibe für folgende Beispiele die wirkende Kraft und ihre Gegenkraft.
   • Ein Gummi ist gespannt.
   • Ein Apfel hängt am Baum.
   • Ein Apfel fällt vom Baum.
   • Ein Heißluftballon schwebt in der Luft.
   b) Entscheide für die Beispiele in a), ob ein Kräftegleichgewicht herrscht.
   c) Begründe deine Entscheidungen aus b) mit eigenen Worten.

IM ALLTAG

Reibungskräfte im Straßenverkehr

1 Reifen auf glatter Fahrbahn

Reibungskräfte sind erwünscht
Bei einem Fahrzeug wird die Antriebskraft des Motors über die Räder auf die Straße übertragen. Zwischen der Fahrbahn und den Reifen wirken **Reibungskräfte.** Nasse, vereiste oder ölverschmutzte Straßen verringern diese Reibungskräfte (→ Bild 1). Erwünschte Bewegungsänderungen wie Beschleunigen, Bremsen oder Lenken erfolgen unvollständig. Die notwendigen Gegenkräfte sind zu gering.

2 Geringer Luftwiderstand ist wichtig.

Reibungskräfte sind unerwünscht
In Bild 2 ist ein Auto in einem Strömungskanal abgebildet. Hier werden die Reibungskräfte zwischen dem Auto und der Luftströmung gemessen. Je geringer diese Reibungskräfte sind, desto geringer muss die Antriebskraft des Autos sein.
Dem Motor muss weniger chemische Energie oder elektrische Energie zugeführt werden, die er in Bewegungsenergie umwandelt.

---

❶ An einem Auto wirken in verschiedenen Bauteilen Reibungskräfte.
   a) Recherchiere mindestens 6 Bauteile.
   b) Entscheide, ob die Reibungskräfte in den Bauteilen aus a) erwünscht oder unerwünscht sind.
   c) Begründe deine Entscheidung aus b).

Starthilfe zu 1:
Lege eine Tabelle an.

Bauteil	Reibungskraft	erwünscht	unerwünscht	Begründung
...	...	...	...	...

❷ ▌ Die auf der Erde vorhandene Menge der fossilen Energieträger verringert sich. Begründe die folgenden Energiespartipps beim Autofahren physikalisch mithilfe von Je-desto-Sätzen.
- Den Reifendruck regelmäßig prüfen und anpassen.
- Hohe Geschwindigkeiten vermeiden.
- Das Autodach nicht für den Transport nutzen.
- Regelmäßige Ölwechsel durchführen lassen und Leichtlaufmotorenöle benutzen.
- Den Kofferraum entrümpeln.

❸ ▐▐▐ Recherchiere und beschreibe die Unterschiede zwischen Sommer- und Winterreifen. Begründe, dass die Winterreifenpflicht in der Straßenverkehrsordnung vorgeschrieben ist.

IM ALLTAG

Reibungskräfte in der Luft

3 Ein Meteor in der Atmosphäre

Sternschnuppen
Meteoroiden sind Trümmerstücke von Asteroiden, die sich durch unser Sonnensystem bewegen. Ihre Geschwindigkeit kann bis zu 42 $\frac{km}{s}$ betragen. Gelangen sie in die Erdatmosphäre, entsteht durch die Reibung mit der Luft eine sehr hohe Temperatur. Die Meteoroiden beginnen zu glühen und senden helles Licht aus. Sie heißen nun **Meteore**. Vom 17. Juli bis zum 24. August durchfliegen die **Perseiden** unsere Atmosphäre. In dieser Zeit kannst du nachts besonders viele Meteore als Sternschnuppen beobachten. Ein Meteor, der die Erdoberfläche erreicht, kühlt ab und heißt nun **Meteorit**.

4 Eine Raumkapsel auf dem Heimweg

Heiße Rückkehr
Seit 1961 sind Menschen in der Lage mit bemannten und unbemannten Raumflugkörpern das Weltall zu erforschen. Kehrt eine Raumkapsel aus der Schwerelosigkeit des Weltalls zurück, wirkt beim Eintritt in die Atmosphäre die Erdanziehungskraft auf sie. Die Raumkapsel wird stark beschleunigt. Wegen der großen Reibung mit der Luft, wird sie sehr heiß. Die Raumkapsel muss deshalb durch ein **Hitzeschild** geschützt sein. Das Hitzeschild verhindert die Erwärmung des Innenraums der Kapsel. Wenn es schmilzt und verdampft, trägt es außerdem eine große Menge an Wärme von der Raumkapsel fort.

1. Ein Körper tritt aus dem Weltall in die Erdatmosphäre ein. Beschreibe alle Veränderungen.
2. Nenne die Unterschiede zwischen Meteoroiden, Meteoren und Meteoriten.
3. Recherchiere Meteorströme, die regelmäßig die Erdatmosphäre durchqueren.
4. Recherchiere Meteoriteneinschläge, die Spuren auf der Erde hinterlassen haben.
5. ❚ Erläutere die Funktionsweise des Hitzeschildes einer Raumkapsel.

Starthilfe zu 1:
Lege eine Tabelle an.

	Ort	Geschwindigkeit	Temperatur
Meteoroid	...	...	kalt
Meteor	...	...	...
Meteorit	...	...	...

Ein Kraftmesser misst Kräfte

Der Aufbau eines Kraftmessers

In der Hülle eines **Federkraftmessers** befindet sich eine **Schraubenfeder.** Sie ist von einer **Skala** umgeben. Das Ende der Feder schaut als Haken unten aus der Hülle heraus. Es gibt außerdem eine Schraube zur Einstellung der **Nulllage.** (→ Bild 1)

Der Einsatz des Kraftmessers

Hängst du an den Kraftmesser einen Körper, so verlängert sich die Feder. Sie schaut dann mit der Skala aus der Hülle heraus. Auf den Körper wirkt die **Gewichtskraft F_G.** Sie wird in **N (Newton)** angegeben und kann auf der Skala abgelesen werden. Die Einheit wurde zu Ehren des englischen Physikers Sir Isaac Newton (1643 – 1727) gewählt.
Die Gewichtskraft erfahren alle Körper durch die Erdanziehungskraft. Sie wirkt immer in Richtung des Erdmittelpunktes.

Der richtige Umgang mit dem Kraftmesser

Bevor du mit einem Kraftmesser eine Gewichtskraft misst, musst du die Nulllage einstellen. Du löst die Schraube am oberen Ende des Kraftmessers. Nun kannst du die Feder mit der Skala hoch oder runter bewegen. Der Beginn der Skala (0 N) muss genau mit dem Rand der Hülle übereinstimmen. Jetzt hast du den Federkraftmesser auf den Wert Null **justiert.**
Auf jedem Kraftmesser steht ein **Messbereich.** Er gibt die größte messbare Kraft an. Belastest du den Kraftmesser mit einer größeren Kraft, wird die Schraubenfeder in ihm überdehnt. Sie ist plastisch verformt. Nach der Belastung zieht sie sich nicht mehr in ihre ursprüngliche Länge zurück. Der Federkraftmesser ist anschließend unbrauchbar.

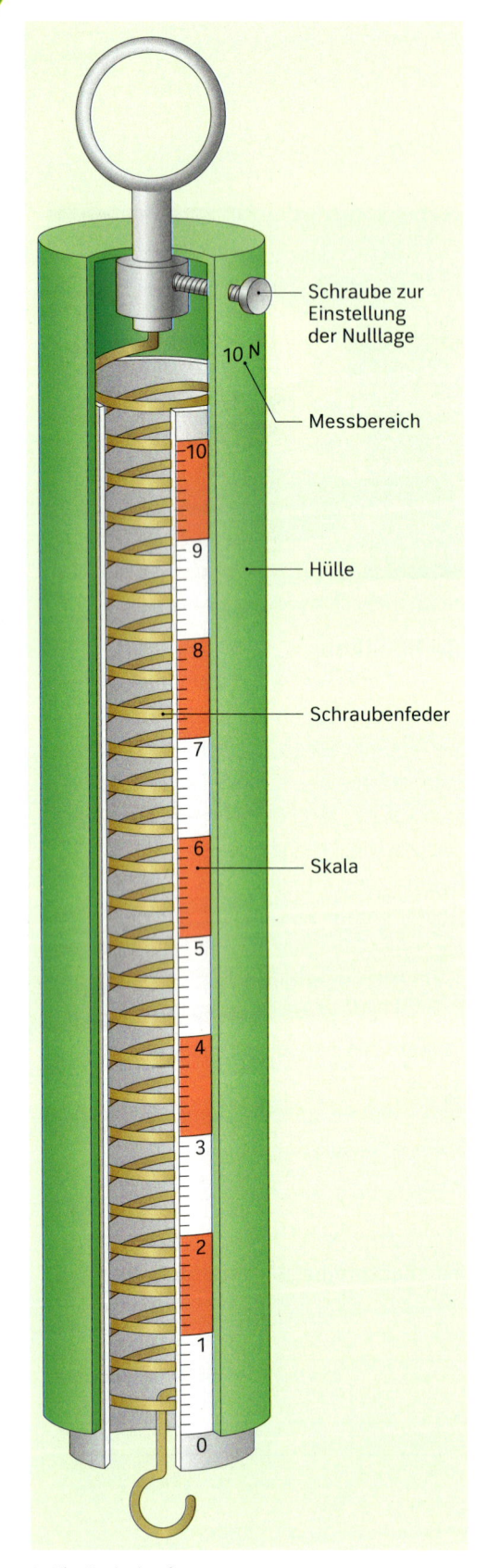

1 Ein Federkraftmesser

Der Zusammenhang zwischen der Masse und der Gewichtskraft

Hängst du ein Massestück mit einer Masse von 100 g an den Kraftmesser, so wird auf der Skala eine Gewichtskraft von ungefähr $F_G = 1$ N angezeigt (→ Bild 2).
Daraus folgt, dass bei einer angehängten Masse von 1 kg ungefähr die Gewichtskraft von 10 N angezeigt wird.

> **Name:** Gewichtskraft
> **Formelzeichen:** F_G
> **Einheit:** N (Newton)
> **Weitere Einheiten:** 1 kN = 1000 N

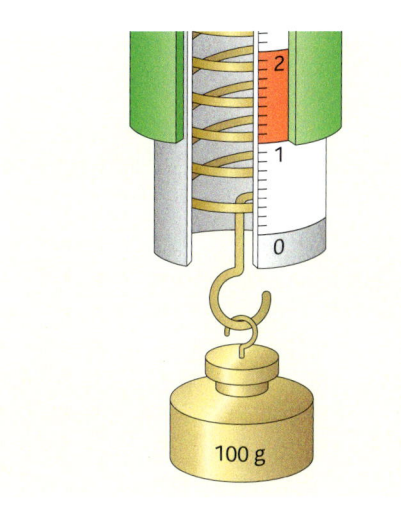

2 Auf die Masse 100 g wirkt die Kraft 1 N.

Das Masse-Gewichtskraft-Diagramm

Überträgst du die Masse-Gewichtskraft-Wertepaare in ein Diagramm, entsteht ein linearer Graph. Er beginnt im Ursprung des Diagramms. (→ Bild 3)
Der Verlauf des Graphen zeigt, dass die wirkende Gewichtskraft und die angehängte Masse proportional zueinander sind.

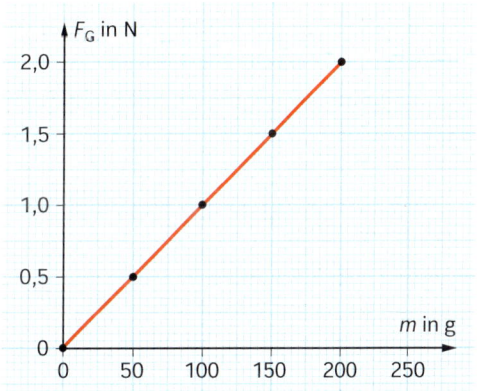

3 Das Masse-Gewichtskraft-Diagramm

---

❶ In Bild 1 ist ein Federkraftmesser abgebildet.
  a) Nenne alle Bauteile des Federkraftmessers.
  b) Erläutere den Begriff Messbereich.
  c) Beschreibe die Einstellung der Nulllage.
  d) Die Nulllage wurde nicht richtig eingestellt. Nenne eine Folge.

Starthilfe zu 1 c):
Beginne deine Beschreibung wie folgt:
Ich löse die Schraube...

❷ An einen Federkraftmesser mit dem Messbereich 10 N werden nacheinander Massestücke mit der Masse von 100 g gehängt.
  a) Erstelle eine Wertetabelle für den Zusammenhang zwischen der angehängten Masse m und der wirkenden Gewichtskraft F_G.
  b) Zeichne ein m-F_G Diagramm zu Aufgabe a).
  c) Beschreibe den Verlauf des Graphen aus Aufgabe b). Ziehe eine Schlussfolgerung aus deiner Beschreibung.
  d) Begründe, dass bei einer Anzeige von 9 N die Masse von $m = 110$ g nicht mehr an den Federkraftmesser gehängt werden darf.

Starthilfe zu 2a):

Anzahl der Massestücke	1	2	...
m in g	...	...	...
F_G in N	...	...	...

❸ In einer Autowerkstatt wird ein 200 kg schwerer Motor gehoben. Gib die Größe der wirkenden Gewichtskraft an.

FORSCHEN UND ENTDECKEN

A Die Gewichtskräfte messen

Material: Gewichtsteller mit der Masse 10 g, Massestücke (4 x 10 g und 3 x 50 g), Federkraftmesser mit dem Messbereich 2 N (→ Bild 1)

Durchführung:
Schritt 1: Stelle an dem Federkraftmesser die Nulllage ein.
Schritt 2: Hebe den Gewichtsteller ohne Massestücke mit dem Federkraftmesser an.
Schritt 3: Lege nacheinander Massestücke auf den Gewichtsteller, sodass sich die Gesamtmasse schrittweise um 10 g erhöht.
Schritt 4: Miss jeweils die wirkende Gewichtskraft F_G.

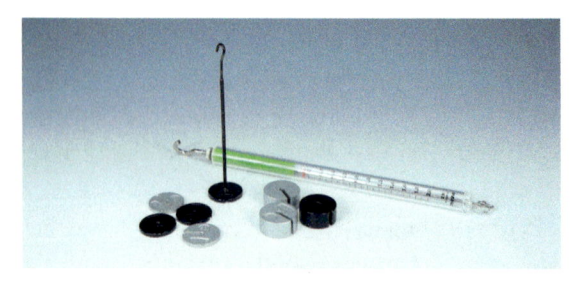

1 Das Versuchsmaterial

① Trage die jeweils angehängten Massen m und die Beträge der gemessenen Gewichtskräfte F_G in eine Tabelle ein.

② Zeichne ein m-F_G-Diagramm.

③ Beschreibe den Verlauf des Graphen. Ziehe eine mathematische Schlussfolgerung.

B Die Masse mithilfe der Gewichtskraft bestimmen

Material: 8 Gegenstände aus deinem Rucksack, feste Schnur, 3 Federkraftmesser mit verschiedenen Messbereichen, Waage (→ Bild 2)

Durchführung:
Schritt 1: Befestige an den Gegenständen mithilfe der Schnur eine Schlaufe.
Schritt 2: Schätze die Masse jedes gewählten Gegenstandes.
Schritt 3: Bestimme mithilfe der Waage die Masse jedes Gegenstandes.
Schritt 4: Wähle für jeden Gegenstand einen Kraftmesser mit dem passenden Messbereich aus. Miss jeweils die wirkende Gewichtskraft F_G.

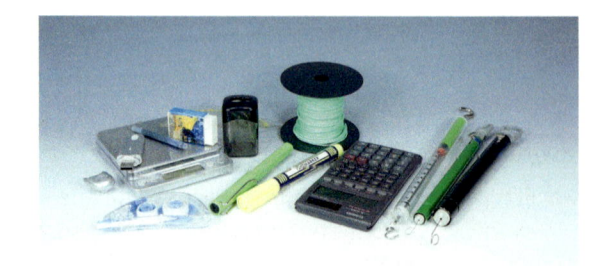

2 Gegenstände aus deinem Rucksack

Starthilfe zu 1:

Gegenstand	geschätzte Masse m in g	gemessene Masse m in g	F_G in N	berechnete Masse m in g
Physikbuch	...	...	...	...

① Trage für jeden Gegenstand die geschätzte Masse m, die gemessene Masse m und den Betrag der gemessenen Gewichtskraft F_G in eine Tabelle ein.

② Berechne die Masse m des jeweils angehängten Gegenstandes, indem du die Gewichtskraft F_G (in N) durch 10 dividierst.

③ Vergleiche jeweils die gemessene Masse mit der berechneten Masse.

IM ALLTAG

Die Rolle des Wirkens verschiedener Kräfte

Kräfte und fliegende Koffer
Ein Flugzeug fliegt sicher, wenn seine Gesamtmasse und die daraus resultierende Gewichtskraft nicht zu groß sind. Der Koffer eines Flugreisenden darf deshalb nur eine bestimmte Masse haben. Wird der Koffer wie in Bild 3 an eine **Kofferwaage** gehängt, zeigt sie die Masse des Koffers an.

3 Der Koffer darf nicht zu schwer werden.

Materialien müssen Kräfte aushalten
Der Bauhelm des Arbeiters in Bild 4 dient der Sicherheit. Das Material des Helmes darf beim Wirken großer Kräfte nicht zerbrechen. Gleiches gilt für das Tragseil eines Kranes oder den Betonpfeiler einer Brücke. Viele Materialien werden deshalb im Labor vor ihrem Einsatz auf **Festigkeit** geprüft.

4 Ein Helm schützt vor Verletzungen.

Das Wissen über Kräfte im Beruf
In vielen handwerklichen Berufen werden durch das Wirken von Kräften Materialien verändert. In einer handwerklichen Ausbildung lernst du zum Beispiel, mit welcher Kraft eine Holzleiste mit einem Stechbeitel wie in Bild 5 bearbeitet, ein Stahlblech gebogen oder ein Stein bearbeitet wird.

5 Die Bearbeitung von Holz

---

1 a) Recherchiere die Masse, die ein Koffer für einen Flug haben darf.
b) Ein Flugzeug nimmt 200 Fluggäste mit je einem Koffer auf. Berechne die Gesamtmasse der Koffer mit der Masse aus Aufgabe a) und gib die wirkende Gewichtskraft an.
c) Recherchiere das Flugzeug mit der größten Gesamtflugmasse.

2 I a) Nenne Gegenstände, die aus Sicherheitsgründen große Kräfte aushalten müssen.
II b) Recherchiere die Materialien von Gegenständen, die aus Sicherheitsgründen große Kräfte aushalten müssen. Nenne die wesentlichen Eigenschaften dieser Materialien.

3 a) Beschreibe einen handwerklichen Beruf, in dem durch das Wirken von Kräften Materialien bearbeitet werden.
b) Recherchiere die Ausbildungsdauer und die Zugangsvoraussetzungen dieses Berufes.

1 Im Supermarkt

Die Kraft ist eine gerichtete Größe

Kraft ist eine vektorielle Größe

Um einen Einkaufswagen wie in Bild 1 zu schieben, musst du eine Kraft aufbringen. Der **Angriffspunkt** und der **Betrag** der Kraft bestimmen die Bewegungsänderung des Wagens. Die Lage des Angriffspunktes der Kraft ist für ihre Wirkung entscheidend. Läge der Angriffspunkt seitlich, würde der Wagen nicht geradeaus fahren. Die Kraft muss immer in die **Richtung** wirken, in die der Wagen fahren soll.
Die Wirkung der Kraft ist also abhängig von ihrem Angriffspunkt, ihrem Betrag und ihrer Richtung. Die Kraft ist eine gerichtete oder **vektorielle Größe.**

Kräfte grafisch darstellen

Die Kraft als vektorielle Größe kannst du grafisch als Pfeil darstellen. Der Betrag der Kraft ergibt sich mit einem festgelegten Maßstab aus der Länge des Pfeils. Sein Anfangspunkt ist der Angriffspunkt der Kraft. Die Richtung der wirkenden Kraft wird durch die Pfeilspitze angezeigt. (→ Bild 2)

Zwei Kräfte wirken gleichzeitig

Wenn du den Einkaufswagen mit einer Freundin geradeaus schiebst, können die Kräfte in die gleiche Richtung oder in die entgegengesetzte Richtung wirken. Wenn du diese Kräfte **addierst,** ergibt sich die resultierende Gesamtkraft F_R. Sie ist die vektorielle Summe der Einzelkräfte.

Wenn ihr den Einkaufswagen in verschiedene Richtungen schiebt, dann fährt der Wagen nicht geradeaus. Wenn zwei Kräfte in verschiedene Richtungen wirken, musst du die Pfeile zeichnerisch zu einem **Kräfteparallelogramm** ergänzen. Die Diagonale des Kräfteparallelogramms entspricht der resultierenden Gesamtkraft F_R.

Angriffspunkt der Kraft
Länge des Pfeils: 5,0 cm
Betrag der Kraft: $F = 50$ N
Richtung der Kraft
1,0 cm ≙ 10 N

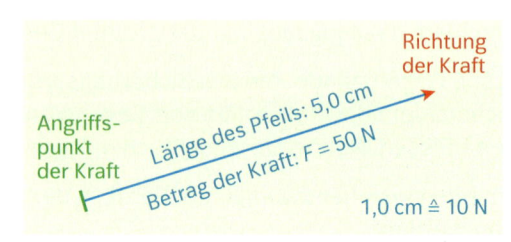

2 Bestimmungsstücke einer vektoriellen Größe

Addition von Kräften, die in die gleiche Richtung wirken

Wirken zwei Kräfte in die gleiche Richtung, können diese Kräfte addiert werden. Dazu wird der Angriffspunkt der Kraft F_2 an die Pfeilspitze der Kraft F_1 angesetzt. Beide Pfeile weisen in die gleiche Richtung. Die resultierende Gesamtkraft F_R ergibt sich aus der Summe der beiden Einzelkräfte. (→ Bild 3)

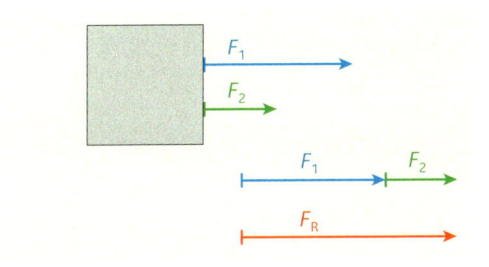

3 Zwei Kräfte wirken in die gleiche Richtung.

Addition von Kräften, die entgegengesetzt wirken

Wirken Kräfte in entgegengesetzte Richtungen, werden diese Kräfte ebenfalls addiert, aber in unterschiedlichen Richtungen. Der Angriffspunkt von F_2 wird an die Spitze von F_1 angesetzt. Die resultierende Gesamtkraft F_R ergibt sich dann vom Angriffspunkt der Kraft F_1 bis zur Pfeilspitze der Kraft F_2. (→ Bild 4)

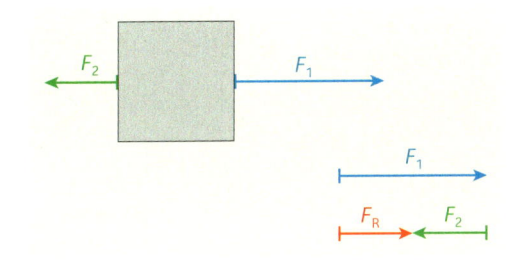

4 Zwei Kräfte wirken in die entgegengesetzte Richtung.

Kräfteparallelogramm

Wirken die Kräfte in verschiedene Richtungen, müssen diese zu einem Kräfteparallelogramm ergänzt werden. Dabei gibt die Diagonale die Richtung und den Betrag der resultierenden Gesamtkraft F_R an. Dafür werden die Pfeile der Einzelkräfte bis zur Spitze der jeweils anderen Kraft parallel verschoben. Der Betrag der resultierenden Gesamtkraft ergibt sich vom Angriffspunkt beider Einzelkräfte bis zum Schnittpunkt der beiden Parallelen. (→ Bild 5)

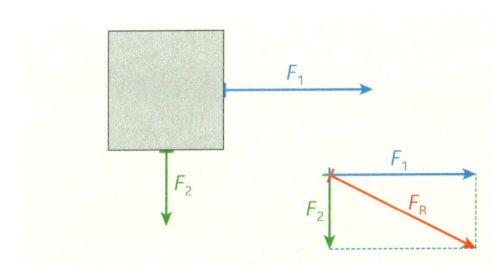

5 Zwei Kräfte wirken in unterschiedliche Richtungen.

> Eine **vektorielle Größe** zeichnet sich durch drei Bestimmungsstücke aus:
> - Angriffspunkt,
> - Richtung,
> - Betrag.

❶ Ermittle grafisch die resultierende Kraft, wenn zwei Kräfte $F_1 = 450$ N und $F_2 = 360$ N mit gleichem Angriffspunkt
a) in die gleiche Richtung wirken.
b) in die entgegengesetzten Richtungen wirken.
c) in verschiedene Richtungen unter einem Winkel von 30° wirken.

Starthilfe zu 1:
Benutze für deine Zeichnung den Maßstab: 1 cm ≙ 100 N

❷ ❙ a) Leon und sein Bruder Linus ziehen einen Schlitten geradeaus. Leon möchte links abbiegen. Er zieht mit einer Kraft von 520 N und unter einem Winkel von 30°. Linus möchte aber zum See. Er zieht mit einer Kraft von 450 N und unter einem Winkel von 45° nach rechts. Ermittle zeichnerisch die Richtung des Schlittens.
❙❙ b) Ihre Schwester Lina möchte aber nach Hause. Ermittle grafisch, wen Lina unterstützen muss, damit der Schlitten geradeaus weiterfährt. Gib die Kraft an, die sie dafür aufbringen muss.

FORSCHEN UND ENTDECKEN

A Kräftezerlegung bei gleicher Kraftwirkung

Material: Stativmaterial, 2 Haltemuffen, Massestück, 2 gleiche Federkraftmesser, Geodreieck

Durchführung:
Schritt 1: Bestimme die Gewichtskraft des Massestückes.
Schritt 2: Befestige beide Federkraftmesser an dem Massestück. Schiebe die Kraftmesser auf der Stativstange 10 cm auseinander. Stelle sie mit den Haltemuffen fest.
Schritt 3: Miss die Winkel α und β und schreibe ihre Maße auf (→ Bild 1).
Schritt 4: Lies die Kräfte F_1 und F_2 ab, die am Massestück wirken, und notiere sie.
Schritt 5: Verschiebe einen Federkraftmesser um 5 cm entlang der Stativstange und wiederhole die Schritte 3 bis 5.

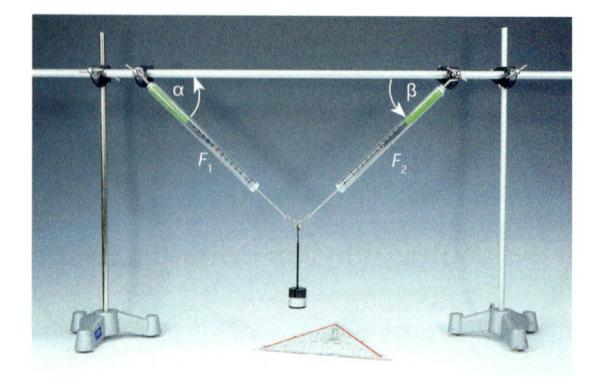

1 Ein Massestück ist an zwei Punkten aufgehängt.

❶ Vergleiche jeweils die Winkel α und β sowie die Kräfte F_1 und F_2.
❷ Bilde jeweils die Summe der Kräfte. Vergleiche diesen Wert mit dem der Gewichtskraft.
❸ Zeichne mithilfe der Messwerte ein Kräfteparallelogramm zu jeder Messung.

B Kräftezerlegung bei unterschiedlicher Kraftwirkung

Material: Stativmaterial, 2 Haltemuffen, Massestück, 2 gleiche Federkraftmesser, Band mit mehreren Schlaufen im Abstand von 2 cm, Geodreieck

Durchführung:
Schritt 1: Befestige beide Federkraftmesser an dem Massestück. Schiebe die Kraftmesser 40 cm auseinander und befestige sie mit den Haltemuffen.
Schritt 2: Verlängere einen Federkraftmesser mit dem Band in der 1. Schlaufe.
Schritt 3: Miss die Winkel α und β und schreibe ihre Maße auf (→ Bild 2).
Schritt 4: Lies die Kräfte F_1 und F_2 ab, die am Massestück wirken, und notiere sie.
Schritt 5: Verlängere das Band um 2 cm und wiederhole die Schritte 3 bis 5.

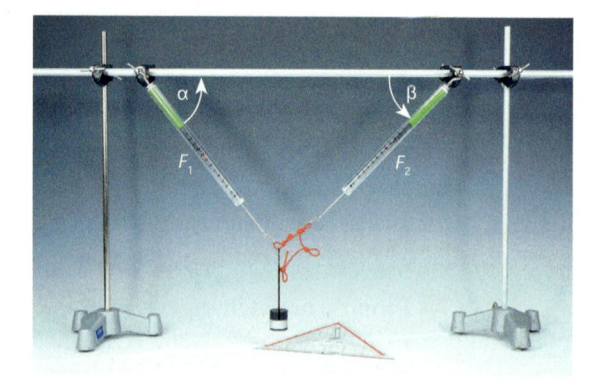

2 Die Kraftwirkung auf das Massestück ist unterschiedlich.

❶ Vergleiche jeweils die Winkel α und β sowie die Kräfte F_1 und F_2.
❷ Beschreibe das Verhalten der Kräfte F_1 und F_2 in Abhängigkeit von den Winkeln α und β.
❸ Zeichne mithilfe der Messwerte ein Kräfteparallelogramm zu jeder Messung.

IM ALLTAG

Überall Kräftezerlegung

Holz spalten mit einem Keil
Ein **Keil** hilft dir, einen Baumstamm zu spalten. Du brauchst viel weniger Kraft. Wenn du den Keil in den Baumstamm hineinschlägst, wirken große Kräfte senkrecht zur Oberfläche des Keils. Sie treiben das Holz auseinander. Die Kräftezerlegung bewirkt, dass die verhältnismäßig geringe Muskelkraft F_M in die beiden seitlich wirkenden, großen Teilkräfte zerlegt wird.

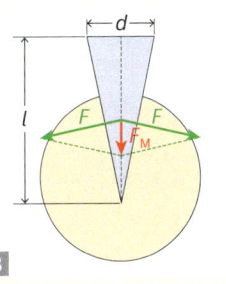

3 Ein Holzkeil verteilt die Kraft seitlich.

Die Strömung muss beachtet werden!
Das Wasser in einem Fluss besitzt eine **Strömung**. Wenn du mit einem Boot einen Fluss überqueren willst, musst du diese Strömung beachten. Sonst wirst du abgetrieben und erreichst das andere Ufer an der falschen Stelle. Mithilfe einer Kräftezerlegung kannst du bestimmen, in welche Richtung und mit welcher Kraft das Boot bewegt werden muss.

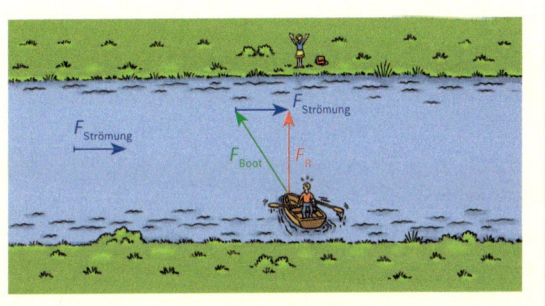

4 Schräg zur Strömung zum Ziel!

Gemeinsam einen Schlitten ziehen
Wenn ihr einen Schlitten zu zweit in die gleiche Richtung zieht, addieren sich eure beiden Kräfte. So lassen sich auch zwei oder sogar drei Freunde auf dem Schlitten ziehen. Doch auch hier müsst ihr die Kräftezerlegung beachten. Denn je größer der Winkel zwischen den beiden Zugseilen ist, desto kleiner ist die resultierende Kraft, die den Schlitten nach vorne zieht.

5 Gemeinsam mehr bewegen!

---

1 Ein Keil wie in Bild 3B mit $d = 50$ mm und $\ell = 150$ mm wird mit einer Muskelkraft $F_M = 250$ N in den Stamm getrieben. Bestimme mithilfe eines Kräfteparallelogramms die senkrecht zur Oberfläche des Keils wirkenden Kräfte.

2 Ein Fluss hat eine Strömung, die auf einen Gegenstand eine Kraft von 15 N ausübt. Du kannst beim Treten deines Tretbootes eine Kraft von 30 N aufbringen. Ermittle zeichnerisch die Richtung, in die du fahren musst, um genau am gegenüberliegenden Ufer anzukommen.

3 Zwei Kinder ziehen einen Schlitten mit der Kraft $F_1 = 80$ N und $F_2 = 50$ N. Beide greifen am Schlitten in einem Winkel von 20° zueinander an. Ermittle zeichnerisch die resultierende Kraft, die auf den Schlitten wirkt (10 N $\hat{=}$ 1 cm). Gib den Betrag der Kraft an.

1 Ein Apfelbaum im Frühling und im Herbst

Die Gewichtskraft und die Trägheitskraft

Die Masse ist überall gleich

Jeder Körper hat eine **Masse m.** Sie wird in der Einheit **g (Gramm)** oder **kg (Kilogramm)** angegeben. Die Masse eines Körpers kann mit einer **Balkenwaage** bestimmt werden. Dabei führst du einen **Massenvergleich** durch. Dabei ist es egal, wo du die Messung durchführst, ob auf der Erde oder auf dem Mond. Die Masse eines Körpers ist **ortsunabhängig.** (→ Bild 2)

Die Gewichtskraft

Im Herbst biegen sich Äste mit Äpfeln viel stärker zur Erde hin als dieselben Äste im Frühling mit Blüten (→ Bild 1). Die Verformung der Äste wird durch die Erdanziehungskraft hervorgerufen. Auf diese Masse wirkt durch die Erdanziehungskraft eine Kraft in Richtung Erdmittelpunkt, die **Gewichtskraft F_G.** Dabei ist es egal, wo du dich auf der Erde befindest. Der Apfel fällt an jeder Stelle der Erde immer auf den Erdboden.

Der Ortsfaktor

Wenn du auf der Erde einen Gegenstand mit einer Masse von 100 g an einen Kraftmesser hängst, zeigt er eine Gewichtskraft von 1 N an (→ Bild 2 A). Auf dem Mond zeigt der Kraftmesser bei der Masse von 100 g eine Gewichtskraft von nur 0,16 N an (→ Bild 2 B). Das liegt an einem anderen **Ortsfaktor g.** Der Ortsfaktor beträgt in Mitteleuropa 9,81 $\frac{N}{kg}$. Auf dem Mond beträgt er nur 1,62 $\frac{N}{kg}$. Die Gewichtskraft ist also **ortsabhängig.**

2 Messungen: **A** auf der Erde, **B** auf dem Mond

> **Name:** Ortsfaktor
> **Formelzeichen:** g
> **Formel:** $g = \frac{F_G}{m}$
> **Einheit:** $\frac{N}{kg}$
> **Konstanten:** $g_{Erde} = 9{,}81\ \frac{N}{kg}$, $g_{Mond} = 1{,}62\ \frac{N}{kg}$

3 Die Trägheitskraft wirkt der Bewegungsänderung entgegen: **A** beim Losfahren, **B** beim Bremsen.

Die Trägheit von Körpern

Eine weitere Kraft spürst du, wenn der Fahrer oder die Fahrerin des Schulbusses eine Vollbremsung machen muss. Alle Passagiere werden nach vorne gerissen. Einige Gepäckstücke fliegen durch den Bus nach vorne.
Jeder Körper möchte in seinem Bewegungszustand bleiben. Beim Losfahren des Busses wirst du in den Sitz gepresst (→ Bild 3 A). Wenn der Bus plötzlich stark bremst, bewegen sich alle nicht befestigten Gegenstände und Passagiere nach vorne. Sie möchten ihre Bewegung beibehalten (→ Bild 3 B). Diese Eigenschaft einer Masse, sich einer plötzlichen Bewegungsänderung zu widersetzen, heißt **Trägheit.**
Für das Widersetzen ist eine Kraft notwendig. Diese Kraft muss umso größer sein, je größer die Masse des Körpers ist.

Die Trägheit ist eine Kraft

Das Bremsen des Busses ist eine Bewegungsänderung vom Zustand Fahren in den Zustand Stehen. Diese Bewegungsänderung wird durch die Bremsen des Busses ausgelöst. Sie üben eine Kraft aus.
Wenn du in dem Bus sitzt, möchtest du aber weiterhin nach vorne transportiert werden. Du musst aber nun mit dem Bus deine Geschwindigkeit reduzieren. Da das aber nicht sofort möglich ist, fällst du nach vorne. Es wirkt die **Trägheitskraft** deines Körpers. Sie ist der Richtung der Bewegungsänderung stets entgegengesetzt.

Die Trägheitskraft eines Körpers hängt nur von seiner Masse ab. Die Erdanziehungskraft und der Ortsfaktor haben keinen Einfluss. Die Trägheitskraft wirkt **ortsunabhängig,** also auch auf dem Mond.

---

❶ **a)** Beschreibe, in welche Richtung Gegenstände am Nordpol, am Südpol, in Europa und auf anderen Kontinenten fallen.
b) Gib die Ursache für die Richtung der Fallbewegung der Gegenstände in a) an.

❷ ‖ Gib die Gewichtskraft an, die auf der Erde und auf dem Mond auf eine Masse von 1,52 kg wirkt.

❸ Erkläre an einem Beispiel die Trägheit eines Körpers.

❹ Begründe, dass ein Medizinball mit derselben Geschwindigkeit wie ein Fußball einen größeren Schaden anrichten könnte.

❺ ‖ Wenn ein Auto abgeschleppt wird, darf der Fahrer im vorderen Auto nur sehr langsam anfahren. Gib den Grund für diese Vorsichtsmaßnahme an.

FORSCHEN UND ENTDECKEN

A Die Bestimmung des Ortsfaktors

Material: kleine Gegenstände mit Schlaufe aus dünnem Garn, Balkenwaage mit Wägesatz, Federkraftmesser

1	2	3	4
F_G in N	m in g	m in kg	$\frac{F_G}{m}$ in $\frac{N}{kg}$
...	...	...	...

1 Messwerttabelle

Durchführung:

Schritt 1: Miss mit einem Federkraftmesser die Gewichtskraft F_G eines Gegenstandes. Trage den Messwert in die Spalte 1 einer Tabelle wie in Bild 1 ein.

Schritt 2: Bestimme mit der Balkenwaage durch Massenvergleich die Masse des Gegenstandes. Trage den Messwert in die Spalte 2 der Tabelle ein.

Schritt 3: Wiederhole die Schritte 1 bis 2 für weitere kleinere Gegenstände.

① a) Rechne die Masse in kg um und trage den Wert in die 3. Spalte ein.
b) Bestimme in der 4. Spalte den Wert des Quotienten aus F_G und m. Vergleiche die Werte und formuliere eine Ergebnis.

② a) Berechnet den Mittelwert aller in der Klasse berechneten Werte. Vergleicht den Wert mit dem Ortsfaktor für Mitteleuropa.
b) Begründe mögliche Abweichungen eures Mittelwertes vom theoretischen Wert.

B Der Zusammenhang zwischen Masse, Kraft und Trägheit

Material: ein Tischtennisball und eine etwa gleich große Holzkugel, eine größere Styroporkugel, 3 leere Streichholzschachteln, Waage

Durchführung:

Schritt 1: Bestimme die Massen der drei Kugeln.

Schritt 2: Schnipse nacheinander den Tischtennisball, die Holzkugel und die Styroporkugel mit dem Finger an (→ Bild 2 A).

Schritt 3: Baue wie in Bild 2 B eine Brücke aus drei Streichholzschachteln auf.

Schritt 4: Lass nacheinander die Kugeln mit gleicher Geschwindigkeit gegen die Brücke rollen.

① Beschreibe jeweils deine Beobachtungen beim Schnipsen der Kugeln.

② Beschreibe den Zusammenhang zwischen der Masse der Kugeln und der Kraft,
a) die du auf die Kugeln ausüben musst.
b) die die Kugeln auf die Brücke ausüben.

2 Die Kugeln werden mit dem Finger geschnipst.

IM ALLTAG

Die Rückhaltesysteme und der Crash-Test

Der Sicherheitsgurt
Bei einem plötzlichen Aufprall werden die Insassen nach vorne geschleudert. Das liegt an der Trägheit. Ein **Sicherheitsgurt** hält die Insassen in ihren Sitzen zurück. Die Insassen prallen nicht gegen das Lenkrad oder das Armaturenbrett. Der Gurt fängt die auftretenden Kräfte auf. Sind die Sicherheitsgurte durch einen Aufprall einmal gedehnt worden, müssen sie ausgetauscht werden.

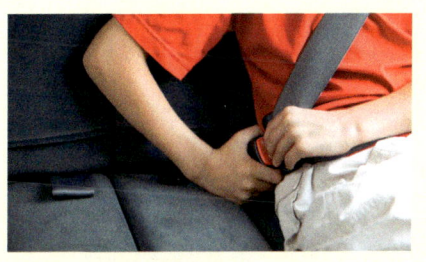

3 Den Sicherheitsgurt angelegen.

Der Airbag
In einem Kraftfahrzeug gibt es Beschleunigungssensoren. Sie messen, wie schnell das Fahrzeug abgebremst wird. Bei einem Aufprall stoppt das Fahrzeug schneller, als es mit einer Vollbremsung möglich wäre. Dann löst der **Airbag** aus.
Der Airbag ist ein Luftkissen. Es fängt die Kräfte des Insassen auf. So stößt der Kopf nicht auf das Lenkrad. Der Airbag bläht sich sehr schnell auf und fällt augenblicklich wieder in sich zusammen. So werden Verletzungen durch einen straff gespannten Airbag vermieden.

4 Der Airbag nimmt Aufprallkräfte auf.

Der Crash-Test
In **Crash-Tests** wird vorsätzlich ein Aufprall herbeigeführt. Die Auswirkungen werden mithilfe vieler Kameras aufgenommen. So können die Folgen später ausgewertet werden.
In Crash-Tests werden **Dummys** eingesetzt. Damit lässt sich die Wirksamkeit von Sicherheitsgurten oder dem Airbag untersuchen. **Knautschzonen** im Auto nehmen einen großen Teil der Energie des Aufpralls auf.

5 Crash-Tests erhöhen die Sicherheit.

---

1 Fasse die Vorrichtungen zusammen, die die Insassen vor einem Unfall schützen.

2 Begründe, dass Sicherheitsgurte nach einer starken Dehnung ausgetauscht werden müssen.

3 ❚ Recherchiere den Begriff Knautschzone. Gehe dabei auch auf die Konstruktion der ersten Autos ein und analysiere die Sicherheit für die Menschen bei einem Unfall.

4 ❚❚ Recherchiere weitere Sicherheitsmaßnahmen, die
  a) die Insassen von Autos schützen sollen.
  b) die Fahrerin oder den Fahrer von Motorrädern schützen sollen.

Mit Rollen und Seilen Kräfte sparen

Die feste Rolle

Lina steht unter ihrem Baumhaus. Sie will einen 5 kg schweren Korb nach oben ziehen. Zum Halten des Korbes muss sie also eine Kraft von 50 N aufbringen. Die Kraft zum Hochziehen des Korbes muss etwas größer sein.
Lina befestigt wie in Bild 1A eine Rolle am Baumhaus und legt ein Seil darüber. Ein Seilende befestigt sie am Korb. Das andere Seilende zieht sie nach unten und den Korb somit nach oben.
Lina verändert den Angriffspunkt und die Richtung der Kraft. Der Betrag der von Lina aufzubringenden Kraft bleibt gleich. Diese Rolle heißt **feste Rolle** und ist ein **Kraftwandler.**

Die lose Rolle

Lina steht auf dem Baumhaus und will den Korb nach oben ziehen. Sie befestigt wie in Bild 1B ein Seilende am Baumhaus und am Korb eine Rolle. Am anderen Seilende zieht sie den Korb und die Rolle nach oben. Diese Rolle heißt **lose Rolle.** Lina muss dabei nur noch die Hälfte der Kraft aufbringen. Die andere Hälfte der Kraft wirkt auf das Seilende am Baumhaus. Die beiden Seilenden sind nun **tragende Seilstücke.** Lose Rollen ändern den Angriffspunkt und den Betrag der Kraft. Die Richtung der Kraft bleibt gleich. Die lose Rolle ist ebenfalls ein Kraftwandler.

Die feste und die lose Rolle

Lina steht unter dem Baumhaus und kombiniert nun eine lose Rolle und eine feste Rolle wie in Bild 1C. Die Kraft wird auf zwei tragende Seilstücke verteilt, also halbiert. Jetzt ändern sich der Betrag, die Richtung und der Angriffspunkt der Kraft, die Lina aufbringen muss.

1 Kräfte: **A** an fester Rolle, **B** an loser Rolle, **C** an loser und fester Rolle

Der Flaschenzug – ein Kraftwandler

Ein **Flaschenzug** besteht aus mehreren festen und losen Rollen und einem Seil. Der zu hebende Gegenstand hängt an den losen Rollen. Bei jedem Flaschenzug ändert sich der Angriffspunkt und der Betrag der aufzubringenden Kraft F_a. Die Richtung der aufzubringenden Kraft hängt von der Anordnung der Rollen und des Seiles ab. In Bild 2A wirkt die aufzubringende Kraft F_a nach unten, in Bild 2B nach oben.

Weniger Kraft aufbringen

In Bild 2A erkennst du 4 tragende Seilstücke. Auf jedes Seilstück wird ein Viertel des Betrages der Gewichtskraft F_G des Gegenstandes übertragen. Der Betrag der aufzubringenden Kraft F_a entspricht einem Viertel des Betrages der Gewichtskraft F_G. Der Flaschenzug in Bild 2B hat 5 tragende Seilstücke. Der Betrag der aufzubringenden Kraft F_a beträgt damit nur ein Fünftel des Betrages der Gewichtskraft F_G.

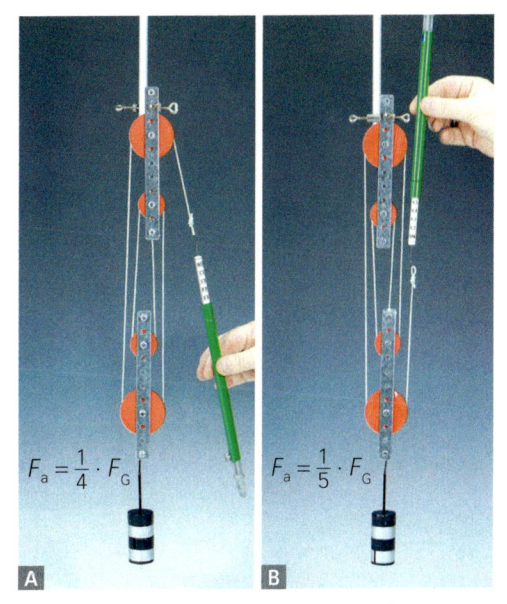

$F_a = \frac{1}{4} \cdot F_G$ $F_a = \frac{1}{5} \cdot F_G$

A   **B**

2 Flaschenzug: **A** mit 4 tragenden Seilstücken, **B** mit 5 tragenden Seilstücken

> Der Betrag der aufzubringenden Kraft F_a hängt von der Anzahl der tragenden Seilstücke eines Flaschenzuges ab:
>
> $F_a = \frac{1}{n} \cdot F_G$ n – tragende Seilstücke

---

❶ Ein 10 kg-Eimer wird nach oben gezogen
   a) mit einem Seil.
   b) mit einem Seil und einer festen Rolle.
   c) mit einem Seil und einer losen Rolle.
   d) mit einem Seil, einer festen Rolle und einer losen Rolle.
   Gib die jeweils aufzubringende Kraft F_a und deine Position an.

Starthilfe zu 1:
Lege eine Tabelle an.

Hilfsmittel	aufzubringende Kraft F_a	Position oben	unten
...	...	...	...

❷ Eine Kiste soll mit einer losen und einer festen Rolle gehoben werden.
   II a) Die Kiste hat eine Masse von 120 kg. Berechne die aufzubringende Kraft F_a.
   II b) Die Kiste hat eine Masse von 90 kg. Hannah wiegt 50 kg. Sie möchte mithilfe ihrer Masse die Kiste ein Stück anheben. Begründe, dass es ihr gelingt.
   III c) Ben wiegt 60 kg. Ermittle die Masse einer Kiste, die er mit seiner eigenen Masse ein Stück anheben kann.

Starthilfe zu 2:
1 kg ≙ 10 N

❸ In einer Autowerkstatt soll ein 200 kg schwerer Motor gehoben werden.
   II a) Es steht ein Flaschenzug wie in Bild 2A mit 4 tragenden Seilstücken zur Verfügung. Berechne die aufzubringende Kraft F_a.
   II b) Der Antrieb des Flaschenzuges mit 4 Rollen ist an der Decke angebracht. Bestimme die Anzahl der tragenden Seilstücke. Berechne die aufzubringende Kraft F_a.
   III c) Die aufzubringende Kraft F_a beträgt 250 N. Zeichne einen passenden Flaschenzug.
   III d) Begründe, dass die Kraft F_a in c) zum Anheben des Motors nicht ausreicht.

FORSCHEN UND ENTDECKEN

Ⓐ Kräfte sparen mit Rollen

Material: Stativ, Rolle, Seil, Gewichtsteller mit Massestücken, Federkraftmesser

Durchführung:
Miss jeweils den Betrag der Haltekraft.
- Schritt 1: Hebe den Gewichtsteller mit den Massestücken ($m = 100$ g) mit dem Federkraftmesser an.
- Schritt 2: Hebe den Gewichtsteller mit den Massestücken ($m = 100$ g) mithilfe einer festen Rolle an (→ Bild 1A).
- Schritt 3: Wähle Massestücke, Gewichtsteller und lose Rolle so, dass sie eine Masse von 100 g haben. Hebe sie an. (→ Bild 1B).
- Schritt 4: Wiederhole Schritt 3 mit einer festen Rolle und einer losen Rolle (→ Bild 1C).

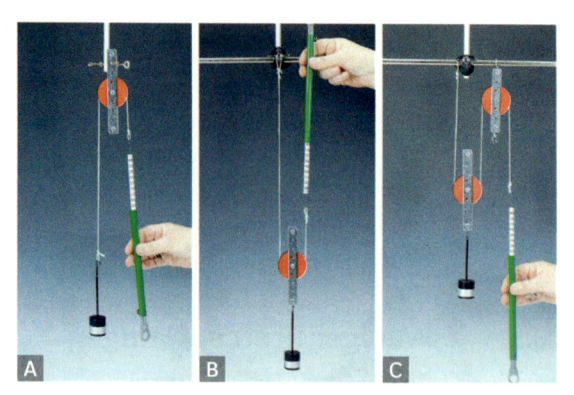

1 **A** feste Rolle, **B** lose Rolle, **C** lose und feste Rolle

❶ Trage die Beträge der Haltekräfte in eine Tabelle ein. Vergleiche jeweils die Richtungen, den Angriffspunkt und den Betrag der Haltekraft.

Ⓑ Verschiedene Flaschenzüge

Material: Stativ, 6 Rollen, Seil, Gewichtsteller, Massestücke, Federkraftmesser

Durchführung:
Miss jeweils den Betrag Haltekraft. Wähle die losen Rollen und die Massestücke so, dass sie zusammen eine Masse von 200 g haben.
- Schritt 1: Baue den Flaschenzug mit 4 versetzt angebrachten Rollen auf (→ Bild 2A)
- Schritt 2: Baue den Flaschenzug mit je 2 übereinanderliegenden Rollen auf (→ Bild 2B).
- Schritt 3: Baue den Flaschenzug mit je 3 nebeneinanderliegenden Rollen auf (→ Bild 2C).

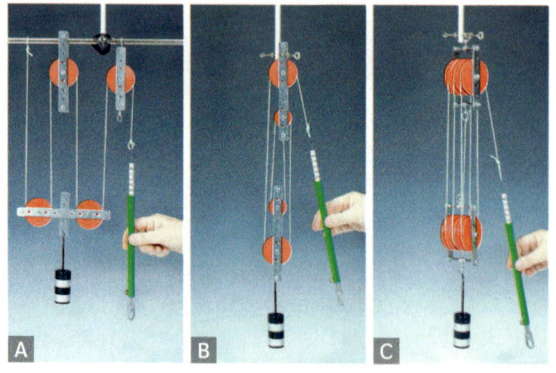

2 Flaschenzug mit: **A** 4 versetzt angebrachten Rollen, **B** je 2 übereinanderliegenden Rollen, **C** je 3 nebeneinanderliegenden Rollen

❶ Trage die Beträge der Kräfte und die Anzahl der tragenden Seilstücke n in eine Tabelle ein.

❷ Berechne den Wert des Quotienten aus der Gewichtskraft F_G und der Haltekraft F.

❸ Vergleiche die Anzahl der tragenden Seilstücke n mit dem Wert des Quotienten aus der Gewichtskraft F_G und der Haltekraft F.

Starthilfe zu 3:

Flaschenzug mit	F_G in N	F in N	n	$\frac{F_G}{F}$
4 versetzt angebrachten Rollen	3	...	...	...
...		...	...	...

IM ALLTAG

Die Vielfalt der Flaschenzüge

Schnürsenkel
Ein Schnürsenkel ist eine Schnur, die durch die gegenüberliegenden Ösen im Leder eines Schuhes verläuft. Die Ösen ersetzen die Rollen eines Flaschenzuges. Auf jedes kurze Schnurstück wirkt beim Verschließen des Schuhes eine große Kraft. Der Schuh ist damit verschlossen und sitzt fest am Fuß. (→ Bild 3)

3 Der Schnürsenkel wirkt wie ein Flaschenzug.

Sicherungen beim Klettern
In Bild 4 ist ein Seilende an der Felswand befestigt. Das andere Seilende wird von der Frau gehalten. Sie muss nur die Hälfte der Kraft aufbringen, um sich selbst zu sichern. Neben Sportkletterern gibt es auch Industriekletterer. Sie bessern Fassaden aus oder reparieren Hochspannungsmasten.

4 Klettern an einer Felswand

Schwere Lasten heben
Flaschenzüge werden vor allem zum Heben sehr schwerer Lasten eingesetzt. Dazu gehören Container, Windradflügel oder Fahrstühle. Bild 5 zeigt einen Kranhaken mit 4 nebeneinanderliegenden losen Rollen und 8 tragenden Seilstücken.

5 Lose Rollen an einem Kranhaken

---

1 a) Nenne mindestens zwei Anwendungen für Schnürungen.
b) Vergleiche eine Schnürung mit einem Flaschenzug.

Starthilfe zu 1:
Ersetze die Rollen im Flaschenzug durch die Ösen im Schuh.

2 Kletterer müssen gut gesichert sein.
a) Nenne drei Orte für das Klettern.
b) Recherchiere weitere Möglichkeiten, Kletterer mit Rollen und Seilen zu sichern.

3 Große Krane dienen zum Heben schwerer Gegenstände.
a) Nenne 5 Anwendungsgebiete für Krane.
b) Beschreibe das Prinzip eines Flaschenzuges an einem Kranhaken wie in Bild 5.
c) Begründe, dass bei einem Kranhaken mit 4 losen Rollen mehr als ein Achtel der Gewichtskraft zum Heben einer Last aufgebracht werden muss.

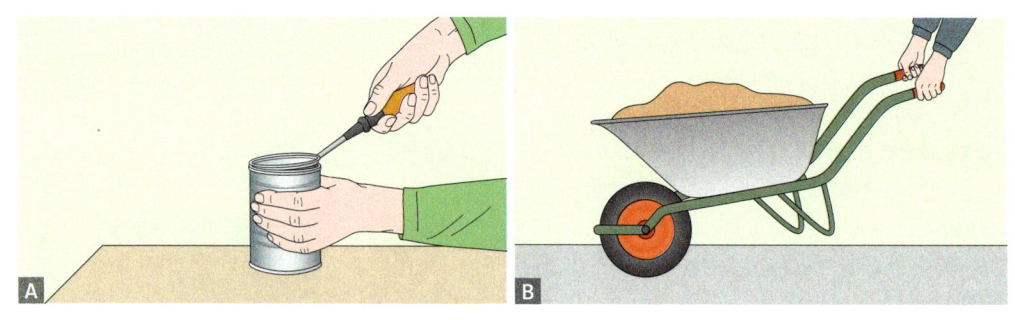

1 Hebel: **A** Dose öffnen, **B** Schubkarre anheben

Mit Hebeln Kräfte sparen

Der Drehpunkt eines Hebels

Du benutzt jeden Tag verschiedene **Hebel**. Du öffnest Türen mit Klinken, betätigst Wasserhähne oder benutzt eine Schere. Eine Dose kannst du wie in Bild 1A mit einem Schraubendreher öffnen. Die Klinge des Schraubendrehers schiebst du unter den Deckelrand. Der Auflagepunkt des Schraubendrehers auf dem Dosenrand ist der **Drehpunkt D** des Hebels (→ Bild 2A).

Die Wirkungslinien

Die Kraft F_2 hält den Deckel fest auf der Dose. Sie wirkt nach unten. Um die Dose zu öffnen, muss der Deckel mit einer etwas größeren Kraft angehoben werden. Diese Kraft wirkt, wenn du den Griff des Schraubendrehers mit der aufzubringenden Kraft F_1 nach unten drückst. Die Kräfte F_1 und F_2 wirken parallel zueinander. Die parallelen Linien heißen **Wirkungslinien** der Kräfte (→ Bild 2A).

Die Hebelarme

Die Abstände vom Drehpunkt D des Hebels zu den Wirkungslinien der Kräfte sind die **Hebelarme a_1 und a_2.** Dabei wirken die Kräfte F_1 und F_2 immer senkrecht zu den Hebelarmen ($F \perp a$) (→ Bild 2).

Der zweiseitige Hebel

Beim Öffnen der Dose wirken die Kräfte auf beiden Seiten des Drehpunktes und in die gleiche Richtung. Der Schraubendreher wird als **zweiseitiger Hebel** benutzt. Scheren und Zangen sind ebenfalls zweiseitige Hebel.

Der einseitige Hebel

Beim Anheben der Schubkarre wirken die Kräfte nur auf einer Seite des Drehpunktes und in entgegengesetzte Richtungen. Sie ist ein **einseitiger Hebel** (→ Bild 2B). Zu den einseitigen Hebeln gehören Türklinken, Wasserhähne und Schraubenschlüssel.

D – Drehpunkt
a_1 – Hebelarm zu F_1
------ Wirkungslinie von F_1
a_2 – Hebelarm zu F_2
------ Wirkungslinie von F_2

2 **A** Zweiseitiger Hebel, **B** einseitiger Hebel

Der Hebel – ein Kraftwandler

Der Deckel in Bild 2A wird mit einer großen Kraft F_2 auf der Dose gehalten. Der Hebelarm a_2 ist sehr kurz. Der Hebelarm a_1 ist viel länger als der Hebelarm a_2. Der Betrag der aufzubringenden Kraft F_1 ist kleiner als der Betrag der Kraft F_2. Benutzt du zum Öffnen der Dose einen doppelt so langen Schraubendreher, ist deine aufzubringende Kraft F_1 nur noch halb so groß. Der Betrag der aufzubringenden Kraft F_1 und die Länge des Hebelarmes a_1 sind also **antiproportional zueinander.** Das Produkt aus dem Betrag der jeweils wirkenden Kraft und der Länge des dazugehörenden Hebelarmes ist deshalb immer gleich groß. Das Produkt $F \cdot a$ heißt **Drehmoment M.** Bei der Berechnung des Drehmoments ergibt sich die Einheit **Nm (Newtonmeter).**

Hebel im Gleichgewicht

Du versuchst den Deckel einer Dose mit einem Schraubendreher anzuheben. Der Deckel bewegt sich nicht. Deine aufgebrachte Kraft F_1 ist zu klein. Das Drehmoment M_1 ist kleiner als das Drehmoment M_2. Du vergrößerst die Kraft F_1 bis die Drehmomente M_1 und M_2 gleich groß sind. Der Hebel befindet sich jetzt im **Gleichgewicht.** Das Hebelgesetz besagt: Ein Hebel befindet sich im Gleichgewicht, wenn $M_1 = M_2$. Der Deckel bewegt sich jedoch immer noch nicht.

Hebel im Ungleichgewicht

Ist das Drehmoment M_1 größer als das Drehmoment M_2, befindet sich der Hebel im **Ungleichgewicht.** Wenn die von dir aufgebrachte Kraft F_1 groß genug ist, wird der Deckel der Dose angehoben.

Name: Drehmoment
Formelzeichen: M
Berechnung: $M = F \cdot a$ $(F \perp a)$
Einheit: Nm (Newtonmeter)

Hebelgesetz: $M_1 = M_2$
$F_1 \cdot a_1 = F_2 \cdot a_2$ $(F \perp a)$

---

① a) Nenne Beispiele für einseitige und zweiseitige Hebel und ordne sie in einer Tabelle.
b) Nenne Gemeinsamkeiten und Unterschiede für einseitige und zweiseitige Hebel.

Starthilfe zu 1:
Lege eine Tabelle an.

Hebel	einseitig	zweiseitig
Türklinke	...	...

② Du benutzt einen Flaschenöffner wie in Bild 3.
a) Beschreibe, wie du den Flaschenöffner benutzt. Gehe dabei auf den Drehpunkt ein.
b) Begründe, dass ein langer Flaschenöffner besser geeignet ist als ein kurzer.
c) Skizziere den Flaschenöffner aus Bild 3. Zeichne den Drehpunkt, die wirkenden Kräfte und die Hebelarme ein. Achte dabei auf die Richtungen und die Beträge der Kräfte.

3 Ein Öffner für Flaschen

③ Mit einer Schere schneidest du Papier.
a) Beschreibe, wie du eine Schere benutzt. Benutze die Fachbegriffe Drehpunkt, Hebelarm und Kraft.
b) Begründe, dass Papier nahe am Drehpunkt der Schere besser geschnitten wird.
c) Skizziere eine Schere. Zeichne den Drehpunkt, die wirkenden Kräfte und die Hebelarme ein. Achte dabei auf die Richtungen und Beträge der Kräfte.

FORSCHEN UND ENTDECKEN

A Messungen am Hebel

Material: Stativ, Hebel mit Haken, Gewichtsteller, Massestücke, Federkraftmesser

Durchführung:

Schritt 1: Hänge an eine Stelle des linken Hebelarmes eines zweiseitigen Hebels ein Massestück mit m = 100 g.

Schritt 2: Miss an einer Stelle des rechten Hebelarmes den Betrag der Haltekraft (→ Bild 1A).

Schritt 3: Lies den Abstand des Angriffspunktes der Haltekraft zum Drehpunkt ab.

Schritt 4: Wiederhole die Schritte 2 und 3 an fünf weiteren Stellen des rechten Hebelarmes, die du selbstständig auswählst.

Schritt 5: Wiederhole die Schritte 1 bis 4 für den einseitigen Hebel in Bild 1B.

Zusatz: Variiere bei beiden Hebeln die Länge des Hebelarmes a_1. Wiederhole die Schritte 1 bis 5.

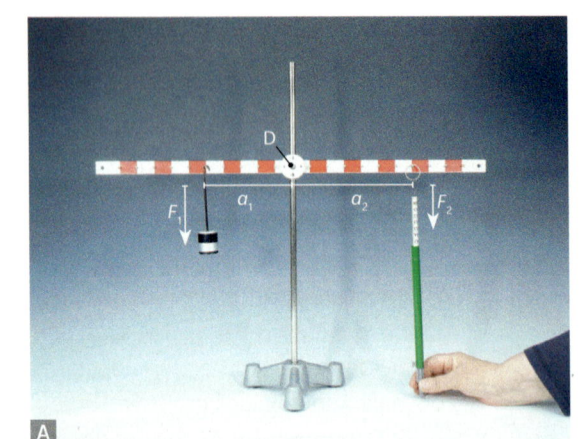

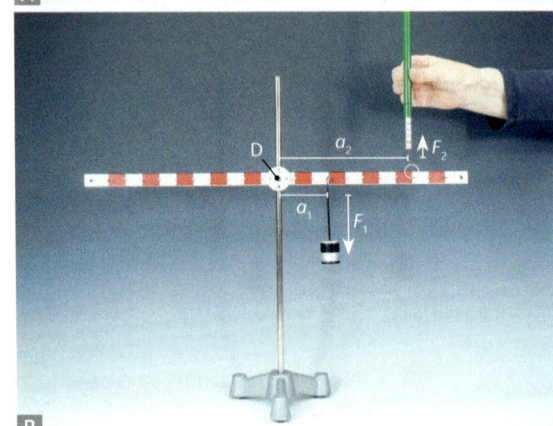

1 Messungen: **A** am zweiseitigen Hebel, **B** am einseitigen Hebel

① Trage die Beträge der Kräfte und die Länge der dazugehörenden Hebelarme in eine Tabelle ein.

② a) Berechne für alle Messungen den Wert des Produktes aus dem Betrag der Kraft und der Länge des dazugehörenden Hebelarmes.

b) Formuliere mit den Ergebnissen aus a) eine Gesetzmäßigkeit.

Starthilfe zu 1 für zweiseitigen Hebel:

linke Seite			rechte Seite		
F_1 in N	a_1 in m	$F_1 \cdot a_2$ in Nm	F_2 in N	a_2 in m	$F_2 \cdot a_2$ in Nm
...	...	...	...	...	...

③ **II a)** An einem zweiseitigen Hebel hängt auf der linken Seite eine Masse von 340 g. Der Abstand der angehängten Masse zum Drehpunkt beträgt 5 cm. Du hältst den Hebel auf der rechten Seite mit einer Haltkraft von 8,5 N. Berechne den Abstand des Angriffspunktes der Haltekraft zum Drehpunkt.

III b) Für einen zweiseitigen Hebel sind F_1 = 350 N, a_1 = 0,5 m, F_2 = 875 N und a_2 = 0,2 m gegeben. Entscheide, ob der Hebel sich im Gleichgewicht befindet. Begründe deine Entscheidung.

IM ALLTAG Digital+
Animation

Hebel in der Werkstatt

Die Umschaltknarre
Bild 2 zeigt eine **Umschaltknarre.** Sie dient mit einem entsprechenden Aufsatz dem schnellen Heraus- oder Hineindrehen einer Schraube oder zum Festhalten einer Mutter. Durch den kleinen Umschalter auf dem Kopf der Knarre kann einfach die Drehrichtung gewechselt werden. Die Knarre blockiert und die Schraube kann gedreht werden. Die Kraft der Hand greift weit entfernt vom Drehpunkt an. Der Aufsatz überträgt die Kraft mit kleinem Hebelarm.

2 Eine Umschaltknarre

Der Kuhfuß
Bild 3 zeigt das mühelose Entfernen eines festsitzenden Nagels aus einem Brett. Der Kopf des Nagels wird eng von zwei Metallstreifen umschlossen. Da er an die Hufe von Kühen erinnert, heißt dieses Werzeug **Kuhfuß.** Die auf den Nagel wirkende Kraft ist groß und der zurückgelegte Weg des Nagels kurz. Die mit der Hand aufgebrachte Kraft ist klein und der Weg, den die Hand zurücklegt, ist lang.

3 Ein Kuhfuß

Die Rohrzange
Bild 4 zeigt eine **Rohrzange.** Gegenüber einfachen Zangen hat die Rohrzange den Vorteil, dass ihre Öffnung auf den Durchmesser des Rohres oder eines Verbindungsstücks eingestellt werden kann. Dies geschieht durch Verschieben eines der beiden Zangenarme. Die Hand drückt weit entfernt vom Drehpunkt mit einer geringen Kraft die Zangenarme zusammen und kann dadurch das Werkstück sehr gut halten. Außerdem setzt auch die Kraft für eine Drehung weit entfernt vom Drehpunkt an, sodass leicht eine Drehung durchgeführt werden kann.

4 Eine Rohrzange

---

❶ Beschreibe die Anwendungsgebiete der vorgestellten Werkzeuge.

❷ II Erläutere die Vorteile und die Nachteile der Werkzeuge.

❸ III Erläutere, dass mehr Kraft auf das Werkstück immer weniger zurücklegbaren Weg des Wegstückes bedeutet.

1 Lange Wege: **A** mit langen Hebeln, **B** mit vielen Seilstücken

Die goldene Regel der Mechanik

Lange Hebelarme – lange Wege

Es gibt Astscheren mit sehr langen Hebelarmen (→ Bild 1A). Mit ihnen können auch dicke Äste mühelos geschnitten werden. Der Betrag der wirkenden Kraft am Ast ist groß und der Betrag der aufzubringenden Kraft F ist klein. Die beiden Messer am Scherenkopf legen nur einen Weg von wenigen Zentimetern zurück. Der mit den Hebelarmen zurückgelegte Weg s ist dagegen sehr lang (→ Bild 2A). Je länger die Hebelarme werden, desto geringer wird der Betrag der aufzubringenden Kraft F. Der zurückgelegte Weg s wird jedoch immer länger.

Viele Rollen – langes Seil

Mit einem Flaschenzug mit vier tragenden Seilstücken musst du nur noch ein Viertel des Betrages der Gewichtskraft F_G aufbringen (→ Bild 2B). Hebst du eine Last um 1 m nach oben, muss jedes tragende Seilstück ebenfalls um 1 m eingezogen werden. Insgesamt müssen also 4 m Seil eingezogen werden. Verwendest du noch mehr lose Rollen, wird der Betrag der aufzubringenden Kraft F immer kleiner und die einzuholende Seillänge s entsprechend länger. Je mehr Rollen du verwendest, desto größer wird aber auch die Reibung zwischen den Rollen und dem Seil.

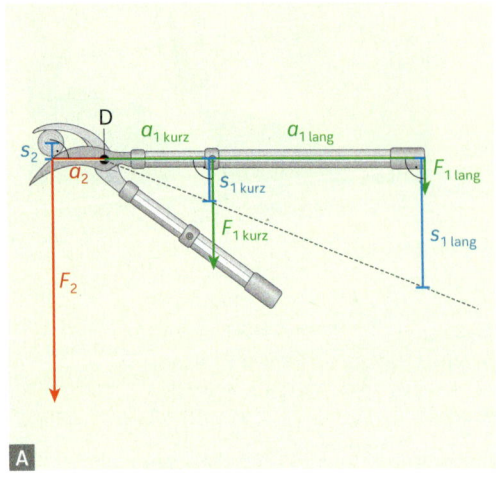

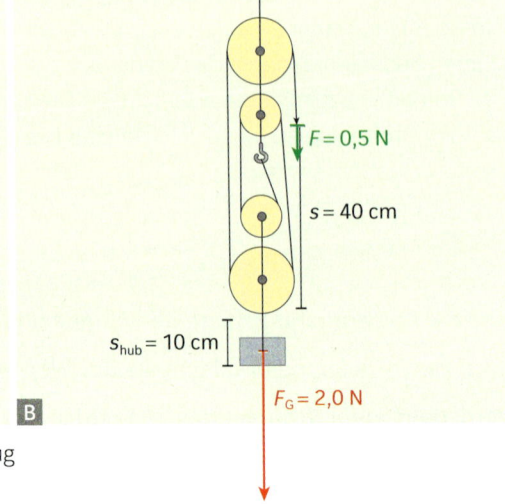

2 Kräfte und Wege: **A** am Hebel, **B** am Flaschenzug

3 Gangschaltung beim Fahrrad: **A** Kettenschaltung, **B** niedriger Gang, **C** hoher Gang

Eine Regel für alle Kraftwandler

Multiplizierst du für einen Kraftwandler den Betrag der Kraft F mit der Länge des dazugehörenden Weges s, sind die Werte immer gleich groß. Für alle Kraftwandler gilt: Je kleiner der Betrag der aufzubringenden Kraft F ist, desto größer ist der zurückzulegende Weg s. Dieser Zusammenhang heißt **goldene Regel der Mechanik.** Möchtest du eine schwere Kiste anheben, kannst du die aufzubringende Kraft durch einen Kraftwandler verringern. Jedoch muss diese verringerte Kraft entlang eines längeren Weges aufgebracht werden.

> Die **goldene Regel der Mechanik** gilt für alle Kraftwandler: Eine Verringerung der aufzubringenden Kraft F führt zu einer Verlängerung des zurückzulegenden Weges s.

Die Gangschaltung am Fahrrad

Fährst du mit deinem Fahrrad bergauf, musst du eine größere Kraft aufbringen als auf ebener Strecke. Um diese Kraft zu verringern, wählst du mit der **Gangschaltung** einen kleineren Gang, also ein kleineres Übersetzungsverhältnis. Die Kette läuft dann hinten über ein größeres Zahnrad. Du legst nun mit einer Pedaldrehung eine kürzere Strecke zurück (→ Bild 3A). Das Zahnrad vorne muss nun jedoch häufiger gedreht werden. Der Weg, den deine Beine zurücklegen, wird also länger.

Wenn du oben am Berg angekommen bist, benötigste du nicht mehr so viel Kraft beim Treten. Du schaltest wieder in einen höheren Gang. Die Kette läuft dann hinten über ein kleineres Zahnrad. Mit einer Pedaldrehung legst du nun wieder eine längere Strecke zurück (→ Bild 3B). Der Weg, den deine Beine zurücklegen, wird kürzer.

1 a) Nenne drei Kraftwandler und je ein Beispiel für ihre Anwendung.
b) Nenne einen gemeinsamen Vorteil aller Kraftwandler.

2 ▍ Nenne jeweils die Vorteile von einem hohen Gang und einem niedrigen Gang.

3 Zum Lösen oder Anziehen von Radmuttern werden Schraubenschlüssel wie in Bild 4 benutzt.
▍▍ a) Begründe, dass ein langer Schraubenschlüssel zum Lösen einer Radmutter besser geeignet ist als ein kurzer.
▍▍▍ b) Begründe, dass zum Anziehen der Radmutter kein zu langer Schraubenschlüssel benutzt werden darf.

4 Reifenwechsel

FORSCHEN UND ENTDECKEN

A Viele Rollen – lange Wege

Material: Stativ, 6 Rollen, Seil, Gewichtsteller mit Massestücken, Federkraftmesser, Lineal

Durchführung:
Wähle die losen Rollen und die Massestücke mit $m = 300$ g. Miss jeweils den Betrag der aufzubringenden Kraft F_a und die eingezogene Seillänge s.

Schritt 1: Hebe die Massestücke mit einer losen und einer festen Rolle um die Strecke $s_{hub} = 10$ cm hoch (→ Bild 1).

Schritt 2: Wiederhole Schritt 1 mit zwei festen und mit zwei losen Rollen.

Schritt 3: Wiederhole Schritt 1 mit drei festen und mit drei losen Rollen.

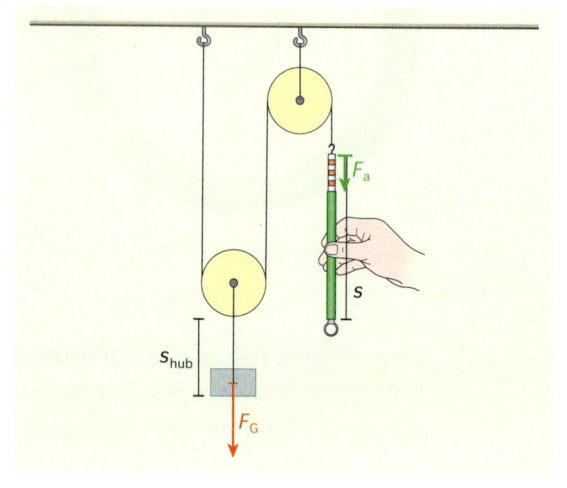

1 Messen der eingezogenen Seillänge

1 a) Trage die Beträge der aufzubringenden Kräfte F_a und die eingeholten Seillängen s in eine Tabelle ein.
b) Berechne die Werte der Produkte aus dem Betrag der Kraft F_G und der Strecke s_{hub} sowie aus dem Betrag der Kraft F_a und der eingeholten Seillänge s.
c) Vergleiche die Strecke s_{hub} mit der eingezogenen Seillänge s.
d) Vergleiche die Werte der Produkte. Ziehe eine mathematische Schlussfolgerung daraus.

Starthilfe zu 1:

Flaschenzug mit	F_G in N	s_{hub} in m	$F_G \cdot s_{hub}$ in Nm	F_a in N	s in m	$F_a \cdot s$ in Nm
einer losen und einer festen Rolle	3,0	0,1	...	...	...	...

B Lange Hebel – lange Wege

Material: Federkraftmesser, festes Band, Maßband

Durchführung:
Schritt 1: Befestige den Federkraftmesser wie in Bild 2 A an einer Türklinke.
Schritt 2: Miss den Betrag der Kraft F, die du zum Bewegen der Klinke benötigst.
Schritt 3: Miss die Strecke s, die der äußere Punkt der Klinke bis zum Öffnen der Tür zurücklegt.
Schritt 4: Befestige den Federkraftmesser wie in Bild 2 B in der Mitte der Klinke und wiederhole die Schritte 2 und 3.

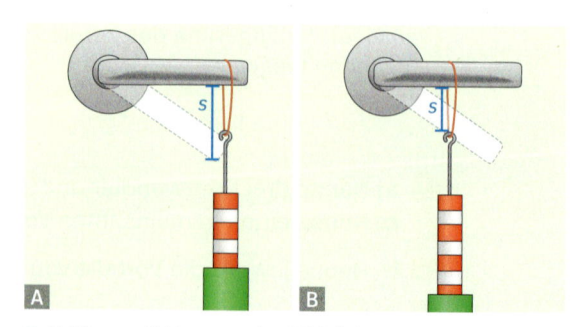

2 Kräfte und Wege an der Türklinke

1 a) Vergleiche die Beträge der Kräfte F und die Strecken s.
b) Berechne die Werte der Produkte aus dem Betrag der Kraft F und der Strecke s.

Kraft und mechanische Energie 259

FORSCHEN UND ENTDECKEN

C Wie funktioniert die Kettenschaltung bei Fahrrädern?

Ritzel

Kettenblatt

Kette aus Gliedern

3 Kettenschaltung beim Fahrrad

Bei einem Fahrrad mit Kettenschaltung stecken am Hinterrad verschieden große Zahnräder nebeneinander. Diese sollt ihr nun erforschen.

Material: Fahrrad

Durchführung:
Schritt 1: Stellt ein Fahrrad umgekehrt auf den Boden. Eine Person hält das Rad fest, damit es nicht umkippt.
Schritt 2: Dreht die Pedale mit der Hand und beschreibt, wie die Bewegung eurer Hand auf das Hinterrad übertragen wird.
Schritt 3: Schaltet beim Drehen die Gangschaltung, bis die Kette hinten auf dem größten Zahnrad liegt.
Schritt 4: Bremst das Hinterrad, bis es steht.
Schritt 5: Jetzt bringt ihr das Hinterrad durch das Kurbeln der Pedale wieder in Bewegung.
Schritt 6: Wiederholt die Schritte 3 bis 5 mit dem kleinsten Zahnrad der Kettenschaltung.

4 Versuchsaufbau

Starthilfe zu 1:
Wenn das größte Zahnrad der Gangschaltung angetrieben wird, dann muss ... Kraft aufgewendet werden und das Hinterrad dreht sich ...

1 Notiert eure Beobachtungen.

2 Formuliert einen Je-desto-Satz, der den Zusammenhang beschreibt zwischen
a) der Höhe des Ganges und der aufzuwendenden Kraft.
b) der aufzuwendenden Kraft und der Drehgeschwindigkeit des Hinterrades.

Kraft und mechanische Energie

Spannenergie – Höhenenergie – Bewegungsenergie

Mit Muskelkraft hat die Jugendliche in Bild 1 die Sehne am elastischen Bogen gespannt. Der Bogen hat jetzt **Spannenergie** gespeichert. Schnellt die Sehne zurück, wird die Energie an den Pfeil abgegeben.

Mit großer Kraft hat die Sportlerin in Bild 2 die Hantel bis über den Kopf gestemmt. Dabei muss sie mit ihrer Muskelkraft die Erdanziehungskraft überwinden. Jetzt ist in der Hantel **Höhenenergie** gespeichert. Wenn sie die Hantel wieder auf dem Boden absetzt, wird die Höhenenergie wieder abgegeben.

Die Kugel beim Kugelstoßen soll viel Schwung bekommen (→ Bild 3). Die Kraft und die Weite der Armbewegung bestimmen, wie viel **Bewegungsenergie** die Kugel aufnimmt und wie weit sie damit gestoßen wird. Beim Aufprall auf den Boden gibt die Kugel ihre Bewegungsenergie wieder ab.

Kräfte verändern die Energie

Spannenergie, Höhenenergie und Bewegungsenergie sind Formen **mechanischer Energie**. Die Beispiele zeigen, dass die Energie durch Kraft geändert wird. Dabei muss die Kraft über eine gewisse Strecke auf die Körper einwirken. Die Hantel wird mit Kraft ein Stück weit hochgehoben. Kraft alleine reicht nicht zur Energieänderung. Hält die Sportlerin die Hantel weiterhin mit viel Kraft über ihrem Kopf, nimmt die Höhenenergie nicht weiter zu. Sie könnte die Hantel auch auf einem Regal ablegen, das die Gegenkraft zur Gewichtskraft aufbringt.

1 Einen Bogen spannen

2 Die Gewichte heben

3 Eine Kugel stoßen

> **Name:** mechanische Energie
> **Formelzeichen:** E
> **Berechnung:** $E = F \cdot s$
> **Einheit:** 1 Nm = 1 J (Joule)

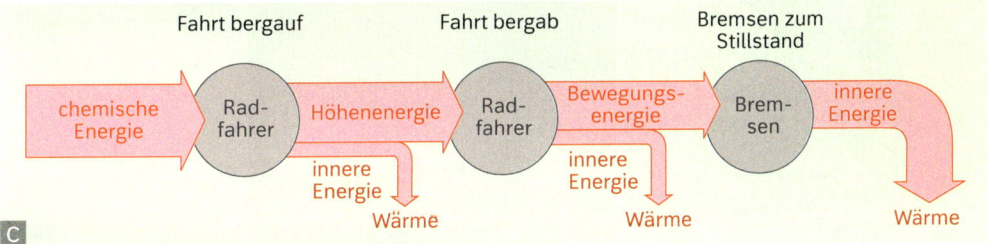

4 Energieumwandlungen: **A** Bergauffahren, **B** Bergabfahren, **C** Energieflussdiagramm

Das Prinzip Energieerhaltung

Die verschiedenen Formen von Energien werden nach dem **Energieerhaltungsprinzip** ineinander umgewandelt. Fährt die Fahrradfahrerin in Bild 4 den Berg hoch, erhält sie mithilfe ihrer Muskelkraft Höhenenergie. Dabei wandelt sie chemische Energie um, die sie über die Nahrung aufgenommen hat. Fährt sie anschließend den Berg hinunter, wird sie durch die Erdanziehungskraft beschleunigt. Dann wird Höhenenergie in Bewegungsenergie umgewandelt.
Bei Umwandlungen mechanischer Energie entsteht immer innere Energie. Diese wird in Form von Wärme an die Umgebung abgegeben. Die gesamte Energie ändert sich jedoch nicht. Es gilt der **Energieerhaltungssatz.**

Wo bleibt die viele Energie?

Schon beim Hochfahren wird ein beträchtlicher Teil der chemischen Energie nicht in Höhenenergie umgewandelt. Es wird innere Energie in Form von Wärme an die Umgebung abgegeben. Die Fahrerin schwitzt und die Reibung am Boden kostet auch Energie. Beim Herunterfahren führt ebenfalls die Reibung der Reifen am Boden, aber auch der Luftwiderstand zur Abgabe von Wärme. Den letzten Rest geben die heiß gewordenen Bremsen als Wärme ab. Das war's: Alle Energie ist zu innerer Energie umgewandelt worden, die als Wärme abgegeben wurde.

Energieerhaltungssatz:
$E_{gesamt} = E_{Höhe} + E_{Bewegung} + E_{innere}$

1. Beschreibe anhand von Beispielen, dass die Energie eines Körpers durch eine Kraft verändert wird. Benenne jeweils die Energieform.

2. Ein Pfeil wird mithilfe eines Bogens abgeschossen.
   a) Nenne die beteiligten Kräfte.
   b) Nenne die beteiligten Energieformen.
   c) Zeichne das Energieflussdiagramm für diesen Vorgang.

   Starthilfe zu 2c):
   Orientiere dich an Bild 4.

3. Nenne drei weitere sportliche Aktivitäten, bei denen durch Kraft die Spannenergie, die Höhenenergie oder die Bewegungsenergie erhöht wird.

4. Erkläre anhand eines Beispiels, dass Kraft nicht dasselbe ist wie Energie.

ÜBEN UND ANWENDEN

A Die Formen mechanischer Energie erkennen

1 Situationen mit verschiedenen Formen mechanischer Energie

Körper können verschiedene Formen mechanischer Energie enthalten.
Die Bilder 1A bis 1I zeigen Gegenstände oder Situationen, bei denen zumindest eine der Formen mechanischer Energie erkennbar ist.
Bild 1A zeigt einen gespannten Bogen. Im Bogen und in der Bogensehne, aber auch im Arm der Schützin ist Spannenergie gespeichert.

❶ Zeichne eine Tabelle mit 3 Spalten und drei Zeilen.
a) Beschreibe die Situation in den Bildern 1A bis 1I im entsprechenden Feld der Tabelle.
b) Ordne der jeweiligen Situation die Form der mechanischen Energie zu.

❷ ❚❚ Gib zu jeder dargestellten Situation in Bild 1 ein weiteres Beispiel an.

Kraft und mechanische Energie **263**

FORSCHEN UND ENTDECKEN

Ⓐ Höhenenergie wird zu Spannenergie

Material: Stativmaterial, 3 unterschiedliche Schraubenfedern, 10 g-Gewichtsteller, 50 g-Massestück, Messstab mit Reiter

Durchführung:
Schritt 1: Baue den Versuch wie in Bild 1 auf.
Schritt 2: Richte den Reiter am untersten Punkt der Feder aus und notiere den Wert für die Höhe des Reiters am Messstab.
Schritt 3: Hänge mit dem 10 g-Gewichtsteller ein 50 g-Massestück an und miss erneut.
Zusatz: Wiederhole den Versuch mit den beiden anderen Schraubenfedern.

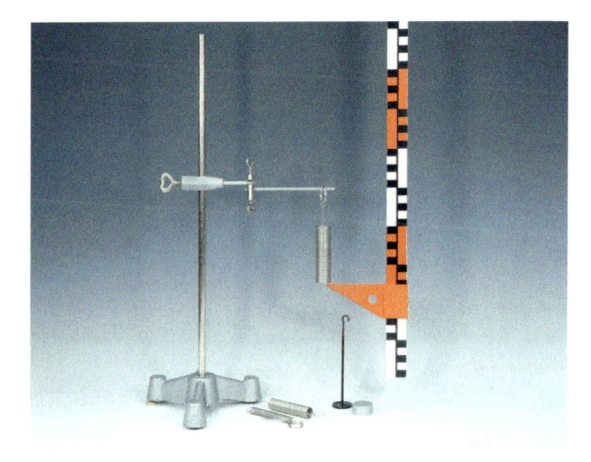

1 Eine Schraubenfeder soll gedehnt werden.

❶ Begründe, dass die belastete Schraubenfeder Spannenergie erhält.

❷ ❙❙ Beschreibe die Energieumwandlungen bei der Schraubenfeder und beim Massestück, während das Massestück absinkt.

❸ ❙❙ Erkläre, dass das Massestück in einer bestimmten Höhe nicht mehr weiter sinkt.

❹ **Zusatz:** Vergleiche die Energieumwandlungen an den verschiedenen Schraubenfedern.

Ⓑ Spannenergie wird zu Bewegungsenergie

Material: Luftballon

Durchführung:
Schritt 1: Puste einen Luftballon auf (→ Bild 2).
Schritt 2: Verschließe die Öffnung des Ballons mit Daumen und Zeigefinger.
Schritt 3: Halte den Ballon so, dass die Öffnung zur Seite zeigt und gib die Ballonöffnung frei.

2 Ein aufgepusteter Luftballon

❶ Nenne die Materialien, die beim aufgepusteten Ballon Spannenergie enthalten.

❷ ❙❙ a) Beschreibe alle Veränderungen des Ballons beim Freigeben der Öffnung.
　　❙❙ b) Erkläre die Energieumwandlungen am Ballon beim Freigeben der Öffnung.
　　❙❙ c) Zeichne ein Energieflussdiagramm für den Vorgang nach dem Freigeben der Öffnung.

❸ ❙❙❙ Nenne alle Energieformen und ihre Energieträger beim Platzen eines überdehnten Ballons.

1 Containerbrücken im Hamburger Hafen

Die mechanische Arbeit und Leistung

Schwere Last am Kran

Gewaltige Mengen von Gütern werden über die Weltmeere verschifft, ein Großteil davon in Containern. Und so stehen in den Häfen der Welt Containerbrücken (→ Bild 1). Das sind riesige Kräne, mit denen Container zwischen Schiff und Kai, Güterwagen oder Lkw verladen werden.

Die Container werden von einer Seilwinde innerhalb weniger Sekunden angehoben. Diese werden dann über den Ausleger zum Kai, zum Güterwagen oder zum Lkw geführt. Mit elektronischer Unterstützung werden sie zielgenau abgesetzt. Eine Brückenkanzel begleitet die Seilwinde.

Die mechanische Arbeit

Beim Anheben der Container wirkt die Kraft der Motoren über die Hubhöhe. Die Kraft muss beim Anheben die Gewichtskraft der Container überwinden. Beim Anheben erfahren die Container Energie in Form von Höhenenergie und Bewegungsenergie. Dabei ist die Menge der Energie von der Länge der Strecke abhängig. Je höher der Container angehoben wird, desto länger ist die Strecke und desto größer ist die Energie. Durch diesen Prozess erhöht der Container seinen Energiezustand. Dieser Prozess wird **mechanische Arbeit** genannt.
Wird ein Körper durch eine Kraft angehoben, so wird an ihm **Hubarbeit** verrichtet. Wird ein Körper von einer Kraft verformt, wird dies **Verformungsarbeit** genannt. Multiplizierst du die benötigte Kraft F mit der zurückgelegten Strecke s, erhältst du die Arbeit W. Das Ergebnis wird in der Einheit **Nm (Newtonmeter)** angegeben.

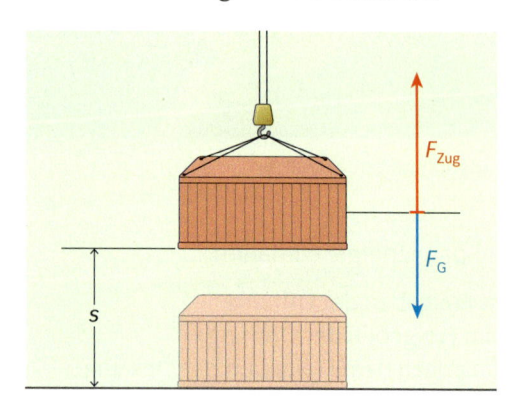

2 Ein Kran verrichtet Arbeit.

Name: mechanische Arbeit
Formelzeichen: W
Berechnung: $W = F \cdot s$
Einheit: $1\ Nm = 1\ J$ (Joule)

3 Vom Lkw auf das Containerschiff

Was für eine Leistung!

Jeder Container hat eine Masse von 50 t. Ein Kran hebt einen Container von der Ladefläche des Lkw auf ein Containerschiff 50 m hoch. Dabei erhält der Container Höhenenergie. Der Kran hat für den Container 30 s gebraucht. Der Kran hebt einen zweiten Container hoch und stellt ihn auf den ersten Container ab. Nun hebt der Kran den Container 53 m hoch.

Bei beiden Containern braucht der Kran dieselbe Zeit. Der zweite Container hat jedoch mehr Höhenenergie erhalten. Der Kran hat mehr Energie übertragen. Er hat beim Heben des zweiten Containers eine größere **Leistung** erbracht.

Die mechanische Leistung

Die **mechanische Leistung** wird mit dem Formelzeichen **P** abgekürzt. Sie hängt von der übertragenen Energie E ab und von der Zeit t, die dazu benötigt wird. Als Einheit der Leistung ergibt sich $\frac{Nm}{s}$ (**Newtonmeter pro Sekunde**).

Zu Ehren des schottischen Erfinders JAMES WATT (1736 – 1819) wird die Einheit der Leistung $\frac{Nm}{s}$ mit **W (Watt)** abgekürzt.

> **Name:** mechanische Leistung
> **Formelzeichen:** P
> **Berechnung:** $P = \frac{E}{t} = \frac{F \cdot s}{t}$
> **Einheit:** $\frac{Nm}{s}$ = W

---

❶ a) Nenne jeweils die physikalischen Größen, von denen die Größe der mechanischen Arbeit abhängt.
b) Beschreibe die beiden Formen von Arbeit.

❷ Nenne jeweils die physikalischen Größen, von denen die Größe der mechanischen Leistung abhängt.

❸ Berechne jeweils die Arbeit, die ein Kran verrichten muss, um einen 50 t schweren Container 10 m, 20 m und 50 m zu heben.

❹ ▎ Beschreibe die Arbeitsabläufe beim Beladen eines Containerschiffs mit eigenen Worten.

Starthilfe zu 4:
Verwende in deiner Beschreibung die Begriffe Gewichtskraft, Hubhöhe, Zeit und Leistung.

❺ ▍ Berechne die jeweilige Leistung des Krans für die beiden Container aus dem Text.

FORSCHEN UND ENTDECKEN

A Die Zeit und die übertragene Energie bestimmen die Leistung

Material: 5 kg-Massestück, feste Rolle, Flaschenzug mit 4 Rollen, 50 N-Kraftmesser

Durchführung:
Schritt 1: Jeder zieht das Massestück wie in Bild 1A auf 2 m Höhe. Messt jeweils die benötigte Zeit *t* und die aufzubringende Kraft *F*. Notiert die Werte in je einer Tabelle (→ Bild 2).
Schritt 2: Wiederholt Schritt 1 mit einem Flaschenzug wie in Bild 1B.
Schritt 3: Wiederholt die Schritte 1 und 2 für eine Höhe von 1 m.

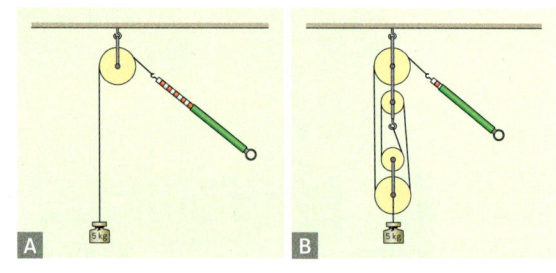

1 Der Einsatz von: **A** fester Rolle, **B** Flaschenzug

$m = 5$ kg, $h = 2$ m	F_G in N	t in s	$E = F_G \cdot h$ in Nm	$P = \frac{E}{t}$ in $\frac{Nm}{s}$
feste Rolle	...	...	...	...
Flaschenzug	...	...	...	...

2 Die Leistung mittels fester Rolle und Flaschenzug

1 a) Berechne in deiner Tabelle wie in Bild 2 die Gewichtskraft des Massestückes, die übertragene Höhenenergie und deine erbrachte Leistung.
b) Vergleicht eure Ergebnisse und gebt an, wer jeweils die größte Leistung erbracht hat.

Starthilfe zu 1 a):
Eine Masse von 1 kg bewirkt eine Gewichtskraft von etwa 10 N.

2 ‖ Formuliert zwei Je-desto-Beziehungen, die den Zusammenhang zwischen der übertragenen Höhenenergie und der aufgebrachten Zeit zu eurer erbrachten Leistung beschreiben.

B Die elektrische Spannung bestimmt die Leistung

Material: Stativmaterial, feste Rolle, 500 g-Massestück, 12 V-Elektromotor, Messstab mit Reiter

Durchführung:
Schritt 1: Baue den Versuch wie in Bild 2 auf und schließe den Motor an 12 V an.
Schritt 2: Miss die Zeit, in der das Massestück eine Höhe von 80 cm erreicht und notiere den Wert in einer Tabelle wie in Bild 4.
Schritt 3: Schließe den Motor an 6 V an und wiederhole den Schritt 2.

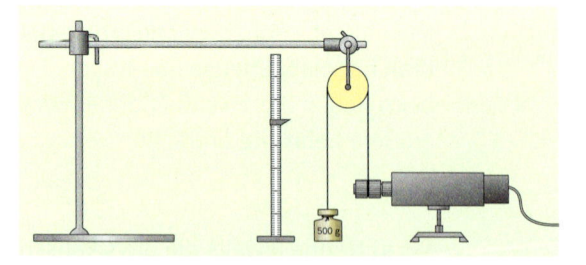

3 Der Einsatz eines Elektromotors

$m = 0{,}5$ kg, $h = 0{,}8$ m	F_G in N	t in s	$E = F_G \cdot h$ in Nm	$P = \frac{E}{t}$ in $\frac{Nm}{s}$
Motor an 12 V	...	...	...	...
Motor an 6 V	...	...	...	...

4 Die Leistung mithilfe eines Elektromotors

1 Berechne die Gewichtskraft des Massestückes, die übertragene Höhenenergie und die erbrachte Leistung des Motors. Trage deine Werte in die Tabelle wie in Bild 4 ein.

2 ‖ Beschreibt den Zusammenhang zwischen der elektrischen Spannung und der erbrachten Leistung des Motors in einem Je-desto-Satz.

ÜBEN UND ANWENDEN

A Berechnungen in der Logistik

Der Gabelstapler
In der Logistik am Containerhafen werden große Mengen an Gütern transportiert und gelagert.

Ein Gabelstapler hebt eine Palette mit 3 Kisten vom Boden der Lagerhalle an und befördert diese auf den 3. Boden eines Regals (→ Bild 5).
Jede Kiste hat eine Masse von 51,7 kg. Die Palette hat eine Masse von 8,9 kg. Der erste Regalboden ist in einer Höhe von 13 cm angebracht. Jedes Regalfach hat eine Höhe von 1,56 m. Beim Anheben muss ihre Gewichtskraft überwunden werden. Durch das Verrichten von Hubarbeit an der Palette erhält sie Höhenenergie.

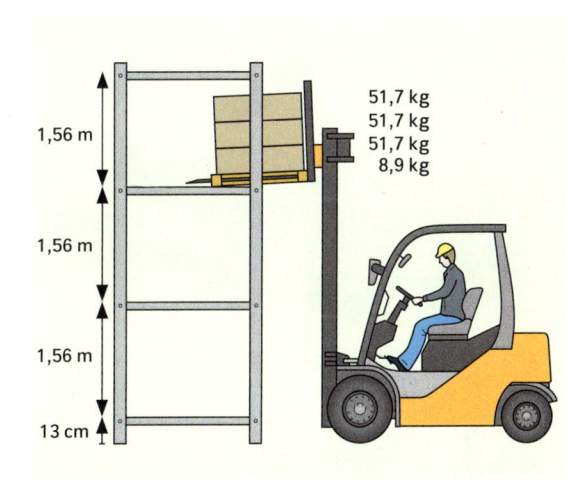

5 Ein Gabelstapler verrichtet Hubarbeit.

Die Containerbrücke
Eine Containerbrücke verrichtet Hubarbeit an einem Container. Ein Container wiegt etwa 70 t. Der Kran einer Containerbrücke kann eine Hubhöhe von fast 50 m erreichen (→ Bild 6).
Der Zuwachs an Höhenenergie hängt von der Gewichtskraft des Körpers ab und der Höhe, über die die Kraft wirkt. Die verrichtete Hubarbeit am Körper bestimmt die gespeicherte Höhenenergie im Körper.

- Gesamtlänge Ausleger: 80 m
- Maximale Nutzlast: 110 t
- Maximale Hubhöhe: 49,5 m
- Höhe der Brückenkanzel: 52 m

Hubarbeit: $W_{hub} = F_G \cdot h$
Höhenenergie: $E_{Höhe} = F_G \cdot h$

Umrechnungen: 1 kg ≙ 10 N

6 Daten einer Containerbrücke

1 a) Berechne die Energie, die der Palette mit den 3 Kisten im 3. Regalfach zugeführt worden ist.
b) Berechne die Arbeit, die der Gabelstapler erbracht hat.
c) Der Gabelstapler befördert eine Palette mit 3 Kisten in 6,5 s auf den 3. Boden eines Regals. Berechne die Leistung, die der Gabelstapler erbracht hat.

2 ▌ a) Berechne die zugeführte Energie, die einem Container mit einer Masse von 70 t in der maximalen Hubhöhe einer Containerbrücke zugeführt wird.
▌ b) Berechne die Arbeit, die der Kran der Containerbrücke in a) erbracht hat.
▌ c) Berechne die Leistung der Containerbrücke, die mit dem Kran den Container in 25 s auf eine Höhe von 30 m bringt.

1 Eine Wanderung mit Schneeschuhen im Tiefschnee

Der Druck

Schneewandern

Bei einer Schneewanderung versinkst du tief im Schnee. Die Gewichtskraft, die aufgrund der Masse wirkt, presst den lockeren Schnee unter deinen Füßen zusammen. Der Schnee enthält Luft. Diese Luft wird durch die wirkende Kraft herausgepresst. Mit Ski oder Schneeschuhen sinkst du weniger im Schnee ein als mit normalen Schuhen. Die Auflagefläche auf den Schnee ist bei Schneeschuhen viel größer. Deine senkrecht zur Erdoberfläche wirkende Gewichtskraft ist gleich. Bei Schneeschuhen wirkt sie aber verteilt auf einer größeren Fläche.

Fläche und Gewichtskraft

Wandern Personen unterschiedlicher Masse, aber mit gleichen Schuhen durch den Schnee, sinken sie unterschiedlich stark ein. Die Person mit der größeren Gewichtskraft sinkt stärker in den Schnee ein als die Person mit der geringeren Gewichtskraft. Sowohl über die Fläche als auch über die Gewichtskraft lässt sich beeinflussen, wie tief ein Körper in den Schnee einsinkt. Je größer die Gewichtskraft ist, desto größer ist auch die Wirkung auf die gleiche Fläche. Je kleiner die Fläche ist, desto größer ist die Wirkung bei gleicher Gewichtskraft. Die Gewichtskraft wirkt stets senkrecht auf die Fläche. Diese Wirkung heißt **Druck.**

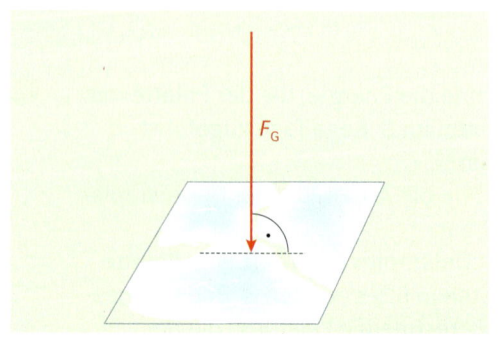

2 Schuhe mit hohen Absätzen

3 Die Gewichtskraft wirkt senkrecht auf die Fläche.

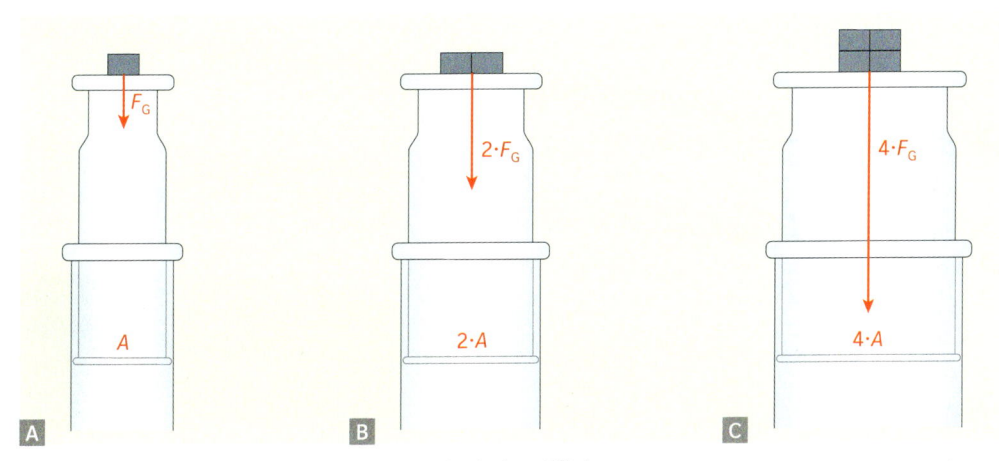

4 Zylinder mit **A** einfacher, **B** doppelter, **C** vierfacher Fläche

Der Zusammenhang zwischen Kraft und Fläche

Beim Zylinder in Bild 4A wirkt eine Gewichtskraft auf den Stempel und erzeugt einen Druck im Zylinder.

Ein Zylinder mit derselben Einschubtiefe und der doppelten Fläche besitzt ein doppeltes Volumen (→ Bild 4B). Du benötigst eine doppelt so große Gewichtskraft, die auf den Stempel wirkt.

Verdoppelst du die Zylinderfläche nochmals, benötigst du wiederum die doppelte Gewichtskraft, um den Stempel auf die gleiche Einschubtiefe zu bringen. Die Gewichtskraft muss nun viermal so groß sein wie bei Zylinder A (→ Bild 4C). Allgemein gilt: Eine n-fache Fläche erfordert eine n-fache Gewichtskraft.

Der physikalische Größe Druck

Es gilt der proportionale Zusammenhang **F ~ A** und damit $\frac{F}{A}$ = konstant. Der Wert des Quotienten auf Kraft und Flächeninhalt entspricht dem **Druck p** (engl.: pressure). Die Einheit des Drucks ist **Pa (Pascal).** Sie ist nach dem französischen Physiker BLAISE PASCAL (1623–1662) benannt. 1 Pa ist der Druck, den eine Kraft von 1 N auf eine Fläche von 1 m² ausübt.

Name: Druck
Formelzeichen: p
Berechnung: $p = \frac{F}{A}$ ($F \perp A$)
Einheit: $\frac{N}{m^2}$ = Pa (Pascal)
Weitere Einheiten:
  1 hPa =   100 Pa = 1 mbar
  1000 hPa = 10 000 Pa = 1 bar

---

① Erkläre den Zusammenhang zwischen der Größe der Gewichtskraft, die auf eine Fläche wirkt, und die Größe der Fläche.

Starthilfe zu 1: Nimm Bild 3 zur Hilfe.

② Erläutere mit eigenen Worten die Einheit Pa.

③ ‖ a) Julia und ihre Freundin Anna machen eine Schneewanderung. Beide haben die gleiche Masse und üben somit dieselbe Gewichtskraft auf den Schnee aus. Julia trägt Schneeschuhe, Anna Wanderschuhe. Beschreibe die jeweiligen Auswirkungen auf die Schneeoberfläche.
‖ b) Sie treffen Markus. Er trägt ebenfalls Schneeschuhe. Die drei versinken unterschiedlich stark im Schnee. Diskutiere alle Möglichkeiten. Variiere dabei Gewichtskraft und Größe der Schneeschuhe von Markus.

④ ‖ a) Stelle ein Verbindung zwischen der Kraft und der Fläche in Bild 4 her.
‖‖ b) Zeichne ein A-F_G-Diagramm aus den Angaben in Bild 4.
‖‖ c) Diskutiere den Verlauf des Graphen und ziehe Schlussfolgerungen.

ÜBEN UND ANWENDEN

A Berechnungen zum Druck

Berechnen des Druckes
Auf eine Fläche von 300 cm² wird eine Kraft von 90 N ausgeübt. Berechne den Druck, der auf dieser Fläche herrscht.

geg.: $A = 300\,cm^2$, $F = 90\,N$ **ges.:** p

Lösung: $A = 300\,cm^2 = 3\,dm^2 = 0{,}03\,m^2$

$$p = \frac{F}{A}$$

$$p = \frac{90\,N}{0{,}03\,m^2} = 3000\,\frac{N}{m^2}$$

$$p = 3000\,Pa$$

Antwort: Es herrscht ein Druck von 3000 Pa.

Berechnen der Fläche
Ein Kraft von 60 N erzeugt einen Druck von 2000 $\frac{N}{m^2}$. Berechne die Fläche, auf die der Druck wirkt.

geg.: $F = 60\,N$, $p = 2000\,\frac{N}{m^2}$ **ges.:** A

Lösung: $p = \frac{F}{A} \Leftrightarrow A = \frac{F}{p}$

$$A = \frac{60\,N}{2000\,\frac{N}{m^2}}$$

$$A = 0{,}03\,m^2 = 300\,cm^2$$

Antwort: Die Fläche hat eine Größe von 300 cm².

Berechnen der Kraft
Auf einer Fläche von 80 cm² herrscht ein Druck von 40 $\frac{N}{cm^2}$. Berechne die Kraft, die auf die Fläche wirkt.

geg.: $A = 80\,cm^2$, $p = 40\,\frac{N}{cm^2}$ **ges.:** F

Lösung: $p = \frac{F}{A} \Leftrightarrow F = p \cdot A$

$$F = 40\,\frac{N}{cm^2} \cdot 80\,cm^2$$

$$F = 3200\,N$$

Antwort: Es wirkt eine Kraft von 3200 N auf die Fläche.

Starthilfe zu 1 und 2:
Auf der Erde bewirkt eine Masse von 1 kg eine Gewichtskraft von 10 N.

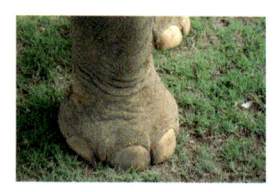

1 a) Ein afrikanischer Elefant wiegt durchschnittlich 5000 kg. Jede seiner Fußsohle hat eine Querschnittsfläche von etwa 1500 cm². Berechne den Druck, den der Elefant mit seinen 4 Füßen auf den Boden ausübt.
b) Berechne die Änderung des Druckes, wenn der Elefant ein Fuß anhebt.

2 a) Eine Frau (60 kg) geht mit High Heels über den Rasen. Jeder Absatz hat eine Fläche von 1 cm², die Sohle hat eine Fläche von 35 cm². Berechne den Druck, den die Schuhe auf den Untergrund ausüben.
b) Vergleiche den Druck, den die Elefantenfüße und die Füße der Frau auf den Untergrund ausüben.

$A_2 = 2 \cdot A_1$ A_1

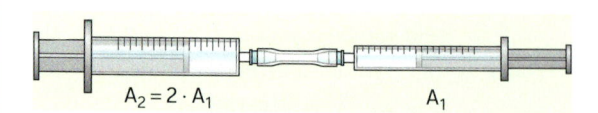

3 a) Auf den Kolben einer Spritze wird eine Kraft von 6 N ausgeübt. Es entsteht ein Druck von 18 000 Pa. Berechne die Fläche des Kolbens.
b) Die Spritze ist mit einer weiteren Spritze verbunden. Die Kolbenfläche dieser anderen Spritze ist doppelt so groß wie die Fläche der Spritze aus a). Berechne die Kraft, die auf den Kolben dieser Spritze wirkt.
c) Begründe die Konstanz des Druckes bei Aufgabe a) und b).

4 Der Blutdruck eines Menschen beträgt 16 000 Pa. Ein Blutdruckmessgerät hat eine Messfläche von 8 cm². Berechne die Kraft auf den Messsensor.

IM ALLTAG — Digital+ Film

Hydraulik im Beruf

Die Hebebühne in der Werkstatt
Ein Auto kommt in der Autowerkstatt auf eine Hebebühne. Die Hebebühne hebt das Auto an. Eine Hebebühne ist ein **geschlossenes hydraulisches System,** das mit speziellem Hydrauliköl gefüllt ist. Es besteht aus einem **Pumpkolben** mit einer kleinen Fläche und einem **Arbeitskolben** mit einer großen Fläche. Der Arbeitskolben hebt das Auto an. Der Druck innerhalb des Systems ist konstant. So kann mit einer geringen Kraft auf die kleine Fläche des Pumpkolbens eine große Kraft auf den Arbeitskolben ausgeübt werden.

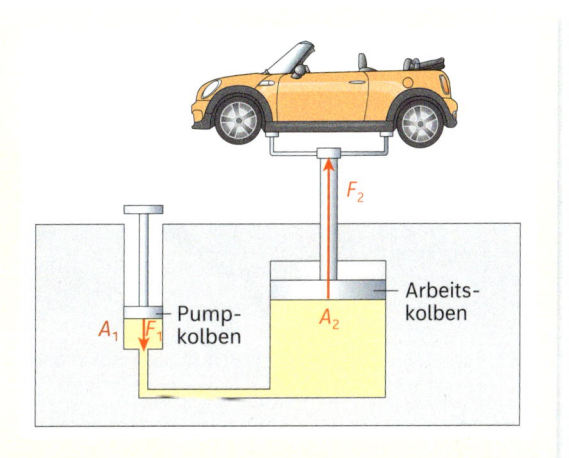

1 Hebebühne mit Pumpkolben und Arbeitskolben

Der Kipplaster auf der Baustelle
Wenn Lkw Schüttgüter abladen, kippen sie normalerweise die Ladefläche nach oben. Dann fällt die Ladung automatisch herunter. Die Ladefläche wird mithilfe von **Hydraulikzylindern** angehoben. Die Hydraulikzylinder fahren auseinander und heben dabei die Ladefläche an.
Obwohl die Hydraulikzylinder nur kleine Kräfte aufnehmen, können sie auch Ladeflächen anheben, die große Lasten tragen.

2 Ein Lkw mit Kippmulde

---

1 Beschreibe die Funktionsweise einer Hebebühne.

2 Kleine Anhänger haben oft nur einen einzigen Hydraulikzylinder. Stelle Überlegungen über die Position dieses einen Hydraulikzylinders an und begründe sie.

3 a) Der Pumpkolben einer Hebebühne hat eine Fläche von 10 cm². Auf diese Fläche wirkt eine Kraft von 7,4 N. Berechne den Druck in dem System.
b) Innerhalb eines geschlossenen Systems herrscht überall der gleiche Druck. Erkläre diese Aussage und ziehe Schlussfolgerungen für die beiden Kolben.
‖ c) Die Fläche des Arbeitskolbens beträgt 1 m². Bestimme die Gewichtskraft eines Autos, das mit diesem Arbeitskolben angehoben werden kann.

4 ‖ Eine Hebebühne wird auch Kraftwandler genannt. Begründe diese Bezeichnung.

1 Eine Bergsteigerin im Himalaya mit Sauerstoffmaske

Der Luftdruck und der Schweredruck

Der Luftdruck
Du spürst die Gewichtskraft der Luft zwar nicht, sie ist aber trotzdem da. Die Luftsäule, die sich von der Erdoberfläche bis zur äußeren Grenze der Atmosphäre erstreckt, hat eine Höhe von etwa 10 km. Diese Luftsäule lastet auf jedem von uns. Wir leben auf dem Grund eines Luftmeeres.

Der Luftdruck in der Höhe
Die Gewichtskraft der Luftsäule wirkt auf die Erdoberfläche. In Meereshöhe beträgt dieser Luftdruck **1013 hPa.** Dieser Wert wird als **Normaldruck** über Normalhöhennull (üNHN) bezeichnet. Je größer der Abstand zum Erdmittelpunkt ist, desto geringer ist die wirkende Gewichtskraft der Luft und damit der herrschende Luftdruck. Deshalb ist der Luftdruck auf einem Berg stets geringer als am Meer.

Die Luft wird dünner
Schon in 3000 m Höhe beträgt der Luftdruck nur noch 690 hPa. Die Zusammensetzung der Luft verändert sich zwar nicht, aber die Anzahl der Teilchen nimmt mit der Höhe ab. Die Dichte der Luft verringert sich.

h in m	p in hPa
8000	412
7000	412
6000	469
5000	533
4000	606
3000	689
2000	784
1000	891
0	1013
-10	2000
-20	3000
-30	4000

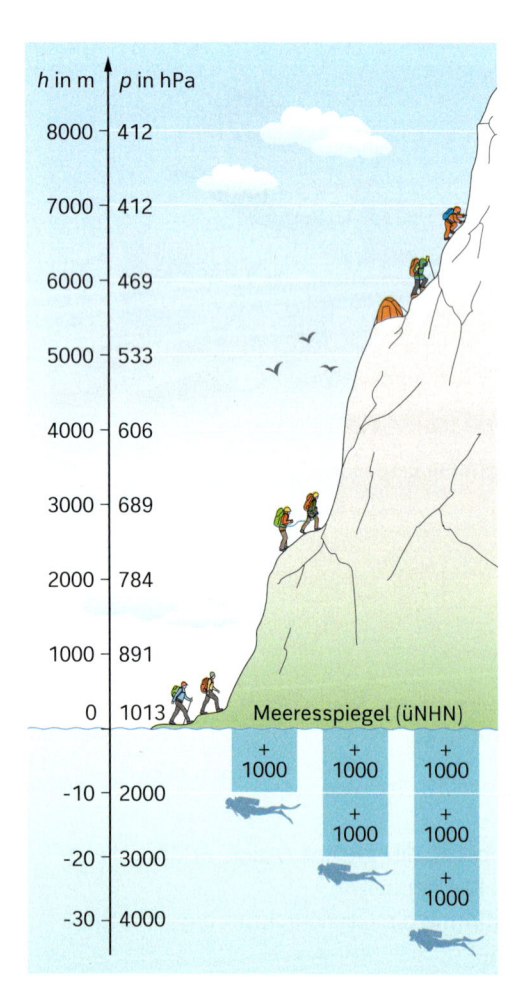

2 Der Luftdruck und der Schweredruck

Der Schweredruck

Wenn du einen aufgepusteten Luftballon unter Wasser tauchst, wird er immer kleiner, je tiefer er eintaucht. Auf den Ballon wirkt die Gewichtskraft der Wassersäule über ihm. Es entsteht ein Druck, der von allen Seiten auf den Ballon wirkt. Das ist der **Schweredruck** oder **hydrostatische Druck**.

In einer bestimmten Wassertiefe ist der Schweredruck überall gleich groß. Das gilt unabhängig vom Ort. Außerdem nimmt der Schweredruck mit zunehmender Tiefe zu.

Schweredruck und Absolutdruck

Der Normaldruck auf Meereshöhe beträgt 1013 hPa oder rund 1 bar. Dieser Druck lastet in Meereshöhe immer auf der Wasseroberfläche. Schwimmt ein Körper an der Wasseroberfläche, wirkt nur der Normaldruck auf ihn. Mit jeweils 10 m Tiefe nimmt der Schweredruck um je 1000 hPa oder 1 bar zu. Der **Absolutdruck** im Wasser ist immer die Summe aus dem Schweredruck und dem Normaldruck.

Beispiel: In 40 m Tiefe beträgt der Schweredruck 4 bar. An der Wasseroberfläche herrscht der Normaldruck von 1 bar.

Schweredruck + Normaldruck = Absolutdruck
4 bar + 1 bar = 5 bar

3 Ein Taucher mit Tauchausrüstung

Luft aus Druckflaschen

Um in großen Höhen oder unter Wasser mit Sauerstoff versorgt zu werden, nutzen Höhenbergsteigerinnen und -bergsteiger sowie Taucherinnen und Taucher Sauerstoff aus Druckflaschen, die sie auf dem Rücken tragen (→ Bilder 1 und 3).

> Der Luftdruck nimmt ab, je weiter wir uns von der Erdoberfläche entfernen. Der Schweredruck nimmt zu, je weiter wir uns vom Meeresspiegel entfernen. Auf der Höhe des Meeresspiegels entspricht der Luftdruck dem Normaldruck. Er beträgt 1013 hPa ≈ 1 bar.

---

① a) Erläutere den Begriff Luftdruck auf der Erdoberfläche.
　b) Gib den Wert für den Luftdruck auf der Höhe des Meeresspiegels an.

② a) Erkläre den Begriff Schweredruck.
　b) Erläutere den Unterschied zwischen dem Schweredruck und dem Luftdruck.

③ Puste einen kleinen Wasserballon leicht auf, knote ihn zu und binde ihn an einen Stab. Tauche den Ballon mithilfe des Stabes in unterschiedliche Tiefen eines hohen, mit Wasser gefüllten Glasgefäßes. Beschreibe deine Beobachtungen.

④ I Noch bevor ein Taucher in einen See auf Höhe des Meeresspiegels einsteigt, ist er bereits einem Druck von 1 bar ausgesetzt. Begründe diesen Zustand.

⑤ II Eine Taucherin befindet sich in einer Wassertiefe von 30 m. Gib
　a) den Schweredruck,
　b) den Absolutdruck an, dem sie ausgesetzt ist.

IM ALLTAG

Druck kann krank machen

Die Höhenkrankheit
In großen Höhen ist die Luft viel dünner und enthält damit weniger Sauerstoff. Ist der Körper mit Sauerstoff unterversorgt, kann es zu Schwindel, Kopfschmerzen, Konzentrationsschwierigkeiten, Benommenheit, Kurzatmigkeit und erhöhtem Puls kommen. Im weiteren Verlauf kommt es zu Appetitlosigkeit, Übelkeit und Erbrechen.
Um den Körper an die niedrigere Sauerstoffmenge zu gewöhnen, bleiben die Bergsteigerinnen und Bergsteiger oft mehrere Tage in einem Basislager. Dort **akklimatisieren** sie sich, bevor sie zum Gipfel aufsteigen.

1 Ein Basislager im Himalaya

Die Taucherkrankheit
Unter Wasser herrscht ein größerer Druck als an der Wasseroberfläche. Der Körper passt sich diesen Bedingungen an und bindet mehr Gas im Blut und im Körper. Beim Auftauchen muss das zusätzliche Gas wieder abgegeben werden. Dieser Vorgang heißt **Dekompression.**
Wenn die Taucherin oder der Taucher zu schnell aufsteigt, werden die Gasbläschen immer größer und die Blutbahnen können reißen. Es besteht Lebensgefahr!
Ist eine Taucherin oder ein Taucher zu schnell aufgetaucht, muss sie oder er sofort in eine **Druckkammer.** Dort wird der Druck langsam dem Umgebungsdruck angepasst. Das kann mehrere Stunden dauern.

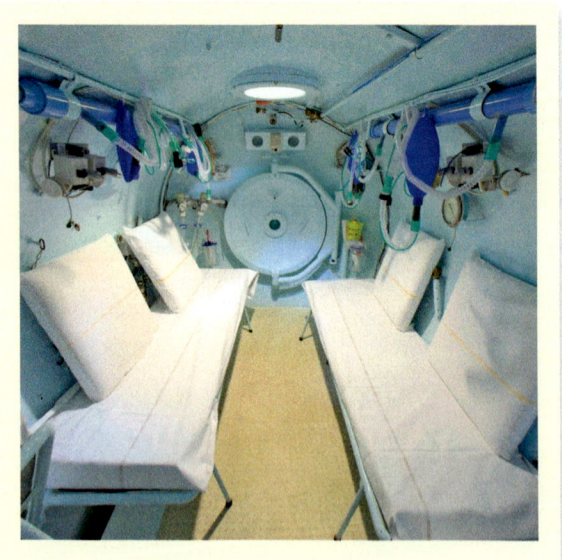

2 Eine Druckkammer für Taucherinnen und Taucher

---

1 a) Wenn du mit einer Seilbahn auf einen Berg hinauf- oder von ihm hinunterfährst, bekommst du ein unangenehmes Gefühl in den Ohren. Erkläre dieses Phänomen.
b) Durch einen Druckausgleich kannst du dir Linderung verschaffen. Beschreibe dein Vorgehen.

2 a) Ein Tauchunfall heißt auch Dekompressionsunfall. Erkläre diesen Begriff.
II b) Halte einen Vortrag zur Dekompressionskrankheit.

IM ALLTAG

Der Schweredruck in der Anwendung

Verbundene Gefäße
Verbundene Gefäße sind oben offene Gefäße, die miteinander verbunden sind. Werden sie mit Wasser gefüllt, ist der Wasserspiegel in allen Gefäßen unabhängig von ihrer Form gleich hoch. An jeder Stelle der verbundenen Gefäße herrscht der gleiche Schweredruck. Deshalb sollte bei einer Gießkanne der Ausguss höher sein als die Einfüllöffnung.

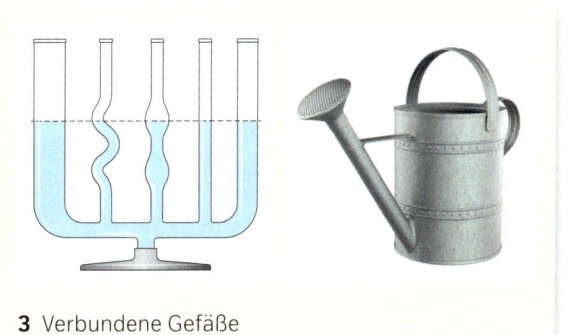

3 Verbundene Gefäße

Die Schlauchwaage
Eine **Schlauchwaage** besteht aus zwei Behältern, die mit einem Schlauch verbunden und mit Wasser gefüllt sind. Selbst auf unebenem Gelände über weitere Strecken zeigt die Schlauchwaage an, dass etwas waagerecht ist. Da der Schweredruck im Verbundsystem überall gleich groß ist, stehen die Wasserspiegel in den beiden Behältern immer gleich hoch.

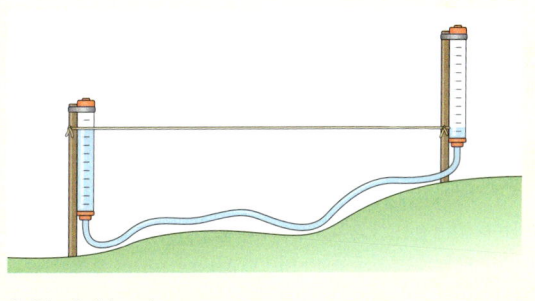

4 Die Schlauchwaage

Der Siphon
Das Wasser aus dem Waschbecken wird in das Abwassernetz eingeleitet. Allerdings befindet sich unter dem Waschbecken kein gerades Rohr. Das Wasser fließt durch ein u-förmiges Rohr. Es dient als Geruchssperre und heißt **Siphon**. Das Wasser in den beiden Schenkeln des Rohres steht immer gleich hoch, da der Schweredruck überall gleich groß ist.

5 Ein Siphon als Geruchssperre

1 a) Erkläre den Begriff verbundene Gefäße.
   b) Beschreibe die Besonderheiten.

2 ❙ Die beiden Behälter der Schlauchwaage in Bild 4 haben eine Skalierung. Überlege, ob das notwendig ist, und begründe deine Meinung.

3 a) Fertige eine Schnittzeichnung eines Siphons an.
   b) Zeichne die typische Wasserhöhe in einem Siphon ein und begründe deine Entscheidung.
   c) Erläutere den Satz „Ein Siphon dient als Geruchssperre."
   d) Begründe, dass das Wasser aus dem Waschbecken immer sicher abfließen kann.

Digital+
Film

1 Eine Digitalwaage und Würfel aus verschiedenen Materialien

Volumen, Masse und Dichte

Gleiches Volumen

Die Würfel in Bild 1 sind alle gleich groß. Sie haben das gleiche **Volumen V.** Das Volumen ist der Raum, den ein Körper beansprucht. Die Würfel haben eine Kantenlänge von jeweils 1 cm. Das Volumen berechnet sich aus **Länge *l* · Breite *b* · Höhe *h*.**
Bei einem Würfel ist das Volumen
$V = l \cdot b \cdot h = 1\,\text{cm} \cdot 1\,\text{cm} \cdot 1\,\text{cm} = 1\,\text{cm}^3$.
So ein Würfel ist ein **Einheitswürfel.**

Unterschiedliche Masse

Mithilfe einer Waage kannst du die **Masse *m*** der Einheitswürfel bestimmen. Die Massen der verschiedenen Würfel sind unterschiedlich. Ein Würfel mit einer größeren Masse ist schwerer als ein Würfel mit einer kleinen Masse. Die Masse wird in **g (Gramm)** oder **kg (Kilogramm)** angegeben.

Masse und Volumen eines Stoffes

Masse und Volumen eines Stoffes hängen zusammen. Ein doppelt so großer Körper besitzt ein doppelt so großes Volumen und ist auch eine doppelt so große Masse. Masse und Volumen sind proportional zueinander.

Die Dichte eines Körpers

Das Verhältnis aus Masse und Volumen ist für jeden Stoff ein fester Wert. Diese Stoffeigenschaft ist die **Dichte ϱ** (griechischer Buchstabe, gesprochen rho): $\varrho = \frac{m}{V}$.
Sie gibt die Masse an, die ein bestimmtes Volumen dieses Stoffes hat.
Die zugehörige Einheit ist $\varrho = 1\,\frac{\text{g}}{\text{cm}^3}$.

Beispiel

Ein Eisenwürfel hat die Dichte $7{,}8\,\frac{\text{g}}{\text{cm}^3}$. Das bedeutet, der Einheitswürfel aus Eisen mit einem Volumen von 1 cm³ hat eine Masse von 7,8 g.

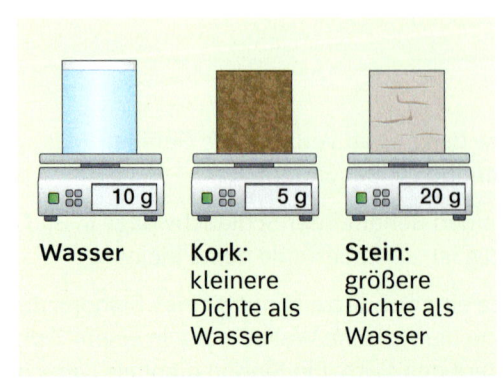

Wasser — 10 g
Kork: kleinere Dichte als Wasser — 5 g
Stein: größere Dichte als Wasser — 20 g

2 Gleiches Volumen, aber verschiedene Massen

Die Dichte von Wasser

Wasser hat die Dichte 1 $\frac{g}{cm^3}$. 1 Liter Wasser hat eine Masse von 1 kg. Alle reinen Stoffe haben entweder eine größere oder eine kleinere Dichte als Wasser.

Schwimmen oder sinken

Wenn du einen Korken in einen Behälter mit Wasser gibst, schwimmt er an der Oberfläche. Legst du einen Stein auf die Wasseroberfläche, sinkt er sofort zu Boden (→ Bild 3).

Kork hat eine Dichte von 0,2 $\frac{g}{cm^3}$. Das ist viel weniger als die Dichte von Wasser mit 1 $\frac{g}{cm^3}$. Deshalb **schwimmt** der Korken auf dem Wasser. Selbst wenn du den Korken unter Wasser drückst, wird er nach dem Loslassen **aufsteigen.**

Die Dichte von Stein beträgt 2,6 $\frac{g}{cm^3}$. Sie ist also viel größer als die Dichte von Wasser. Deshalb **sinkt** der Stein zu Boden.

Schweben

Wenn du einen Stein mit einem Korken verbindest, kannst du für diese Verbindung eine Dichte von 1 $\frac{g}{cm^3}$ erreichen. Diese Verbindung hat dann dieselbe Dichte wie Wasser. Wenn du diesen Körper in Wasser gibst, wird er nicht schwimmen, weil er zu schwer ist. Er wird aber auch nicht zu Boden sinken, weil er dafür zu leicht ist. Dieser Körper **schwebt** im Wasser.

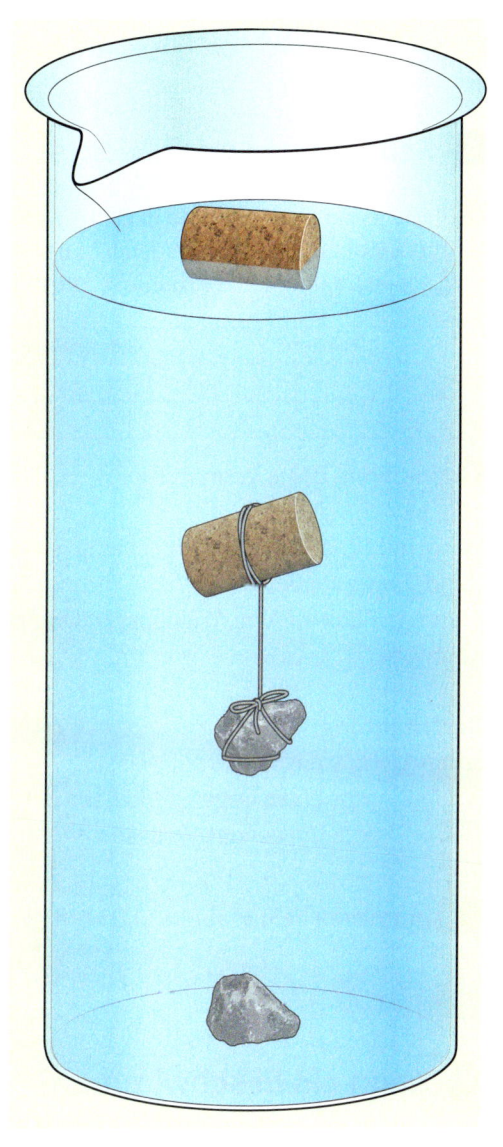

3 Schwimmen, schweben und sinken

❶ Nenne die Voraussetzungen dafür, dass ein Körper in Wasser schwimmt, schwebt oder sinkt.

Starthilfe zu 1:
Ein beliebiger Körper schwimmt in Wasser, wenn...

❷ Erläutere den Begriff Dichte eines Körpers.

Starthilfe zu 2:
Die Dichte ist das Verhältnis von ... zu ... eines Körpers. Sie berechnet sich ...

❸ a) Begründe den Begriff Einheitswürfel.
   b) Stelle Vermutungen über die gewählte Form der Einheitswürfel an.

❹ Bild 2 zeigt Würfel mit gleichem Volumen in verschiedenen Materialien. Entscheide begründet, welcher in Wasser (Dichte: 1 $\frac{g}{cm^3}$) schwimmt, schwebt oder sinkt.

❺ Recherchiere das Material Bimsstein und stelle Vermutungen zu seinen Schwimmeigenschaften an.

❻ Stelle Vermutungen zu dem Verhältnis von Kork und Stein an, damit eine Verbindung der beiden Stoffe im Wasser schwebt. Begründe deine Überlegung.

FORSCHEN UND ENTDECKEN

A Schwimmer oder Nichtschwimmer?

1 Welche der Gegenstände in Bild 1 schwimmen, welche sinken im Wasser? Lege eine Tabelle an und notiere deine Vermutungen:

Schwimmer	Nichtschwimmer
...	...
...	...

2 Überprüfe deine Vermutung:

Material: Schale, Wasser, verschiedene Gegenstände, wie zum Beispiel Korken, Zitrone, Büroklammer, Radiergummi, Walnuss, Ei, Orange, Holzstück

Durchführung:
Schritt 1: Fülle die Schale mit Wasser.
Schritt 2: Lege einen Gegenstand nach dem anderen auf das Wasser.

3 Kontrolliere deine Tabelle und korrigiere.

1 Schwimmer oder Nichtschwimmer?

4 Finde weitere Gegenstände zum Testen. Trage sie in die Tabelle ein und überprüfe sie.

B Kann ein Ei schwimmen?

Material: zwei frische, rohe Eier, Wasser, Salz, 2 schlanke Gläser, Teelöffel

Durchführung:
Schritt 1: Befülle ein Glas halbvoll mit Wasser und lege vorsichtig ein Ei hinein.
Schritt 2: Befülle das andere Glas ebenfalls halbvoll mit Wasser und verrühre vier Teelöffel Salz darin. Lege das zweite Ei in das Salzwasser.

2 Ein Ei zum Schwimmen bringen

1 a) Beschreibe deine Beobachtung.
b) Erkläre die Beobachtung.

2 Erkläre, dass manche Gegenstände schwimmen und manche sinken.

Kraft und mechanische Energie 279

FORSCHEN UND ENTDECKEN

C Wie wird die Dichte bestimmt?

Material: Waage, Lineal oder Maßband, verschiedene, quaderförmige Gegenstände

Durchführung:
Schritt 1: Lege eine Tabelle an.
Schritt 2: Wiege die verschiedenen Gegenstände und trage die Werte in die Tabelle ein.
Schritt 1: Miss die Kantenlängen der Gegenstände und trage die Werte in die Tabelle ein.

1. Berechne aus den Kantenlängen das Volumen des Körpers.
2. Berechne die Dichte der Materialien.
3. Lies aus der Dichtetabelle im Anhang des Buches ab, um welches Material es sich handeln kann.

3 Verschiedene quaderförmige Gegenstände

D Können Flüssigkeiten schwimmen?

Material: Messzylinder, 3 Bechergläser, Spiritus, Speiseöl, Wasser, Lebensmittelfarbe

Durchführung:
Schritt 1. Fülle je 50 ml der Flüssigkeiten jeweils in ein Becherglas.
Schritt 1: Färbe die drei Flüssigkeiten mit der Lebensmittelfarbe unterschiedlich ein.
Schritt 2: Fülle zuerst das Wasser in den Standzylinder, dann vorsichtig das Öl und anschließend den Spiritus.

1. Notiere und erkläre deine Beobachtung.
2. Verwende Reagenzgläser und experimentiere: Welche Flüssigkeit schwimmt auf welcher, welche Flüssigkeiten vermischen sich?
3. Stelle eine Reihenfolge der Dichte der Stoffe auf und begründe sie.

4 Material für den Versuch

1 Die Badewanne läuft über.

Der Auftrieb

In der Badewanne
Wenn die Badewanne fast voll mit Wasser gefüllt ist und du setzt dich hinein, dann läuft die Badewanne über (→ Bild 1). Du verdrängst mit deinem Körper das Wasser aus der Badewanne. Jeder Körper verdrängt so viel Wasser, wie es seinem Volumen entspricht. Der Wasserspiegel steigt an, sobald ein Gegenstand ins Wasser gelangt.

Das verdrängte Wasser – ein Maß für das Volumen
Wenn ein Gegenstand in Wasser eintaucht, verdrängt dieser Gegenstand das Wasser. Wasser besitzt eine Dichte von $1\,\frac{g}{cm^3}$. 1 Liter (l) Wasser hat eine Masse von 1 Kilogramm (kg). Mithilfe von Wasser kannst du das Volumen eines Körpers bestimmen. Wenn du einen Gegenstand in ein volles Gefäß eintauchst und das überlaufende Wasser auffängst, erhältst du das Volumen des Gegenstandes. Wenn du 30 ml auffängst, hat der Gegenstand ein Volumen von 30 ml.
Diesen Zusammenhang zwischen dem verdrängten Wasser und dem Volumen eines Körpers hat **ARCHIMEDES** (285 v. Chr. – 212 v. Chr.) herausgefunden.

Im Schwimmbad
Im Schwimmbecken kannst du einen Freund ganz leicht hochheben. Auf der Wiese gelingt dir das nicht so einfach. Im Wasser scheint dein Freund also viel leichter zu sein als an Land (→ Bild 2).

Das Wasser trägt
Dein Freund hat aber sowohl an Land als auch im Wasser die gleiche Masse und das gleiche Volumen.
Es muss also am Wasser liegen, dass sich dein Freund viel leichter anfühlt. Das Wasser verursacht eine **Auftriebskraft.** Sie ist der Gewichtskraft entgegengerichtet.

2 Im Schwimmbad

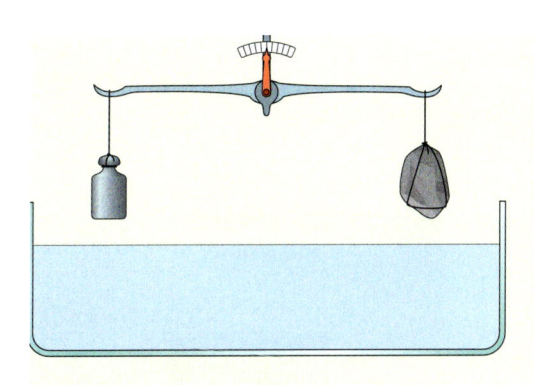

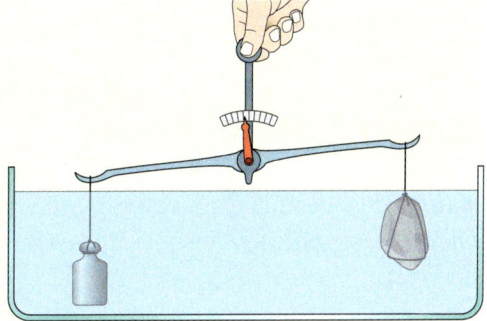

3 Die Auftriebskraft hängt vom Volumen ab.

Die Auftriebskraft hängt vom Volumen ab

Wenn du zwei Gegenstände mit der gleichen Masse aber unterschiedlichem Volumen ins Wasser gibst, erzeugt der Körper mit dem größeren Volumen einen größeren **Auftrieb** (→ Bild 3).
Die Auftriebskraft hängt nur vom Volumen und nicht von der Masse ab. Zwei Körper mit dem gleichen Volumen und unterschiedlicher Masse führen im Wasser zur gleichen Auftriebskraft.

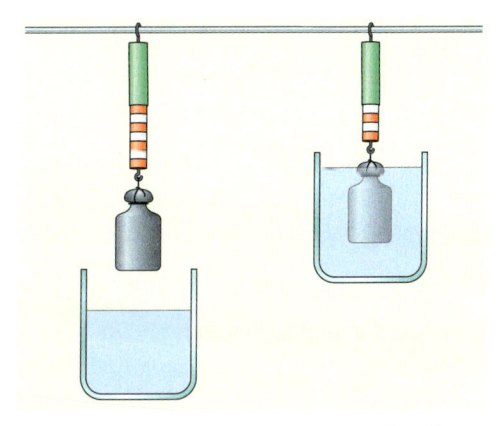

4 Die Gewichtskraft eines Körpers: **A** in Luft, **B** im Wasser

Die Auftriebskraft wirkt entgegen der Gewichtskraft

Die Gewichtskraft eines Körpers nimmt im Wasser scheinbar ab (→ Bild 4). Je größer das Volumen eines Körpers ist, desto leichter ist ein Körper im Wasser. Aus diesem Grund können Schiffe auch schwimmen, obwohl sie aus Stahl sind. Durch die Form des Schiffes erhält der Schiffsrumpf ein sehr großes Volumen. So verdrängt das Schiff viel mehr Wasser, als es seiner Masse entspricht. Das Schiff schwimmt, weil die nach oben wirkende Auftriebskraft genauso groß ist wie die Gewichtskraft.

5 Ein Schiffsrumpf enthält viel Luft.

❶ Erkläre den Zusammenhang zwischen dem verdrängten Wasser und dem Volumen eines Körpers.

❷ Erläutere den Zusammenhang zwischen der Auftriebskraft, der Masse und dem Volumen eines Körpers.

Starthilfe zu 2: Verwende dazu Bild 4.

❸ Stahl hat eine viel größere Dichte als Wasser. Begründe, dass Stahlschiffe dennoch schwimmen können.

FORSCHEN UND ENTDECKEN

A Die Überlaufmethode

Material: 1 Überlaufgefäß, Wasser, 1 Abstandswürfel, 1 Messzylinder, verschiedene Gegenstände

Durchführung:
Schritt 1: Fülle den Überlaufgefäß voll Wasser und stelle ihn auf den Abstandswürfel.
Schritt 2: Stelle den Messzylinder unter den Ablauf des Überlaufgefäßes.
Schritt 3: Gib verschiedene Gegenstände in das Überlaufgefäß.

1. Lies den Wasserstand am Messzylinder ab.
2. Gib das Volumen des Gegenstandes an.
3. Wiederhole den Versuch mit weiteren Gegenständen.

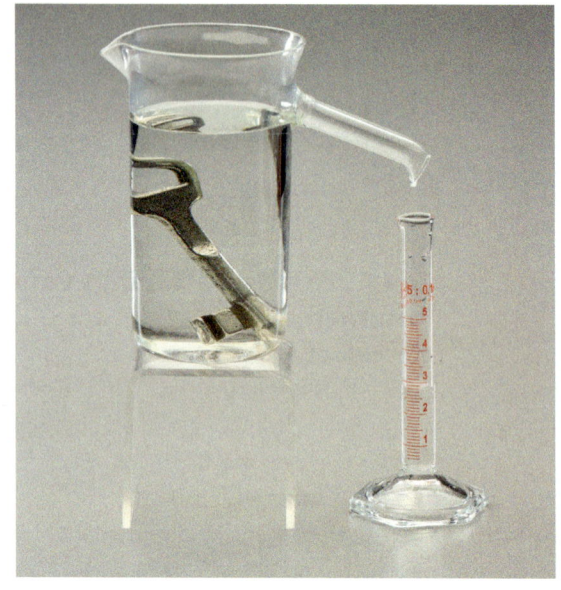

1 Der Versuchsaufbau zur Überlaufmethode

B Die Differenzmethode

Material: 1 Messzylinder mit Wasser, verschiedene Gegenstände

Durchführung:
Schritt 1: Fülle den Messzylinder so weit mit Wasser, dass der Gegenstand vollständig bedeckt wäre.
Schritt 2: Lies den Wasserstand am Messzylinder ab.
Schritt 3: Tauche den Gegenstand ins Wasser.

1. Lies erneut den Wasserstand am Messzylinder ab.
2. Berechne das Volumen des Gegenstandes, indem du die Differenz der beiden Werte bildest.
3. Wiederhole den Versuch mit weiteren Gegenständen.

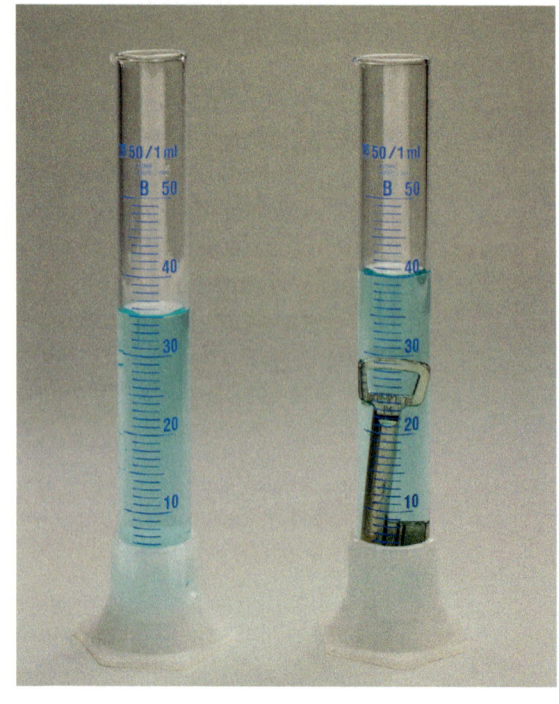

2 Der Versuchsaufbau zur Differenzmethode

FORSCHEN UND ENTDECKEN

C Volumen richtig bestimmen

Material: verschiedene Messzylinder, Wasser

Durchführung:
Schritt 1: Gib Wasser in die verschiedenen Messzylinder.
Schritt 2: Achte beim Ablesen darauf, den Messwert an der tiefsten Stelle der Flüssigkeitsoberfläche abzulesen.

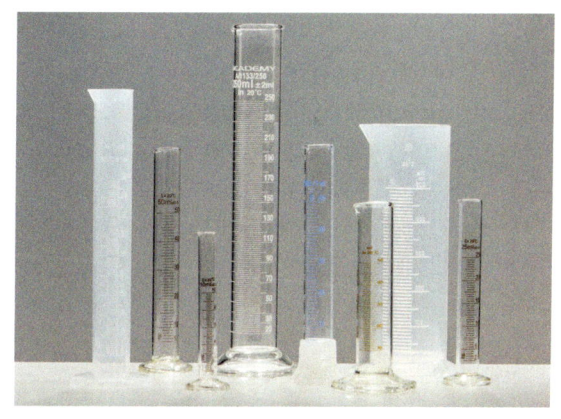

1. Gib den jeweiligen Messwert an.
2. Vergleiche die Genauigkeit der Messwerte.
3. Beschreibe das richtige Ablesen an einem Messzylinder.
4. ❚ Stelle eine Verbindung zwischen der Genauigkeit der Messwerte und der Abmessungen der Zylinder her.
5. ❚ Beschreibe dein Vorgehen, eine große Menge Wasser möglichst genau mithilfe von verschiedenen Messzylindern zu bestimmen.

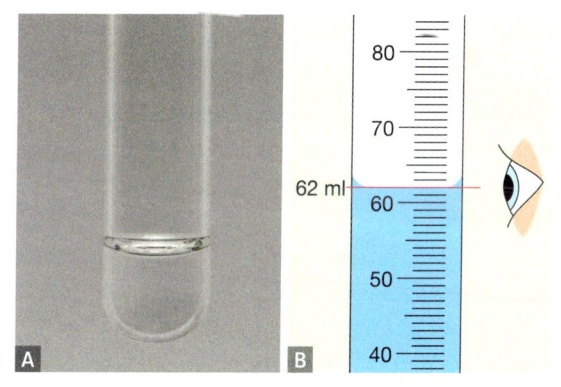

3 Verschiedene Messzylinder

4 Wasserstand: **A** im Reagenzglas, **B** im Messzylinder

D Kann Knete schwimmen?

Material: eine Stange Schulknete, Becher mit Wasser

Durchführung:
Schritt 1: Knete nacheinander die in Bild 5 abgebildeten Formen.
Schritt 2: Lege sie vorsichtig auf das Wasser.

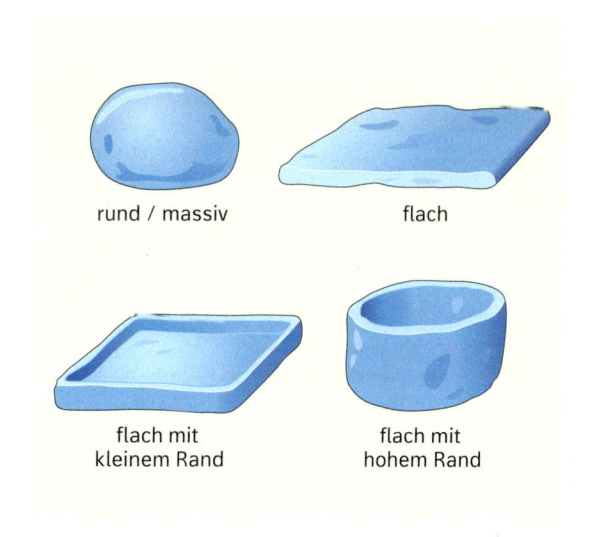

Starthilfe zu 1:
Schreibe so: rund/massiv: Die Knete...

1. Notiere deine Beobachtung.
2. Vergleiche deine Beobachtungen.
3. Erkläre die verschiedenen Beobachtungen.

5 Knete in verschiedenen Formen

Auf einen Blick: Kraft und mechanische Energie

Die Geschwindigkeit
Bei einer **gleichförmigen Bewegung** legst du in einer bestimmten Zeit immer die gleichen Wege zurück. Der Weg s und die Zeit t sind proportional zueinander. Der Quotient $\frac{s}{t}$ beschreibt die **Geschwindigkeit v.** Sie ist konstant.

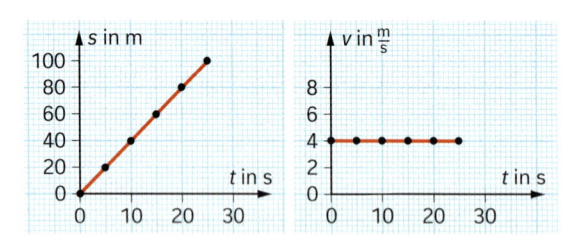

Die Kraft und ihre Messung
Kräfte bewirken Bewegungs- und Richtungsänderungen sowie plastische oder elastische Verformungen.
Die Kraft F ist eine **vektorielle Größe.** Sie besitzt einen Angriffspunkt, eine Richtung und einen Betrag. Der Betrag einer Kraft wird in **N (Newton)** angegeben und mit einem **Federkraftmesser** gemessen. Auf eine Masse von 100 g wirkt eine Gewichtskraft von 1 N.

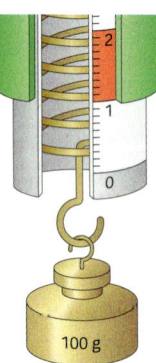

Spezielle Kräfte
Jede Kraft besitzt eine **Gegenkraft,** die oft eine **Reibungskraft** ist.

Die **Gewichtskraft** ist ortsabhängig und wirkt auf die Masse eines Körpers. Die Kraft ändert sich mit dem **Ortsfaktor g.** Die Masse ist ortsunabhängig. Die **Trägheitskraft** wirkt der Bewegungsänderung eines Körpers entgegen und ist ortsunabhängig. Sie ist nur von der Masse des Körpers abhängig.

Die Kraftwandler
Kraftwandler ändern Angriffspunkt, Betrag oder Richtung der aufzubringenden Kraft.
Lose und feste Rollen verändern den Angriffspunkt und die Richtung der Kraft. Eine lose Rolle verändert außerdem den Betrag der Kraft.
Ein **Hebel** übt eine Kraft über einen Drehpunkt D aus. Beim **einseitigen Hebel** wirken die Kräfte auf einer Seite des Drehpunktes in entgegengesetzte Richtungen. Beim **zweiseitigen Hebel** wirken die Kräfte auf beiden Seiten des Drehpunktes in die gleiche Richtung.

Die goldene Regel der Mechanik
Eine Verringerung der aufzubringenden Kraft F führt zu einer Verlängerung des zurückzulegenden Weges s. Sie gilt für alle Kraftwandler.

Name	Größe	Einheit	Gesetz
Geschwindigkeit	v	$\frac{m}{s}$ (Meter pro Sekunde), $\frac{km}{h}$ (Kilometer pro Stunde)	$v = \frac{s}{t}$ $1\,\frac{m}{s} \triangleq 3{,}6\,\frac{km}{h}$
Gewichtskraft	F_G	N (Newton)	$F_G = m \cdot g$ mit Ortsfaktor: $g_{Erde} = 9{,}81\,\frac{N}{kg}$; $g_{Mond} = 1{,}62\,\frac{N}{kg}$
Drehmoment	M	Nm (Newtonmeter)	$M = F \cdot a$ ($F \perp a$), Hebelgesetz: $M_1 = M_2 \Leftrightarrow F_1 \cdot a_1 = F_2 \cdot a_2$

WICHTIGE BEGRIFFE
- gleichförmige Bewegung
- Geschwindigkeit
- Kraft, Ortsfaktor
- Federkraftmesser

WICHTIGE BEGRIFFE
- Gegenkraft, Reibungskraft
- Gewichtskraft, schwere Masse
- Trägheitskraft, träge Masse
- Kraftwandler: Rolle, Hebel
- goldene Regel der Mechanik

Arbeit, Energie, Leistung

Das Verrichten von **mechanischer Arbeit W** an einem Körper ist ein Prozess, durch den sich der Energiegehalt des Körpers ändert.

Die **mechanische Energie E** beschreibt den Zustand des Körpers. Sie kann als Spannenergie, als Bewegungsenergie und als Höhenenergie auftreten. Alle Formen der mechanischen Energie können ineinander umgewandelt werden.

Die **mechanische Leistung P** hängt von der übertragenen Energie E und der benötigten Zeit t ab.

Das Prinzip Energieerhaltung

Die Energie bleibt stets erhalten. Bei jeder Energieumwandlung entsteht **unerwünschte Energie** in Form von **innerer Energie**, die als Wärme abgegeben wird. Diese Energie steht für die folgende Umwandlung nicht mehr zur Verfügung. Sie ist **entwertet**.

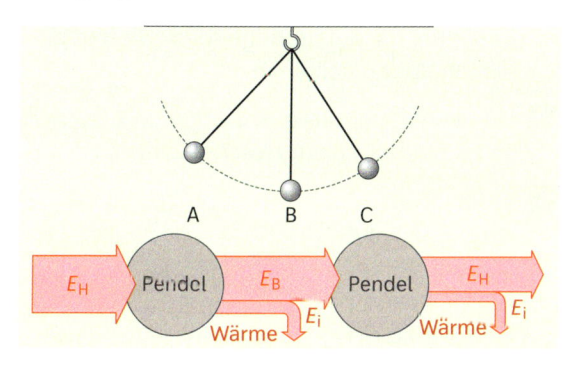

Der Druck

Der **Druck p** beschreibt die Wirkung einer Kraft auf eine Fläche. Die Kraft wirkt dabei senkrecht, gleichmäßig und allseitig auf die Fläche.
In geschlossenen Systemen ist der Duck an allen Stellen gleich groß.

Schweredruck und Luftdruck

Die Gewichtskraft der Wassersäule auf einen Körper im Wasser bewirkt den **Schweredruck.** Er nimmt mit der Eintauchtiefe zu.
Die Gewichtskraft der Luftsäule über einem Körper bewirkt den **Luftdruck.** Er nimmt mit der Höhe ab. In Meereshöhe entspricht der Luftdruck dem **Normaldruck** von 1013 hPa.

Volumen, Masse und Dichte

Das Verhältnis aus Masse und Volumen eines Körpers ist für jeden Stoff ein fester Wert. Diese Stoffeigenschaft ist die **Dichte:** $\varrho = \frac{m}{V}$.

Die Auftriebskraft

Jeder Körper in Wasser erzeugt eine **Auftriebskraft,** die nur vom Volumen der verdrängten Wassermenge abhängt. Ist die Auftriebskraft des Körpers größer als seine Gewichtskraft, **steigt** der Körper. Ist die Auftriebskraft kleiner, **sinkt** der Körper. Wenn ein Körper **schwimmt,** dann sind Auftriebskraft und Gewichtskraft gleich groß.

Name	Größe	Einheit	Gesetz
mechanische Arbeit	W	Nm (Newtonmeter), J (Joule)	$W = F \cdot s$ ($F \parallel s$), Hubarbeit: $W_{hub} = F_G \cdot h$
mechanische Energie	E	Nm (Newtonmeter) J (Joule)	$E = F \cdot s$ ($F \parallel s$), Höhenenergie: $E_H = F_G \cdot h$ Energieerhaltungssatz: $E_{ges} = E_H + E_B + E_i$
mechanische Leistung	P	W (Watt)	$P = \frac{E}{t} = \frac{F \cdot s}{t}$
Druck	p	Pa (Pascal)	$p = \frac{F}{A}$ ($F \perp A$)

WICHTIGE BEGRIFFE

- mechanische Leistung
- mechanische Energie
- Prinzip Energieerhaltung
- erwünschte und unerwünschte Energie
- entwertete Energie

WICHTIGE BEGRIFFE

- Druck
- Schweredruck, Luftdruck, Normaldruck
- Volumen, Masse, Dichte
- Auftriebskraft
- schwimmen, steigen, sinken

Lerncheck: Kraft und mechanische Energie

Geschwindigkeit und Kraft

1 Ein Auto fährt auf der Autobahn 5 min mit einer konstanten Geschwindigkeit von 120 $\frac{km}{h}$.
a) Beschreibe die Bewegung.
b) Berechne den zurückgelegten Weg des Autos.
c) Gib die Geschwindigkeit des Autos in $\frac{m}{s}$ an.
d) Zeichne für die Bewegung ein *t-s*-Diagramm und ein *t-v*-Diagramm.

2 Nenne die möglichen Wirkungen von Kräften und gib jeweils ein Beispiel an.

3 Nenne drei verschiedene Arten von Kräften.

4 Zeichne einen Kraftpfeil und gib die drei Bestimmungsstücke einer Kraft an.

5 „Überall wo eine Kraft wirkt, ist eine Gegenkraft vorhanden." Erläutere diese Aussage anhand eines Beispiels.

6 Beschreibe den Zusammenhang zwischen der Gewichtskraft, der schweren Masse und dem Ortsfaktor anhand eines Beispiels.

7 Sicherheitsgurte in Kraftfahrzeugen schützen die Insassen bei Unfällen vor Verletzungen. Begründe diese Aussage.

Kraftwandler

8 Nenne den Unterschied zwischen einer festen und einer losen Rolle

9 a) Skizziere einen Flaschenzug mit zwei losen und zwei festen Rollen.
b) Stelle die wirkenden Kräfte in deiner Skizze dar.
c) Erläutere die Wirkungsweise eines Flaschenzuges.
d) Nenne drei Anwendungen.

10 Eine Masse von 240 kg wird mit einem Flaschenzug mit drei losen und drei festen Rollen 3 m nach oben gehoben.
Berechne die aufzubringende Kraft und die einzuholende Seillänge.

11 Du benutzt im Alltag einseitige und zweiseitige Hebel. Gib je zwei Beispiele an.

12 a) Skizziere eine Haushaltsschere.
b) Zeichne den Drehpunkt, die Hebelarme und die wirkenden Kräfte in deine Skizze ein.
c) Formuliere das Hebelgesetz für dieses Beispiel.

DU KANNST JETZT ...

- ... die Geschwindigkeit, den Weg und die Zeit für gleichförmige Bewegungen berechnen.
- ... die Einheiten $\frac{m}{s}$ und $\frac{km}{h}$ ineinander umrechnen.
- ... die Wirkungen von Kräften beschreiben.
- ... Kräfte durch Vektoren darstellen.
- ... die Wechselwirkung von Kräften erklären.

DU KANNST JETZT ...

- ... Beispiele für Kraftwandler nennen.
- ... die Funktionsweise von Kraftwandlern beschreiben.
- ... die für einen Kraftwandler geltenden Gesetze nennen und anwenden.
- ... die goldene Regel der Mechanik nennen und an Beispielen deutlich machen.

Kraft und mechanische Energie **287**

Arbeit, Energie und Leistung

13 Nenne die drei mechanischen Energieformen und gib je ein Beispiel an.

14 Jan nimmt ein Buch aus dem unteren Fach des Bücherregals und schiebt es weiter oben wieder in das Regal hinein. Er benötigt dafür die Zeit t. Erkläre an Jans Handeln die Begriffe Arbeit, Energie und Leistung.

15 Eine Fallschirmspringerin lässt sich von einem Flugzeug hochtragen. Sie springt ab und wird immer schneller, bis sie mit konstanter Geschwindigkeit fällt. Nach dem Öffnen des Fallschirms bremst sie stark ab und gleitet mit konstanter Geschwindigkeit zu Boden.
a) Beschreibe die wirkenden Kräfte, die die Höhenenergie und die Bewegungsenergie jeweils verändern.
b) Beschreibe jeweils das Kräftegleichgewicht in den Abschnitten mit konstanter Geschwindigkeit.
c) Zeichne ein Energieflussdiagramm zu dem obigen Ablauf. Beginne mit dem Start des Flugzeuges.

16 Tom ($m = 41$ kg) und Marvin ($m = 52$ kg) benötigen jeweils 11 s für das Klettern am 5 m langen Seil. Ihre Leistung wird mit der Note 2 bewertet.
a) Berechne ihre Höhenenergie, die sie jeweils im höchsten Punkt gespeichert haben.
b) Berechne ihre mechanische Leistung.
c) Begründe, dass die Leistungsbewertung im Sportunterricht nicht gerecht ist.

> **DU KANNST JETZT ...**
> - ... die mechanischen Energieformen beschreiben.
> - ... Energieumwandlungen beschreiben und in Energieflussdiagrammen darstellen.
> - ... das Prinzip Energieerhaltung beschreiben.
> - ... die mechanische Arbeit, die Energie und die Leistung berechnen.

Druck und Auftriebskraft

17 a) Ein Clown, der eine Masse von 75 kg besitzt, trägt Schuhe mit einer Sohlenfläche von 1250 cm². Berechne den Druck auf den Fußboden.
b) Eine Ballerina steht auf einer Spitze ihrer Ballettschuhe mit einer Fläche von 8 cm². Sie übt einen Druck von 70 $\frac{N}{cm^2}$ auf den Boden aus. Berechne die Masse der Tänzerin.

18 a) Fertige eine Skizze einer Hebebühne an.
b) Beschreibe die Arbeitsweise einer Hebebühne.
c) Erkläre den Begriff Kraftwandler an der Hebebühne.

19 Beschreibe den Zusammenhang zwischen Wassertiefe und dem Druck im Wasser.

20 Berechne den Schweredruck und den Absolutdruck, denen ein Taucher in einer Wassertiefe von 18 m ausgesetzt ist.

21 Begründe, dass der Druck unter Wasser niemals niedriger sein kann als der Luftdruck.

22 Erkläre den Zustand eines Balls im Wasser, indem du seine Gewichtskraft mit der Auftriebskraft vergleichst. Dabei ist der Ball
a) mit Luft gefüllt.
b) mit Salzwasser gefüllt.
c) Überlege dir weitere Möglichkeiten, den Ball zu füllen, um verschiedene Zustände zu erhalten. Erkläre diese jeweils.

> **DU KANNST JETZT ...**
> - ... den Begriff Druck erklären.
> - ... die Begriffe Schweredruck, Luftdruck und Normaldruck erklären.
> - ... den Einfluss der Dichte eines Körpers beschreiben.
> - ... die Wirkung der Auftriebskraft auf einen Körper im Wasser beschreiben.

Lerncheck

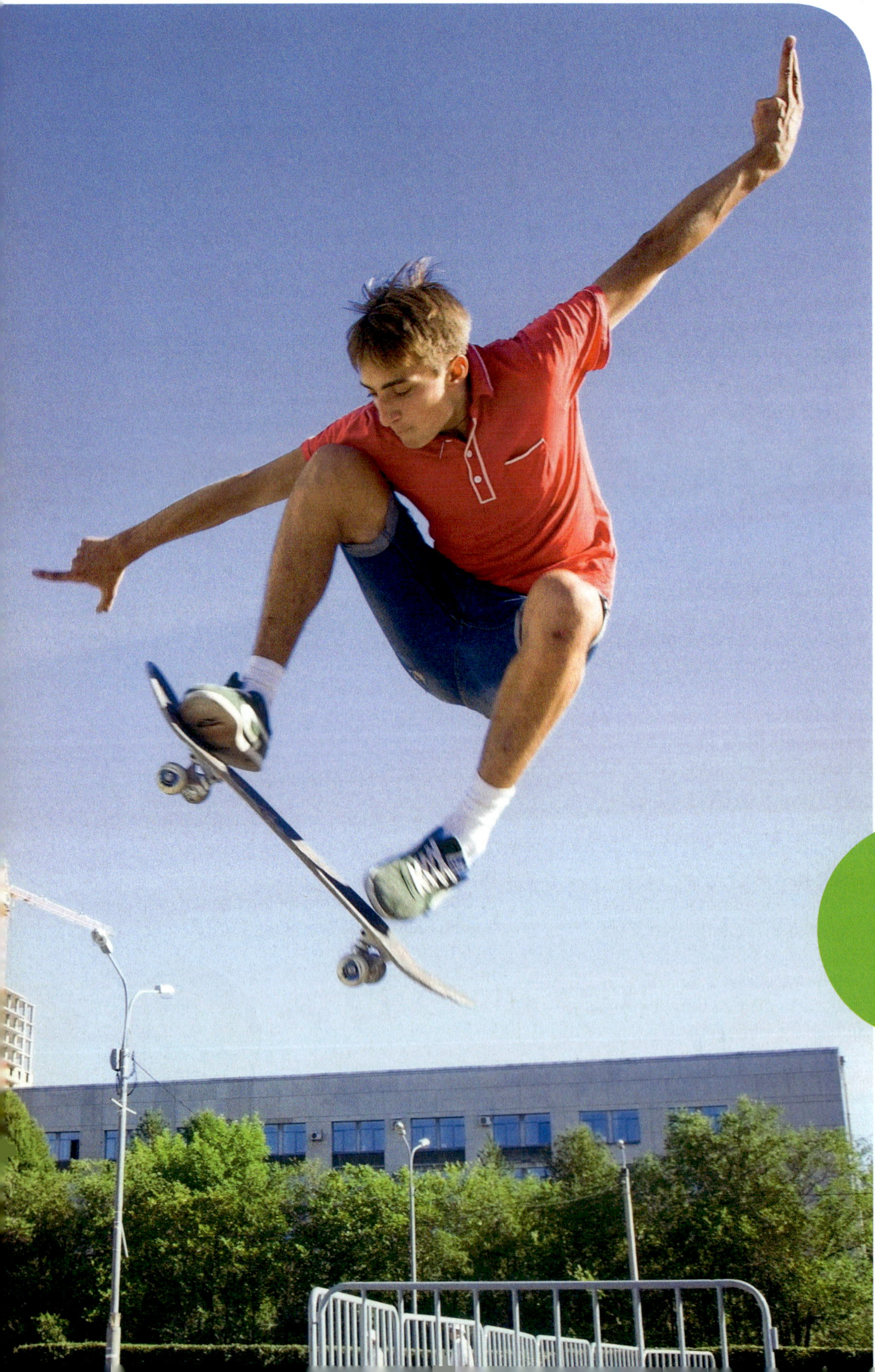

Bewegte Körper und ihre Energie

Wie beschleunigt eine Rakete und warum wird ihre Beschleunigung größer?

Warum werden die Loopings bei einer Achterbahn immer kleiner?

Warum kann Energieentwertung auch erwünscht sein?

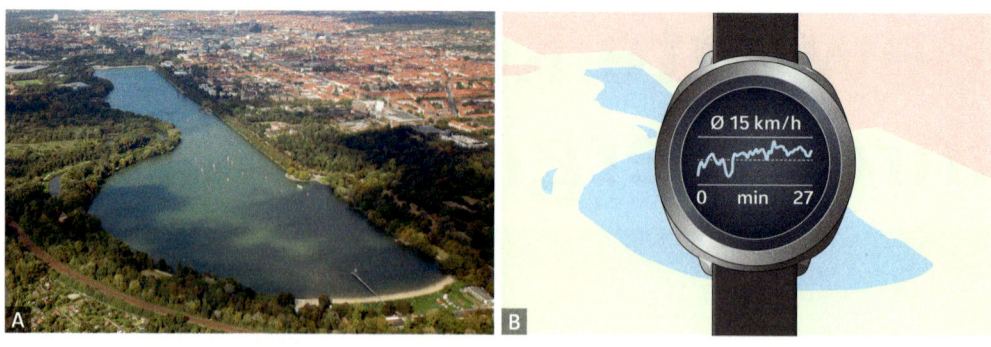

1 Der Maschsee in Hannover: **A** Luftaufnahme, **B** eine Runde um den See auf der Smartwatch

Die Durchschnittsgeschwindigkeit und die Momentangeschwindigkeit

Die Durchschnittsgeschwindigkeit

Bei der Fahrt um den Maschsee legst du mit dem Fahrrad 6,1 km zurück. Dafür benötigst du 25 min. Berechnest du den Wert des Quotienten aus dem gesamten Weg und der dafür benötigten Zeit, so erhältst du deine **Durchschnittsgeschwindigkeit** $\bar{v}$. Das ist die konstante Geschwindigkeit, die du bei der gleichförmigen Bewegung über den gesamten Weg hättest.

> **Name:** Durchschnittsgeschwindigkeit
> **Formelzeichen:** $\bar{v}$
> **Berechnung:** $\bar{v} = \frac{s}{t}$
> **Einheit:** $1 \frac{m}{s} \triangleq 3{,}6 \frac{km}{h}$

> **Beispielaufgabe**
> **geg.:** $s = 6{,}1$ km $= 6100$ m
> $t = 25$ min $= 1500$ s
> **ges.:** $\bar{v}$ in $\frac{km}{h}$
> **Lösung:** 1. $\bar{v} = \frac{s}{t}$
> $\Rightarrow \bar{v} = \frac{6100 \text{ m}}{1500 \text{ s}} = 4{,}1 \frac{m}{s}$
> 2. $1 \frac{m}{s} \triangleq 3{,}6 \frac{km}{h}$
> $\Rightarrow 4{,}1 \cdot 3{,}6 \frac{km}{h} = 15 \frac{km}{h}$
> **Antwort:** Die Durchschnittsgeschwindigkeit bei der Fahrt um den Maschsee betrug $15 \frac{km}{h}$.

Die Momentangeschwindigkeit

Bei deiner Runde um den Maschsee zeigt der Tacho deiner Smartwatch während der Fahrt aber unterschiedliche Werte an. Du kannst nicht gleichmäßig mit $15 \frac{km}{h}$ fahren. In Kurven musst du langsamer fahren als auf geraden Strecken. Die Geschwindigkeit, die du zu einer bestimmten Zeit hast, ist deine **Momentangeschwindigkeit.** Dabei ändert sich die Momentangeschwindigkeit bei einer ungleichförmigen Bewegung ständig. (→ Bild 1B)

Die Bestimmung der Momentangeschwindigkeit

Um die Momentangeschwindigkeit zu bestimmen, benötigst du sehr kleine Streckenabschnitte Δs (griech., gesprochen Delta). Dazu musst du die Gesamtstrecke in mehrere Streckenabschnitte zerlegen. Diese Abschnitte durchfährst du in bestimmten Zeitabschnitten Δt. Die Zeitabschnitte heißen auch **Zeitintervalle.** Damit ist Δs die Differenz zweier Streckenabschnitte und Δt ist die zugehörige Zeitdifferenz.

> **Berechnung:**
> Streckenabschnitt: $\Delta s = s_2 - s_1$
> dazugehöriges Zeitintervall: $\Delta t = t_2 - t_1$

2 Einige Trackingpunkte auf der Maschsee-Runde

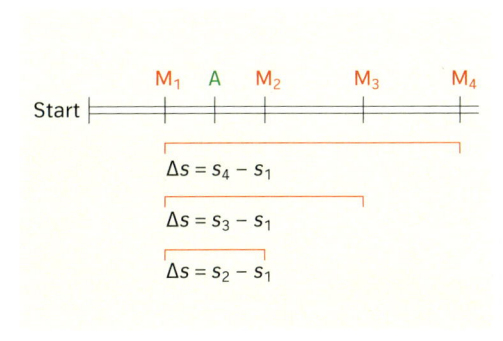

3 Bestimmung der Momentangeschwindigkeit

GPS-Daten helfen bei der Bestimmung der Momentangeschwindigkeit

Damit der GPS-Tracker der Smartwatch deine Momentangeschwindigkeit möglichst genau bestimmen kann, misst er deine zurückgelegte Strecke in einer bestimmten Zeit. Der GPS-Tracker sendet dazu ständig Daten an GPS-Satelliten (engl.: Global Positioning System, deutsch: weltweites Positionsbestimmungssystem).
Die Satelliten empfangen die Daten und senden Daten zurück. Diese Daten geben Aufschluss, welche Strecke du in der Zeit zurückgelegt hast. Dabei sind die Zeitintervalle so klein, dass der Datenaustausch in einem Bruchteil einer Sekunde erfolgt. Die Strecke, die dabei zurückgelegt wurde, war dementsprechend sehr kurz. Je kleiner das Zeitintervall ist, desto genauer wird deine Momentangeschwindigkeit auf der Smartwatch angezeigt.

Die Berechnung der Momentangeschwindigkeit

In Bild 3 gilt für die Durchschnittsgeschwindigkeit des Streckenabschnittes zwischen M_4 und M_1: $\bar{v}_4 = \frac{s_4 - s_1}{t_4 - t_1} = \frac{\Delta s}{\Delta t}$.
Für die Durchschnittsgeschwindigkeit zwischen M_3 und M_1 gilt: $\bar{v}_3 = \frac{s_3 - s_1}{t_3 - t_1} = \frac{\Delta s}{\Delta t}$.
Möchtest du deine Momentangeschwindigkeit an der Stelle A bestimmen, musst du das Intervall noch kleiner wählen:
$\bar{v}_2 = \frac{s_2 - s_1}{t_2 - t_1} = \frac{\Delta s}{\Delta t}$.
Lässt du Δs und damit auch Δt zwischen M_1 und M_2 immer kleiner werden, so nähern sich die beiden Messpunkte immer mehr dem Punkt A an. Aus der Durchschnittsgeschwindigkeit $\bar{v}_2$ wird dann die Momentangeschwindigkeit v im Punkt A.

> **Name:** Momentangeschwindigkeit
> **Formelzeichen:** v
> **Berechnung:** $v = \frac{\Delta s}{\Delta t} = \frac{s_2 - s_1}{t_2 - t_1}$

---

❶ Beschreibe die Begriffe Durchschnittsgeschwindigkeit und Momentangeschwindigkeit mit eigenen Worten.

❷ Eva läuft eine Strecke von 6,1 km in 27 min. Für einige Streckenabschnitte wurde ihre benötigte Zeit gemessen und in eine Tabelle eingetragen.
a) Berechne Evas Durchschnittsgeschwindigkeit in $\frac{m}{s}$.
b) Berechne ihre Geschwindigkeit in den einzelnen Streckenabschnitten in $\frac{m}{s}$.
‖ c) Begründe, dass sich die Werte in b) von dem Wert in a) unterscheiden.

Messpunkt	1	2	3	4
s in km	2,3	4,0	4,8	6,1
Δs in km	2,3	...	...	...
Δs in m	...	...	...	...
t in min	8,3	15,8	20,4	27
Δt in min	8,3	...	...	...
Δt in s	...	...	...	...
$v = \frac{\Delta s}{\Delta t}$ in $\frac{m}{s}$	...	...	...	...

FORSCHEN UND ENTDECKEN

A Die Durchschnittsgeschwindigkeit bestimmen

Material: Fahrrad, Smartphone

Durchführung:
Schritt 1: Legt auf dem Schulhof eine Strecke mit Kurven und kurzen Geraden fest.
Schritt 2: Messt die Länge der gesamten Strecke.
Schritt 3: Messt die Zeiten, die Mitschülerinnen und Mitschüler mit dem Fahrrad vom Start bis zum Ziel benötigen.

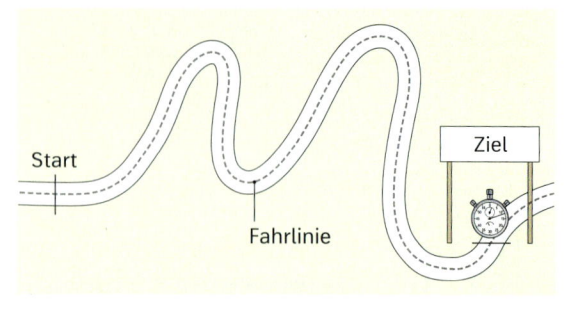

1 Bestimmung der Durchschnittsgeschwindigkeit

1. Berechnet die Durchschnittsgeschwindigkeiten und vergleicht sie miteinander.
2. Ändert die Versuchsstrecke so, dass sich
   a) die Durchschnittsgeschwindigkeit erhöht.
   b) die Durchschnittsgeschwindigkeit verringert.

B Die Momentangeschwindigkeit bestimmen

Material: Fahrrad, Markierungen, Smartphones, flexibles Maßband

Durchführung:
Schritt 1: Verwendet die Versuchsstrecke aus A.
Schritt 2: Markiert an mehreren Stellen Messpunkte. Wählt dabei unterschiedliche Abstände zwischen den Messpunkten. Messt den Abstand der Messpunkte mit einem flexiblen Maßband, das ihr in der Mitte der Fahrbahn auslegt.
Schritt 3: Stellt an jedem Messpunkt eine Person auf, die die Zeit misst, die vom Start bis zu diesem Messpunkt benötigt wird.
Schritt 4: Alle Uhren werden beim Start der Fahrerin oder des Fahrers gleichzeitig aktiviert.

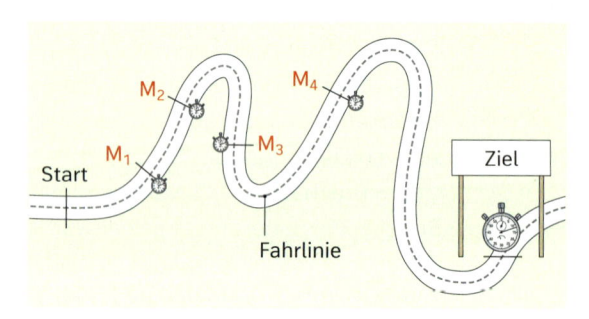

2 Bestimmung der Momentangeschwindigkeit

	Start	M_1	M_2	M_3	M_4
s in m	0	...	...	...	...
Δs in m	0	...	...	...	...
t in s	0	...	...	...	...
Δt in s	0	...	...	...	...
$\Delta v = \frac{\Delta s}{\Delta t}$ in $\frac{m}{s}$	–	...	...	...	...

3 Messwerttabelle

1. Wertet den Versuche mithilfe der Tabelle 3 aus. Vergleicht die Momentangeschwindigkeiten in den verschiedenen Streckenabschnitten miteinander.
2. Verändert den Versuch so, dass ihr die Momentangeschwindigkeit im Ziel möglichst genau bestimmen könnt.

Bewegte Körper und ihre Energie **293**

IM ALLTAG

Die Geschwindigkeitsmessung auf der Straße

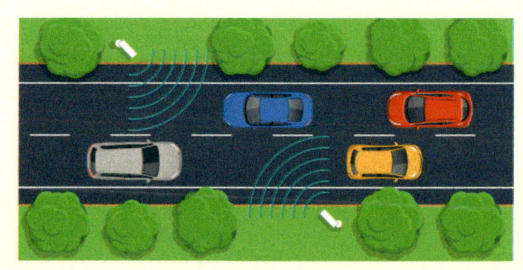

4 Messung der Momentangeschwindigkeit

Die Radarmessung
Der klassische **Blitzer** wird mit einem Radarsender betrieben. Diese Blitzer gibt es als festinstallierte Säulen und mobil in Autos oder Anhängern. Radar ist die Abkürzung für **ra**dio **d**irection **a**nd **r**anging. Du kannst das mit funkgestützte Richtungsmessung und Abstandsmessung übersetzen.
Dabei werden vom Sender für das Auge nicht wahrnehmbare Strahlen ausgesendet. Das Fahrzeug wird von diesen Strahlen erfasst. Die Strahlen werden von dem Fahrzeug zurückgeworfen. Sie werden zum Empfänger reflektiert. Durch die Bewegung des Fahrzeuges verändern sich die Strahlen. Dies wird durch das Messgerät wahrgenommen. Mithilfe einer Software wird die Momentangeschwindigkeit des Fahrzeugs berechnet. Bei Überschreitung der zugelassenen Geschwindigkeit wird das Nummernschild fotografiert und zusammen mit der Geschwindigkeit gespeichert.

Das Laserhandmessgerät
Das Laserhandmessgerät ist besser bekannt als **Laserpistole.** Besonders in Städten spürt die Polizei mit diesem Messgerät Fahrzeuge mit zu hoher Geschwindigkeit auf. Wie der Name schon vermuten lässt, sendet dieses Gerät einen nicht zu sehenden Lichtstrahl auf das sich bewegende Fahrzeug aus. Das Nummernschild des Fahrzeuges reflektiert die Strahlen zum Laserhandmessgerät. Aus den unterschiedlichen Laufzeiten der Laserstrahlen bestimmt das Gerät die Momentangeschwindigkeit des Fahrzeuges und zeigt sie sofort an. Bei Überschreitung der Geschwindigkeit wird das Fahrzeug durch die Polizei sofort herausgewunken.

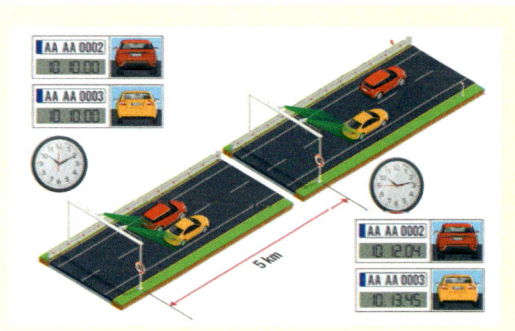

5 Messung der Momentangeschwindigkeit

Section Control
Eine neue Art der Geschwindigkeitsmessung ist **Section Control.** Bei dieser Geschwindigkeitskontrolle wird die durchschnittliche Geschwindigkeit eines Fahrzeugs über eine Strecke bestimmt. Es wird die Zeit gemessen, die das Fahrzeug benötigt, um von Messpunkt 1 zu Messpunkt 2 zu kommen. Dabei wird das Kennzeichen des Fahrzeuges bei beiden Messpunkten durch Kameras digital erfasst und die Durchschnittsgeschwindigkeit des Fahrzeugs mit der Gleichung $\bar{v} = \frac{s}{t}$ bestimmt.

❶ Ⅱ a) Beschreibe mit eigenen Worten die drei Möglichkeiten, Geschwindigkeiten zu messen.
Ⅱ b) Vergleiche die drei Geschwindigkeitsmessungen miteinander.

❷ a) Bestimme mit den Angaben in Bild 5 die Durchschnittsgeschwindigkeit der Autos.
b) Interpretiere dein Ergebnis aus a).

❸ Begründe die Notwendigkeit, die Geschwindigkeit von Fahrzeugen zu kontrollieren.

1 Hier muss beschleunigt werden.

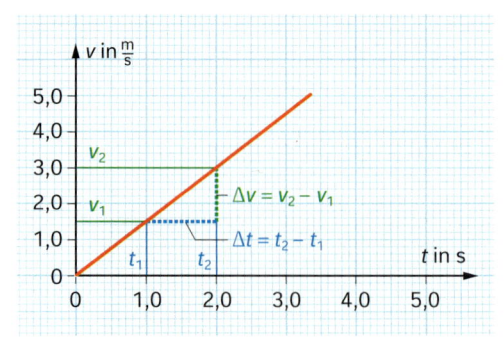

3 Das Zeit-Geschwindigkeits-Diagramm

Die gleichmäßig beschleunigte Bewegung

Die Beschleunigung

Eine Auffahrt auf die Autobahn wie in Bild 1 heißt auch **Beschleunigungsspur.** Hier muss das Fahrzeug beschleunigt werden, um sich in den fließenden Verkehr auf der Autobahn einzufädeln. Auf der kurzen Strecke wird die Geschwindigkeit des Fahrzeuges beispielsweise von 50 $\frac{km}{h}$ auf 100 $\frac{km}{h}$ erhöht. Dabei ändert sich die Geschwindigkeit, weil eine Kraft parallel zur Bewegungsänderung wirkt. Diese Geschwindigkeitsänderung heißt **Beschleunigung a.**

Die gleichmäßig beschleunigte Bewegung

Wird die Geschwindigkeit dabei gleichmäßig geändert, liegt eine **gleichmäßig beschleunigte Bewegung** vor. Die Beschleunigung bleibt während des gesamten Beschleunigungsvorganges konstant.

Eine gleichmäßige Beschleunigung erfährst du, wenn du mit deinem Fahrrad einen Berg hinunterfährst. Du und dein Fahrrad werden durch die Erdanziehungskraft über den gesamten Weg mit der gleichen Kraft beschleunigt. Es ergibt sich folgende Messwerttabelle:

t in s	0	1,0	2,0	3,0	4,0	5,0
v in $\frac{m}{s}$	0	1,5	3,0	4,5	6,0	7,5

2 Eine Bergabfahrt mit dem Fahrrad

Die Beschleunigung berechnen

Die Bergabfahrt mit dem Fahrrad kannst du grafisch mit einem **Zeit-Geschwindigkeits-Diagramm** oder kurz t-v-Diagramm auswerten. (→ Bild 3)

Im t-v-Diagramm erkennst du, dass der Graph linear verläuft und im Ursprung beginnt. Die Geschwindigkeitsänderung ist somit proportional zu ihrem zugehörigen Zeitintervall. Betrachtest du die Geschwindigkeitsänderung $\Delta v = v_2 - v_1$ im Zeitintervall $\Delta t = t_2 - t_1$, kannst du die Beschleunigung berechnen:

> **Name:** Beschleunigung
> **Formelzeichen:** a
> **Berechnung:** $a = \frac{\Delta v}{\Delta t} = \frac{v_2 - v_1}{t_2 - t_1}$
> **Einheit:** $\frac{1 \frac{m}{s}}{1 s} = 1 \frac{m}{s^2}$

Die Beschleunigung aus dem Stand

Betrachtest du die gleichmäßige Beschleunigung aus dem Stand, also mit $t_1 = 0$ s und $v_1 = 0 \frac{m}{s}$, lässt sich die Beschleunigung auch vereinfacht berechnen:

> **Berechnung:** $a = \frac{\Delta v}{\Delta t} = \frac{v_2 - 0}{t_2 - 0}$
> Beschleunigung aus dem Stand: $a = \frac{v}{t}$
> erreichte Geschwindigkeit: $v = a \cdot t$
> benötigte Zeit: $t = \frac{v}{a}$

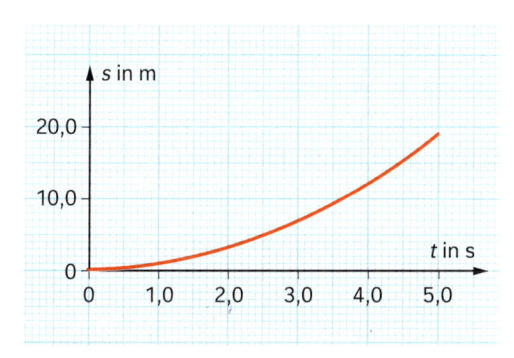

4 Das Zeit-Weg-Diagramm

Der Zusammenhang zwischen dem Weg und der Zeit

Beim Beschleunigungsvorgang des Fahrrades kannst du auch den zurückgelegten Weg s in Abhängigkeit von der Zeit t messen.

t in s	0	1,0	2,0	3,0	4,0	5,0
s in m	0	0,8	3,0	6,8	12,0	18,8

5 Die Messwerttabelle der Bergabfahrt

In gleichen Zeitintervallen wird der zurückgelegte Weg immer länger. Daraus kannst du schlussfolgern, dass der Weg und die Zeit nicht proportional oder antiproportional zueinander sind.
Zeichnest du den Graphen in ein Zeit-Weg-Diagramm so erhältst du einen **Parabelast** wie in Bild 4. Die zurückgelegte Strecke verändert sich daher quadratisch zu der Zeit. Es gilt: $s \sim t^2$.

Den zurückgelegten Weg berechnen

Bildest du den Wert des Quotienten aus dem Weg s und dem Quadrat der Zeit t^2, erhältst du immer den halben Wert der Beschleunigung a. Es gilt: $\frac{s}{t^2} = \frac{1}{2} \cdot a$.
Nun kannst du den zurückgelegten Weg berechnen. Dazu musst du die Gleichung auf beiden Seiten mit t^2 multiplizieren:

$$\frac{s}{t^2} = \frac{1}{2} \cdot a \quad | \cdot t^2$$

Es ergibt sich die Gleichung zur Berechnung des zurückgelegten Weges s in Abhängigkeit von der gleichmäßigen Beschleunigung a:

> **Berechnung:** $s = \frac{1}{2} \cdot a \cdot t^2$
> **Beschleunigung:** $a = \frac{2 \cdot s}{t^2}$

Die benötigte Zeit berechnen

Mit der Gleichung zur Berechnung des zurückgelegten Weges kannst du die für den Beschleunigungsvorgang benötigten Zeit berechnen. Durch Umstellen ergibt sich:

$$s = \frac{1}{2} \cdot a \cdot t^2 \quad | \cdot 2 \quad | : a$$
$$\frac{2 \cdot s}{a} = t^2 \quad | \sqrt{}$$
$$\sqrt{\frac{2 \cdot s}{a}} = t$$

> **benötigte Zeit:** $t = \sqrt{\frac{2 \cdot s}{a}}$

1. Eine Läuferin erreicht 4,0 s nach dem Start eine Geschwindigkeit von 6,0 $\frac{m}{s}$. Berechne ihre Beschleunigung.

   Starthilfe zu 1 bis 3:
   $a = \frac{v}{t}, v = a \cdot t, t = \frac{v}{a}$

2. Ein elektrisches Spielzeugauto wird aus dem Stand 3,0 s lang mit 0,20 $\frac{m}{s^2}$ beschleunigt. Berechne die erreichte Geschwindigkeit des Autos.

3. Ein Wagen wird aus dem Stand mit 3,0 $\frac{m}{s^2}$ auf 12 $\frac{m}{s}$ beschleunigt. Berechne die dafür benötigte Zeit.

4. Ein Wagen wird 4,0 s lang aus dem Stand mit 1,5 $\frac{m}{s^2}$ beschleunigt. Berechne den zurückgelegten Weg.

   Starthilfe zu 4 bis 6:
   $s = \frac{1}{2} \cdot a \cdot t^2, a = \frac{2 \cdot s}{t^2}, t = \sqrt{\frac{2 \cdot s}{a}}$

5. Auf einer Strecke von 10 m beschleunigt ein 100 m-Läufer gleichmäßig. Er benötigt hierfür 2,3 s. Berechne seine Beschleunigung.

6. Ein Auto beschleunigt mit 3,0 $\frac{m}{s^2}$. Dabei legt es eine Strecke von 150 m zurück. Berechne die dafür benötigte Zeit.

7. ⦀ Zeichne ein t-s-Diagramm über 20 s bei einer Beschleunigung von $a = 2,0 \frac{m}{s^2}$.

FORSCHEN UND ENTDECKEN

A Die Bestimmung der gleichmäßigen Beschleunigung mithilfe eines Magnet-Lineals

Material: Smartphone mit der kostenlosen App phyphox®, Experimentierwagen auf Führungsschiene, Maßband, mehrere identische, nicht zu starke Magnete, Schnur, Stativmaterial, Umlenkrolle, verschiedene Massestücke, Gummibänder

Achtung: Kommt mit den Magneten nicht zu nah an das Smartphone. Es könnte beschädigt werden!

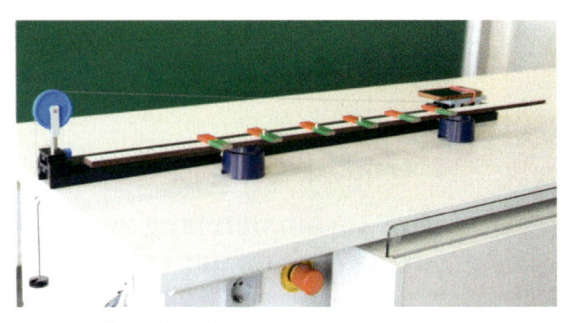

1 Versuchsaufbau Seitenansicht

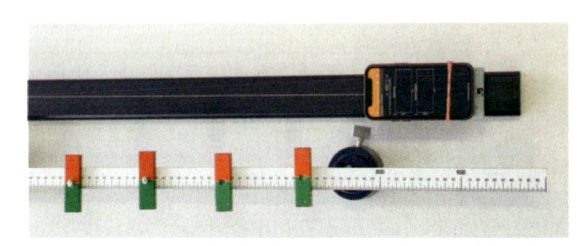

Durchführung:

Schritt 0: Schaut euch zur Vorbereitung auf den Versuch in der phyphox®-App das Video zum Magnet-Lineal an.

Schritt 1: Legt neben der Beschleunigungsstrecke mindestens fünf Magnete in einem Abstand von jeweils 10 cm.

Schritt 2: Montiert am Ende des Tisches eine Sperre, sodass der Experimentierwagen nicht vom Tisch fallen kann. Bringt eine Umlenkrolle auf der Sperre an.

2 Versuchsaufbau Draufsicht

Schritt 3: Bindet die Schnur an den Experimentierwagen. Sie muss etwas länger sein als die Beschleunigungsstrecke.

Schritt 4: Bindet an das andere Ende der Schnur ein Massestück und legt es auf die Tischkante.

3 Phyphox® in Aktion

Schritt 5: Befestigt das Smartphone mit Gummibändern sicher auf dem Experimentierwagen. Öffnet die App phyphox®/Magnet-Lineal.

Schritt 6: Startet die Messung durch Betätigung des Startsymbols ►. Lasst nun den Experimentierwagen beschleunigen, indem ihr das Massestück vom Tisch rutschen lasst.

Zusatz: Wiederholt den Versuch mit verschiedenen Massestücken.

① Bestimmt mit den Daten aus der App den Wert der Beschleunigung des Experimentierwagens.

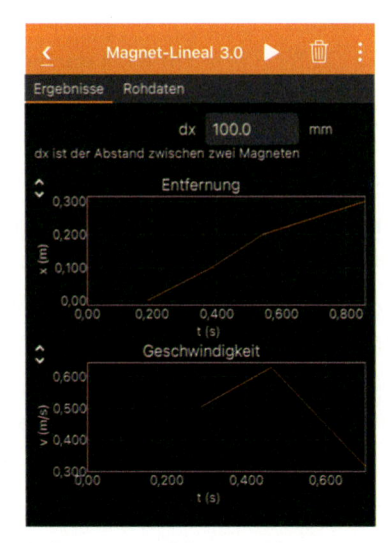

4 Das t-s- und das t-v-Diagramm

ÜBEN UND ANWENDEN

A Beschleunigung und Geschwindigkeit bestimmen Weg und Zeit

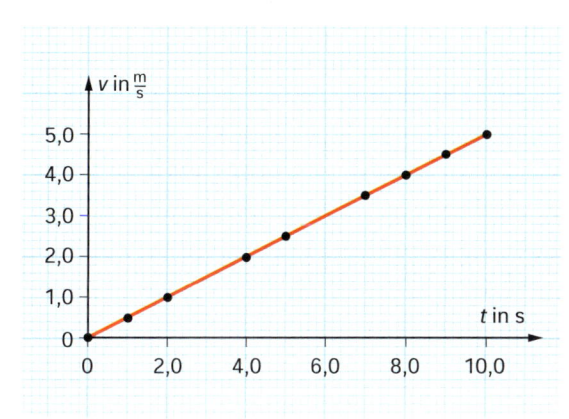

Starthilfe zu 1 bis 6:
Für eine gleichmäßig beschleunigte Bewegung gelten folgende Gleichungen:

$a = \frac{\Delta v}{\Delta t}$ mit $v_1 = 0 \frac{m}{s}$, $t_1 = 0$ s $\qquad s = \frac{1}{2} \cdot a \cdot t^2$

$\Rightarrow a = \frac{v}{t}$; $v = a \cdot t$; $t = \frac{v}{a}$ $\qquad \Rightarrow a = \frac{2 \cdot s}{t^2}$; $t = \sqrt{\frac{2 \cdot s}{a}}$

5 Das t-v-Diagramm eines Fahrzeuges

6 Die Harzer Schmalspurbahn auf dem Weg zum Brocken

1 a) Lies im t-v-Diagramm in Bild 5 die Geschwindigkeit des Fahrzeuges nach 3 s ab.
b) Gib die Zeit an, die das Fahrzeug benötigt, um eine Geschwindigkeit von 3,2 $\frac{m}{s}$ zu erreichen.
c) Bestimme mithilfe des Diagramms die Beschleunigung a des Fahrzeuges.

2 ‖ a) Ein Auto wird aus dem Stand 10 s mit 3,0 $\frac{m}{s^2}$ beschleunigt. Berechne seine Geschwindigkeit nach der Beschleunigungsphase.
‖ b) Das Auto fährt auf eine Autobahn. Dabei beschleunigt es von 60 $\frac{km}{h}$ auf 120 $\frac{km}{h}$. Berechne die dafür benötigte Zeit, wenn das Auto wieder mit 3,0 $\frac{m}{s^2}$ gleichmäßig beschleunigt wird.

3 ‖ Die Feststoffbooster der Ariane 5-Rakete erreichen 140 s nach dem Start eine Geschwindigkeit von 10014 $\frac{km}{h}$. Berechne die Beschleunigung der Rakete.

Starthilfe zu 4:
Die Lichtgeschwindigkeit in Vakuum beträgt 299 792 458 $\frac{m}{s}$. Berechne davon 80 %.

4 ‖ Ein Raumschiff wird gleichmäßig mit 10 $\frac{m}{s^2}$ beschleunigt.
a) Berechne die Zeit, die das Raumschiff benötigen würde, um auf 80 % der Lichtgeschwindigkeit zu beschleunigen.
b) Gib dein Ergebnis aus a) in Jahren an.

5 ‖ Eine Dampflok wird aus dem Stand mit 0,7 $\frac{m}{s^2}$ über 8,0 s beschleunigt.
a) Berechne die zurückgelegte Strecke und die erreichte Geschwindigkeit der Lok.
b) Erstelle eine Wertetabelle mit $\Delta t = 1{,}0$ s.
c) Zeichne ein t-s-Diagramm mit den Werten aus b).

Starthilfe zu 6:
200 Bilder ≙ 8,0 s
Beachte, dass es sich um eine Längenänderung handelt. Zum Zeitpunkt $t_0 = 0$ s hat der Kristall bereits eine Länge von 800 µm. Diese Anfangslänge musst du von allen weiteren Längen subtrahieren.

6 ‖‖ In einer wissenschaftlichen Arbeit wurde der Trocknungsprozess von Lösungen untersucht. Es wurde die Ausbreitungsgeschwindigkeit beim Auskristallisieren bestimmt. Hierzu wurden Filme mit 25 Bildern in der Sekunde angefertigt. Anschließend wurde auf jedem 200. Bild die Länge des Kristalls gemessen. Berechne mit den Messwerten aus der Tabelle 7 die Durchschnittsgeschwindigkeit beim Kristallisieren in $\frac{\mu m}{s}$.

Bild	0	200	400	600	800	1000
Länge in µm	800	835	869	916	952	980

7 Die Messwerttabelle des Trocknungsprozesses

1 Hier wird gebremst!

Die negativ beschleunigte Bewegung

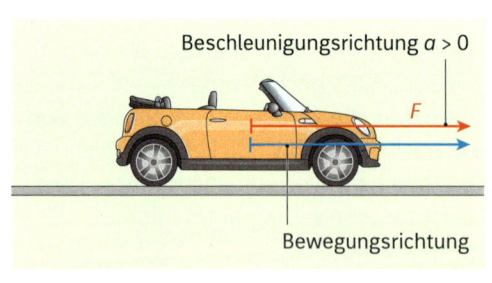

2 Beschleunigung parallel zur Bewegungsrichtung: $a > 0\,\frac{m}{s^2}$

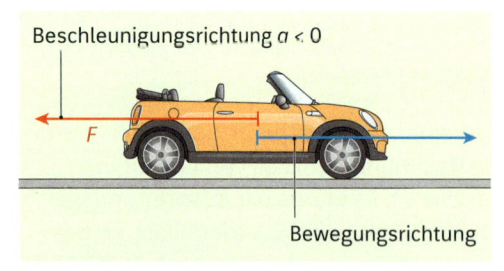

3 Beschleunigung parallel, aber entgegengesetzt zur Bewegungsrichtung: $a < 0\,\frac{m}{s^2}$

> Die Kraft F wirkt in Bewegungsrichtung:
> Beschleunigen $\Rightarrow a > 0\,\frac{m}{s^2}$
> $\Rightarrow$ Körper wird schneller.
> Die Kraft F wirkt entgegen der Bewegungsrichtung: Bremsen $\Rightarrow a < 0\,\frac{m}{s^2}$
> $\Rightarrow$ Körper wird langsamer.

Das Bremsen – ein Sonderfall der Beschleunigung

In vielen Situationen im Straßenverkehr muss ein Fahrzeug **gebremst** werden, um seine Geschwindigkeit zu verringern. (→ Bild 1)

Wirkt auf einen Körper eine konstante Kraft entgegen seiner Bewegungsrichtung, so wird er **gleichmäßig gebremst.** Je stärker ein Körper gebremst oder verzögert wird, desto größer ist die Verringerung seiner Geschwindigkeit.

Das Bremsen oder die Verzögerung ist ein Sonderfall der Beschleunigung. Anders als bei der Beschleunigung wie in Bild 2 ist die gleichmäßige Geschwindigkeitsänderung Δv, also die Differenz zwischen der Geschwindigkeit nach dem Bremsen v_2 und der Geschwindigkeit vor dem Bremsen v_1, immer kleiner null. Es gilt: $\Delta v = v_2 - v_1 < 0$

Dies hat zur Folge, dass die Beschleunigung a **negativ** ist. Es gilt: $a = \frac{\Delta v}{\Delta t} < 0$.
Es liegt eine **gleichmäßig negativ beschleunigte Bewegung** vor. (→ Bild 3)

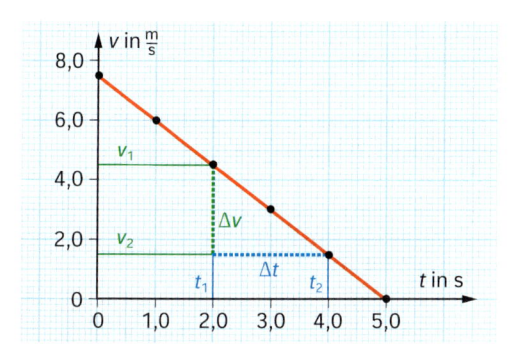

4 Das *t-v*-Diagramm

t in s	0	1,0	2,0	3,0	4,0	5,0
v in $\frac{m}{s}$	7,5	6,0	4,5	3,0	1,5	0

5 Die Messwerttabelle

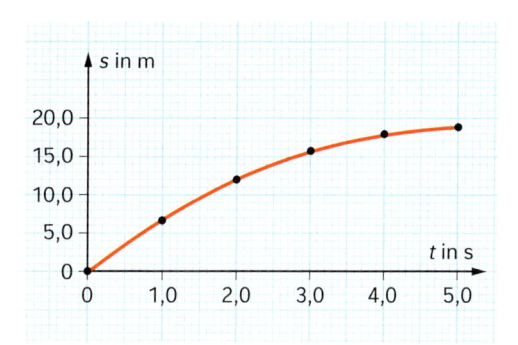

6 Das *t-s*-Diagramm

t in s	0	1,0	2,0	3,0	4,0	5,0
s in m	0	6,75	12,0	15,75	18,0	18,75

7 Die Messwerttabelle

Das *t-v*-Diagramm
Bei einer gleichmäßig negativen Beschleunigung ist der Graph in der Zeit, in der das Fahrzeug gebremst wird, linear fallend. Die Steigung des Graphen ist negativ. (→ Bild 4)

Die Interpretation des Graphen
Der Graph im *t-v*-Diagramm fällt konstant. In jedem beliebigen, gleich großen Zeitabschnitt verringert sich die Geschwindigkeit des Körpers um den gleichen Betrag. In der dazugehörigen Messwerttabelle in Bild 5 verringert sich in jedem Zeitabschnitt $\Delta t = 1{,}0$ s die Geschwindigkeit um $\Delta v = 1{,}5 \frac{m}{s}$.

Die negative Beschleunigung berechnen
Zur Bestimmung des Beschleunigungswertes wurde die Momentangeschwindigkeit Δv in möglichst kurzen Zeitintervallen Δt gemessen. Mit zwei Messwerten ergibt sich für die Beschleunigung *a*:

$a = \frac{\Delta v}{\Delta t} = \frac{v_2 - v_1}{t_2 - t_1}$

$a = \frac{2{,}0 \frac{m}{s} - 3{,}5 \frac{m}{s}}{2{,}0 \text{ s} - 1{,}0 \text{ s}} = \frac{-1{,}5 \frac{m}{s}}{1{,}0 \text{ s}} = -1{,}5 \frac{m}{s^2}$

Das *t-s*-Diagramm
Der Graph in einem *t-s*-Diagramm ist ein nach unten geöffneter, verschobener Parabelast. Der Scheitelpunkt der Parabel ist der Punkt, an dem das Fahrzeug zum Stehen kommt. (→ Bild 6)

Die Interpretation des Graphen
Im *t-s*-Diagramm werden die Abstände der Messpunkte in gleichen Zeitabständen immer kleiner. Zu Beginn der Verzögerung ist in gleichen Zeitabschnitten die zurückgelegte Strecke viel größer als am Ende des Bremsvorganges. Die Werte in der Tabelle in Bild 7 sind nicht proportional zueinander.

Beispielaufgabe
Ein Fahrrad wird 1,5 s mit $3{,}7 \frac{m}{s^2}$ gebremst. Berechne den Bremsweg.
geg.: $t = 1{,}5$ s, $a = -3{,}7 \frac{m}{s^2}$
ges.: *s*
Lösung: $s = \frac{1}{2} \cdot (-a) \cdot t^2$
$s = \frac{1}{2} \cdot (-(-3{,}7 \frac{m}{s^2})) \cdot (1{,}5 \text{ s})^2 = 4{,}2$ m
Antwort: Das Fahrrad hat einen Bremsweg von 4,2 m.

① Ein Zug bremst in $t = 30$ s von $v = 20 \frac{m}{s}$ bis zum Stillstand ab. Berechne seine negative Beschleunigung.

② ❙❙ Ein Auto fährt mit $36 \frac{m}{s}$. Um einen Unfall zu verhindern, wird es mit einer Vollbremsung mit $9{,}6 \frac{m}{s^2}$ zum Stillstand gebracht. Für den Bremsvorgang benötigt das Auto 5,0 s. Berechne den zurückgelegten Weg.

Starthilfe zu 1 und 2:
$a = \frac{\Delta v}{\Delta t}$
$s = \frac{1}{2} \cdot (-a) \cdot t^2$
Stillstand: $v_2 = 0 \frac{m}{s}$

FORSCHEN UND ENTDECKEN

A Die Bestimmung der negativen Beschleunigung

Material: Modellauto, **A:** Tablet mit Gratis-App VIANA 2® (iOS) oder **B:** PC mit der kostenlosen Software viana.NET® (www.viananet.de)

Durchführung:
A: Videoanalyse mit Tablet (iOS)

Schritt 1: Startet die App VIANA 2® und öffnet *'Ein neues Projekt erstellen'*. Stellt zu Beginn die Einstellung auf 60 fps (engl.: frames per second, Bilder pro Sekunde). Mit REC startet und beendet ihr die Aufnahme. (→ Bild 1)

Schritt 2: Filmt die Bewegung des Modellautos auf einer ebenen Strecke. Stoßt es dazu leicht an. Beendet das Filmen, wenn das Auto zum Stehen gekommen ist. Achtet darauf, dass die Kamera beim Filmen nur wenig bewegt wird. (→ Bild 2)

Schritt 3: Lasst die Bewegung mit dem Tool *'Bewegungserkennung'* anzeigen. Klickt hierzu auf Bewegungserkennung und anschließend auf das Modellauto. Jetzt werden euch die Messpunkte im Video angezeigt. (→ Bild 3)

Schritt 4: Wertet mit dem Tool *'Diagramme'* die Messung grafisch aus. (→ Bild 4)

Schritt 5: Mit der Option *'Export'* könnt ihr die Daten in ein Tabellenkalkulationsprogramm übertragen. Wertet nun den Versuch noch genauer aus, indem ihr:
- den Beginn der Messung festlegt,
- Messfehler aus den Daten löscht.

B: Videoanalyse mit PC

Schritt 1: Filmt die Bewegung des Modellautos mit einem Smartphone und ladet die Datei in viana.NET® hoch. Die Auswertungsschritte sind ähnlich der App.

1 Bestimmt mit den Daten eurer Videoanalyse den Wert der negativen Beschleunigung des Modellautos.

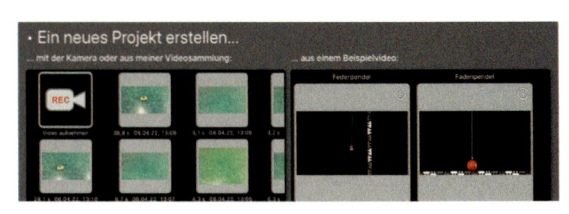

1 Ein neues Projekt wird erstellt.

2 Das Video wird aufgenommen.

3 Die Messpunkte werden angezeigt.

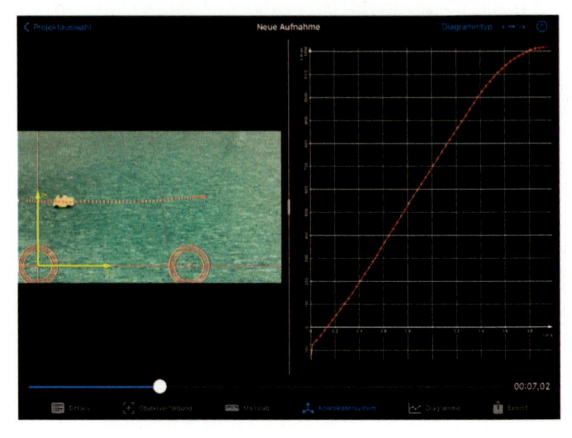

4 Der Versuch wird ausgewertet.

ÜBEN UND ANWENDEN

A Berechnungen rund um die Beschleunigung

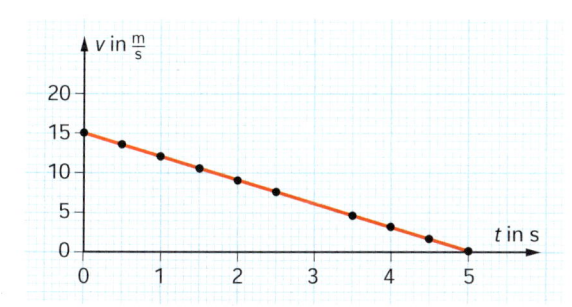

5 Ein t-v-Diagramm

7 Ein ICE

Starthilfe zu 1 bis 5:
$a = \frac{\Delta v}{\Delta t}$; $a = \frac{v_2 - 0}{t_2 - 0} = \frac{v}{t}$
$\Leftrightarrow v = a \cdot t$; $t = \frac{v}{a}$

$s = \frac{1}{2} \cdot a \cdot t^2$
$\Leftrightarrow a = \frac{2 \cdot s}{t^2}$; $t = \sqrt{\frac{2 \cdot s}{a}}$

1 Im t-v-Diagramm in Bild 5 ist eine gleichmäßig negativ beschleunigte Bewegung dargestellt.
a) Gib die Geschwindigkeit nach 4 s an.
b) Gib die Zeit an, die das Fahrzeug benötigt, um eine Geschwindigkeit von 9 $\frac{m}{s}$ zu erreichen.
c) Bestimme die negative Beschleunigung a des Fahrzeuges mithilfe des Diagramms.
d) Berechne die Geschwindigkeit nach 3 s.

2 ∥ a) Ein Flugzeug hat nach der Landung eine Rollgeschwindigkeit von 200 $\frac{km}{h}$. Das Flugzeug kommt innerhalb von 10 s zum Stehen. Berechne seine negative Beschleunigung.
∥ b) In Bild 6 siehst du den Juancho E. Yrausquin-Airport auf Saba in der Karibik mit der kürzesten Landebahn der Welt. Bestätige durch Rechnung, dass das Flugzeug aus a) auf der 396 m langen Landebahn sicher landen kann.

3 ∥ Ein ICE hat eine mittlere Beschleunigung von 0,53 $\frac{m}{s^2}$ und erreicht eine Geschwindigkeit von 200 $\frac{km}{h}$.
a) Berechne die Zeit, die er dafür benötigt.
b) Berechne die dafür benötige Strecke.

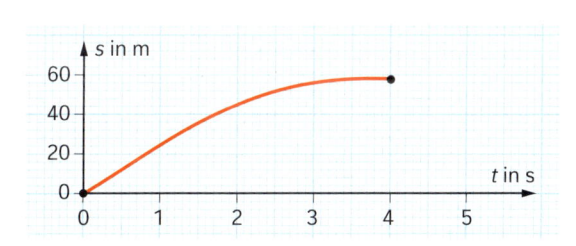

8 Ein t-s-Diagramm

4 ∥ In Bild 8 ist ein t-s-Diagramm dargestellt.
a) Gib den zurückgelegten Weg nach 3 s an.
b) Ermittle die negative Beschleunigung.
c) Berechne die Geschwindigkeit vor der Verzögerung.

5 ∥∥ In einem Röntgengerät werden Elektronen in Vakuum auf 35 % der Lichtgeschwindigkeit beschleunigt und auf eine Metallelektrode geschossen. Dort werden die Elektronen gebremst. Der Abbremsvorgang dauert $\frac{1}{10000}$ s. Das Elektron hat anschließend eine Geschwindigkeit von 34 % der Lichtgeschwindigkeit. Berechne die negative Beschleunigung des Elektrons.

Starthilfe zu 5:
Die Lichtgeschwindigkeit in Vakuum beträgt 299 792 458 $\frac{m}{s}$.

6 Juancho E. Yrausquin-Airport auf Saba

1 Autofahrerinnen und Autofahrer müssen immer aufmerksam sein.

Reagieren, bremsen, anhalten

Bremsen braucht Zeit!

Wenn plötzlich ein Reh auf die Fahrbahn springt, kann das Fahrzeug nicht unmittelbar angehalten werden.
Zunächst muss die Fahrerin oder der Fahrer die Gefahr erkennen, um reagieren zu können. Während dieser Zeit fährt das Fahrzeug ungebremst weiter. Dabei legt es den **Reaktionsweg** zurück.
Sobald die Bremse betätigt wird, wird das Fahrzeug langsamer. Der Weg, den das Fahrzeug während des Bremsvorgangs zurücklegt, ist der **Bremsweg.**
Der **Anhalteweg** beschreibt den gesamten Bremsvorgang. Er setzt sich aus dem Reaktionsweg und dem Bremsweg zusammen.

Der Untergrund

Wie lang der Bremsweg ist, hängt neben den Reifen und der Geschwindigkeit vor allem vom Untergrund ab. Verschiedene Untergründe haben unterschiedliche **Verzögerungswerte.** Auf trockenen, festen Untergründen bremsen Fahrzeuge besser als auf rutschigen Untergründen. Der Verzögerungswert ist eine negative Beschleunigung. Je größer der Verzögerungswert ist, desto schneller kommt das Fahrzeug zum Stehen. Auf eisglatter Fahrbahn dauert der Bremsvorgang viel länger als auf trockenem Asphalt. Die **Bremswegtabelle** gibt Auskunft über den Verzögerungswert (→ Bild 3).

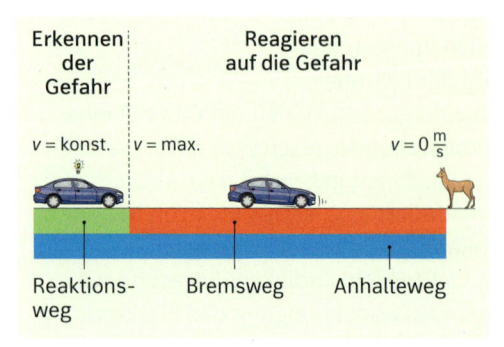

2 Reaktionsweg, Bremsweg und Anhalteweg

Untergrund	Verzögerungswert in $\frac{m}{s^2}$
trockene Asphaltfahrbahn	8
nasse Asphaltfahrbahn	6
trockenes Kopfsteinpflaster	6
nasses Kopfsteinpflaster	5
trockener Sand/Kies	5,5
nasser Sand/Kies	4,5
schneebedeckte Fahrbahn	2,5
Eis	1

3 Die Bremswegtabelle

4 Eine Bremsspur

5 Leitpfosten an einer Straße

Beispielaufgabe

An einer Unfallstelle innerorts stellt die Polizei auf trockener Asphaltfahrbahn eine Bremsspur von 16 m fest.
a) Berechne die Geschwindigkeit, die das Fahrzeug vor dem Bremsen hatte.
b) Interpretiere das Ergebnis.

geg.: a) Lies den Verzögerungswert aus der Tabelle 3 ab: $a = 8 \frac{m}{s^2}$, $s = 16$ m
ges.: v
Lösung: 1. Schritt: Berechne die Bremszeit: $s = \frac{1}{2} \cdot a \cdot t^2 \Leftrightarrow t = \sqrt{\frac{2 \cdot s}{a}}$

$$t = \sqrt{\frac{2 \cdot 16 \text{ m}}{8 \frac{m}{s^2}}} = 2{,}0 \text{ s}$$

2. Schritt: Berechne die Geschwindigkeit: $v = a \cdot t = 8 \frac{m}{s^2} \cdot 2 \text{ s} = 16 \frac{m}{s} = 58 \frac{km}{h}$
Antwort: a) Vor dem Bremsen hatte das Auto eine Geschwindigkeit von $58 \frac{km}{h}$.
b) Innerorts sind höchstens $50 \frac{km}{h}$ erlaubt. Das Auto war zu schnell.

Faustformeln für die Praxis

Unabhängig vom Untergrund und von den äußeren Rahmenbedingungen kannst du den Sicherheitsabstand, den Reaktionsweg oder den Bremsweg auch durch **Faustformeln** näherungsweise berechnen.
Um den Sicherheitsabstand einschätzen zu können, helfen dir die Leitpfosten am Straßenrand. Der Abstand zwischen zwei Leitpfosten auf Autobahnen und auf Bundes- und Landesstraßen beträgt 50 m.

> **Wichtige Faustformeln**
>
> Sicherheitsabstand:
>   Abstand $\triangleq$ halbe Tachoanzeige in m
>
> Reaktionsweg: $s_{\text{in m}} = v_{\text{in } \frac{km}{h}} \cdot \frac{3}{10}$
>
> Bremsweg im
> optimalen Zustand: $s_{\text{in m}} = (\frac{v_{\text{in } \frac{km}{h}}}{10})^2$
>
> Gefahrenbremsung: $s_{\text{in m}} = (\frac{v_{\text{in } \frac{km}{h}}}{10})^2 : 2$

1 a) Erkläre die Begriffe Reaktionsweg, Bremsweg und Anhalteweg.
b) Erkläre den Begriff Verzögerungswert.

2 Gib mithilfe der Faustformel den Sicherheitsabstand für ein Fahrzeug an, das $60 \frac{km}{h}$, $90 \frac{km}{h}$, $130 \frac{km}{h}$ fährt.

3 ❙❙ Wiederhole die Beispielaufgabe für eine nasse Fahrbahn.

4 ❙❙ Ein Fahrzeug fährt mit einer Geschwindigkeit von $43 \frac{km}{h}$ auf einem Sandstreifen. Berechne den Bremsweg bei nassem und bei trockenem Untergrund.

Starthilfe zu 4 und 5:
$v = a \cdot t \Leftrightarrow t = \frac{v}{a}$; $s = \frac{1}{2} \cdot a \cdot t^2$

5 ❙❙ Ein Fahrzeug fährt mit einer Geschwindigkeit von $60 \frac{km}{h}$ auf einer trockenen, asphaltierten Bundesstraße.
a) Berechne den Anhalteweg bei einer Gefahrenbremsung mithilfe der Faustformel.
b) Berechne den Anhalteweg mit der Bremswegtabelle bei einer Reaktionszeit von 1 s.
c) Vergleiche die beiden Ergebnisse aus a) und b) und interpretiere den Unterschied.

ÜBEN UND ANWENDEN

A Berechnungen zu Bremsvorgängen

1 Paul bringt sein Fahrzeug innerhalb von 1,5 s auf trockenem Asphalt zum Stehen.
a) Berechne den Bremsweg.
b) Ermittle die Geschwindigkeit, mit der Paul vor dem Bremsen unterwegs war.
c) Ermittle den Bremsweg im optimalen Zustand mithilfe der Faustformel.
d) Ermittle den Bremsweg mithilfe der Faustformel, wenn Paul eine Gefahrenbremsung durchführt.
e) Berechne für die drei ermittelten Bremswege die Anhaltewege. Die Reaktionszeit beträgt 1 s.

2 An der Haltelinie vor einem Stoppschild findet Mia auf dem Kopfsteinpflaster eine 12 m lange Bremsspur.
a) Gib mögliche Verzögerungswerte an.
b) Berechne die Geschwindigkeiten für die Verzögerungswerte aus a) und interpretiere die Ergebnisse.
c) Berechne die Anhaltewege. Die Reaktionszeit betrug jeweils 0,5 s. Interpretiere das Ergebnis.
d) Berechne für eine Gefahrenbremsung die Bremswege aus b) mithilfe der Faustformel.
e) Berechne die Reaktionswege aus b) mithilfe der Faustformel.
f) Berechne aus d) und e) die Anhaltewege.
g) Vergleiche die Ergebnisse aus f) mit denen aus c). Interpretiere die Abweichungen.

3 a) Ein Fahrzeug benötigt für das Abbremsen von 80 $\frac{km}{h}$ bis zum Stillstand 2,8 s. Bestimme den Untergrund, auf dem das Fahrzeug fährt.
b) Zu einem anderen Zeitpunkt benötigt der Fahrer aus a) an derselben Stelle und bei gleicher Geschwindigkeit für den Bremsvorgang 8,9 s. Gib an, was sich an den Bedingungen geändert hat.
c) Nenne einen Untergrund, der den Bremsweg des Fahrzeuges aus b) noch weiter vergrößern kann.
d) Berechne für c) den Bremsweg.
e) Berechne in den Fällen a), b) und d) jeweils den Anhalteweg des Fahrzeuges. Die Reaktionszeit beträgt 0,6 s.
f) Erläutere die Unterschiede der drei Anhaltewege aus e).

4 In den Verkehrsnachrichten im Radio hörst du manchmal den Hinweis: „Das Stauende befindet sich hinter einer Kurve." Begründe, dass dieser Hinweis sinnvoll ist.

5 Du näherst dich mit 120 $\frac{km}{h}$ einem Auto, das mit 80 $\frac{km}{h}$ fährt. Als du die Bremslichter siehst, macht der Fahrer des Autos eine Gefahrenbremsung. Berechne den Abstand, den du mindestens zu dem Auto haben musst, um einen Unfall zu vermeiden.

1 Eine Straße mit Kopfsteinpflaster

2 Ein Stau hinter einer Kurve

IM ALLTAG

Assistenzsysteme in Kraftfahrzeugen

ABS, ASR und ESP sind Standardsysteme

Das **Anti-Blockier-System (ABS)** ist für Pkw gesetzlich vorgeschrieben. Es verkürzt den Bremsweg und sorgt gleichzeitig für die Lenkbarkeit des Fahrzeugs. Der Bremsklotz wird bei einer Vollbremsung nicht dauerhaft auf die Bremsscheibe gedrückt, sondern pulsierend. Das verhindert ein Blockieren der Räder.

Die **Antriebsschlupfregelung (ASR)** verhindert, dass die Reifen durchdrehen, wenn beim Anfahren zu viel Gas gegeben wird.

Bevor ein Auto ins Schleudern gerät, bremst das **elektronische Stabilitätsprogramm (ESP)** einzelne Räder so ab, dass das Auto in seiner Spur bleibt und sicher gelenkt werden kann.

Der Spurhalte-Assistent

Der Spurhalte-Assistent erkennt die Fahrbahnmarkierungen vor und neben dem Auto. Ist das Auto zu nah an den Fahrspurmarkierungen oder überfährt es diese, wird die Fahrerin oder der Fahrer durch Vibrationen des Lenkrads gewarnt. So kann der Spurhalte-Assistent Unfälle durch Ablenkung, Sekundenschlaf oder mangelnde Sicht verhindern.

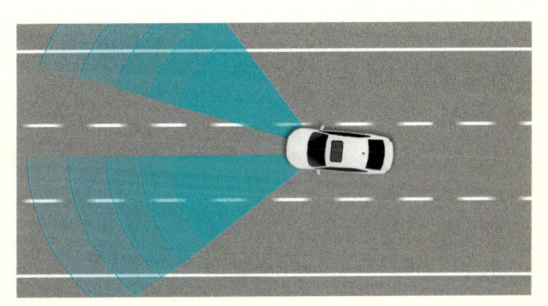

3 Der Spurhalte-Assistent

Der Abstandshalter-Assistent (ACC)

In dem Fahrzeug befinden sich zwei Radarsysteme. Eines erkennt nähere und eines fernere Fahrzeuge. Mithilfe eines elektronischen Steuersystems wird der Abstand zum vorausfahrenden Fahrzeug berechnet. Die Daten werden an die Motorsteuerung übermittelt. Das System bremst das Fahrzeug und beschleunigt es auch, wenn der Abstand wieder größer wird.

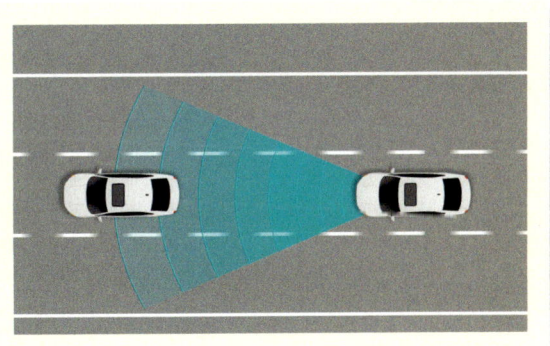

4 Der Abstandshalter-Assistent

① Erkläre den Nutzen und die Wirkungsweise der Assistenzsysteme mit eigenen Worten.

② Ⅱ Auf vielen einsamen Landstraßen ist der Spurhalte-Assistent wirkungslos. Begründe diese Aussage.

③ Ⅲ Zukünftig sollen selbstfahrende Fahrzeuge eingesetzt werden. Nenne Systeme, die dafür notwendig sind und begründe deine Entscheidung.

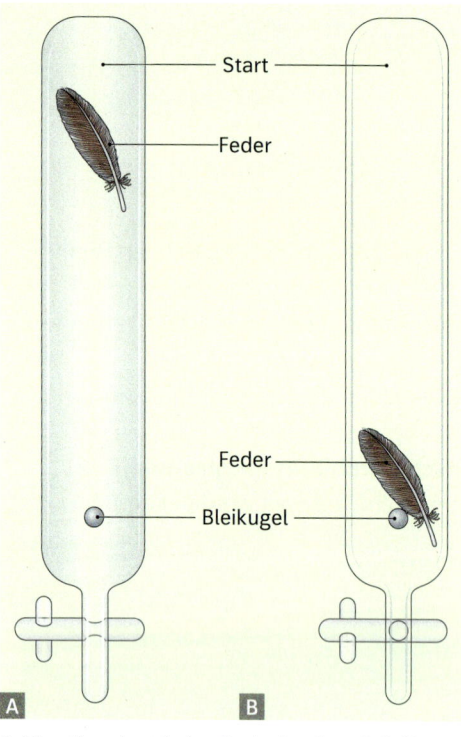

1 Eine Kugel und eine Feder in einer Fallröhre: **A** mit Luft, **B** ohne Luft

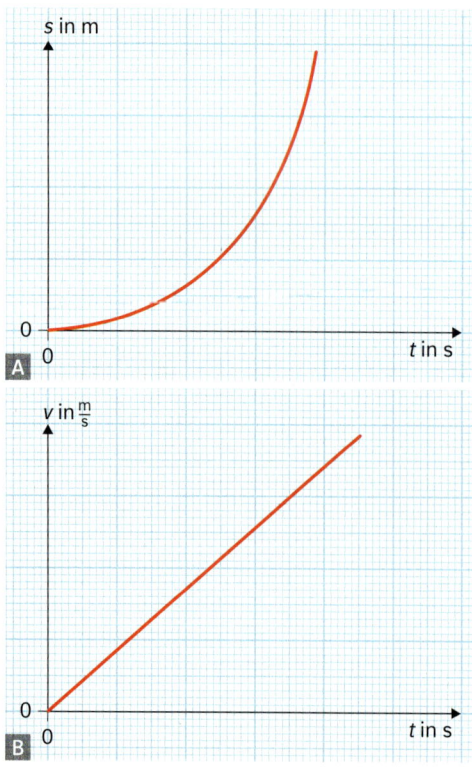

2 Der freie Fall: **A** im *t-s*-Diagramm, **B** im *t-v*-Diagramm

Der freie Fall

Historische Untersuchungen
Fast 2000 Jahre galt die Aussage des Griechen ARISTOTELES (384 v. Chr. – 322 v. Chr.): Schwere Körper fallen schneller als leichtere Körper. Erst GALILEO GALILEI (1564 – 1642) widersprach ihm. Er bewies experimentell, dass alle Körper unabhängig von ihrer Masse gleich schnell fallen.

Eine gleichmäßig beschleunigte Bewegung
Alle Körper werden durch die Gravitation der Erde stetig und gleichmäßig von ihr angezogen. Sie erfahren durch den Ortsfaktor $g = 9{,}81\ \frac{N}{kg}$ eine gleichmäßige Beschleunigung in Richtung Erdmittelpunkt. Die Geschwindigkeit nimmt dabei in jeder Sekunde um $9{,}81\ \frac{m}{s}$ zu. Der Beschleunigungsfaktor heißt **Erdbeschleunigung *g*.** Für Mitteleuropa gilt der Wert **$9{,}81\ \frac{m}{s^2}$.**

Bestätigung durch die Fallröhre
Die Aussage, dass alle Körper gleich schnell fallen, kann durch die Verwendung eines Fallrohres wie in Bild 1 bestätigt werden. In diesem befinden sich eine Feder und eine kleine Bleikugel. Lässt du Feder und Kugel in der mit Luft gefüllten Röhre senkrecht nach unten fallen, kommt die Bleikugel weit vor der Feder an. Wird das Experiment mit einer luftleeren Röhre wiederholt, kommen beide Körper zur selben Zeit am Boden der Fallröhre an. Diese gleichmäßig beschleunigte Bewegung im luftleeren Raum heißt **freier Fall.** Im *t-s*-Diagramm in Bild 2A erkennst du den Parabelast der beschleunigten Bewegung. Eine im Ursprung beginnende Halbgerade ist der Graph des *t-v*-Diagramms in Bild 2B.

> Im luftleeren Raum fallen alle Körper gleich schnell. Der Erdbeschleunigungsfaktor *g* beträgt $9{,}81\ \frac{m}{s^2}$.

Eine akustische Bestätigung

Durch eine **Fallschnur** wie in Bild 3 kannst du die gleichmäßig beschleunigte Bewegung sogar hören. Nimmt die Fallhöhe der Muttern linear zu, so hörst du ihre Aufschläge in immer kürzeren Zeiten. Das Auftreffen der Muttern kannst du jedoch in gleichen Zeiten hören, wenn die Fallhöhe der Muttern quadratisch zunimmt. Der Luftwiderstand wird dabei vernachlässigt.

Die Fallstrecke

Die zurückgelegte Strecke eines gleichmäßig beschleunigten Körpers berechnest du mit der Gleichung $s = \frac{1}{2} \cdot a \cdot t^2$. Beim freien Fall setzt du als Beschleunigungsfaktor die Erdbeschleunigung g ein und erhältst die Gleichung für die Fallstrecke s.

> **Berechnung:** $s = \frac{1}{2} \cdot g \cdot t^2$ mit $g = 9{,}81 \, \frac{m}{s^2}$

Die Fallgeschwindigkeit

Die Geschwindigkeit eines Körpers ist abhängig vom Wert der Beschleunigung und der Zeit, in der er beschleunigt wird. Du berechnest sie mit der Gleichung: $v = a \cdot t$. Um die Geschwindigkeit zu berechnen, die ein Körper am Ende des freien Falls erreicht, setzt du die Erdbeschleunigung $g = 9{,}81 \, \frac{m}{s^2}$ in die Gleichung ein.

> **Berechnung:** $v = g \cdot t$ mit $g = 9{,}81 \, \frac{m}{s^2}$

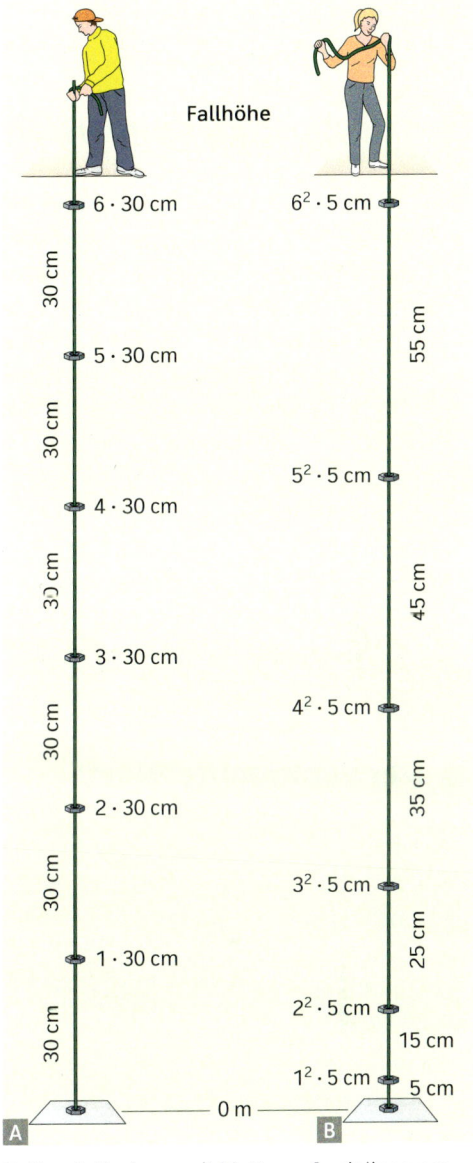

3 Eine Fallschnur mit Muttern: **A** mit linearem Abstand, **B** mit quadratischem Abstand

---

❶ Beschreibe beide Experimente mit der Fallröhre mit eigenen Worten.

❷ Begründe, dass es sich beim freien Fall um eine gleichmäßig beschleunigte Bewegung handelt.

❸ Der Ortsfaktor g ist abhängig vom Breitengrad. Gilt dies auch für die Erdbeschleunigung? Begründe deine Aussage.

❹ ‖ Du springst im Freibad vom Sprungturm. Deine Flugzeit beträgt $t = 1{,}43$ s.
   a) Berechne deine Absprunghöhe.
   b) Berechne die Geschwindigkeit, die du beim Eintauchen erreichst.

Starthilfe zu 4:
Die Absprunghöhe entspricht der Strecke s.

❺ ‖‖ Ein Ball wird im luftleeren Raum fallengelassen. Berechne seine Flugzeit und seine Fallhöhe, wenn er eine Geschwindigkeit von $20 \, \frac{m}{s}$ erreicht.

ÜBEN UND ANWENDEN

A Berechnungen zum freien Fall

1 a) Berechne die zurückgelegte Strecke eines Körpers, der sich 5 s im freien Fall befindet.
b) Berechne die Geschwindigkeit, die der Körper in dieser Zeit erreicht.
c) Verdoppelt sich die zurückgelegte Strecke, wenn sich der Körper 10 s im freien Fall befindet? Begründe deine Aussage mathematisch.

2 In Bremen gibt es einen Fallturm mit einer Fallstrecke von 110 m.
II a) Berechne die maximale Fallzeit.
III b) Erstelle eine Fallstrecke-Geschwindigkeits-Tabelle und zeichne mit den Werten das dazugehörige s-v-Diagramm.

3 III Ali lässt einen Stein in einen 50 m tiefen Brunnen fallen. Berechne die Zeit, bis Ali den Stein ins Wasser fallen hört. Die Luftreibung kannst du vernachlässigen.

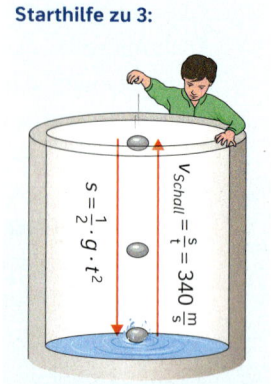

Starthilfe zu 3:

$s = \frac{1}{2} \cdot g \cdot t^2$

$v_{Schall} = \frac{s}{t} = 340 \frac{m}{s}$

1 Auch der Schall braucht Zeit.

B Der senkrechte Wurf

Wirfst du einen Ball senkrecht nach oben, nimmt seine Geschwindigkeit mit zunehmender Höhe gleichmäßig ab. Die Geschwindigkeit nimmt jede Sekunde um 9,81 $\frac{m}{s}$ ab, bis er seine maximale Höhe erreicht hat. Im Umkehrpunkt beträgt seine Geschwindigkeit 0 $\frac{m}{s}$. Der Ball beschleunigt nun gleichmäßig, er befindet sich im freien Fall. Beim Auffangen ist seine Geschwindigkeit genauso groß wie beim Abwurf.

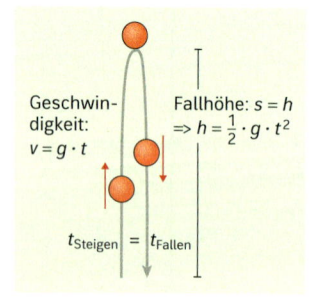

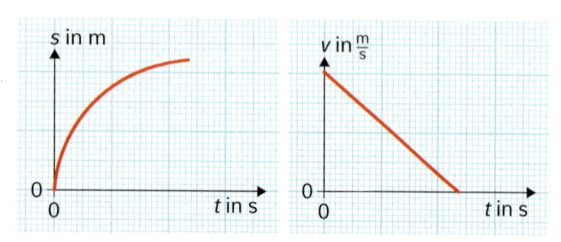

Geschwindigkeit: $v = g \cdot t$
Fallhöhe: $s = h \Rightarrow h = \frac{1}{2} \cdot g \cdot t^2$
$t_{Steigen} = t_{Fallen}$

2 Ein senkrechter Wurf

3 Der senkrechte Wurf nach oben – eine negativ beschleunigte Bewegung

Beispielaufgabe
Du wirfst einen Ball senkrecht nach oben. Nach 2 s fängst du den Ball wieder auf. Berechne die Steighöhe und die Anfangsgeschwindigkeit des Balls.
geg.: $t_{ges} = 2$ s, $g = 9{,}81 \frac{m}{s^2}$; **ges.:** s, v
Lösung: $t_{ges} = t_{Steigen} + t_{Fallen}$
mit $t_{Steigen} = t_{Fallen} \Rightarrow t_{Steigen} = \frac{1}{2} \cdot t_{ges} = 1$ s
$s = \frac{1}{2} \cdot g \cdot t^2_{Steigen} = \frac{1}{2} \cdot 9{,}81 \frac{m}{s^2} \cdot (1\ s)^2 = 4{,}9$ m
$v = g \cdot t_{Fallen} = 9{,}81 \frac{m}{s^2} \cdot 1\ s = 9{,}81 \frac{m}{s}$
Antwort: Der Ball erreicht mit der Anfangsgeschwindigkeit von 9,81 $\frac{m}{s}$ eine Höhe von 4,9 m.

1 Du wirfst einen Ball senkrecht nach oben. Nach 3 s fängst du den Ball wieder auf. Berechne die Steighöhe und die Anfangsgeschwindigkeit des Balls.

2 II Eine Kugel hat eine Anfangsgeschwindigkeit von 15 $\frac{m}{s}$.
a) Berechne die Steigzeit.
b) Berechne die Zeit, bis die Kugel wieder ihre Anfangsgeschwindigkeit erreicht.

IM ALLTAG

Die Schwerelosigkeit

Der Bremer Fallturm

Schwerelosigkeit ist ein Zustand, in dem die Erdanziehungskraft nicht direkt zu spüren ist. Du kannst den Zustand der Schwerelosigkeit schon beim Springen vom Sprungturm erfahren. Würdest du mit einer Waage von einem 10 m-Turm springen, würde die Waage während des Fallens 0 kg anzeigen. Du und die Waage bewegen sich gleich schnell. Es wirkt keine resultierende Kraft auf die Waage. Experimente zur Schwerelosigkeit werden im **Bremer Fallturm** durchgeführt. Er ist insgesamt 146 m hoch. Im Fallturm ist eine 110 m hohe Fallröhre eingebaut, die auch vakuumiert werden kann. Der Turm dient unter anderem zur Erforschung des Verhaltens von Pflanzen und Flüssigkeiten in der Schwerelosigkeit.

4 Der Bremer Fallturm mit Fallkapsel

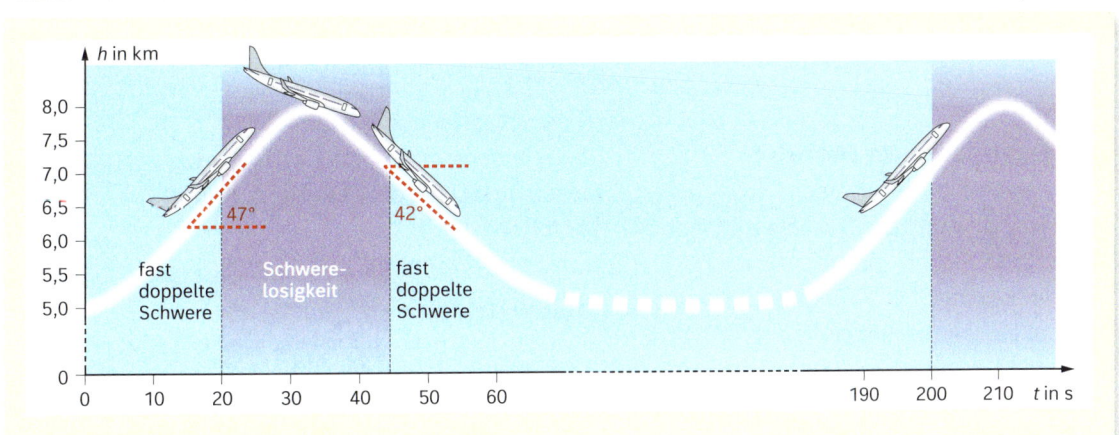

5 Der Verlauf des Parabelfluges

Der Parabelflug

Der **Parabelflug** ermöglicht es, für kurze Zeit Schwerelosigkeit zu erzeugen. Dazu wird ein Flugzeug in etwa 5000 m Höhe steil nach oben bis zu einer Höhe von etwa 7000 m gezogen. Dann nimmt die Pilotin den Schub ganz zurück, das Flugzeug fliegt wie ein geworfener Stein eine parabelförmige Bahn, erreicht den höchsten Punkt der Flugbahn bei etwa 8000 m und fällt dann wieder. Nach insgesamt 25 s Schwerelosigkeit im freien Fall schaltet die Pilotin den Schub wieder ein, fängt das Flugzeug ab und bereitet die nächste Flugparabel vor. In diesen jeweils 25 s langen Phasen der Schwerelosigkeit können sich zukünftige Astronautinnen und Astronauten an den ungewohnten Zustand gewöhnen, der im Weltraum zum Dauerzustand wird. Aber auch Naturwissenschaftlerinnen und -wissenschaftler nutzen den Parabelflug für Experimente, die sie hier unter Ausschluss der Erdanziehungskraft ausführen können.

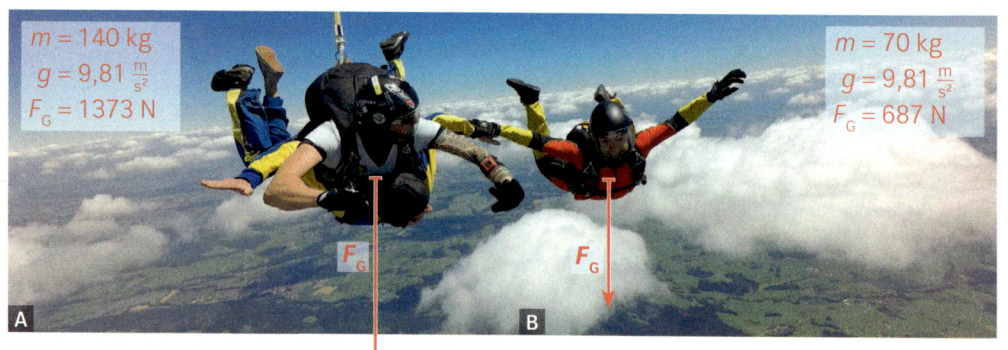

1 Masse, Kraft und Beschleunigung: **A** beim Tandemsprung, **B** beim Solosprung

NEWTON erklärt einen Fallschirmsprung

Phase 1: Beschleunigtes Bewegen

Die Fallschirmspringer in Bild 1 springen aus etwa 4000 m Höhe ab. Zunächst werden sie immer schneller. Auf die Fallschirmspringer wirkt die Erdanziehungskraft. Diese verursacht die Gewichtskraft F_G. Bei einem Tandemsprung wirkt auf die doppelte Masse m die doppelte Gewichtskraft F_G. Es gilt: **$F_G \sim m$.**

Ein Vergleich zum Mond

Bild 2 zeigt, dass die auf einen Körper mit der Masse m wirkende Gewichtskraft F_G vom Erdbeschleunigungsfaktor g abhängt. Dieser Faktor heißt auch **Fallbeschleunigung g** und hat die Einheit $\frac{m}{s^2}$.
Auf der Erde ist die wirkende Gewichtskraft F_G etwa sechsmal so groß wie auf dem Mond. Somit ist auch die Fallbeschleunigung g sechsmal so groß. Es gilt: **$F_G \sim g$.**

Die Grundgleichung der Mechanik

Die Proportionalitäten $F_G \sim m$ und $F_G \sim g$ kannst du zu $F_G \sim m \cdot g$ zusammenfassen. Es ergibt sich die Gleichung: **$F_G = m \cdot g$.**
Diese Gleichung gilt, wenn die Kraft F_G in Richtung des Erdmittelpunkts wirkt.
Wird ein Körper mit der Masse m in eine beliebige Richtung mit der Beschleunigung a bewegt, gilt: **$F = m \cdot a$.**
Diesen Zusammenhang formulierte ISAAC NEWTON bereits 1687 als **Kraftgesetz**. Dieses Gesetz gilt als **Grundgleichung der Mechanik**.

Das Kraftgesetz:
Wirkt auf einen Körper mit der Masse m eine Kraft F, so wird der Körper in Richtung dieser Kraft beschleunigt.
Berechnung: $F = m \cdot a$ ($F \parallel a$)
  Sonderfall: $F_G = m \cdot g$ ($F_G \parallel g$)
Einheit: $1 \text{ kg} \cdot 1 \frac{m}{s^2} = 1 \text{ N}$ (Newton)

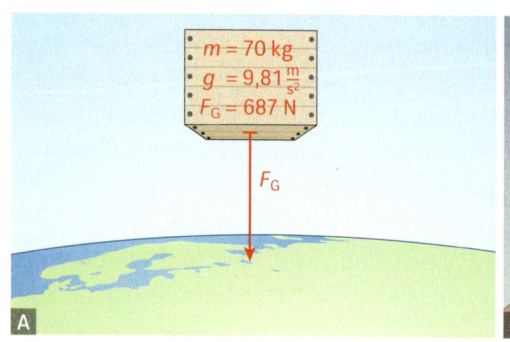

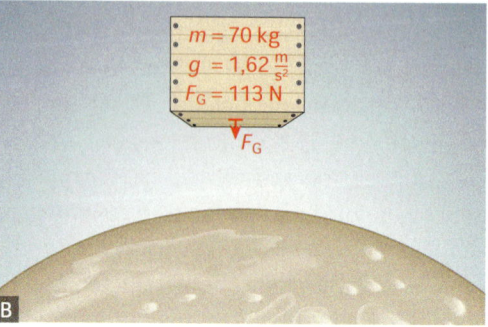

---

2 Masse, Kraft und Beschleunigung: **A** auf der Erde, **B** auf dem Mond

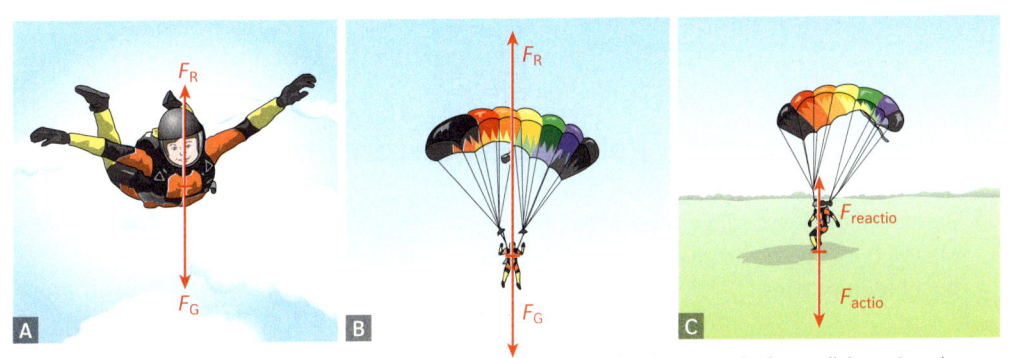

3 Phasen des Sprungs: **A** gleichförmiges Fallen, **B** plötzlich abgebremst, **C** eine spürbare Landung

Phase 2: Gleichförmiges Fallen

Nach 20 s hat die Fallschirmspringerin eine Geschwindigkeit von 200 $\frac{km}{h}$ erreicht. Aufgrund ihrer Trägheit fällt sie wie in Bild 3A mit dieser konstanten Geschwindigkeit unverändert 25 s weiter.
Die Gewichtskraft F_G und die Luftreibungskraft F_R wirken entgegengesetzt. Ihre Beträge sind gleich groß. Damit ist der Betrag der resultierenden Kraft null. Deshalb ändert sich der Bewegungszustand des Fallschirmspringers nicht. Die Fallschirmspringerin bewegt sich in dieser Phase geradlinig gleichförmig.
Diesen Zusammenhang hat Newton im **Trägheitsgesetz** erklärt:

Phase 3: Gebremstes Fallen

In Bild 3B wird der Fallschirm geöffnet. Durch die große Fläche des Schirms wird die Reibungskraft F_R der Luft größer. Die Fallschirmspringerin wird so lange gebremst, bis sich bei 20 $\frac{km}{h}$ ein neues Kräftegleichgewicht eingestellt hat. Sie fällt nun geradlinig gleichförmig weiter.

Phase 4: Sanftes Landen

Bei der Landung in Bild 3C verformt die Fallschirmspringerin mit der Kraft F_{actio} ein wenig den Erdboden. Der übt eine gleich große Gegenkraft $F_{reactio}$ aus, die sie in ihren Beinen spürt.
Das Gesetz fasste Newton als **Wechselwirkungsprinzip,** besser bekannt als **actio = reactio** zusammen:

> **Das Trägheitsgesetz:**
> Aufgrund seiner Trägheit bleibt ein Körper in Ruhe oder bewegt sich geradlinig gleichförmig, solange keine resultierende Kraft auf ihn einwirkt. Er ändert seinen Bewegungszustand nicht.

> **Das Wechselwirkungsprinzip:**
> Wirkt von einem Körper eine Kraft auf einen anderen Körper, so wirkt von diesem Körper immer eine gleich große Kraft entgegengesetzt zurück.

1 a) Nenne die drei newtonschen Gesetze.
b) Erläutere die drei newtonschen Gesetze jeweils mit einer Situation aus dem Alltag.

2 Ein Apfel hängt zunächst am Baum, fällt dann plötzlich herunter.
 a) Skizziere einen hängenden und einen fallenden Apfel. Zeichne die wirkenden Kräfte ein und schreibe das jeweils geltende newtonsche Gesetz dazu.
 b) Begründe deine Entscheidung aus Aufgabe a).

Starthilfe zu 2:

ÜBEN UND ANWENDEN

A Wo Kräfte wirken, gelten die newtonschen Gesetze!

1 Berechne die Kraft, die ein Handball mit der Masse 0,45 kg erfährt, wenn er mit 120 $\frac{m}{s^2}$ beschleunigt wird.

2 Berechne die maximale Beschleunigung eines ICE mit einer Masse von 750 t und einer Antriebskraft von 3,25 MN.

Starthilfe zu 2:
Beachte die Einheiten:
1 t = 1000 kg
1 MN = 1000 kN
1 kN = 1000 N

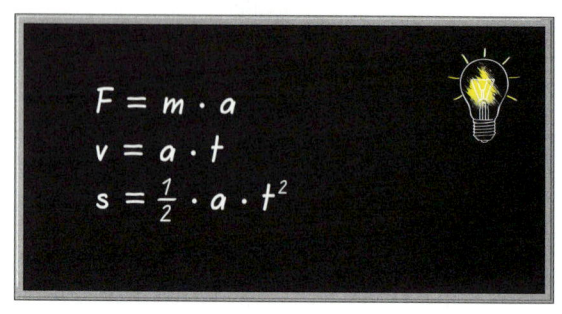

1 Alle Formeln auf einen Blick!

$$F = m \cdot a$$
$$v = a \cdot t$$
$$s = \frac{1}{2} \cdot a \cdot t^2$$

3 Eine Läuferin wiegt 60 kg und beschleunigt beim 100 m-Lauf mit $a = 2{,}0 \frac{m}{s^2}$.
a) Berechne die aufzubringende Kraft F.
b) Erläutere das Trägheitsgesetz beim Start der Läuferin.

4 Ein Auto mit der Masse von 1,2 t beschleunigt in 10 s von $0 \frac{km}{h}$ auf $72 \frac{km}{h}$. Berechne die dabei wirkende Kraft F.

Starthilfe zu 4:
Lies dir die Beispielaufgabe durch.
Beachte die Einheiten der Masse.

5 Ein Autofahrer hat eine Masse von 80 kg. Bei einem Unfall wird er mithilfe des Sicherheitsgurtes auf einer Strecke von 40 cm von $72 \frac{km}{h}$ bis zum Stillstand abgebremst. Dabei vergehen 40 ms = 0,040 s.
a) Berechne die auf den Autofahrer wirkende Kraft.
b) Der Autofahrer kann sich am Lenkrad höchstens mit einer Kraft von 500 N abstützen. Begründe, dass das Anlegen eines Sicherheitsgurtes verpflichtend ist.

6 Ein Tennisball wiegt 57,6 g und wird beim Aufschlag mit einer Kraft von 120 N beschleunigt. Der Aufschlag dauert dabei 0,02 s. Berechne die Geschwindigkeit, mit der der Ball den Schläger verlässt.

7 Die Fußballspielerin in Bild 2 trifft mit einer Kraft von 80 N einen 450 g schweren Ball. Der Ball verlässt den Fuß mit einer Geschwindigkeit von $80 \frac{km}{h}$.
a) Berechne die Zeit, während der Fuß und der Ball sich berührten.
b) Berechne die Länge des Weges, auf dem sich der Fuß und der Ball berühren.

Beispielaufgabe

Ein Auto mit der Masse von 900 kg soll in 3 s eine Geschwindigkeit von $100 \frac{km}{h}$ erreichen. Berechne die dabei wirkende Kraft F.

geg.: $m = 900$ kg, $t = 3$ s, $v = 100 \frac{km}{h}$
ges.: F
Lösung:

1. Die Beschleunigung berechnen:
$$100 \tfrac{km}{h} : 3{,}6 = 27{,}78 \tfrac{m}{s}$$
$$v = a \cdot t \,|\, : t$$
$$\Leftrightarrow a = \frac{v}{t}$$
$$\Rightarrow a = \frac{27{,}78}{3} \tfrac{m}{s \cdot s} = 9{,}26 \tfrac{m}{s^2}$$

2. Die wirkende Kraft berechnen:
$$F = m \cdot a$$
$$\Rightarrow F = 900 \text{ kg} \cdot 9{,}26 \tfrac{m}{s^2} = 8333 \text{ kg} \cdot \tfrac{m}{s^2}$$
$$\Leftrightarrow F = 8333 \text{ N} = 8{,}3 \text{ kN}$$

Antwort: Um das Auto auf eine Geschwindigkeit von $100 \frac{km}{h}$ zu beschleunigen, muss eine Kraft von 8,3 kN wirken.

2 Ein starker Schuss!

IM ALLTAG Digital+
Animation

Die newtonschen Gesetze sind allgegenwärtig

Das Trägheitsgesetz
Ein Körper bleibt in Ruhe oder bewegt sich geradlinig gleichförmig weiter, solange keine resultierende Kraft auf ihn wirkt. Ein Flugzeug kann sich bei Turbulenzen plötzlich nach unten bewegen. Nicht angeschnallte Passagiere bewegen sich aufgrund ihrer Trägheit nicht mit nach unten. Sie befinden sich im Flugzeug plötzlich weiter oben und könnten sich verletzen. Die **Sicherheitsgurte** schützen vor Verletzungen.

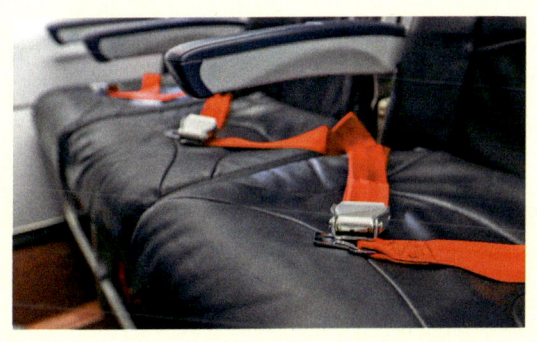

3 Sicherheitsgurte schützen!

Das Kraftgesetz
Die Gleichung $F = m \cdot a$ findet beim Start einer Rakete ihre Anwendung. Die Schubkraft F der Rakete ist konstant. Durch den verbrannten und ausgestoßenen Treibstoff wird die Masse m der Rakete geringer. Die Beschleunigung a der Rakete wird also bis zum Brennschluss immer größer.

4 Eine Rakete wird immer schneller.

Das Wechselwirkungsprinzip
Jede Kraft verursacht eine gleich große entgegengesetzt gerichtete Gegenkraft. Im **Strahltriebwerk** eines Flugzeuges wird angesaugte Luft stark verdichtet. Durch das Einspritzen von Kerosin und Verbrennung des Gemisches wird die Strömungsgeschwindigkeit des Gases in der Turbine stark erhöht. Die Kraft des ausströmenden Verbrennungsgases nach hinten bewirkt die Antriebskraft des Flugzeuges nach vorne. Dieser Vorgang heißt **Rückstoßprinzip**.

5 Das Strahltriebwerk eines Flugzeuges

① Nenne Fahrzeuge in denen das Anlegen eines Sichergurtes Pflicht ist und begründe dies mithilfe des Trägheitsgesetzes.

② ❙❙ Begründe, dass eine Rakete nach dem Start immer höher steigt und dabei beschleunigt.

③ ❙❙ a) Beschreibe den Antrieb eines Flugzeuges mit einem Strahltriebwerk.
❙❙❙ b) Recherchiere den Aufbau eines Strahltriebstrahlwerks und beschreibe die Funktionsweise.

④ ❙❙❙ Suche zu jedem Gesetz ein weiteres Beispiel mit Bildmaterial heraus und stelle es vor.

Die potenzielle Energie und die kinetische Energie

Die potenzielle Energie

Die Gondel des Free-Fall-Towers in Bild 1 befindet sich gerade in einer bestimmten Höhe h. Um diese zu erreichen, wurde eine Kraft F_{Hub} in Richtung dieser Höhe h aufgebracht. Der Betrag dieser Kraft muss etwas größer sein als die entgegengesetzt wirkende Gewichtskraft F_G. Es gilt: $F_G = m \cdot g$. Da die Kraft nach oben wirkt, wird an der Gondel Hubarbeit W_{Hub} verrichtet. Die Gondel erhält Lage- oder Höhenenergie $E_{Höhe}$. Die aufgebrachte Kraft F_G und die Höhe h sind proportional zur verrichteten Hubarbeit W_{Hub} und zur aufgenommen Energie $E_{Höhe}$. Deshalb gilt:

$$W_{Hub} = E_{Höhe} = F_G \cdot h = m \cdot g \cdot h.$$

Diese Lage- oder Höhenenergie heißt auch **potenzielle Energie E_{pot}**.

> **Name:** potenzielle Energie
> **Formelzeichen:** E_{pot}
> **Berechnung:** $E_{pot} = F_G \cdot h = m \cdot g \cdot h$
> **Einheit:** $1 \text{ kg} \cdot 1 \frac{m}{s^2} \cdot 1 \text{ m} = 1 \text{ Nm} = 1 \text{ J}$

Beispielaufgabe

Die vollbesetzte Gondel eines Free-Fall-Towers hat eine Masse von 25 t. Sie wurde auf eine Höhe von 71 m gezogen. Berechne die gespeicherte potenzielle Energie der Gondel.

geg.: $m = 25\,000$ kg, $h = 71$ m, $g = 9{,}81 \frac{m}{s^2}$
ges.: E_{pot}
Lösung: $E_{pot} = m \cdot g \cdot h$
$E_{pot} = 25\,000 \text{ kg} \cdot 9{,}81 \frac{m}{s^2} \cdot 71 \text{ m}$
$E_{pot} = 17\,412\,750 \text{ J} = 17{,}41 \text{ MJ}$
Antwort: In einer Höhe von 71 m hat die Gondel eine potenzielle Energie von 17,41 MJ gespeichert.

1 Ein Free-Fall-Tower

Dein Körper spürt die Änderungen

Noch befindet sich die Gondel an der höchsten Stelle des Turmes. Du genießt die Aussicht. Plötzlich beginnt der Fall. Du hältst den Atem an, dein Herz klopft wild und es kribbelt am ganzen Körper. Dein Körper wandelt in kurzer Zeit Energie um.

Die kinetische Energie

Wenn die Gondel sich wie in Bild 2 abwärts bewegt, verrichtet sie Beschleunigungsarbeit. Dabei wird die potenzielle Energie E_{pot} in Bewegungsenergie oder **kinetische Energie E_{kin}** umgewandelt. Je tiefer die Gondel fällt, desto größer wird ihre Geschwindigkeit v. Dabei nimmt ihre kinetische Energie E_{kin} immer weiter zu. Bei der vierfachen Geschwindigkeit erhält die Gondel die doppelte kinetische Energie. Die kinetische Energie ist proportional zum Quadrat der Geschwindigkeit. Es gilt: $E_{kin} \sim v^2$.
Die kinetische Energie E_{kin} hängt außerdem von der Masse m der Gondel ab. Die Größen sind proportional zueinander. Es gilt: $E_{kin} \sim m$.

Diese beiden Proportionalitäten kannst du zu $E_{kin} \sim m \cdot v^2$ zusammenfassen. Der Proportionalitätsfaktor beträgt $\frac{1}{2}$. Damit ergibt sich die Gleichung: $E_{kin} = \frac{1}{2} \cdot m \cdot v^2$.

> **Name:** kinetische Energie
> **Formelzeichen:** E_{kin}
> **Berechnung:** $E_{kin} = \frac{1}{2} m \cdot v^2$
> **Einheit:** $1 \text{ kg} \cdot 1 \left(\frac{m}{s}\right)^2 = 1 \text{ Nm} = 1 \text{ J}$

2 Die kinetische Energie bewirkt Bauchkribbeln.

Beispielaufgabe
Die vollbesetzte Gondel hat eine Masse von 25 t. Ihre Höchstgeschwindigkeit beträgt 98 $\frac{km}{h}$. Berechne die gespeicherte kinetische Energie der Gondel.
geg.: $m = 25\,000$ kg, $v = 98 \frac{km}{h} = 27{,}2 \frac{m}{s}$
ges.: E_{kin}
Lösung: $E_{kin} = \frac{1}{2} \cdot m \cdot v^2$

$E_{kin} = \frac{1}{2} \cdot 25\,000 \text{ kg} \cdot (27{,}2 \tfrac{m}{s})^2$

$E_{kin} = 9\,248\,000 \text{ J} = 9{,}25 \text{ MJ}$
Antwort: Bei einer Geschwindigkeit von 98 $\frac{km}{h}$ hat die Gondel eine kinetische Energie von 9,25 MJ gespeichert.

---

❶ An einem Baum hangt in einer Höhe von 2 m ein 80 g schwerer Apfel. Er fällt ab und erreicht in kurzer Zeit eine Geschwindigkeit von 6 $\frac{m}{s}$.
  a) Berechne die potenzielle Energie des hängenden Apfels.
  b) Berechne die kinetische Energie des fallenden Apfels.

Starthilfe zu 1:
Rechne die Masse von 80 g in kg um. Es gilt: 1 g = 0,001 kg.

❷ Ein Tennisball hat eine Masse von 57,6 g. Er wird beim Aufschlag von 0 $\frac{km}{h}$ auf 260 $\frac{km}{h}$ beschleunigt.
  a) Berechne die kinetische Energie des Balles.
  ‖ b) Berechne die Höhe des Tennisballes, aus der er fallen müsste, um die gleiche Energie wie in a) zu erreichen.

Starthilfe zu 2:
Rechne die Geschwindigkeit von $\frac{km}{h}$ in $\frac{m}{s}$ um. Es gilt: $1 \frac{m}{s} \triangleq 3{,}6 \frac{km}{h}$.

ÜBEN UND ANWENDEN

A Energieberechnungen beim Crash-Test

Der Crash-Test liefert wichtige Daten
Je größer die Geschwindigkeit und die Masse eines Fahrzeuges ist, desto größer ist auch seine gespeicherte kinetische Energie.

Fährt ein Fahrzeug gegen ein Hindernis, wird es verformt. Bei einem **Crash-Test** wie in Bild 1 wird der Zusammenhang zwischen der Masse, der Geschwindigkeit und des Ausmaßes der Verformung untersucht. Mithilfe der erhobenen Daten können nach einem Verkehrsunfall Rückschlüsse auf die Geschwindigkeit eines Fahrzeuges gezogen werden.

1 Ein Crash-Test zeigt das Ausmaß der Verformung.

1 a) Schreibe die Formeln zur Berechnung der kinetischen und potenziellen Energie auf.
b) Stelle die Formeln aus Aufgabe a) jeweils nach m, v, g und h um.

2 ‖ Ein Fahrzeug mit der Masse $m = 1200$ kg fährt mit der Geschwindigkeit $v = 50 \frac{km}{h}$ gegen ein Hindernis.
a) Berechne die kinetische Energie E_{kin} des Fahrzeuges.
b) Berechne die kinetische Energie E_{kin} des Fahrzeuges, wenn die Geschwindigkeit doppelt so groß ist.
c) Vergleiche die kinetischen Energien aus Aufgabe a) und b) miteinander.

Starthilfe zu 2 c):
Beende den Satz: Verdoppelt sich die Geschwindigkeit des Fahrzeuges, so ...

3 Ein defektes Fahrzeug mit der Masse von 900 kg wird von einem Kran auf einen Transporter verladen. Das Fahrzeug wird dabei um 2 m angehoben.
a) Berechne die auf das Fahrzeug übertragene potenzielle Energie.
‖ **b)** Das Fahrzeug rutscht am höchsten Punkt aus der Aufhängung des Krans. Berechne die Geschwindigkeit in $\frac{km}{h}$, mit der das Auto auf der Straße aufkommt.

Starthilfe zu 3 a):
Beachte: $g = 9{,}81 \frac{m}{s^2}$

4 ‖ Ein Lkw prallt mit einer Geschwindigkeit von $v = 40 \frac{km}{h}$ gegen ein Hindernis. Seine kinetische Energie beträgt $E_{kin} = 225$ kJ. Berechne die Masse des Lkws.

5 ‖ Das Ausmaß der Verformungen nach dem Aufprall eines Fahrzeuges mit der Masse $m = 1000$ kg gegen ein Hindernis soll mit einem senkrechten Fall aus einer bestimmten Höhe verglichen werden.
a) Berechne die Geschwindigkeit v des Fahrzeuges, wenn seine kinetische Energie $E_{kin} = 400$ kJ beträgt.
b) Berechne die Höhe h, aus der das Fahrzeug fallen müsste, wenn seine potenzielle Energie $E_{pot} = 400$ kJ beträgt.
c) Formuliere einen Satz, der den Zusammenhang zwischen den Ergebnissen aus Aufgabe a) und b) wiedergibt.
d) Recherchiere ein bekanntes Gebäude in der Nähe deines Wohnortes, das etwa die gleiche Höhe wie in Aufgabe b) hat.

6 ‖ Ein Kleinwagen mit der Masse $m = 600$ kg prallt mit der Geschwindigkeit von $v = 36 \frac{km}{h}$ gegen ein Hindernis und wird verformt. Berechne die Höhe, aus der der Kleinwagen fallen müsste, um die gleichen Verformungen zu erhalten.

IM ALLTAG

Die kinetische Energie im Sport

Fußball
Beim Elfmeterschießen erreichen Fußbälle mit einer Masse von 410 g Geschwindigkeiten von bis zu 145 $\frac{km}{h}$. Der Ball erhält beim Abschuss eine kinetische Energie von etwa 332 Nm. Hält der Torwart diesen Ball, fängt er vergleichsweise eine Masse von etwa 34 kg auf, die aus 1 m Höhe herabfällt.

2 Mit Höchstgeschwindigkeit ins Netz

Volleyball
Ziel eines Volleyballspieles ist es, den Ball über das Netz auf den Boden der gegnerischen Spielhälfte zu bringen. Je höher die Geschwindigkeit des Balles ist, desto größer ist die kinetische Energie des Balles. Bei einem Sprungwurf kann ein Volleyball mit einer Masse von 260 g eine Geschwindigkeit von 130 $\frac{km}{h}$ erreichen.

3 Ein Sprungwurf am Netz

Kugelstoßen
Beim Kugelstoßen kommt es darauf an, eine schwere Kugel soweit wie möglich zu stoßen. Frauen stoßen mit 4 kg schweren Kugeln. Die maximale Stoßweite hängt neben dem Abstoßwinkel natürlich von der Anfangsgeschwindigkeit der Kugel ab. Diese kann bis zu 50 $\frac{km}{h}$ betragen.

4 Ein weiter Stoß

① I Recherchiere für die Ballsportarten Tennis, Handball und Wasserball jeweils die Masse des Balls und bisher erreichte Höchstgeschwindigkeiten zu Beginn eines Abschlages oder Wurfes.

② I Berechne die kinetische Energie des Balls aus den beschriebenen Beispielen aus Aufgabe 1. Lege dazu eine Tabelle an und vergleiche die kinetischen Energien miteinander.

Starthilfe zu 2:

Ball	m in g	v in $\frac{km}{h}$	E_{kin} in Nm
Fußball	...	...	...

③ II Bestätige mithilfe einer Rechnung, dass der Torwart aus dem ersten Beispiel „Fußball" auf dieser Seite etwa 34 kg „auffängt", wenn er den Ball hält.

④ III Begründe, dass bei allen Ballsportarten auf dieser Seite jeweils nur die Anfangsenergie berechnet wurde.

1 Eine aufregende Achterbahnfahrt beginnt!

Die Energieerhaltung und der Wirkungsgrad

Die Energieumwandlungen beim Achterbahnfahren

Der Wagenzug einer Achterbahn wie in Bild 1 wird zunächst auf die höchste Stelle der Bahn gezogen. An dieser Stelle besitzt der Wagenzug die größte potenzielle Energie.

Nach dem Ausklinken beschleunigt der Wagenzug. Die potenzielle Energie wird nach und nach in kinetische Energie umgewandelt. An der tiefsten Stelle eines Bahnabschnittes ist die kinetische Energie am größten. Der Wagenzug befindet sich an dieser Stelle des Bahnabschnittes aber immer noch in einer bestimmten Höhe. Er hat also auch noch potenzielle Energie gespeichert.
Nun geht es wieder aufwärts. Die kinetische Energie wird wieder in potenzielle Energie umgewandelt. Der nächsthöhere Punkt, den ein Wagenzug auf der Bahn erreicht, liegt tiefer als der Ausgangspunkt. Die potenzielle Energie ist also geringer als am Anfang.
Der Vorgang wiederholt sich, bis der Wagenzug an der tiefsten Stelle der Bahn gebremst wird.

Die momentane Energie berechnen

Der Wagenzug einer Achterbahn hat an einer beliebigen Stelle der Bahn eine bestimmte Menge Energie gespeichert. Der Wert dieser momentanen Energie setzt sich aus den momentanen Werten der kinetischen Energie E_{kin} und der potenziellen Energie E_{pot} zusammen.

Beispielaufgabe

Ein 2 500 kg schwerer Wagenzug befindet sich in einer Höhe von 50 m und hat gerade eine Geschwindigkeit von 36 $\frac{km}{h}$. Berechne seine momentane Energie E_{mom}.

geg.: $m = 2500$ kg, $v = 36 \frac{km}{h} = 10 \frac{m}{s}$,
$h = 50$ m, $g = 9{,}81 \frac{m}{s^2}$
ges.: E_{mom}
Lösung: $E_{mom} = E_{kin} + E_{pot}$

$E_{mom} = \frac{1}{2} \cdot m \cdot v^2 + m \cdot g \cdot h$

$E_{mom} = 125\,000$ J $+ 1\,226\,50$ J
$E_{mom} = 1\,351\,250$ J $= 1{,}35$ MJ

Antwort: In einer Höhe von 50 m beträgt die momentane Energie des Wagenzuges 1,35 MJ.

2 Die Energieumwandlung und die Energieentwertung beim Achterbahnfahren

Ein Teil der Energie wird entwertet

Die Achterbahnfahrt beginnt in einer Höhe von 60 m. Hier beträgt der Wert der potenziellen Energie des Wagenzuges E_{pot} = 1 471 500 J. In der Höhe von 50 m beträgt der Wert der momentanen Energie E_{mom} = 1 351 250 J. Der Wert der Energie wurde also um 120 250 J kleiner. Ein Teil der potentiellen Energie wurde während der Abwärtsbewegung des Wagens durch Reibung in innere Energie E_i = 120 250 J umgewandelt. Sie wird in Form von Wärme abgegeben und somit entwertet.

Während der gesamten Achterbahnfahrt wird ständig Energie umgewandelt und entwertet. Die Summe aller am Prozess beteiligten Energien ist jedoch immer gleich groß und bleibt konstant. Dieser Zusammenhang heißt **Energieerhaltungssatz**.

> **Energieerhaltungssatz**
> $E_{ges} = E_{pot} + E_{kin} + E_i$ = konstant

Den Wirkungsgrad berechnen

Bei der Achterbahnfahrt wurden auf dem ersten Teilstück Energie von 1 471 500 J zugeführt und 1 351 250 J genutzt. Der Wert des Quotienten aus der genutzten und der zugeführten Energie $\frac{E_{nutz}}{E_{zu}}$ heißt **Wirkungsgrad η**. Der Wirkungsgrad ist ein Maß dafür, wie gut die Achterbahn Energie umwandelt. Für die Bahn ergibt sich:

$$\eta = \frac{E_{nutz}}{E_{zu}} \Rightarrow \eta = \frac{1\,351\,250\text{ J}}{1\,471\,500\text{ J}} = 0{,}918$$

Die Achterbahn besitzt auf dem ersten Teilstück einen Wirkungsgrad von 91,8 %. Der Wirkungsgrad ist immer kleiner als 100 % oder kleiner als 1, da es keine Energieumwandlung ohne Energieentwertung gibt.

> **Name:** Wirkungsgrad
> **Formelzeichen:** η (eta)
> **Berechnung:** $\eta = \frac{E_{nutz}}{E_{zu}}$
> **Einheit:** keine
> **Angabe:** Dezimalzahl oder in Prozent

---

❶ Der Wagenzug einer Achterbahn wird auf den höchsten Punkt gezogen und dort ausgeklinkt. Nun rast der Wagenzug bergab und anschließend wieder bergauf.
   a) Nenne alle auftretenden Energieformen.
   b) Zeichne das dazugehörige Energieflussdiagramm.

Starthilfe zu 1 b):
Beachte, dass die entwertete Energie unterschiedliche Formen haben kann.

❷ ❙ Formuliere den Energieerhaltungssatz für eine Achterbahnfahrt.

❸ ❙❙ Begründe mithilfe des Energieerhaltungssatzes, dass eine Achterbahnfahrt nach mehreren Bergab- und Bergauffahrten immer endet.

IM ALLTAG

Der Gesamtwirkungsgrad einer Windkraftanlage

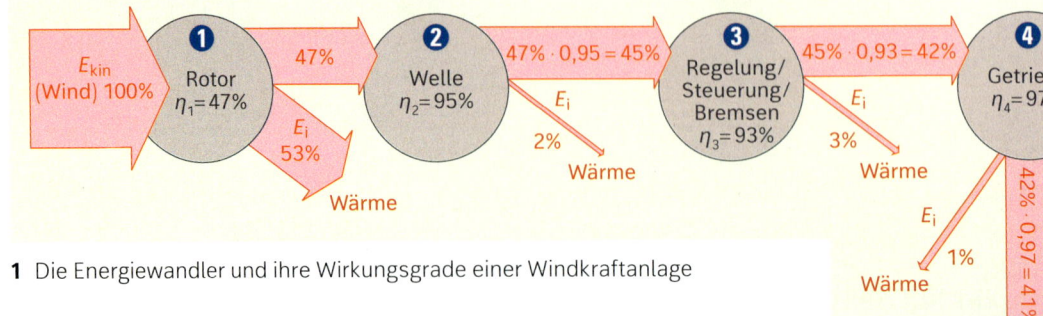

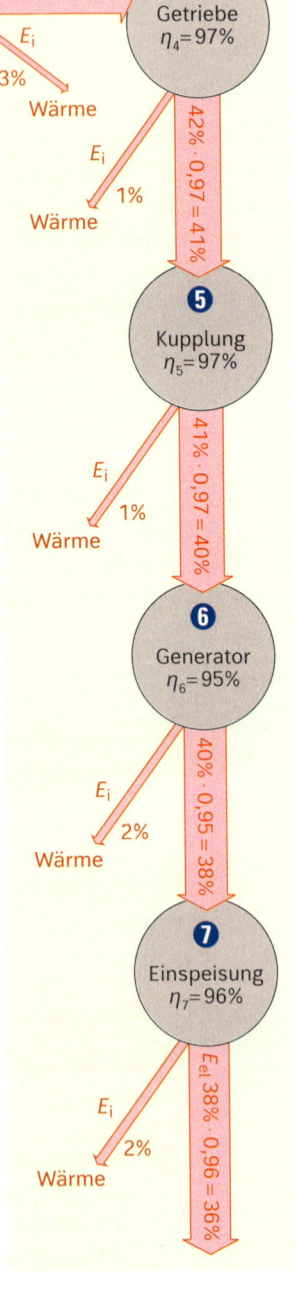

1 Die Energiewandler und ihre Wirkungsgrade einer Windkraftanlage

Überall entwertete Energie

Eine Windkraftanlage wandelt in mehreren Schritten die kinetische Energie des Windes in elektrische Energie um. Bei jedem Umwandlungsschritt wird Energie entwertet, weil die innere Energie der Bauteile in Form von Wärme abgegeben wird. (→ Bild 1)

① Die **Rotorblätter** nehmen nur einen Teil der kinetischen Energie des Windes auf.
② Der Rotor ist durch eine **Welle** mit dem Getriebe verbunden. Sie dreht sich in ihrer **Lagerung.**
③ Durch eine **elektrische Steuerung** wird der Rotor optimal in die Windrichtung gedreht. Die **Bremsen** reduzieren bei zu großen Windstärken die Geschwindigkeit des Rotors.
④ Das **Getriebe** überträgt die verbleibende kinetische Energie auf die Kupplung.
⑤ Die **Kupplung** verbindet das Getriebe mit dem Generator oder trennt es von ihm.
⑥ Der **Rotor** des Generators dreht sich im Stator.
⑦ Die elektrische Energie wird mithilfe von **Transformatoren** so umgewandelt, dass die Spannung an die Spannung des Versorgungsnetzes angepasst ist.

Der **Gesamtwirkungsgrad** der Anlage ist dabei das Produkt der Einzelwirkungsgrade der Wandler. Es gilt:

$$\eta_{ges} = \eta_1 \cdot \eta_2 \cdot \ldots \cdot \eta_n \quad (n - \text{Anzahl der Wandler})$$

Der Gesamtwirkungsgrad der Windkraftanlage in Bild 1 beträgt nur 36 %.

---

❶ Die Übertragung der elektrischen Energie durch die Versorgungsnetze hat einen Wirkungsgrad von 95 %. Berechne den Gesamtwirkungsgrad der Energieumwandlung: „Von der Sonne zur Steckdose" für eine Windkraftanlage wie in Bild 1.

ÜBEN UND ANWENDEN

A) Windkraftanlagen und Wirkungsgrade

2 Ein Rotor wird nach oben gehoben

1 a) Der Kran in Bild 2 hebt den 120 t schweren Rotor einer Windkraftanlage um 92 m nach oben. Berechne die auf den Rotor übertragene potenzielle Energie.
b) Begründe, dass die berechnete potenzielle Energie geringer ist als die dem Motor des Krans zugeführte Energie.
c) Berechne die Energie, die der Kranmotor mindestens umwandeln muss, wenn sein Wirkungsgrad 80 % beträgt.

Beispielaufgabe
Ein Körper mit einer Masse von 12 t wird vom Motor eines Kranes gehoben.
a) Berechne die Energie, die der Körper in einer Höhe von 5 m gespeichert hat.
b) Berechne die mindestens zugeführte Energie, wenn der Motor einen Wirkungsgrad von 70 % hat.
geg.: $m = 12$ t, $h = 5$ m, $\eta = 0{,}70$
ges.: a) E_{pot}, **b)** E_{zu}
Lösung: a) $E_{pot} = m \cdot g \cdot h$
$E_{pot} = 12\,000$ kg $\cdot 9{,}81 \frac{m}{s^2} \cdot 5$ m
$E_{pot} = 588\,600$ Nm $= 588{,}60$ kJ
b) $\eta = \frac{E_{nutz}}{E_{zu}} \Leftrightarrow E_{zu} = \frac{E_{nutz}}{\eta}$, $E_{nutz} = E_{pot} \Rightarrow E_{zu} = \frac{E_{pot}}{\eta}$
$E_{zu} = \frac{588{,}60 \text{ kJ}}{0{,}70} = 840{,}86$ kJ
Antwort: Der gehobene Körper hat in einer Höhe von 5 m eine potenzielle Energie von 588,60 kJ. Dem Motor muss eine Energie von 840,86 kJ zugeführt werden.

3 Ein Kran stapelt Betonblöcke.

Energiespeicherung in Betonblöcken

Der Kran in Bild 3 zieht mithilfe elektrischer Energie Betonblöcke in die Höhe und stapelt sie. Die potenzielle Energie der Blöcke kann bei Bedarf wieder in elektrische Energie umgewandelt werden. Dies ist eine von vielen Ideen, überschüssige elektrische Energie zu speichern, bis sie benötigt wird.

2 In Bild 3 werden Betonblöcke mithilfe eines Kranes gehoben. Der Motor des Kranes hat einen Wirkungsgrad von 90 %. Durch die Rollen und Seile werden 8 % der zugeführten Energie entwertet.
a) Berechne den Gesamtwirkungsgrad für das Heben eines Blockes.
b) Berechne den Gesamtwirkungsgrad für das Heben und Senken eines Blockes.

Starthilfe zu 2 a): Beachte, dass nur die durch die Rollen und Seile entwertete Energie gegeben ist.

3 Ein Betonblock hat eine Masse von 35 t und wird 80 m hoch gehoben. Die benötigte Energie wurde durch eine Windkraftanlage bereitgestellt. Berechne die zugeführte Energie des Windes. Beachte dabei alle Energiewandler.

Auf einen Blick: Bewegte Körper und ihre Energie

Geschwindigkeitsarten

Die Durchschnittsgeschwindigkeit
Die **Durchschnittsgeschwindigkeit** eines Körpers ist die mittlere Geschwindigkeit $\bar{v}$ die für die gesamte Strecke s und die dafür insgesamt benötigte Zeit t berechnet wird. Sie entspricht der konstanten Geschwindigkeit einer gleichförmigen Bewegung.

Die Momentangeschwindigkeit
Die **Momentangeschwindigkeit** eines Körpers ist die Geschwindigkeit, die der Körper zu einer bestimmten Zeit an einem bestimmten Ort hat. Sie wird für eine möglichst kurze Strecke s und die dafür benötigte Zeit t berechnet.

Beschleunigungsarten

Die gleichmäßig beschleunigte Bewegung
Wirkt eine konstante Kraft in die Bewegungsrichtung eines Körpers, wird er **gleichmäßig beschleunigt**. Die Beschleunigung ist positiv: $a > 0 \frac{m}{s^2}$. Auf einen fallenden Körper wirkt die Gewichtskraft F_G. Die **Fallbeschleunigung** g beträgt 9,81 $\frac{m}{s^2}$.

Die negativ beschleunigte Bewegung
Wirkt eine konstante Kraft entgegen der Bewegungsrichtung eines Körpers, so wird der Körper **gleichmäßig gebremst**. Die Beschleunigung ist negativ: $a < 0 \frac{m}{s^2}$.
Der **Anhalteweg** setzt sich aus dem **Reaktionsweg** und dem **Bremsweg** zusammen.

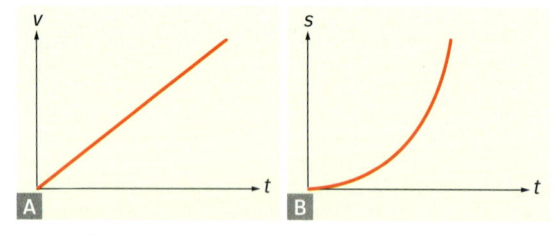

1 $a > 0 \frac{m}{s^2}$: **A** t-v-Diagramm, **B** t-s-Diagramm

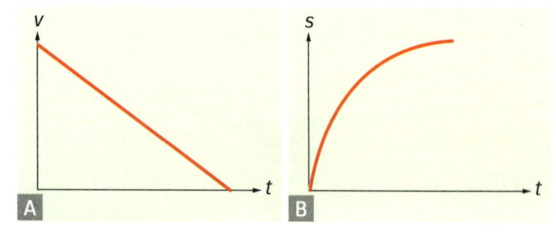

2 $a < 0 \frac{m}{s^2}$: **A** t-v-Diagramm, **B** t-s-Diagramm

Name	Größe	Einheit	Gesetz	
Weg, Strecke	s	m	$s = v \cdot t$, $s = \frac{1}{2} a \cdot t^2$	freier Fall: $s = \frac{1}{2} g \cdot t^2$
Zeit	t	s	$t = \frac{s}{v}$, $t = \sqrt{\frac{2 \cdot s}{a}}$	freier Fall: $t = \sqrt{\frac{2 \cdot s}{g}}$
Durchschnittsgeschwindigkeit	$\bar{v}$	$\frac{m}{s}$, $\frac{km}{h}$	$v = \frac{s}{t}$	
Momentangeschwindigkeit	v	1 $\frac{m}{s}$ = 3,6 $\frac{km}{h}$	$v = \frac{\Delta s}{\Delta t} = \frac{s_2 - s_1}{t_2 - t_1}$, $v = a \cdot t$	freier Fall: $v = g \cdot t$
Beschleunigung	a	$\frac{m}{s^2}$	$a = \frac{\Delta v}{\Delta t} = \frac{v_2 - v_1}{t_2 - t_1}$, $a = \frac{2 \cdot s}{t^2}$	freier Fall: $g = \frac{v}{t}$

WICHTIGE BEGRIFFE
- gleichförmige Bewegung
- Durchschnittsgeschwindigkeit
- Momentangeschwindigkeit

WICHTIGE BEGRIFFE
- gleichmäßige Beschleunigung
- negative Beschleunigung
- freier Fall
- Anhalteweg, Reaktionsweg, Bremsweg

Die newtonschen Gesetze

1. Trägheitsgesetz
Aufgrund seiner Trägheit bleibt ein Körper in Ruhe oder bewegt sich geradlinig gleichförmig, solange keine resultierende Kraft auf ihn einwirkt. Er ändert seinen Bewegungszustand nicht.

2. Kraftgesetz
Wirkt auf einen Körper eine Kraft F, so wird der Körper in Richtung dieser Kraft beschleunigt. Der Betrag der Kraft F hängt von der Beschleunigung a und der Masse m des Körpers ab.

3. actio = reactio
Wirkt von einem Körper eine Kraft auf einen anderen Körper, so wirkt von diesem Körper immer eine gleich große Kraft entgegengesetzt zurück.

Energieformen

Die potenzielle Energie
Die **potenzielle Energie** E_{pot} eines ruhenden Körpers wird durch die auf ihn wirkende **Kraft F** und seine Lage in einer bestimmten **Höhe h** bestimmt. Sie wird auch **Lage- oder Höhenenergie** genannt.

Die kinetische Energie
Die **kinetische Energie** E_{kin} eines bewegten Körpers hängt vom Quadrat seiner **Geschwindigkeit v^2** und seiner **Masse m** ab. Sie wird auch **Bewegungsenergie** genannt.

Energieumwandlung

Die Energieerhaltung
Bei jedem Energieumwandlungsprozess entsteht unerwünschte Energie in Form von **innerer Energie.** Diese wird in Form von Wärme abgegeben und **entwertet**. Die Summe aller an einem Prozess beteiligten Energien ist immer konstant. Es gilt der **Energieerhaltungssatz.**

Der Wirkungsgrad
Der **Wirkungsgrad η** ist ein Maß dafür, wie viel einem Prozess **zugeführte Energie** in erwünschte oder **genutzte Energie** umwandelt wird. Der Wirkungsgrad ist immer kleiner als 100 % oder kleiner als 1, da es keinen Energieumwandlungsprozess ohne **Energieentwertung** gibt.

Name	Größe	Einheit	Gesetz
Kraft	F	$1\,kg \cdot 1\,\frac{m}{s^2} = 1\,N$ (Newton)	Grundgleichung der Mechanik: $F = m \cdot a$, $F = m \cdot g$
potenzielle Energie	E_{pot}	$1\,kg \cdot 1\,\frac{m}{s^2} \cdot 1\,m = 1\,Nm = 1\,J$	$E_{pot} = F_G \cdot h = m \cdot g \cdot h$
kinetische Energie	E_{kin}	$1\,kg \cdot 1\,\frac{m}{s^2} \cdot 1\,m = 1\,Nm = 1\,J$	$E_{kin} = \frac{1}{2} m \cdot v^2$ Energieerhaltungssatz: $E_{ges} = E_{pot} + E_{kin} + E_i =$ konstant
Wirkungsgrad Gesamtwirkungsgrad	η (Eta) η_{ges}	– Größenordnung: $0 < \eta < 1$ oder $0\,\% < \eta < 100\,\%$	$\eta = \frac{E_{nutz}}{E_{zu}}$ $\eta_{ges} = \eta_1 \cdot \eta_2 \cdot \ldots \cdot \eta_n$ (n- Anzahl der Wandler)

WICHTIGE BEGRIFFE
- potenzielle Energie
- kinetische Energie
- innere Energie, Wärme
- Energieerhaltungssatz

WICHTIGE BEGRIFFE
- zugeführte Energie
- genutzte Energie
- entwertete Energie
- Wirkungsgrad, Gesamtwirkungsgrad

Lerncheck: Bewegte Körper und ihre Energie

Geschwindigkeitsarten

1 Erläutere den Unterschied zwischen Momentangeschwindigkeit und Durchschnittsgeschwindigkeit.

2 Erläutere, auf welche Art der Geschwindigkeit sich Verkehrsschilder mit Geschwindigkeitsbegrenzungen beziehen.

3 Berechne die fehlenden Größen einer gleichförmigen Bewegung in der folgenden Tabelle. Beachte die Einheiten.

	Δs	Δt	v in $\frac{km}{h}$
Läufer	800 m	5 min	...
Auto	...	60 s	72
ICE	2000 m	...	180

4 Die Bewegung eines Flugzeuges wurde in dem unten abgebildeten t-s-Diagramm aufgezeichnet. Beschreibe die Bewegung des Flugzeuges in den einzelnen Abschnitten A bis C und bestimme jeweils die Geschwindigkeit.

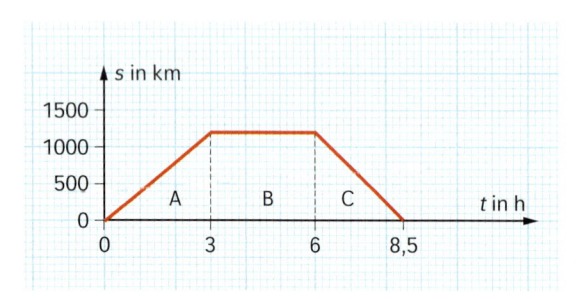

Beschleunigungsarten

5 Ein Fahrzeug wird aus dem Stand 4 s mit $a = 3{,}5\,\frac{m}{s^2}$ beschleunigt.
a) Berechne den zurückgelegten Weg.
b) Berechne die erreichte Geschwindigkeit.

6 Ein Fahrzeug mit der Geschwindigkeit von $72\,\frac{km}{h}$ wird 3 s mit $2{,}5\,\frac{m}{s^2}$ gebremst.
a) Berechne die Geschwindigkeit nach dem Bremsvorgang.
b) Berechne den dabei zurückgelegten Weg.

7 Ein Fahrzeug hat eine Geschwindigkeit von $120\,\frac{km}{h}$ und muss eine Gefahrenbremsung auf trockenem Asphalt durchführen.
a) Gib den Sicherheitsabstand zum vorausfahrenden Fahrzeug an.
b) Gib die Teilstrecken an, aus denen sich der Anhalteweg zusammensetzt.
c) Nenne je 3 Faktoren, die die Teilstrecken des Anhalteweges beeinflussen.
d) Berechne den Anhalteweg mithilfe der Faustformeln und mit dem Verzögerungswert $8\,\frac{m}{s^2}$ bei einer Reaktionszeit von 1 s.
e) Zeichne für den Anhalteweg ein t-s-Diagramm und ein t-v-Diagramm.

8 Max lässt einen Stein von einem Turm fallen. Nach 2 s sieht er den Stein auftreffen.
a) Berechne die Höhe des Turms.
b) Berechne die erreichte Geschwindigkeit des Steins in $\frac{km}{h}$.

DU KANNST JETZT ...

- ... die Durchschnittsgeschwindigkeit von der Momentangeschwindigkeit unterscheiden.
- ... die Durchschnittsgeschwindigkeit und die Momentangeschwindigkeit eines bewegten Körpers experimentell bestimmen und berechnen.
- ... gleichförmige Bewegungen in t-s- und t-v-Diagrammen darstellen und interpretieren.

DU KANNST JETZT ...

- ... zwischen gleichmäßig beschleunigten und gleichmäßig verzögerten Bewegungen unterscheiden.
- ... die Geschwindigkeit, den Weg, die Zeit und die Beschleunigung berechnen.
- ... den freien Fall als gleichmäßig beschleunigte Bewegung beschreiben.
- ... beschleunigte Bewegungen in t-s- und t-v-Diagrammen darstellen und interpretieren.

Die newtonschen Gesetze

9 Formuliere die drei newtonschen Grundgesetze der Mechanik.

10 Der Hund darf im Kofferraum eines Fahrzeuges mitreisen. Zwischen dem Kofferraum und dem Innenraum des Fahrzeuges wurde ein Sicherheitsnetz eingespannt. Begründe den Nutzen des Netzes.

11 Erläutere mithilfe eines newtonschen Gesetzes die Fortbewegung einer Qualle im Meer.

12 Berechne die fehlenden Größen in der folgenden Tabelle. Beachte die Einheiten.

	m	a in $\frac{m}{s^2}$	F in N
Auto	1,5 t	5	…
Ball	400 g	…	70
Läufer/-in	(Schätze!)	3	…

> **DU KANNST JETZT …**
> - … das Trägheitsgesetz nennen und mithilfe eines Beispiels erläutern.
> - … das Kraftgesetz nennen und mithilfe eines Beispiels erläutern.
> - … das newtonsche Gesetz actio = reactio nennen und mithilfe eines Beispiels erläutern.
> - … mithilfe der Grundgleichung der Mechanik Berechnungen durchführen.

Energieformen und -umwandlung

13 a) Ein Fahrzeug mit einer Masse von 1,5 t prallt mit einer Geschwindigkeit 60 $\frac{km}{h}$ auf ein Hindernis. Berechne seine kinetische Energie.
b) Berechne die Höhe, aus der das Fahrzeug fallen müsste, um vergleichbare Verformungen zu erhalten.

14 Berechne die Masse von Nina, wenn sie beim Fahrradfahren mit einer Geschwindigkeit von 21,6 $\frac{km}{h}$ eine kinetische Energie von 1,17 kJ besitzt. Das Fahrrad hat eine Masse von 15 kg.

15 Begründe, dass ein Fadenpendel nach der ersten Schwingung nicht mehr die ursprüngliche Höhe erreicht.

16 Auf einem Förderband werden pro Stunde 25 t Kies 4 m hoch transportiert. Der E-Motor des Förderbandes hat einen Wirkungsgrad von 90 %. Der Wirkungsgrad des Förderbandes beträgt 79 %. Berechne die mindestens zugeführte elektrische Energie.

> **DU KANNST JETZT …**
> - … die Umwandlung von potenzieller in kinetische Energie und umgekehrt an Beispielen darstellen und erläutern.
> - … potenzielle und kinetische Energien von Körpern berechnen.
> - … den Energieerhaltungssatz erläutern und anwenden.
> - … Wirkungsgrade und den Gesamtwirkungsgrad einer Großanlage berechnen.

Lerncheck

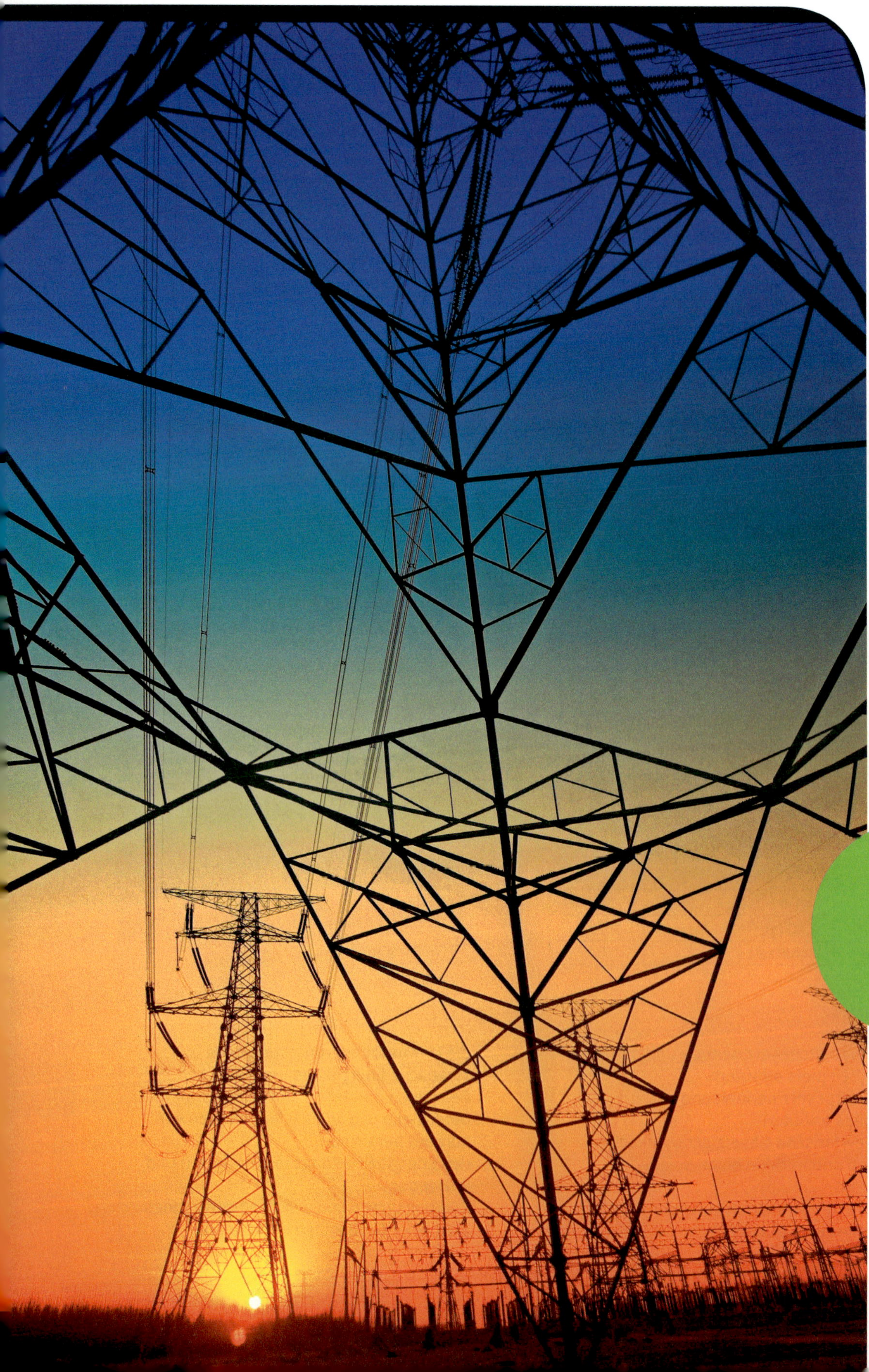

Elektrische Energie und ihre Nutzung

Wie wird Bewegungsenergie in elektrische Energie umgewandelt?

Wie funktionieren Generatoren und Motoren und wo werden sie eingesetzt?

Welche Aufgaben haben Transformatoren und wie sind sie aufgebaut?

1 Hans Christian Oersted zeigt den Zusammenhang zwischen Elektrizität und Magnetismus

Das Magnetfeld eines elektrischen Leiters

Eine zufällige Entdeckung
Der dänische Physiker Hans Christian Oersted (1777 – 1851) gilt als Entdecker des Zusammenhangs zwischen Elektrizität und Magnetismus. 1820 experimentierte er mit einer Batterie und mit einem Strom führenden, metallischen Leiter. Die Nadel eines in der Nähe liegenden Kompasses bewegte sich plötzlich. Oersted vermutete, dass der Strom führende Leiter die Ursache für das Bewegen der Kompassnadel ist.
(→ Bild 1)

Die Vermutung wird bestätigt!
Oersted führte weitere Versuche durch. Bei jedem Versuch zeigte die Kompassnadel in der Nähe des Strom führenden Leiters nicht mehr das Magnetfeld der Erde an. Oersted schlussfolgerte, dass um jeden Strom führenden, metallischen Leiter ein Magnetfeld entsteht. Er hatte den **Elektromagnetismus** entdeckt. (→ Bild 2)
Mit dieser Entdeckung wurde die Umwandlung elektrischer Energie in Bewegungsenergie möglich.

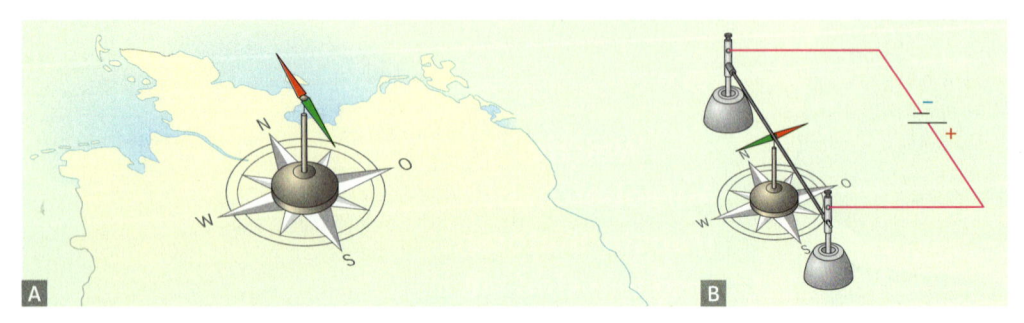

2 Die Kompassnadeln zeigen verschiedene Magnetfelder an.

Die Richtung des Elektronenstromes

In weiteren Versuchen vertauschte OERSTED die Pole an der Elektrizitätsquelle. Er beobachtete, dass sich die Kompassnadel dann um 180° dreht, also in die entgegengesetzte Richtung zeigt. Durch die veränderte Fließrichtung der Elektronen im elektrischen Leiter ändert sich die Richtung des Magnetfeldes. (→ Bild 3)

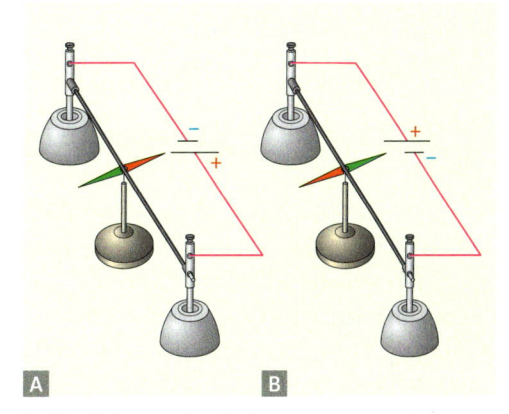

3 Die Richtung des Elektronenstromes beeinflusst das Magnetfeld.

Die Richtung des Magnetfeldes

Zunächst vermutete OERSTED, dass die Wechselwirkung zwischen Elektrizität und Magnetismus als Anziehung oder Abstoßung sichtbar wird. Er beobachtete jedoch, dass sich mehrere Kompassnadeln in der Umgebung eines geraden, elektrischen Leiters im Kreis ausrichten.
In Bild 4 siehst du, dass das Magnetfeld ringförmig um den Strom führenden Leiter verläuft. Es hat keine Magnetpole.

4 Das ringförmige Magnetfeld um einen geraden, elektrischen Leiter

Die Linke-Faust-Regel

Die Richtung der Magnetfeldlinien kannst du mit der **Linke-Faust-Regel** wie in Bild 5 bestimmen: Zeigt der Daumen deiner linken Hand in die Richtung der Elektronenbewegung, so zeigen die gekrümmten Finger die Richtung der Magnetfeldlinien an.

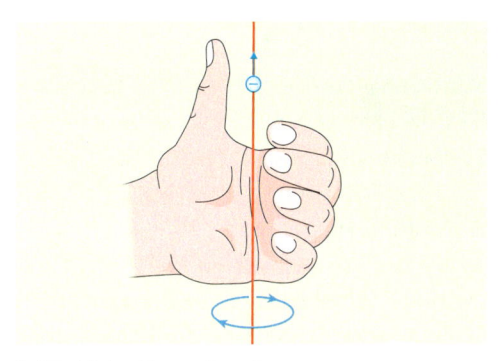

> Um jeden Strom führenden Leiter entsteht ein Magnetfeld. Die Richtung hängt von der Fließrichtung der Elektronen ab und kann mit der **Linke-Faust-Regel** bestimmt werden.

5 Die Linke-Faust-Regel

---

1 HANS CHRISTIAN OERSTED führte während einer Vorlesung einen Versuch mit einem Strom führenden Leiter durch.
 a) Beschreibe seine zufällige Beobachtung.
 b) Ziehe eine Schlussfolgerung aus dieser Beobachtung.

Starthilfe zu 1:
Benutze die Begriffe
• Strom führender Leiter
• Kompassnadel
• Magnetfeld

2 ❙ Beschreibe einen Möglichkeit, das ringförmige Magnetfeld um einen Strom führenden Leiter sichtbar zu machen.

3 ❙❙❙ Nenne technische Einrichtungen oder Situationen, die die Orientierung mit einem Kompass im Gelände beeinflussen und begründe deine Aussage.

FORSCHEN UND ENTDECKEN

A Ein Magnetfeld erzeugen

Material: Kompassnadel, Elektrizitätsquelle, mehrere Experimentierkabel, Schalter, Lampe

Durchführung:
Schritt 1: Stelle die Kompassnadel auf und warte, bis sie sich in Nord-Süd-Richtung ausgerichtet hat.
Schritt 2: Baue einen Stromkreis auf. Richte dabei ein Experimentierkabel so aus, dass es parallel zur ausgerichteten Kompassnadel verläuft. (→ Bild 1)
Schritt 3: Schließe und öffne mehrmals den Schalter.
Schritt 4: Vertausche die Anschlüsse des Leiters an der Elektrizitätsquelle und wiederhole Schritt 3.

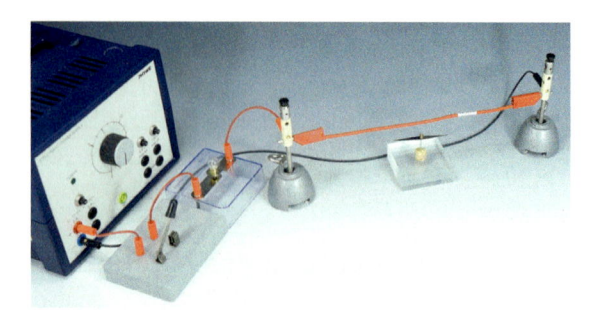

1 Der Versuchsaufbau

❶ Beschreibe deine Beobachtungen.
❷ Begründe, dass sich eine Kompassnadel in der Nähe eines Leiters beim Öffnen und Schließen des Stromkreises bewegt.
❸ Ziehe jeweils eine Schlussfolgerung aus den Beobachtungen in den Schritten 3 und 4.

B Das Magnetfeld sichtbar machen

Material: feste Pappe, kleine Kompassnadeln, Elektrizitätsquelle, mehrere Experimentierkabel, Schweißdraht, Schalter, Lampe, Stativmaterial

Durchführung:
Schritt 1: Schneide aus der Pappe ein Quadrat mit einer Seitenlänge von etwa 8 cm.
Schritt 2: Ziehe durch die Mitte der Pappe den Schweißdraht. Befestige den Schweißdraht so am Stativmaterial, dass er senkrecht verläuft. Die Pappe darf nicht verrutschen und sollte waagerecht ausgerichtet sein.
Schritt 3: Stelle auf die Pappe mehrere kleine Kompassnadeln und warte bis sie sich ausgerichtet haben.
Schritt 4: Baue einen Stromkreis auf und verbinde ihn mit dem Schweißdraht. (→ Bild 2)
Schritt 5: Schließe und öffne mehrmals den Schalter.

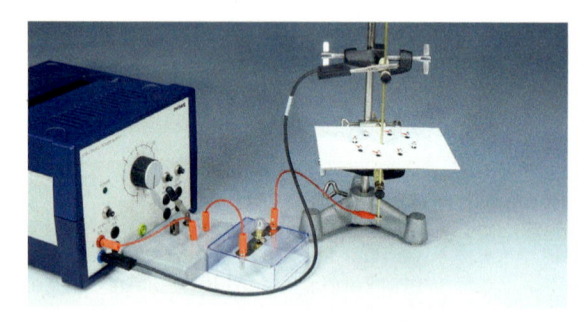

2 Kompassnadeln machen das Magnetfeld sichtbar.

❶ Beschreibe deine Beobachtung und formuliere eine Schlußfolgerung.
❷ Zeichne das Magnetfeld um einen Strom führenden, geraden Leiter in dein Heft.
❸ Bestimme mit der Linke-Faust-Regel die Richtung des Magnetfeldes. Zeichne die Elektronenstromrichtung und die Richtung des Magnetfeldes in deine Zeichnung des Magnetfeldes aus Aufgabe 2 ein.

IM ALLTAG

Die Grundsteine der Elektrizitätslehre werden gelegt

Luigi Galvani (1737 – 1798)
Luigi Galvani experimentierte 1780 mit Froschschenkeln, Kupfer- und Eisendraht. Brachte er die miteinander verbundenen Drähte mit dem Froschschenkel in Berührung, zuckten dessen Muskeln. Galvani hatte zufällig einen Stromkreis aus den beiden Metalldrähten und der Flüssigkeit im Froschschenkel hergestellt. Er zog jedoch noch keine richtigen Schlussfolgerungen aus den Beobachtungen.

Alessandro Volta (1745 – 1827)
Alessandro Volta erfand 1755 das Elektrophor, eine Maschine zur Trennung von elektrischen Ladungen. 1783 baute er das erste Elektroskop zum Nachweis von elektrischen Ladungen. Erst 1792 erfuhr er von Galvanis Versuchen. Er führte jahrelange Forschungen zur Elektrizität durch und erfand 1800 die erste Batterie. Sie heißt ihm zu Ehren Volta'sche Säule (→ Bild 3).

André-Marie Ampère (1775 – 1836)
André-Marie Ampère griff die Erkenntnisse von Oersted auf und wiederholte dessen Versuche. Er konkretisierte die Ergebnisse: „Eine Magnetnadel richtet sich immer senkrecht zum Strom führenden Leiter aus." Außerdem untersuchte er die Wechselwirkung zwischen zwei Strom führenden Leitern und stellte 1822 die Hypothese auf: „Jede Form des Magnetismus ist auf die Bewegung elektrischer Ladungen zurückzuführen."

3 Die erste Batterie – eine Volta'sche Säule

① Halte einen Kurzvortrag über das Leben und Wirken eines der oben genannten Wissenschaftler.

② ‖ Recherchiere den Aufbau der Volta'schen Säule und beschreibe ihre Wirkungsweise.

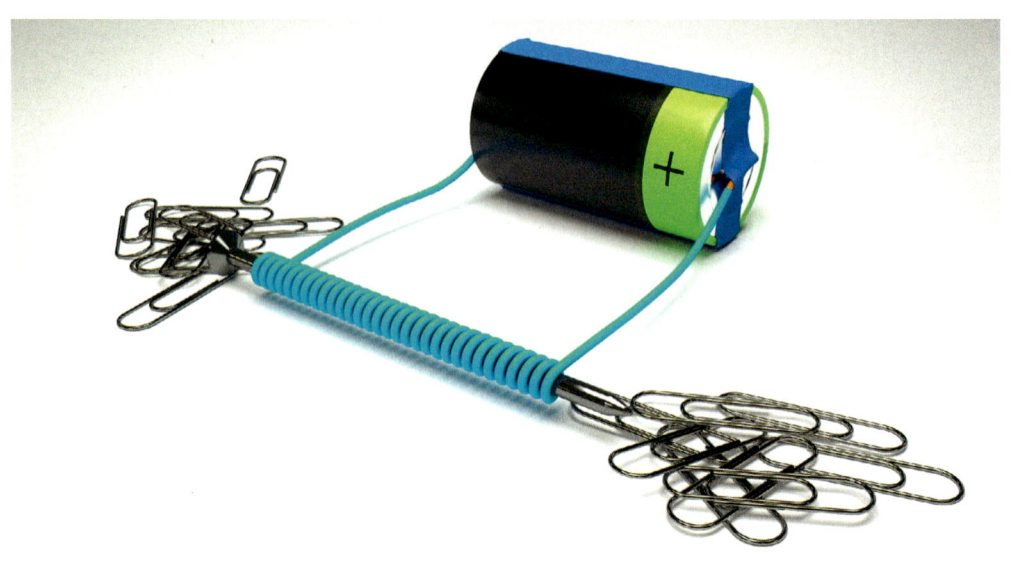

1 Ein selbst gebauter Elektromagnet

Die magnetische Wirkung lässt sich regeln

Eine Spule als Magnet

Wickelst du einen elektrischen Leiter wie in Bild 1 zu einer **Spule** auf und schließt diese an eine Elektrizitätsquelle an, werden Büroklammern aus Eisen angezogen. Eine Spule in einem geschlossenen Stromkreis ist ein **Elektromagnet.** An ihren Enden entstehen magnetische Pole. Es gilt die **Polregel:** ungleichartige Pole ziehen sich an und gleichartige Pole stoßen sich ab.

Das Magnetfeld einer Spule

In Bild 2 zeigen Eisenpfeilspäne und Kompassnadeln das Magnetfeld der Strom führenden Spule an. Das äußere Magnetfeld der Spule ähnelt dem Magnetfeld eines Stabmagneten. Die Magnetfeldlinien sind in sich geschlossen und verlaufen außerhalb der Spule vom Nordpol zum Südpol. An den Polen liegen die Magnetfeldlinien besonders eng beieinander. Die magnetische Wirkung ist sehr groß. Im Inneren der Spule verlaufen die Magnetfeldlinien vom Südpol zum Nordpol. Sie verlaufen im gleichen Abstand und parallel zueinander. In der Spule ist das Magnetfeld **homogen.**

Windungen beeinflussen die Wirkung

Eine Kompassnadel in der Nähe eines elektrischen Leiters wird ausgelenkt. Wird aus dem geraden Leiter eine Spule gewickelt, wird die Kompassnadel stärker ausgelenkt. Die magnetische Wirkung wird durch die dicht beieinanderliegenden **Windungen** auf einen viel kleineren Raum konzentriert und somit verstärkt.
Wird die Anzahl der Windungen einer Spule weiter erhöht, ist die magnetische Wirkung noch stärker. Sogar kleine Gegenstände aus Eisen können mit diesem Elektromagneten angehoben werden.

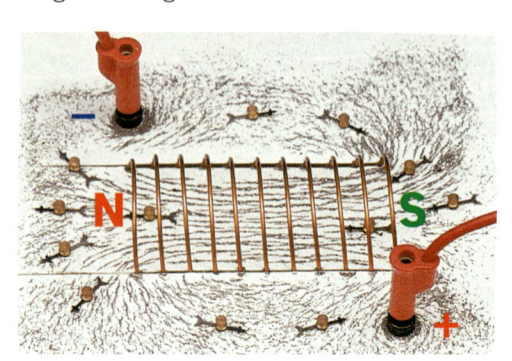

2 Das Magnetfeld einer Spule

Ein Eisenkern verstärkt die Wirkung

Steckst du in das Innere einer Strom führenden Spule einen **Eisenkern,** wird dieser magnetisiert. Durch seine magnetische Kraftwirkung erhöht sich die magnetische Kraftwirkung der Spule. Die Wirkung ist so groß, dass sogar mehrere Büroklammern angehoben werden können. (→ Bild 3A)
Wird der Stromkreis unterbrochen, behält der Eisenkern nur eine sehr schwache magnetische Wirkung. Die Büroklammern fallen ab.

Die Stromstärke bestimmt die Wirkung

Die magnetische Wirkung eines Strom führenden Leiters tritt erst ein, wenn Elektronen durch den Leiter fließen. Je mehr Elektronen in einer Sekunde durch den Leiterquerschnitt fließen, desto stärker ist die magnetische Kraftwirkung. Die magnetische Kraftwirkung hängt also von der Stromstärke ab. Ein Elektromagnet kann je nach Bedarf angeschaltet, geregelt und abgeschaltet werden. (→ Bild 3B)

Elektromagnete in der Industrie

In einem Walzwerk werden sehr große Platten aus Stahl hergestellt. Eine Platte kann mehrere Tonnen wiegen. Zur weiteren Verarbeitung werden die Platten verladen und in andere Betriebe transportiert. Zum Verladen werden sehr starke Elektromagnete verwendet. Sie haben sehr große Eisenkerne, um die dicke und lange Kupferkabel gewickelt sind.

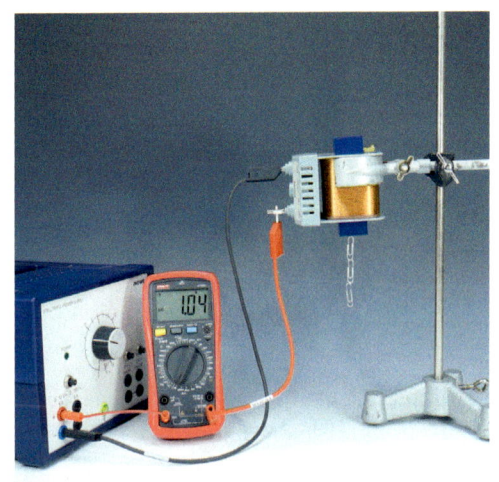

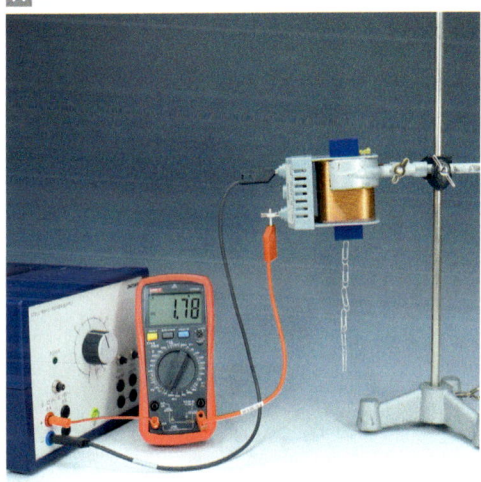

3 Große magnetische Kraftwirkung: **A** durch einen Eisenkern, **B** durch hohe Stromstärke

> Die **magnetische Kraftwirkung** eines Elektromagneten hängt von
> - der Windungszahl der Spule,
> - dem Einsatz eines Eisenkerns,
> - der Stromstärke ab.

① Nenne alle Möglichkeiten, das Magnetfeld um einen Strom führenden Leiter zu verstärken.

② ‖ Begründe, dass das Magnetfeld um eine Spule stärker ist als das Magnetfeld um einen geraden, Strom führenden Leiter.

③ ‖ Begründe, dass eine Spule mit Eisenkern eine größere magnetische Wirkung hat als ein gerader, Strom führenden Leiter.

④ ‖‖ Begründe, dass ein Elektromagnet angeschaltet, geregelt und abgeschaltet werden kann.

Starthilfe zu 4: Benutze die Begriffe Elektronenfluss und Stromstärke.

FORSCHEN UND ENTDECKEN

A Ein Magnetfeld verstärken

Material: Elektrizitätsquelle, mehrere Experimentierkabel, Schalter, 2 Spulen mit verschiedenen Windungszahlen, Eisenkern, Büroklammer aus Eisen, Geodreieck

Durchführung:
Schritt 1: Baue einen Stromkreis mit der Spule mit der geringeren Windungszahl auf. Stelle an der Elektrizitätsquelle eine Gleichspannung von 6 V ein.
Schritt 2: Schließe den Stromkreis. Miss mit dem Geodreieck, ab welcher Entfernung die Büroklammer angezogen wird.
Schritt 3: Baue in den Stromkreis die Spule mit der höheren Windungszahl ein und wiederhole Schritt 2.
Schritt 4: Lege in die Spule aus Schritt 3 einen Eisenkern und wiederhole Schritt 2.
Schritt 5: Erhöhe für den Aufbau in Schritt 4 die Spannung schrittweis um 2 V bis 12 V und wiederhole jeweils Schritt 2.

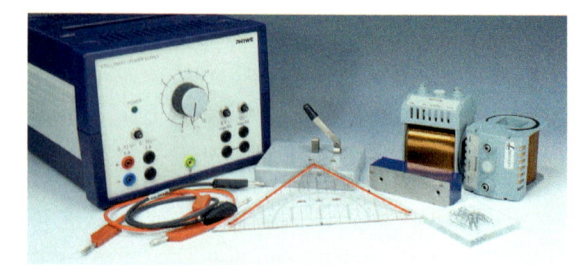

1 Das Versuchsmaterial

Windungszahl der Spule	Eisenkern ja/nein	U in V	Entfernung in cm
...	nein	6 V	...

2 Messwerttabelle

① Schreibe deine Messwerte in eine Tabelle.

② Ziehe zwei Schlußfolgerungen aus den Messwerten, indem du Je-desto-Sätze formulierst.

③ ❚❚ Begründe deine Je-desto-Sätze, indem du die Ursache dafür erläuterst.

B Die Stärke des Magnetfeldes sichtbar machen

Material: Stativmaterial, Elektrizitätsquelle, mehrere Experimentierkabel, Schalter, Stromstärkemessgerät, Spule mit Eisenkern, Büroklammern aus Eisen

Durchführung:
Schritt 1: Befestige die Spule mit dem Eisenkern am Stativ. Verbinde sie in Reihe mit einem Stromstärkemessgerät und der Elektrizitätsquelle. Stelle die Elektrizitätsquelle so ein, dass das Messgerät eine Stromstärke von 2 A anzeigt.
Schritt 2: Hänge an den Eisenkern eine lose Kette aus Büroklammern.
Schritt 3: Reduziere stufenweise die Stromstärke um 0,2 A bis 0 A.

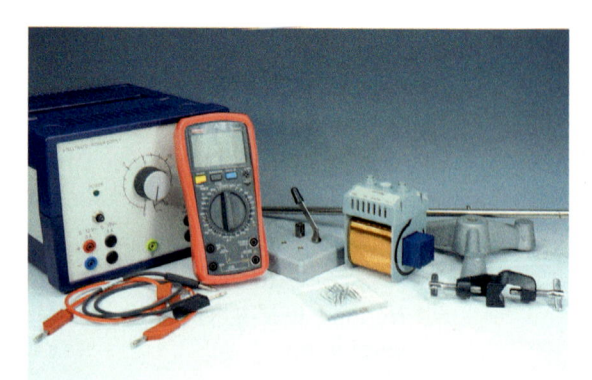

3 Das Versuchsmaterial

① Beschreibe deine Beobachtung.

② Formuliere eine Schlussfolgerung aus deiner Beobachtung.

IM ALLTAG

Elektromagnete im Einsatz

Der elektrische Türgong

Bild 4 zeigt den Aufbau eines **Türgongs.** Mit dem Klingelknopf als Tastschalter wird der Stromkreis geschlossen. Die Spule baut ein Magnetfeld auf und der Eisenstab wird schnell in die Spule hineingezogen. Er schlägt gegen den linken Metallstab. Dadurch entsteht ein Ton: „Ding". Die Feder wird dabei zusammengedrückt.

Lässt du den Klingelknopf los, wird der Stromkreis unterbrochen. Der Eisenstab in der Spule schnellt nach rechts. Die Feder dehnt sich so aus, dass der Eisenstab gegen den rechten, längeren Metallstab schlägt. Dadurch entsteht ein tieferer Ton: „Dong".

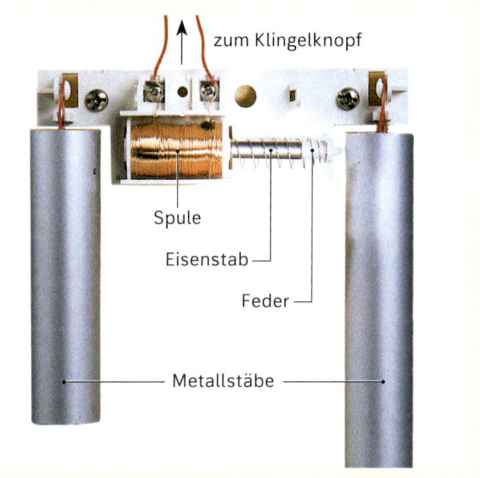

4 Ein Türgong mit zwei Tönen

Der Lautsprecher

In Bild 5 siehst du den Aufbau eines **Lautsprechers.** Fließt ein Elektronenstrom durch die Spule, baut sie ein Magnetfeld auf. Das Magnetfeld des Dauermagneten und das Magnetfeld der Spule stoßen einander ab. Die Spule schwingt nach vorne. Die Membran des Lautsprechers ist mit der Spule verbunden und schwingt ebenfalls nach vorne. Eine einzelne Bewegung ergibt jedoch noch keinen Ton. Töne entstehen erst durch ein schnelles Hin- und Herschwingen der Membran und der Übertragung dieser Schwingungen an die Luft. Dies geschieht, wenn schnell ändernde Stromstärken im angeschlossenen Stromkreis ebenso schnell wechselnde Anziehungs- und Abstoßungskräfte zwischen den Magnetfeldern im Lautsprecher verursachen.

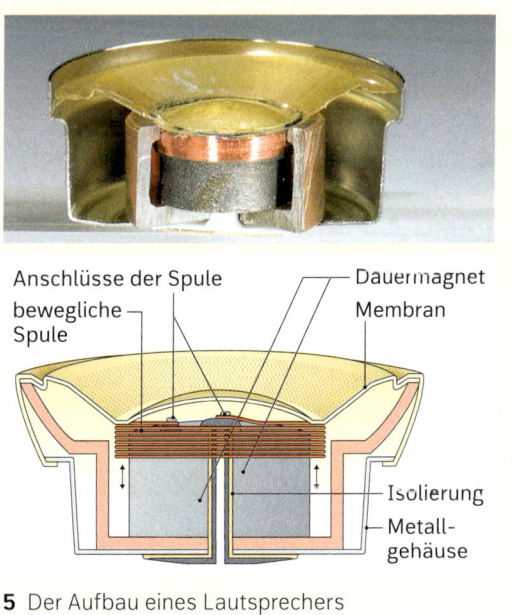

5 Der Aufbau eines Lautsprechers

1. **a)** Beschreibe den Aufbau und die Funktionsweise eines Türgongs.
   b) Begründe, dass bei dem Türgong in Bild 4 zwei verschiedene Töne entstehen.
2. **II** Beschreibe den Aufbau und die Funktionsweise eines Lautsprechers.
3. **III** Recherchiere ein weiteres Gerät, dessen Funktionsweise auf dem Prinzip eines Elektromagneten beruht. Zeichne den schematischen Aufbau und beschreibe die Funktionsweise des Gerätes.

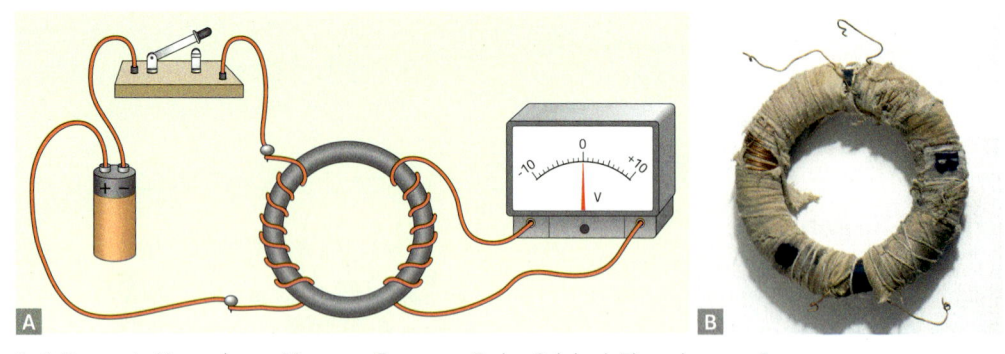

1 A Der erste Versuch von Michael Faraday, **B** der Original-Eisenring von Faraday

Die elektromagnetische Induktion

Elektrizität durch Magnetismus

Der englische Physiker Michael Faraday (1791 – 1866) kannte den Versuch von Oersted und notierte 1822 in sein Notizbuch: „Magnetismus in Elektrizität umwandeln". Nach mehreren misslungen Versuchen, gelang ihm erst 1831 ein Experiment mit Erfolg. Er wickelte um einen Eisenring auf beiden Hälften je einen Kupferdraht. Wenn er den Stromkreis auf der linken Seite schloss, reagierte auf der rechten Seite der Zeiger des Messgerätes kurz. Öffnete er den Stromkreis, bewegte sich der Zeiger in die entgegengesetzte Richtung. In der rechten Kupferspule haben sich die freien Elektronen also für einen Moment bewegt. Sie wurden verschoben. Er hatte somit eine Spannung messen. (→ Bild 1)

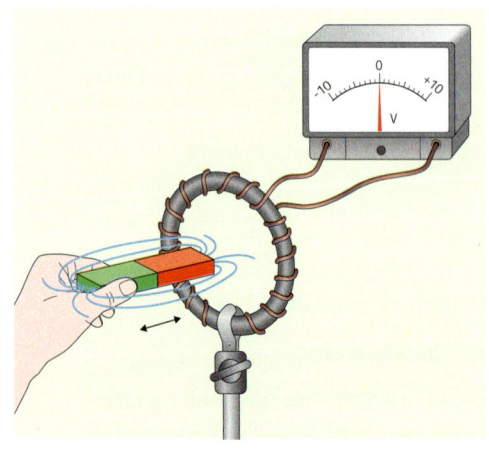

Elektrizität durch Bewegung

Wenig später bewegte Faraday einen Stabmagnet in einer Kupferspule hin und her (→ Bild 2). Der Zeiger des Messgerätes bewegte sich in beide Richtungen. Ihm war es gelungen, mithilfe eines bewegten Magnetfeldes und einer Spule eine Spannung zu erzeugen. Dieser Vorgang heißt **elektromagnetische Induktion,** die Spannung wird **induziert.**

Die Erklärung

In beiden Versuchen werden die Elektronen in der Kupferspule ständig einem Magnetfeld anderer Stärke ausgesetzt. Im ersten Versuch wird es kurz auf- und wieder abgebaut. Im zweiten Versuch hat das Magnetfeld des Stabmagneten an jeder Stelle eine andere Stärke. Durch die Hin- und Herbewegung wirkt auf die Elektronen in der Kupferspule ein Magnetfeld, dass sich in Richtung und Stärke ständig ändert. Es ist mal schwach und mal stark. Diese Veränderung bewirkt ein veränderliches elektrisches Feld in der Kupferspule.

Die drei Voraussetzungen

Um eine elektrische Spannung zu induzieren, müssen eine Spule, ein Magnetfeld und eine Bewegung vorhanden sein. Dies ruft eine zeitliche Veränderung des Magnetfeldes hervor.

2 Der zweite Versuch von Faraday

Spannung durch Drehbewegung

In Bild 3 dreht sich ein Bügelmagnet über einer Spule mit einem Eisenkern. Das Magnetfeld reicht in die Windungen der Spule hinein. Durch die Drehbewegung des Magneten ändern sich die Richtung und die Stärke des Magnetfeldes der Spule ständig. Die Elektronen in der Spule werden ständig hin- und hergeschoben. Zwischen den Spulenenden wird eine **Wechselspannung** induziert.

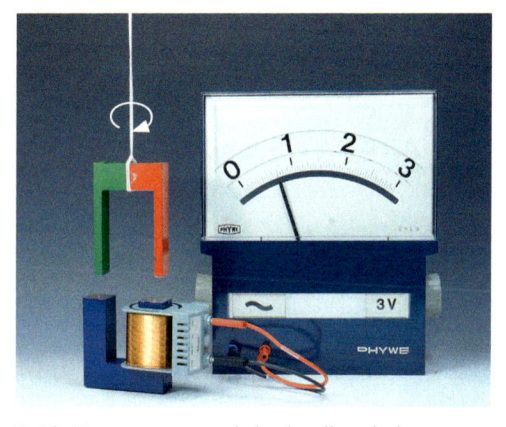

3 Ein Dauermagnet wird schnell gedreht.

Die Anwendung

Vom kleinen Fahrraddynamo über die Lichtmaschine im Auto wie in Bild 4 bis zum großen Kraftwerksgenerator nutzen alle **Generatoren** dasselbe Prinzip. Eine Spule und ein Magnetfeld drehen sich gegeneinander. Die Bewegungsenergie wird so in elektrische Energie umgewandelt.

Die Abhängigkeiten der Induktionsspannung

Bei sonst gleichen Bedingungen gilt: Der Betrag der induzierten Spannung steigt mit
- der Geschwindigkeit der Bewegung.
- der Windungszahl der Spule.
- der Stärke des Magnetfeldes.

Die Richtung der induzierten Spannung hängt von der Bewegungsrichtung und der Richtung des Magnetfeldes ab.
Diese Zusammenhänge werden im **Induktionsgesetz** zusammengefasst.

4 Die Lichtmaschine im Auto – ein Generator

> **Das Induktionsgesetz:**
> Durch die Bewegung eines Magnetfeldes und einer Spule zueinander, wird in der Spule eine Spannung induziert.
> Die induzierte Spannung hängt von der Richtung und der Geschwindigkeit der Bewegung, der Windungszahl der Spule und der Stärke des Magnetfeldes ab.

① MICHAEL FARADAY wollte „Magnetismus in Elektrizität umwandeln".
   a) Beschreibe die Versuche von MICHAEL FARADAY.
   b) Nenne alle Beobachtungen und ziehe Schlussfolgerungen daraus.

② a) Beschreibe einen Versuch, der zeigt, dass durch eine Drehbewegung Bewegungsenergie in elektrische Energie umgewandelt werden kann.
   b) Recherchiere vier verschiedene Generatoren und nenne jeweils eine Verwendung.

③ Formuliere das Induktionsgesetz.

④ Nenne alle Bedingungen, von denen die Höhe der Induktionsspannung abhängt.

⑤ Elektrische Erscheinungen sind schon seit mehreren tausend Jahren bekannt.
   a) Nenne drei elektrische Erscheinungen.
   b) Begründe, dass erst durch die Versuche von OERSTED und FARADAY die Nutzung der elektrischen Energie für die Menschheit möglich wurde.

FORSCHEN UND ENTDECKEN

A Faraday's Experiment

Material: Eisenring, 2 lange und 1 kurzes Experimentierkabel, Schalter, Kompass, Elektrizitätsquelle (9 V-Block), Krokodilklemmen

Durchführung:
Schritt 1: Baue den Versuch wie in Bild 1 auf.
Schritt 2: Warte, bis sich die Kompassnadel ausgerichtet hat.
Schritt 3: Schließe und öffne den Stromkreis mithilfe des Schalters mehrmals.

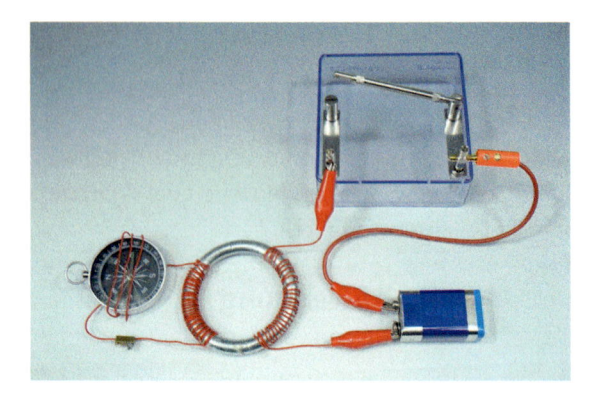

1 Der Versuchsaufbau

1 a) Beschreibe deine Beobachtungen beim Schließen und beim Öffnen des Schalters.
b) Formuliere ein Ergebnis.
2 Ziehe eine Schlussfolgerung aus deinen Beobachtungen.

B Eine Induktionsspannung durch Bewegung

Material: Spule mit 600 Windungen, Stabmagnet, analoges Spannungsmessgerät mit Mittelstellung des Zeigers, 2 Experimentierkabel

Durchführung:
Schritt 1: Schließe die Spule an das Spannungsmessgerät mit Gleichspannungsbereich an.
Schritt 2: Bewege den Stabmagneten mit dem Nordpol voran in der Spule hin und her.
Schritt 3: Drehe den Stabmagneten um und wiederhole Schritt 2 mit dem Südpol.
Schritt 4: Halte den Stabmagneten fest und bewege die Spule hin und her.
Schritt 5: Wiederhole Schritt 2 mit einer größeren Geschwindigkeit.

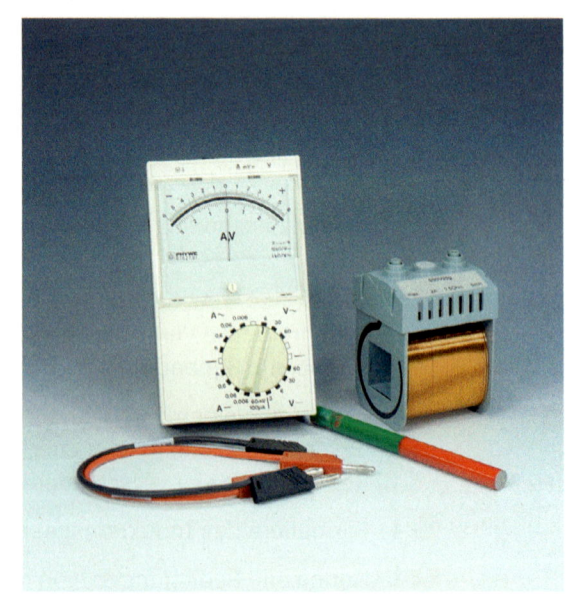

2 Das Versuchsmaterial

1 Beschreibe deine Beobachtung.
2 Formuliere eine Schlussfolgerung aus deiner Beobachtung.

Elektrische Energie und ihre Nutzung 339

FORSCHEN UND ENTDECKEN

C Die Induktionsspannung erhöhen

Material: 2 Spulen (600 und 1200 Windungen), 2 verschieden starke Stabmagnete, analoges Spannungsmessgerät mit Mittelstellung des Zeigers, 2 Experimentierkabel

Durchführung:

Schritt 1: Schließe die Spule mit 600 Windungen an das Spannungsmessgerät mit Gleichspannungsbereich an.
Schritt 2: Bewege den schwächeren Dauermagneten in der Spule mit gleichmäßiger Geschwindigkeit hin und her.
Schritt 3: Wiederhole Schritt 2 mit der Spule mit 1200 Windungen bei gleicher Geschwindigkeit.
Schritt 4: Wiederhole Schritt 3 mit dem stärkeren Magneten bei gleicher Geschwindigkeit.

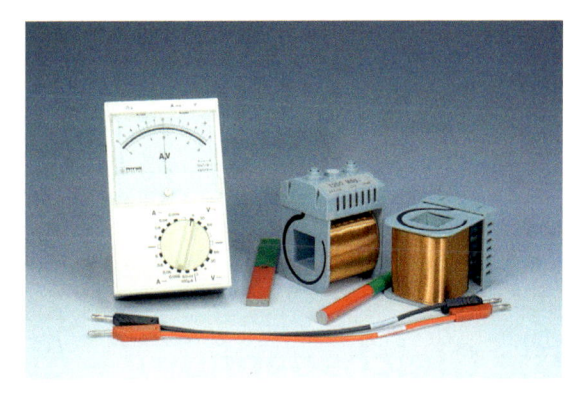

3 Das Versuchsmaterial

1 Schreibe deine Beobachtungen in eine geeignete Tabelle.
2 Ziehe Schlußfolgerungen aus den Beobachtungen, indem du jeweils einen Je-desto-Satz formulierst.

D Eine Induktionsspannung durch Drehbewegung

Material: U-Eisenkern, Spule mit 1200 Windungen, analoges Spannungsmessgerät mit Gleich- und Wechselspannungsbereich, 2 Experimentierkabel, Stativmaterial, Bügelmagnet

Durchführung:

Schritt 1: Setze die Spule auf den Eisenkern und schließe sie an das Spannungsmessgerät mit Gleichspannungsbereich an. Stelle den Zeiger auf Mittelstellung.
Schritt 2: Hänge den Bügelmagneten so an das Stativ, dass er über der Spule schwebt. (→ Bild 4)
Schritt 3: Drehe den Bügelmagneten erst langsam, dann schnell.
Schritt 4: Wiederhole Schritt 3 mit dem Messgerät mit Wechselspannungsbereich.

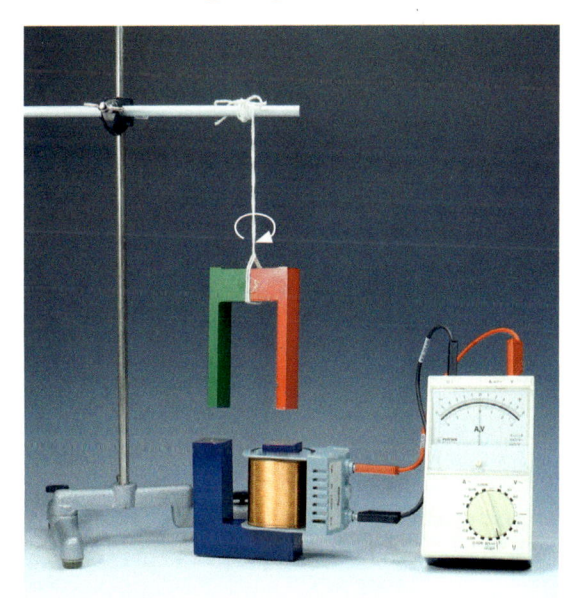

4 Der Magnet wird gedreht.

1 Beschreibe deine Beobachtungen und formuliere jeweils ein Ergebnis.

1 Elektrizitätsquellen für: **A** Gleichspannung, **B** Wechselspannung, **C** Gleich- und Wechselspannung

Die Gleichspannung – die Wechselspannung

Elektrische Geräte brauchen elektrische Energie

Alle elektrischen Geräte benötigen eine Elektrizitätsquelle. Bei manchen Geräten, die mit wenig Energie auskommen, ist die Elektrizitätsquelle eingebaut. Andere Geräte müssen durch eine Elektrizitätsquelle von außen mit Energie versorgt werden.

Einige der Elektrizitätsquellen in Bild 1 liefern **Gleichspannung.** An dem einen ihrer Anschlüsse liegt immer der Minuspol, am anderen immer der Pluspol. In einem angeschlossenen Stromkreis bewegen sich die Elektronen immer in dieselbe Richtung. Auf dem Schirm eines **Oszilloskops** wird der zeitliche Verlauf der elektrischen Spannung als Linie dargestellt. Die Spannung ist konstant. Der Graph im t-U-Diagramm ist eine Parallele zur Zeitachse. (→ Bild 2)

Bei Elektrizitätsquellen für **Wechselspannung** werden Pluspol und Minuspol ständig vertauscht. Auch die Höhe der Spannung ändert sich fortwährend. In einem angeschlossenen Stromkreis wechselt der Elektronenstrom ständig seine Richtung und seine Stärke. Das Oszilloskop und das zugehörige t-U-Diagramm zeigen eine **Sinuskurve.** (→ Bild 3)

Die Ursache der Polumkehr

In Elektrizitätsquellen für Wechselspannung wird die Spannung durch elektromagnetische Induktion erzeugt. Sie enthalten eine Spule. Jedes Mal, wenn das magnetische Feld darin die Richtung wechselt, werden Pluspol und Minuspol vertauscht.

Die Elektrizitätsquelle muss zum elektrischen Gerät passen!

Die meisten elektrischen Geräte dürfen je nach Bauart nur mit Gleichspannung oder nur mit Wechselspannung betrieben werden. Wird das nicht berücksichtigt, arbeiten sie nicht richtig. Sie können dadurch sogar zerstört werden.

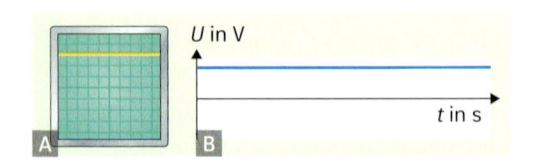

2 Verlauf der Gleichspannung: **A** auf dem Oszilloskop, **B** im t-U-Diagramm

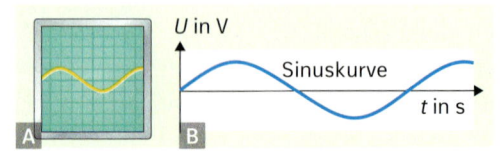

3 Verlauf der Wechselspannung: **A** auf dem Oszilloskop, **B** im t-U-Diagramm

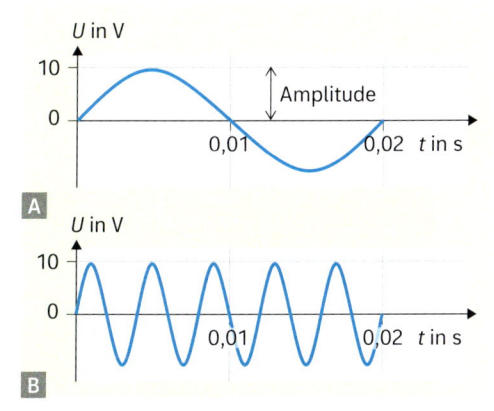

4 Wechselspannungen mit unterschiedlichen Frequenzen, aber gleicher Amplitude

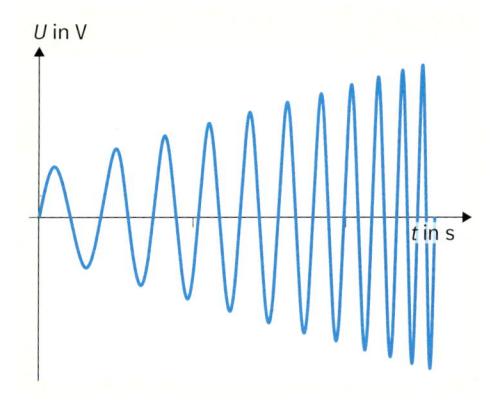

5 Das Fahrrad wird schneller – die Frequenz und die Spannung steigen.

Der Begriff Frequenz

Die Häufigkeit des Polwechsels wird mit dem Begriff **Frequenz** beschrieben. Die zugehörige Maßeinheit ist **Hz (Hertz)**. Sie ist nach dem deutschen Physiker HEINRICH HERTZ (1857 – 1894) benannt.

Die Eigenschaften der Wechselspannung

Das Bild 4A zeigt das t-U-Diagramm einer Wechselspannung mit 50 Hz. In dem abgebildeten Zeitraum von 0,02 s passen genau ein Wellenberg und ein Wellental. In 1 s durchläuft die Wechselspannung also 50 Wellenberge und 50 Wellentäler.
Das Bild 4B zeigt das t-U-Diagramm für 250 Hz, hier passen 250 Wellenberge und 250 Wellentäler in 1 s.

Der maximale Abstand zwischen der Zeitachse und dem Graphen heißt **Amplitude.** Die Amplituden sind in den Diagrammen in Bild 4A und in Bild 4B gleich. Beide haben den Wert 10 V.

Die Frequenz und die Spannung ändern sich

Im Fahrraddynamo wird der Richtungswechsel des Magnetfeldes durch rotierende Magnete hervorgerufen. Der Dynamo liefert eine Wechselspannung. Die Häufigkeit der Polwechsel hängt genau wie die Spannung davon ab, wie schnell die Magnete im Dynamo gedreht werden.
Wird das Fahrrad geschoben, ist die Frequenz niedrig. Bei schneller Fahrt ergibt sich eine höhere Frequenz und auch eine höhere Spannung. (→ Bild 5)

Die Wechselspannung im öffentlichen Netz

Die öffentlichen Energieversorgungsunternehmen arbeiten mit 50 Hz. An den Steckdosen im Haushalt liegt also auch Wechselspannung mit 230 V an. An jeder der beiden Buchsen liegt 50-mal in der Sekunde der Pluspol und 50-mal pro Sekunde der Minuspol an. Die Frequenz muss möglichst genau eingehalten werden, da manche Geräte sonst nicht richtig arbeiten.

❶ Erkläre den Unterschied zwischen Gleichspannung und Wechselspannung.

❷ ❙❙ Begründe, dass bei dem Netzgerät in Bild 1C die Buchsen für Gleichspannung farblich unterschiedlich gekennzeichnet sind, die Buchsen für Wechselspannung sich farblich aber nicht unterscheiden.

❸ ❙❙ Begründe, dass beim Fahrraddynamo mit der Frequenz auch die Spannung steigt.

Starthilfe zu 3:
Bedenke, dass die Spannung durch Induktion erzeugt wird.

FORSCHEN UND ENTDECKEN

A Die Polwechsel am Oszilloskop erkennen

Material: 1,5 V-Akku mit Batteriehalter, 9 V-Block-Batterie, Oszilloskop, Experimentierkabel, Krokodilklemmen

Durchführung:
Schritt 1: Verbinde den Pluspol und den Minuspol des Akkus mit dem Oszilloskop.
Schritt 2: Fertige eine Skizze vom Schirm des Oszilloskops auf Karopapier an.
Schritt 3: Vertausche die Anschlüsse am Akku und wiederhole die Schritte 1 und 2.
Schritt 4: Wiederhole die Schritte 1 bis 3 mit der 9 V-Block-Batterie.

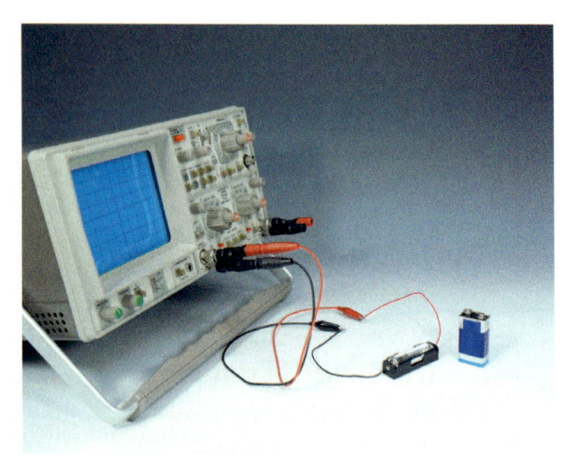

1 Das Versuchsmaterial

❶ Benenne die Art der Spannung, die am Oszilloskop dargestellt wird.

❷ a) Beschreibe, woran du am Oszilloskop die Höhe der Spannung der Elektrizitätsquelle erkennst.
b) Beschreibe, woran du am Oszilloskop den Polwechsel der Elektrizitätsquelle erkennst.

❸ Begründe den Spannungsverlauf an der Elektrizitätsquelle mithilfe der Bilder am Oszilloskop.

B Die Spannungsverläufe am Oszilloskop interpretieren

Material: Fahrraddynamo, Stativmaterial, Oszilloskop, Experimentierkabel, Krokodilklemmen

Durchführung:
Schritt 1: Verbinde die Kontakte des Fahrraddynamos mit dem Oszilloskop.
Schritt 2: Drehe langsam am Reibrad des Dynamos.
Schritt 3: Fertige eine Skizze vom Schirm des Oszilloskops auf Karopapier an.
Schritt 4: Drehe deutlich schneller am Reibrad und wiederhole Schritt 3.

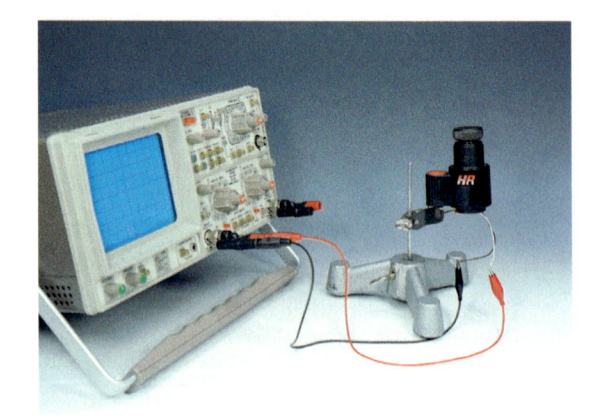

2 Der Versuchsaufbau

❶ Benenne die Art der Spannung, die am Oszilloskop dargestellt wird.

❷ a) Beschreibe den Spannungsverlauf am Fahrraddynamo mithilfe der Bilder am Oszilloskop.
b) Beschreibe die Unterschiede zwischen deinen Skizzen.

Starthilfe zu 2b):
Benutze die Begriffe Wechselspannung und Frequenz.

❸ Begründe den Spannungsverlauf am Fahrraddynamo mithilfe der Bilder am Oszilloskop.

IM ALLTAG

Elektrizitätsquellen für Gleich- und Wechselspannung

Batterien und Akkus
In Batterien und Akkus ist chemische Energie gespeichert. Oft bestehen sie aus mehreren in Reihe geschalteten Einzelelementen. Dadurch wird eine höhere Gleichspannung erreicht. Wenn Akkus keine elektrische Energie mehr liefern, können sie wieder aufgeladen werden. Batterien sind dann unbrauchbar. Sie müssen gesondert recycelt werden. Die enthaltenen Wertstoffe können so wiederverwertet werden.

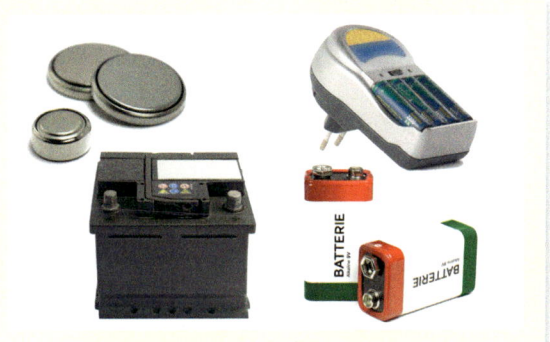

3 Elektrizitätsquellen für Gleichspannung

Solarzellen
Solarzellen liefern elektrische Energie. Wenn Licht auf sie fällt, liegt an ihren Anschlüssen eine Gleichspannung an. Sie können jedoch keine Energie speichern. Wenn das Licht erlischt, ist keine Spannung mehr messbar. Die Spannung einer einzelnen Zelle ist sehr gering. Sie beträgt nur 0,5 V. Zur Nutzung werden immer mehrere Zellen in Reihe zu einem Solarmodul zusammengeschaltet. Die Einzelspannungen der Zellen addieren sich zur Gesamtspannung des Moduls.

4 Solarzellen liefern Gleichspannung

Generatoren
Wechselspannung wird durch Generatoren erzeugt. In ihnen wird mechanische Energie in elektrische Energie umgewandelt. Die mechanische Energie kann durch Muskelkraft, Dampfturbinen, Verbrennungsmotoren, aber auch durch Windräder oder Wasserräder geliefert werden. Dampfturbinen oder Verbrennungsmotoren nutzen zur Bereitstellung von Energie häufig fossile Energieträger. Deren Einsatz wird zukünftig immer weiter eingeschränkt werden.

5 Elektrizitätsquellen für Wechselspannung

1 Recherchiere Recyclingverfahren unterschiedlicher Batterietypen.

2 III Solarzellen liefern Gleichspannung. Für das öffentlichen Versorgungsnetz wird Wechselspannung benötigt. Recherchiere, wie die elektrische Energie aus Solarparks für das öffentliche Netz nutzbar gemacht wird.

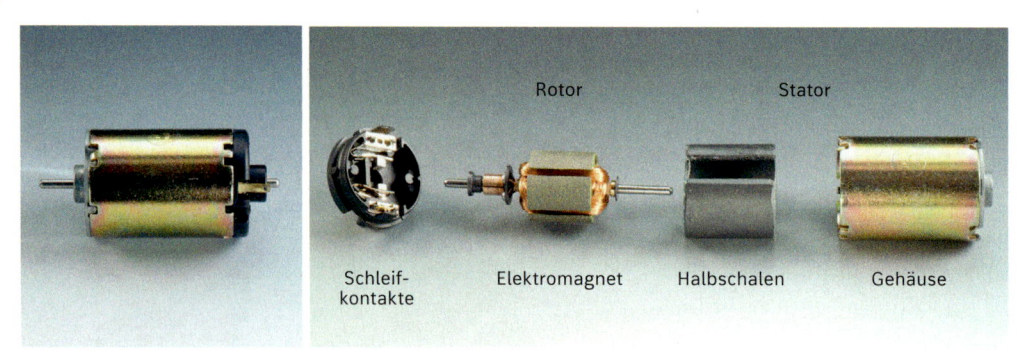

1 Die Bestandteile eines Gleichstrom-Elektromotors

Der Gleichstrom-Elektromotor

Die Teile eines Elektromotors

Bild 1 zeigt die wichtigsten Teile eines **Gleichstrom-Elektromotors.** Das sind zwei magnetische Halbschalen und ein drehbar gelagerter Elektromagnet, der **Rotor.** Die eine Halbschale hat innen einen Nordpol, die andere Halbschale hat innen einen Südpol. Sie bilden zusammen mit dem Gehäuse den **Stator.**

Die Rotorspule wird über **Schleifringe** und **Schleifkontakte** an eine Elektrizitätsquelle angeschlossen. (→ Bild 2)

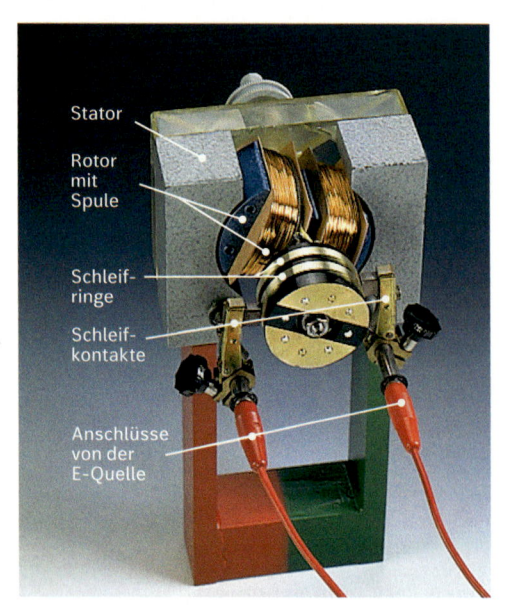

2 Der Stator und der Rotor eines Elektromotors im Versuchsmodell

Das Umpolen der Spule vertauscht ihre Magnetpole

Das Magnetfeld der Spule hängt davon ab, wie die elektrische Energie in die Spule eingeleitet wird. Werden die Anschlüsse der Spule vertauscht, so ändert sich die Richtung des Magnetfeldes. Der Nordpol und der Südpol der Spule werden vertauscht.

Der Polwechsel verursacht die Drehung des Rotors

Der Nordpol des Stators und der Südpol des Rotors ziehen sich gegenseitig an. Ebenso wirken der Südpol des Stators und der Nordpol des Rotors aufeinander.
Da der Stator feststeht, bewegen sich die Pole des Rotors auf die ungleichartigen Pole des Stators zu. Der Rotor dreht sich um 180°.
Wenn sich die ungleichartigen Pole von Stator und Rotor direkt gegenüberstehen, können sie den Rotor nicht mehr antreiben. In genau diesem Moment müssen die Anschlüsse der Spule getauscht werden. Damit kehrt sich das Magnetfeld der Rotorspule um. Die Magnetpole der Spule werden vertauscht. Die jeweilgen Nordpole und Südpole von Stator und Rotor sind dann wieder voneinander entfernt. Sie ziehen sich gegenseitig an und der Rotor wird um 180° weitergedreht.

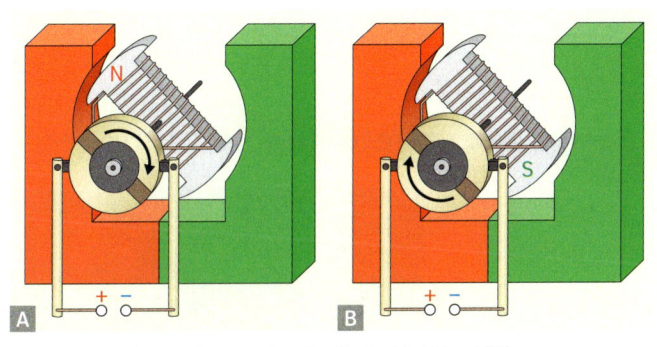

3 Die Schleifkontakte wechseln die Schleifringhälfte: **A** der Rotor beim Start, **B** der Rotor um 180° gedreht

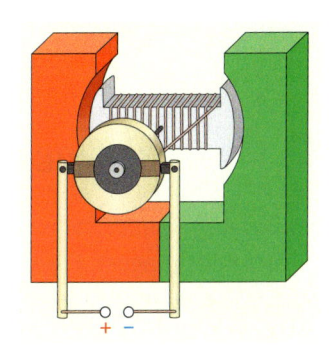

4 Ein besonderer Punkt

Automatische Umpolung

Die Anschlüsse der Rotorspule müssen im richtigen Moment vertauscht werden. Dabei hilft ein **geteilter Schleifring,** der sich mit der Rotorspule dreht. Wenn sich die Pole von Stator und Rotor gegenüberstehen, wechseln die Schleifringhälften den Schleifkontakt. Die Anschlüsse der Rotorspule werden vertauscht, ihr Magnetfeld kehrt sich um. Der geteilte Schleifring heißt deshalb **Kommutator** (lat.: commutare, vertauschen).
In Bild 3A wird der Nordpol des Rotors vom Südpol des Stators angezogen. Der Rotor wird im Uhrzeigersinn gedreht. In Bild 3B hat sich der Rotor um 180° gedreht. Die Anschlüsse seiner Spule sind durch den geteilten Schleifring vertauscht worden. Sein vorheriger Nordpol ist jetzt ein Südpol. Er wird vom Nordpol des Stators angezogen.

Der Totpunkt

In Bild 4 liegen die Schleifkontakte auf den isolierten Bereichen zwischen den beiden Hälften des Schleifringes. Die Spule wird nicht mit Elektrizität versorgt. Diese Stelle heißt **Totpunkt.** Aufgrund seiner Trägheit dreht sich der Rotor aber weiter.

Mehrpolige Rotoren sind besser

Ein Totpunkt wird vermieden, wenn der Rotor mehr als zwei Spulen enthält. Bei einem dreipoligen Rotor wie in Bild 5A ist auch der Kommutator dreigeteilt. Alle Spulen werden mit elektrischer Energie versorgt. Sie bilden Magnetpole aus, durch die der Motor angetrieben wird. So startet der Motor bei jeder Lage des Rotors. Je mehr Spulen den Rotor antreiben, desto besser ist seine **Laufruhe.** Motoren mit mehrpoligen Rotoren heißen **Trommelanker.**

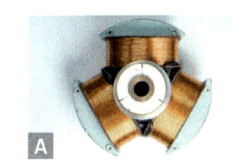

5 Trommelanker: **A** dreipolig, **B** zwölfpolig

Der Motor – ein Energiewandler

E-Motoren funktionieren nur, wenn ihnen elektrische Energie zugeführt wird. Sie verrichten dann mechanische Arbeit. Dabei geben sie mechanische Energie ab. Ein Teil der elektrischen Energie wird in innere Energie umgewandelt. Das spürst du daran, dass der Motor im Einsatz warm wird.

---

❶ a) Beschreibe den Aufbau eines Elektromotors.
   b) Erkläre mithilfe von Bild 3A und Bild 3B die Funktionsweise des Elektromotors.

❷ ▮ a) Begründe, dass die Schleifringe von Gleichstrom-Motoren geteilt sein müssen.
   ▮ b) Beschreibe die Wirkung des Kommutators.

❸ ▮ Je mehr Pole der Trommelanker eines Elektromotors trägt, desto ruhiger läuft der Elektromotor. Begründe diese Tatsache.

FORSCHEN UND ENTDECKEN

A Die Bewegung des Rotors mit ungeteilten Schleifringen

Material: Aufbaumotor mit ungeteilten Schleifringen, Bügelmagnet, Elektrizitätsquelle, Experimentierkabel, Klebepunkt

Durchführung:
Schritt 1: Setze die Schleifkontakte des Aufbaumotors auf die ungeteilten Schleifringe.
Schritt 2: Drehe den Rotor in die senkrechte Position und markiere den oberen Teil mit einem Klebepunkt.
Schritt 3: Stelle die E-Quelle auf 6 V und verbinde sie mit den Schleifkontakten.
Schritt 4: Vertausche mehrfach die Pole an den Schleifkontakten.

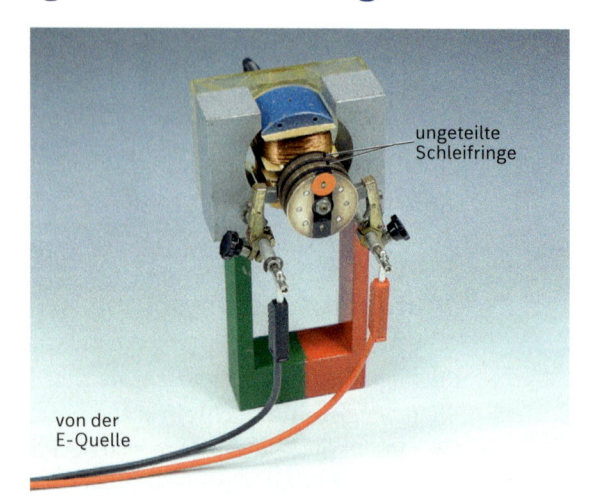

1 Ein Aufbaumotor mit ungeteilten Schleifringen

1 a) Beschreibe deine Beobachtungen in Schritt 3 und in Schritt 4.
b) Vergleiche deine Beobachtungen in a).

2 a) Begründe, dass der Polwechsel in Schritt 4 eine ständig neue Bewegung bewirkt.
II b) Begründe, dass der Rotor nach jedem Polwechsel in der neuen Lage stehenbleibt.

B Die Bewegung des Rotors mit geteiltem Schleifring

Material: Aufbaumotor mit geteiltem Schleifring, Bügelmagnet, Elektrizitätsquelle, Experimentierkabel, Klebepunkt

Durchführung:
Schritt 1: Setze die Schleifkontakte des Aufbaumotors auf den geteilten Schleifring.
Schritt 2: Drehe den Rotor in die senkrechte Position und markiere den oberen Teil mit dem Klebepunkt.
Schritt 3: Stelle die E-Quelle auf 6 V und verbinde sie mit den Schleifkontakten.

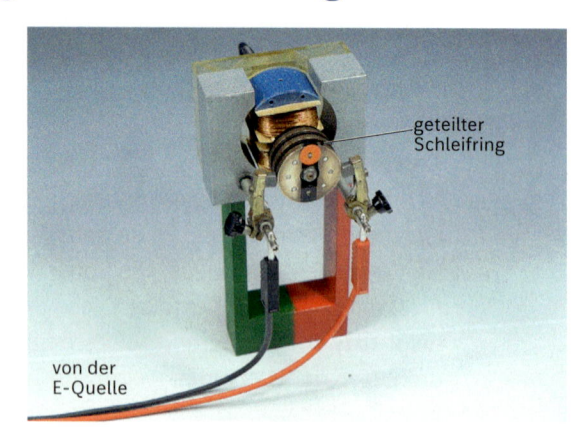

2 Der Aufbaumotor mit Kommutator

1 Beschreibe deine Beobachtung.

2 a) Erkläre die Wirkung des geteilten Schleifringes.
b) Beschreibe die Rotorposition, bei der sich die Wirkung des geteilten Schleifringes zeigt.

3 II Begründe das Verhalten des Motors mit der Wirkung des Kommutators.

Elektrische Energie und ihre Nutzung **347**

FORSCHEN UND ENTDECKEN

C Die Schleifkontakte zwischen dem geteilten Schleifring

Material: Aufbaumotor mit Kommutator, Bügelmagnet, Elektrizitätsquelle, Experimentierkabel

Durchführung:

Schritt 1: Setze die Schleifkontakte des Motors auf den geteilten Schleifring. Drehe den Rotor so weit, dass die Schleifkontakte auf den isolierten Abschnitten des Schleifringes liegen.

Schritt 2: Stelle die E-Quelle auf 6 V ein und verbinde sie mit den Schleifkontakten.

Schritt 3: Drehe den Rotor so weit, dass die Schleifkontakte auf den nicht isolierten Abschnitten des Schleifringes liegen.

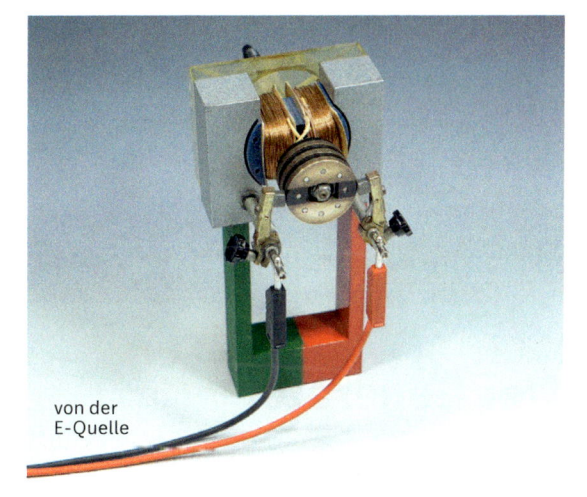

3 Schleifkontakte auf den isolierten Bereichen

1 a) Begründe die Reaktion des Motors in Schritt 2.
b) Begründe die Reaktion des Motors in Schritt 3.

2 Begründe, dass der Rotor nicht zum Stillstand kommt, wenn die Schleifkontakte bei den folgenden Umdrehungen erneut über die isolierten Abschnitte des Schleifringes gleiten.

ÜBEN UND ANWENDEN

A Funktionieren die E-Motoren?

Starthilfe zu 1:
Bedenke, dass eine Spule mit Eisenkern in einem geschlossenen Stromkreis ein Elektromagnet ist. Beim Umpolen der Anschlüsse werden auch Nordpol und Südpol vertauscht.

1 Überlege, ob die Motorkonstruktionen in den Bildern 4A - 4D lauffähig sind. Begründe deine Einschätzung für jede Konstruktion.

2 II a) Entscheide bei den nicht lauffähigen Konstruktionen, ob sich der Fehler beheben lässt.
II b) Sofern sich der Fehler beheben lässt, beschreibe jeweils, welche Maßnahmen dafür erforderlich sind.

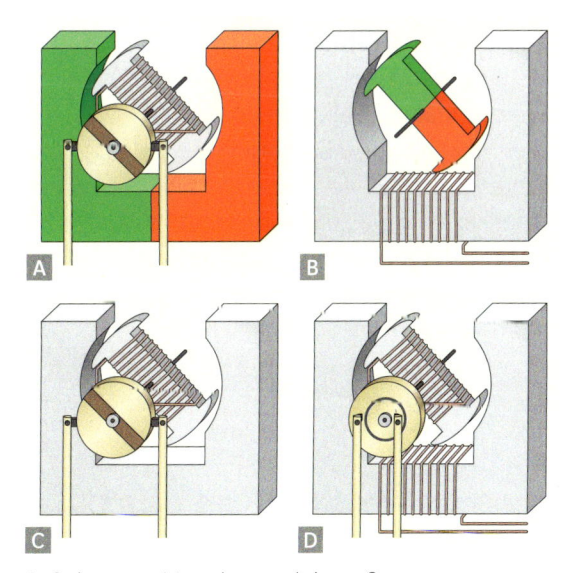

4 Gelungene Motorkonstruktionen?

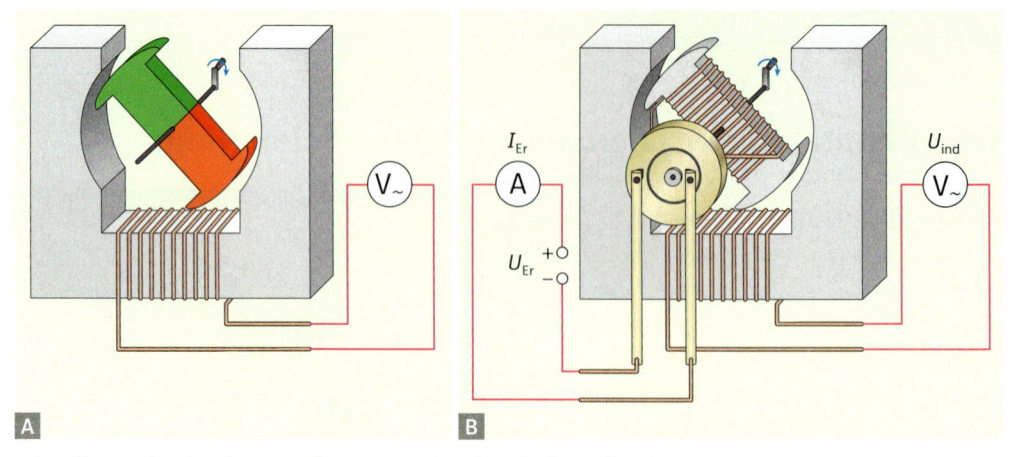

1 Ein Generator: **A** mit einem Dauermagneten, **B** mit einem Elektromagneten

Der Generator

Generatoren liefern elektrische Energie

Maschinen, die mechanische Energie in elektrische Energie umwandeln, heißen **Generatoren.** Einem Generator wird durch Drehen der Rotorachse mechanische Energie zugeführt. Die elektrische Energie wird an der Statorspule abgegriffen.
Generatoren sind wie Elektromotoren aus Stator und Rotor aufgebaut. Der Stator besteht aus einem Eisenkern mit einer Spule. Darin dreht sich der Rotor mit einem Magneten. Sein Magnetfeld dreht sich mit ihm. Es heißt daher **Drehfeld.** (→ Bild 1A)
Das Magnetfeld durchdringt den Eisenkern des Stators. Dabei wechselt es bei jeder Halbdrehung die Richtung. Bei jedem Richtungswechsel des Magnetfeldes wechseln auch die Pole an der Statorspule. So wird eine Wechselspannung induziert (→ Bild 2). Liegt der Generator in einem Stromkreis, so ruft er darin einen Wechselstrom hervor.

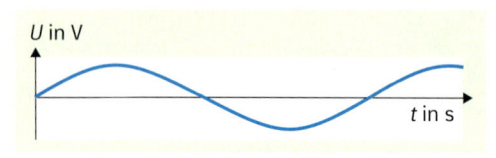

Der Magnet im Generator

Das Magnetfeld des Rotors kann wie in Bild 1A durch einen Dauermagneten oder wie in Bild 1B durch einen Elektromagneten erzeugt werden. Dauermagnete sind sehr teuer. Außerdem wird ihr Magnetfeld durch Erschütterungen und Erwärmung im Laufe der Zeit schwächer. Die magnetischen Drehfelder der Großgeneratoren in Kraftwerken werden deshalb mithilfe von günstigeren Elektromagneten erzeugt.

Der Generator mit Elektromagnet

Die Spulen des Rotors werden über ungeteilte Schleifringe mit Energie versorgt. Deshalb ändert sich die Richtung des Magnetfeldes des Rotors nicht. Das Wechselfeld im Stator entsteht durch die fortgesetzte Drehung des Rotors. Die Stärke des Drehfeldes kann mit der Stromstärke des **Erregerstroms** der Rotorspule verändert werden. (→ Bild 1B)

Bei einem starken Magnetfeld wird bei gleicher Drehzahl des Rotors mehr elektrische Energie bereitgestellt. Es muss aber auch ein größeres Drehmoment wirken, also mehr mechanische Energie eingesetzt werden.

2 Das t-U-Diagramm der Statorspule

3 Der Drehstromgenerator: **A** drei Spulen, um 120° versetzt, **B** drei Spannungsverläufe, um 120° versetzt

Die Energieentwertung an den Schleifringen

Bei fast allen Generator leiten die Schleifringe nur den Erregerstrom. Sie können deshalb viel kleiner sein als die Schleifringe von Elektromotoren. Die Reibung und damit der Anteil der entwerteten Energie sind deshalb auch weitaus geringer.

Die Anforderungen des öffentlichen Versorgungsnetzes

Die Frequenz im öffentlichen Netz darf nur wenig schwanken. Die Generatoren laufen deshalb konstant mit 3000 Umdrehungen pro Minute. Das ist die Drehzahl, die eine Frequenz von 50 Hz liefert. Die Höhe der induzierten Spannung hängt von der Stärke des Drehfeldes ab. Sie kann allein durch das Einstellen der Erregerstromstärke konstant gehalten werden.

Dreimal Wechselstrom ergibt Drehstrom

Das Bild 3A zeigt den Aufbau eines **Drehstromgenerators.** Das ist ein Generator mit drei Statorspulen, die jeweils in einem Winkel von 120° zueinander stehen. In jeder davon wird eine Wechselspannung induziert. Die Spannungsverläufe sind um 120° gegeneinander versetzt. (→ Bild 3B)

Die Generatoren der Energieversorger speisen **Drehstrom** in das öffentliche Netz ein. Im Allgemeinen können in den Haushalten alle drei Stromkreise genutzt werden. Die meisten Haushaltsgeräte benötigen nur einen der drei Stromkreise. In Industrie- und Gewerbebetrieben sieht das anders aus. Viele Maschinen nutzen alle drei Stromkreise, um arbeiten zu können.

❶ Beschreibe den Aufbau eines Generators
   a) mit einem Dauermagneten.
   b) mit einem Elektromagneten.

❷ Begründe, dass bei Großgeneratoren keine Dauermagnete zur Erzeugung des Drehfeldes genutzt werden.

❸ ❚❚ Begründe, dass die Rotorspulen von Generatoren immer über ungeteilte Schleifringe mit Energie versorgt werden.

❹ ❚❚ Beschreibe das Verfahren, mit dem die Spannung eines Generators reguliert werden kann.

Starthilfe zu 4:
Bedenke, dass der Elektromagnet als Rotor des Generators von außen gesteuert wird.

FORSCHEN UND ENTDECKEN

A Der Spannungsverlauf am Modell eines Generators

Material: 2 Spulen mit gleicher Windungszahl, Stabmagnet mit Lager, Stahlnadel mit Fuß, analoges Messgerät mit Mittelstellung des Zeigers, Oszilloskop, Experimentierkabel

Durchführung:
Schritt 1: Schalte das Messgerät mit Gleichspannungsbereich und das Oszilloskop parallel zu den in Reihe geschalten Spulen. (→ Bild 1)
Schritt 2: Lass den Stabmagneten langsam zwischen den Spulen rotieren.

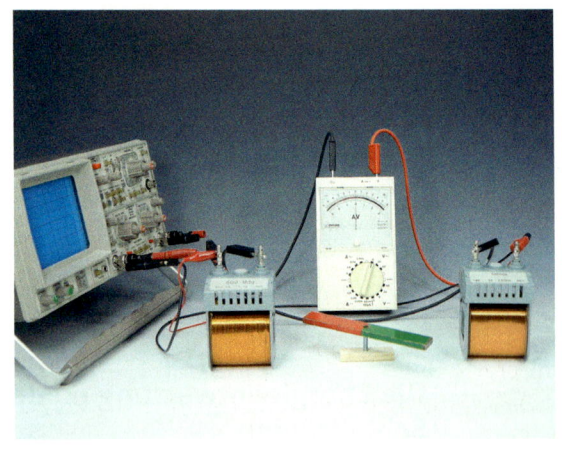

1 Der Versuchsaufbau

① Beschreibe die Reaktionen von Messgerät und Oszilloskop.

② a) Skizziere den Spannungsverlauf in einem t-U-Diagramm.
b) Gib die Stromart im Stromkreis an, deren Spannungsverlauf das Messgerät und das Oszilloskop anzeigen.

B Die Spannungsverläufe am Modell eines Drehstromgenerators

Material: 3 Spulen mit gleicher Windungszahl, Stabmagnet mit Lager, Stahlnadel mit Fuß, 3 analoge Messgeräte mit Mittelstellung des Zeigers, Experimentierkabel

Durchführung:
Schritt 1: Ordne die Spulen sternförmig um den drehbaren Stabmagneten an. (→ Bild 2)
Schritt 2: Verbinde jede der 3 Spulen mit einem Messgerät mit Gleichspannungsbereich.
Schritt 3: Lass den Stabmagneten langsam zwischen den Spulen rotieren.

2 Drei sternförmig angeordnete Spulen

① ❚❚ Beschreibe und begründe die maximale Weite der jeweiligen Zeigerausschläge.

② ❚❚ a) Beschreibe und begründe die Zeitunterschiede der Zeigerausschläge bei den 3 Spulen.
❚❚ b) Skizziere die Graphen der Spannungsverläufe aller drei Spulen in einem gemeinsamen t-U-Diagramm. Wähle dabei für jeden Graphen eine andere Farbe.

IM ALLTAG

Generatoren im Einsatz

Der Nabendynamo
Beim Nabendynamo bildet eine Spule auf einem Eisenkern mit versetzt angebrachten Eisenkeilen den Stator. Die Keile gehen abwechseln von beiden Seiten der Spule aus. Der Rotor ist mit Dauermagneten ausgerüstet. Er rotiert um die Eisenkeile herum. Der Nabendynamo ist ein **Außenpolgenerator.**
Wenn die Magnetpole über die Eisenkeile wandern, wechselt das Magnetfeld in der Spule immer wieder die Richtung. In der Spule wird eine Wechselspannung induziert.

3 Stator und Rotor des Nabendynamos

5 Ein Generator wird kontrolliert.

Der Generator im Kraftwerk
Dauermagnete sind für Großgeneratoren ungeeignet. Der Rotor besteht aus Elektromagneten. Ihre Magnetkraft kann von außen geregelt werden. So kann die Leistung des Generators an die Anforderungen des öffentlichen Netzes angepasst werden.

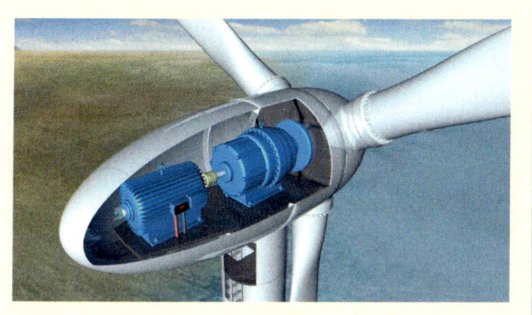

4 Ein offene Windkraftanlage

Die Windkraftanlage
Die Drehzahl der Rotorblätter und der angekoppelten Generatoren ist von der Windgeschwindigkeit abhängig. Damit schwanken auch die Spannung und ihre Frequenz. Beide Größen werden durch eine Elektronik an die Werte des öffentlichen Versorgungsnetzes angepasst.

6 Eine offene Lichtmaschine

Die Lichtmaschine im Kraftfahrzeug
Die Lichtmaschine liefert Drehstrom. Die elektrische Anlage benötigt Gleichspannung. Die Elektronik des Kraftfahrzeugs macht die drei Teilströme der Lichtmaschine für das Bordnetz verfügbar.

① Begründe, dass sich beim Nabendynamo die Dauermagnete nicht im Inneren von Spule und Eisenkern drehen können.

② ‖ Begründe die Notwendigkeit, dass die Magnetkraft von Rotoren von Großgeneratoren reguliert werden kann.

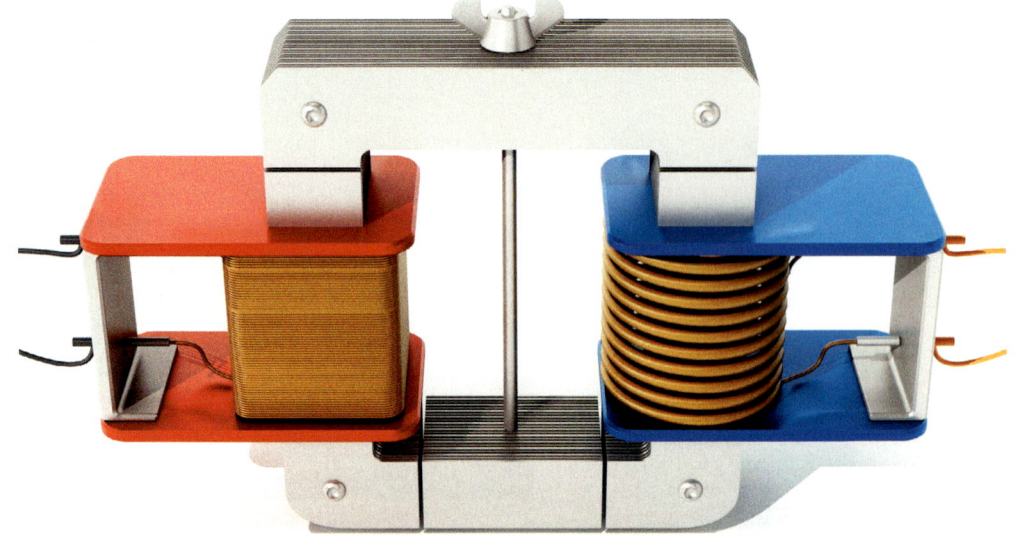

1 Ein Modelltransformator

Der Transformator

Die Aufgabe eines Transformators

Die Spannung des Haushaltsnetzes beträgt 230 V. Einige Geräte wie ein Wasserkocher oder ein Mixer können direkt mit dieser Spannung betrieben werden. Elektronische Geräte wie Fernseher, Computer, Smartphones oder auch manche Lampen benötigen aber eine niedrigere Spannung.

Mit einem **Transformator** wie in Bild 1, der kurz auch **Trafo** heißt, kann die Spannung gezielt verändert und der Anforderung angepasst werden. Die Spannung wird **transformiert.** Dabei wird bei angeschlossenen Stromkreisen auch immer die Stromstärke verändert.

Der Aufbau eines Transformators

Ein Trafo besteht aus **zwei Spulen.** Die Spulendrähte sind unterschiedlich oft um einen u-förmigen **Eisenkern** gewickelt. Die Anzahl der Wicklungen ist die **Windungszahl n** der Spule. Der Eisenkern ist mit einem Eisenstück, dem **Joch** verschlossen. Beide sind **geblättert.** Das bedeutet, sie bestehen aus gegeneinander isolierten Metallschichten. Die Spule auf der Eingangsseite ist mit der Elektrizitätsquelle verbunden. Diese heißt **Primärspule.** Die Spule auf der Ausgangsseite heißt **Sekundärspule.** Sie ist mit einem Nutzer verbunden. Beide Spulen sind nicht elektrisch leitend miteinander verbunden. (→ Bild 2)

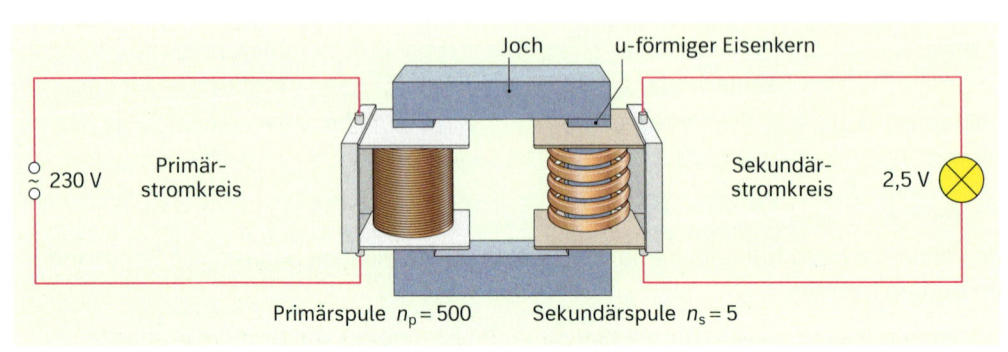

2 Ein Trafo in Betrieb

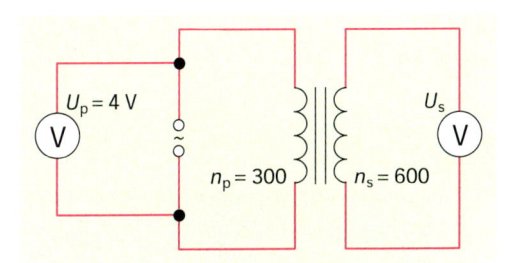

3 Die Spannungen in einem unbelasteten Trafo

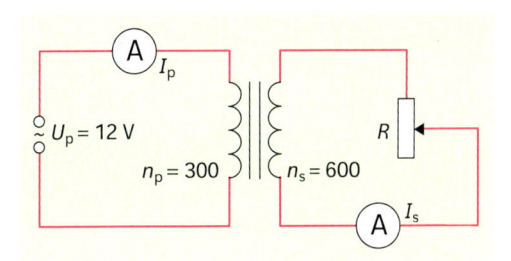

4 Die Stromstärken in einem belasteten Trafo

Die Frequenz des Netzes

In unserem Haushaltsnetz liegt Wechselspannung an. Damit wechseln die elektrischen Pole 50-mal pro Sekunde hin- und her. Das ist die **Frequenz** des Haushaltsnetzes. Die Einheit der Frequenz ist $\frac{1}{s}$ oder **1 Hz (Hertz),** benannt nach dem deutschen Physiker HEINRICH HERTZ (1857 – 1894).

Die Funktionsweise eines Trafos

An der Primärspule eines Transformators liegt Wechselspannung an. In diesem **Primärstromkreis** ist ein Wechselstrom messbar. Da sich bei Wechselstrom die Richtung des Elektronenstroms ändert, findet auch ein wechselnder Aufbau und Abbau des Magnetfeldes in der Primärspule statt. Dadurch ändern sich auch dauernd die Stärke und die Richtung des Magnetfeldes. Dieses wechselnde Magnetfeld wird durch den Eisenkern verstärkt. Es durchsetzt über den geschlossenen Eisenkern die Sekundärspule. In ihr wird nun eine Spannung induziert. Die Induktionsspannung unterscheidet sich in der Höhe von der Spannung in der Primärspule. Die Frequenz der Spannung im **Sekundärstromkreis** bleibt dabei gleich.

Die Gesetze bei einem Trafo

Wenn sich im Sekundärstromkreis kein Energiewandler befindet, wird der Transformator als **unbelastet** bezeichnet. (→ Bild 3) Ein Transformator wird als **belastet** bezeichnet, wenn sich im Sekundärstromkreis ein Energiewandler befindet. (→ Bild 4) Dabei gelten folgende Gesetzmäßigkeiten:

1. Trafo-Gesetz: $\dfrac{n_P}{n_S} = \dfrac{U_P}{U_S}$

2. Trafo-Gesetz: $\dfrac{n_P}{n_S} = \dfrac{I_S}{I_P}$

Beispielaufgabe

In Bild 2 wird eine 2,5 V-Lampe am Haushaltsnetz (230 V) betrieben. Die anliegende Spannung an der Lampe darf höchstens 2,5 V sein. Bestätige die Windungszahl der Sekundärspule.

geg.: $n_P = 500$, $U_P = 230$ V, $U_S = 2,5$ V
ges.: n_S
Lösung: $\dfrac{n_P}{n_S} = \dfrac{U_P}{U_S} \Leftrightarrow n_S = n_P \cdot \dfrac{U_S}{U_P}$
$n_S = 500 \cdot \dfrac{2,5 \text{ V}}{230 \text{ V}} = 5,4$

Antwort: Die Sekundärspule darf höchstens 5 Windungen besitzen.

① **a)** Zeichne den Aufbau eines Transformators in dein Heft. Beschrifte deine Zeichnung.
b) Benenne die Aufgabe eines Trafos.

② Schreibe die Trafogesetze unter deine Zeichnung in Aufgabe 1.

③ Begründe, dass ein Trafo nur mit Wechselspannung betrieben werden kann.

Starthilfe zu 3:
Denke an die Bedeutung der Änderung des Magnetfeldes.

④ Erläutere ausführlich die Funktionsweise eines Transformators. Gehe dabei auf die Ursache und die Wirkung des ständig wechselnden Magnetfeldes ein.

FORSCHEN UND ENTDECKEN

A Der unbelastete Transformator

Material: E-Quelle, 2 Spannungsmessgeräte, u-förmiger Eisenkern, Joch, Spulen mit unterschiedlichen Windungszahlen (300, 600, 1200)

Durchführung:
Schritt 1: Baue einen Trafo wie in Bild 1 auf.
Schritt 2: Übernimm die Tabelle 2 in dein Heft.
Schritt 3: Miss für jedes Spulenpaar die Spannung im Sekundärstromkreis.

1. Werte deine Versuche mithilfe der Tabelle aus. Formuliere deine Ergebnisse mit Je-desto-Sätzen.

2. ❙❙ Formuliere einen mathematischen Zusammenhang, der das Verhältnis von Windungszahl und Spannung beschreibt.

1 Versuchsaufbau zum unbelasteten Trafo

n_P	n_S	U_P in V	U_S in V
300	300	4,0	...
300	600	4,0	...
300	1200	4,0	...
600	300	4,0	...
1200	300	4,0	...

2 Messwerttabelle

B Der belastete Transformator

Material: E-Quelle, 2 Stromstärkemessgeräte, u-förmiger Eisenkern, Joch, Spulen mit unterschiedlichen Windungszahlen (300, 600, 1200), Sofittenlampe (12 V/10 W) mit Fassung

Alternative zur Lampe: Schiebewiderstand

Durchführung:
Schritt 1: Baue einen Trafo wie in Bild 3 auf.
Schritt 2: Benutzt du einen Schiebewiderstand, dann stelle ihn so ein, dass beide Messgeräte einen Messwert anzeigen.
Schritt 3: Übernimm die Tabelle 4 in dein Heft.
Schritt 4: Miss im Primärstromkreis und im Sekundärstromkreis die Stromstärken.

1. Werte deine Versuche mithilfe der Tabelle aus. Formuliere deine Ergebnisse mit Je-desto-Sätzen.

2. ❙❙ Formuliere einen mathematischen Zusammenhang, der das Verhältnis von Windungszahl und Stromstärke beschreibt.

3 Versuchsaufbau zum belasteten Trafo

n_P	n_S	I_P in A	I_S in A
300	300	...	...
300	600	...	...
300	1200	...	...
600	300	...	...
1200	300	...	...

4 Messwerttabelle

ÜBEN UND ANWENDEN

A Berechnungen mithilfe der Transformatorgesetze

1 Die Tabelle 5 enthält einige Messwerte für die Stromstärken beider Spulen unterschiedlicher Aufbauten eines Transformators. Übernimm die Tabelle in dein Heft und berechne die fehlenden Werte.

n_p	n_s	I_p in A	I_s in A
200	600	3,0	...
...	200	2,5	15
600	1200	2,5	...
1000	2000	...	0,50
2000	...	0,80	0,20

5 Eine unvollständige Tabelle

2 Ein Trafo besitzt 500 Windungen an der Primärspule und 1500 Windungen an der Sekundärspule. Er ist an eine Haushaltssteckdose angeschlossen.
a) Berechne die an der Sekundärspule anliegende Spannung.
b) Berechne die Anzahl der Windungen des Trafos im Sekundärstromkreis, wenn an der Sekundärspule eine Hochspannung von 10 kV erreicht werden soll.

Starthilfe zu 2:
Überlege, welche Angaben sich auf den Primärstromkreis des Trafos beziehen und welche auf seinen Sekundärstromkreis. Bedenke, dass an den Steckdosen im Haushalt eine Wechselspannung von 230 V anliegt.

3 Sophia möchte ihr Metallregal reparieren und dieses schweißen. Hierfür ist eine Stromstärke von 100 A nötig.
a) Begründe, dass die Zange für die Schweißelektrode nicht direkt an die Steckdose angeschlossen werden kann.
b) Am verwendeten Schweißtransformator ist an der Primärspule eine Stromstärke von 14 A messbar. Bestimme das notwendige Verhältnis der Windungszahlen von Primärspule und Sekundärspule.

6 Lichtbogenschweißen mithilfe eines Trafos

B Der fehlerhafte Transformator

1 Tolga möchte mithilfe eines Transformators seine Modelleisenbahn in Betrieb setzen. Dabei soll eine Spannung von 23 V erreicht werden. Als Ausgangsspannung dient eine Elektrizitätsquelle mit 230 V. Leider haben sich im Schaltplan von Tolga in Bild 7 vier Fehler eingeschlichen.
a) Benenne die vier Fehler.
b) Beschreibe deine Schritte, um die Fehler zu beheben.

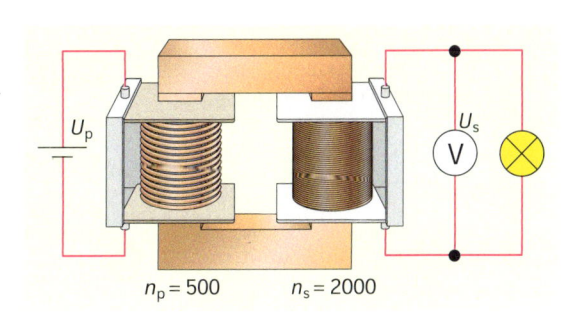

7 Tolgas Transformator funktioniert nicht!

1 Hochspannungstransformatoren eines Umspannwerkes

Die Arten von Transformatoren

Der Niederspannungstrafo

Zum Aufladen deines Smartphones benötigst du ein Ladekabel und ein Netzteil, in dem sich ein Transformator befindet. Die Netzspannung von 230 V muss auf die Ladespannung des Akkus des Smartphones von 4,2 V transformiert werden. Dies wird dadurch erreicht, dass die Windungszahl der Sekundärseite kleiner ist als die Windungszahl der Primärseite. Es ist ein **Niederspannungstransformator.** (→ Bild 2) Für seine Windungszahlen gilt:

Niederspannungstrafo: $n_P > n_S$

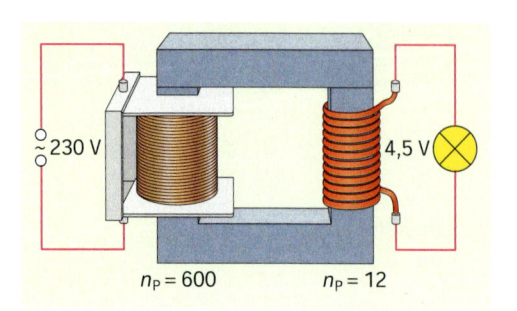

Der Hochstromtrafo

In Bild 3 siehst du einen **Hochstromtransformator.** Diese Transformatoren verursachen im Sekundärstromkreis hohe Stromstärken. Dadurch beginnt der Nagel auf der rechten Seite zu glühen. Die Sekundärspule besitzt im Vergleich zur Primärspule nur wenige Windungen aus einem dicken Draht. Würde ein dünner Draht verwendet werden, so besteht die Gefahr, dass dieser schmilzt. Für die Windungszahlen bei einem Hochstromtrafo gilt:

Hochstromtrafo: $n_P \gg n_S$

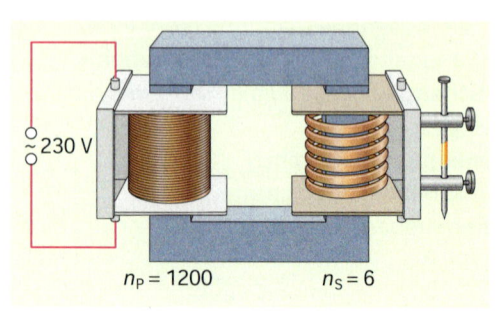

2 Ein Niederspannungstrafo im Einsatz

3 Ein Hochstromtrafo im Einsatz

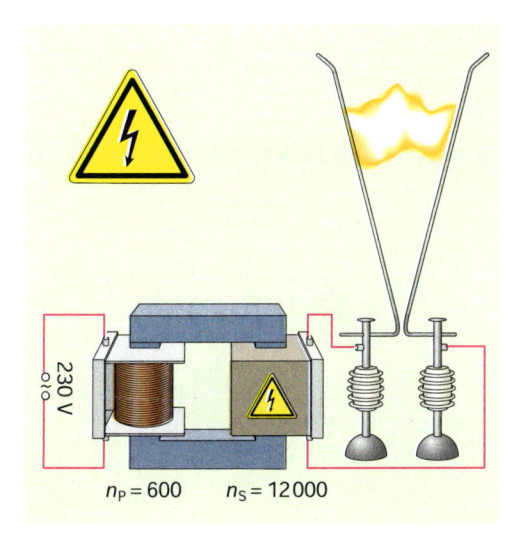

4 Ein Hochspannungstrafo im Einsatz

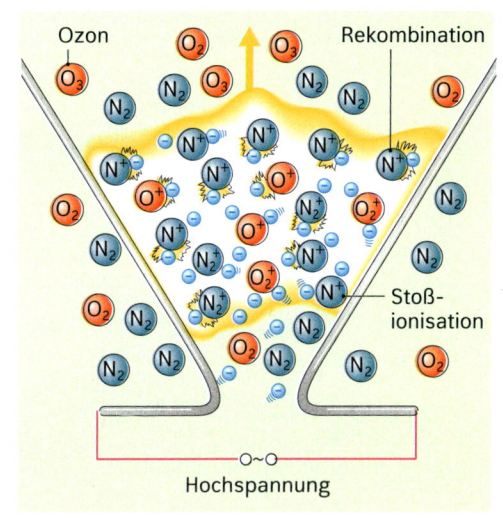

5 Die Entstehung des Lichtbogens in Luft

Der Hochspannungstrafo

Um im Sekundärstromkreis sehr hohe Spannungen zu erzeugen, werden **Hochspannungstransformatoren** verwendet. Dabei ist die Windungszahl auf der Sekundärseite sehr viel größer als auf der Primärseite. Die entstehende Spannung reicht aus, um zwischen den Metallstäben einen **Lichtbogen** entstehen zu lassen. (→ Bild 4) Für seine Windungszahlen gilt:

> Hochspannungstrafo: $n_P \ll n_S$

Ein Hochspannungstrafo ist zugleich auch ein **Niederstromtrafo.** Er wird aber so nicht bezeichnet, da niedrige Ströme in der Regel nicht absichtlich bereitgestellt werden müssen. Der Nutzer als Energiewandler im Sekundärstromkreis bestimmt den durch ihn fließenden Elektronenstrom.

Wie entsteht der Lichtbogen?

Die Luft ist ein nichtleitendes Gas. Sie besteht im Wesentlichen aus Stickstoffmolekülen (N_2) und Sauerstoffmolekülen (O_2). Durch sehr hohe Spannungen werden die Moleküle der Luft elektrisch geladen. Sie werden zu **Ionen.** Dieser Vorgang heißt **Ionisation.** Dabei trifft ein Elektron auf ein Luftmolekül und schlägt ein weiteres Elektron aus dem Molekül heraus. Es entsteht ein positiv geladenes Ion, ein **Kation.** Die freien Elektronen stoßen weitere Luftmoleküle an und ionisieren auch diese. Dieser Vorgang heißt **Stoßionisation.** Es entsteht eine **Ionenlawine.** Die Ionen haben zur Folge, dass das Gas nun elektrisch leitfähig ist. Während dieses Vorgangs finden aber auch viele Kationen und Elektronen wieder zusammen. Bei dieser **Rekombination** wird Energie in Form von Licht ausgesendet. Es entsteht der Lichtbogen. (→ Bild 5)

---

1 a) Nenne drei Arten von Transformatoren.
b) Gib die Größenverhältnisse der Windungszahlen an.

2 ▍▍ Erstelle eine beschriftete Skizze vom Aufbau eines Hochstromtrafos.

3 ▍▍ Erkläre mithilfe des Teilchenmodells, dass der Nagel in Bild 3 zu glühen beginnt.

4 ▍▍▍ Beschreibe die Entstehung des Lichtbogens in Bild 4.

Starthilfe zu 3:

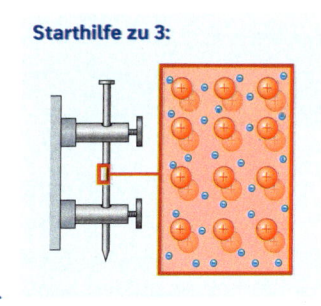

FORSCHEN UND ENTDECKEN

A Demonstrationsversuch: Was kann Hochstrom bewirken?

Material: Experimentiertransformator mit Spulen (6 Windungen und 75 Windungen), Halterung für Nagel, Nagel (10 cm), Experimentierkabel, Schalter, Elektrizitätsquelle (Stelltrafo), feuerfeste Unterlage, Warnschild

Durchführung:
Schritt 1: Ein Hochstromtrafo mit 75 Windungen und 6 Windungen wird wie in Bild 1 aufgebaut.
Schritt 2: Das Warnschild wird gut sichtbar aufgestellt.
Schritt 3: Der Nagel wird in die Halterung eingespannt. Darunter wird eine feuerfeste Unterlage gestellt.
Schritt 4: Die Elektrizitätsquelle wird auf 25 V-Wechselspannung gestellt. Der Schalter wird geschlossen.

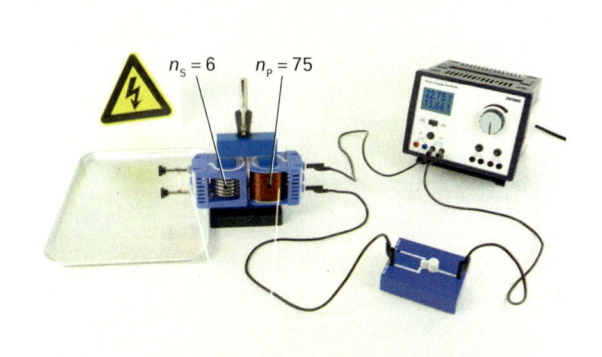

1 Versuchsaufbau mit einem Hochstromtrafo

❶ a) Beschreibe den Versuchsaufbau.
b) Beschreibe deine Beobachtungen.
∥ c) Erkläre das Ergebnis des Versuches. Gehe dabei auf die Windungszahlen der Spulen im Verhältnis zu den Stromstärken des Trafos ein.

B Demonstrationsversuch: Wie kann ein künstlicher Blitz erzeugt werden?

Material: Experimentiertransformator mit Spulen (500 Windungen und 23 000 Windungen), Hornerelektroden mit Halterungen, Warnschild

Durchführung:
Schritt 1: Der Hochspannungstrafo mit Hörnerelektroden wird wie in Bild 2 aufgebaut.
Schritt 2: Das Warnschild wird gut sichtbar aufgestellt.
Schritt 3: Die Primärspule wird mit 230 V verbunden.
Schritt 4: Die Primärspule wird eingeschaltet.

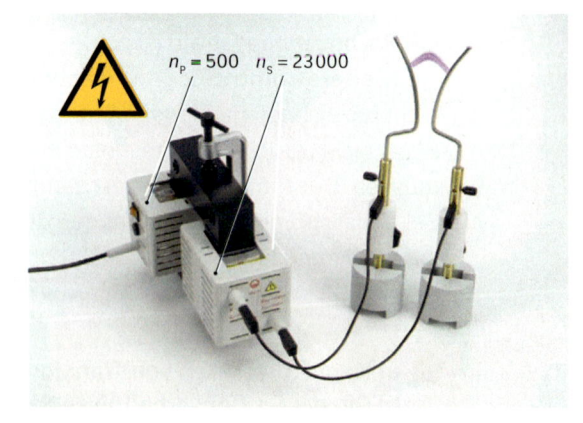

2 Versuchsaufbau mit einem Hochspannungstrafo

❶ a) Beschreibe den Versuchsaufbau.
b) Beschreibe deine Beobachtungen.
∥ c) Erkläre das Ergebnis des Versuches. Gehe dabei auf die Windungszahlen der Spulen im Verhältnis zu den Spannungen des Trafos ein.

IM ALLTAG

Der Einsatz von Transformatoren

Einsatz im Umspannwerk
Um elektrische Energie über weite Entfernungen zu übertragen, wird die Spannung vor der Leitung hochtransformiert und hinter der Leitung heruntertransformiert. Dies geschieht in **Umspannwerken** mithilfe vieler, meist sehr großer Transformatoren. In einem Umspannwerk werden die Leitungen verschiedener Spannungen des Energieversorgungsnetzes miteinander verbunden.

3 Ein regionales Umspannwerk

Netzteile für Elektrogeräte
Nur sehr wenige Elektrogeräte können direkt mit der Netzspannung von 230 V betrieben werden. Vor allem elektronische Geräte benötigen immer sehr viel niedrigere Eingangsspannungen. Für diese Spannungen sorgt ein **Netzteil**. Ältere Netzteile enthalten einen schweren Trafo, der mit der Netzfrequenz (50 Hz) betrieben wird. Moderne und effektivere **Schaltnetzteile** kommen mit einem kleinen und leichten Trafo aus, da dieser mit hohen Frequenzen betrieben wird.

4 Verschiedene Schaltnetzteile im Einsatz

Lichtbogenschweißen von der Rolle
Um metallische Werkstücke dauerhaft zu verbinden, wird häufig das **Lichtbogenschweißen** benutzt. Dabei wird ein Hochstromtrafo verwendet. Der Stromkreis der Sekundärspule wird über das zu schweißende Werkstück, den Lichtbogen und die Elektrode geschlossen. Die Elektrode kommt von einer Rolle und durchläuft das Handgerät. Die hohe Stromstärke bewirkt das Schmelzen der Elektrodenspitze. Das flüssige Metall verbindet die Metallstücke.

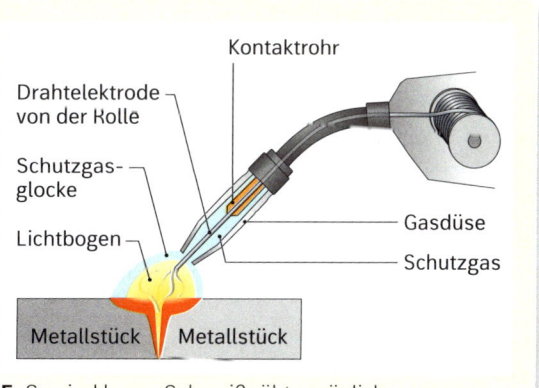

5 So sind lange Schweißnähte möglich.

1 Ein weiteres Verfahren des Schweißens mithilfe elektrischer Energie ist das Punktschweißen. Recherchiere das Verfahren und beschreibe es.

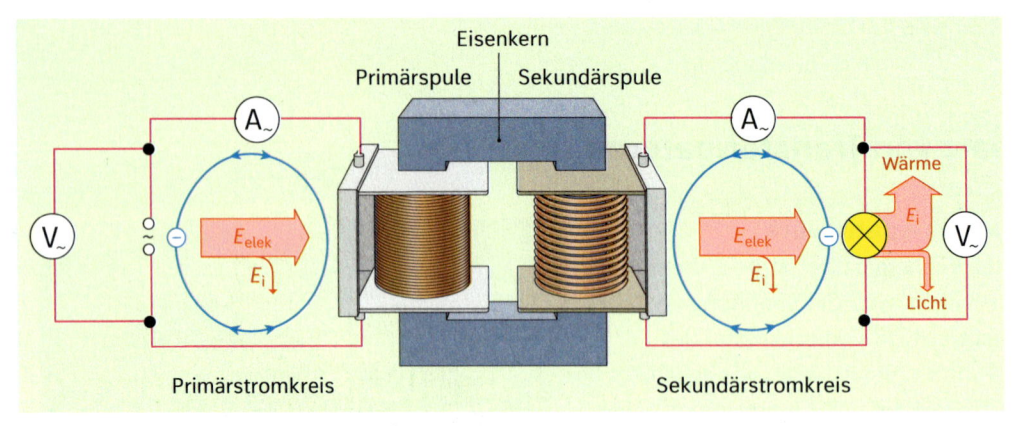

1 Der Elektronenstrom und der Energiestrom bei einem Trafo

Die elektrische Energie und Leistung von Transformatoren

Die elektrische Energie

Ein Transformator benötigt zum Betrieb elektrische Energie. Dabei fließen Elektronen von der Elektrizitätsquelle in die Primärspule des Transformators. Der größte Teil der elektrischen Energie der Elektronen wird umgewandelt, um ein Magnetfeld aufzubauen. Da die Primärspule in einem Wechselstromkreis liegt, wird das Magnetfeld ständig auf- und abgebaut. Die durch die Primärspule fließenden Elektronen fließen wieder zur E-Quelle zurück.

Das ständig wechselnde Magnetfeld wird durch den Eisenkern verstärkt und durchsetzt die Sekundärspule. Hier wird nun ein Teil der Energie des Magnetfeldes wieder in elektrische Energie umgewandelt. Es wird eine Spannung induziert. Ein Teil der Energie wird hierbei in innere Energie umgewandelt. Der Trafo wird warm.

Wird ein Nutzer in den Sekundärkreis geschaltet, so fließt ein Elektronenstrom. Dieser liefert Energie an den Energiewandler. Da jede Lampe neben Licht auch innere Energie in Form von Wärme abgibt, wird ein Teil der elektrischen Energie über die Lampe entwertet. (→ Bild 1)

Die elektrische Leistung

Ein **idealer Transformator** hat keine Energieabgabe an die Umgebung. Das bedeutet, dass die gesamte Energie, die an der Primärseite aufgenommen wird, auch an der Sekundärseite abgegeben wird. Somit verändert sich die Leistung des Transformators nicht. Die Leistung gibt dabei an, wie viel Energie in einer bestimmten Zeit übertragen wird.

> **Name:** elektrische Leistung
> **Formelzeichen:** P
> **Berechnung:** $P = \frac{E}{t}$
> **Einheit:** $1\,\frac{J}{s} = 1\,W$ (Watt)

Die elektrische Leistung ablesen

Die Leistung eines elektrischen Gerätes findest du auf dem **Typenschild**. Das Bild 2 zeigt das Typenschild eines Transformators mit seiner Leistung.

```
IK-B/IS    Electronic Transformer
Modell: IK-BIS21              230 V
Input: AC230 V    50/60 Hz
Output: AC12 V    20 W-50 W
Ta: 40°C   Te: 50°C   cosφ:0,98
                              12 V
```

2 Das Typenschild eines Trafos

Spannung, Stromstärke und Leistung hängen zusammen

Bei einem idealen Trafo entspricht die aufgenommene Leistung der Primärspule der abgegebenen Leistung der Sekundärspule. Bei einem Hochspannungstransformator besitzt die Sekundärspule sehr viel mehr Windungen als die Primärspule. Die in der Sekundärspule induzierte Spannung ist somit wesentlich höher als an der Primärspule. Die Leistungen von Primärspule und Sekundärspule sind jedoch gleich hoch. Folglich muss in der Sekundärspule die Stromstärke stark absinken.

Bei einem Hochstromtransformator liegt der gegenteilige Fall vor. Die Windungen der Sekundärspule sind wesentlich geringer. Die induzierte Spannung ist sehr viel kleiner. Da das Produkt aus Spannung und Stromstärke, also die Leistung, gleichbleibt, muss hier die Stromstärke stark ansteigen.

Der Zusammenhang zwischen Energie und Leistung

Alle elektrischen Geräte nehmen elektrische Energie auf und geben Energie in anderer Form ab. Die Menge der aufgenommen elektrischen Energie hängt von der Leistung P und der Betriebszeit t ab.

> **Name:** elektrische Energie
> **Formelzeichen:** E
> **Berechnung:** $E = P \cdot t$
> mit $P = U \cdot I \Rightarrow E = U \cdot I \cdot t$
> **Einheit:** 1 VAs = 1 Ws = 1 J (Joule)

> **Bei einem idealen Trafo gilt:**
> $P_P = P_S \Leftrightarrow U_P \cdot I_P = U_S \cdot I_S$

Beispielaufgabe

Bei einem idealen Hochspannungstransformator wird auf der Primärseite eine Stromstärke von 2,5 A gemessen. Der Trafo ist an das Haushaltsnetz angeschlossen. Die Spannung auf der Sekundärseite beträgt 5,75 kV.
a) Der Trafo war eine Minute in Betrieb. Berechne die übertragene Energie.
b) Berechne die Stromstärke in der Sekundärspule.

geg.: U_P = 230 V, I_P = 2,5 A,
U_S = 5,75 kV = 5750 V,
t = 1 min = 60 s

ges.: a) E; **b)** I_S

Lösung:
a) 1. Schritt: $P_P = U_P \cdot I_P$
P_P = 230 V · 2,5 A = 575 W
2. Schritt: $E = P \cdot t$
E = 575 W · 60 s
E = 34 500 J = 34,5 kJ.

Antwort: Es wurde eine Energie von 34,5 kJ übertragen.

b) Bei einem idealen Trafo gilt: $P_P = P_S$
$P_P = P_S = U_S \cdot I_S \Leftrightarrow I_S = \frac{P_P}{U_S}$
$I_S = \frac{575 \text{ W}}{5750 \text{ V}} = 0{,}1$ A.

Antwort: Die Stromstärke auf der Sekundärseite beträgt 0,1 A.

---

① Beschreibe mit Bild 1 den Elektronenstrom und den Energiestrom bei einem Trafo.

② ▍▍ Ein Hochspannungstransformator ist an das Haushaltsnetz angeschlossen. Es wird auf der Primärseite eine Stromstärke von 3,0 A gemessen. Die Spannung auf der Sekundärseite beträgt 6,0 kV. Berechne die übertragene Energie bei einer Betriebszeit von 10 min.

Starthilfe zu 2:
Die Beispielaufgabe hilft dir bei der Lösung. Beachte die Einheiten.

③ ▍▍ Ermittle mit den Angaben auf dem Typenschild eines Trafos in Bild 2
  a) seine Primär- und Sekundärspannung.
  b) seine minimale und maximale Leistung.
  c) seine Primär- und Sekundärstromstärke bei einer Leistung von 35 W.

ÜBEN UND ANWENDEN

A Die Energie und die Leistung bei Transformatoren

1 Durch einen Hochspannungstrafo wird eine Energie von 1,0 MJ übertragen. Seine Leistung beträgt 500 W. Berechne die Zeit, die der Trafo in Betrieb war.

2 ❚❚ Bei einem idealen Niederspannungstrafo wird eine Primärstromstärke von 1,12 A gemessen. Der Trafo ist an eine Elektrizitätsquelle mit 15 V~ angeschlossen. Die Sekundärspannung beträgt 2,2 V.
a) Der Trafo war eine Minute in Betrieb. Berechne die übertragene Energie.
b) Berechne die Stromstärke in der Sekundärspule.

$n_P = 75$ $n_S = 12$

1 Ein Niederspannungstrafo im Einsatz

Starthilfe zu 2:
Zur Lösung der Aufgabe hilft dir die Beispielrechnung auf der vorherigen Seite.

B Das Aufladen eines Smartphones

1 a) Der Akku eines Smartphones wird 1,5 h mit einem Netzteil (5,1 V/1,1 A) geladen. Berechne die übertragene Energie.
❚❚ b) Der Akku kann bei voller Ladung eine elektrische Energie von 36 kJ speichern. Berechne den prozentualen Anteil, den der Akku nach 1,5 h geladen hat.

Starthilfe zu 1b):
Beachte die Einheiten: 1 VA = 1 W; 1 Ws = 1 J; 1000 J = 1 kJ
1 h = 3600 s

2 Smartphones werden mithilfe eines Netzteils an der Steckdose (230 V~) aufgeladen. Der Trafo im Netzteil transformiert die Spannung auf 5,1 V~ herunter. Anschließend wird diese Wechselspannung mithilfe eines Gleichrichters in Gleichspannung umgewandelt. Die Leistung des Trafos beträgt 5 W. Die Primärwindungszahl beträgt 1500.
a) Erstelle einen Schaltplan. Zeichne das Smartphone als Widerstand R. Verwende für den Gleichrichter das rechte Schaltzeichen. 
❚❚ b) Berechne die Anzahl der Sekundärwindungen des Trafos.
❚❚❚ c) Berechne die Sekundärstromstärke und die Primärstromstärke des Trafos.

2 Akkutausch bei einem Smartphone

3 Das Netzteil eines Smartphones

IM ALLTAG

Elektrische Leistungen

Verschiedene Steckdosen
In unserem Haushaltsnetz existieren zwei Arten von Steckdosen, die **230 V-Steckdose** und die **400 V-Steckdose.** Die letztere hieß früher Starkstromsteckdose.
Alle Steckdosen sind meistens mit 16 A abgesichert. Da die 400 V-Steckdose aber alle drei Phasen des Wechselstroms nutzt, kann diese viel höhere elektrische Leistungen liefern.
230 V-Steckdose: maximal 3,7 kW bei 16 A
400 V-Steckdose: maximal 11 kW bei 16 A

4 Zwei 230 V- und eine 400 V-Steckdose

Der Hochgeschwindigkeitszug ICE
Seit 1991 fährt in Deutschland das erste Modell des Hochgeschwindigkeitszuges ICE. Diese Abkürzung steht für **InterCity-Express.** Im Jahre 2021 wurde die neueste und leistungsstärkste Variante des ICE 4 in Betrieb genommen. Dieser Zug hat eine maximale Dauerleistung von 11,5 MW und eine Höchstgeschwindigkeit von 265 $\frac{km}{h}$. Dabei kann er bis zu 920 Personen befördern.

5 Ein Intercity-Express (ICE 4)

Leistungstransformatoren
Transformatoren, die für Leistungen im Bereich von 10 MW bis 1000 MW ausgelegt sind, heißen **Leistungstransformatoren.** Sie werden in Umspannwerken zur Transformation von Dreiphasenwechselstrom und auch für den einphasigen Bahnstrom verwendet. Bis zu einer Leistung von 40 MW können diese als Trockentransformatoren, also nur mit Luftkühlung betrieben werden. Leistungsstärkere Trafos müssen mit Öl gekühlt werden.

6 Leistungstransformatoren im Umspannwerk

1 a) Suche in deinem Haushalt fünf elektrische Geräte heraus. Ermittle mithilfe des Typenschildes ihre elektrische Leistung.
b) Berechne mit den Angaben aus a) ihren Energiebedarf bei einer Betriebszeit von 30 min.

1 Verschiedene Energiewandler haben unterschiedliche Wirkungsgrade.

Der Wirkungsgrad

Die Energieentwertung

Ein Energiewandler wandelt eine Energie in eine andere Form von Energie um. Eine Lampe wandelt einen Teil der elektrischen Energie in Licht um. Der andere Teil wird in innere Energie umgewandelt und als Wärme an die Umgebung abgegeben. Dieser Teil kann nicht mehr genutzt werden. Dieser Vorgang heißt **Energieentwertung.** Energieumwandlungen sind immer mit einer Energieentwertung verbunden.

Das Perpetuum mobile – eine Illusion

Erfinder haben sich bemüht, ein Gerät zu entwickeln, das für immer in Bewegung bleibt, wenn es einmal in Gang gesetzt wurde. Das **Perpetuum mobile** (lat.: das ständig Bewegende) hat nie funktioniert. Ohne weitere Energiezufuhr wird jedes Gerät irgendwann stehen bleiben. Grund ist die immer vorhandene Reibung. Bereits vor über 1200 Jahren wurde von indischen Astronomen versucht, eine solche Maschine zu konstruieren. Auch berühmte französische, deutsche und italienische Forscher des Mittelalters und der Renaissance versuchten, solche Geräte zu bauen – vergebens.

Der allgemeine Energieerhaltungssatz

Erst die Forschung des 19. Jahrhunderts beschrieb den Grund für eine Unmöglichkeit eines Perpetuum mobile. Aufgrund der Reibung wird immer ein Teil der zugeführten Energie in innere Energie umgewandelt. Diese wird in Form von Wärme abgegeben. So formulierte HERMANN VON HELMHOLTZ (1821 – 1894) bereits 1847 den **allgemeinen Energieerhaltungssatz:**

> Energie kann weder erzeugt noch vernichtet werden. Sie kann nur von einer Form in andere Formen unter Abgabe von Wärme umgewandelt werden.

2 Ein Perpetuum mobile

Ein Maß, wie gut Energie übertragen wird

Wird ein hoher Teil der zugeführten Energie in nutzbare Energie umgewandelt, so wird nur ein geringer Teil in Form von Wärme entwertet. Der Vorgang hat einen hohen **Wirkungsgrad η** (griech.: eta).

Du kannst ihn berechnen, indem du den Quotienten aus der genutzten Energie E_{nutz} und der zugeführten Energie E_{zu} bildest. Der Wirkungsgrad ergibt sich auch als Wert des Quotienten aus der genutzten Leistung P_{nutz} und der zugeführten Leistung P_{zu}. Da bei beiden Berechnungen im Zähler und im Nenner des Bruches die gleichen Einheiten stehen, kürzen diese sich heraus. Der Wirkungsgrad besitzt somit keine Einheit. Es handelt sich um eine Zahl. Der Zahlenwert ist größer als 0 und kleiner als 1. Wäre der Wirkungsgrad genau 1 und gar größer, wäre die Maschine ein Perpetuum mobile. Der Wirkungsgrad wird häufig auch in Prozent angegeben. Dafür wird der Zahlenwert mit 100 multipliziert. Ein Wirkungsgrad von 0,55 entspricht also 55 %.

> **Name:** Wirkungsgrad
> **Formelzeichen:** η (Eta)
> **Berechnung:** $\eta = \dfrac{E_{nutz}}{E_{zu}}$; $\eta = \dfrac{P_{nutz}}{P_{zu}}$
> **Einheit:** keine
> **Größenordnung:** $0 < \eta < 1$
> $\qquad\qquad\quad\; 0\,\% < \eta < 100\,\%$

Der Gesamtwirkungsgrad

Bei Maschinen finden häufig mehrere Energieumwandlungen hintereinander statt. Der **Gesamtwirkungsgrad η_{ges}** der Energieumwandlungskette wird dabei als Produkt der Einzelwirkungsgrade berechnet.

> **Name:** Gesamtwirkungsgrad
> **Berechnung:** $\eta_{ges} = \eta_1 \cdot \eta_2 \cdot \ldots \cdot \eta_n$
> n – Anzahl der Energiewandler

Beispielaufgabe

a) Dem Elektromotor eines E-Autos werden 54 MJ elektrische Energie zugeführt. Hiervon werden 44 MJ in mechanische Energie umgewandelt. Berechne den Wirkungsgrad des Elektromotors.

geg.: $E_{zu} = 54$ MJ, $E_{nutz} = 44$ MJ
ges.: η
Lösung: $\eta = \dfrac{E_{nutz}}{E_{zu}} = \dfrac{44\text{ MJ}}{54\text{ MJ}} = 0{,}81$

Antwort: Der Wirkungsgrad beträgt 81 %.

b) Der Wirkungsgrad des Akkus des E-Autos beträgt 90 %. Berechne den Gesamtwirkungsgrad des E-Autos.

geg.: $\eta_{E\text{-Motor}} = 0{,}81$, $\eta_{Akku} = 90\,\% = 0{,}90$
ges.: η_{ges}
Lösung: $\eta_{ges} = \eta_{E\text{-Motor}} \cdot \eta_{Akku}$
$\eta_{ges} = 0{,}81 \cdot 0{,}90 = 0{,}73$

Antwort: Der Gesamtwirkungsgrad des E-Autos beträgt 73 %.

---

1 a) Beschreibe die Idee des Perpetuum mobiles.
b) Begründe, dass ein Perpetuum mobile nicht möglich ist.

2 Gib zwei Gleichungen an, um den Wirkungsgrad zu berechnen.

3 Berechne den Wirkungsgrad.
a) Ein Transformator wandelt 1,5 MJ an elektrischer Energie um. Dabei wurden 1,65 MJ an Energie dem Trafo zugeführt.
b) Eine LED-Lampe (10 V/600 mA) strahlt bei voller Helligkeit eine Lichtleistung von 3,15 W ab.

Starthilfe zu 3b):
$P = U \cdot I$

4 Über ein Ladegerät mit einem Wirkungsgrad von 70 % soll ein Smartphone mit 36 kJ Energie geladen werden. Berechne die Energie, die dem Ladegerät zugeführt werden muss.

Starthilfe zu 4:
Löse die Größengleichung des Wirkungsgrades nach E_{nutz} auf.

FORSCHEN UND ENTDECKEN

A Die Bestimmung des Wirkungsgrades eines Elektromotors mit Stromstärkemessgerät und Spannungsmessgerät

Material: Elektrizitätsquelle, kleiner E-Motor, Massestück ($m = 0{,}1$ kg), Seil, Stromstärkemessgerät, Spannungsmessgerät, Experimentierkabel, Stoppuhr (Smartphone), Meterstab

Durchführung:

Schritt 1: Baue den Versuch wie in Bild 1 auf.
Schritt 2: Stelle das Massestück auf den Boden. Stelle die Stoppuhr auf null.
Schritt 3: Nimm die E-Quelle in Betrieb und starte die Zeitmessung.
Schritt 4: Miss die Spannung U und die Stromstärke I, während der Motor das Massestück nach oben zieht.
Schritt 5: Unterbrich den Stromkreis, kurz bevor das Massestück auf Höhe des Tisches ist. Stoppe die Zeit t und miss die vom Massestück zurückgelegte Höhe h.

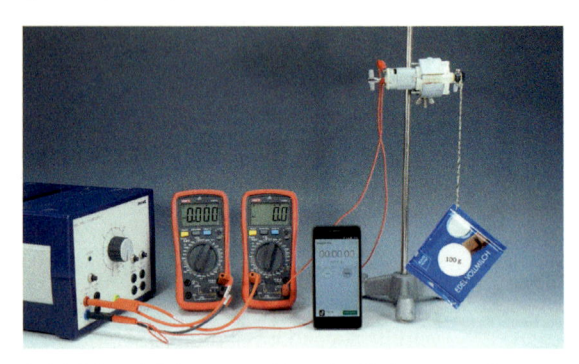

1 Welchen Wirkungsgrad hat der Elektromotor?

Starthilfe zu 1 b):
Bilde zur Berechnung des Wirkungsgrades η den Quotienten aus der genutzten Energie ($E_{nutz} = m \cdot g \cdot h$) und der zugeführten Energie ($E_{zu} = U \cdot I \cdot t$).

① a) Beschreibe den Versuchsaufbau.
b) Berechne mit deinen Messwerten den Wirkungsgrad des Elektromotors.

B Die Bestimmung des Wirkungsgrades eines Wasserkochers mit einem Energiemessgerät

Material: Wasserkocher, Energiemessgerät, Messbecher, Wasser, digitales Thermometer

Durchführung:

Schritt 1: Miss 1,0 l Wasser ($m = 1{,}0$ kg) mithilfe des Messbechers ab und fülle es in den Wasserkocher. Miss die Temperatur des Wassers.
Schritt 2: Stecke den Netzstecker des Wasserkochers in das Energiemessgerät und dieses wiederum in die Steckdose.
Schritt 3: Starte die Energiemessung und schalte gleichzeitig den Wasserkocher an.
Schritt 4: Wenn das Wasser siedet und sich der Wasserkocher automatisch abschaltet, lies den Messwert für die zugeführte Energie E_{zu} am Energiemessgerät ab.

2 Das Energiemessgerät misst die zugeführte Energie.

① a) Um 1,0 l Wasser zu erwärmen, ist Energie nötig. Berechne diese wie folgt:
$E_{nutz} = 4182 \, \frac{J}{kg \cdot °C} \cdot 1{,}0 \, kg \cdot (100\,°C - \text{gemessene Temperatur})$.
b) Wandle die genutzte Energie in kWh um. Dabei gilt: $1{,}0$ kWh $= 3{,}6$ MJ.
c) Berechne den Wirkungsgrad des Wasserkochers.

ÜBEN UND ANWENDEN

A Wirkungsgrade recherchieren, vergleichen und berechnen

1 a) Eine Bohrmaschine ist an eine Steckdose angeschlossen. Bei Volllast beträgt die Stromstärke 3,0 A. Bestimme die zugeführte elektrische Leistung an der Steckdose.
b) Durch Reibungskräfte werden im Motor 25 % und im Getriebe weitere 13 % in innere Energie umgewandelt und als Wärme abgegeben. Berechne den Gesamtwirkungsgrad η_{ges} der Bohrmaschine.
c) Bestimme die nutzbare Leistung P_{nutz} der Bohrmaschine.

2 Bei allen Elektrogeräten wird ein Teil der Energie in Form von Wärme an die Umgebung abgegeben. Dies senkt den Wirkungsgrad. Übernimm die Tabelle 4 in dein Heft. Recherchiere die Wirkungsgrade und fülle deine Tabelle aus.

3 ❙❙ Ein Aufzug hebt eine Last mit einer Masse von 2200 kg in 22 s um 17 m an. Hierfür ist eine elektrische Energie von 1,1 MJ nötig. Berechne den Wirkungsgrad η des Aufzuges.

3 Je höher der Wirkungsgrad ist, desto geringer sind die Energiekosten.

Energiewandler	Wirkungsgrad η
Glühlampe	≈ 5 %
LED-Lampe	…
Smartphone-Ladegerät	…
Wasserkocher	…
Bohrmaschine	…
Transformator	…
Elektromotor	…

4 Wie hoch sind die Wirkungsgrade?

B Energieflussdiagramme interpretieren und zeichnen

1 Erkläre die Bedeutung der Pfeildicken in einem Energieflussdiagramm.

2 ❙ **a)** Miss die Dicke der Pfeile in Bild 5 und bestimme den Wirkungsgrad η des Energiewandlers.
❙ **b)** Gib mit deinem Ergebnis in a) einen möglichen Energiewandler an. Benutze dazu deine recherchierten Wirkungsgrade aus Tabelle 4.
❙ **c)** Benenne zu dem gewählten Energiewandler die zugeführte Energie, die genutzte Energie und die entwertete Energie.

3 ❙❙ **a)** Erstelle je ein Energieflussdiagramm einer LED-Lampe und einer Bohrmaschine. Benutze dazu deine recherchierten Wirkungsgrade aus Tabelle 4.
❙❙ **b)** Benenne in den Energieflussdiagrammen alle Formen von Energie.

Starthilfe zu 2 a):
Verwende für die Breite der Pfeile folgenden Maßstab:
20 mm ≙ 100 %.

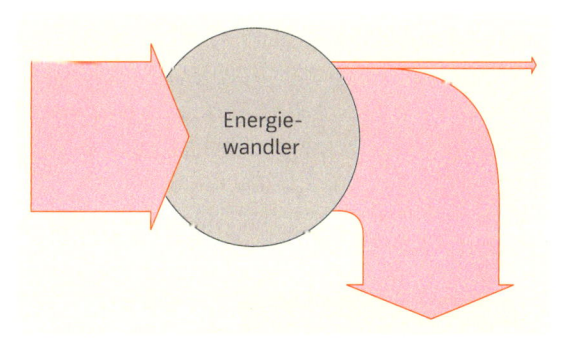

5 Der Wirkungsgrad eines Energiewandlers

Starthilfe zu 3:
Beachte, dass die entwertete Energie unterschiedliche Formen von Energie haben kann.

Auf einen Blick: Elektrische Energie und ihre Nutzung

Ein Elektronenstrom erzeugt Magnetfelder

Um jeden Strom führenden Leiter entsteht ein Magnetfeld. Die Richtung hängt von der Fließrichtung der Elektronen ab und kann mit der **Linke-Faust-Regel** bestimmt werden.

Wird der gerade Leiter aufgewickelt, entsteht eine **Spule.** Aus dieser kann ein Elektromagnet gebaut werden. Die **magnetische Kraftwirkung eines Elektromagneten** hängt von
- der Windungszahl der Spule,
- dem Einsatz eines Eisenkerns,
- der Stromstärke ab.

Technische Elektromagnete verwenden hochwertige Kupferspulen, die um einen **geblätterten Eisenkern** gewickelt sind.

Die elektromagnetische Induktion

Durch die relative Bewegung eines Magnetfeldes und einer Spule zueinander, wird in der Spule eine Spannung induziert. Die **induzierte Spannung** hängt von
- der Richtung und
- der Geschwindigkeit der Bewegung,
- der Windungszahl der Spule,
- der Stärke des Magnetfeldes ab.

Werden die Spulenenden eines Elektromagneten mit den Polen eines elektrischen Nutzers verbunden, kommt es zu einem Elektronenstrom.
Mit wenigen Ausnahme wie Solarzellen und Brennstoffzellen wird elektrischer Strom immer mithilfe der Induktion bereitgestellt.

Gleich- und Wechselspannung

Bewegen sich in einem angeschlossenen Stromkreis die Elektronen immer in dieselbe Richtung, so liefern diese **Gleichspannung.** Alle Akkus, Batterien, Brennstoffzellen und Solarzellen sind Elektriztätsquellen für Gleichspannung.
Bei Elektrizitätsquellen für **Wechselspannung** werden Pluspol und Minuspol ständig vertauscht. Dieses geschieht im Versorgungsnetz mit einer **Frequenz** von 50 Hz.

Elektromotoren und Generatoren stellen Energie bereit

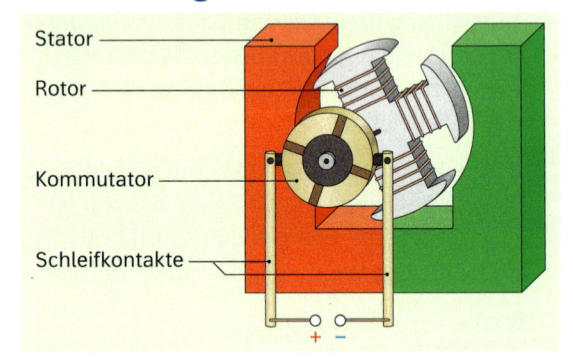

Elektromotoren und **Generatoren** haben einen identischen Aufbau. Der Unterschied besteht in der **Richtung der Energieübertragung.**

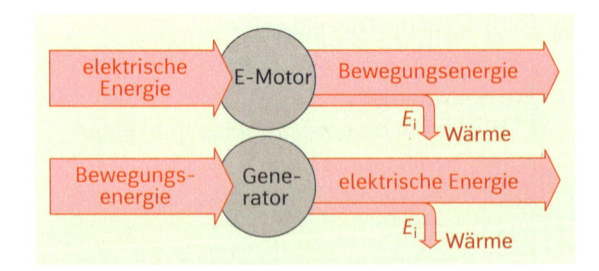

WICHTIGE BEGRIFFE
- Linke-Faust-Regel
- Spule, Windungszahl, Elektromagnet
- geblätterter Eisenkern
- elektromagnetische Induktion
- induzierte Spannung

WICHTIGE BEGRIFFE
- Gleichspannung, Wechselspannung
- Amplitude, Frequenz
- Elektromotor
- Generator

Elektrische Energie und ihre Nutzung

Der Transformator

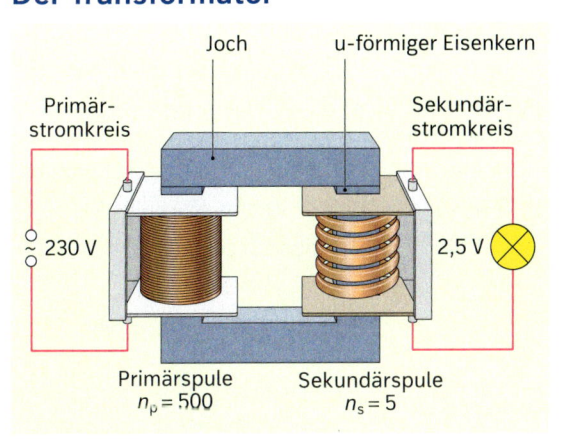

Joch — u-förmiger Eisenkern
Primärstromkreis — Sekundärstromkreis
230 V — 2,5 V
Primärspule $n_p = 500$ — Sekundärspule $n_s = 5$

Mit einem **Transformator** kann die Spannung gezielt verändert und der Anforderung angepasst werden. Die Spannung wird transformiert. Dabei wird bei angeschlossenen Stromkreisen auch immer die Stromstärke verändert.

Gesetzmäßigkeiten des Trafos

Spannungsübersetzung: $\dfrac{n_P}{n_S} = \dfrac{U_P}{U_S}$

Stromstärkenübersetzung: $\dfrac{n_P}{n_S} = \dfrac{I_S}{I_P}$

Die elektrische Energie

Ein elektrisches Gerät nimmt bei Betrieb **elektrische Energie** auf. Die Menge hängt von der Leistung des Gerätes und seiner Betriebszeit ab. Die elektrische Energie wird umgewandelt und in der erwünschten Energieform durch das Gerät abgegeben. Dabei wird immer ein Teil der elektrischen Energie entwertet und als Wärme abgegeben.

Die elektrische Leistung

Die **elektrische Leistung** gibt an, wie viel elektrische Energie in einer bestimmten Zeit übertragen wird.

Der Wirkungsgrad

Der **Wirkungsgrad** η ist ein Maß für die Güte von Energieübertragungen. Je höher der Wirkungsgrad ist, desto effektiver arbeitet die Maschine.

Der allgemeine Energieerhaltungssatz

Energie kann weder erzeugt noch vernichtet werden. Sie kann nur von einer Form in andere Formen umgewandelt werden. Die **Energieerhaltung** ist ein wichtiges Prinzip aller Naturwissenschaften.

Name	Größe	Einheit	Gesetz
elektrische Energie	E_{el}	1 Ws = 1 J (Joule) 1 kWh = 3,6 · 10⁶ Ws = 3,6 MJ	$E_{el} = U \cdot I \cdot t$
elektrische Leistung	P_{el}	$1 \frac{J}{s} = 1$ W (Watt)	$P_{el} = \dfrac{E_{el}}{t} = U \cdot I$ idealer Trafo: $P_P = P_S \Leftrightarrow U_P \cdot I_P = U_S \cdot I_S$
Wirkungsgrad	η (Eta)	– Größenordnung: $0 < \eta < 1$ oder $0\% < \eta < 100\%$	$\eta = \dfrac{E_{nutz}}{E_{zugeführt}}$; $\eta = \dfrac{P_{nutz}}{P_{zugeführt}}$

WICHTIGE BEGRIFFE
- Niederspannungstransformator
- Hochspannungstransformator
- Hochstromtransformator
- Spannungsübersetzung
- Stromstärkenübersetzung

WICHTIGE BEGRIFFE
- elektrische Energie
- elektrische Leistung
- Wirkungsgrad
- allgemeiner Energieerhaltungssatz

Auf einen Blick

Lerncheck: Elektrische Energie und ihre Nutzung

Magnetische Wirkung des elektrischen Stroms und Induktion

1 a) Beschreibe den Aufbau und die Durchführung des OERSTED-Versuchs.
b) Erläutere die Anwendung der Linke-Faust-Regel.

2 a) Beschreibe den Aufbau eines Elektromagneten.
b) Nenne drei Möglichkeiten, die Wirkung eines Elektromagneten zu verstärken.

3 Beschreibe vier Anwendungen für Elektromagnete.

4 a) Beschreibe drei Voraussetzungen für die elektromagnetische Induktion.
b) Gib drei Möglichkeiten an, die Höhe der Induktionsspannung zu ändern.

5 a) Erläutere den Unterschied zwischen Gleichspannung und Wechselspannung.
b) Zeichne die dazugehörigen *t-U*-Diagramme.
c) Gib die Frequenz und die Spannung des Haushaltsnetzes an.
d) Erkläre die Bedeutung der Frequenz für die Wechselspannung.

6 Nenne je zwei Elektrizitätsquellen für Gleichspannung und Wechselspannung.

7 Erkläre, dass durch Induktion immer Wechselspannung bereitgestellt wird.

Elektromotoren und Generatoren

8 Das Motorprinzip ist die Umkehrung des Generatorprinzips. Erläutere diesen Sachverhalt. Gehe dabei auf den Bau der beiden Maschinen ein und auf die jeweiligen Energieumwandlungen.

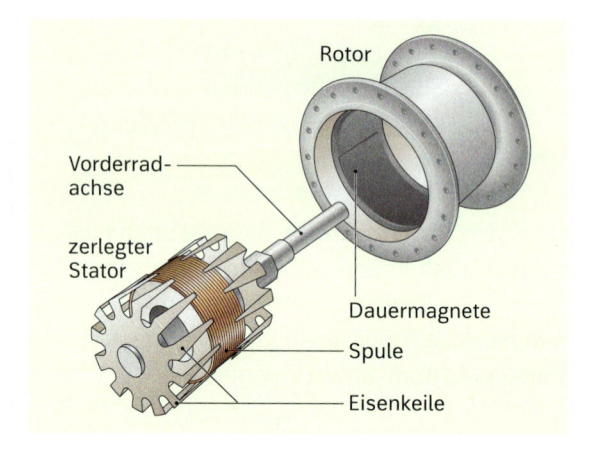

Rotor
Vorderradachse
zerlegter Stator
Dauermagnete
Spule
Eisenkeile

9 Einer der bekanntesten Generatoren ist der Nabendynamo des Fahrrades.
a) Beschreibe seine Funktionsweise mithilfe der oberen Grafik.
b) Begründe die Art der Spannung, die der Nabendynamo bereitstellt.
c) Nenne drei Maßnahmen, um die Höhe der vom Nabendynamo bereitgestellten Spannung zu erhöhen.

DU KANNST JETZT …

- … mithilfe der Linke-Faust-Regel die Richtung des Magnetfeldes eines geraden, elektrischen Leiters bestimmen.
- … den Aufbau, die Funktionsweise und Anwendungen eines Elektromagneten beschreiben.
- … den Vorgang der elektromagnetischen Induktion erläutern.
- … Gemeinsamkeiten und Unterschiede von Gleichspannung und Wechselspannung nennen.

DU KANNST JETZT …

- … den gemeinsamen Aufbau von Gleichstrom-Elektromotoren und Generatoren beschreiben.
- … Funktionsweise des Gleichstrom-Elektromotors erläutern.
- … Funktionsweise des Generators erläutern.
- … Energieflussdiagramme zu Motoren und Generatoren darstellen.
- … Anwendungen nennen.

Transformatoren

10 Erläutere die Funktionsweise eines Transformators. Verwende folgende Begriffe: Wechselspannung, Magnetfeldänderung, geblätterter Eisenkern, Frequenz, Windungszahl.

11 An einem Transformator ist primärseitig eine Spannung von 230 V angeschlossen. Auf der Sekundärseite sollen zwei parallel geschaltete Halogenlampen (U = 24 V; P = 250 W) an den Trafo angeschlossen werden.
a) Begründe, weshalb an der Primärseite kein Gleichstrom angeschlossen werden darf.
b) Zeichne den Schaltplan.

12 a) Vergleiche den Aufbau von Hochspannungstransformator und Hochstromtransformator. Gehe dabei auf Gemeinsamkeiten und Unterschiede ein.
b) Nenne je ein Anwendungsbeispiel für die beiden Trafos.

13 Ein Trafo mit 1200 Windungen an der Primärspule und 300 Windungen an der Sekundärspule ist an eine Haushaltssteckdose angeschlossen. Berechne die an der Sekundärspule anliegende Spannung.

Energie, Leistung und Wirkungsgrad

14 Berechne jeweils den Wirkungsgrad.
a) Ein Bügeleisen wandelt 10,0 MJ an elektrischer Energie um. Dabei wurden 11,5 MJ an Energie dem Bügeleisen zugeführt.
b) Ein Elektromotor mit folgendem Typenschild leistet bei voller Last 2,0 kW.

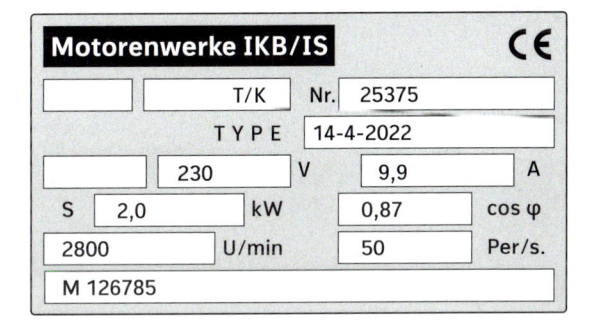

Motorenwerke IKB/IS				CE
	T/K	Nr.	25375	
	TYPE		14-4-2022	
	230	V	9,9	A
S	2,0	kW	0,87	cos φ
2800	U/min		50	Per/s.
M 126785				

15 Ein Ladegerät mit einem Wirkungsgrad von 83 % lädt ein Tablet-PC mit 78 kJ Energie auf. Berechne die zugeführte Energie.

16 Der Gesamtwirkungsgrad einer Energieübertragung unter Verwendung zweier Trafos beträgt 87,5 %. Der erste Trafo hat dabei einen Wirkungsgrad von 0,94, der Anteil der nutzbaren Leistung aufgrund der Leitungserwärmung beträgt 95 %. Berechne den Wirkungsgrad für den zweiten Trafo.

DU KANNST JETZT ...

- ... den Aufbau eines Transformators beschreiben.
- ... die Funktionsweise eines Transformators erläutern.
- ... den Unterschied von unbelastetem und belastetem Transformator darstellen.
- ... die Arten von Transformatoren und deren Unterschiede und Anwendungsgebiete benennen.
- ... die Trafogesetze mathematisch anwenden.

DU KANNST JETZT ...

- ... die physikalischen Größen Energie und Leistung definieren und mathematisch anwenden.
- ... Beispiele im Alltag nennen.
- ... die Aussage des allgemeinen Energieerhaltungssatzes nennen.
- ... die physikalische Größe Wirkungsgrad mathematisch definieren und ihre Bedeutung erklären.
- ... den Gesamtwirkungsgrad eines Systems berechnen.

Lerncheck

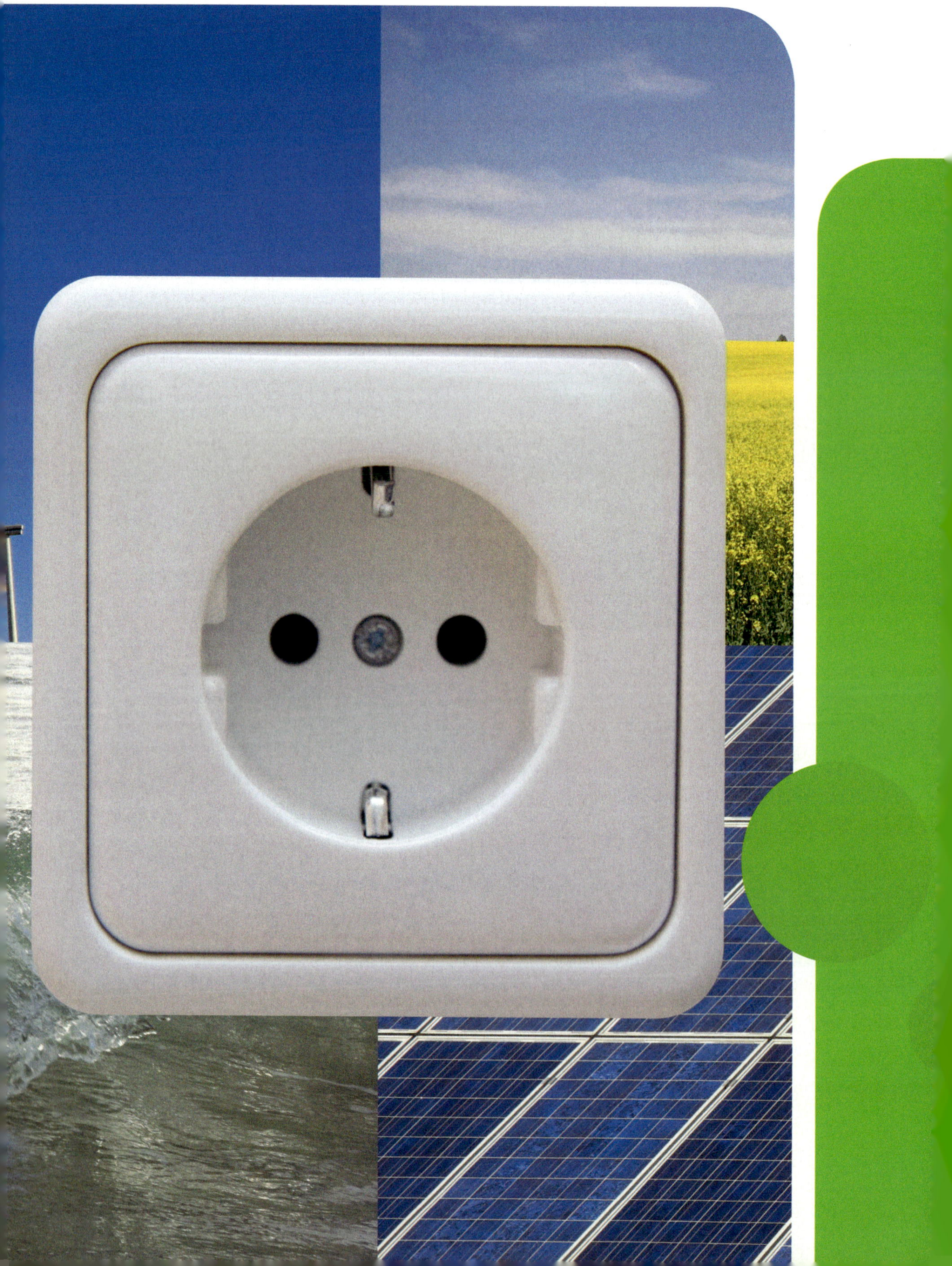

Energieversorgung

Welche Energien stellt ein GuD-Kraftwerk bereit?

Wie können Windkraftanlagen helfen, unser Energieproblem zu lösen?

Fossile Energieträger müssen ersetzt werden. Welche Möglichkeiten gibt es?

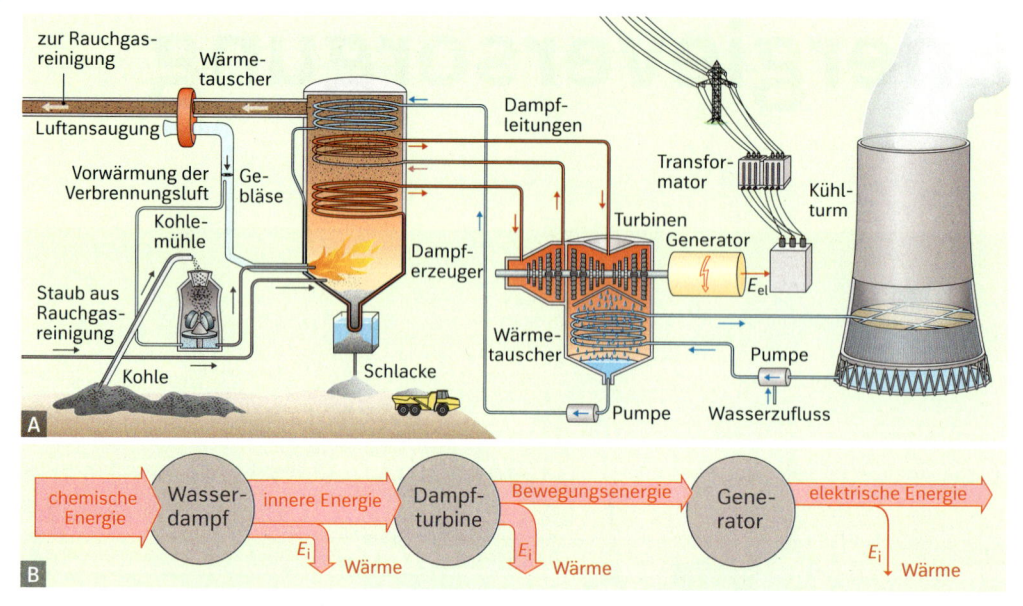

1 A Ein Wärmekraftwerk für fossile Energieträger, **B** das Energieflussdiagramm des Kraftwerkes

Wärmekraftwerke als nicht gekoppelte Systeme

Das Kohlekraftwerk
In einem **Wärmekraftwerk** wie in Bild 1A werden fossile Brennstoffe verbrannt. In Großkraftwerken sind Steinkohle und Braunkohle die fossilen Energieträger. Steinkohle hat einen hohen Energiegehalt. Sie muss nach Deutschland eingeführt, also **importiert** werden. Der Energiegehalt von Braunkohle ist geringer. Sie wird in Deutschland abgebaut. Im Kohlekraftwerk wird die chemische Energie der Kohle zuerst in innere Energie, dann in Bewegungsenergie und zuletzt in elektrische Energie umgewandelt. (→ Bild 1B)

Die Prozesse
Die Kohle wird in einem Kessel verbrannt. Die Verbrennungswärme geht auf einen Dampferzeuger über. Der heiße Dampf wird auf Turbinen geleitet. Sie treiben einen Generator an. Hier erfolgt die Wandlung in elektrische Energie. Sie wird über Transformatoren in das Versorgungsnetz eingeleitet.

Der Wirkungsgrad
Der Wirkungsgrad eines Kohlekraftwerkes beträgt im Volllastbetrieb etwa 45 %. Im Teillastbetrieb sinkt er auf 42 % bis 40 %. Das bedeutet, dass nur 40 % bis 45 % der zugeführten Energie in elektrische Energie umgewandelt werden. Der verbleibende Anteil wird als entwertete Energie in Form von Wärme abgegeben. Dies erfolgt überwiegend über den Kühlturm des Kraftwerkes. Bei diesem Kraftwerk ist der nicht genutzte Anteil größer ist als die Nutzenergie.

Ein nicht gekoppeltes System
Ein Kohlekraftwerk gibt zwei Formen von Energie ab. Das sind die elektrische Energie und die innere Energie in Form von Wärme. Die elektrische Energie wird genutzt. Die Wärme wird nicht genutzt. Ein Wärmekraftwerk, das nur elektrische Energie bereitstellt, wird als **nicht gekoppeltes System** bezeichnet. Dies ist der große Nachteil eines Wärmekraftwerkes dieser Bauart.

2 Ein Gasturbinenkraftwerk mit Gasturbine und Dampfturbine

Das Gasturbinenkraftwerk

In einem **Gasturbinenkraftwerk** wird Erdgas als Energieträger verbrannt. Es ist somit auch ein Wärmekraftwerk. Die Turbine in Bild 2 besteht aus zwei Schaufelradgruppen. Im Mittelteil befindet sich die Brennkammer. Durch die Verdichterturbine wird Luft angesaugt und verdichtet. Durch diese **Komprimierung** erhöht sich die Temperatur der Luft. Sie wird in die Brennkammer geleitet. Dort wird Erdgas als Brennstoff zugeführt. Das entzündete Brenngas hat eine Temperatur von bis zu 1500 °C. Die heißen Gase strömen auf die Schaufelräder der **Gasturbine** und versetzen dies in Drehung.
Auf der gleichen Welle wie die Verdichterturbine und die Gasturbine befindet sich der Generator. Er wandelt die Bewegungsenergie der Turbine in elektrische Energie um.

Der Wirkungsgrad

Etwa ein Drittel der von der Gasturbine abgegeben Leistung wird direkt für den Antrieb des Verdichters benötigt. Auch dieses Kraftwerk gibt über die Abgase einen erheblichen Anteil an Wärme an die Umwelt ab. Die Gasturbine mit Generator erreicht einen Wirkungsgrad von etwa 35 %.

Der Wirkungsgrad wird erhöht

Durch eine Erweiterung des Systems wird die Wärme der Abgase einem Dampferzeuger zugeführt. Dieser Dampf treibt über eine **Dampfturbine** einen zweiten Generator an. Durch dieses Prinzip kann der Wirkungsgrad des Kraftwerkes bis auf 60 % erhöht werden. 40 % der eingesetzten Energie werden nicht genutzt.
Auch das Gasturbinenkraftwerk ist ein nicht gekoppeltes System, da es nur elektrische Energie bereitstellt.

① Beschreibe anhand von Bild 1
   a) den Aufbau eines Kohlekraftwerkes,
   b) den Funktionsablauf in einem Kohlekraftwerk.

② Beschreibe anhand von Bild 2
   a) den Aufbau eines Gasturbinenkraftwerkes,
   b) den Funktionsablauf in einem Gasturbinenkraftwerk.

③ ❚❚ Braunkohle hat einen Energiegehalt von 4,2 $\frac{kWh}{kg}$. Berechne die Masse an Braunkohle, die bei einem Wirkungsgrad von 40 % für die Bereitstellung von 1 000 kWh elektrischer Energie verbrannt werden muss.

Starthilfe zu 3:
Berechne mithilfe des Dreisatzes
1. die elektrische Energie, die bei einem Wirkungsgrad von 40 % produziert werden muss.
2. die Masse der Kohle im Verhältnis zur elektrischen Energie.

IM ALLTAG

Wie funktioniert eine Dampfturbine?

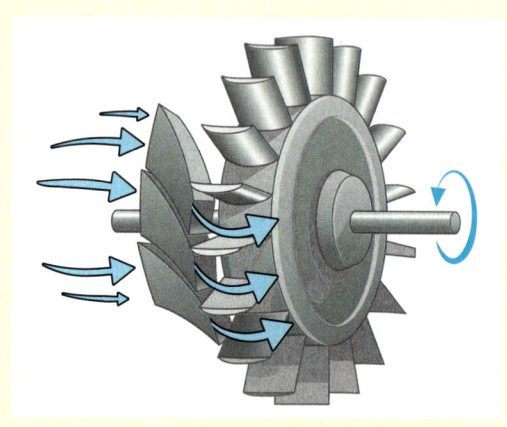

1 Die Funktionsweise einer Dampfturbine

2 Eine moderne Dampfturbine

Die Funktion einer Dampfturbine

Eine **Dampfturbine** wandelt die innere Energie von Wasserdampf in Bewegungsenergie um. In einem Kraftwerk ist die Dampfturbine die Antriebsmaschine für den Generator. Sie befinden sich auf einer gemeinsamen Welle. Die Turbine besteht aus Leiträdern und Schaufelrädern. Die Leiträder sind feststehend mit dem Turbinengehäuse verbunden. Die Schaufelräder sind mit der Welle der Turbine verbunden.

An der Eingangsseite strömt Dampf unter hohem Druck auf die Leiträder. Darüber wird er so auf die Schaufelräder gelenkt, dass er möglichst viel Energie abgeben kann. Um eine hohe Energieabgabe zu erreichen, sind mehrere Gruppen aus Leit- und Schaufelrädern hintereinander auf eine Welle gesetzt.

Moderne Dampfturbinen

Eine moderne Dampfturbine besteht aus mehreren Radgruppen. Zur besseren Verteilung der auftretenden Kräfte auf die Welle sind sie symmetrisch angeordnet. Jeweils von innen nach außen nimmt der Durchmesser von Leit- und Schaufelrädern zu. Der innere Teil ist der Hochdruckteil, der äußere Teil der Niederdruckteil.

Der Dampf strömt in der Mitte über den Hochdruckteil ein und wird nach beiden Seiten auf die Schaufelräder weitergeleitet. Während des Durchströmens nimmt die Temperatur des Dampfes ab. Dadurch sinkt der Druck des Dampfes und sein Volumen wird größer. Die Schaufelräder müssen also größer werden, damit der Dampf bei abnehmendem Druck die gleiche Energiemenge abgeben kann. Der abgekühlte Dampf hinter der Turbine wird wieder erwärmt und erneut eingeleitet.

Dampfturbinen arbeiten in einem Temperaturbereich zwischen 400 °C und 600 °C. Turbinen in Kraftwerken haben eine Drehzahl von 3000 $\frac{U}{min}$. Da der Generator mit der Dampfturbine auf einer Welle monitiert ist, besitzt er die gleiche Drehzahl.

① Beschreibe den Aufbau einer Dampfturbine und ihre Funktionsweise.

② ❙❙ Recherchiere den Wirkungsgrad einer Dampfturbine.

③ ❙❙ Erstelle das Energieflussdiagramm eines Wärmekraftwerkes mit einer Dampfturbine. Beginne mit der chemischen Energie des Brennstoffes.

IM ALLTAG

Ein Kohlekraftwerk stellt sich vor

3 Das Kohlekraftwerk Datteln 4

Das Kraftwerk Datteln 4
Das Kraftwerk Datteln 4 ist ein Steinkohlekraftwerk. Es steht in der Stadt Datteln in Nordrhein-Westfalen. Nach einer Bauzeit von 13 Jahren wurde es im Jahr 2020 in Betrieb genommen. Das Kraftwerk hat eine elektrische Leistung von 1100 MW. Davon werden 687 MW mit einer Frequenz von 50 Hz in das Versorgungsnetz eingeleitet. 413 MW werden mit einer Frequenz von 16,7 Hz für das Bahnnetz bereitgestellt.
Der Wirkungsgrad des Kraftwerkes für die Bereitstellung der elektrischen Energie beträgt 45 %. Zusätzlich können 380 MW in Form von Wärme bereitgestellt werden. Dadurch erhöht sich der Wirkungsgrad auf 60 %. Es wird angenommen, dass das Kraftwerk durchschnittlich mit der Hälfte der Volllaststunden betrieben werden kann.
Derzeit gilt das Kraftwerk Datteln 4 als das modernste Kohlekraftwerk in Europa.

Der Weg der Kohle zum Kraftwerk
Steinkohle wird in Deutschland nicht mehr abgebaut. Für den Betrieb eines Kraftwerkes muss sie auf dem Weltmarkt gekauft und importiert werden. Die Länder, aus denen die Steinkohle geliefert wird, sind Russland, Ukraine, Polen, USA, Kolumbien, Australien und Südafrika.
Im Volllastbetrieb hat das Kraftwerk Datteln 4 einen Bedarf von 9000 t täglich. Der größte Teil der Kohle wird mit Schiffen vom Hafen Rotterdam über den Rhein und Kanäle angeliefert.

Die CO_2-Emission des Kraftwerkes
Der Betrieb von Kohlekraftwerken ist insbesondere wegen der CO_2-Emissionen umstritten. Für das Kraftwerk Datteln 4 wird eine Emission von 780 $\frac{g_{CO_2}}{kWh}$ angenommen.
Dieser Wert ist im Vergleich zu älteren Kohlekraftwerken um etwa 150 $\frac{g_{CO_2}}{kWh}$ geringer. Als jährliche Emission wird eine Menge von $6,0 \cdot 10^6$ t bis $8,0 \cdot 10^6$ t CO_2 erwartet.
Durch die langen Transportwege der Kohle entstehen zusätzliche Emissionen. Sie müssen zu den Emissionen des Kraftwerkes hinzugerechnet werden. Es ist davon auszugehen, dass das Kraftwerk Datteln 4 bis zum Ausstieg der Kohlekraftwerke aus der Energieversorgung in Betrieb sein wird.

① Suche auf einer Deutschlandkarte den Standort des Kohlekraftwerkes Datteln 4.

② Verfolge auf einer Karte die Route der Schiffe, die Steinkohle nach Datteln anliefern.
a) Bestimme dabei die ungefähre Weglänge vom Hafen Rotterdam nach Datteln.
▮ b) Bestimme die Weglängen von Kolumbien, Australien und Südafrika über den Hafen von Rotterdam nach Datteln.

Starthilfe zu 2:
Das Internetportal www.luftlinie.org kann dir bei der Bestimmung der Weglänge helfen.

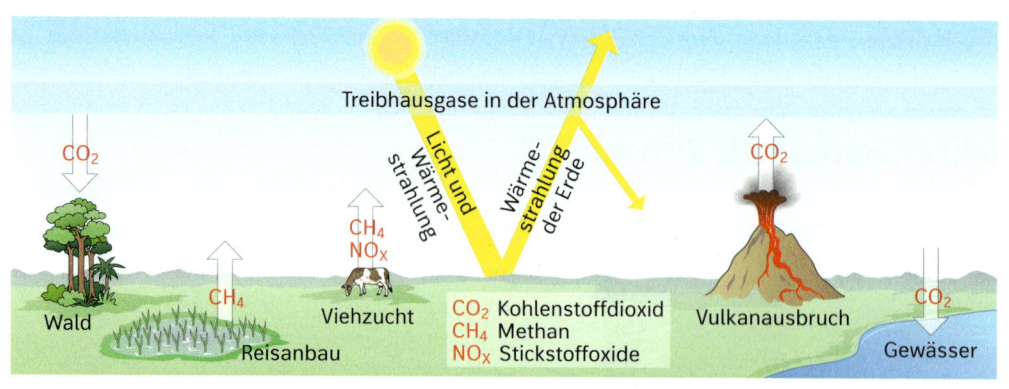

1 Der natürliche Treibhauseffekt

Die Folgen der Verbrennung fossiler Stoffe

Der natürliche Treibhauseffekt

Die von der Sonne ausgehende Wärmestrahlung durchdringt die Erdatmosphäre nahezu ungehindert. Auf der Erde wird ein Teil der Wärmestrahlung aufgenommen. Der andere Teil wird von der Erde in Richtung Weltall reflektiert. Dieser Teil kann die Erdatmosphäre nur noch teilweise wieder verlassen. Ein Teil davon wird erneut in Richtung Erdoberfläche reflektiert. Durch diese Wärmestrahlung hat sich auf der Erde eine Durchschnittstemperatur von 18 °C eingestellt. Das ist der **natürliche Treibhauseffekt.** Er wird unterstützt durch Kohlenstoffdioxid, das bespielweise durch das Vermodern von Pflanzen freigesetzt wird. Das Kohlenstoffdioxid reichert sich in der Atmosphäre an. Es behindert die Wärmeabstrahlung in den Weltraum. (→ Bild 1)

Der anthropogene Treibhauseffekt

Seit Beginn der Industrialisierung wird auf der Erde zusätzlich Kohlenstoffdioxid in großen Mengen freigesetzt. Das geschieht vor allem durch die Verbrennung fossiler Brennstoffe. Sie erfolgt beispielsweise in Kraftwerken, im Straßen-, Flug- und Schiffsverkehr und zu Heizzwecken. Dabei werden weitere **Treibhausgase** wie Ozon, Methan, Stickstoffoxide und Wasserdampf freigesetzt. Diese Gase reichern sich ebenfalls in der Atmosphäre an. Sie behindern zusätzlich die Wärmeabstrahlung. Es kommt zum von Menschen **zusätzlich** verursachten Treibhauseffekt. Er heißt **anthropogener Treibhauseffekt.** Die Atmosphäre erwärmt sich dadurch noch stärker. Dadurch wird das Klima auf der Erde mit gefährlichen Folgen verändert. (→ Bild 2)

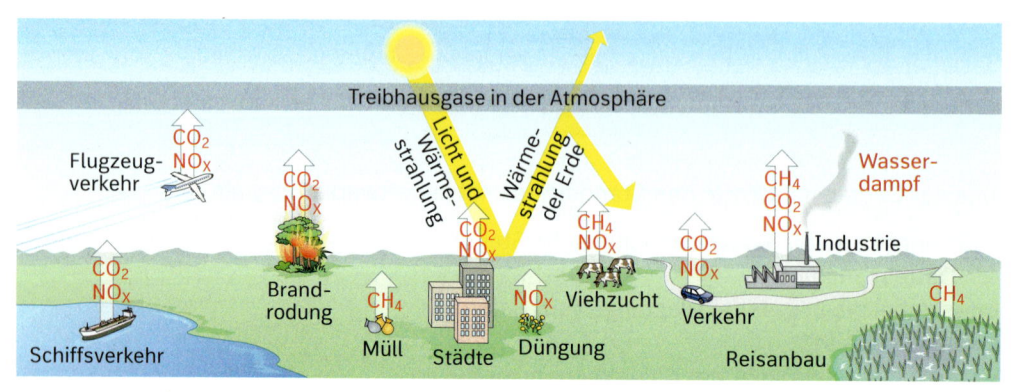

2 Der anthropogene Treibhauseffekt

Die Anteile der Treibhausgase Kohlenstoffdioxid und Methan

Der Anteil von Kohlenstoffdioxid in der Atmosphäre betrug zu Beginn der Industrialisierung (1850) 0,028 %.
Bis 2020 ist der Anteil des CO_2 in der Luft auf 0,0415 % und damit um mehr als 40 % gestiegen. Dieser Anteil des CO_2 an den Gasen erscheint gering, es geht aber eine große Gefahr von ihm aus.

Ein weiteres Treibhausgas ist Methan. Es entsteht in der industrialisierten Landwirtschaft durch die Massentierhaltung. Sein Anteil an den Treibhausgasen betrug im Jahr 2020 etwa 20 %. Im Vergleich zu CO_2 ist Methan jedoch 25-mal schädlicher.

Die Klimaveränderungen

Durch die Zunahme der Treibhausgase in der Atmosphäre ist die Durchschnittstemperatur auf der Erde kontinuierlich angestiegen. Das ist die eigentliche **Klimaveränderung.**
Dieser Temperaturanstieg verlief in sehr kleinen Schritten und wurde zunächst gar nicht bemerkt. In dem Zeitraum von 1880 – 2016 betrug er etwa 1,1 °C.
Für den Zeitraum bis zum Jahr 2100 wird pro Jahrzehnt mindestens ein Anstieg von 0,1 °C erwartet. Modellrechnungen zeigen aber, dass sich auch ein Anstieg von 1,6 °C bis 4,7 °C bis Ende des Jahrhunderts ergeben kann.

Die Folgen

Die Klimaveränderungen haben **globale** und **regionale Folgen:**

- **Arktis:** Der Temperaturanstieg hat sich in den zurückliegenden 100 Jahren gegenüber dem globalen Durchschnitt verdoppelt. Das Eis der Arktis schmilzt schneller, als dass es sich neu bilden kann.
- **Meereseis:** Seit 1978 ist die durchschnittliche Ausdehnung des Meereseises um 2,7 % geschrumpft, im Sommer sogar um 7,4 %. Es wird erwartet, dass das Grönlandeis und das Eis an den Polkappen abschmelzen wird. Bis zum Ende dieses Jahrhunderts wird ein Anstieg des Meeresspiegels um bis zu 1,6 m angenommen.
- **Niederschläge:** Im Zeitraum 1900 – 2020 wurden in vielen Regionen langfristige Veränderungen beobachtet, eine Zunahme der Niederschläge wie auch der Dürren.
- **Wetterbedingte Extremereignisse:** Es kommt zu einer Verschiebung von Klimazonen. Starkniederschläge haben zugenommen. Kalte Nächte und Frost sind seltener geworden. Heiße Tage und Hitzewellen haben zugenommen.
- **Permafrostgebiete:** Sie befinden sich in der Tundra in Russland. In diesen Gebieten taut das Erdreich auf. Dadurch wird in großen Mengen Methan freigesetzt. Der Klimawandel wird dadurch beschleunigt.
- **Klimamigration:** Menschen werden ihre Heimat verlassen müssen, weil der Meeresspiegel ansteigt oder sie von extremen Wetterereignissen wie Dürre oder Überschwemmungen betroffen sind.

---

① Beschreibe den natürlichen und den von Menschen zusätzlich verursachten Treibhauseffekt. Gehe dabei auf die Wirkung der Gase Kohlenstoffdioxid und Methan in der Erdatmosphäre ein.

Starthilfe zu 1:
Orientiere dich bei den Beschreibungen an den Grafiken in Bild 1 und Bild 2.

② ‖ Informiere dich im Internet über die durchschnittlichen Jahrestemperaturen in Deutschland seit dem Jahr 2000. Stelle sie in einer Tabelle dar.

③ ‖‖ Recherchiere die Regionen und Länder, die von einem Anstieg des Meeresspiegels besonders betroffen sein werden. Erstelle dazu eine Präsentation.

ÜBEN UND ANWENDEN

A Interpretation von Klimadiagrammen

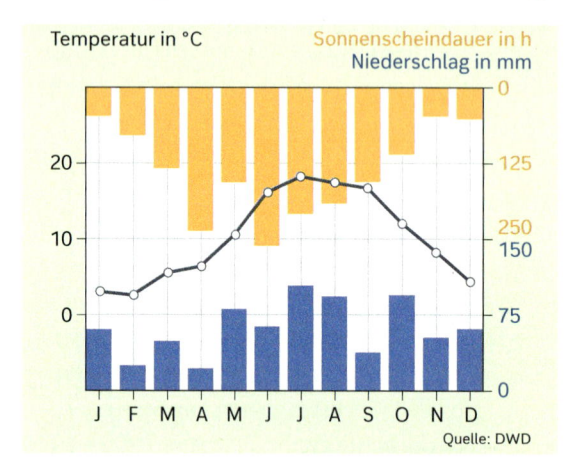

1 Das Klimadiagramm der Insel Norderney für das Jahr 2021

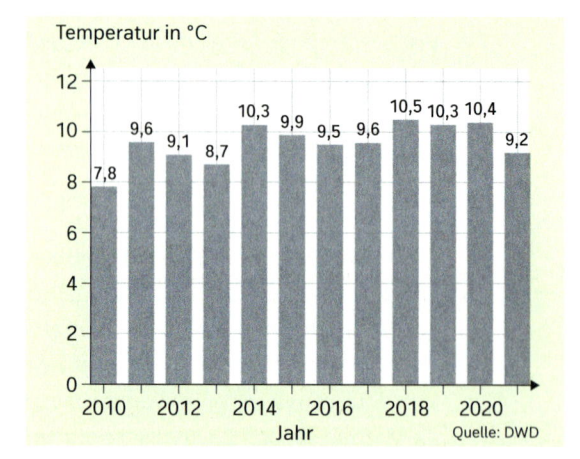

2 Durchschnittliche Temperatur in Deutschland von 2010 bis 2021

Informationen in einem Klimadiagramm

Ein Klimadiagramm enthält Angaben über das Klima an einem Ort, in einer Region oder in einem Land. Es bezieht sich häufig auf einen Zeitraum von einem Jahr. Die Angaben darin betreffen die Temperatur, die Sonnenscheindauer oder die Niederschlagsmenge. Die Zeitangaben stehen auf der waagerechten Achse. Für die Temperatur und die Niederschlagsmenge wird links und rechts eine Hochachse eingezeichnet. Mit den Angaben aus einem Diagramm können dann Mittelwerte berechnet werden.

Temperaturen im Langzeitverlauf

Die Temperaturentwicklung zusammen mit anderen Wetterdaten wird in Deutschland seit dem Jahr 1891 aufgezeichnet. Insbesondere Temperaturverläufe stehen unter Beobachtung, seit den Klimaveränderungen intensive Beachtung geschenkt wird. Bild 2 zeigt die durchschnittlichen Jahrestemperaturen in Deutschland seit dem Jahr 2010. In diesem Zeitabschnitt liegen vier der wärmsten Jahre seit Beginn der Wetteraufzeichnungen. Auch wenn der Betrag des Anstiegs gering erscheint, sind die Auswirkungen enorm.

1 Bild 1 zeigt ein Klimadiagramm für die Insel Norderney über einen Zeitraum von 12 Monaten für das Jahr 2021.
a) Bestimme mit den Angaben im Diagramm die mittlere Jahrestemperatur.
b) Bestimme mit den Angaben aus den gelben Balken die durchschnittliche Sonnenscheindauer für das Jahr 2021.
c) Bestimme mit den Angaben aus den blauen Balken die durchschnittliche Niederschlagsmenge für das Jahr 2021.

2 Bild 2 zeigt den durchschnittlichen Verlauf der Temperatur in Deutschland seit 2010.
a) Beschreibe das Diagramm.
b) Bestimme aus den Temperaturwerten den Temperaturanstieg für diesen Zeitraum.
c) Übernimm das Diagramm auf Millimeterpapier. Verlängere die Zeitachse bis zum Jahr 2035. Lege über die Jahreshöchstwerte eine Ausgleichsgerade. Bestimme durch Verlängerung der Geraden den Temperaturwert, der sich für das Jahr 2035 ergeben könnte.
d) Vergleicht eure Ergebnisse aus c) und diskutiert mögliche Abweichungen.

IM ALLTAG

Konferenzen und Bewegungen für das Klima der Erde

Das Pariser Klimaabkommen

Im Jahr 2015 trafen sich unter Führung der Vereinten Nationen Vertreterinnen und Vertreter aus 195 Staaten zu einer **Weltklimakonferenz** in Paris. An der Eröffnung nahmen auch 150 Staats- und Regierungschefs teil. Es sollte der unbedingte Wille gezeigt werden, den Bedrohungen durch den Klimawandeln zu begegnen. Das wichtigste Ziel ist, zu einem Wirtschaften zu kommen, das die klimatischen Grenzen des Planeten nicht mehr überfordert.

3 Logo der Weltklimakonferenz in Paris

Wichtige Ergebnisse der Konferenz

Die Staaten verpflichten sich völkerrechtlich
- einen nationalen Klimaschutzplan zu erarbeiten.
- die Klimaschutzpläne weiterzuentwickeln und regelmäßig zu überprüfen.
- die Erderwärmung auf einen Temperaturanstieg von 2 °C, besser 1,5 °C im Vergleich zum vorindustriellen Zeitalter zu begrenzen.
- die Entstehung des Treibhausgases CO_2 durch die Reduzierung fossiler Brennstoffe zu senken.

Ärmere Staaten werden bei ihren Bemühungen zum Klimaschutz durch reiche Länder finanziell unterstützt.

Weltklimakonferenz in Glasgow

Im Jahr 2021 fand die 26. UN-Klimakonferenz statt, an der fast 200 Staaten teilnahmen. Hier wurde die Abkehr von Verbrennungsmotoren und der Kohle beschlossen.

Die Bewegung FRIDAYS FOR FUTURE

FRIDAYS FOR FUTURE ist eine internationale Bewegung von Schülerinnen und Schülern und anderen jungen Menschen. Sie setzen sich für den Klimaschutz ein. Die Bewegung wurde 2018 von der schwedischen Klimaschutzaktivistin GRETA THUNBERG (*2003) ins Leben gerufen. Sie fordern eine wissenschaftlich orientierte Klimapolitik, die eine globale Temperaturerhöhung bis zum Jahr 2100 auf 1,5 °C begrenzt. Dies setzt eine weltweite sofortige Emissionssenkung um 15 % voraus.

4 Logo zu FRIDAYS FOR FUTURE

① Informiere dich über die Klimaziele, die für Deutschland gelten sollen.

② Nenne zwei wichtige Maßnahmen, mit denen in Deutschland wichtige Klimaziele erreicht werden sollen.

③ Beschreibe je drei Verhaltensvorschläge, mit denen du persönlich das Erreichen von Klimazielen unterstützen kannst. Unterscheide dabei Verhaltensänderungen,
a) die dir leicht fallen würden,
b) die dir schwer fallen würden.

1 Regenerative Kraftwerke: **A** Okertalsperre im Harz, **B** Wind- und Solarpark bei Lüneburg

Elektrische Energie mit regenerativen Systemen

Ohne Umweg zur elektrischen Energie
In drei regenerativen Kraftwerksarten wird die elektrische Energie nur in einer Umwandlungsstufe direkt bereitgestellt. Eine Verbrennung und damit der Umweg über die Wärme entfallen. Sie erzeugen beim Betrieb auch keine schädlichen Emissionen.

Das Wasser als Energieträger
Das Grundprinzip bei der Nutzung der Wasserkraft ist die Umwandlung von Bewegungsenergie oder Höhenenergie in elektrische Energie. Als Bewegungsenergie wird beispielsweise die Strömung des Wassers in einem Fluss genutzt. Wasser in einem höher gelegenen See hat Höhenenergie. Der Wirkungsgrad von Wasserkraftwerken beträgt etwa 90 %.

Die Laufwasserkraftwerke
Die **Laufwasserkraftwerke** werden in Flussläufen gebaut. Für den Betrieb sind große Wassermengen und ein gleichmäßiger Wasserzufluss notwendig. Der wird durch eine Staustufe im Fluss geregelt. Das Wasser strömt durch Turbinen. Diese treiben Generatoren an, die elektrische Energie bereitstellen.

Die Speicherkraftwerke
Als Speicher dient ein Stausee, der höher als das Kraftwerk gelegen ist. Das Wasser hat dadurch Höhenenergie. Es strömt durch Rohrleitungen zum **Speicherkraftwerk.** Dort treibt es Turbinen und damit Generatoren an. Sie wandeln die Bewegungsenergie in elektrische Energie um. (→ Bild 1A)

Das Licht als Energieträger
Solarzellen wandeln das Licht der Sonne direkt in elektrische Energie um. Eine einzelne Solarzelle stellt eine Gleichspannung von 0,5 V bereit. Solarzellen in der Größe einer Postkarte haben eine Leistung von 2 W. Durch Reihen- und Parallelschaltungen werden Solarzellen zu einem **Solarmodul** kombiniert. Bei der Reihenschaltung addieren sich die Teilspannungen zur Gesamtspannung. Bei der Parallelschaltung addieren sich die Teilstromstärken zur Gesamtstromstärke. Eine **Fotovoltaikanlage** kombiniert viele Solarmodule. Ihr Wirkungsgrad beträgt 15 % bis 22 %. (→ Bild 1B)

> **Schaltung von Solarzellen**
> Reihenschaltung: $U_{ges} = U_1 + U_2 + U_3 + ...$
> Parallelschaltung: $I_{ges} = I_1 + I_2 + I_3 + ...$

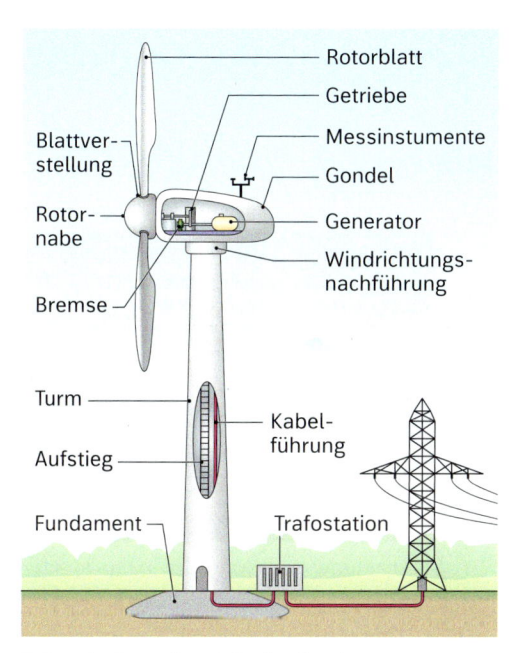

Der Aufbau der Windkraftanlage

Der Generator ist das zentrale Bauteil der Anlage. Er ist auf der Spitze eines Turmes in einer Gondel eingebaut. Je nach Größe der Anlage sind Turmhöhen von 100 m bis 160 m möglich. Der Generator wird über einen 3-Blatt-Rotor direkt oder über ein Getriebe angetrieben. Bei einem momentanen Rotordurchmesser bis zu 160 m kann sich eine Gesamthöhe von 240 m ergeben. Die Gondel der Anlage kann nach der Windrichtung ausgerichtet werden. (→ Bild 2)

Die Leistung der Windkraftanlage

Die Windkraftanlagen werden in einer großen Leistungsbreite von 1 kW bis zu 10 MW gebaut. Anlagen mittlerer Größe bis 500 kW erzeugen 3-Phasen-Wechselstrom mit einer Spannung von 400 V. Sie können die Energie direkt in das Versorgungsnetz einspeisen.

Bei Großanlagen im Offshore-Bereich beträgt die Spannung 690 V. Hier wird die Spannung über einen Transformator auf 20 kV oder 110 kV umgeformt. Neue Windkraftanlagen erreichen einen Wirkungsgrad von 45 %. Sie übertreffen damit den Wirkungsgrad mancher Kohlekraftwerke.

2 Der Aufbau einer Windkraftanlage

Der Wind als Energieträger

Eine **Windkraftanlage** wandelt die Bewegungsenergie des Windes direkt in elektrische Energie um. Diese Anlagen sind eine wichtige Säule bei der Versorgung mit elektrischer Energie aus regenerativen Quellen. Ihre Bedeutung wird noch zunehmen, wenn die bestehenden Kernkraftwerke und Kohlekraftwerke stillgelegt sind.

❶ Nenne die hier vorgestellten regenerativen Kraftwerksarten und begründe ihren Vorteil gegenüber Wärmekraftwerken.

❷ Beschreibe mithilfe von Bild 2 den Aufbau einer Windkraftanlage.

❸ ▎ Zeichne ein Energieflussdiagramm
 a) für eine Fotovoltaikanlage.
 b) für ein Wasserkraftwerk.
 c) für eine Windkraftanlage.

Starthilfe zu 3:

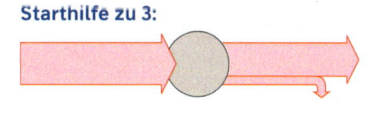

❹ Eine Fotovoltaikanlage kann im Jahr 3000 kWh an elektrischer Energie bereitstellen. Der Preis für elektrische Energie aus dem Versorgungsnetz beträgt 0,40 $\frac{€}{kWh}$ (Stand: 03/2023).

Starthilfe zu 4 a):
Berechne zuerst den Preis, den du für die elektrische Energie aus dem Versorgungsnetz bezahlen müsstest.

▎▎ a) Berechne den Kostenvorteil, wenn die elektrische Energie aus der Fotovoltaikanlage selbst genutzt werden kann. Die jährlichen Kosten für die Anlage betragen 490 €.

▎▎▎ b) Die Anlage ist zu einem Preis von 9765 € erstellt worden. Berechne, nach welchem Zeitraum die Kosten der Anlage aus der Ersparnis über die Eigennutzung der bereitgestellten elektrischen Energie bezahlt sind.

IM ALLTAG

Wasserkraftwerke – groß und klein

Weserkraftwerk Bremen
Bereitgestellte Jahresenergie: $42 \cdot 10^6$ kWh
Turbine: Rohrturbinen
Das Kraftwerk befindet sich an einer Staustufe in der Weser. Es ist ein tideabhängiges Laufwasserkraftwerk. Ebbe und Flut wirken sich auf der Unterseite der Staustufe durch einen Höhenunterschied von etwa 4 m aus. Das führt zu unterschiedlichen Fallhöhen des Wassers im Bereich der Turbinen.

1 Ein Laufwasserkraftwerk in der Weser

Laufwasserkraftwerk in Northeim
Bereitgestellte Jahresenergie: $3 \cdot 10^6$ kWh
Turbine: Kaplanturbine
Die Rhume ist ein Nebenfluss der Leine und ist etwa 48 km lang. Kurz bevor das Wasser in die Leine fließt, wird es in Northeim in einem Laufwasserkraftwerk zur Bereitstellung elektrischer Energie genutzt. Das Kraftwerk fährt ganzjährig mit konstanter Leistung von etwa 650 kW.

2 Ein Laufwasserkraftwerk in der Rhume

Kleinstwasserkraftwerke
Bereitgestellte Jahresenergie: $45 \cdot 10^3$ kWh
Turbine: Zotlöterer-Turbine
Sie können beispielsweise im Ablauf von Kläranlagen eingebaut werden. Sie benötigen einen gleichmäßig hohen Wasserdurchfluss.
Ein Kraftwerk dieser Größe kann bei Dauerbetrieb jährlich ungefähr 10 Haushalte mit elektrischer Energie versorgen.

3 Ein Wasserkraftwerk in der Kläranlage

1 Recherchiere die Funktionsweise einer Rohrturbine und einer Kaplanturbine. Stelle die Turbinen in einem Referat vor.

2 ▍▍ Beschreibe für das Weserkraftwerk in Bild 1 den Zeitraum, in der die Lageenergie des Wassers an der Staustufe am größten ist.

3 ▍▍ Für einen 4 Personen-Haushalt wird ein jährlicher Bedarf von 4500 kWh an elektrischer Energie angenommen. Berechne für das Laufwasserkraftwerk in der Rhume die Anzahl der Haushalte, die das Kraftwerk mit elektrischer Energie versorgen kann.

ÜBEN UND ANWENDEN

A Berechnungen zur Fotovoltaik

1. Das Solarmodul in Bild 4 ist Teil eines Taschenrechners. Die vier Zellen haben jeweils eine Spannung von 0,5 V. Sie sind in Reihe geschaltet. Berechne die Höhe der Gesamtspannung des Solarmoduls.

2. Du hast 6 einzelne Solarzellen. Jede hat eine Spannung von 0,5 V. Ihre Stromstärke beträgt jeweils 100 mA. Zeichne drei Schaltpläne, wie die Zellen kombiniert werden können. Gib für jede Kombination die Spannung und die Stromstärke an.

3. Recherchiere drei wichtige Bedingungen für ein Dach, die für die Installation einer Fotovoltaikanlage erfüllt sein müssen.

4. ‖ Auf einem Hausdach befindet sich eine Solaranlage mit einer Leistung von 4000 W. In Deutschland betrug im Jahr 2022 die Anzahl der Sonnenstunden 2025 h. Berechne die Energie in kWh, die in dem Jahr mit der Anlage nutzbar gemacht wurde.

5. ‖ Solarmodule werden in unterschiedlichen Größen hergestellt. Ein Modul mit 60 Zellen ist eine Standardgröße. Die Zellen sind in einer Reihenschaltung kombiniert. Die Spannung einer einzelnen Zelle beträgt 0,52 V. Die Stromstärke jeder Zelle ist 9,07 A.
   a) Berechne die Gesamtspannung.
   b) Bestimme die Gesamtstromstärke.
   c) Berechne die Gesamtleistung des Solarmoduls.

6. ‖ Mit einer Fotovoltaikanlage wird in einem Jahr eine Energie von 6000 kWh bereitgestellt. Davon können 30 % im eigenen Haushalt genutzt werden. Der Rest wird an das örtliche Energieversorgungsunternehmen verkauft. Dafür wird ein Preis von 6,2 $\frac{\text{Cent}}{\text{kWh}}$ erzielt (Stand: 07/2022).
Die Familie hat einen jährlichen Energiebedarf von 5000 kWh. Für die Energie aus dem Versorgungsnetz müssen 40 Cent je kWh bezahlt werden (Stand: 03/2023). Ermittle den Betrag, den die Familie noch an das Versorgungsunternehmen zahlen muss.

4 Ein Solarmodul in einem Taschenrechner

Starthilfe zu 2:
Verwende für eine Solarzelle das rechte Schaltzeichen. Beachte, dass nur die gleiche Anzahl von Solarzellen parallel geschaltet werden darf.

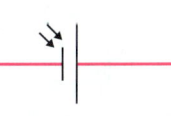

Beispielaufgabe

Die Hälfte der Dachfläche eines Einfamilienhauses beträgt rund 75 m².
Die Größe eines Solarmoduls mit 60 Zellen beträgt 164 cm · 100 cm. Die Leistung eines Solarmoduls beträgt 300 W.
a) Berechne die Anzahl der Solarmodule, die auf dem Dach montiert werden kann.
b) Berechne die Gesamtleistung der montierten Solarmodule.

geg.: $A_{\text{Modul}} = 164 \text{ cm} \cdot 100 \text{ cm}$, $A_{\text{Dach}} = 75 \text{ m}^2$, $P_{\text{modul}} = 300 \text{ W}$

ges.: a) Anzahl der Solarmodule
  b) P_{ges}

Lösung:
a) $A_{\text{Modul}} = 164 \text{ cm} \cdot 100 \text{ cm} = 16\,400 \text{ cm}^2$
$A_{\text{Modul}} = 1{,}64 \text{ m}^2$
Anzahl der Solarmodule: $\frac{A_{\text{Dach}}}{A_{\text{Modul}}} = \frac{75 \text{ m}^2}{1{,}64 \text{ m}^2}$
Anzahl der Solarmodule: 45
b) $P_{\text{ges}} = P_{\text{modul}} \cdot \text{Anzahl}$
$P_{\text{ges}} = 300 \text{ W} \cdot 45 = 13\,500 \text{ W} = 13{,}5 \text{ kW}$
Antwort: Auf dem Dach können 45 Solarmodule montiert werden. Sie besitzen eine Gesamtleistung von 13,5 kW.

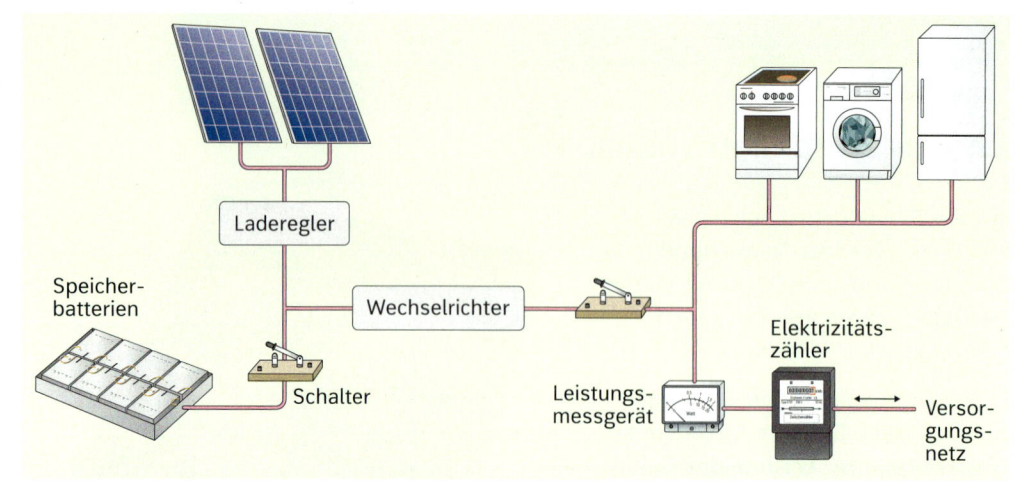

1 Die elektrische Energie der Fotovoltaikanlage kann genutzt, gespeichert oder eingespeist werden.

Die Speicherung elektrischer Energie

Die Bereitstellung just in time
Elektrische Energie muss immer in dem Moment bereitgestellt werden, in dem sie benötigt wird. Eine Speicherung auf Vorrat ist nur in begrenztem Umfang möglich. Dabei wird zwischen einer **direkten Speicherung** und einer **indirekten Speicherung** von elektrischer Energie unterschieden.

Die direkte Speicherung in einem Batteriesystem
Eine Fotovoltaikanlage wie in Bild 1 stellt nur während der hellen Tagesstunden elektrische Energie bereit. Wenn elektrische Energie auch während der Nacht zur Verfügung stehen soll, muss sie gespeichert werden. Dazu wird die Anlage durch ein Speichersystem erweitert. Es besteht aus Akkublocks mit Lithium-Ionen-Zellen. Sie sind zu einem Speicher kombinierbar.
Am Tag übernimmt ein Laderegler die Aufladung der Akkus. Bei der Entladung formt der Wechselrichter den Gleichstrom aus dem Akku in Wechselstrom um. Für die Speicherung werden zunehmend auch bereits genutzte Batterien aus Elektroautos verwendet. (→ Bild 1)

Die indirekte Speicherung durch Gewinnung von Wasserstoff
Elektrische Energie steht an sonnigen oder windigen Tagen häufig zu viel zur Verfügung. Damit die Fotovoltaikanlagen oder die Windkraftanlagen nicht abgeschaltet werden müssen, wird diese elektrische Energie indirekt gespeichert. Dazu eignet sich Wasserstoff, der mit dem Verfahren der **Elektrolyse** gewonnen wird. Durch dieses Prinzip wird die elektrische Energie in chemische Energie umgewandelt und in einem Stoff gespeichert.
Wasserstoff hat einen sehr hohen Energiegehalt. Mithilfe einer Brennstoffzelle kann die chemische Energie wieder in elektrische Energie umgewandelt werden. (→ Bild 2)

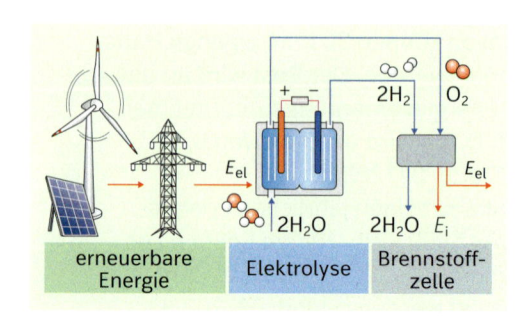

2 Die Gewinnung von Wasserstoff durch Elektrolyse mithilfe erneuerbarer Energien

3 Pumpspeicherkraftwerk: **A** im Speicherbetrieb, **B** im Generatorbetrieb

Die indirekte Speicherung in einem Pumpspeicherkraftwerk

Ein **Pumpspeicherkraftwerk** ist eine großtechnische Anlage. Es kann elektrische Energie indirekt speichern. Zum Kraftwerk gehören ein oberes **Speicherbecken** und ein **Unterbecken.** Je nach geografischer Gegebenheit beträgt der Höhenunterschied zwischen den beiden Becken bis zu 280 m.

Das Speichern von Energie

Der Speicherbetrieb erfolgt, wenn im Versorgungsnetz mehr Energie bereit steht als gerade benötigt wird. Das ist beispielsweise in der Nacht der Fall. Pumpen, die von Elektromotoren angetrieben werden, befördern mit elektrischer Energie aus dem Netz Wasser aus dem Unterbecken in das obere Speicherbecken. Dabei wird elektrische Energie in Höhenenergie umgewandelt. Sie ist in dieser Form im Wasser des oberen Sees gespeichert. (→ Bild 3A)

Das Bereitstellen von Energie

Wenn kurzfristig elektrische Energie im Versorgungsnetz benötigt wird, muss diese umgehend in das Netz eingespeist werden. Das Pumpspeicherkraftwerk kann große Mengen elektrischer Energie schnell zur Verfügung stellen. Das Wasser aus dem Speicherbecken wird über Rohrleitungen abgelassen. Es treibt Turbinen im Kraftwerk an. Die Motoren, die im Speicherbetrieb Pumpen angetrieben haben, sind jetzt als Generatoren geschaltet. Sie wandeln die Bewegungsenergie der Turbinen in elektrische Energie um. Sie wird in das Versorgungsnetz eingespeist. (→ Bild 3B)

Bei der Bereitstellung der elektrischen Energie entspricht das Kraftwerk einem regenerativen Kraftwerk. Bei der Speicherung gilt das nur dann, wenn die Energie für die Pumpen ebenfalls aus regenerativen Energiequellen stammt.

---

❶ a) Beschreibe mit Bild 1 den Aufbau und die Funktion einer Fotovoltaikanlage mit einem Batteriespeicher.
b) Begründe, dass die elektrische Energie direkt gespeichert wird.

❷ I a) Nenne zwei Verfahren, mit denen elektrische Energie indirekt gespeichert werden kann.
II b) Beschreibe das Verfahren der Gewinnung von Wasserstoff mithilfe elektrischer Energie einer Fotovoltaikanlage. Benutze dazu dein Chemiebuch.

Starthilfe zu 2 b):
Benutze als Stichworte Elektrolyse und hofmannscher Wasserzersetzungsapparat.

❸ III a) Zeichne jeweils ein Energieflussdiagramm für ein Pumpspeicherkraftwerk im Speicherbetrieb und im Generatorbetrieb.
III b) Begründe daran, dass die elektrische Energie indirekt gespeichert wird.

IM ALLTAG

Indirekte Energiespeicher

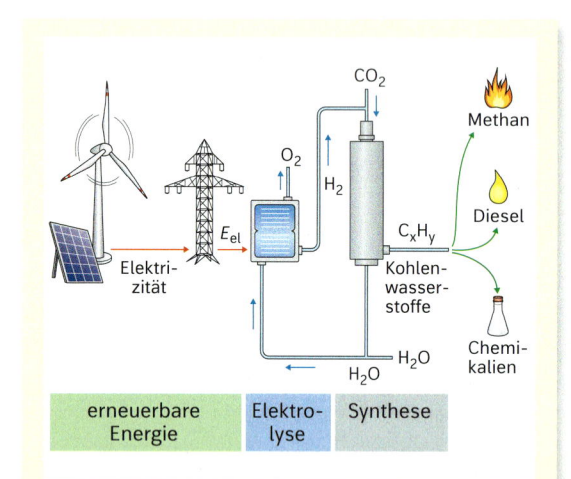

1 Das Power-to-Liquid-Verfahren

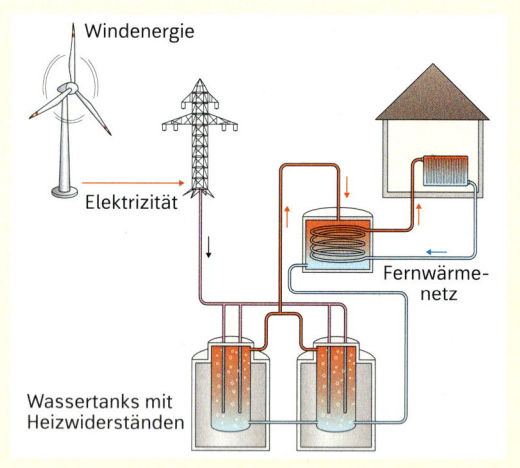

2 Das Power-to-Heat-Verfahren

Power-to-Liquid

Die Speicherung elektrischer Energie ist oft nur auf indirektem Weg möglich. Elektrische Energie aus regenerativen Anlagen kann aber genutzt werden, um einen anderen Energieträger herzustellen.

Beim **Power-to-Liquid-Verfahren** wird sie genutzt, um Wasserstoff oder einen synthetischen Ersatzstoff für Erdöl herzustellen. Überschüssige elektrischer Energie aus Windkraftanlagen oder Fotovoltaikanlagen wird zunächst für die Elektrolyse zur Produktion von Wasserstoff genutzt. Unter Zusatz von CO_2 aus Biogasanlagen entstehen dann synthetische Kraftstoffe oder Chemikalien.

Power-to-Heat

Wenn die elektrische Energie einer Windkraftanlage gerade nicht benötigt wird, muss die Anlage abgeschaltet werden.

Power-to-Heat ist ein Verfahren, mit dem zweitweise überschüssige elektrische Energie dennoch genutzt werden kann. Das Kernstück der Anlage sind große wärmeisolierte Wassertanks. Darin wird das Wasser elektrisch beheizt. Die elektrische Energie aus Windkraftanlagen wird in innere Energie gewandelt und im Wasser gespeichert. Die Wassertanks sind in ein Fernwärmenetz eingebunden. Darüber kann die elektrische Energie von den Windkraftanlagen jetzt indirekt als Wärme genutzt werden.

---

1 Übersetze die Begriffe „power to liquid" und „power to heat" sinngemäß ins Deutsche.

2 a) Recherchiere Standorte für das Power-to-Liquid-Verfahren und das Power-to-Heat-Verfahren in Deutschland.
b) Wähle ein Verfahren aus und fertige darüber ein Referat an. Gehe dabei auf die Größe der Anlage und den beschriebenen Entwicklungsstand ein.

3 Recherchiere weitere Verfahren zur indirekten Speicherung von elektrischer Energie.

Starthilfe zu 1:
Bedenke, dass in der Ingenieurswissenschaft der Begriff Power für Strom (elektrische Energie) steht.

IM ALLTAG

Umrüstung eines Kohlekraftwerkes zur Produktion von Wasserstoff

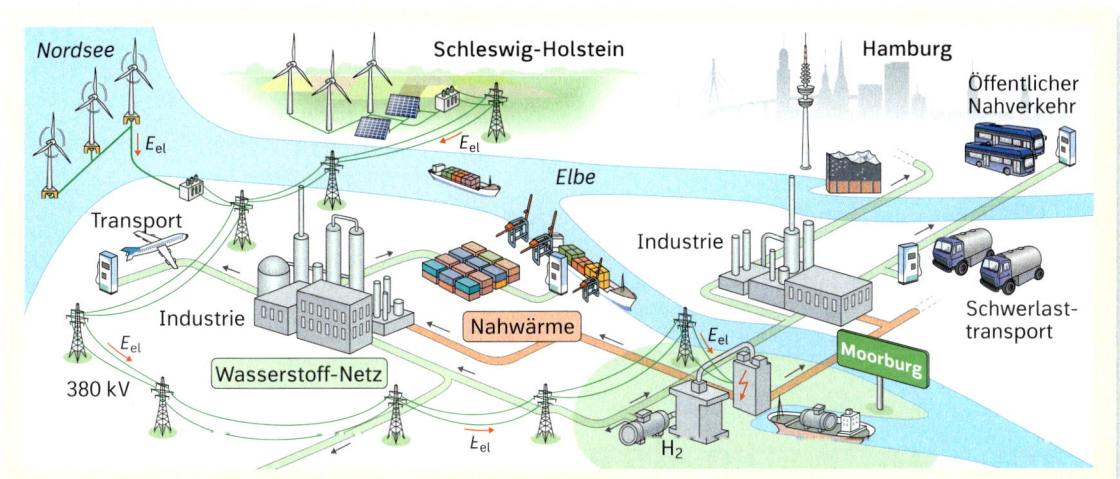

3 Anlage zur Produktion von Wasserstoff und die Vernetzung zum Umfeld

Das Kraftwerk Moorburg

Das Kraftwerk Moorburg war ein Kohlekraftwerk im Süden von Hamburg mit Anschluss an den Hamburger Hafen. Es wurde im Jahr 2015 in Betrieb genommen. Das Kraftwerk hatte eine Leistung von 2 x 800 MW. Wegen hoher Umweltauflagen konnte es nicht mehr wirtschaftlich betrieben werden.
Im Zuge des Ausstieges der Kohlekraftwerke aus der Energieversorgung in Deutschland wurde es Mitte des Jahres 2021 abgeschaltet. Nun soll die Anlage für einen neuen Zweck umgerüstet werden.

Die Kraftwerksanlage ist in die Infrastruktur der Stadt Hamburg und der Umgebung eingebunden. Es bestehen Verbindungen zum Hochspannungsnetz und dem elektrischen Versorgungsnetz. Das Kraftwerk ist in das Straßen-, Bahn- und Schiffsnetz eingebunden. Diese Verbindungen sollen weiterhin genutzt werden.

Der Umbau der Kraftwerksanlage

Das Kraftwerk soll in eine regenerative Power-to-Liquid-Anlage umgebaut werden. Als Kernelement ist ein Elektrolyseur als Großanlage geplant. Er soll in der ersten Stufe eine Leistung von 100 MW haben. Der Elektrolyseur dient zur Produktion von Wasserstoff. Die dafür benötigte elektrische Energie kommt von Windkraftanlagen aus der Nordsee und vom Festland sowie von Fotovoltaikanlagen. Der so gewonnene Wasserstoff weist unter allen Energieträgern den geringsten CO_2-Ausstoß auf. Er heißt auch **„grüner" Wasserstoff.** Durch diese Bezeichnung soll auf die regenerative Bereitstellung und Nutzung hingewiesen werden. Es ist vorgesehen, den Wasserstoff teilweise zu speichern. Zur weiteren Nutzung soll er an Industrieanlagen geliefert werden. Auch als Energieträger für die Mobilität ist er vorgesehen. Für die Energieproduktion werden Gasturbinen entwickelt, die Wasserstoff als Energieträger nutzen.

1. Recherchiere den Fortschritt der Planungen zum Umbau des Kraftwerkes Moorburg.
2. Erläutere den Begriff „grüner" Wasserstoff.
3. Begründe, dass sich das Power-to-Liquid-Verfahren beim Kraftwerk Moorburg anbietet.

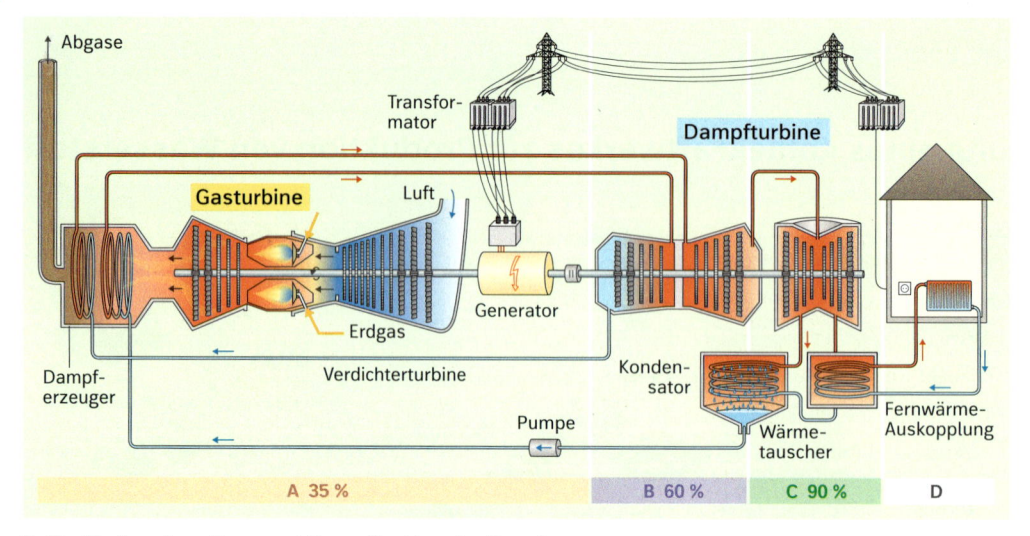

1 Die Stufen eines Gas- und Dampfturbinenkraftwerkes

Wärmekraftwerke als gekoppelte Systeme

Das Gas- und Dampfturbinenkraftwerk

Das **Gas- und Dampfturbinenkraftwerk (GuD-Kraftwerk)** in Bild 1 hat vier Stufen. Alle Bauteile sitzen auf einer Welle.

Stufe A: Die Gasturbine mit Verdichter ist der Antrieb der Anlage und des Generators. In der Brennkammer der Gasturbine wird Erdgas unter Zusatz von Luft verbrannt. Die heißen Verbrennungsgase treiben die Turbine an.
Stufe B: Die 1. Dampfturbine hat für ihren Hochdruckteil und Niederdruckteil je einen Wärmetauscher als Dampferzeuger im Abgasstrom der Gasturbine. Die Dampfturbine arbeitet in einem Temperaturbereich von 500 °C bis 200 °C.
Stufe C: Der Dampf, der die 1. Turbine verlässt, hat noch eine Temperatur von 200 °C. Er wird in die 2. Dampfturbine geleitet. Wenn der Dampf die 2. Turbine verlässt, wird die verbleibende Wärme teilweise über einen Wärmetauscher ausgekoppelt.
Stufe D: Die ausgekoppelte Wärme wird an ein Nah- oder Fernwärmenetz abgegeben.

Die Steigerung des Wirkungsgrades

Am Ende der Stufe A hat die Anlage einen Wirkungsgrad von 35 %. Er resultiert aus den Betrieb der Gasturbine. Dieser Wirkungsgrad ist niedrig. Er wird durch den Energieanteil mitverursacht, der für den Luftverdichter aufgebracht werden muss. Nach der Stufe B ist der Wirkungsgrad 60 %. Er wird durch die Nutzung der Wärme aus dem Abgasstrom der Gasturbine erreicht.
Die Stufe C verbessert den Wirkungsgrad auf 90 %. Dazu tragen die Antriebsleistung der zweiten Dampfturbine und die **Auskopplung** der verbleibenden Wärme bei.

Die Kopplung von elektrischer Energie und Wärme

Im Vergleich zu einem nicht gekoppelten Gasturbinenkraftwerk wird in einem GuD eine Verbesserung des Wirkungsgrades um 30 % erreicht. Der Energiegehalt des Brennstoffes wird viel besser ausgenutzt. Eine Anlage, die elektrische Energie bereitstellt und ihre Wärme zur weiteren Nutzung abgibt, ist ein **gekoppeltes System.**

Die Kraft-Wärme-Kopplung

Für ein gekoppeltes System im Bereich der Energieumwandlung wird auch der Begriff **Kraft-Wärme-Kopplung** verwendet. Der Begriff wurde von Ingenieuren geprägt. Er beschreibt die gleichzeitige Umwandlung der eingesetzten chemischen Energie in **Kraft** für elektrische Energie und in **Wärme.** Die Kopplung drückt aus, dass die entstehende Wärme nicht entwertet ist. Sie wird so weit wie möglich genutzt.

Das Blockheizkraftwerk

Ein **Blockheizkraftwerk (BHKW)** wie in Bild 2 funktioniert nach dem Prinzip der Kraft-Wärme-Kopplung. Es besteht aus einem Verbrennungsmotor, einem Generator und Wärmetauschern. Das BHKW wird mit Biogas, Erdgas oder Diesel betrieben. Der Motor wandelt die chemische Energie des Gases in Bewegungsenergie. Damit wird der Generator angetrieben. Im Generator erfolgt die Wandlung in elektrische Energie.

Die Wärme, die beim Betrieb des Motors entsteht, wird über einen Wärmetauscher in ein Nahwärmenetz eingeleitet. Sie kann so zu Heizzwecken genutzt werden.

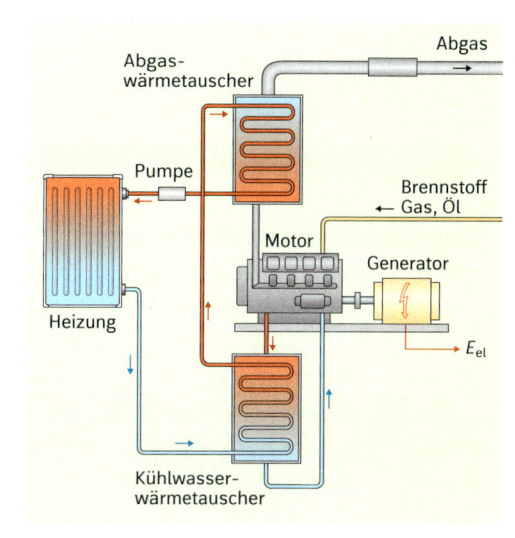

2 Der Aufbau eines BHKW

Der Wirkungsgrad

Ein BHKW ist ein gekoppeltes System. Eine Anlage dieser Art erreicht einen Wirkungsgrad von 80 % bis 90 %. Dieser wird aber nur bei einer richtigen Auslastung erreicht. Insbesondere muss die Wärme in vollem Umfang genutzt werden können. Ihr Anteil beträgt mehr als die Hälfte der gewandelten chemischen Energie.
Ein BHKW, das beispielsweise an ein Schwimmbad oder an eine Gärtnerei gekoppelt ist, hat einen gut ausgenutzten Wirkungsgrad.

---

1. Beschreibe den Aufbau und die Funktionsweise
   a) eines GuD-Kraftwerkes,
   b) eines Blockheizkraftwerkes.

2. Erstelle das Energieflussdiagramm
   a) für ein GuD-Kraftwerk mithilfe von Bild 1.
   b) für ein Blockheizkraftwerk mithilfe von Bild 2.
   c) Begründe mithilfe der Energieflussdiagramme, dass es sich um gekoppelte Systeme handelt.

3. ▌▌ Begründe, dass ein Wärmekraftwerk als gekoppeltes System ein weniger umweltschädlicher Kraftwerkstyp ist.

4. ▌▌ Beschreibe günstige Standortfaktoren für eine gleichmäßige Auslastung eines Blockheizkraftwerkes, damit es effizient arbeitet.

   Starthilfe zu 5:
   Nutze für die Berechnung die Prozentangaben in Bild 1.

5. ▌▌▌ Erdgas wird in einem GuD-Kraftwerk verbrannt. 100 m³ Erdgas enthalten 1020 kWh als chemische Energie.
   a) Berechne die Menge an elektrischer Energie, die durch das GuD-Kraftwerk bereitgestellt wird.
   b) Berechne die Menge der nutzbaren Wärme, die ausgekoppelt wird.

Die Bereitstellung von Wärme und elektrischer Energie

Das Mikroblockheizkraftwerk

Ein **Mikroblockheizkraft** funktioniert nach dem Prinzip der Kraft-Wärme-Kopplung. Es besteht aus einem Verbrennungsmotor, einem Generator und Wärmetauschern. Als Energieträger wird Erdgas oder Biogas eingesetzt. Anlagen dieser Art werden mit einer Leistungsbreite von 5 kW bis 50 kW angeboten. Sie können ein Ein- und Mehrfamilienhaus teilweise mit elektrischer Energie und Wärme versorgen. Der Wirkungsgrad beträgt 80 % bis 90 %.

1 Das Mikroblockheizkraftwerk als Modulblock

Die Brennstoffzellenheizung

Auch die **Brennstoffzellenheizung** funktioniert nach dem Prinzip der Kraft-Wärme-Kopplung. An Stelle des Verbrennungsmotors ist aber eine Brennstoffzelle eingebaut. Der für die Funktion notwendige Wasserstoff wird durch ein Nebenaggregat aus Erdgas gewonnen. Zusammen mit Sauerstoff aus der Luft wird er der Brennstoffzelle zugeleitet. Die beiden Stoffe reagieren miteinander. Bei diesem Prozess entstehen elektrische Energie und Wärme. Die Wärme wird unmittelbar im Gebäude genutzt. Die elektrische Energie kann direkt genutzt, gespeichert oder in das Versorgungsnetz eingeleitet werden. Der Wirkungsgrad beträgt 90 %.

- Gas-Brennwertgerät
- Display
- Warmwasserspeicher (220 ℓ)
- Brennstoffzellen-Modul
- Wärmetauscher

2 Die kompakte Brennstoffzellenheizung

---

1 Beschreibe das Funktionsprinzip eines Mikroblockheizkraftwerkes.

2 a) Recherchiere Faktoren, die den Wirkungsgrad des Mikroblockheizkraftwerkes beeinflussen.
b) Stelle das Mikroblockheizkraftwerk in einem Referat vor.

3 a) Recherchiere ausführlich das Funktionsprinzip einer Brennstoffzellenheizung.
b) Stelle die Brennstoffzellenheizung in einem Referat vor.

4 Recherchiere und beschreibe, wie sich eine Brennstoffzellenheizung hinsichtlich der CO_2-Emission von herkömmlichen Heizungen unterscheidet.

ÜBEN UND ANWENDEN

A Die CO_2-Emission in Zahlen

Verbrennung fossiler Brennstoffe

Bei der Verbrennung fossiler Brennstoffe wird immer das Treibhausgas Kohlenstoffdioxid abgegeben. Dabei ist die CO_2-Masse abhängig von der Art des Brennstoffes. In der Tabelle 3 findest du Vergleichswerte. Sie beziehen sich auf die CO_2-Masse in kg, die bei einer bereitgestellten Energie von 1 kWh abgegeben wird.

Für einen Vergleich der Brennstoffe muss auch die frei werdende Energie in Form von Wärme berücksichtigt werden. Das ist der **Heizwert H** des Brennstoffes. Seine Angabe bezieht sich auf eine Wärmemenge in kWh, die bei der Verbrennung von 1,0 kg des Brennstoffes frei wird. Mit der Masse des eingesetzten Brennstoffes und seinem Heizwert lässt sich die frei werdende Energie berechnen, die in Form von Wärme abgegeben wird:

> **Berechnung der frei werdenden Energie:**
> $$E_{Brennstoff} = m_{Brennstoff} \cdot H_{Brennstoff}$$

Energieträger	mittlere CO_2-Emission in $\frac{kg_{CO_2}}{kWh}$	Heizwert H in $\frac{kWh}{kg}$
Heizöl	0,279	11,8
Erdgas	0,202	12,5
Holz	0,395	4,44
Braunkohle	0,364	2,22
Steinkohle	0,354	7,42

3 Heizwerte und CO_2-Emissionen verschiedener Stoffe

1. Beispielaufgabe

Berechne mit den Angaben aus Tabelle 3 die frei werdende Masse m von CO_2, wenn 25 kg Braunkohle verbrannt werden.

geg.: $m_{Braunkohle} = 25$ kg, $H_{Braunkohle} = 2{,}22 \frac{kWh}{kg}$, CO_2-Emission: $0{,}364 \frac{kg}{kWh}$
ges.: m_{CO_2}
Lösung:

a) Berechnung der frei werdenden Energie
$E = m \cdot H = 25 \text{ kg} \cdot 2{,}22 \frac{kWh}{kg} = 56$ kWh

b) Berechnung der CO_2-Abgabe
$m_{CO_2} = 56 \text{ kWh} \cdot 0{,}364 \frac{kg}{kWh} = 20$ kg

Antwort: Bei der Verbrennung von 25 kg Braunkohle werden 20 kg CO_2 abgegeben.

2. Beispielaufgabe

Vergleiche die Masse von Heizöl und Holz, die jeweils für eine Wärmemenge von 100 kWh verbrannt werden muss.

geg.: $H_{Heizöl} = 11{,}8 \frac{kWh}{kg}$, $H_{Holz} = 4{,}44 \frac{kWh}{kg}$
ges.: $m_{Heizöl}$, m_{Holz}

Lösung: $\frac{11{,}8 \text{ kWh}}{1 \text{ kg}} = \frac{100 \text{ kWh}}{m_{Heizöl} \text{ kg}}$

$m_{Heizöl} = \frac{100 \text{ kWh} \cdot 1 \text{ kg}}{11{,}8 \text{ kWh}} = 8{,}8$ kg

$m_{Holz} = \frac{100 \text{ kWh} \cdot 1 \text{ kg}}{4{,}44 \text{ kWh}} = 22{,}5$ kg

Antwort: Für eine Wärmemenge von 100 kWh müssen 8,8 kg Heizöl oder 22,5 kg Holz verbrannt werden.

---

1 100 kg Braunkohle und 17,8 kg Erdgas haben etwa den gleichen Energiegehalt. Er beträgt 222 kWh. Vergleiche die Freisetzung von CO_2, die bei der Verbrennung in einem Kraftwerk entsteht. Benutze die CO_2-Emission der Brennstoffe aus der Tabelle 3.

2 ▍▍ Der durchschnittliche Energiebedarf für die Heizung in einem gedämmten Wohnhaus beträgt pro Jahr 60 $\frac{kWh}{m^2}$. Berechne die jährliche CO_2-Abgabe einer Heizölheizung, wenn das Haus eine Grundfläche von 120 m² hat.

3 ▍▍▍ Bäume nehmen während des Wachstums CO_2 aus der Luft auf und entziehen es so der Atmosphäre. Eine 23 m hohe Buche kann pro Jahr etwa 12,5 kg CO_2 aufnehmen.
a) Berechne die Anzahl der Buchen, die notwendig ist, um der Atmosphäre 1,0 t CO_2 pro Jahr zu entziehen.
b) Berechne die Anzahl der Buchen, die notwendig sind, um die jährliche CO_2-Emission von $8{,}0 \cdot 10^6$ t des Steinkohlekraftwerkes Datteln 4 zu kompensieren.

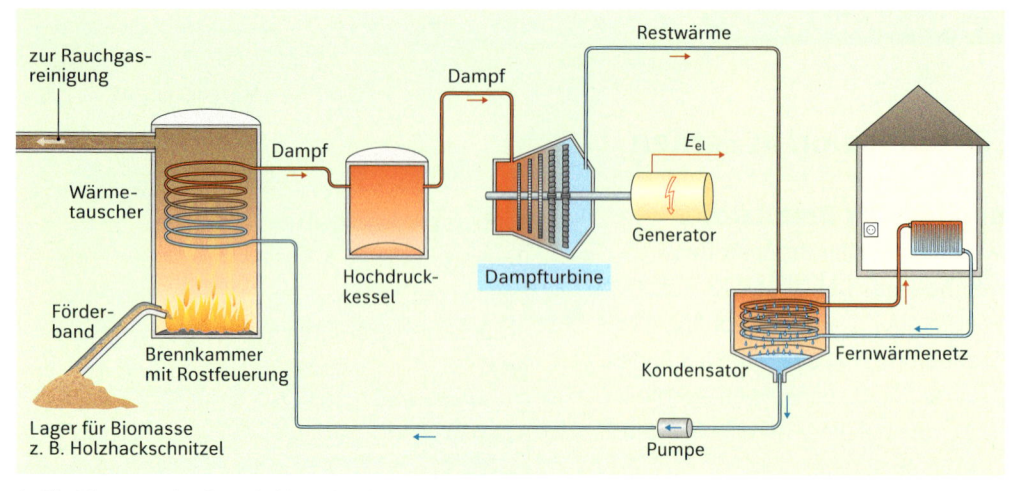

1 Ein Biomassekraftwerk für Holz als Energieträger

Regenerative Anlagen als gekoppelte Systeme

Was ist Biomasse?

Holz, Pflanzen und weitere organische Stoffe sind **Biomasse.** Die Biomasse gehört zu den erneuerbaren Energieträgern. Pflanzen als Energieträger erhalten ihre Energie durch die Fotosynthese. Während des Wachstums speichern sie die Energie der Sonne. Dabei binden sie Kohlenstoffdioxid aus der Atmosphäre. Beim Verbrennen oder Verrotten werden die gespeicherte Energie und das Kohlenstoffdioxid wieder freigesetzt.

2 Drei Formen von Holz

Die Bereitstellung von Wärme

Holz ist der älteste Brennstoff der Menschheit und gleichzeitig ein nachwachsender Rohstoff. Wenn die Gewinnung von Wärme das Hauptziel ist, kann Holz in einem Ofen oder einem Heizkessel verbrannt werden. Dazu eignet sich jegliches unbehandelte Holz als Scheitholz, Holzhackschnitzel oder Holzpellets. (→ Bild 2)
Der Wirkungsgrad ist abhängig von der Art der Verbrennung. Er ist bei einem einfachen Ofen oder Kamin gering. Für einen modernen Pelletkessel beträgt er bis zu 90 %.

Das Holzhackschnitzelkraftwerk

Bei der Verbrennung von Holz in einem **Biomassekraftwerk** wie in Bild 1 wird die abgegebene Wärme zuerst für die Erzeugung von Dampf genutzt. Damit werden eine Dampfturbine und ein Generator angetrieben. Die Anlage liefert so elektrische Energie. Die verbleibende Wärme wird über Wärmetauscher in ein Nah- oder Fernwärmenetz eingeleitet. Damit ist das Kraftwerk ein gekoppeltes System. Es erreicht einen Wirkungsgrad von 80 %.

3 Das Funktionsprinzip einer Biogasanlage

Die Biogasanlage

In einer **Biogasanlage** wie in Bild 3 werden pflanzliche und tierische Rückstände, beispielsweise Gülle aus der Landwirtschaft vergoren. Zur Steigerung des Gasaufkommens werden der Gärmasse Energiepflanzen wie Mais, Raps und besondere Gräser zugesetzt. Diese Pflanzen werden eigens für diesen Zweck angebaut. Auch organische Stoffe aus der Lebensmittelproduktion können verwendet werden.

Durch die Gärung entsteht brennbares Gas mit einem hohen Anteil an Methan. Sein Anteil ist abhängig von der Art der Pflanzen, die vergoren werden.

Biogas muss vor der Nutzung weiter aufbereitet werden. Dabei werden dem Gas Wasser, Kohlenstoffdioxid und Schwefel entzogen. Der Anteil an Methan steigt dadurch von etwa 50 % auf 80 % an. Das Gas hat nun die Qualität von Erdgas.

Die Nutzung von Biogas

Nach der Aufbereitung kann das Biogas in ein Erdgasnetz eingespeist, direkt genutzt oder gespeichert werden. Die direkte Nutzung erfolgt durch Verbrennung in einem Blockheizkraftwerk (BHKW). Es ist direkt an die Biogasanlage angeschlossen.

Die Bedeutung des Treibhausgases Kohlenstoffdioxid

Neben dem Methan entsteht bei der Vergärung und Verbrennung auch Kohlenstoffdioxid. Das CO_2 aus der Verbrennung gelangt in die Atmosphäre. Die Ökobilanz der Biogasgewinnung ist dennoch günstig. Das frei werdende CO_2 haben die Pflanzen während ihrer Wachstumszeit aufgenommen. Somit entstehen keine zusätzlichen Gasmengen. Die Periodendauer zwischen Aufnahme und Abgabe beträgt etwa ein Jahr.

❶ Zähle regenerative Energieträger auf, die als Biomasse bezeichnet werden.

❷ a) Beschreibe mit Bild 1 den Aufbau und die Funktion eines Biomassekraftwerkes.
b) Beschreibe mit Bild 3 den Aufbau und die Funktion einer Biogasanlage.

❸ ❚ Beschreibe die Unterschiede bei der Bereitstellung elektrischer Energie in einem Biomassekraftwerk und einer Biogasanlage.

❹ ❚ Begründe, dass die Verbrennung von Biomasse eine positive Ökobilanz hat.

Starthilfe zu 4:
Gehe dabei auf das Kohlenstoffdioxid in der Wachstumsphase der Pflanzen bei der natürlichen Verrottung und bei der Verbrennung ein.

IM ALLTAG

Die Unterstützung der Energiewende durch Biomasse?

1 Holzhackschnitzel aus Restholz

Die Produktion von Biomasse

Wenn fossile Energieträger nicht mehr genutzt werden sollen, müssen sie durch andere ersetzt werden. Einer der möglichen Energieträger ist Biomasse. Sie ist ein organisches Produkt. Zu ihren Vorteilen zählen:
- Sie besteht aus nachwachsenden Rohstoffen.
- Daraus können feste, flüssige und gasförmige Energieträger hergestellt werden.
- Sie hat eine günstige CO_2-Bilanz und trägt damit zum Klimaschutz bei.
- Für die Produktion können Gülle, biologische Abfallstoffe aus der Landwirtschaft und der Lebensmittelindustrie sowie Restholz aus der Forstwirtschaft genutzt werden.

Die Vielseitigkeit von Biomasse zieht nahezu automatisch einen hohen Bedarf nach sich. Deshalb werden zu seiner Abdeckung auch gezielt Pflanzen angebaut. Dieser Anbau bringt aber Nachteile mit sich.

2 Der Maisanbau, oft eine Monokultur

Der Anbau von Energiepflanzen

Für die Produktion von Biogas sind große Mengen an Biomasse notwendig. Deshalb werden in großem Umfang Energiepflanzen angebaut. Das sind in Deutschland Mais und besondere Gräser. Ihr Anbau führt zu riesigen Flächen mit **Monokulturen.** Diese Kulturen benötigen große Mengen an Pestiziden und sind häufig überdüngt. Auch das Landschaftsbild hat sich in vielen Regionen deutlich verändert. Gleichzeitig ist der Flächenbedarf für den Anbau enorm. Der durchschnittliche Jahresbedarf an elektrischer Energie für einen Haushalt mit vier Personen beträgt 4500 kWh. Soll er durch Biogas aus Maispflanzen gedeckt werden, ist dafür eine Anbaufläche von rund 22 ha erforderlich. Das entspricht der Größe von 31 Fußballfeldern.
Zudem konkurriert der Anbau von Energiepflanzen mit dem Anbau von Pflanzen für Nahrungsmittel und Futtermittel.

① ▮▮ Recherchiere Stoffe, die für die Produktion von Biomasse geeignet sind. Unterscheide nach Reststoffen und angebauten Stoffen. Stelle sie in einer Tabelle gegenüber.

② ▮▮ Erstelle ein Referat über die Folgen von Monokulturen.

Starthilfe zu 2:
Berücksichtige den Flächenbedarf, Düngemittel, Pestizide, die Folgen für den Boden sowie die Artenvielfalt von Flora und Fauna.

ÜBEN UND ANWENDEN

A Nicht gekoppelte und gekoppelte Systeme im Vergleich

Art des Kraftwerkes	Wärmekraftwerk	Gasturbinenkraftwerk	Gas- und Dampfturbinenkraftwerk (GuD-Kraftwerk)
Technik	Gasturbine	Gasturbine und Dampfturbine	Gasturbine und Dampfturbine mit Wärmeauskopplung
System	nicht gekoppelt	nicht gekoppelt	gekoppelt
Brennstoffmenge	100 m³ Erdgas	100 m³ Erdgas	100 m³ Erdgas
zugeführte Energie	chemische Energie 1020 kWh	chemische Energie 1020 kWh	chemische Energie 1020 kWh
genutzte Energie	elektrische Energie 357 kWh	elektrische Energie 612 kWh	elektrische Energie und Wärme 918 kWh
entwertete Energie	innere Energie 663 kWh	innere Energie …	innere Energie …
Wirkungsgrad		…	90 %
CO_2-Emission des Energieträgers	206 kg, davon 134 kg als Anteil an der entwerteten Energie	206 kg, davon … als Anteil an der entwerteten Energie	206 kg, davon … als Anteil an der entwerteten Energie

3 Ein Vergleich von nicht gekoppelten und gekoppelten Systemen

Vergleichende Angaben zu Kraftwerken

Die Tabelle 3 zeigt Daten zum Vergleich von Kraftwerken mit nicht gekoppelten und gekoppelten Systemen. Dabei wird angenommen, dass 100 m³ Erdgas verbrannt wird. Die Tabelle zeigt übersichtlich, wie gut der Energiegehalt in jedem Kraftwerk genutzt wird. Jedoch ist die Tabelle unvollständig. Berechne mit den folgenden Aufgaben die fehlenden Werte.

① Berechne mit den Angaben in der Tabelle 3
a) die Menge der entwerteten Energie beim Gasturbinen- und beim GuD-Kraftwerk.
b) den Wirkungsgrad der beiden nicht gekoppelten Kraftwerke.
c) den CO_2-Anteil der entwerteten Energie an der CO_2-Emission des Energieträgers Erdgas. Gib die CO_2-Menge in kg an.

Starthilfe zu 1 c): Bei der Lösung hilft dir die Beispielaufgabe.

② ❙❙ **a)** Zeichne mit den Angaben in Tabelle 3 ein Säulendiagramm, das die CO_2-Anteile für die genutzte und die entwertete Energie zeigt.
❙❙ **b)** Interpretiere das Säulendiagramm hinsichtlich der Auswirkungen auf die Umwelt.

Beispielaufgabe

Bei der Verbrennung von 100 m³ Erdgas werden 206 kg CO_2 freigesetzt. Diese Emission verteilt sich anteilmäßig auf die genutzte und die entwertete Energie. Berechne mit den Angaben in Tabelle 3 diese Anteile.

geg.: m_{CO_2} = 206 kg, η = 35 %
ges.: **a)** m_{CO_2} von E_{nutz}
b) m_{CO_2} von E_{entw}
Lösung:
a) m_{CO_2} von E_{nutz} = 205 kg · 0,35
m_{CO_2} von E_{nutz} = 72 kg
b) m_{CO_2} von E_{entw} = 205 kg · 0,65
m_{CO_2} von E_{entw} = 134 kg
Antwort: Von der CO_2-Emission entfallen 72 kg auf E_{nutz} und 134 kg auf E_{entw}.

③ ❙❙ Berechne die Kosten für die eingesetzte Energie. 1 m³ Erdgas enthält 10,2 kWh. 1 kWh Erdgas kostet 12 Cent (Stand: 03/2023).

④ ❙❙❙ Seit dem 1. Juli 2022 müssen Nutzer über ihre Energierechnung je 1 t an CO_2-Emission 30 € bezahlen. Berechne mit den Angaben in der Tabelle 3 die Kosten, die für die entwertete Energie entfallen.

1 Heizen mit der Energie der Sonne

Die Bereitstellung von Wärme

Wärme von der Sonne

Mit **Sonnenkollektoren** wie in Bild 1 wird die Wärme der Sonne nutzbar. Ihr Aufbau ist einfach. In einem flachen Gehäuse mit Wärmeisolierung und Glasabdeckung befindet sich ein durchlaufendes Rohrsystem. Es ist in einen Kreislauf mit einem Wärmetauscher eingebunden. In dem Kreislauf strömt Wasser mit einem Frostschutzmittel. Im Kollektorkasten nimmt das Wasser über das Rohrsystem die Energie der Sonne auf. Der Wärmetauscher im Kreislauf gibt sie wieder an einen Warmwasserspeicher ab. Das erwärmte Wasser im Speicher kann im Bad, im Haushalt oder für die Heizung genutzt werden. (→ Bild 2)

Heizkessel mit Brennwerttechnik

Bei der Verbrennung fossiler Brennstoffe wie Erdgas oder Heizöl entsteht auch Wasserdampf. Er ist in den Verbrennungsgasen enthalten. Die darin gebundene Verdampfungswärme wird über den Kamin abgeleitet.

In einem **Heizkessel mit Brennwerttechnik** wird diese Wärme nutzbar gemacht. In Bild 3 umströmen die Rauchgase einen zweiten Wärmetauscher. Er nimmt die Kondensationswärme aus dem Wasserdampf auf und führt sie dem Heizkreislauf zu. Nach der Kondensation muss das Wasser abgeleitet werden. Ein Brennwertkessel erreicht einen Wirkungsgrad von 92 %.

2 Das Funktionsprinzip von Sonnenkollektoren

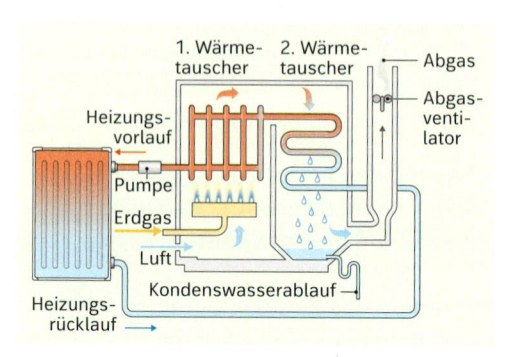

3 Das Schema eines Brennwertkessels

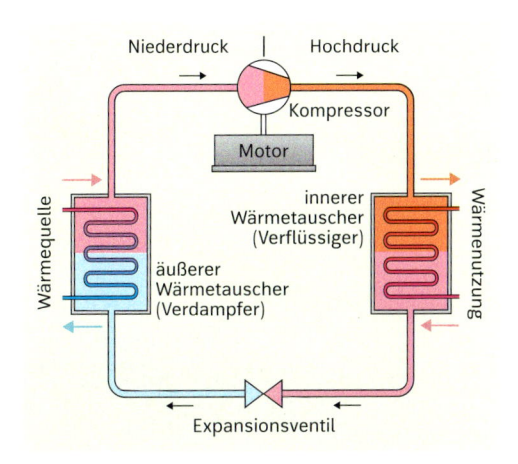

4 Der Wärmestrom in der Wärmepumpe

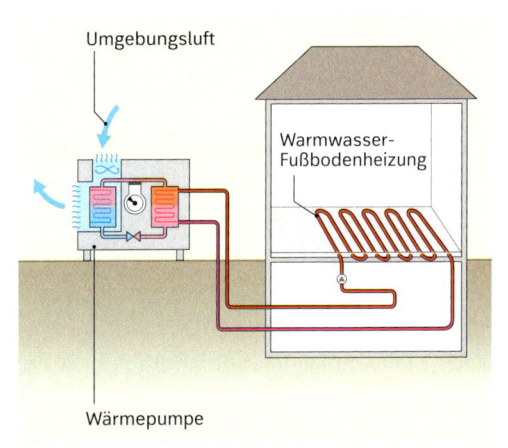

5 Die Luft/Wasser-Wärmepumpe

Die Funktion der Wärmepumpe

Eine **Wärmepumpe** macht Wärme aus dem Grundwasser, dem Erdreich oder aus der Luft nutzbar. Sie besteht aus einem Wärmetauscher zur Wärmeaufnahme und aus einem Wärmetauscher zur Wärmeabgabe. Diese Bauteile sind über einen Rohrkreislauf und eine Verdichterpumpe, dem **Kompressor,** verbunden. In dem Kreislauf strömt ein **Kältemittel.** Es siedet bereits bei einer Temperatur von –20 °C. Diese Eigenschaft ermöglicht es, Wärme beispielsweise aus der Luft zu nutzen.

Aufnahme und Verdichtung

In Bild 4 nimmt der Wärmetauscher innere Energie in Form von Wärme aus der Luft auf. Die Luft hat beispielsweise eine Temperatur von 10 °C. Das flüssige Kältemittel siedet und verdampft. Der Kompressor verdichtet den Dampf. Dabei steigt seine Temperatur auf 50 °C. Mit dieser Temperatur transportiert das gasförmige Kältemittel die Wärme zum zweiten Wärmetauscher.

Die Wärmeabgabe

Im zweiten Wärmetauscher geht die Wärme von dem Kältemittel auf einen Wasserkreislauf über. Dabei kühlt das Kältemittel ab. Es wird wieder flüssig und gelangt über den Kreislauf zurück zum ersten Wärmetauscher. Die Wärme im Wasserkreislauf kann beispielsweise über eine Fußbodenheizung als Raumheizung genutzt werden. (→ Bild 5)

Die Effizienz einer Wärmepumpe

Der Motor der Wärmepumpe benötigt elektrische Energie. Sie wird eingesetzt, um Wärme aus der Luft nutzbar zu machen. Das Verhältnis der nutzbaren Wärme zur eingesetzten elektrischen Energie für den Kompressor beschreibt die Effizienz der Wärmepumpe. Ist die Zahl größer als 1 arbeitet eine Wärmepumpe effizient. Wenn die elektrische Energie für die Wärmepumpe aus einer regenerativen Quelle kommt, ist die Nutzung der Wärmepumpe ein regeneratives Verfahren.

❶ Beschreibe den Aufbau einer Anlage zur Wassererwärmung mit Sonnenkollektoren.

❷ Beschreibe die Funktion eines Brennwertkessels.

❸ ❙❙ Beschreibe mit Bild 4 den Verlauf des Wärmestromes in einer Wärmepumpe.

❹ ❙❙ Beschreibe die Funktionsweise einer Luft/Wasser-Wärmepumpe, die Wärme regenerativ bereitstellt.

Starthilfe zu 4:
Berücksichtige die unterschiedlichen Energien beim Betrieb einer Wärmepumpe.

• • LERNEN IM TEAM

Die Energie der Sonne direkt nutzen

Die Energieeinstrahlung von der Sonne beträgt bei wolkenlosem Himmel in der Mittagszeit etwa 1000 $\frac{W}{m^2}$. Diese Wärme steht kostenlos zur Verfügung und ist CO_2-neutral. Für ihre Nutzung sind aber technische Maßnahmen notwendig. In diesem Projekt sollt ihr einfache Geräte bauen, mit denen die Wärme der Sonne durch einfache Maßnahmen genutzt werden kann.

1 Die Wärme der Sonne ist kostenlos!

TEAM 1   Ein Sonnenkollektor

Material: 1 m²-Holzplatte, 4 m Wasserschlauch mit passenden Schlauchklammern, Eimer mit Deckel, Aquarienpumpe, schwarze Acrylfarbe, Thermometer
Auftrag: Recherchiert im Internet den Aufbau eines einfachen Sonnenkollektors, ähnlich dem in Bild 2. Befestigt den Schlauch auf der schwarz gestrichenen Holzplatte und bestreicht ihn ebenfalls mit schwarzer Farbe. Stellt aus dem Schlauch, dem Wasser im Eimer und der Pumpe einen Wasserkreislauf her. Richtet den Sonnenkollektor zur Sonne aus. Messt über 1 h den Temperaturverlauf des Wassers im Eimer.

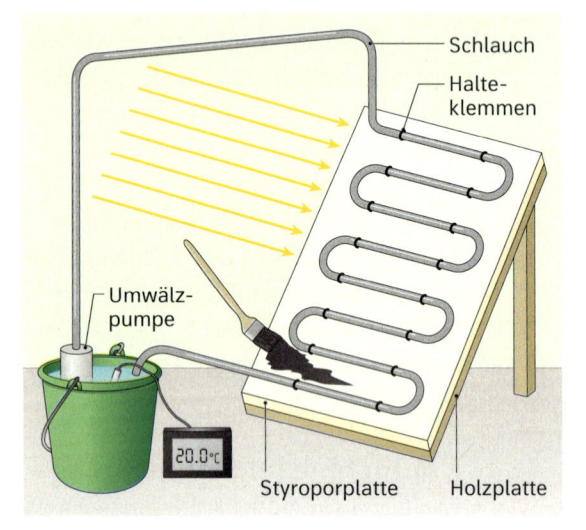

2 Ein einfacher Sonnenkollektor

TEAM 2   Ein Solarkocher

Material: Kiste oder Karton mit Deckel, Plexiglasscheibe, Alufolie, Spiegelfolie, Thermometer
Auftrag: Recherchiert im Internet den Aufbau eines einfachen Solarkochers, ähnlich dem in Bild 3. Kleidet die Kiste innen mit Alufolie aus. Befestigt die Spiegelfolie auf dem klappbaren Deckel. Deckt den Innenraum mit einer Plexiglasscheibe ab. Richtet den Solarkocher zur Sonne aus. Messt über 1 h die Temperatur im Innenraum. Probiert, ob ihr einfache Speisen kochen oder Kekse backen könnt.

3 Ein einfacher Solarkocher

IM ALLTAG

Energieeffiziente Häuser

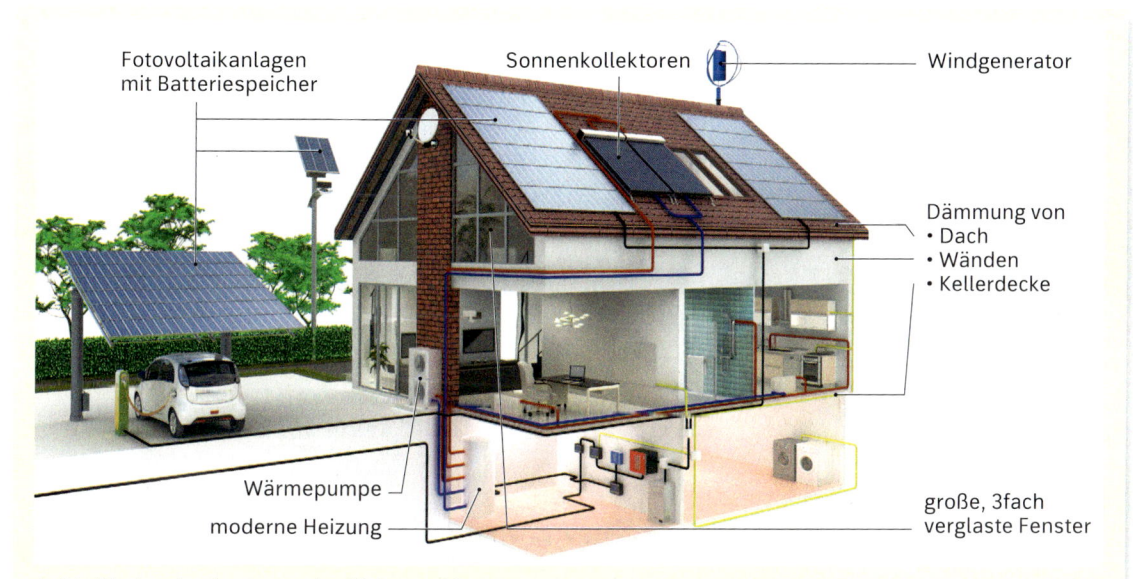

Fotovoltaikanlagen mit Batteriespeicher — Sonnenkollektoren — Windgenerator — Dämmung von
• Dach
• Wänden
• Kellerdecke

Wärmepumpe — moderne Heizung — große, 3fach verglaste Fenster

4 Die Merkmale eines energieeffizienten Hauses

Ein energieeffizientes Haus
Das Merkmal **energieeffizient** für ein Haus bedeutet, dass möglichst wenig Energie für das Bewohnen und das Bewirtschaften des Hauses notwendig ist. Dies bezieht sich auf elektrische Energie und Warme. Der Bedarf setzt sich dabei aus 77 % für die Heizung, 13 % für die Warmwasserbereitung und 10 % für die elektrische Energie zusammen.

Das Passivhaus
Ein **Passivhaus** hat große Fensterflächen in Südrichtung. Dadurch wird die Wärme der Sonne unmittelbar in den Räumen genutzt. Über eine Lüftungsanlage werden die Räume auf der Nordseite erreicht. Die Heizungsanlage wird mit Holzpellets befeuert. Das Wasser wird mittels Sonnenkollektoren erwärmt.

Das Nullenergiehaus
Beim **Nullenergiehaus** muss die Energiebilanz über ein Jahr ausgeglichen sein. Das wird vor allem durch eine Fotovoltaikanlage, Sonnenkollektoren und eine Wärmepumpe erreicht. Die Fotovoltaikanlage leitet so viel elektrische Energie in das Versorgungsnetz ein, wie in sonnenarmer Zeit entnommen wurde.

Das EffizienzhausPlus
Beim **EffizienzhausPlus** wird durch die Anlagentechnik mehr elektrische Energie bereitgestellt als im Haus genutzt wird. Das kann eine Fotovoltaikanlage oder eine Brennstoffzelle sein. Die Anlage muss mit einem Batteriespeicher gekoppelt sein. So kann elektrische Energie, die gerade nicht benötigt wird, gespeichert und später genutzt werden.

❶ Beschreibe mit Bild 4 die Merkmale eines energieeffizienten Hauses.

❷ ▐▐ Beschreibe Maßnahmen der Anlagentechnik, durch die der Standard eines Nullenergiehauses erreicht werden kann.

❸ ▐▐▐ Die Energieeinsparverordnung sieht pro Jahr für die Heizung eines Hauses durchschnittlich 40 $\frac{kWh}{m^2}$ vor. Berechne die notwendige Energie für eine Wohnung mit 90 m².

1 Die elektrische Energie muss über Hochspannungsleitungen transportiert werden.

Der Transport der elektrischen Energie

Die Standorte von Kraftwerken

Kohlekraftwerke findest du häufig in der Nähe der Abbaugebiete von Kohle. Wasserkraftwerke benötigen bewegtes Wasser. Solaranlagen brauchen große Flächen. Deshalb befinden sich die meisten Kraftwerke außerhalb von Städten oder Ballungsräumen. Das Kraftwerk stellt die elektrische Energie bereit. Sie muss nun zu den Haushalten oder Industrieanlagen transportiert werden. Das geschieht über **Hochspannungsleitungen.** In Bild 1 siehst du diese als **Freileitungen.**

Die Leitungen und die Stromstärke

Wenn ein Kraftwerk eine elektrische Leistung von 125 MW bei einer Spannung von 230 V übertragen müsste, ergäbe sich folgende Stromstärke:

$$P = U \cdot I \Leftrightarrow I = \frac{P}{U}$$
$$\Rightarrow I = \frac{125\,000\,000\text{ W}}{230\text{ V}}$$
$$I = 543\,478\text{ A}$$

Für diese Stromstärke müsste ein Leitungsdraht aus Kupfer bei einer Leitungslänge von 35 km einen Durchmesser von 130 cm haben. Das ist nicht praktikabel.

Der Widerstand und die Stromstärke hängen zusammen

Je höher die Stromstärke I ist, desto wärmer wird die Leitung. Grund ist der ohmsche Widerstand R der elektrischen Leitung. Wenn ein Elektronenstrom durch eine Leitung fließt, wird ein Teil der elektrischen Energie in innere Energie umgewandelt und als Wärme abgegeben. Dieser Teil ist umso größer, je größer der Leitungswiderstand ist. Deshalb sollte bei der Übertragung der elektrischen Energie die Stromstärke I möglichst klein sein.

Die Stromstärke und die Spannung

Beim Transport von elektrischer Energie muss die elektrische Leistung P möglichst konstant sein. Bei der elektrischen Leistung sind die Spannung U und die Stromstärke I antiproportional zueinander. Für eine geringere Stromstärke muss also die Spannung steigen. Deshalb wird eine hohe elektrische Leistung mithilfe von Hochspannung transportiert.
Wird die elektrische Leistung des Kraftwerks von 125 MW bei einer Hochspannung von 380 kV übertragen, beträgt die Stromstärke nur noch 329 A.

Die thermische Leistung der Hochspannungsleitung

Bei der Übertragung elektrischer Energie entsteht in den Leitungen Wärme. Diese Wärme verringert die übertragene Leistung. Dieser Anteil der Leistung ist nicht mehr nutzbar und heißt **thermische Leistung.** Die Formel der thermischen Leistung lässt sich aus der übertragenen Leistung und dem ohmschen Gesetz herleiten.

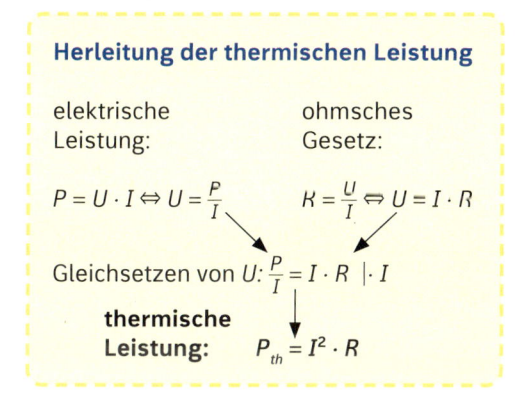

Herleitung der thermischen Leistung

elektrische Leistung:
$$P = U \cdot I \Leftrightarrow U = \frac{P}{I}$$

ohmsches Gesetz:
$$R = \frac{U}{I} \Leftrightarrow U = I \cdot R$$

Gleichsetzen von U: $\frac{P}{I} = I \cdot R \mid \cdot I$

thermische Leistung: $P_{th} = I^2 \cdot R$

Stahlkern, der aus 7 Stahldrähten besteht (Ø 6,75 mm)
1 Stahldraht: Ø 2,25 mm

45 Aluminiumdrähte in drei Schichten, die gegenläufig gedreht sind
1 Aluminiumdraht: Ø 3,38 mm

Ø 27,03 mm

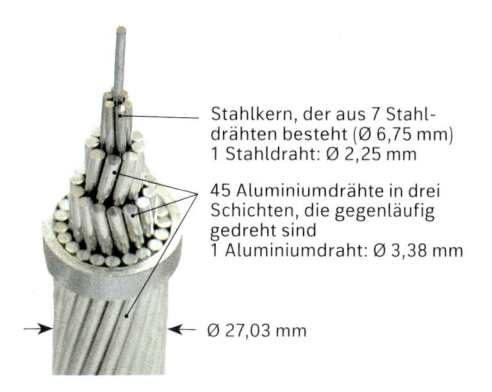

2 Der Aufbau einer Freileitung

Die Beeinflussung der thermischen Leistung

Die thermische Leistung ist besonders gering, wenn sowohl die Stromstärke I als auch der Leitungswiderstand R klein sind. Die Stromstärke wird in dieser Formel quadriert. Für eine doppelte Stromstärke ergibt sich also eine vierfache thermische Leistung. Deshalb muss die Stromstärke bei der Energieübertragung möglichst gering sein.

Das Material für die Freileitung

Eine Freileitung muss aus Material mit einem geringen spezifischen Widerstand bestehen und eine hohe Zugfestigkeit besitzen.
Die Materialien Silber und Kupfer besitzen einen geringen spezifischen Widerstand. Sie sind allerdings sehr weich und teuer. Aluminium besitzt ebenfalls eine gute Leitfähigkeit. Das Material ist auch ziemlich weich, aber preisgünstiger. Um Aluminium für den Transport elektrischer Energie zu nutzen, wird es mit Stahl kombiniert. Stahl hat einen höheren spezifischen Widerstand, ist aber sehr viel härter. Deshalb werden als Freileitungen oft Aluminiumleitungen mit einem Stahlkern wie in Bild 2 eingesetzt. Sie besitzen durch das Aluminium einen geringeren spezifischen Widerstand und durch den Stahl eine hohe Zugfestigkeit.

---

❶ Begründe die Notwendigkeit der Übertragung von Energie über weite Strecken.

❷ a) Erläutere mithilfe der thermischen Leistung den Einsatz von Hochspannungsleitungen beim Transport elektrischer Energie über lange Leitungen.
b) Beschreibe und begründe den Aufbau von Freileitungen.

❸ I Die Stromstärke in einer Hochspannungsleitung beträgt 682 A. Der Leitungswiderstand beträgt 4,7 Ω. Berechne die thermische Leistung.

Starthilfe zu 3 und 4:
elektrische Leistung: $P = U \cdot I$
thermische Leistung: $P_{th} = I^2 \cdot R$

❹ II a) Berechne jeweils die elektrische Leistung und die thermische Leistung, die bei 12 V und 8,3 A; 230 V und 0,43 A; 110 kV und 0,9 mA übertragen wird. Der Leitungswiderstand beträgt jeweils 1 Ω.
II b) Formuliere eine Folge aus den Ergebnissen in a).

FORSCHEN UND ENTDECKEN

A Energieübertragung mit langen Leitungen

Material: Elektrizitätsquelle, 5 kurze Experimentierkabel, 2 lackisolierte Kupferdrähte mit einer Länge von jeweils 10 m, 2 Isolierstäbe mit Tonnenfuß, E10-Glühlampe (6 V/0,5 A) mit Fassung, Schalter

Durchführung:
Schritt 1: Baut den Versuch wie in Bild 1 auf.
Schritt 2: Stellt an der Elektrizitätsquelle eine Wechselspannung von 6 V ein.
Schritt 3: Schließt den Schalter.

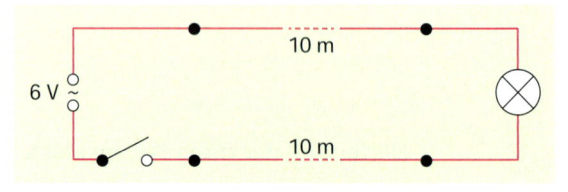

1 Energietransport über lange Leitungen

B Energieübertragung mit „langen" Leitungen

Material: Elektrizitätsquelle, 9 kurze Experimentierkabel, 2 Isolierstäbe mit Tonnenfuß, E10-Glühlampe (6 V/0,5 A) mit Fassung, Schalter, 2 Festwiderstände (20 Ω/2 W) mit Halterung
Hinweis: Die 20 Ω-Widerstände bilden den ohmschen Widerstand der langen Leitungen nach.

Durchführung:
Schritt 1: Baut den Versuch wie in Bild 2 auf.
Schritt 2: Stellt an der Elektrizitätsquelle eine Wechselspannung von 6 V ein.
Schritt 3: Schließt den Schalter.

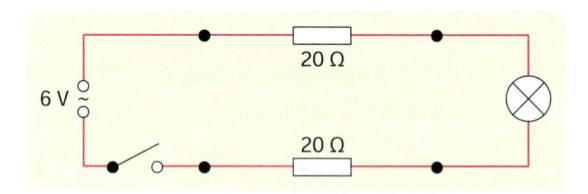

2 Energietransport über „lange" Leitungen

C Energieübertragung mit „langen" Leitungen bei Hochspannung

Material: Elektrizitätsquelle, 13 kurze Experimentierkabel, 2 Isolierstäbe mit Tonnenfuß, E10-Glühlampe (6 V/0,5 A) mit Fassung, 2 Transformatoren mit je 75 Windungen und 10 000 Windungen, Schalter, 2 Festwiderstände (20 Ω/2 W) mit Halterung, Warnschild für Hochspannung
Hinweis: Die 20 Ω-Widerstände bilden den ohmschen Widerstand der langen Leitungen nach.

Durchführung des Demonstrationsversuches:
Schritt 1: Der Versuch wird wie in Bild 3 aufgebaut.
Schritt 2: An der Elektrizitätsquelle wird eine Wechselspannung von 6 V eingestellt.
Schritt 3: Der Schalter wird geschlossen.

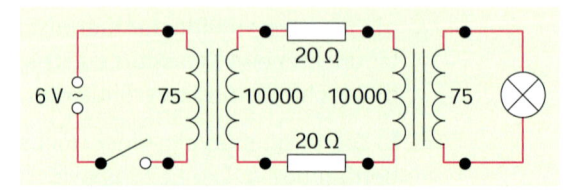

3 Energietransport bei Hochspannung

① Notiert jeweils eure Beobachtung.
② Interpretiert eure Beobachtungen in Bezug auf die Größe der thermischen Leistung.

IM ALLTAG

Die Beeinflussung der thermischen Leistung

4 Ein Transformator im Umspannwerk

5 Freileitung aus Aluminium mit Stahl und mit Verbundwerkstoff als Kern

Der Transformator

Das wichtigste Bauteil in einem **Umspannwerk** ist der Transformator. Hochspannungstrafos findest du vor jeder Fernleitung. Sie erhöhen die Spannung und verringern so die Stromstärke. Dadurch nimmt die thermische Leistung P_{th} ab. Um die Spannung für Haushalte nutzbar zu machen, muss die Spannung mithilfe eines Niederspannungstrafos am Ende der Fernleitung wieder heruntertransformiert werden.

Der Kern von Freileitungen

Der Leitungswiderstand von Freileitungen ergibt sich aus dem Zusammenhang:
$R = \varrho \cdot \frac{\ell}{A}$ mit ϱ – spezifischer Widerstand.
Für die optimale Energieübertragung muss bei der Wahl des Materials ein Kompromiss zwischen Leitungswiderstand und Zugfestigkeit gefunden werden. Außerdem sind die Aluminiumleitungen mit Stahlkern nur für Temperaturen bis 100 °C ausgelegt. Die Leitungen mit Verbundwerkstoffen als Kern sind für Temperaturen bis 210 °C geeignet. Dadurch kann eine höhere Leistung bei gleichem Leiterquerschnitt übertragen werden.

① Die elektrische Leistung von 70 MW wird einmal über eine 380 kV-Leitung und einmal über eine 110 kV-Leitung übertragen.
a) Berechne die jeweilige Stromstärke.
b) Der Leitungswiderstand beträgt in beiden Fällen 20 Ω. Berechne jeweils die thermische Leistung und interpretiere die Ergebnisse.

② ‖ Ein Leiterseil einer 110 kV-Hochspannungsleitung hat eine Gesamtquerschnittsfläche von 257 mm² und ist 200 km lang.
a) Berechne den Leitungswiderstand für ein Aluminiumkabel mit Stahlkern. Der Kern hat eine Fläche von 60 mm². Die Widerstände der beiden Materialien liegen dabei parallel.
b) Berechne den Leitungswiderstand für ein Aluminiumkabel mit Verbundwerkstoff als Kern. Der Karbonkern ist nicht leitend und hat eine Querschnittsfläche von 50 mm².
c) Bewerte die Ergebnisse.

Der Gesamtwirkungsgrad der Energieübertragung

Elektrische Energie lässt sich über weite Entfernungen nur mithilfe von zwei Transformatoren und langen metallischen Leitungen übertragen. Der Gesamtwirkungsgrad dieser Energieübertragungskette ergibt sich zu
$\eta_{ges} = \eta_{Trafo_1} \cdot \eta_{Fernleitung} \cdot \eta_{Trafo_2}$.
Dabei kann der Gesamtwirkungsgrad nie höher sein als der kleinste Einzelwirkungsgrad der gesamten Energieübertragungskette.

Starthilfe zu 2:
Den spezifischen Widerstand für Aluminium und Stahl findest du in den Tabellen im Anhang deines Physikbuches.

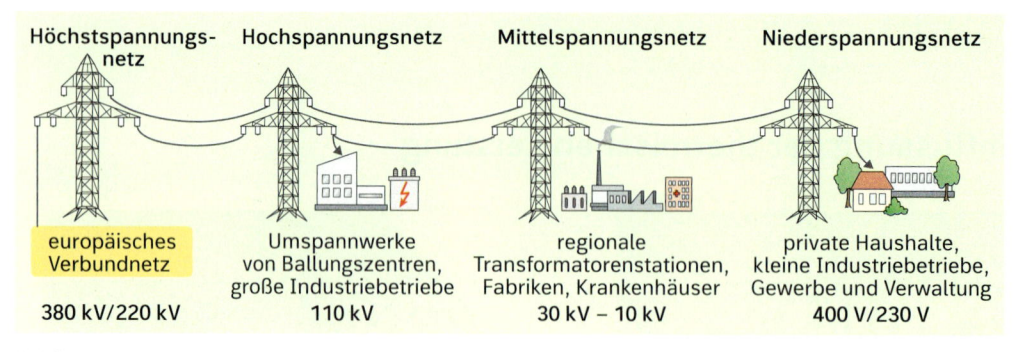

1 Die Spannungsebenen des Versorgungsnetzes für elektrische Energie in Deutschland

Die Verteilung der elektrischen Energie

Das europäische Verbundnetz

Alle Kraftwerke in Deutschland sind in einem **Verbundnetz** zusammengeschaltet. Damit ist die Versorgung mit elektrischer Energie jederzeit sichergestellt. Das deutsche Verbundnetz ist auch mit den Netzen der europäischen Nachbarländer verbunden. So ergibt sich ein **europäisches Verbundnetz.**

Alle Kraftwerke stellen ihre elektrische Energie mit einer Netzfrequenz von 50 Hz bereit. Darum laufen alle Generatoren mit einer Umdrehungszahl von 3000 $\frac{U}{min}$. So können alle Kraftwerke im europäischen Verbundnetz betrieben werden.

Die Übertragungswege

Im Verbundnetz wie in Bild 1 gibt es mehrere Spannungsebenen. Im **Höchstspannungsnetz** wird die elektrische Energie über Freileitungen mit einer Spannung von 380 kV oder 220 kV übertragen. Das **Hochspannungsnetz** wird mit 110 kV betrieben. Die elektrische Energie wird ebenfalls über Freileitungen übertragen. Das **Mittelspannungsnetz** hat eine Bandbreite zwischen 10 kV und 30 kV. Der Energietransport erfolgt über Freileitungen oder Erdkabel. Im **Niederspannungsnetz** beträgt die Spannung 400 V oder 230 V. Die elektrische Energie wird meistens per Erdkabel übertragen.

Die Übertragung im Verbundnetz

Elektrische Leitungen können nicht beliebig lang sein. Die thermische Leistung soll aus wirtschaftlichen Gründen 7% nicht übersteigen. Deshalb sind Wechselspannungsleitungen maximal 200 km lang. Zwischen den Wechselspannungsleitungen findest du immer wieder **Umspannwerke.** Sie dienen als Knotenpunkte. Die Spannungen werden mittels Transformatoren angepasst. So wird die elektrische Energie der einzelnen Kraftwerke verteilt.

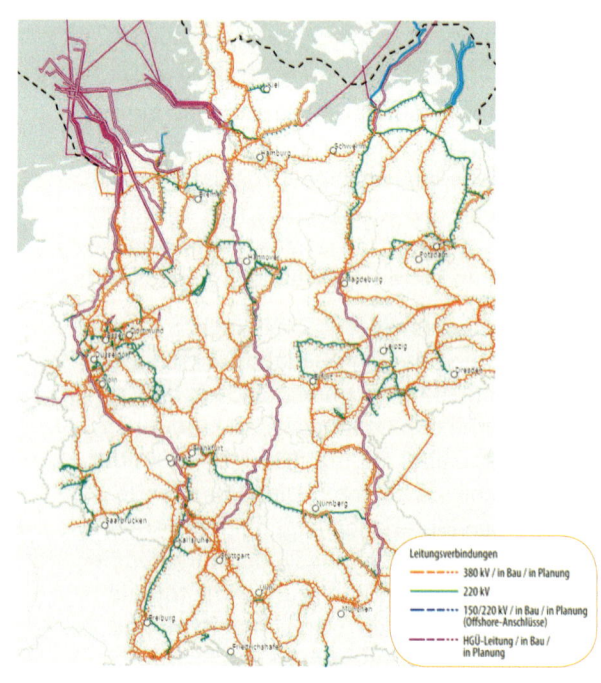

2 Das Höchstspannungsnetz in Deutschland

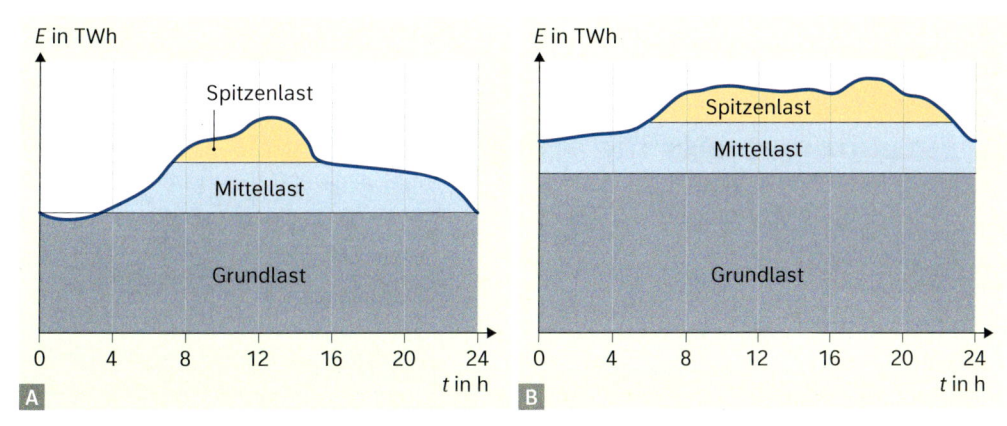

3 Die Tageslastkurve für einen: **A** Sommertag, **B** Wintertag

Die Tageslastkurve

Der Bedarf an elektrischer Energie über den Tag ist unterschiedlich hoch. Nachts wird weniger Energie benötigt. Mittags wird gekocht. Dann ist der Energiebedarf höher. Diese Veränderungen werden in der **Tageslastkurve** abgebildet. Die Bilder 3A und 3B zeigen die Tageslastkurven für einen Sommertag und für einen Wintertag. Der Energiebedarf im Winter ist viel höher als im Sommer.

Damit der Bedarf an elektrischer Energie unabhängig von der Zeit gedeckt werden kann, speisen alle Kraftwerke ihre elektrische Energie in das Verbundnetz ein. So steht im Verbundnetz immer ausreichend Energie zur Verfügung.

Verschiedene Kraftwerke sichern die Energiebereitstellung

Die **Grundlast** muss während des ganzen Tages zur Verfügung stehen. Diese Energie stammt aus Braunkohlekraftwerke und Laufwasserkraftwerken.

Steinkohlekraftwerke stellen die **Mittellast** bereit. Auch die elektrische Energie aus regenerativen Quellen wie Wind, Biomasse oder Fotovoltaik gehört zur Mittellast. Ihre Verfügbarkeit schwankt aber.

Den Bereich der **Spitzenlast** decken Speicher- und Pumpspeicherkraftwerke sowie Gaskraftwerke ab. Sie können innerhalb weniger Minuten auf Volllast hochgefahren werden.

❶ Beschreibe den Aufbau des Verbundnetzes mit den verschiedenen Spannungsebenen.

❷ Im Sommer ist der Bedarf an elektrischer Energie sehr viel geringer als im Winter. Erkläre dieses Phänomen.

❸ **I** a) Erstelle eine Tabelle für die Grund-, Mittel- und Spitzenlast und sortiere die dazu gehörigen Kraftwerkstypen hinein.
II b) Begründe den jeweiligen Einsatz dieser Kraftwerkstypen in den verschiedenen Lastbereichen.

Starthilfe zu 3:

	Kraftwerke	Begründung
Grundlast	...	...
Mittellast	...	...
Spitzenlast	...	...

❹ **II** Im Sommer werden die Wasserspeicher von Pumpspeicherkraftwerken oft nachts wieder aufgefüllt. Begründe dieses Vorgehen mithilfe der Tageslastkurven in Bild 3.

❺ **III** Erkläre den Zusammenhang zwischen der Umdrehungszahl der Generatoren und der Netzfrequenz.

ÜBEN UND ANWENDEN

A Ein ganz normaler Tag

Ina hat sich einen Tag lang notiert, wann sie welches elektrische Gerät genutzt hat.

> 7:00 – 7:10 Uhr: Föhn und Wasserkocher
> 11:00 – 13:30 Uhr: Waschmaschine
> 11:00 – 12:00 Uhr: Backofen
> 12:30 – 15:00 Uhr: Geschirrspüler
> 13:30 – 14:45 Uhr: Wäschetrockner
> 15:10 – 15:25 Uhr: Staubsauger
> 18:00 – 18:10 Uhr: Mikrowellengerät
> 19:00 – 20:00 Uhr: PC und Lampe
> 20:00 – 22:00 Uhr: TV und Lampe

elektrisches Gerät	elektrische Leistung P
Backofen	2000 W
Föhn	2000 W
Gefrierschrank	150 W
Geschirrspüler	3000 W
Kühlschrank	120 W
Lampe	11 W
Mikrowellengerät	800 W
PC	250 W
Staubsauger	800 W
TV-Flachbildschirm	100 W
Wasserkocher	2200 W
Waschmaschine	2300 W
Wäschetrockner	3000 W

1 Die Leistung elektrischer Geräte

1 a) Erstelle mithilfe von Bild 1 eine Tabelle über die von Ina an diesem Tag genutzten elektrischen Geräte und ihrer Leistung.
b) Berechne die jeweils genutze Energie.
c) Berechne die Energiekosten für diesen Tag, wenn 1 kWh Energie 0,40 € kostet.

Gerät	Zeit t	Leistung P	$E = P \cdot t$ in Wh
Föhn	10 min	2000 W	333 Wh
...	...	...	...

2 Tabelle zur Auswertung

2 Nenne elektrische Geräte, die Ina in ihrer Auflistung nicht bedacht hat.

B Energie nutzen und bewusst einsparen

3 Kopierer in der Schule

Kopierer haben während des Betriebes eine Leistung von 2 kW, im Stand-by-Modus eine Leistung von 200 W und im Ruhemodus von 1 W. An einem durchschnittlichen Schultag druckt der Kopierer in 50 Kopiereinsätzen insgesamt 500 Kopien. Für jede Kopie benötigt er 4 s. Nach jedem Kopiereinsatz bleibt der Kopierer für 5 min im Stand-by-Modus, bevor er in den Ruhemodus umschaltet.

1 a) Berechne für einen Kopierer die notwendige Energie pro Tag.
b) Berechne die notwendige Energie, wenn der Kopierer das ganze Jahr über in Betrieb ist.
c) Der Kopierer ist nur an den 190 Schultagen in Betrieb. Berechne die Energieersparnis gegenüber b).
d) Stelle Überlegungen zu Energieeinsparmöglichkeiten an.
❚❚ e) Berechne die jährliche Energie- und Kosteneinsparung, wenn die Maßnahmen aus d) konsequent umgesetzt würden.
1 kWh Energie kostet 0,40 € (Stand: 03/2023).
❚❚ f) Berechne die jährliche Energie- und Kosteneinsparung für alle Kopierer deiner Schule.

IM ALLTAG

Die Energieeffizienz darstellen und dokumentieren

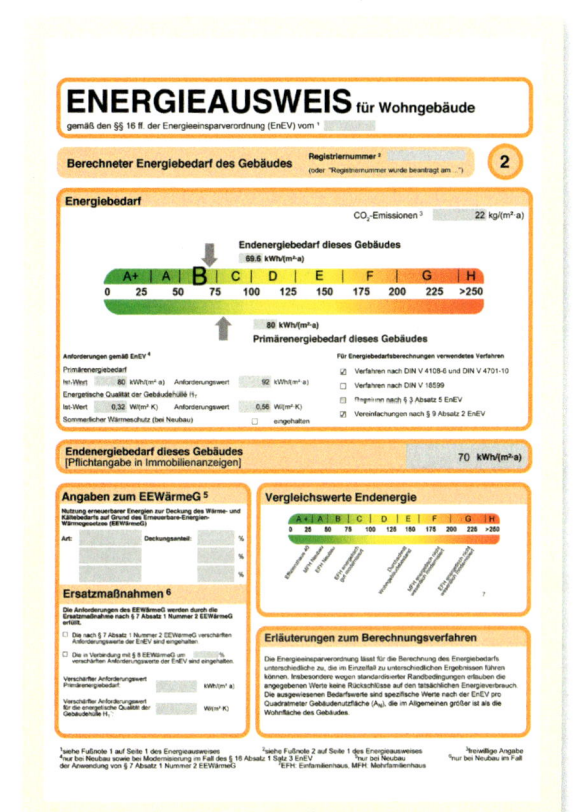

4 Energieausweis für ein Wohngebäude

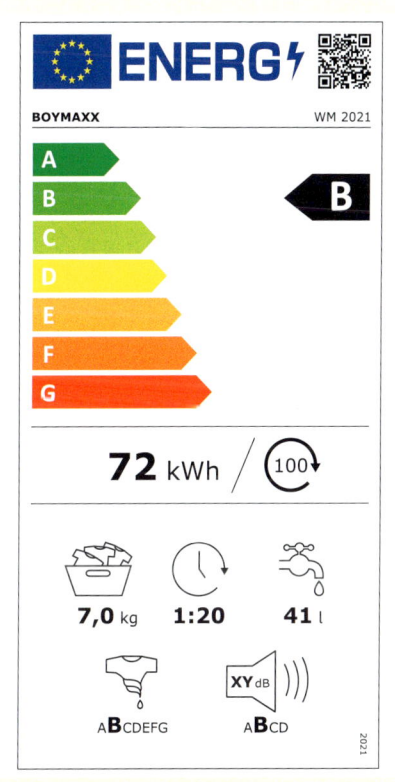

5 EU-Label für eine Waschmaschine

Der Energieausweis

Der Energieausweis für ein Gebäude ist ein Dokument. Er liefert Daten zur Energieeffizienz und zu den anfallenden Energiekosten eines Gebäudes. So kann er einen Vergleich zwischen Immobilien ermöglichen.
Seit 2009 ist der Energieausweis bei allen Wohngebäuden in Deutschland Pflicht. Bei Vermietung oder Verkauf muss der Energieausweis bereits bei der Besichtigung der Immobilie vorliegen.

Das EU-Label

Das EU-Label gibt Auskunft über die Energieeffizienz von Elektrogeräten sowie dem Energiebedarf. So lassen sich Eigenschaften von Haushaltsgroßgeräten miteinander vergleichen. Das soll der Käuferin oder dem Käufer bei der Kaufentscheidung als Orientierungshilfe dienen. Im März 2021 ist die neue Kennzeichnungsrichtlinie in Kraft getreten. Die Waschmaschine in Bild 2 hat bei 100 Nutzungen einen Energiebedarf von 72 kWh.

1 Recherchiere den Energieausweis für ein Wohngebäude. Beschreibe seinen Aufbau und den Inhalt.

2 Erläutere die Angaben des EU-Labels für eine Waschmaschine in Bild 5.

3 Recherchiere EU-Label für zwei weitere unterschiedliche Großgeräte und vergleiche sie miteinander.

1 Offshore-Windkraftanlage in der Nordsee

Die Hochspannungs-Gleichstrom-Übertragung (HGÜ)

Der Wind als Energiequelle

Auf dem Meer in der Nord- und Ostsee herrscht ständig Wind. Diese Bewegungsenergie des Windes kann in elektrische Energie umgewandelt werden. Das geschieht mittels großer **Offshore-Windkraftanlagen.** Die Energie wird über Seekabel an die Küste geleitet. Von dort wird die elektrische Energie über das Verbundnetz im Inland weitertransportiert. (→ Bild 1)

Die thermische Leistung bei Wechselstrom

Normalerweise wird die elektrische Energie mittels Wechselstrom übertragen. Dabei entsteht Wärme. Sie stammt von dem ständigen Richtungswechsel des Elektronenstromes. Das führt zu einem ständigen Richtungswechsel des Magnetfeldes um den Leiter. So kommt es bei Wechselstrom zu hohen thermischen Leistungen. Deshalb ist im Wechselstromnetz nur eine maximale Leitungslänge von 200 km wirtschaftlich.

Die Energieübertragung durch Gleichstrom

Bei einer Gleichstromübertragung treten die Richtungswechsel des Elektronenstromes und damit des Magnetfeldes nicht auf. Deshalb ist der Wirkungsgrad bei der Gleichstromübertragung höher als bei der Übertragung mittels Wechselstrom. Bei der Gleichstromübertragung wirkt nur die thermische Leistung der Leitungswiderstände. Deshalb können im Gleichstromnetz die Übertragungswege deutlich länger sein. (→ Bild 2)

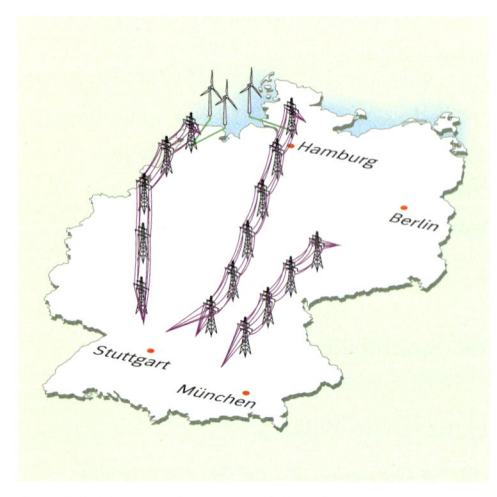

2 HGÜ-Trassen in Deutschland

3 Trafo und Konverter als Verbindungspunkt zwischen Gleichstrom- und Wechselstromtrasse

Das Hochspannungs-Gleichstrom-Übertragungsnetz

Um die elektrische Energie von Windkraftanlagen aus Norddeutschland nach Süddeutschland zu transportieren, werden Gleichstromtrassen gebaut. So kann die elektrische Energie mit geringerer thermischer Leistung übertragen werden. Dieses Verfahren heißt **Hochspannungs-Gleichstrom-Übertragung** oder kurz **HGÜ**.

Das 380 kV-Wechselspannungsnetz

Die elektrische Energie aus den Kraftwerken wird über ein 380 kV-Wechselspannungsnetz übertragen. Der Transport der elektrischen Energie im Gleichstromnetz erfolgt bei einer Gleichspannung von 150 kV. Diese Spannungsumwandlung von 380 kV in 150 kV und die Umwandlung von Wechselstrom in Gleichstrom erfolgt in Transformatoren und **Konvertern** (lat.: convertere, umwenden, umdrehen).

Der Transport der elektrischen Energie im HGÜ-Netz

Bild 3 zeigt den Weg der elektrischen Energie von der Windkraftanlage in der Nordsee bis zur Energienutzung im Süden. Der Übergang vom 380 kV-Höchstspannungsnetz zum 150 KV-Gleichspannungsnetz erfolgt in zwei Schritten.
1. Ein Transformator passt die Netzspannungen der Wechsel- und der Gleichspannungsleitung aneinander an. Er transformiert die Spannung von 380 kV auf 150 kV.
2. Ein Konverter wandelt den Wechselstrom mithilfe von elektrischen Bauelementen in Gleichstrom um. Auf der Gleichstromseite wird die elektrische Energie über zwei elektrische Anschlussstellen ins Leitungsnetz eingespeist.
Am Ende der Übertragungsstrecke wird der Gleichstrom mittels Konverter wieder in Wechselstrom umgewandelt. Mit Transformatoren werden die Spannungen entsprechend dem Versorgungsnetz transformiert.

---

① Nenne die Unterschiede zwischen Wechselstrom- und Gleichstromübertragung.

② Beschreibe mithilfe von Bild 3 das Hochspannung-Gleichstrom-Übertragungsverfahren (HGÜ-Verfahren).

③ ❚❚ Begründe die Notwendigkeit, dass die elektrische Energie
   a) von der Nordsee in den Süden von Deutschland transportiert wird.
   b) bei der Gleichstromübertragung auch mit Hochspannung transportiert wird.

METHODE

Pro und Contra zur fossilen und regenerativen Energieversorgung

1 Unterschiedliche Meinungen tragen zur Bildung eines Standpunktes bei.

Recherche

Der Begriff Recherche bedeutet das gezielte Herausfinden von fundierten Informationen. Dafür musst du verschiedene Quellen wie das Internet, Bücher oder Fachartikel nutzen sowie Experten befragen. Für eine gute Recherche solltest du unterschiedliche Meinungen und Sichtweisen einbeziehen. Nur so kannst du dir ein umfassendes Bild machen. Diese kannst du in **Pro-Argumente** und **Contra-Argumente** einteilen. Pro-Argumente unterstützen eine Meinung. Contra-Argumente sind Einwände.

Diskussion

Aus der Recherche entwickelt sich deine eigene Meinung zu einem Sachverhalt. Damit erhältst du deinen eigenen **Standpunkt.** Dein Standpunkt kann sich von dem Standpunkt anderer Menschen unterscheiden.
In einer **Diskussion** darf jeder seine Meinung sagen und seinen Standpunkt darlegen. Du kannst anhand der Meinung der anderen deinen Standpunkt festigen oder überdenken. Für einen geordneten Diskussionsverlauf sollte vorher ein **Diskussionsleiter** gewählt werden.

Beispiel: Energieversorgung

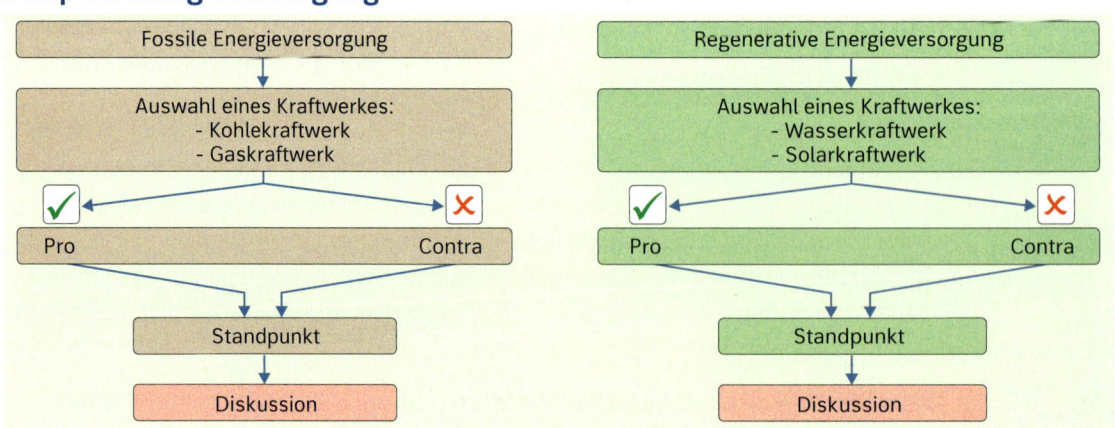

2 Fundierte Pro- und Contra-Argumente führen zu einer sachlichen Diskussion.

① Diskutiert in der Klasse das Thema nachhaltige Energieversorgung.
    a) Bildet dafür 4 Gruppen und findet jeweils Pro- und Contra-Argumente.
    b) Tragt die Ergebnisse abschließend in einer Vorstellungsrunde zusammen.

LERNEN IM TEAM

Eine nachhaltige Energieversorgung

Nachhaltigkeit wird unter den drei Gesichtspunkten **Ökonomie, Ökologie und Soziales** betrachtet. Dabei geht es stets um unterschiedliche Ressourcen.

Auftag für alle: Findet **Pro-Argumente,** die für eine regenerative Energieversorgung sprechen, als auch **Contra-Argumente.** Stellt dabei einen Vergleich mit der fossilen Energieversorgung auf.

TEAM 1 Ökonomie

Auftrag: Untersucht das Thema nachhaltige Energieversorgung unter dem Gesichtspunkt ökonomische Nachhaltigkeit, also dem wirtschaftlichen Aspekt. Betrachtet auch die Rolle der Politik und diskutiert mögliche Änderungen und deren Auswirkungen.

3 Die ökonomische Betrachtung

TEAM 2 Ökologie

Auftrag: Untersucht das Thema nachhaltige Energieversorgung unter dem Gesichtspunkt der ökologischen Nachhaltigkeit. Betrachtet insbesondere die Auswirkungen durch die Nutzung von fossilen und regenerativen Energieträgern sowie den Bau und den Betrieb von Energieanlagen auf die Umwelt.

4 Jeder ist mitverantwortlich!

TEAM 3 Soziales

Auftrag: Untersucht das Thema nachhaltige Energieversorgung unter dem Gesichtspunkt der sozialen Nachhaltigkeit. Betrachtet sowohl die Rolle zwischen Arbeitnehmern und Arbeitgebern als auch die Verantwortung der Generationen untereinander.

5 Generationenvertrag

Auf einen Blick: Energieversorgung

Der Treibhauseffekt

Der **natürliche Treibhauseffekt** ist wichtig für eine angenehme Temperatur auf der Erde. Dabei hat sich ein Gleichgewicht zwischen Aufnahme der Wärmestrahlung der Sonne durch die Erde und der Reflexion in das Weltall eingestellt.

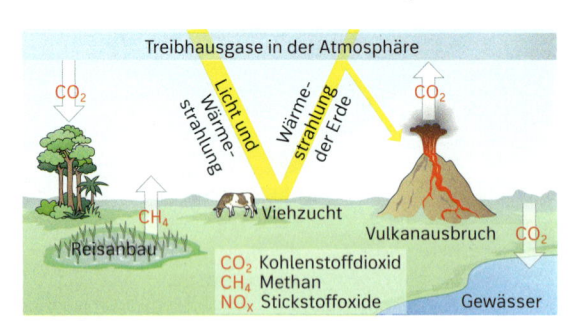

Nicht gekoppelte Systeme

Kohle- und Gaskraftwerke stellen als **nicht gekoppelte Systeme** nur elektrische Energie bereit. Die bei der Verbrennung entstehende innere Energie wird in Form von Wärme abgegeben, aber nicht genutzt.

Verbrennung fossiler Brennstoffe

Bei der Verbrennung von fossilen Brennstoffen wie Erdöl, Erdgas und Kohle werden CO_2 und Schadstoffe ausgestoßen. Das führt zum **vom Menschen verursachten, zusätzlichen Treibhauseffekt.** Hier besteht durch zu viele Treibhausgase ein Ungleichgewicht zwischen Aufnahme und Abgabe der Wärmestrahlung der Sonne.

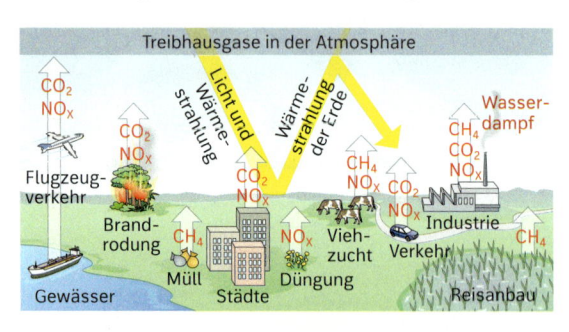

Regenerative Energiequellen

Regenerative Energiequellen nutzen Wasser, Luft und Licht. Sie geben bei der Bereitstellung elektrischer Energie nur sehr wenig Wärme ab und erzeugen weder Abgase noch CO_2. Die elektrische Energie kann in **Batterien** direkt gespeichert werden. Indirekte Speichermöglichkeiten sind das **Pumpspeicherkraftwerk,** das **Power-to-Liquid-** und das **Power-to-Heat-Verfahren.**

WICHTIGE BEGRIFFE

- natürlicher Treibhauseffekt
- vom Menschen verursachter, zusätzlicher Treibhauseffekt
- Treibhausgase: Kohlenstoffdioxid, Methan
- globale und regionale Klimaveränderungen

WICHTIGE BEGRIFFE

- nicht gekoppelte Systeme
- Wärmekraftwerk, Gasturbinenkraftwerk
- Speicherkraftwerke
- Windkraftanlage, Fotovoltaikanlage, Wasserkraftwerke
- direkte und indirekte Energiespeicherung
- Power-to-Liquid, Power-to-Heat

Gekoppelte Systeme

Gekoppelte Systeme stellen neben elektrischer Energie auch Wärme bereit, die genutzt wird. Das erhöht den Wirkungsgrad.

Gas- und Dampfturbinenkraftwerk

GuD-Kraftwerke haben 4 Stufen. Sie nutzen auch die Abwärme. Ihr Wirkungsgrad kann bis zu 90 % erreichen.

Gekoppelte regenerative Systeme

Kraft-Wärme-Kopplung beschreibt die gleichzeitige Bereitstellung von elektrischer Energie und von Wärme. Dies erfolgt mithilfe eines **Blockheizkraftwerkes (BHKW)**.
Regenerative, gekoppelte Anlagen nutzen Biogas und Biomasse. Wärme kann mithilfe von **Sonnenkollektoren** und **Wärmepumpen** regenerativ bereitgestellt werden.

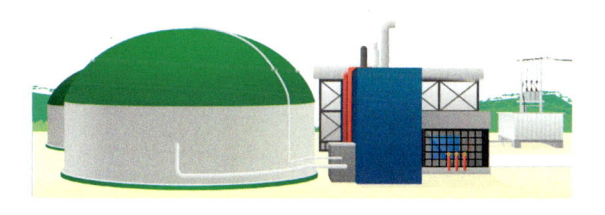

Der Energietransport

Elektrische Energie wird vom Kraftwerk zu den Haushalten oder zu den Fabriken transportiert.

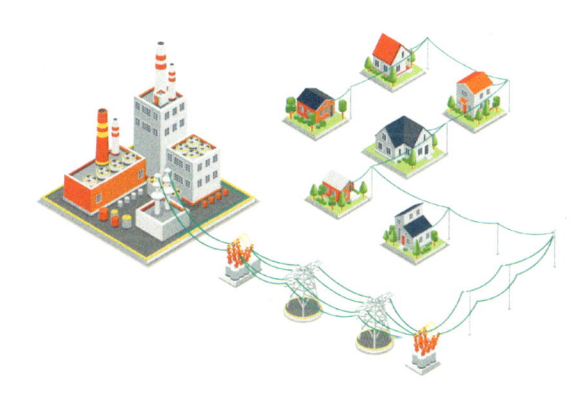

Spannungsnetze

Umspannwerke transformieren die Spannung zwischen verschiedenen Spannungsebenen. Je höher die Spannung U ist und je geringer die Stromstärke I ist, desto geringer ist die nicht nutzbare **thermische Leistung:** $P_{th} = I^2 \cdot R$.
Im Verbundnetz wird die Wechselspannung mit einer **Netzfrequenz** von 50 Hz transportiert.

Hochspannungs-Gleichstrom-Übertragung (HGÜ)

Elektrische Energie wird beim **HGÜ-Verfahren** bei hoher Spannung mit Gleichstrom über lange Strecken übertragen. Transformatoren passen die Spannungen an und Konverter wandeln zwischen Wechselstrom und Gleichstrom.

WICHTIGE BEGRIFFE

- gekoppelte Systeme
- GuD-Kraftwerk, Blockheizkraftwerk (BHKW)
- Biomasse, Biogasanlage
- Sonnenkollektoren
- Brennwerttechnik
- Wärmepumpe
- Energieeffizienz

WICHTIGE BEGRIFFE

- Hochspannungsleitungen
- thermische Leistung
- europäisches Verbundnetz
- Tageslastkurve
- Grundlast, Mittellast, Spitzenlast
- HGÜ, Konverter, Transformator

Auf einen Blick

Lerncheck: Energieversorgung

Der Treibhauseffekt

1. Erläutere den Begriff natürlicher Treibhauseffekt und gib die Bedeutung dieses Effektes für die Erde an.
2. Erläutere den Begriff zusätzlicher Treibhauseffekt. Gehe dabei auf die Rolle des Menschen ein.
3. a) Zähle die wichtigsten Treibhausgase auf und erkläre, welche Rolle sie beim zusätzlichen Treibhauseffekt spielen.
   b) Gib verschiedene Bereiche an, in denen die Treibhausgase entstehen.
4. Nenne Maßnahmen, die ergriffen werden, um den Ausstoß von Treibhausgasen zu verringern. Gehe dabei auch auf deinen Beitrag ein.
5. Nenne globale und regionale Folgen der Klimaveränderungen.

> **DU KANNST JETZT ...**
> - ... den natürlichen Treibhauseffekt und seine Rolle für die Erde erklären.
> - ... den zusätzlichen Treibhauseffekt und die Rolle des Menschen erklären.
> - ... die wesentlichen Treibhausgase aufzählen und angeben, wo sie entstehen.
> - ... Maßnahmen nennen, um den Ausstoß von Treibhausgasen zu reduzieren.
> - ... globale und regional Folgen der Klimaveränderungen beschreiben.

Nicht gekoppelte Systeme

6. a) Nenne nicht gekoppelte, nicht regenerative Systeme für die Energiebereitstellung.
   b) Nenne die Aufgabe dieser Systeme.
   c) Gib die wesentlichen Merkmale der Systeme an und vergleiche sie.
7. a) Nenne nicht gekoppelte, regenerative Systeme für die Energiebereitstellung.
   b) Gib die wesentlichen Merkmale der Systeme an und vergleiche sie.
8. a) Erläutere die Wirkungsweise eines Pumpspeicherkraftwerkes.
   b) Begründe den Einsatz von Speicher- und Generatorbetrieb mithilfe der Tageslastkurve.
9. a) Begründe den Einsatz von Energiespeichern.
   b) Nenne verschiedene Energiespeicher und erläutere deren Wirkungsweise.

> **DU KANNST JETZT ...**
> - ... verschiedene Wärmekraftwerke aufzählen und deren wesentliche Komponenten und Energieträger nennen.
> - ... das Prinzip nicht gekoppeltes System beschreiben und erläutern.
> - ... verschiedene Möglichkeiten nennen, Energie mithilfe regenerativer Energien bereitzustellen.
> - ... Möglichkeiten beschreiben, regenerative Energie direkt oder indirekt zu speichern.

Gekoppelte Systeme

10 Nenne den Unterschied zwischen nicht gekoppelten und gekoppelten Energiesystemen.

11 a) Erläutere den Begriff Kraft-Wärme-Kopplung.
b) Nenne Unterschiede im Wirkungsgrad nicht gekoppelter und gekoppelter Systeme und begründe sie.

12 a) Beschreibe den Aufbau einer Biogasanlage.
b) Erläutere ihre Wirkungsweise.

13 a) Vergleiche die Heizwerte und die CO_2-Emissionen von Kohle, Öl, Gas und Holz.
b) Du sollst eine Heizungsanlage empfehlen. Setze die Werte aus a) in Beziehung und lege eine Reihenfolge für die Wahl der Heizungstypen fest.
c) Gehe auf die CO_2-Emission von Holzheizungen ein und begründe die Vorteile dieses Heizungstyps.

> **DU KANNST JETZT ...**
> - ... den Aufbau eines GuD-Kraftwerkes beschreiben und erläutern.
> - ... das Prinzip gekoppeltes System beschreiben und erläutern.
> - ... die Bereitstellung und Speicherung von Energie in gekoppelten Systemen mithilfe regenerativer Anlagen beschreiben.
> - ... verschiedene Möglichkeiten der Bereitstellung von Wärme in Häusern angeben.
> - ... verschiedene Kraftwerke vergleichen.

Der Energietransport

14 Begründe die Notwendigkeit, elektrische Energie zu transportieren.

15 a) Gib wesentliche Punkte an, die den Transport elektrischer Energie beeinflussen.
b) Gib jeweils Möglichkeiten für einen effizienten Energietransport an.

16 a) Nenne die verschiedenen Spannungsebenen bei der Verteilung der Energie.
b) Begründe den Aufbau dieser verschiedenen Übertragungswege.

17 Beschreibe und erläutere den Aufbau einer Tageslastkurve. Vergleiche die Darstellung zwischen Winter und Sommer.

18 a) Beschreibe den Aufbau eines HGÜ-Netzes.
b) Erläutere die Notwendigkeit des Einsatzes eines HGÜ-Netzes.

> **DU KANNST JETZT ...**
> - ... wesentliche Faktoren nennen, die die thermische Leistung beim Transport elektrischer Energie beeinflussen.
> - ... die Verteilung elektrischer Energie erläutern.
> - ... die Tageslastkurve aufzeichnen und erklären.
> - ... das Prinzip der Hochspannungs-Gleichstrom-Übertragung erläutern und wesentliche Komponenten für den Aufbau nennen.

+ Proton
Neutron
− Elektron

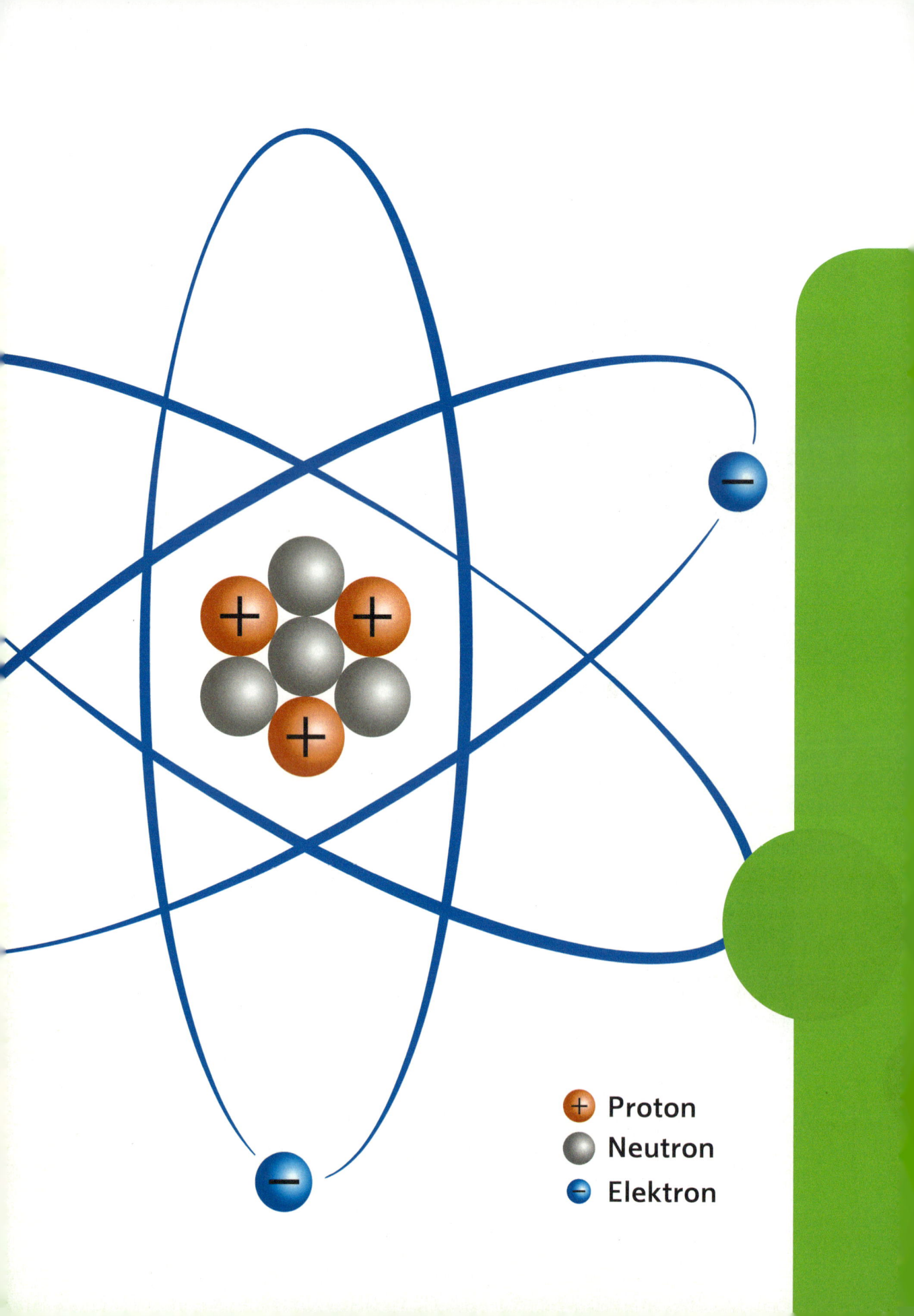

Radioaktivität und Kernenergie

Wie lässt sich ionisierende Strahlung nachweisen?

Wie können radioaktive Stoffe in der Medizin und in der Technik helfen?

Welche Möglichkeiten gibt es, Atommüll möglichst sicher zu verpacken?

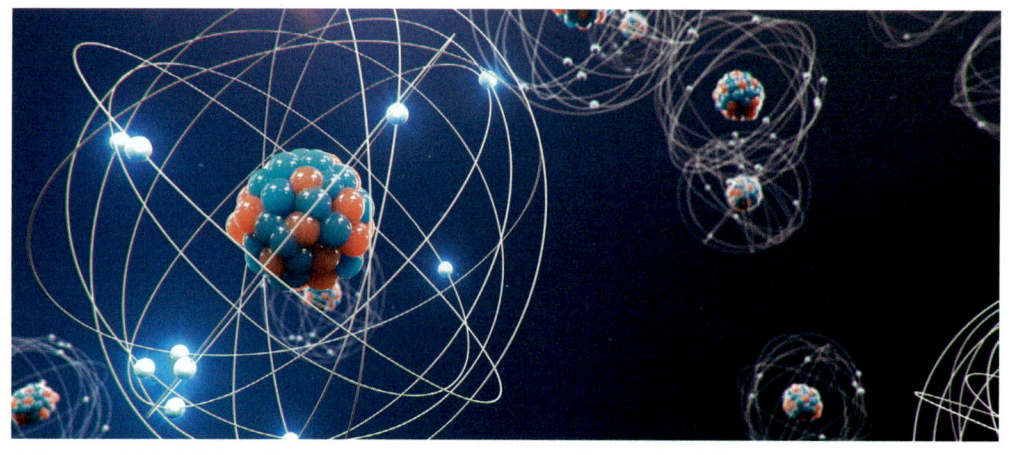

1 Atome als Modelldarstellung

Atome enthalten elektrische Ladungen

Was die Welt zusammenhält

Nichts wünscht sich die Titelfigur in Johann Wolfgang von Goethes (1749 – 1832) Meisterwerk Faust lieber, als zu erkennen, was die Welt im Innersten zusammenhält. Doch bereits die alten Griechen hatten vor 2400 Jahren schon erste Ideen und Modelle hierzu entwickelt.

Der Begriff **Atom** stammt von Demokrit (460 – 370 v. Chr.) und bedeutet unteilbar. Er beschrieb die Existenz von verschiedenen, unteilbaren Teilchen. Diese unterscheiden sich in Gestalt und Größe. Doch Demokrit war kein Wissenschaftler, sondern ein Philosoph. Er konnte seine Idee der Atome noch nicht wissenschaftlich belegen, beispielsweise durch ein Experiment.

Erst über 2000 Jahre später begann die wissenschaftliche Erforschung dieses Gedankenmodells. Einen wesentlichen Beitrag lieferte hier John Dalton (1766 – 1844). Im Unterschied zu den alten Philosophen postulierte er nur eine bestimmte Anzahl an unterschiedlichen Atomsorten, die **chemischen Elemente.** Jedes Element unterscheidet sich dabei in seiner **Atommasse.**

Elektrische Ladungen

Wird ein glühendes Metall mit dem Minus-Pol einer E-Quelle, der Kathode, verbunden, entsteht die Kathodenstrahlung. Emil Wiechert (1861 – 1928) und Joseph Thomson (1856 – 1940) konnten 1897 erstmals beweisen, dass dieses Strahlenbündel aus negativ geladenen Teilchen, den **Elektronen,** besteht. Diese Elektronen waren bereits in den Atomen des Metalls vorhanden. Atome sind nach außen elektrisch neutrale Körper. Wenn sie aus negativ geladenen Teilchen bestehen, müssen sie folglich ebenso gleich viele positiv geladene Teilchen besitzen.
Die Bausteine der Atome haben eine sehr kleine Masse, sodass statt der Einheit kg die **atomare Masseneinheit u** verwendet wird. Dabei gilt: $1\text{ u} = 1{,}66 \cdot 10^{-27}\text{ kg}$.

Elementarteilchen	Proton p	Neutron n	Elektron e
Darstellung	⊕	○	⊖
elektrische Ladung	positiv p^+	neutral n	negativ e^-
Masse	≈ 1 u	≈ 1 u	≈ $\frac{1}{2000}$ u
Ort im Atom	bilden zusammen den Atomkern		bilden die Atomhülle

2 Die Bausteine der Atome

Die weiteren Bausteine der Atome

ERNEST RUTHERFORD (1871 – 1937) brachte 1911 den wissenschaftlichen Durchbruch. Er fand mit seinen Streuversuchen heraus, dass sich nahezu die gesamte Masse eines Atoms in seinem **Atomkern** befindet. Dieser ist allerdings extrem klein. Um diesen Kern herum bewegen sich nur die sehr kleinen und sehr leichten Elektronen. Diese bilden die **Atomhülle.**

RUTHERFORD entdeckte zudem 1919, dass sich in Atomkernen positiv geladene Teilchen befinden. Er nannte sie **Protonen.** Auch einen neutralen Kernbaustein sagte er voraus. Den Beweis erbrachte JAMES CHADWICK (1891 – 1974) im Jahre 1932 mit der Entdeckung der **Neutronen.**

Protonen und Neutronen bilden zusammen den Atomkern (lat.: nucleus, Kern). Die Kernteilchen heißen daher auch **Nukleonen**.

Das Kern-Hülle-Modell des Atoms

Jedes Atom besteht aus einem Atomkern und einer Atomhülle. Im Atomkern befinden sich die massereichen Teilchen, die positiv geladenen Protonen und die nicht geladenen Neutronen. Die Atomhülle wird durch die negativ geladenen Elektronen gebildet. Diese bewegen sich sehr schnell um den Kern. Die Elektronen befinden sich auf Umlaufbahnen, den **Schalen.** Die Schalen sind unterschiedlich weit vom Kern entfernt. Die Anzahl von Elektronen und Protonen ist in einem Element immer gleich hoch. Neutronen, Protonen und Elektronen werden zusammenfassend als **Elementarteilchen** bezeichnet. (→ Bild 3)

❶ a) Beschreibe das Kern-Hülle-Modell.
b) Nenne die Bausteine der Atome. Gib auch ihre Ladung an.
c) Gib die Überbegriffe für die Bausteine des Atomkerns und des Atoms an.

❷ ▌ Recherchiere die Anzahl an unterschiedlichen Atomsorten (Elementen).

❸ ▌ Erstelle mit Bild 4 einen Kurzvortrag zur Entwicklung im Aufbau des Atoms.

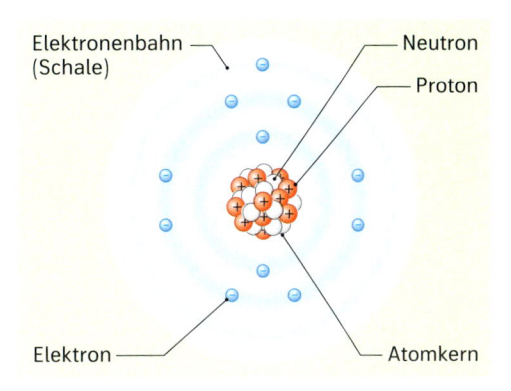

3 Ein Natriumatom im Modell

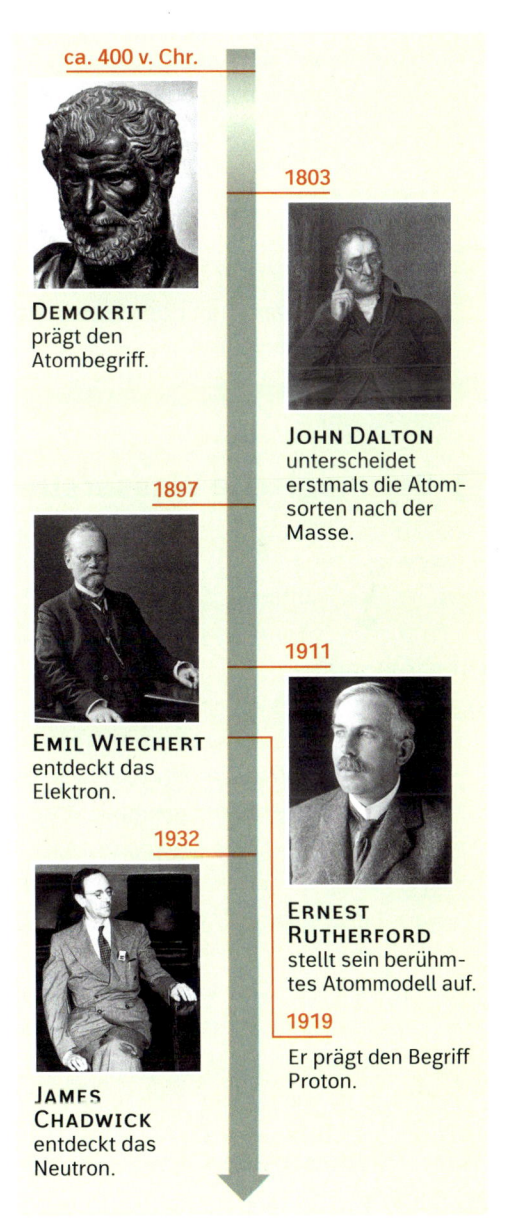

ca. 400 v. Chr.
DEMOKRIT prägt den Atombegriff.

1803
JOHN DALTON unterscheidet erstmals die Atomsorten nach der Masse.

1897
EMIL WIECHERT entdeckt das Elektron.

1911
ERNEST RUTHERFORD stellt sein berühmtes Atommodell auf.

1919
Er prägt den Begriff Proton.

1932
JAMES CHADWICK entdeckt das Neutron.

4 Die Entdeckung des Atoms mit seinen Bausteinen

FORSCHEN UND ENTDECKEN

A Der klebende Luftballon

Material: Luftballon, angezogenes Oberteil aus Baumwolle oder Wolle (T-Shirt, Sweatshirt, Woll-Pullover), Elektroskop

Durchführung:
Schritt 1: Reibe den aufgepusteten Luftballon mehrmals hintereinander kräftig an deinem T-Shirt oder Pullover.
Schritt 2: Lass den Luftballon los.
Schritt 3: Wiederhole Schritt 1 und halte den Luftballon an ein Elektroskop.

1 Das Versuchsmaterial

1 Beschreibe deine Versuchsbeobachtungen.

2 Erkläre das Phänomen des klebenden Luftballons ausführlich.

3 ❚❚ Begründe mithilfe einer Skizze die Reaktion des Elektroskops auf den Luftballon.

B Der magische Wasserstrahl

Material: Kunststoffstab, Wolllappen, Wasserhahn, Wasser, Auffangschale

Durchführung:
Schritt 1: Stelle den Wasserstrahl eines Wasserhahns so niedrig wie möglich ein. Dabei darf der Wasserhahn aber nicht tropfen. Es sollte ein durchgängiger Strahl sichtbar sein.
Schritt 2: Reibe den Kunststoffstab mehrmals hintereinander kräftig mit dem Wolllappen.
Schritt 3: Halte den Stab in die Nähe des Wasserstrahls. Berühre diesen dabei aber nicht.

1 Beschreibe deine Versuchsbeobachtung.

2 ❚❚ Erkläre das Phänomen unter Zuhilfenahme von Bild 2. Beachte dabei den gewinkelten Bau des Wassermoleküls.

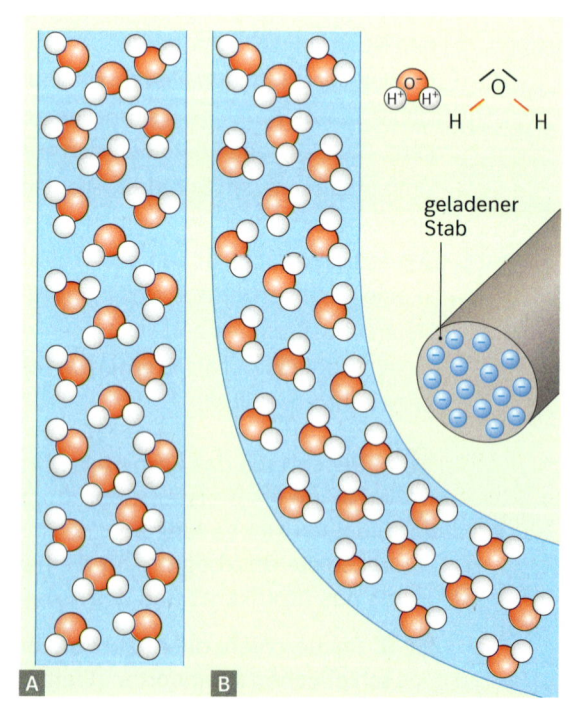

2 Der Wasserstrahl in der Teilchendarstellung: **A** ohne Kunststoffstab, **B** mit Kunststoffstab

IM ALLTAG Digital+
Film

RUTHERFORD developed the nuclear model of the atom

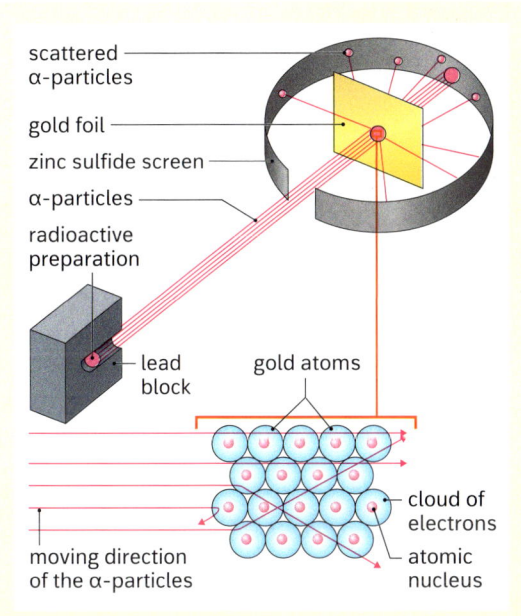

3 The gold foil experiment

The experiment
ERNEST RUTHERFORD (1871 – 1937) conducted research with radioactive radiation. These particles consist of electrically positively charged helium nuclei. In 1907 he irradiated a thin foil made of gold with helium nuclei particles in his laboratory in Manchester. At a speed of about 15 000 kilometers per second, the particles could penetrate the foil very easy. RUTHEFORD wanted to find out whether the gold atoms would distract them from their direction. The scattered particles were detected using a zinc sulfide screen (→ Figure 3). When they hit the zinc sulfide layer, they produced a tiny flash of light. Within two years, RUTHERFORD's staff Members HANS GEIGER and ERNEST MARDSEN had counted over 100,000 flashes of light and found out that most of the positively charged particles flew freely through the gold atoms. Therefore, atoms cannot be very solid particles. However, some particles were scattered. Some even flew back into the starting direction as if they had hit a solid obstacle.

The conclusions
According to this model, there is a tiny atomic nucleus in the center of each atom. It is very small, about 10,000 times smaller than the whole atom, because very few helium nuclei were scattered. It contains almost the entire mass of the atom and is positively charged. This could be inferred from the fact that the positively charged, high-energy helium nuclei particles were repelled from the nucleus when they hit it directly. Most of particles could fly through the atoms completely unhindered. RUTHERFORD concluded from this, that the atomic nucleus was surrounded by an almost empty atomic cloud.

The drawbacks of the model
The electrons will orbit around the nucleus, which is not a stable condition according to the model. An electron in rapid motion along a circular route, would lose energy continually. This would result in a collapse into the nucleus. The atom would be destroyed, wheras we know they are extremly stable.

Vocabulary
zinc sulfide – Zinksulfid (ZnS); nucleus, nuclei – Kern, Kerne; inferred – gefolgert; repelled – abgestoßen; scattered – gestreut; conducted – geführt, hier: durchgeführt; penetrate – durchdringen, eindringen; irradiated – bestrahlt; drawback – der Nachteil, hier: die Grenzen

❶ Explain RUTHERFORDS conclusion, that atomic nuclei are positively charged and that the mass of the atom is concentrated on the nucleus.

1 Torbernit-Kristalle enthalten radioaktive Uranatome

Quelle der Radioaktivität und ihre Messung

Was ist Radioaktivität?

Die meisten Atome sind stabil. Es gibt aber auch Atome, deren Atomkerne mit der Zeit zerfallen. Diese Atome sind **instabil.** Die Kerne wandeln sich in Kerne anderer Elemente um. Dabei wird Strahlung ausgesendet. Solche Stoffe sind **radioaktiv.** Umgangssprachlich wird oft von radioaktiver Strahlung gesprochen. Strahlung selbst kann aber nicht radioaktiv sein, sondern nur der Körper, der diese Strahlung verursacht.

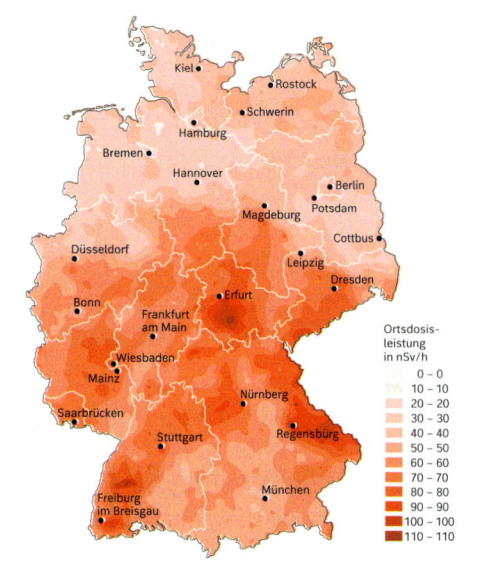

2 Die Umgebungsstrahlung in Deutschland

Die Ursachen der Radioaktivität

An jedem Ort der Erde ist Radioaktivität vorhanden. Sie geht von radioaktiven Elementen aus, die in Mineralien im Erdboden, in Baustoffen, im Wasser und in Pflanzen enthalten sind (→ Bild 2). Für diese **Umgebungsstrahlung** gibt es drei Ursachen:

1. Eine Ursache ist die **terrestrische Strahlung,** die von den radioaktiven Stoffen auf der Erde (lat.: terra) selbst kommt. Ihr Ursprung geht auf die Entstehung des Sonnensystems zurück.
2. Ein weiterer Teil kommt aus dem Weltraum durch Staub oder von der Sonne zu uns. Das ist die **kosmische Strahlung.**
3. Vom menschlichen Körper geht auch eine **Eigenstrahlung** aus, da der Mensch mit der Nahrung ständig radioaktive Stoffe aufnimmt.

Anzeige von Radioaktivität

Radioaktivität kannst du nicht fühlen, nicht hören, nicht riechen, nicht schmecken und nicht sehen. Darum wurden Geräte entwickelt, die Radioaktivität anzeigen. Ein solches Gerät ist der **Geiger-Müller-Zähler.** Er besteht aus einem Zählrohr und einem Zählwerk mit Lautsprecher. (→ Bild 3)

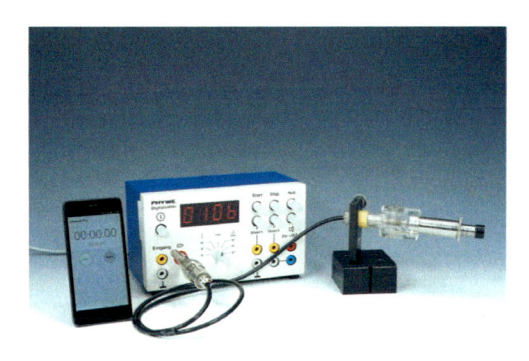

3 Die Messung der Nullrate

Die Impulse und die Impulsrate
Gelangt Strahlung in das Zählrohr, erzeugt sie dort kleine Stromstöße, die **Impulse.** Diese werden vom Zählwerk gezählt und als Knacken im Lautsprecher hörbar. Die Summe aller Impulse in 1 min heißt **Impulsrate.** Wird radioaktives Material in die Nähe des Zählrohres gebracht, steigt die Impulsrate. Ihre Höhe hängt dabei vom radioaktiven Material ab.

Der Nulleffekt
Wenn sich kein zusätzlicher, radioaktiver Stoff in der Nähe befindet, misst der Geiger-Müller-Zähler die Umgebungsstrahlung. Die Anzahl der gemessenen Impulse pro Minute ist dann die **Nullrate** oder der **Nulleffekt.**

Die Aktivität
Um die Stärke der Radioaktivität verschiedener Stoffe vergleichen zu können, wird die **Aktivität** jedes Stoffes festgestellt. Das ist die Anzahl der Kernumwandlungen in einer bestimmten Zeit.
Zu Ehren des Entdeckers der Radioaktivität ANTOINE HENRI BECQUEREL (1852 – 1908) wird sie in **Becquerel (Bq)** angegeben. Wird 1 Impuls in 1 s gemessen, so beträgt die Aktivität des Stoffes 1 Bq.

> **Name:** Aktivität
> **Formelzeichen:** A
> **Berechnung:**
> $$A = \frac{\text{Anzahl der Kernumwandlungen}}{\text{Zeit}} = \frac{n}{t}$$
> **Einheit:** $\frac{1}{1\,\text{s}} = 1\,\text{Bq}$ (Becquerel)

Die Bestimmung der Aktivität
Bei der Bestimmung der Aktivität eines Stoffes muss stets die Nullrate berücksichtigt werden. Sie muss von der gemessenen Impulsrate subtrahiert werden.
Zusätzlich muss angegeben werden, um welches Nuklid es sich handelt und auf welche Masse sich der Wert bezieht.

Beispiel: Eine Probe von 1 kg Pilzen hat eine Aktivität von 400 Bq Iod I-131. Die Angabe lautet dann kurz: 400 $\frac{\text{Bq}}{\text{kg}}$ I-131.

---

1 a) Beschreibe den Begriff Radioaktivität mit eigenen Worten.
b) Gib drei natürliche Ursachen für die Radioaktivität an.
c) Begründe, dass ein Nachweisgerät für Radioaktivität erst entwickelt werden musste. Benenne ein Nachweisgerät.
d) Beschreibe den Zusammenhang zwischen Nullrate, Impulsrate und Aktivität.

2 ❙❙ Mit dem Geiger-Müller-Zählrohr werden für eine Stoffprobe Radon 789 Impulse pro Minute gemessen. Aus messtechnischen Gründen tritt nur ein Drittel der von der Probe ausgehenden Strahlung in das Zählrohr ein.
Der Nulleffekt wird mit 30 Impulsen pro Minute bestimmt.
a) Bestimme die Impulsrate des Radonpräparates.
b) Ermittle die Aktivität des Radonpräparates zum Zeitpunkt der Messung. Gib dein Ergebnis in Bq an.

Starthilfe zu 2a):
Bei der Bestimmung der Aktivität eines Stoffes muss die Nullrate von der Impulsrate subtrahiert werden.

FORSCHEN UND ENTDECKEN

A Die Nullrate bestimmen

Material: Geiger-Müller-Zähler, Stativmaterial, Stoppuhr im Smartphone, Geodreieck

Durchführung:
Schritt 1: Montiert das Geiger-Müller-Zählrohr am Stativ. Das Zählrohr sollte parallel zum Tisch stehen und sich 10 cm über dem Tisch befinden.
Schritt 2: Schaltet den Geiger-Müller-Zähler ein. Startet gleichzeitig die Zeitmessung mit dem Smartphone.
Schritt 3: Messt über einen Zeitraum von 5 min und notiert den Messwert.

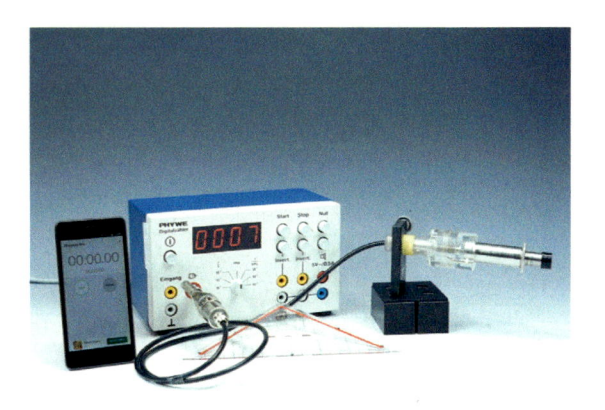

1 Der Versuchsaufbau

❶ Beschreibt eure Beobachtung.

❷ Berechnet die Nullrate in der Einheit der Aktivität.

❸ ❚❚ Begründet das Ergebnis des Versuches.

B Die Radioaktivität eines Luftballons

Material: Geiger-Müller-Zähler, Stativmaterial, Stoppuhr im Smartphone, ein neuer Luftballon, Wolltuch, Geodreieck

Durchführung:
Schritt 1: Baut den Versuch wie in Versuch A auf. Bestimmt die Nullrate.
Schritt 2: Haltet einen nicht aufgeblasenen Luftballon im Abstand von 1 cm und anschließend 3 cm vor das Zählrohr. Bestimmt die Impulse in 1 Minute und tragt den Messwert in die Tabelle ein.
Schritt 3: Wiederholt Schritt 2 mit einem halb aufgeblasenen Luftballon.
Schritt 4: Wiederholt Schritt 2 mit einem vollständig aufgeblasenen Luftballon.
Schritt 5: Wiederholt Schritt 2 mit einem aufgeblasenen Luftballon, den ihr zuvor mit einem Wolltuch gerieben habt.

Gegenstand	Abstand zum Zählrohr in cm	Impulse / 1 min
Nullrate	–	…
neuer, schlaffer Luftballon	1	…
	3	…
halb aufgeblasener Luftballon	1	…
	3	…
vollständig aufgeblasener Luftballon	1	…
	3	…
vollständig aufgeblasener, geriebener Luftballon	1	…
	3	…

2 Die Messwerttabelle

❶ a) Beschreibt eure Beobachtungen.
b) Berechnet mit euren Messwerten jeweils die Aktivität des Luftballons in Bq.

❷ a) Begründet die Zunahme der Aktivität des Luftballons.
b) Begründet die sprunghafte Zunahme der Aktivität von Schritt 4 zu Schritt 5.

IM ALLTAG — Digital+ Film

Die Entdeckung der Radioaktivität

ANTOINE HENRI BECQUEREL
Die Radioaktivität wurde von dem französischen Physiker ANTOINE HENRI BECQUEREL (1852 – 1908) entdeckt. Im Jahr 1896 legte er zufällig uranhaltige Salze auf eine Fotoplatte, die sich in einer dunklen Schublade befand. Obwohl kein Licht in die Schublade gelangt war, verfärbte sich die Fotoplatte schwarz. Dies war ein Hinweis auf eine bisher unbekannte Art von Strahlung. BECQUEREL nannte diese **Uranstrahlen.**

3 ANTOINE HENRI BECQUEREL

WILHELM CONRAD RÖNTGEN
Noch vor BECQUERELs Experiment hatte WILHELM CONRAD RÖNTGEN (1845 – 1923) am 08.11.1895 in Würzburg eine neue Art von Strahlen entdeckt. Er nannte sie **X-Strahlen.** Heute werden sie als **Röntgenstrahlen** bezeichnet. Sie können undurchsichtige Körper durchdringen. RÖNTGEN erhielt dafür im Jahr 1901 den ersten Nobelpreis für Physik. Die Röntgenstrahlung hat ähnliche Eigenschaften wie die von BECQUEREL entdeckte Strahlung.

4 WILHELM CONRAD RÖNTGEN

MARIE und PIERRE CURIE
Angeregt durch BECQUERELs Experimente untersuchte die polnisch-französische Physikerin MARIE CURIE (1867 – 1934) im Rahmen ihrer Doktorarbeit die uranhaltigen Mineralien genauer. Unterstützt von ihrem Ehemann, dem französischen Physiker PIERRE CURIE (1859 – 1906), entdeckte sie darin ein sehr stark strahlendes Element. Sie nannte es **Radium,** das Strahlende. Für das Auftreten der Strahlung schlug sie die Bezeichnung **radioaktiv** vor. Zusammen mit BECQUEREL erhielt das Ehepaar CURIE im Jahr 1903 für die Entdeckung der Radioaktivität den Nobelpreis für Physik. 1911 erhielt MARIE CURIE nochmals einen Nobelpreis, diesmal für Chemie.

5 PIERRE und MARIE CURIE

1 Ein weiterer Pionier der Radioaktivitätsforschung war der in Niedersachsen wirkende FRIEDRICH OSKAR GIESEL (1852 – 1927). Erstelle ein Kurzporträt des Wissenschaftlers.

1 Strahlungsmessung bei radioaktiven Abfällen

Die ionisierende Strahlung und ihr Nachweis

Die Funkenstrecke

Wenn an zwei eng zusammenstehenden Metallelektroden eine sehr hohe Spannung angelegt wird, siehst du eine Folge von hellen Funken, eine **Funkenstrecke.** Die Funken entstehen, weil die Luft zwischen den beiden Elektroden zum Leuchten gebracht wird. Die Funkenbildung hört jedoch auf, wenn die beiden Elektroden weiter auseinandergezogen werden.

Erstaunlicherweise entstehen aber wieder Funken, wenn ein radioaktiver Strahler unter den größeren Zwischenraum gehalten wird. Die Radioaktivität des Strahlers muss also die Eigenschaften der Luft verändern. (→ Bild 2)

Die Ionisation

Strahlung, die auf die Gasmoleküle der Luft trifft und dabei Elektronen aus den Atomhüllen herausschlagen kann, heißt **ionisierende Strahlung.** Dabei entstehen Kationen, das sind positiv geladene Ionen, und freie Elektronen. Die Elektronen stoßen auf weitere Gasmoleküle und erzeugen noch mehr Kationen und Elektronen. Die Luft wird **ionisiert** und dadurch elektrisch leitend. Es entsteht eine **Ionenlawine.** Dies kannst du als Funken sehen. Die positiv geladenen Kationen bewegen sich zur negativen Elektrode, der **Kathode.** Die negativ geladenen Elektronen bewegen sich zur positiven Elektrode, der **Anode.** (→ Bild 3)

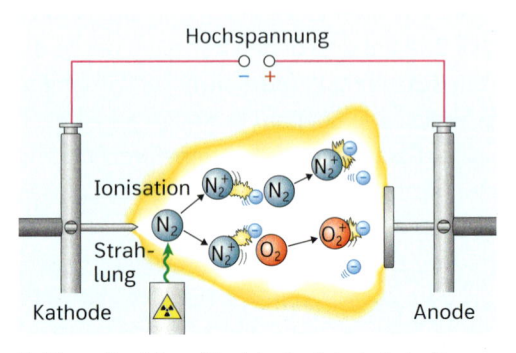

2 Ein radioaktiver Strahler löst Funken zwischen zwei Elektroden aus.

3 Ein radioaktiver Strahler ionisiert die Luftmoleküle.

Das Geiger-Müller-Zählrohr

Das **Geiger-Müller-Zählrohr** ist ein sehr robustes und zuverlässiges Nachweisgerät für ionisierende Strahlung. Bereits 1913 wurde von HANS GEIGER das **Spitzenzählrohr** entwickelt. Sein Doktorand WALTHER MÜLLER verbesserte dieses 1928 zum heutigen Geiger-Müller-Zählrohr (→ Bild 4).

In einem luftdicht verschlossenen Rohr befindet sich ein Edelgas unter geringem Druck. Durch das Rohr verläuft ein dünner Draht, die Anode. Zwischen ihr und der Außenhülle, der Kathode, besteht eine Gleichspannung von 500 V. Dringt durch das Glimmerfenster des Rohres Strahlung eines radioaktiven Körpers ein, so werden die Gasmoleküle ionisiert. Die entstandenen freien Elektronen werden von der Anode angezogen. Auf ihrem Weg erzeugen sie weitere Ionen und Elektronen. Es entsteht eine Elektronenlawine. Diese entlädt den Draht und erzeugt so einen kurzen Stromstoß im äußeren Stromkreis.

Jeder Stromstoß wird im Zähler elektronisch gezählt. Das elektrische Signal wird mithilfe eines Verstärkers verstärkt und kann anschließend durch einen Lautsprecher auch akustisch ausgegeben werden. In modernen Messgeräten bilden Zählrohr, Zähler und Anzeige eine kompakte transportable Einheit (→ Bild 1).

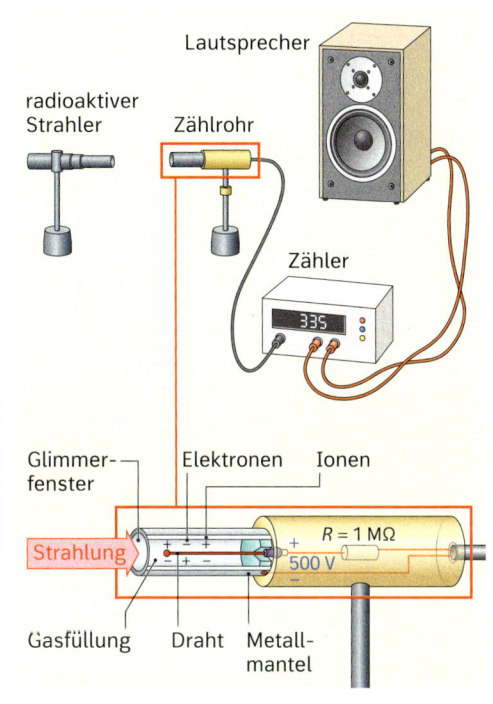

4 Der Aufbau und die Funktionsweise eines Geiger-Müller-Zählrohres

Kontrolle von Grenzwerten

Geiger-Müller-Zählrohre werden weltweit produziert und eingesetzt. Da es nie einen Patentschutz gab, kann jede Firma mit dem nötigen technischen Wissen und den Produktionsmöglichkeiten Geiger-Müller-Zählrohre herstellen.
Mit Geiger-Müller-Zählrohren kann überprüft werden, ob Gegenstände radioaktiv sind. Damit können zulässige Grenzwerte kontrolliert werden.

---

❶ Erkläre den Begriff ionisierende Strahlung.

❷ a) Nenne das wichtigste Nachweisgerät für ionisierende Strahlung.
b) Zeichne den Aufbau des Gerätes und beschrifte deine Zeichnung.
c) Erkläre die Funktionsweise des Gerätes.
d) Nenne zwei Anwendungsgebiete.

❸ II a) Beschreibe einen Versuch, um eine Funkenstrecke zu erzeugen.
II b) Wenn die beiden Elektroden weiter auseinandergeschoben werden, bricht die Funkenstrecke zusammen. Begründe diesen Sachverhalt.
II c) Erkläre, dass mithilfe eines radioaktiven Strahlers die Funkenstrecke aber trotzdem wieder erzeugt werden kann.

Starthilfe zu 3b):
Luft ist ein Isolator, der hauptsächlich aus Stickstoff- und Sauerstoffmolekülen besteht. Die Luft muss also erst elektrisch leitend gemacht werden.

IM ALLTAG

HANS GEIGER und WALTHER MÜLLER

Willkommen im Zirkus GEIGER

Zirkus GEIGER wurden die Experimentalvorlesungen von Prof. HANS GEIGER (1882 – 1945) vor über 80 Jahren an der Technischen Hochschule in Berlin bewundernd und ironisch genannt.

1 HANS GEIGER, 1928

Arbeit mit ERNEST RUTHERFORD

Nach dem Studium der Mathematik und Physik in Erlangen und dem Erreichen des Doktorgrades wechselte GEIGER nach Manchester in England. Als er sich schon für seine Rückkehr nach Deutschland entschieden hatte, lernte er ERNEST RUTHERFORD (1871 – 1937) kennen. Bei einem gemeinsamen Spaziergang durch die Räume und Laboratorien der Universität konnte RUTHERFORD GEIGER überzeugen, doch noch in Manchester zu bleiben. Zusammen forschten sie auf dem damals neuen Gebiet der Radioaktivität. GEIGER blieb für weitere fünf Jahre. ERNEST RUTHERFORDS 1911 aufgestelltes Atommodell beruht zum Teil auf GEIGERS Entdeckungen. Am Ende seiner Zeit in Manchester 1912 galt GEIGER als internationale Autorität für Messungen der Radioaktivität.

Zurück in Deutschland

Nach Deutschland kehrte er mit seinem neuen Assistenten, dem späteren Nobelpreisträger und Entdecker des Neutrons, JAMES CHADWICK (1891 – 1974) zurück. Beide arbeiteten für die Physikalisch-Technische Reichsanstalt in Berlin. Als der erste Weltkrieg 1914 begann, wurde CHADWICK interniert. Dank der Unterstützung GEIGERS konnte er aber weiterhin Experimente durchführen.

Gemeinsame Leistung von GEIGER und MÜLLER

WALTHER MÜLLER (1905 – 1979) studierte Physik und Chemie an der Universität Kiel. Er wurde 1925 der erste Doktorand des dortigen neuen Professors HANS GEIGER. Sie forschten auf dem Gebiet der Stoßionisation von Gasen. Ihre wichtigste Arbeit ist der bis heute für schnelle, quantitative Nachweise unentbehrliche Geiger-Müller-Zähler (→ Bild 2). Als HANS GEIGER 1929 nach Tübingen wechselte, endete die Zusammenarbeit der beiden Forscher.
WALTHER MÜLLER ging in die industrielle Forschung und Entwicklung. Nach dem zweiten Weltkrieg arbeitete er in Australien und den USA.

2 Das Geiger-Müller-Zählrohr von 1932

❶ Begründe, dass der Geiger-Müller-Zähler bis heute ein unersetzliches Werkzeug für die Messung der Radioaktivität darstellt.

❷ GEIGER und MÜLLER verzichteten auf die Patentierung ihrer Erfindung. Diskutiert Vor- und Nachteile dieser Entscheidung für die Gesellschaft und für die beiden Erfinder.

IM ALLTAG

Weitere Nachweisgeräte für ionisierende Strahlung

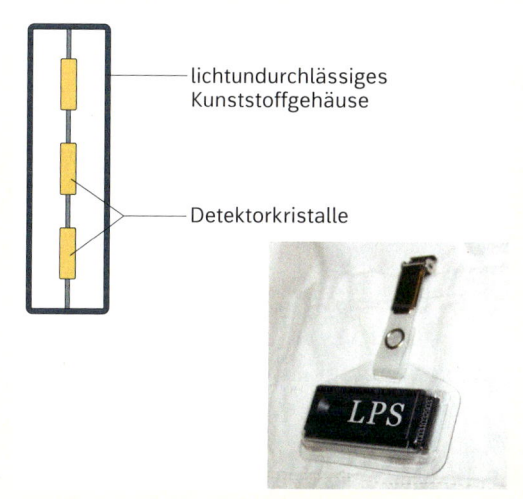

lichtundurchlässiges Kunststoffgehäuse

Detektorkristalle

3 Das OSL-Dosimeter

4 Kondensationsstreifen in einer Nebelkammer

Das Dosimeter

Menschen in bestimmten Berufen sind ionisierender Strahlung ausgesetzt. Im Rahmen des Strahlenschutzes muss dabei regelmäßig die abbekommene Strahlendosis überwacht werden. Dies geschieht beispielsweise mithilfe eines **OSL-Dosimeters.** Dabei steht OSL für **o**ptisch **s**timulierte **L**umineszenz. Im Inneren des lichtundurchlässigen Kunststoffgehäuses sind mehrere Kristallplättchen, die durch ionisierende Strahlung angeregt werden. Zum Ausmessen wird das Dosimeter in einem Auslesegerät geöffnet. Dort geben die Kristalle durch einen kurzen Lichtpuls ihre gespeicherte Dosisinformation in Form von Licht ab. Die Menge des ausgesendeten Lichts ist ein Maß für die Strahlenbelastung, die die Person erfahren hat.

Die Nebelkammer

In einem Glaskasten befindet sich eine Mischung aus Wasser und Alkohol. Mithilfe einer Membran wird der Druck in der Kammer schlagartig abgesenkt. Dadurch kühlt die Mischung stark ab. Es ensteht ein gesättigter Dampf. Gelangt nun ionisierende Strahlung in die Kammer, dient sie als **Ionisationskeim.** Der Wasserdampf kondensiert dabei zu Nebeltröpfchen. Durch Ionisation bilden sich weitere Ionen. Es entstehen charakteristische Nebelspuren. Unterschiedliche Spuren lassen auf verschiedene Strahlungen schließen. Früher waren Nebelkammern bedeutende wissenschatliche Instrumente. Heute wird die Nebelkammer nur noch zu Demonstrationszwecken eingesetzt. 1927 wurde für ihre Entwicklung der Nobelpreis verliehen.

1 Recherchiere den Nobelpreisträger für Physik aus dem Jahre 1927. Beschreibe die Funktionsweise seiner Erfindung.

2 ❙ Ein weiteres Nachweisgerät für ionisierende Strahlung ist der Szintillationszähler.
  a) Recherchiere den Aufbau des Gerätes.
  b) Erkläre dessen Funktionsweise.
  c) Nenne jeweils einen Vorteil und einen Nachteil des Szintillationszählers gegenüber einem Geiger-Müller-Zähler.

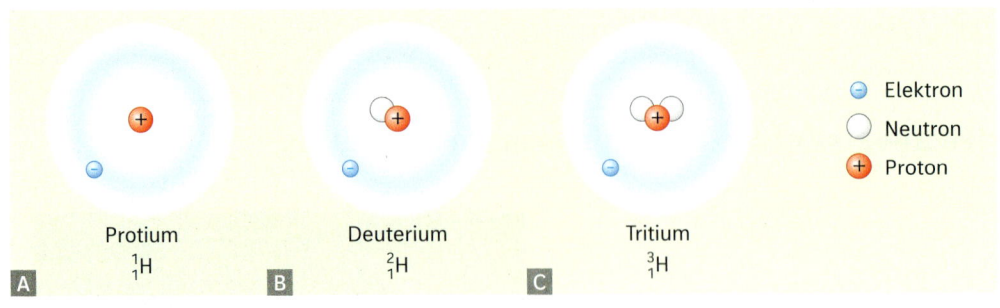

1 Die drei Isotope des Elementes Wasserstoff (H)

Isotope und Elementarteilchen

Isotope

Die meisten Leuchtstoffröhren enthalten das Edelgas Neon. Daher werden diese oft als Neonröhren bezeichnet. 1913 konnte JOSEPH JOHN THOMSON (1856 – 1940) beweisen, dass reines Neon aus zwei unterschiedlich schweren Atomen zusammengesetzt ist. Er entdeckte damit das Phänomen der **Isotopie.**

Als **Isotope** werden Atome des gleichen chemischen Elements bezeichnet, die sich nur in der Anzahl ihrer Neutronen unterscheiden. Alle Isotope desselben Elements haben die gleichen chemischen Eigenschaften.

Natürlich vorkommende Elemente bestehen meistens aus Mischungen verschiedener Isotope. So besteht das Element Wasserstoff aus drei natürlich vorkommenden Isotopen. Während Protium und Deuterium stabil sind, ist Tritium radioaktiv. (→ Bild 1) Auch die Kohlenstoffatome in deinem Körper bestehen aus drei unterschiedlichen Isotopen. Von manchen Elementen existiert in der Natur aber nur ein Isotop. Beispiele sind Natrium und Fluor.

Eine Übersicht der Isotope

In der **Nuklidkarte** im Anhang des Physikbuches findest du weitere Isotope mit der Angabe der Häufigkeit ihres Auftretens in der Natur.

Wichtige Grundbegriffe

Durch die **Ordnungszahl Z** wird ein chemisches Element eindeutig festgelegt. Diese Zahl heißt auch **Protonenzahl** oder **Kernladungszahl.** Die Summe der Protonen Z und Neutronen N im Atomkern wird als **Massenzahl A** bezeichnet.

$$A = Z + N$$

Die Schreibweisen

Bei der **Kurzschreibweise** eines Kerns wird nur die Massenzahl A verwendet.
So hat das Natriumatom 11 Protonen und 12 Neutronen. Die Massenzahl beträgt also A = 11 + 12 = 23 und die Kurzschreibweise lautet Na-23.
Bei der **Symbolschreibweise** werden die Massenzahl A und die Kernladungszahl Z vor das Elementsymbol X geschrieben. Für das Natriumatom ergibt sich: $^{23}_{11}$Na.

Kurzschreibweise: X-A
Symbolschreibweise: $^{A}_{Z}$X

Massenzahl = Zahl der Protonen + Zahl der Neutronen = A
$^{23}_{11}$Na — Elementsymbol — Na-23
Ordnungszahl = Zahl der Protonen (Kernladungszahl) = Z
= Zahl der Elektronen

2 Die Schreibweisen für ein Natriumatom

Radioaktivität und Kernenergie **433**

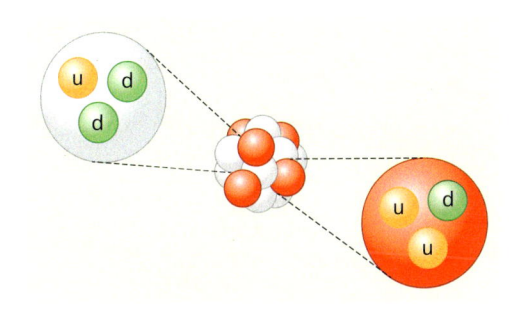

3 Neutronen und Protonen bestehen aus up-Quarks und down-Quarks.

A

Teilchen	Elementar-ladung e
up-Quark	$+\frac{2}{3}$
up-Quark	$+\frac{2}{3}$
down-Quark	$-\frac{1}{3}$
Proton	1

B

Teilchen	Elementar-ladung e
up-Quark	$+\frac{2}{3}$
down-Quark	$-\frac{1}{3}$
down-Quark	$-\frac{1}{3}$
Neutron	0

4 Teilladungen der Quarks: **A** Proton, **B** Neutron.

Die Quarks

In einem **Teilchenbeschleuniger** werden durch elektrische Felder elektrisch geladene Teilchen auf sehr große Geschwindigkeiten beschleunigt. 1968 wurde im Teilchenbeschleuniger SLAC in Kalifornien zum ersten Mal nachgewiesen, dass das Proton aus noch kleineren Teilchen besteht. Die Existenz dieser Teilchen wurde schon vier Jahre vorher vom späteren Nobelpreisträger MURRAY GELL-MANN (1929 – 2019) vorhergesagt. Er nannte die Teilchen **Quarks.** Dadurch wurde ein neues **Kernmodell** begründet.

In weiteren Experimenten wurde festgestellt, dass Protonen und Neutronen aus je drei Quarks und aus **Gluonen** bestehen. Die Gluonen (engl.: glue, Kleber) halten die Kernteilchen fest zusammen. Quarks, Gluonen und Elektronen sind **Elementarteilchen.** (→ Bild 3)

Die Ladung der Elementarteilchen

Protonen haben eine einfache positive Elementarladung, Neutronen sind elektrisch neutral. Beide bestehen aus **up-Quarks (u)** und **down-Quarks (d),** die eine **elektrische Teilladung** tragen. Gluonen haben keine elektrische Ladung. Sie sind elektrisch neutral. Das up-Quark trägt eine $\frac{2}{3}$-positive Elementarladung. Das down-Quark trägt eine $\frac{1}{3}$-negative Elementarladung. Bei richtiger Zusammensetzung ergibt sich aus den Teilladungen der Quarks ein positiv geladenes Proton oder ein elektrisch neutrales Neutron (→ Bild 4).

Quarks kommen in der Natur nur zu zweit oder zu dritt vor. Diese Eigenschaft wird mit dem Begriff **Confinement** (engl., Einschluss) bezeichnet. Im Gegensatz zu Elektronen kommen Quarks und Gluonen nur „eingesperrt" in diesen Zuständen und nicht als freie Teilchen vor.

❶ a) Erläutere den Begriff Isotop.
b) Begründe, dass Isotope die gleichen chemischen Eigenschaften haben.

❷ Ein Atomkern enthält 82 Protonen und 124 Neutronen.
a) Berechne die Massenzahl.
b) Ermittle mithilfe der Protonenzahl das chemische Element.
c) Gib die Anzahl der Elektronen an.
d) Schreibe das Element in Kurzschreibweise und Symbolschreibweise.

Starthilfe zu 2:
Es gilt: A = Z + N
A – Massenzahl
Z – Ordnungszahl
    = Protonenzahl
    = Elektronenzahl
N – Neutronenzahl

❸ Beschreibe den Aufbau von Protonen und Neutronen.

❹ ‖ **a)** Recherchiere den Begriff „schweres Wasser".
‖ **b)** Schreibe die Atome des schweren Wassers in Symbolschreibweise.
‖ **c)** Nenne eine Anwendung für den Stoff.

ÜBEN UND ANWENDEN

A Isotope bestimmen

1 a) Nenne die Anzahl der Protonen, Neutronen und Elektronen der Isotope He-3, C-14, Fe-54, Fe-56, U-235 und U-238.
b) Schreibe alle Isotope aus a) in Symbolschreibweise.
c) Ermittle die Namen der Elemente und schreibe diese zu den Lösungen von b).

2 ‖ a) In der Natur existieren drei verschiedene Sauerstoffisotope: O-16, O-17 und O-18. Zwei davon sind in Bild 1 dargestellt. Ordne diese den richtigen Isotopen zu.
‖ b) Zeichne das Atommodell des dritten Isotops.
‖ c) Schreibe alle drei Isotope in Symbolschreibweise.

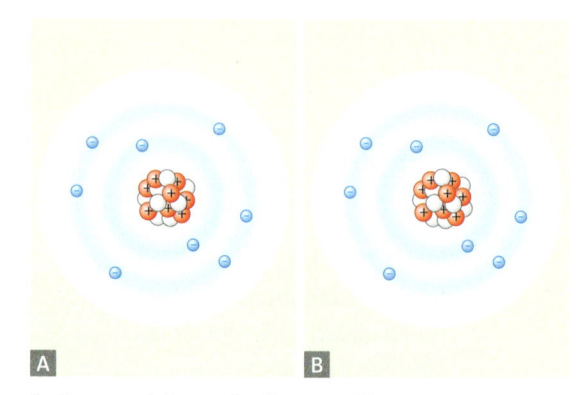

1 Atommodelle zweier Sauerstoffisotope

Starthilfe zu 2:
Beachte in den Bildern 1A und 1B jeweils die Anzahl der Neutronen und die Anzahl der Protonen im Atomkern.

B Die Nuklidkarte lesen

Die verschiedenen Atomkerne eines Elementes heißen auch Nuklide. Sie sind in der Nuklidkarte zusammengefasst. (→ Bild 2, Anhang des Buches)

In der Nuklidkarte sind die Isotope eines Elementes waagerecht nebeneinander aufgeführt. Sie haben alle die gleiche Protonenzahl, jedoch eine unterschiedliche Anzahl von Neutronen. Deshalb sind die Isotope eines Elementes parallel zur Rechtsachse der Nuklidkarte angeordnet.

Ist die Anzahl der Protonen unterschiedlich, handelt es sich auch um unterschiedliche chemische Elemente.

Beispiel für unterschiedliche Neutronenzahl:
Für das Element Kohlenstoff C mit 6 Protonen findest du vier Isotope mit den Massenzahlen von 9 bis 12. Die Kerne besitzen 3 bis 6 Neutronen.

Beispiele für unterschiedliche Protonenzahl:
Beryllium Be hat 4 Protonen, Bor B hat 5 Protonen und Kohlenstoff C hat 6 Protonen.

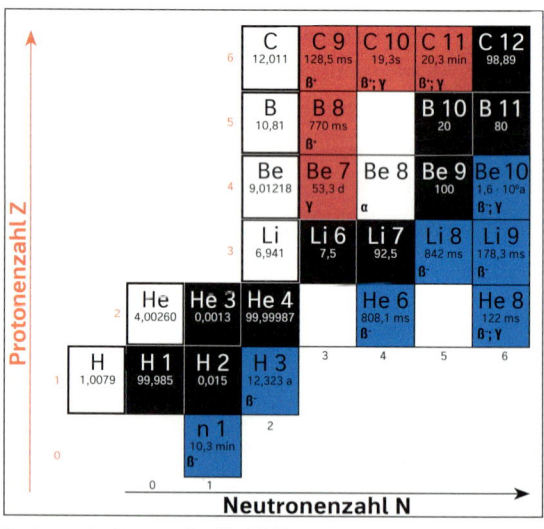

2 Ausschnitt aus der Nuklidkarte

1 In Bild 2 findest du 4 Isotope des Elementes Lithium (Li) in Kurzschreibweise.
a) Gib für diese Isotope die Massenzahl, die Protonenzahl und die Neutronenzahl an.
‖ b) Schreibe die Isotope in Symbolschreibweise.
‖ c) Erstelle ein Kreisdiagramm mit der Verteilung der beiden natürlichen Isotope.

IM ALLTAG

Erforschen, was die Welt im Innersten zusammenhält

Das CERN

In der Nähe von Genf, an der Grenze zwischen der Schweiz und Frankreich befindet sich die Großforschungseinrichtung der **Europäischen Organisation für Kernforschung (CERN).** Das CERN hat 23 Mitgliedsstaaten und 3500 Mitarbeiterinnen und Mitarbeiter. Mehr als 14 000 Wissenschaftlerinnen und Wissenschaftler aus über 80 Ländern arbeiten an CERN-Experimenten. Dort wird mit verschiedenen Teilchenbeschleunigern der Aufbau und die Struktur der Materie untersucht. Geradezu nebenbei wurde 1991 von TIM BERNERS-LEE (*1955) am CERN das **World Wide Web (WWW),** ein zentraler Bestandteil des Internets, entwickelt.

Der weltgrößte Teilchenbeschleuniger

100 m unter der Erde befindet sich das knapp 27 km lange, ringförmige Tunnelsystem des weltgrößten Teilchenbeschleunigers **Large Hadron Collider (LHC).** Hadronen sind Teilchen, die durch starke Wechselwirkungen zusammengehalten werden. Die bekanntesten Hadronen sind die Nukleonen. Im LHC werden Protonen auf Geschwindigkeiten nahe der Lichtgeschwindigkeit beschleunigt und zur Kollision gebracht. Beim Aufprall werden die Teilchen zertrümmert. Dabei entstehen neue Teilchen.

4 Der Teilchenbeschleuniger unter der Erde

Die Entdeckung des Higgs-Teilchens

Der 1964 gefundene **Brout-Englert-Higgs-Mechanismus** beschreibt, wie die Elementarteilchen ihre Masse erhalten. Dabei spielt das Higgs-Teilchen eine wichtige Rolle. Nach jahrzehntelanger Suche konnte 2012 mithilfe des ATLAS-Experiments im LHC das Teilchen eindeutig nachgewiesen werden. Dieser Meilenstein der Teilchenphysik wurde ein Jahr später mit dem Nobelpreis für PETER HIGGS (*1929) und FRANÇOIS ENGLERT (*1932) geehrt. ROBERT BROUT (1928 – 2011) war ein Jahr vor der Entdeckung des Higgs-Teilchens verstorben.
Die Auswertung aller gesammelten Daten der Detektoren im LHC wird sich noch über Jahre hinziehen.

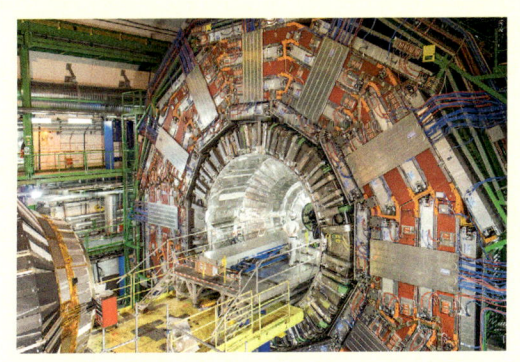

3 Verlauf des LHC unter der Erde

5 Der Detektor des ATLAS-Experimentes im LHC

Strahlungsarten und ihre Eigenschaften

Der radioaktive Zerfall
Instabile Atomkerne haben die Eigenschaft sich spontan unter Energieabgabe umzuwandeln. Dieser Vorgang heißt **radioaktiver Zerfall**.
Die dabei freiwerdende Energie wird in Form von energiereichen Teilchen oder als Energiestrahlung abgegeben. Dabei wird zwischen der α-Strahlung, der β-Strahlung und der γ-Strahlung unterschieden.

Die α-Strahlung
Die α-Strahlung ist eine **Teilchenstrahlung**. Beim Zerfall des Atomkerns wird ein α-Teilchen aus dem Atomkern geschleudert. Das α-Teilchen ist ein **Heliumkern.** Dieser besteht aus zwei Protonen und zwei Neutronen. Beim α-Zerfall entsteht ein neues Element. Da zwei Protonen den Kern verlassen haben, kannst du das neue Element zwei Stellen weiter links im Periodensystem finden. (→ Bild 1)

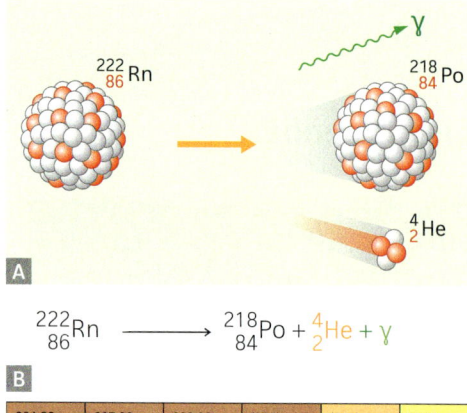

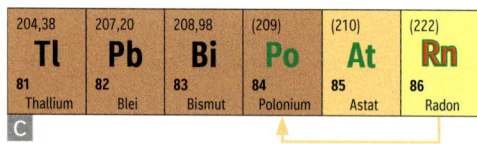

$$^{222}_{86}Rn \longrightarrow {}^{218}_{84}Po + {}^{4}_{2}He + \gamma$$

1 Der α-Zerfall: **A** als modellhafte Darstellung, **B** als Zerfallsgleichung, **C** im PSE

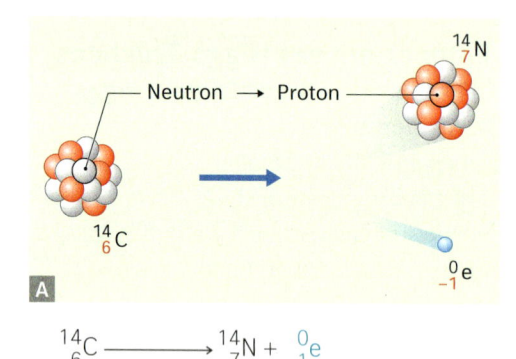

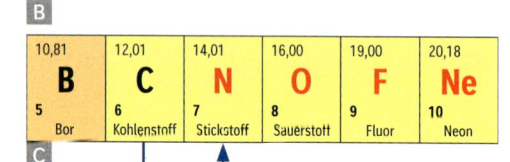

Die β-Strahlung
Die β-Strahlung ist ebenfalls eine Teilchenstrahlung. Hier zerfällt im Atomkern ein Neutron in ein Proton und ein Elektron. Dieses Elektron ist das β-Teilchen, welches das Atom verlässt. Auch beim β-Zerfall ändert sich das Element. Du findest es eine Position weiter rechts im Periodensystem. (→ Bild 2)

$$^{14}_{6}C \longrightarrow {}^{14}_{7}N + {}^{0}_{-1}e$$

2 Der β-Zerfall: **A** als modellhafte Darstellung, **B** als Zerfallsgleichung, **C** im PSE

Die γ-Strahlung
Bei der γ-Strahlung handelt es sich um eine reine **Energiestrahlung.** Dabei verlässt kein Teilchen den Atomkern. Daher entsteht auch kein neues Element. Der Kern strahlt nur Energie ab und wird dabei energieärmer. Die γ-Strahlung ist eine Begleiterscheinung von nahezu jeder Teilchenstrahlung. (→ Bild 3)

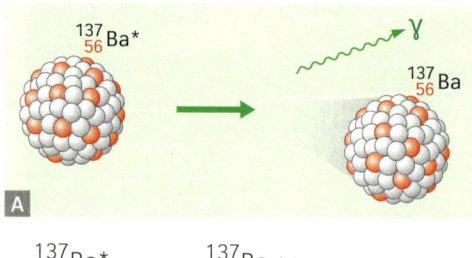

$$^{137}_{56}Ba^* \longrightarrow {}^{137}_{56}Ba + \gamma$$

3 Die γ-Strahlung: **A** als modellhafte Darstellung, **B** als Zerfallsgleichung

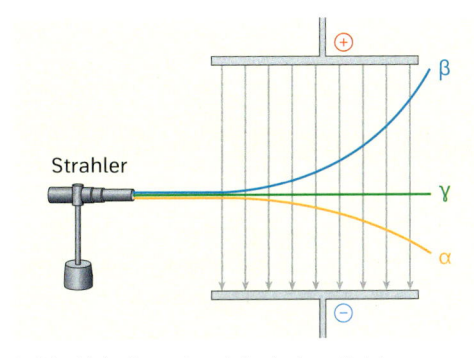

4 Die Ablenkung im elektrischen Feld

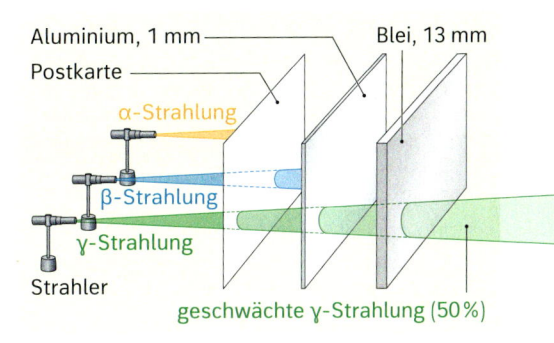

5 Die Möglichkeiten der Abschirmung

Einige Eigenschaften

Die drei Strahlungsarten besitzen unterschiedliche Eigenschaften. Unter anderem verhalten sie sich im elektrischen Feld unterschiedlich, lassen sich durch verschiedene Materialien abschirmen und haben unterschiedliche Reichweiten im selben Stoff.

Das Verhalten im elektrischen Feld

Die α-Teilchen werden im elektrischen Feld wegen ihrer zweifach positiven Ladung zum Minuspol hin abgelenkt. Die β-Teilchen sind negativ geladene Elektronen. Sie werden im elektrischen Feld vom Pluspol angezogen.

Der Heliumkern ist viel schwerer als ein Elektron. Aus diesem Grund wird er wegen seiner größeren Masse nicht so stark abgelenkt wie das Elektron.
Da die γ-Strahlung keine Ladung besitzt, erfährt sie im elektrischen Feld auch keine Ablenkung. (→ Bild 4)

Die Abschirmbarkeit

Die Heliumkerne der α-Strahlung sind relativ groß und können bereits durch ein Blatt Papier abgeschirmt werden.
Zur Abschirmung der β-Strahlung genügt eine 1 mm dicke Aluminiumplatte.
Um die γ-Strahlung abzuschirmen, werden meterdicke Bleiplatten oder Beton benötigt. Sie kann jedoch nie vollständig abgeschirmt werden. (→ Bild 5)

Die Reichweite

Die α-Strahlung hat in Luft die kürzeste Reichweite von den drei Strahlungsarten. Sie beträgt nur etwa 4 cm bis 6 cm.
Die Reichweite der β-Strahlung in Luft beträgt mehrere Meter. Die Strahlung mit der größten Reichweite ist die γ-Strahlung. Sie kommt in Luft mehrere Kilometer weit.

> α-Teilchen: Heliumkern
> β-Teilchen: Elektron
> γ-Strahlung: Energiestrahlung

---

1 Erkläre mit eigenen Worten den Begriff radioaktiver Zerfall.

2 Erläutere den Begriff Teilchenstrahlung und grenze ihn von dem Begriff Energiestrahlung ab.

Starthilfe zu 2: Begründe den Begriff anhand der α-Strahlung und der β-Strahlung.

3 a) Beschreibe die Kernzerfallsprozesse bei der α-Strahlung anhand von Bild 1 und bei der β-Strahlung anhand von Bild 2.
b) Beschreibe mithilfe von Bild 3 den Vorgang bei der γ-Strahlung.

4 a) Begründe das Verhalten der drei Strahlungsarten im elektrischen Feld.
b) Zähle Materialien auf, mit denen sich die Strahlungen abschirmen lassen.

5 Radium Ra-226 ist ein α-Strahler. Gib die Kernzerfallsgleichung mithilfe des Periodensystems im Anhang deines Physikbuches an.

ÜBEN UND ANWENDEN

A Zerfallsgleichungen aufstellen

1 a) Beschreibe den Aufbau eines α-Teilchens.
b) Beschreibe die Entstehung eines β-Teilchens.

2 a) Gib die Zerfallsgleichung für Polonium Po-210 an. (→ Bild 1A)
b) Gib die Zerfallsgleichung für Tellur Te-128 an. (→ Bild 1B)

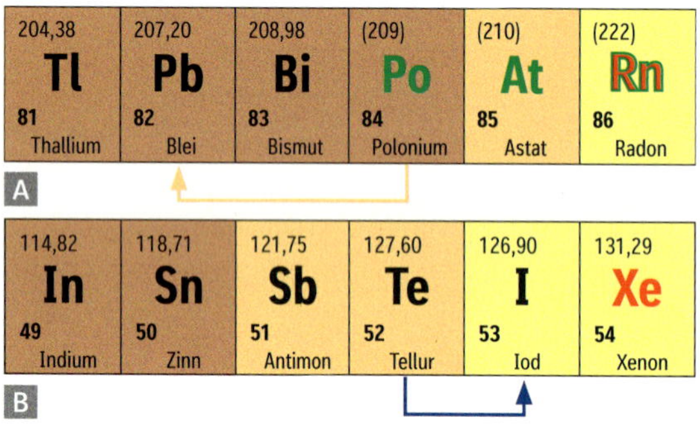

Beispielaufgabe
Thorium Th-232 zerfällt in der Reihenfolge α-β-β-α.
a) Gib die vier Zerfallsgleichungen an.
b) Nenne das Endprodukt der Zerfallsreihe.

Lösung:
a)
$$^{232}_{90}\text{Th} \xrightarrow{\alpha\text{-Zerfall}} {}^{4}_{2}\text{He} + {}^{228}_{88}\text{Ra} + \gamma$$

$$^{228}_{88}\text{Ra} \xrightarrow{\beta\text{-Zerfall}} {}^{0}_{-1}e + {}^{228}_{89}\text{Ac} + \gamma$$

$$^{228}_{89}\text{Ac} \xrightarrow{\beta\text{-Zerfall}} {}^{0}_{-1}e + {}^{228}_{90}\text{Th} + \gamma$$

$$^{228}_{90}\text{Th} \xrightarrow{\alpha\text{-Zerfall}} {}^{4}_{2}\text{He} + {}^{224}_{88}\text{Ra} + \gamma$$

b) Das Endprodukt ist Radium Ra-224.

A
204,38	207,20	208,98	(209)	(210)	(222)
Tl	Pb	Bi	Po	At	Rn
81	82	83	84	85	86
Thallium	Blei	Bismut	Polonium	Astat	Radon

B
114,82	118,71	121,75	127,60	126,90	131,29
In	Sn	Sb	Te	I	Xe
49	50	51	52	53	54
Indium	Zinn	Antimon	Tellur	Iod	Xenon

1 Zwei unterschiedliche Zerfälle

3 a) Nenne die Art des Zerfalls in Bild 2.
b) Formuliere die Zerfallsgleichung zu a).

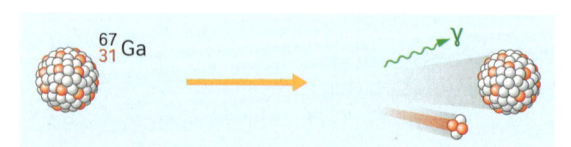

2 Ein Zerfall im Modell ($^{67}_{31}\text{Ga}$ → γ)

4 Übernimm jeweils die folgende Zerfallsgleichung und vervollständige sie.

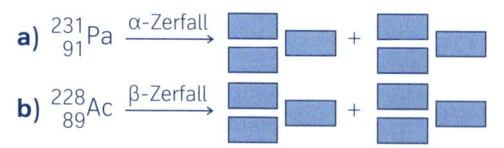

a) $^{231}_{91}\text{Pa} \xrightarrow{\alpha\text{-Zerfall}} \square\square + \square\square$

b) $^{228}_{89}\text{Ac} \xrightarrow{\beta\text{-Zerfall}} \square\square + \square\square$

c) Schreibe die jeweiligen Elementnamen unter die Zerfallsgleichungen.

5 a) Plutonium Pu-239 zerfällt durch einen α-Zerfall. Schreibe die Zerfallsgleichung auf.
b) Benenne das neu entstandene Element.

6 a) Stelle die Zerfallsgleichung für einen β-Zerfall von Sauerstoff O-24 auf.
b) Gib die veränderte Kernladungszahl an.

7 Nenne die Zerfallsgleichung für die γ-Strahlung von Xenon Xe-137.

8 Benenne die Zerfallsart, wenn aus Curium Cm-242 das Isotop Plutonium Pu-238 geworden ist.

Starthilfe zu 8: Betrachte die Änderung der Massenzahl.

9 Das Isotop Radon Rn-221 zerfällt unter Abgabe von α-Strahlung oder β-Strahlung. Gib den neuen Kern an, der
a) bei α-Strahlung,
b) bei β-Strahlung entsteht.

10 Astat At-217 zerfällt in der Reihenfolge α-β-α-β.
a) Gib die vier Zerfallsgleichungen an.
b) Nenne das Endprodukt der Zerfallsreihe.

Starthilfe zu 10: Die Beispielaufgabe hilft dir bei der Lösung.

11 Regenwasser enthält einen Anteil des radioaktiven Wasserstoffisotops H-3.
a) Gib die Zerfallsart von H-3 an und begründe deine Entscheidung.
b) Stelle die zugehörige Zerfallsgleichung auf.

IM ALLTAG

Die ionisierende Strahlung nutzt

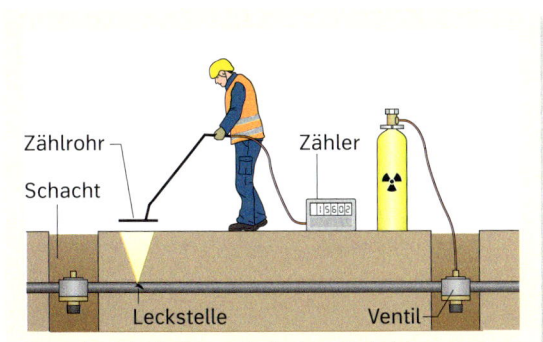

3 Lecksuche bei unterirdischen Rohrleitungen

Tracer-Methode
Tracer (engl.: to trace, einer Spur folgen) sind Stoffe, die beigemischt werden, um die Verteilung dieser Substanzen zu untersuchen. Radioaktive Stoffe können sehr genau aufgespürt werden. In Bild 3 ist die Lecksuche bei unterirdischen Rohrleitungen dargestellt. Dabei werden niedrig dosierte radioaktive Stoffe verwendet. Nach dem Durchspülen der Leitungen besteht keine Gesundheitsgefährdung mehr.

Schädlingssterilisation
Mit ionisierender Strahlung wurden bereits große Erfolge im Bereich der umweltschonenden Schädlingskontrolle erzielt. Der Einsatz von Insektiziden verursacht hohe Kosten und ist langfristig umweltschädlich. Durch diese gezielte Vorgehensweise werden nützliche Insekten nicht geschädigt. Mit dem **SIT-Verfahren (Sterile-Insekten-Technik)** werden Männchen des Schädlings durch Strahlung sterilisiert und wieder ausgesetzt. Die Weibchen bleiben somit ohne Nachkommen.

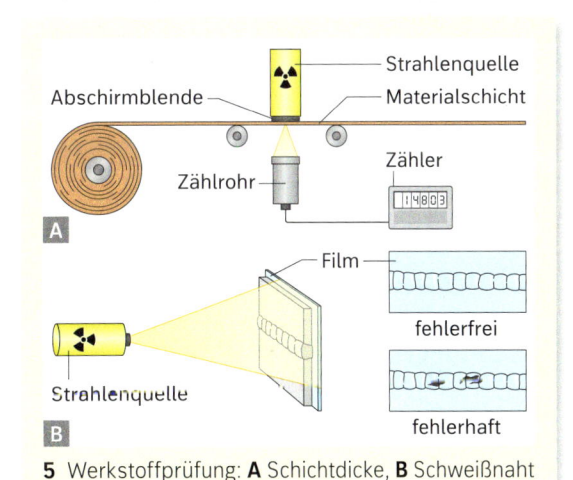

4 A natürlicher Topas, **B** bestrahlter, blauer Topas

Farbänderung von Substanzen
Edelsteine können ihre Farbe verändern, wenn sie mit ionisierender Strahlung bestrahlt werden. So wird beispielsweise der farblose Topas durch Bestrahlung und anschließender Erwärmung intensiv blau.

5 Werkstoffprüfung: **A** Schichtdicke, **B** Schweißnaht

Werkstoffprüfung
Um bei der Herstellung die Dicke der Bauteile zu überprüfen, werden sie ionisierender Strahlung ausgesetzt. Dabei gilt, je dicker das Material ist, desto weniger Strahlung kann den Stoff durchdringen. (→ Bild 5A) Auf die gleiche Weise lässt sich auch die Qualität von Schweißnähten kontrollieren. (→ Bild 5B)

① Beschreibe mithilfe von Bild 5B die Überprüfung einer Schweißnaht.

② ❚❚ Recherchiere nach dem Prinzip der Füllstandmessung mithilfe ionisierender Strahlung.

③ ❚❚❚ Erstelle einen Kurzvortrag über die Bekämpfung der Tsetse-Fliege in Sansibar mithilfe des SIT-Verfahrens.

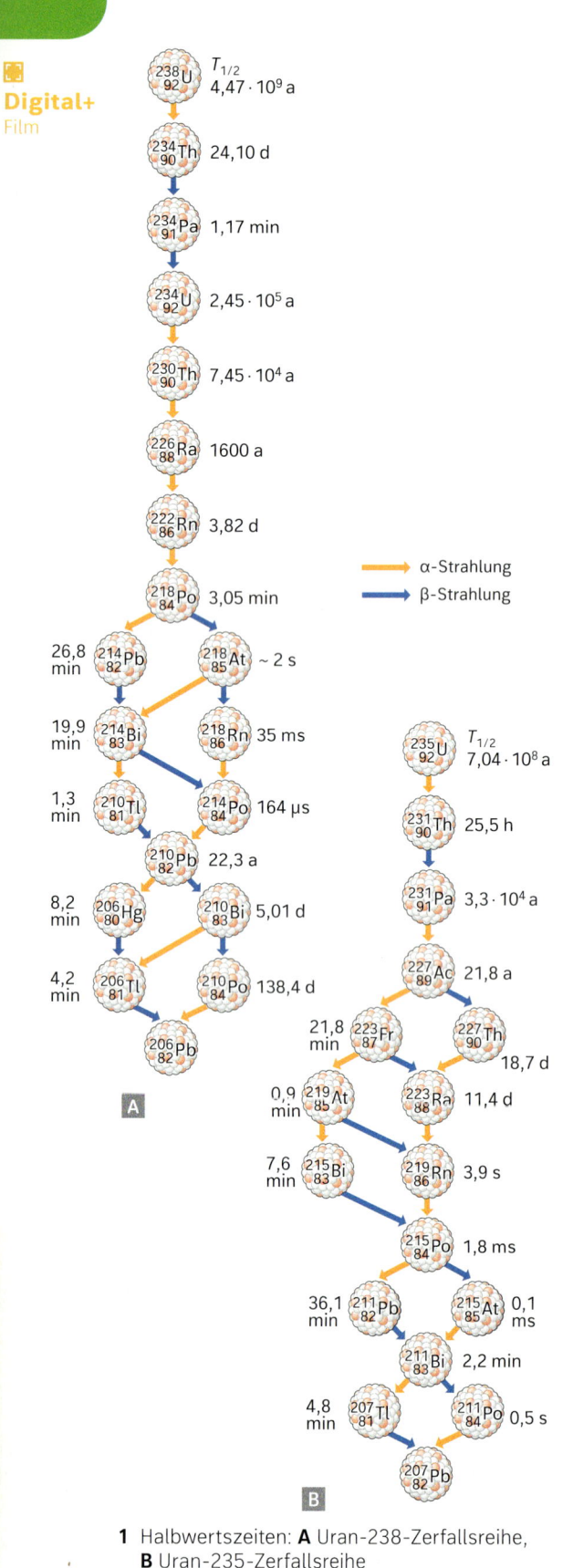

Der Zerfall dauert seine Zeit

Die Halbwertszeit

Niemand kann vorhersagen, wann ein Kern eines Isotops zerfällt. Durch Messungen wurde aber für jedes Isotop eine Zeit ermittelt, in der sich die Hälfte der ursprünglich vorhandenen Ausgangskerne umgewandelt hat. Diese Zeit ist die **Halbwertszeit $T_{1/2}$**. Für jeden Stoff gibt es eine charakteristische Halbwertszeit. Sie reicht von $9 \cdot 10^{-17}$ s (90 Trillionstel Sekunden) für Beryllium Be-6 bis zu $7 \cdot 10^{24}$ a (7 Quadrillionen Jahre) für Tellur Te-128.

Die natürlichen Zerfallsreihen

Kerne mit einer größeren Ordnungszahl als Blei zerfallen spontan. Durch Aussendung von α-Strahlung oder β-Strahlung wandeln sie sich in andere radioaktive Kerne um. Der spontane Kernzerfall geht so lange weiter, bis ein stabiles Isotop entstanden ist. Zerfallsreihen können auch verzweigt sein. Der Zufall entscheidet, ob ein α-Zerfall oder ein β-Zerfall stattfindet.
In der Natur gibt es **drei Zerfallsreihen**, die Uran U-238-Reihe, die U-235-Reihe und die Thorium Th-232-Reihe. Die natürlichen Zerfallsreihen haben immer ein stabiles Bleiisotop als Endnuklid. Im Laufe von Millionen von Jahren nimmt die Menge radioaktiver Stoffe auf der Erde ab und die Bleivorräte nehmen immer mehr zu. Diese natürlichen Zerfallsreihen werden also irgendwann nicht mehr vorkommen. (→ Bild 1)

Die Neptunium-Reihe

Die Neptunium Np-237-Reihe kommt in der Natur bereits nicht mehr vor. Das Ausgangselement Np-237 ist vollständig zu Bismut Bi-209 zerfallen. Erst im Jahr 2003 wurde festgestellt, dass Bi-209 nicht stabil ist. Es zerfällt sehr langsam zu Thallium Tl-205. (→ Bild 2)

1 Halbwertszeiten: **A** Uran-238-Zerfallsreihe, **B** Uran-235-Zerfallsreihe

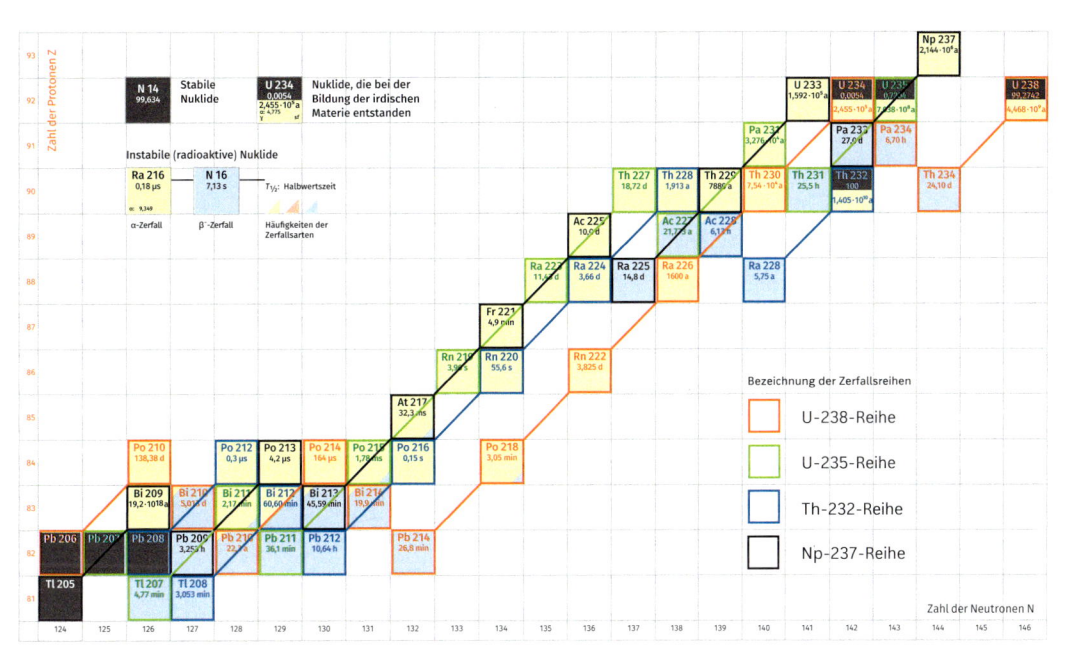

2 Die natürlichen Zerfallsreihen in der Nuklidkarte

Die künstliche Zerfallsreihe

Es gibt auch eine bekannte künstliche Zerfallsreihe. Das Ausgangsnuklid Plutonium Pu-241 zerfällt und hat Tl-205 als Endnuklid. Es handelt sich um die Neptunium-Reihe, die zu dem Radionuklid Pu-241 verlängert wird. Das Pu-241 entsteht heute in kleinen Mengen in Kernkraftwerken.

Radioaktive Stoffe im Körper

Radioaktive Isotope wie Kalium K-40 und Kohlenstoff C-14 sind natürliche Bestandteile der Umwelt. Sie werden von allen Lebewesen durch die Nahrung und beim Atmen aufgenommen. Nimmt der Körper nun zusätzliche radioaktive Stoffe auf, so erhöht sich seine Strahlenbelastung. Diese vom Körper aufgenommenen Stoffe zerfallen ebenso nach ihrer Halbwertszeit.

Beispielaufgabe

Iod I-131 hat eine Halbwertszeit von 8,02 d. Berechne die Zeit, nach der nur noch 25 % der Ausgangskerne von Iod I-131 vorhanden sind.

Lösung: – Zu Beginn sind 100 % der Kerne vorhanden.
– Nach der 1. Halbwertszeit sind noch 50 % der Kerne vorhanden
– Nach der 2. Halbwertszeit sind noch 25 % der Kerne vorhanden.
$\Rightarrow 2 \cdot T_{1/2} = 2 \cdot 8{,}02 \text{ d} = 16{,}04 \text{ d}$

Antwort: Nach 16,04 d sind noch 25 % der Ausgangskerne vorhanden.

> Die Zeit, nach der nur noch die Hälfte der radioaktiven Kerne vorhanden ist, heißt Halbwertszeit $T_{1/2}$.

---

1 a) Nenne mithilfe von Bild 1 die Isotope der beiden Uran-Zerfallsreihen mit der jeweils kleinsten und größten Halbwertszeit.
b) Erkläre den Begriff Halbwertszeit mit eigenen Worten.

2 ❚❚ Erkläre die Endlichkeit der natürlichen Zerfallsreihen.

3 ❚❚❚ Berechne, nach wie vielen Jahren 75 % der Ausgangsmenge von Uran U-238 abgebaut sind. Die Halbwertszeit beträgt $4{,}468 \cdot 10^9$ a.

Starthilfe zu 3:
Überlege, wie viel der Ausgangsmenge von Uran U-238 noch vorhanden ist.

Mit Radioaktivität das Alter bestimmen

Die Radiokarbon-Methode

Die **Radiokarbon-Methode,** kurz **C-14-Methode** wird ausschließlich zur Altersbestimmung von **organischen Materialien** verwendet. Die Grundlage ist der Austausch von Kohlenstoffen. C-14 ist ein Isotop des Elementes Kohlenstoff. Es entsteht unter dem Einfluss der Höhenstrahlung aus dem Stickstoffisotop N-14. C-14 ist nicht stabil und zerfällt. Gleichzeitig wird in der Atmosphäre neues C-14 gebildet. Da die Höhenstrahlung seit tausenden Jahren nahezu konstant ist, bleibt auch der Anteil des C-14 in der Atmosphäre konstant. Mit dem Sauerstoff der Luft entsteht aus den Isotopen C-14 und C-12 Kohlenstoffdioxid (CO_2). Dieses wird von den Lebewesen aufgenommen und gelangt so in die Nahrungskette. In lebenden Organismen entsteht ein konstantes natürliches Verhältnis zwischen dem instabilen C-14 und dem stabilen C-12.

Stirbt der Organismus, zerfällt das bisher aufgenommene C-14 weiterhin mit seiner Halbwertszeit von 5730 Jahren. Aus dem gemessenen Mengenverhältnis von C-14 zu C-12 in einer Probe kann der grobe Zeitraum bestimmt werden, in dem der Organismus verstorben ist.

Die C-14-Methode stellt momentan die genaueste Methode der Altersbestimmung archäologischer Funde bis zu einem Zeitraum von 60 000 Jahren dar. Der Entwickler der C-14-Methode, WILLARD FRANK LIBBY (1908 – 1980), erhielt dafür im Jahre 1960 den Nobelpreis für Chemie.

Der „rote Franz"

Im Jahr 1900 wurde beim Torfstechen in der Nähe von Neu Versen bei Meppen im Emsland die gut erhaltene Leiche eines Mannes gefunden. Bei einer gerichtsmedizinischen Untersuchung der Haare mit der C-14-Methode wurde der Zeitpunkt des Todes auf die zweite Hälfte des 3. Jahrhunderts datiert. Die Moorleiche wurde aufgrund der roten Haare auf den Namen „roter Franz" getauft.

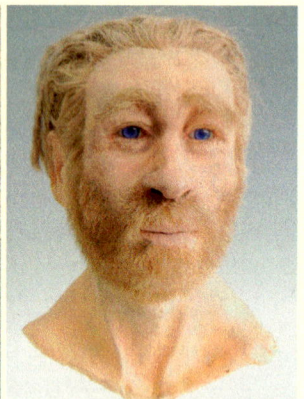

1 Eine gut erhaltene Moorleiche: der „rote Franz"

Die Tritium-Methode

Eine andere Methode der radioaktiven Altersbestimmung ist die **Tritium-Methode,** die auch **H-3-Methode** heißt. Die Methode wird vor allem zur Bestimmung des Alters von Wasser angewendet. Sie beruht darauf, dass sich ähnlich wie beim Kohlenstoff in der Atmosphäre instabiles Tritium H-3 bildet. Dadurch besteht in Wasser ein näherungsweise konstantes Verhältnis von radioaktivem H-3 zu H-1. Wird eine Wassermenge von der Luft abgeschlossen, verändert sich dieses Verhältnis durch den Zerfall des Tritiums. Wegen der geringen Halbwertszeit von 12,3 Jahren reicht diese Methode nur etwa 50 Jahre zurück.

1 III „Tickt die Radiokarbon-Uhr noch ganz richtig?" Recherchiere nach der Ursache für diese Frage.

ÜBEN UND ANWENDEN

A Die Zerfälle und ihre Halbwertszeiten

1 Gib die Anzahl der α- und β-Zerfälle an, die während des Zerfalls von Uran U-238 in Polonium Po-218 stattgefunden haben.

Starthilfe zu 1: Benutze das Bild 1A auf der Seite 196.

2 Francium Fr-223 zerfällt in der Reihenfolge: α → α → β → α → β. Nenne das daraus entstandene Nuklid.

3 In vereinzelten Regionen der Erde ist das Trinkwasser radioaktiv belastet. Einen wesentlichen Anteil dabei hat Radon Rn-222 und seine Zerfallsprodukte. Dazu gehört auch Blei Pb-210. Bestimme das Ausgangsisotop, das durch vier radioaktive Zerfälle in Pb-210 übergegangen ist. Dabei ist die Reihenfolge: α → β → β → α.

4 Suche aus der Nuklidkarte im Anhang deines Physikbuches drei Isotope
a) mit den kleinsten Halbwertszeiten,
b) mit den größten Halbwertszeiten heraus.

5 Recherchiere die Thorium Th-232-Zerfallsreihe. Stelle sie mit den Halbwertszeiten dar.

Starthilfe zu 5: Benutze das Bild 2 auf der Seite 197. Stelle die Zerfallsreihe wie in Bild 1 auf der Seite 196 dar.

6 Iod I-123 hat eine Halbwertszeit von 13,2 h. Berechne die Zeit, nach der nur noch 25 % der Ausgangskerne von Iod I-123 vorhanden sind.

7 2016 entdeckten Forscher die versteinerten Überreste einer unbekannten Primatenart. Mithilfe der C-14-Methode konnte festgestellt werden, dass dieser bereits aufrecht gehende Menschenaffe Danuvius Guggenmosi vor 11,6 Mio. Jahren lebte. (→ Bild 2)
a) Beschreibe die C-14-Methode.
‖ b) Recherchiere nach weiteren Fundstücken, die mithilfe der C-14-Methode datiert worden sind.

8 ‖ a) Beschreibe die Tritium-Methode.
‖ b) Gib den Zeitraum an, für den die H-3-Methode angewendet werden kann.

9 ‖‖ Bismut Bi-215 ist ein Isotop einer Zerfallsreihe. Es entsteht aus dem Ausgangsstoff dieser Zerfallsreihe durch 5 α-Zerfälle und einen β-Zerfall. Bestimme die Kernladungszahl Z und die Massenzahl A des Ausgangselementes und benenne es.

Beispielaufgabe

Uran U-238 zerfällt über mehrere Schritte in Blei Pb-206. Berechne die Anzahl der α- und β-Zerfälle.

Lösung: $^{238}_{92}U \longrightarrow \dots \longrightarrow \,^{206}_{82}Pb$

1. **Anzahl der α-Zerfälle:** α-Teilchen $^{4}_{2}He$
   a) Massenzahl: 238 − 206 = 32
      32 : 4 = 8 ⇒ 8 α-Zerfälle
   b) Ordnungszahl: 92 − (8 · 2) = 92 − 16 = 76
2. **Anzahl der β-Zerfälle:** β-Teilchen $^{0}_{-1}e$
   Ordnungszahl: 76 − 82 = −6
   −6 : (−1) = 6 ⇒ 6 β-Zerfälle

Antwort: Es haben 8 α- und 6 β-Zerfälle stattgefunden.

BEACHTE: Über die Reihenfolge der Zerfälle kann hier keine Aussage getroffen werden.

10 ‖‖ Als Endnuklid der natürlichen Zerfallsreihe von Neptunium Np-237 wird seit dem Jahr 2003 Thallium Tl-205 angesehen. Bestimme durch Rechnung die Anzahl der α- und β-Zerfälle für die vollständige Zerfallsreihe.

2 Knochen eines männlichen Danuvius Guggenmosi

1 Der Zerfall von Bierschaum

Der Zerfall – eine exponentielle Abnahme

Das Zerfallsgesetz

In Bild 1 siehst du die Schaumkrone von Malzbier, die mit der Zeit immer kleiner wird. Dieser typische Zerfallsverlauf ist mit dem Zerfall von radioaktiven Stoffen vergleichbar. Die Menge eines radioaktiven Stoffes, die nach einer bestimmten Zeit noch vorhanden ist, kannst du mit dem **Zerfallsgesetz** berechnen. Ebenso kannst du damit den prozentualen Anteil zur ursprünglich vorhandenen Menge bestimmen.

> **Zerfallsgesetz:** $N(t) = N_0 \cdot \left(\frac{1}{2}\right)^{\frac{t}{T_{1/2}}}$
>
> $N(t)$ – Anzahl oder prozentualer Anteil der zum Zeitpunkt t nicht zerfallenen radioaktiven Kerne
> N_0 – Anzahl der radioaktiven Kerne zu Beginn des Zerfalls oder 100 %
> t – willkürlich gewählter Beobachtungszeitraum
> $T_{1/2}$ – Halbwertszeit des radioaktiven Isotops

Möchtest du die Anzahl der radioaktiven Kerne zu Beginn des Zerfalls bestimmen, musst du das Zerfallsgesetz nach N_0 umstellen:

$$N(t) = N_0 \cdot \left(\frac{1}{2}\right)^{\frac{t}{T_{1/2}}} \quad | : \left(\frac{1}{2}\right)^{\frac{t}{T_{1/2}}}$$

$$\Leftrightarrow N_0 = \frac{N(t)}{\left(\frac{1}{2}\right)^{\frac{t}{T_{1/2}}}}$$

1. Beispielaufgabe

Ein Holzaltar soll aus dem Jahre 1015 stammen. Berechne den prozentualen Anteil der C-14-Kerne, der bei $T_{1/2} = 5730$ a im Jahr 2023 noch vorhanden sein müsste.

Lösung: $N(t) = 100\,\% \cdot \left(\frac{1}{2}\right)^{\frac{1008\,\text{a}}{5730\,\text{a}}} = 88{,}52\,\%$

Antwort: Es müssten dann 88,52 % der ursprünglich vorhandenen C-14-Kerne vorhanden sein.

2. Beispielaufgabe

Am 26.04.1986 ereignete sich in Tschernobyl ein Reaktorunfall, bei dem auch Caesium Cs-137 mit einer Halbwertszeit von 30,17 a in die Umwelt gelangte. Die anfängliche Anzahl der Kerne betrug $1{,}2 \cdot 10^{26}$. Berechne die Anzahl der Kerne, die bis zum Jahr 2036 bereits zerfallen sind.

Lösung: 1. Schritt: Bestimmung der Anzahl der noch vorhandenen Kerne

$N(t) = N_0 \cdot \left(\frac{1}{2}\right)^{\frac{t}{T_{1/2}}}$

$N(50\,\text{a}) = 1{,}2 \cdot 10^{26} \cdot \left(\frac{1}{2}\right)^{\frac{50\,\text{a}}{30{,}17\,\text{a}}} = 3{,}8 \cdot 10^{25}$

2. Schritt: Bestimmung der Anzahl der bereits zerfallenen Kerne

$N_0 - N(t) = 1{,}2 \cdot 10^{26} - 3{,}8 \cdot 10^{25} = 8{,}2 \cdot 10^{25}$

Antwort: Bis 2036 sind bereits $8{,}2 \cdot 10^{25}$ Caesium Cs-137-Kerne zerfallen.

Halbwertszeit $T_{1/2}$ in Jahren (a)	Menge noch vorhandener Kerne		
	$N(t)$	in %	in Bruchteilen
0. $T_{1/2}$: 0 a	10 000 = N_0	100 %	$\frac{1}{1}$
1. $T_{1/2}$: 5 730 a	5 000	50 %	$\frac{1}{2}$
2. $T_{1/2}$: 11 460 a	2 500	25 %	$\frac{1}{4}$
3. $T_{1/2}$: 17 190 a	1 250	12,5 %	$\frac{1}{8}$

2 Der Zerfall des Kohlenstoff-Isotops C-14

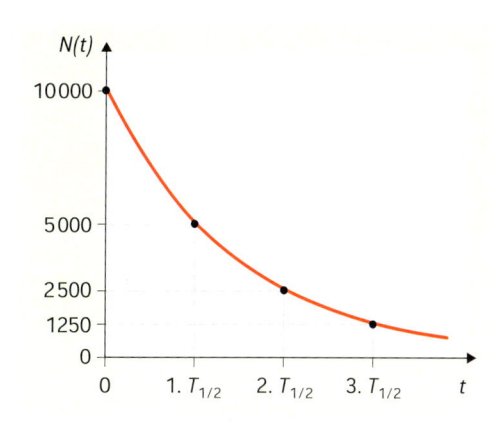

3 Das Diagramm eines exponentiellen Zerfalls

Die Darstellung in einer Tabelle

Radioaktiver Kohlenstoff hat eine Halbwertszeit von 5730 a. In Bild 2 wird der Zerfall tabellarisch dargestellt. Der Tabelleninhalt gibt an, nach welcher Zeit jeweils die Hälfte der noch vorhandenen Kerne zerfallen ist. Durch eine Erweiterung der Tabelle kannst du erkennen, wie lange es dauert, bis nur noch $\frac{1}{16}$, $\frac{1}{32}$, ... der anfangs vorhandenen Kerne N_0 existiert.

Anhand solcher Tabellen werden beispielsweise die Lagerzeiten für radioaktiven Müll aus einem Kernkraftwerk festgelegt oder das Alter von organischer Materie bestimmt. Außerdem wird erkannt, wann die Konzentration in einem verseuchten Gebiet als ungefährlich eingestuft werden kann.

Die grafische Auswertung

Die Werte eines radioaktiven Zerfalls kannst du auch grafisch erfassen. In Bild 3 ist ein **t-$N(t)$-Diagramm** dargestellt.

Diese Kurve ähnelt dem Schaumkronenverlauf aus Bild 1. Die Kurve fällt zunächst immer steil ab und läuft dann flach aus. Dabei gibt es keinen Berührungspunkt mit der Zeit-Achse. Der prinzipielle Verlauf des Graphen eines radioaktiven Zerfalls bleibt dabei immer gleich. Er beschreibt eine **exponentielle Abnahme.**

> Der radioaktive Zerfall als exponentielle Abnahme kann als Rechnung, Tabelle oder Diagramm dargestellt werden.

❶ a) Nenne das Zerfallsgesetz und gib an, was die einzelnen Größen aussagen.
b) Übernimm die Tabelle aus Bild 2 und ergänze sie um die 4. und 5. Halbwertszeit.
c) Gib mithilfe des Diagramms in Bild 3 die Anzahl der noch vorhandenen Kerne nach der 4. Halbwertszeit an.

❷ a) Betrachte Bild 1 und beschreibe den Vorgang.
b) Vergleiche den Vorgang in Bild 1 mit dem Diagramm in Bild 3.

Starthilfe zu 2a):
Gehe dabei auf die zeitliche Veränderung des Schaumes ein.

❸ Erstelle eine Tabelle mit fünf Halbwertszeiten für den Zerfall von Iod I-131. Dabei hat I-131 eine Halbwertszeit von 8,02 d.

Starthilfe zu 3:
Orientiere dich beim Erstellen der Tabelle an dem C-14-Zerfall in Bild 2. Achte auf die Einheit.

❹ Erstelle ein t-$N(t)$-Diagramm für vier Halbwertszeiten, wenn die ursprüngliche Anzahl radioaktiver Kerne $1{,}0 \cdot 10^6$ beträgt.

❺ Begründe, dass die Kurve einer exponentiellen Abnahme die Zeitachse nie schneiden kann.

ÜBEN UND ANWENDEN

A Mit dem Zerfallsgesetz rechnen

1 Krypton Kr-85 mit $T_{1/2} \approx 11$ a entsteht als Spaltprodukt bei der Kernspaltung. Berechne, wie viel von 20 kg Krypton in 33 a noch vorhanden sind.

2 In der Tabelle von Bild 1 ist der Zerfall des Isotops C-14 dargestellt. Gib die Zeit an, nach der noch 312 C-14-Kerne vorhanden sind.

$T_{1/2}$ in a	$N(t)$
0. $T_{1/2}$: 0	10 000
1. $T_{1/2}$: 5730	5000
2. $T_{1/2}$: 11 460	2500
3. $T_{1/2}$: 17 190	1250

1 Der Zerfall des Isotops C-14 in einer Tabelle

3 Lies aus dem Diagramm in Bild 2 die Anzahl der C-14-Kerne ($T_{1/2} = 5730$ a) ab, die nach etwa 8000 a noch vorhanden sind.

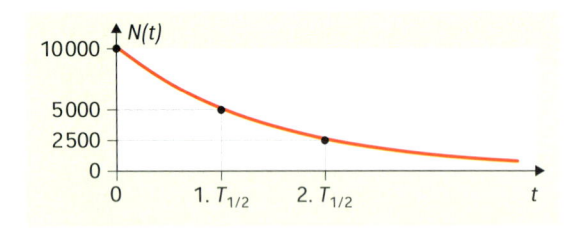

2 Der Zerfall des Isotops C-14 im t-$N(t)$-Diagramm

Das Zerfallsgesetz eignet sich nicht nur zur Berechnung der Anzahl der zur Zeit t **noch nicht zerfallenen Kerne,** sondern auch zur Berechnung der nach einer bestimmten Zeit t **noch vorhandenen Aktivität,** oder der zur Zeit t **noch vorhandenen Masse** eines radioaktiven Stoffes. Die jeweiligen Größengleichungen ähneln sich und lassen sich jeweils analog umformen. Es gilt:

Kerne: $N(t) = N_0 \cdot \left(\frac{1}{2}\right)^{\frac{t}{T_{1/2}}}$ **Aktivität:** $A(t) = A_0 \cdot \left(\frac{1}{2}\right)^{\frac{t}{T_{1/2}}}$ **Masse:** $m(t) = m_0 \cdot \left(\frac{1}{2}\right)^{\frac{t}{T_{1/2}}}$

4 Die Aktivität einer Probe Gold Au-196 war zu Beginn 127,5 kBq. Die Halbwertszeit beträgt 6,18 d. Berechne die Aktivität nach 20 d.

Berechnung der Ausgangskerne N_0

Iod I-131 hat eine Halbwertszeit von 8,02 d. Nach einem Monat sind noch 6300 Kerne vorhanden. Berechne die Anzahl der Kerne, die ursprünglich vorhanden waren.

geg.: $t = 30$ d; $N(30\,\text{d}) = 6300$; $T_{1/2} = 8{,}02$ d
ges.: N_0

Lösung:
$$N(t) = N_0 \cdot \left(\frac{1}{2}\right)^{\frac{t}{T_{1/2}}} \quad \Big| : \left(\frac{1}{2}\right)^{\frac{t}{T_{1/2}}}$$

$$N_0 = \frac{N(t)}{\left(\frac{1}{2}\right)^{\frac{t}{T_{1/2}}}} = \frac{6300}{\left(\frac{1}{2}\right)^{\frac{30\,\text{d}}{8{,}02\,\text{d}}}} = 84 \cdot 10^3$$

Antwort: Ursprünglich waren $84 \cdot 10^3$ Iod I-131-Kerne vorhanden.

5 Radium Ra-226 hat eine Halbwertszeit von 1600 a. Berechne die ursprüngliche Anzahl der Ra-226-Kerne, wenn nach 8000 a noch 15 625 Kerne vorhanden sind.

6 Bei dem Reaktorunglück 1986 in Tschernobyl wurden große Mengen Caesium Cs-137 ($T_{1/2} = 30$ a) freigesetzt. Berechne, wann der Caesiumanteil unter 10 % fallen wird.

7 In Bild 3 siehst du eine Tritium (H-3)-Armbanduhr. Das Zifferblatt hat selbstleuchtende Markierungen. Berechne den prozentualen Anteil an H-3, der nach 10 a noch vorhanden ist. Tritium hat eine Halbwertszeit von 12,3 a.

3 Eine Tritium-Armbanduhr leuchtet im Dunkeln.

IM ALLTAG

Exponentielle Abnahmen – gar nicht so selten

Die Halbwertszeit von Medikamenten
Unterschiedliche Faktoren spielen eine Rolle, damit ein Medikament richtig wirken kann, so auch seine Halbwertszeit. Sie gibt Auskunft über die Wirkungsdauer und die Geschwindigkeit des Abbaus im Körper. Medikamente mit geringer Halbwertszeit müssen öfter eingenommen werden als Medikamente mit größerer Halbwertszeit. Bei Medikamenten, die rascher abgebaut werden, lässt auch die Wirkung schneller nach. Ärztinnen und Ärzte legen anhand der Halbwertszeit des Medikamentes die Verabreichung und die Häufigkeit seiner Einnahme fest.

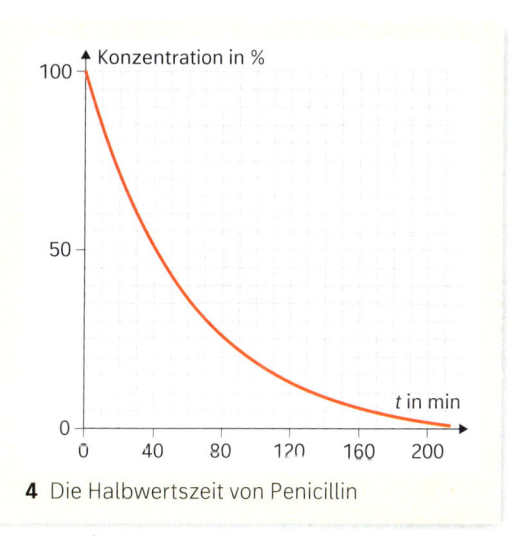

4 Die Halbwertszeit von Penicillin

Die Lichtintensität unter Wasser
Je tiefer du in Wasser tauchst, desto dunkler wird es. Das Wasser absorbiert das Licht auf seinem Weg. Mit größerer Tiefe erscheint auch die Wasserfarbe immer blauer. Das kommt daher, weil ein immer größerer Anteil des Lichtspektrums herausgefiltert wird. Selbst das kurzwellige, blaue Licht kann das Wasser nicht so weit durchdringen. Ab 60 m Wassertiefe herrscht Dunkelheit. Die Lichtintensität nimmt bei klarem Wasser etwa alle 6 m um die Hälfte ab.

5 Mit der Tiefe nimmt die Lichtintensität ab.

Auf dem Grund eines Luftmeeres
Auf der Erdoberfläche lastet eine mehrere hundert Kilometer dicke Luftschicht, die **Atmosphäre.** Sie ist die Ursache für den Luftdruck, der auf Meereshöhe 1013 hPa beträgt. Mit zunehmender Höhe nimmt der Luftdruck um 1,23 % pro 100 m ab.

6 Mit der Höhe nimmt der Luftdruck ab.

---

❶ In Bild 4 ist die Abnahme der Konzentration von Penicillin nach der Einnahme dargestellt.
  a) Bestimme mithilfe des Diagramms die Halbwertszeit von Penicillin.
  II b) Bestimme die Zeit, nach der 90 % des Penicillins im Körper abgebaut ist.

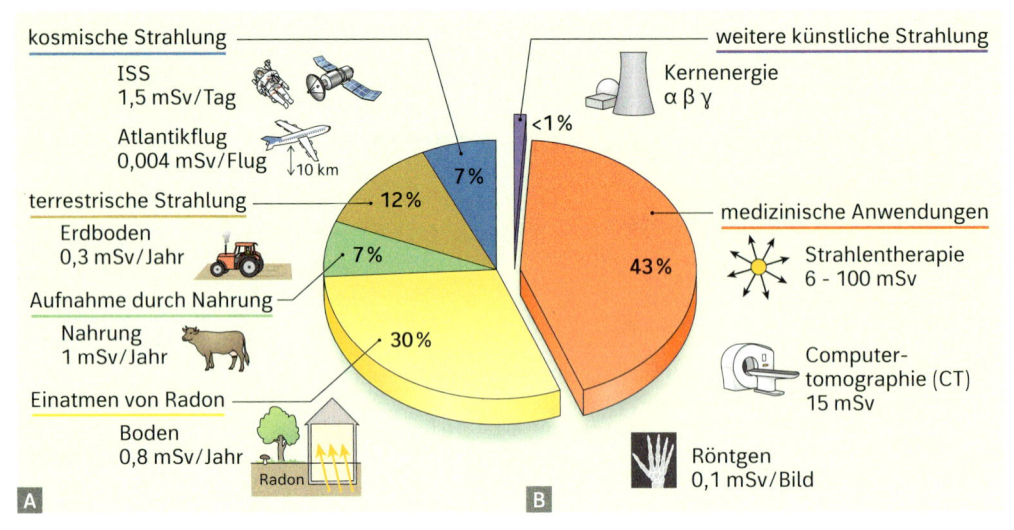

1 Mögliche Ursachen der Strahlenbelastung eines Menschen: **A** natürlich, **B** künstlich

Die biologische Wirkung der ionisierenden Strahlung

Strahlenschäden durch Ionisation

Trifft Strahlung auf Lebewesen, können die Atome in manchen Zellen **ionisiert** werden. Als Folge kann sich dabei die betroffene Zelle oder auch der Zellkern verändern. Dies kann zwei unterschiedliche Arten von Schäden hervorrufen.

1. Die somatischen Schäden

Leicht veränderte Zellen können vom Körper selbst repariert werden. Abgestorbene Zellen werden abgestoßen und durch neue ersetzt. Doch auch der Körper kommt an seine Grenzen. Schäden, die im Körper der bestrahlten Person selber auftreten, heißen **somatische Schäden.** Dabei werden Früh- und Spätschäden unterschieden.

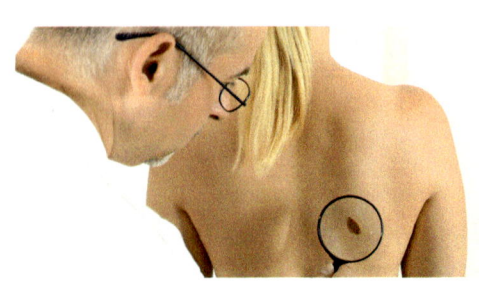

2 Eine Kontrolluntersuchung beim Hautarzt

Die somatischen Frühschäden

Frühschäden treten bei sehr starker Strahlung auf und äußern sich in der **Strahlenkrankheit.** Erscheinungen dieser Strahlenkrankheit können Durchfall, Erbrechen, Haarausfall, Hautrötungen oder ein verändertes Blutbild sein. Bei sehr hohen Strahlendosen kann die Strahlenkrankheit auch zum **Strahlentod** führen.

Die somatischen Spätschäden

War der Körper nur einer schwachen Strahlung ausgesetzt, können dennoch Spätschäden auftreten. Zu den **somatischen Spätschäden** zählen Leukämie, Lungen- und Hautkrebs oder auch Unfruchtbarkeit.

2. Die genetischen Schäden

Wurden durch die Einwirkung von ionisierender Strahlung Keimzellen verändert, kann dies das Erbgut schädigen. Betreffen die Auswirkungen die Folgegeneration, wird von **genetischen Schäden** gesprochen. Dazu gehören Fehlbildungen und **Mutationen.** Mutationen sind Veränderungen des Erbgutes.

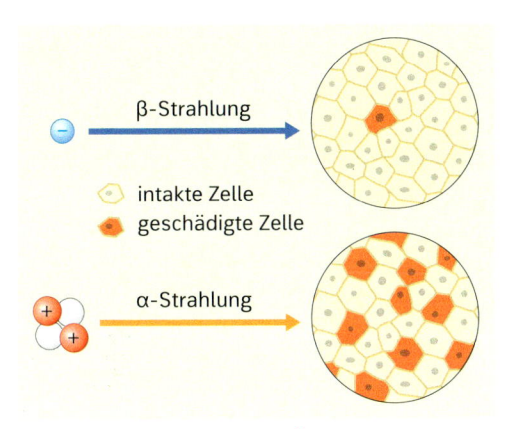

3 Die biologische Wirkung der Strahlungsarten bei jeweils gleicher Energiemenge

Die biologische Strahlenwirkung

Die **biologische Strahlenwirkung** berücksichtigt nicht nur die aufgenommene Energie pro 1 kg Körpermasse, sondern auch die unterschiedliche biologische Wirkung verschiedener Strahlungsarten.
In Bild 3 erkennst du, dass α- und β-Strahlung unterschiedliche Schädigungen hervorrufen. β-Teilchen haben eine kleine Masse und sie schädigen lebende Zellen weniger als die massereicheren α-Teilchen. Die Einheit der biologischen Strahlenwirkung ist **1 Sv (Sievert)**. Sie wurde nach dem schwedischen Physiker und Mediziner ROLF SIEVERT (1896 – 1966) benannt.

Wie stark sich Strahlenschäden bei betroffenen Personen auswirken können, hängt von unterschiedlichen Faktoren ab:
- Strahlungsart
- Menge der ionisierenden Strahlung
- Abstand zur Strahlungsquelle
- Einwirkungsdauer
- Strahlenempfindlichkeit der Organe.

Das Strahlenschutzgesetz

Die durchschnittliche Strahlenbelastung pro Person in Deutschland beträgt etwa 4,3 mSv pro Jahr. Dieser Wert setzt sich aus vielen verschiedenen Faktoren zusammen. Einige davon sind in Bild 1 dargestellt. Wie hoch die Grenzwerte für die effektive Strahlendosis bei bestimmten Tätigkeiten maximal sein darf, ist im **Strahlenschutzgesetz (StrlSchG)** festgelegt.

Einige Grenzwerte

Personen, die beruflich mit ionisierender Strahlung zu tun haben, dürfen zu ihrem eigenen Schutz einen Wert von 20 mSv pro Jahr nicht überschreiten (StrlSchG §78). Ab einem Wert von 100 mSv geht die Wissenschaft von Schädigungen eines Ungeborenen aus.
Die Strahlenkrankheit beginnt bei etwa 1000 mSv. Ohne medizinisches Eingreifen sterben nach 3 Wochen bis 6 Wochen rund die Hälfte der Personen, die einer Strahlung von 3000 mSv – 4000 mSv ausgesetzt waren. Ab 8000 mSv hat eine Person nur noch geringe Überlebenschancen, da sie in kurzer Zeit einer großen Menge ionisierender Strahlung ausgesetzt war.

Die 5 Regeln zum Strahlenschutz

Die fünf wichtigsten Regeln zum Strahlenschutz lassen sich ganz einfach merken. Sie beginnen alle mit dem Buchstaben A:
- **A**bstand halten
- **A**ufenthaltsdauer verkürzen
- **A**bschirmung optimieren
- **A**ktivität verringern
- **A**ufnahme in den Körper vermeiden.

---

1 a) Gib die Bedeutung von somatischen und genetischen Schäden an.
b) Nenne zu beiden Kategorien jeweils 3 Beispiele.

2 Gib den Unterschied zwischen somatischen Frühschäden und somatischen Spätschäden an.

Starthilfe zu 2:
Es werden keine Beispiele verlangt!

3 Formuliere die Abhängigkeiten bezüglich der Stärke der Strahlenschäden.

4 Begründe die fünf Regeln des Strahlenschutzes.

IM ALLTAG

Die natürliche Radonbelastung in Deutschland

Ein ständiger Wegbegleiter

Unser Körper ist ständig natürlicher Radioaktivität ausgesetzt. Die terrestrische Strahlung kommt in Wasser, in der Luft und in der Erde vor. Das häufigste Isotop Uran U-238 ist vor allem in Granit, Basalt, Sandstein und in vulkanischen Gesteinsschichten zu finden. Dadurch ist es auch in Baustoffen enthalten. In der Uran-238-Zerfallsreihe entsteht nach fünf Zerfällen Radon Rn-222. Dieses Isotop ist ein radioaktives Edelgas. Es gelangt durch Risse im Gestein aus dem Erdboden in die Luft. Dort wandelt es sich über weitere Folgekerne letztendlich in das stabile Bleiisotop Pb-206 um. Während dieses Prozesses verteilt sich jeder dieser Folgekerne in der Luft und im Wasser der Wolken. Von dort gelangen sie mit dem Niederschlag in den Erdboden, in Bäche, in Flüsse und in das Grundwasser. Die radioaktiven Stoffe lagern sich auch auf dem Erdboden ab, werden vom Wind aufgewirbelt und verteilt. Auf diese Weise werden sie von Menschen, Tieren und Pflanzen über das Wasser, die Luft oder die Nahrung aufgenommen. Nachdem wir dieser natürlichen Strahlenquelle täglich ausgesetzt sind, hat sich unser Körper mit der Zeit daran gewöhnt.

Das gasförmige Rn-222 dringt aus der Erde und aus den Poren der Baumaterialien auch in unsere Wohnungen ein. Damit erhöht es die Konzentration der natürlichen ionisierenden Strahlung in der Zimmerluft. Sie wird beim Einatmen aufgenommen. Besonders dort, wo der Urananteil im Boden oder in den Baumaterialien hoch ist, kann der Radongehalt in der Luft innerhalb geschlossener Gebäude bis zu $\frac{1}{3}$ höher sein als im Freien.

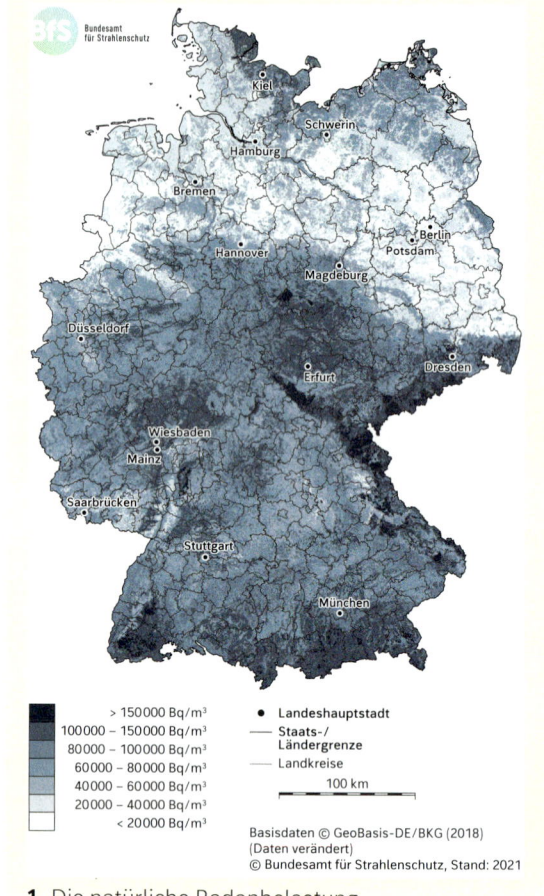

1 Die natürliche Radonbelastung

Schutz vor zu viel Radon

Die tatsächliche Konzentration an Radon im Inneren eines Gebäudes lässt sich nicht genau anhand der Radonkarte in Bild 1 bestimmen. Die tatsächliche Radonkonzentration kann örtlich stark schwanken. Auch die Art und die Herkunft des Baumaterials von Gebäuden spielt eine wesentliche Rolle. Zuverlässige Angaben lassen sich nur durch eine Messung bestimmen.
Häufiges Lüften ist die wichtigste und effektivste Maßnahme zur Senkung der Radonkonzentration in Räumen.

1 Recherchiere natürliche Radionuklide in Baumaterialien.

IM ALLTAG

Medizinische Untersuchungsmethoden

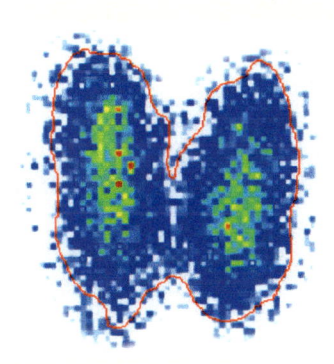

2 Ein Schilddrüsen-Szintigramm

Die radiologische Diagnostik

Mit radioaktiven Methoden lassen sich die Funktion mancher Organe wie Schilddrüse oder Nieren am besten untersuchen. Dazu wird der Patientin oder dem Patienten ein Mittel mit einem sehr schwachradioaktiven Stoff gespritzt. Die Organe nehmen diese Substanz auf. Nach wenigen Minuten kann die Strahlung gemessen werden, die von dem Organ ausgeht. In Bild 2 siehst du ein Computerbild, ein **Szintigramm.** Dort lassen sich bei einem kranken Organ Bereiche sehen, in denen sich der radioaktive Stoff stärker angesammelt hat.

Das Diagnoseverfahren mithilfe radioaktiver Stoffe heißt **Radiographie.** Die Art und die Menge des radioaktiven Mittels sind so gewählt, dass sich ein deutliches Untersuchungsergebnis ergibt, aber die Patientin oder der Patient nicht geschädigt wird. Die Halbwertszeit des eingesetzten Stoffes ist sehr gering. Kurze Zeit nach der Untersuchung ist von dem radioaktiven Stoff im Körper nichts mehr vorhanden.

Medizinische Strahlenbehandlung

Ionisierende Strahlung von radioaktiven Präparaten wird zur Bekämpfung von Krebszellen genutzt. Die Strahlung wird gezielt auf den Tumor gerichtet. So werden gesunde Organe sowie gesundes Gewebe nur wenig belastet. Nur die Krebszellen werden zerstört und eine Heilung ist in vielen Fällen möglich.

Die Röntgendiagnostik

Die Röntgendiagnostik ist die am weitesten verbreitete Anwendung von ionisierenden Strahlen in der Medizin. **Röntgenstrahlung** ist eine elektromagnetische Strahlung, die aber nicht von radioaktiven Stoffen ausgeht. Sie hat ebenfalls eine ionisierende Wirkung, unterscheidet sich aber in ihrer Entstehung. Hier werden Elektronen sehr stark beschleunigt und anschließend abrupt abgebremst. Durch die große Geschwindigkeitsänderung kommt es zur Aussendung von Röntgenstrahlung. Für eine Röntgenaufnahme wird der betroffene Körperteil des Patienten einer relativ niedrigen Strahlendosis ausgesetzt. Die Strahlung, die den Körper durchdringt, wird über einen Detektor hinter dem Körper sichtbar gemacht. Knochen haben eine größere Dichte als Gewebe und werden daher deutlich heller dargestellt.

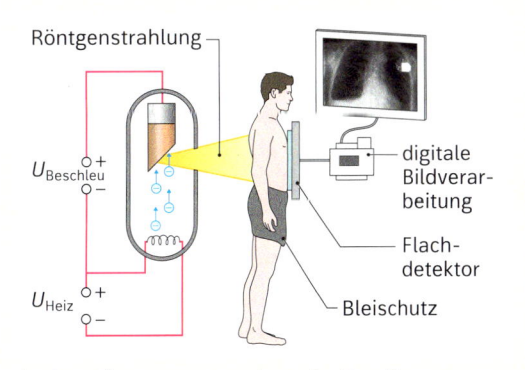

Röntgenstrahlung · $U_{Beschleu}$ · U_{Heiz} · digitale Bildverarbeitung · Flachdetektor · Bleischutz

3 Eine Röntgenuntersuchung im Detail

❶ Nenne Maßnahmen, die vor der schädigenden Wirkung ionisierender Strahlung schützen.

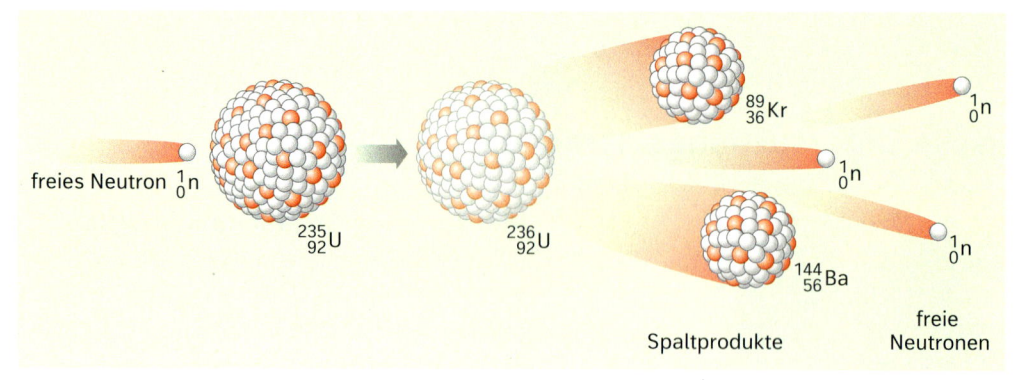

1 Die Kernspaltung

Die Kernspaltung

Die 1. Kernspaltung

Im Jahr 1938 arbeiteten die beiden Chemiker OTTO HAHN (1879–1968) und FRITZ STRASSMANN (1902–1980) in Berlin an einem Experiment. Dabei wurde Uran mit Neutronen beschossen. Zu ihrem Erstaunen entdeckten sie aber anschließend Barium in ihrem Versuch. Dieses Element hatten sie nicht erwartet. Sie wussten, dass es nur aus dem Uran entstanden sein konnte. HAHN und STRASSMANN hatten mit diesem Versuch die erste **Kernspaltung** durchgeführt. Dabei kam ihnen der Zufall zu Hilfe. Uran U-235 ist das einzige spaltbare natürliche Isotop. HAHN erhielt für diese Entdeckung 1944 den Nobelpreis für Chemie.

Die wissenschaftliche Erklärung

Die Physikerin LISE MEITNER (1878–1968) gehörte auch zu dem Wissenschaftsteam. Ihr gelang die physikalische Erklärung des Versuches von HAHN und STRASSMANN. Sie war der Ansicht, dass keines der beteiligten Teilchen einfach verschwinden kann. Uran hat 92 Protonen. Daher musste es neben dem Barium mit 56 Protonen ein zweites Element geben. Dessen Protonenzahl ergibt sich einfach rechnerisch: 92 – 56 = 36. Es handelt sich um das Edelgas Krypton. HAHN und STRASSMANN hatten dies bei ihrem Versuch nicht bemerkt.

Der Spaltungsvorgang

Kerne mit großer Massenzahl können gespalten werden. Um den Spaltungsprozess auszulösen, wird ein **freies Neutron** benötigt. Dieses muss langsam genug sein, um vom Kern aufgenommen zu werden.

In Bild 1 ist die Spaltung eines U-235-Kerns dargestellt. Trifft das freie Neutron auf den Atomkern, wird es von ihm aufgenommen. Dadurch wird der Kern instabil. Er zerfällt sofort in zwei **Spaltprodukte.**
Die Kombination der Spaltprodukte muss nicht immer gleich sein. Statistisch am häufigsten zerfällt Uran U-235 in Barium Ba-144 und Krypton Kr-89.
Bei dem Spaltungsvorgang werden zwei oder drei Neutronen frei. Mit diesen freien Neutronen können weitere Kernspaltungen ausgelöst werden.
Die Kernspaltung kann mithilfe einer **Kernreaktionsgleichung** dargestellt werden:

$${}^{1}_{0}n + {}^{235}_{92}U \rightarrow {}^{236}_{92}U \rightarrow {}^{144}_{56}Ba + {}^{89}_{36}Kr + 3\,{}^{1}_{0}n$$
Neutron + Uran → Uran → Barium + Krypton + Neutronen
A

$${}^{1}_{0}n + {}^{235}_{92}U \rightarrow {}^{236}_{92}U \rightarrow {}^{147}_{57}La + {}^{87}_{35}Br + 2\,{}^{1}_{0}n$$
Neutron + Uran → Uran → Lanthan + Brom + Neutronen
B

2 Kernreaktionsgleichungen von U-235 mit zwei unterschiedlichen Spaltmöglichkeiten

3 Mehrere Spaltungen in Folge ergeben eine Kettenreaktion.

Die Kettenreaktion
Wird ein Atomkern Uran U-235 mit einem Spaltneutron beschossen, findet eine Kernspaltung statt. Es entsteht U-236. Der Kern zerfällt aber spontan wieder in zwei Spaltprodukte. Zusätzlich werden zwei oder drei Neutronen frei. Wenn diese Neutronen die richtige Geschwindigkeit haben, können sie ihrerseits zwei oder drei weitere Urankerne U-235 spalten. Bei jeder Spaltung werden wiederum je zwei bis drei Neutronen frei. Die Anzahl der Spaltungen nimmt also exponentiell zu. Dieser Vorgang heißt **Kettenreaktion.** (→ Bild 3)

Die unkontrollierte Kettenreaktion
Bei jeder der Spaltungen wird eine kleine Portion Energie frei. Wird der Spaltvorgang nicht begrenzt, entsteht eine unvorstellbar große Energiemenge. Dieser Vorgang ist eine **unkontrollierte Kettenreaktion.**

Die kontrollierte Kettenreaktion
Damit aus einer unkontrollierten eine **kontrollierte Kettenreaktion** wird, muss die Anzahl der Spaltneutronen ab einem gewissen Zeitpunkt konstant gehalten werden. Dieser Vorgang findet in jedem Kernkraftwerk statt. Er dient der friedlichen Nutzung der Kernenergie. In Bild 4 siehst du die **Steuerstäbe** eines Kernkraftwerkes. Das sind Stahlrohre, die mit **Bor** oder **Cadmium** gefüllt sind. Diese Materialien können Neutronen einfangen.

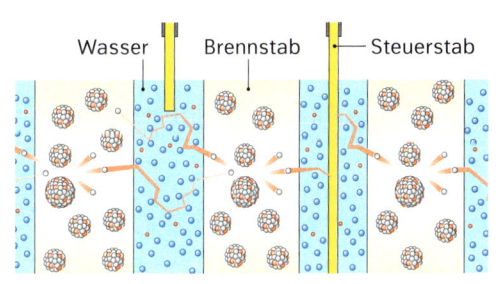

4 Die Steuerstäbe in einem Kernkraftwerk

1 a) Beschreibe den Prozess der Kernspaltung.
b) Nenne die häufigsten Spaltprodukte einer Kernspaltung.

2 Ⅰ a) Beschreibe den Vorgang einer unkontrollierten Kettenreaktion.
Ⅰ b) Beschreibe den Vorgang einer kontrollierten Kettenreaktion.
Ⅱ c) Nenne den Unterschied zwischen einer unkontrollierten und einer kontrollierten Kettenreaktion.

3 Ⅱ Nimm Stellung zu der Aussage: „Wasserstoff lässt sich mithilfe eines Neutrons nicht spalten."

4 Ⅲ In der Kernreaktionsgleichung A in Bild 2 entstehen 3 Neutronen, in der Gleichung B nur 2. Begründe die unterschiedliche Anzahl der freiwerdenden Neutronen.

Starthilfe zu 4:
Vergleiche die Protonenzahlen in den Kernreaktionsgleichungen.

FORSCHEN UND ENTDECKEN

A Kettenreaktionen mit Dominosteinen

Material: Domino-Spielsteine

Durchführung:

Schritt 1: Stelle Dominosteine wie in Bild 1 hintereinander auf und stoße einen Stein an.

Schritt 2: Verändere deinen Aufbau so, dass du nur einen Stein am Anfang des Versuchs anstoßen musst und dadurch 2, 4, 8, … Steine gleichzeitig umfallen.

Schritt 3: Nimm aus dem Aufbau aus Schritt 2 so viele Steine heraus, dass immer gleich viele Steine umfallen.

1 Eine Domino-Kette

① Beschreibe jeweils deine Beobachtung.

② Vergleiche deine Beobachtung aus Schritt 2 mit einer unkontrollierten Kettenreaktion.

③ Vergleiche deine Beobachtung aus Schritt 3 mit einer kontrollierten Kettenreaktion.

④ ∥ a) Nenne das Bauteil, das die Aufgabe analog zur Entnahme der Dominosteine aus Schritt 3 in einem Kernkraftwerk übernimmt.
∥ b) Beschreibe das Funktionsprinzip dieses technischen Bauteils.

ÜBEN UND ANWENDEN

A Aufgaben zu Kernreaktionsgleichungen

① Berechne wie viele Neutronen im 3. Schritt einer Kernspaltung frei werden, wenn bei jeder Spaltung erst nur 2, dann je 3 Neutronen frei werden.

② a) Bei einer Kernspaltung von Uran U-235 sind Xenon Xe-143 und drei Neutronen entstanden. Schreibe die zugehörige Kernreaktionsgleichung auf.
b) Benenne das zweite Isotop, das dabei entstanden ist.

③ ∥ Übernimm die folgenden Kernreaktionsgleichungen und ergänze die Lücken.

a) $^{235}_{92}U + ^{1}_{0}n \rightarrow ^{103}_{\square}Mo + ^{131}_{\square}Sn + \square ^{1}_{0}n$

b) $^{235}_{92}U + ^{1}_{0}n \rightarrow ^{\square}_{53}I + ^{96}_{\square}Y + 3 ^{1}_{0}n$

c) $^{235}_{92}U + ^{1}_{0}n \rightarrow ^{137}_{\square}Cs + ^{\square}_{37}Rb + 3 ^{1}_{0}n$

④ Bei einer Kernspaltung von Uran U-235 sind Lanthan La-147 und zwei Neutronen entstanden. Schreibe die Kernreaktionsgleichung auf und benenne das zweite Isotop, das dabei entstanden ist.

⑤ ∥ Plutonium eignet sich ebenfalls zur Energiefreisetzung durch Kernspaltung. Wird ein Pu-239-Kern mit einem Neutron beschossen, so entstehen Barium Ba-144 und Strontium Sr-94 als Spaltprodukte. Schreibe die vollständige Reaktionsgleichung auf.

⑥ ∥ Bestimme das Element des 2. Spaltproduktes, wenn Uran in Tellur Te-135 zerfällt.

⑦ ∥ Uran kann nicht in die Elemente Caesium und Strontium zerfallen. Begründe deine Antwort mithilfe einer Rechnung.

⑧ ∥∥ Bei einer Kernspaltung entstehen im Mittel 2,3 freie Neutronen. Erkläre den Wert.

IM ALLTAG

Die Kernfusion

Die natürliche Kernfusion in der Sonne

Unsere Sonne setzt durch das Verschmelzen von Atomkernen ständig Energie frei. Dieser Vorgang heißt **Kernfusion.** Kernfusionen finden nur unter extremen Bedingungen statt, wie sie in unserer Sonne und anderen Sternen herrschen. Der Druck innerhalb des Sterns ist sehr hoch und die Temperatur beträgt 15 Mio. °C. Dadurch lösen sich die Elektronen von den Atomkernen. Das dabei entstehende Gemisch aus geladenen Teilchen heißt **Plasma.** Im Plasma der Sonne laufen ständig Fusionsreaktionen ab.

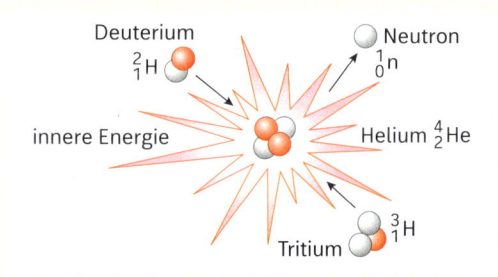

2 Schematische Darstellung einer Kernfusion

Atomkerne verschmelzen

Im Gegensatz zur Kernspaltung, bei der neben den Spaltprodukten auch γ-Strahlung ausgesendet wird, verschmelzen die Kerne bei der Kernfusion ohne Abgabe von gefährlicher Strahlung. Bei der Kernfusion verschmelzen Wasserstoffisotope wie Deuterium H-2 und Tritium H-3 zu einem Heliumkern. Dabei werden ein Neutron ausgesendet und eine große Menge an innerer Energie in Form von Wärme frei. Damit die Wasserstoffisotope miteinander verschmelzen können, müssen sie gegen die abstoßenden Kräfte ihrer positiven Kernladungen sehr dicht zusammengebracht werden. Unter sehr großem Druck muss das Gemisch auf über 100 Mio. °C erwärmt werden. Die Reaktionsgleichung dieses Fusionsprozesses lautet: $^{2}_{1}H + ^{3}_{1}H \rightarrow ^{4}_{2}He + ^{1}_{0}n$ + innere Energie.

Das Kernfusionskraftwerk

Dieser natürliche Fusionsprozess in der Sonne wird nun versucht, auf der Erde in Fusionskraftwerken umzusetzen. Ein Konzept für zukünftige Fusionskraftwerke wird seit 2015 mit der Anlage Wendelstein 7-X in Greifswald getestet. Hierbei soll heißes Deuterium-Tritium-Plasma in eine ringförmige Plasmakammer geleitet werden. Zum Starten der Fusionsreaktion wird das Plasma für einige Sekunden mit einer Leistung von 50 MW bis 100 MW erwärmt, es wird gezündet. Es setzen Fusionsreaktionen ein. Die entstehende Energie hält die Fusionstemperatur aufrecht. Es muss keine weitere Energie zugeführt werden. Damit die Fusion nicht abbricht, werden die langsameren Heliumkerne laufend aus dem Plasma entfernt. Die innere Energie des Plasmas erwärmt das Kühlwasser. Über diesen äußeren Dampfkreislauf wird die Turbine angetrieben, die mit einem Generator verbunden ist. Über den Generator wird elektrische Energie ins Versorgungsnetz eingespeist.

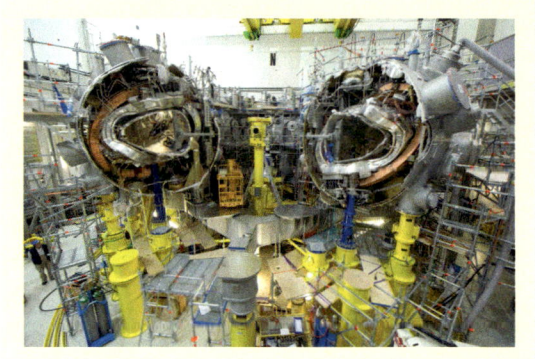

3 Fusionsversuchsanlage Wendelstein 7-X

❶ Für die Fusionsforschung werden die Wasserstoffisotope Deuterium H-2 und Tritium H-3 benötigt. Recherchiere nach deren Bezugsquellen.

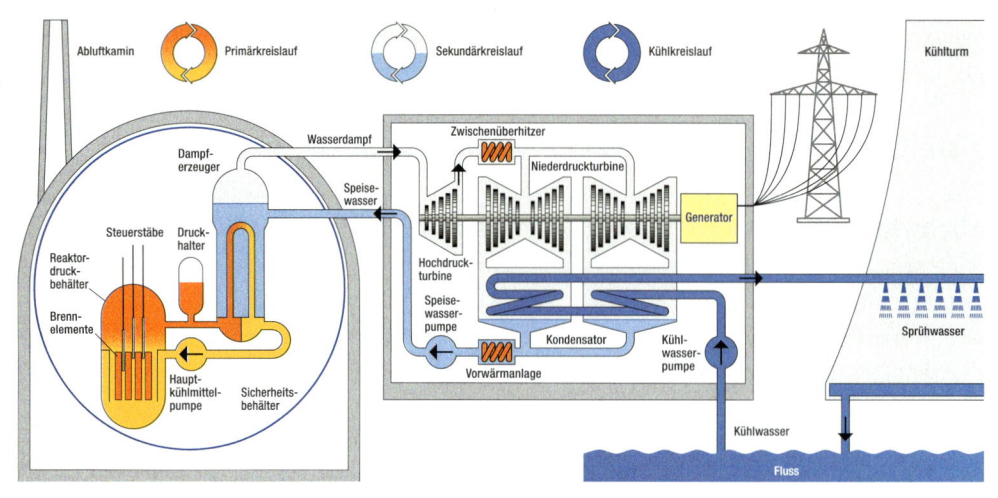

1 Der Aufbau eines Kernkraftwerkes mit Druckwasserreaktor

Das Kernkraftwerk

Ein spezielles Wärmekraftwerk
In Kernkraftwerken wird durch Kernspaltung innere Energie frei. Diese lässt Wasser verdampfen. Der Dampf treibt Turbinen und einen Generator an. Kernkraftwerke sind daher immer Wärmekraftwerke.

Das Reaktorgebäude
Um die Strahlung abzuschirmen, besteht das Reaktorgebäude aus einer dicken Stahlbetonschicht. Dadurch ist das Gebäude auch sehr stabil.

Der Reaktordruckbehälter
Im Reaktordruckbehälter findet die Kernspaltung statt. Das Uran U-235 befindet sich in langen **Brennstäben.** Mehrere Brennstäbe werden dabei zu **Brennelementen** zusammengefasst.
Bei der Kernspaltung entstehen neben den Spaltprodukten, schnelle Neutronen und innere Energie. Die innere Energie erwärmt Wasser. Das Wasser dient aber auch als **Moderator.** In Bild 2 siehst du, dass Wasser die schnellen Neutronen aus der Kernspaltung abbremst. Dadurch erhalten sie die richtige Geschwindigkeit und können weitere Kernspaltungen auslösen.

Die Steuerung des Reaktors
In jedem Brennelement befinden sich **Steuerstäbe.** Diese können Neutronen aufnehmen. Dadurch wird die Anzahl der Kernspaltungen kontrolliert. Werden die Steuerstäbe herausgefahren, nimmt die Anzahl der freien Neutronen im Reaktor zu. Werden die Steuerstäbe eingefahren, so werden mehr freie Neutronen aufgenommen. Dadurch verringert sich die Anzahl der Kernspaltungen.
Werden die Steuerstäbe komplett eingefahren, werden alle Neutronen absorbiert. Es erfolgen keine Kernspaltungen mehr. Damit ist das Kraftwerk heruntergefahren.

Das Abklingbecken
Nach einer bestimmten Zeit im Reaktor ist Uran U-235 komplett umgewandelt worden. Dieser Vorgang wird als **Abbrand** bezeichnet. Bei der Kernspaltung entstehen neue radioaktive Stoffe, die selbstständig zerfallen. Auch dabei wird Wärme frei. Aus diesem Grund werden die abgebrannten Brennelemente im **Abklingbecken** gelagert und mit Wasser gekühlt. Das Wasser schirmt die ionisierende Strahlung aus dem Kernzerfall größtenteils ab.

2 Wasser als Moderator

Getrennte Wasserkreisläufe
In Kernkraftwerken transportieren verschiedene Wasserkreisläufe die im Reaktor in Form von Wärme freigesetzte innere Energie. Dabei sind die Wasserkreisläufe strikt voneinander getrennt.

Der Primärkreislauf
Das Wasser im **Primärkreislauf** nimmt die innere Energie aus der Kernspaltung auf. Dieses Wasser ist radioaktiv verunreinigt. Es enthält zudem auch Borsäure, die wiederum zum Einfangen von Neutronen dient.
Das radioaktive Wasser des Primärkreislaufes darf das Reaktorgebäude nicht verlassen. Die innere Energie aus diesem Kreislauf wird über einen **Wärmetauscher** an den Sekundärkreislauf abgegeben. Anschließend fließt das Wasser wieder in den Reaktordruckbehälter. Dort wird es erneut erwärmt. Das Wasser im Primärkreislauf steht unter sehr hohem Druck. Deshalb heißen solche Anlagen auch **Druckwasserreaktoren**.

Der Sekundärkreislauf
Der **Sekundärkreislauf** hat keine direkte Verbindung zum Primärkreislauf. Das Wasser im Sekundärkreislauf ist nicht radioaktiv verunreinigt. Es wird nur durch die innere Energie des Wassers des Primärkreislaufes zu Wasserdampf. Der Wärmetauscher zwischen diesen beiden Kreisläufen heißt daher **Dampferzeuger.** Der Wasserdampf wird zu den Turbinen transportiert. Sie wandeln die innere Energie in kinetische Energie um. Der Generator wandelt dann die kinetische Energie in elektrische Energie um. Der Dampf kühlt im **Kondensator** ab und wird wieder zu Wasser. Das Wasser fließt zurück in den Dampferzeuger.

Der Kühlkreislauf
Im **Kühlkreislauf** zirkuliert Flusswasser. Das Wasser aus dem Fluss wird im Kondensator erwärmt. Aus großer Höhe stürzt es vom **Kühlturm** herab und wird dadurch wieder abgekühlt. Anschließend gelangt das Wasser zurück in den Fluss.

① a) Beschreibe den grundsätzlichen Aufbau eines Kernkraftwerks.
  b) Nenne die Aufgaben der Steuerstäbe und des Moderators.

② a) Zähle die Wasserkreisläufe auf, die sich in einem Kernkraftwerk mit Druckwasserreaktor befinden.
  b) Nenne die drei Aufgaben des Wassers in einem Kernkraftwerk.

③ Beziehe Stellung zu der Aussage, dass der Kühlwasserkreislauf keine negativen Auswirkungen auf die Umwelt hat.

④ Erstelle das Energieflussdiagramm eines KKW.

Starthilfe zu 4:
Beginne mit der Energie, die in Uran steckt und ende bei der elektrischen Energie, die in das Versorgungsnetz eingespeist wird.

IM ALLTAG

Kernkraftwerke weltweit

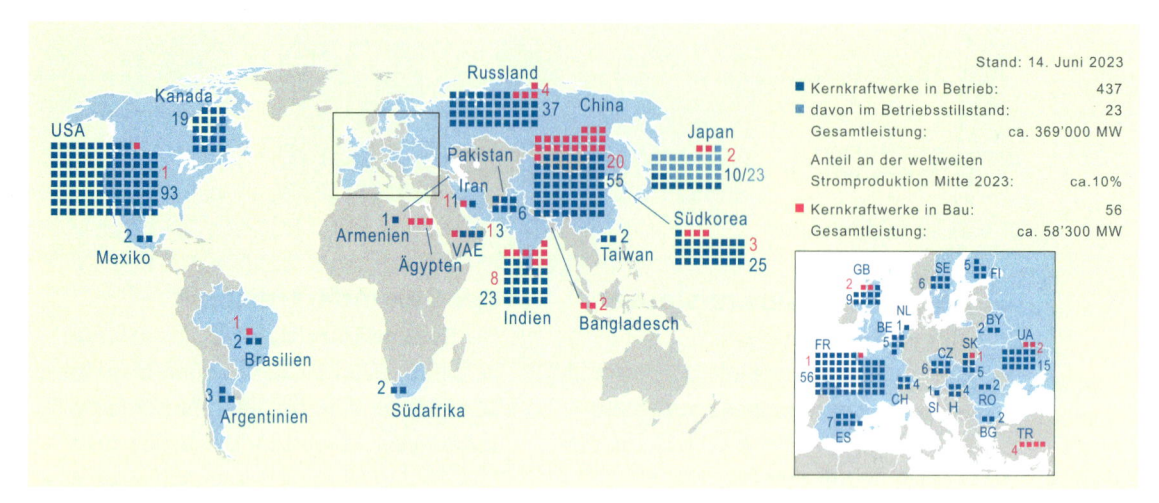

1 Verteilung der Kernkraftwerke auf der Welt

Stand: 14. Juni 2023
- Kernkraftwerke in Betrieb: 437
- davon im Betriebsstillstand: 23
- Gesamtleistung: ca. 369'000 MW
- Anteil an der weltweiten Stromproduktion Mitte 2023: ca. 10%
- Kernkraftwerke in Bau: 56
- Gesamtleistung: ca. 58'300 MW

Uneins beim Thema Kernenergie

Ende 2021 sind weltweit 436 Kernkraftwerke in Betrieb, weitere 57 im Bau und andere werden wiederum abgeschaltet. Viele Länder setzen auf die Kernenergie, weil sie damit die CO_2-Richtwerte leichter einhalten können. Der Betrieb von Kernkraftwerken ist CO_2-neutral, der notwendige Uranabbau, sowie der Bau und Rückbau der Anlagen aber nicht. Besonders nach der Katastrophe von Fukushima in Japan haben jedoch einige Staaten das Bauen neuer Reaktoren eingestellt. Auch in Deutschland wurde der Ausstieg aus der Kernenergie beschlossen. Seit dem Jahr 2023 sind alle Kernkraftwerke abgeschaltet.

Das ist aber nicht in allen Ländern so. Auch Japan hatte sich zum Ausstieg entschieden, machte das jedoch rückgängig, weil die Kernenergie für die Grundversorgung des Landes notwendig war. Die Handelsbilanz des Landes schrieb rote Zahlen, weil 90 Mrd. Dollar für den Import fossiler Brennstoffe ausgegeben werden mussten.

Pro und contra Atomausstieg

Um das Für und Wider eines Atomausstieges zu klären, müssen in einzelnen Ländern verschiedene Fragen gestellt werden, so auch die Frage nach der **Wirtschaftlichkeit.** Geringe Brennstoffpreise stehen hohen Entsorgungskosten gegenüber. Der **Zeitfaktor** spielt ebenfalls eine wichtige Rolle. Die Entwicklungszeit eines Kernkraftwerks dauert von Planung und Bau bis zur Inbetriebnahme im Schnitt 19 Jahre. Es kann daher nicht mehr auf neueste Entwicklungen spontan reagiert werden kann. Ein weiterer wichtiger Punkt sind die **Unfallrisiken.** Alte Reaktoren bergen größere Gefahren als hochmoderne KKW. Auch die **Verteilung der Gelder** zur Förderung von Kernkraftwerken steht in Konkurrenz zur Subventionierung von erneuerbaren Energien. Nicht zuletzt fürchten die Staaten, die einen hohen Anteil ihrer Energie mit Kernenergie gedeckt haben, um ihre **Versorgungssicherheit** nach einer Umstellung ihres Energiemixes.

1. Nenne Argumente zum Für und Wider der Nutzung von Kernenergie.
2. Diskutiert die Einstufung der Kernenergie im Januar 2022 durch die EU als „grüne Energie".

IM ALLTAG

Reaktorunglücke verändern die Welt

Das Unglück in Tschernobyl

Am 26. April 1986 sollten im Kernkraftwerk Tschernobyl während der Nachtschicht einige Tests durchgeführt werden. Um 1:23 Uhr drosselte ein Maschinist die Dampfzufuhr der Turbine 8, die daraufhin ihren Lauf verlangsamte. Auch die zugehörigen Generatoren fuhren herunter. Im Reaktorkern begann das **Kühlwasser** zu sieden. Der entstehende Dampf konnte die Wärme nicht mehr abführen und die Uranstäbe erwärmten sich immer stärker. Das **Notabschaltsystem** war nicht in der Lage zu reagieren, weil es für den Versuch blockiert wurde. Im Reaktorkern stieg der Druck bedenklich an.

Es trat der **g**rößte **a**nzunehmende **U**nfall, der **GAU** ein. Weil die Temperatur der Brennstäbe weiter anstieg, wurde Alarm ausgelöst. Das Bedienungspersonal leitete die **Notabschaltung** ein, aber die Regelstäbe fuhren viel zu langsam in den Reaktorkern. Sie verbogen sich aufgrund der extrem hohen Temperaturen und blieben auf halber Strecke stecken. Die Kettenreaktion war nicht mehr aufzuhalten. Der Reaktor begann zu glühen und es entstand Knallgas. Es kam zur Explosion, die das Reaktorgebäude zerstörte. Im Reaktor brannte der Moderator Grafit. Über 200 verschiedene radioaktive Stoffe wurden in die Atmosphäre freigesetzt. Der Brand konnte erst nach 10 Tagen gelöscht werden. Dieser Unfall kostete vielen Menschen das Leben. Bis heute sind die Strahlenwerte rund um Tschernobyl stark erhöht. Die Gegend ist unbewohnbar.

Seit 2016 ist das Kraftwerk mit einem neuen **Sarkophag** ummantelt. Nach fünf Jahren Bauzeit wurde dieser fertiggestellt und auf Schienen über die alte Hülle geschoben. Die Stahlkonstruktion ist unter dem Namen „New Safe Confinement" bekannt. (→ Bild 2)

2 Der neue Sarkophag in Tschernobyl

Das Unglück in Fukushima

Am 11. März 2011 um 14:46 Uhr fand ein Meeresbeben 163 km nordöstlich des Kernkraftwerkes Fukushima in Japan statt. Die ersten Meereswellen erreichten das Kraftwerk 23 s später. Die **Seismometer** der Anlage leiteten für die Reaktoren 1 bis 3 eine **Schnellabschaltung** ein. Gleichzeitig fiel die externe Energieversorgung aus und zwölf Notstromaggregate starteten. Alle sechs Blöcke des Kraftwerks schalteten auf Notkühlung um. Um 15:35 Uhr erreichten bis zu 15 m hohe Tsunamiwellen das Kraftwerk und überfluteten die Reaktorblöcke 1 bis 4 um bis zu 5 m. Die Meerwasserpumpen, Notstromaggregate und Stromverteilerschränke wurden zerstört. Durch fehlende Kühlung kam es zur Überhitzung der Reaktoren und zur Verdampfung des Kühlwassers in den Abklingbecken. In den folgenden Tagen kam es zur Kernschmelze in den Reaktoren. Weil die Brennstäbe zeitweise nicht mehr von Wasser umgeben waren, schmolzen die Brennstabhüllen und es gab **Knallgasexplosionen.** Die Reaktorgebäude wurden zerstört.

Um Spaltneutronen einzufangen, wurde Borsäure im Reaktor eingesetzt. Der Druck im Gebäude wurde gesenkt, indem belastete Luft in die Atmosphäre abgelassen wurde. Verseuchtes Kühlwasser wurde ins Meer eingeleitet.

1 Der Rückbau des Kernkraftwerkes Stade an der Elbe: **A** Außenansicht, **B** Innenansicht

Der Rückbau eines Kernkraftwerkes

Wohin mit dem Bauschutt?

In Deutschland werden die Kernkraftwerke nach der Abschaltung zurückgebaut. Sie bestehen aus 160 000 t bis 250 000 t Material. Etwa 97 % davon sind **radioaktiv unbelastet.** Dieses Material wird zerkleinert und weiterverwendet.

Etwa 6000 t sind **radioaktiver Müll.** Es gibt Bestandteile, deren Oberfläche radioaktiv verschmutzt ist. Sie sind **kontaminiert.** Die Reinigung erfolgt durch wiederholtes Abspülen, bis die Messwerte der Radioaktivität unter den Grenzwert gesunken sind.

Andere Teile sind **aktiviert.** Dort sind radioaktive Elemente ins Innere des Materials eingedrungen. Dieser Atommüll muss sicher gelagert werden.

Der Zeitfaktor

Um ein Kernkraftwerk zurückzubauen, gibt es zwei Möglichkeiten. Beim **sicheren Einschluss** wird das KKW mithilfe von Beton über 40 Jahre von der Außenwelt getrennt. Durch **Abklingen** verringert sich in dieser Zeit die Radioaktivität. In Deutschland ist der sichere Einschluss nicht mehr erlaubt. Beim **sofortigen Rückbau** kann das Gelände erst nach etwa 20 Jahren anderweitig genutzt werden.

Kernkraftwerk Stade – ein Beispiel

Im Jahr 1972 ging das Kernkraftwerk Stade an der Elbe in Betrieb. Der Bau hatte rund 150 Millionen € gekostet. Das Kraftwerk lieferte rund 662 MW Gesamtleistung ins Netz. Bis zu seiner Stilllegung im Jahr 2003 wurden 157 Brennelemente eingesetzt.

In Bild 2 ist der phasenweise Rückbau des KKW Stade farblich dargestellt. Er beginnt mit dem Abtransport der Brennelemente und endet mit der Rekultivierung des Geländes. Dabei verläuft jeder Rückbau etwas anders, jedoch bleiben die Phasen an sich immer gleich. Zum kompletten Rückbau ist der Abbruch der Gebäude erforderlich. Die daraus stammenden Beton- und Stahlmassen werden wiederverwertet. Erst mit der Wiederherstellung einer „Grünen Wiese" wird der vollständige Rückbau des Kernkraftwerks Stade abgeschlossen sein. Dies soll bis zum Jahr 2026 erreicht werden.

Schutz als oberstes Ziel

Auch für die Nachbetriebsphase und die gesamte Zeit des Rückbaus gilt stets, dass der Schutz sowohl des Betriebspersonals als auch der Bevölkerung und der Umwelt vor unzulässiger Strahlenbelastung oberstes Ziel ist.

Radioaktivität und Kernenergie

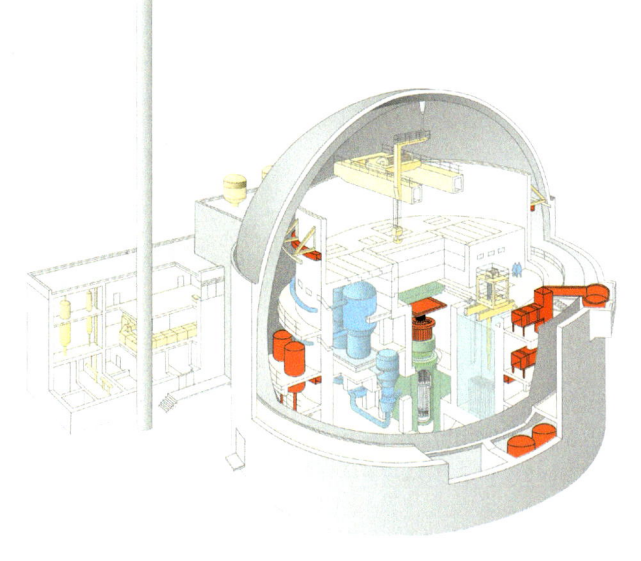

2 Der phasenweise Rückbau des KKW Stade

Die Rückbauphasen

2003 – 2005: Nachbetriebsphase
- Abtransport der Brennelemente
- Rückbau des Kontrollbereichs

2005 – 2007: 1. Phase des direkten Rückbaus
Abbau im nichtnuklearen Bereich:
- Speisewasser- und Frischdampfsysteme
- Turbinen und Generatoren

Abbau im nuklearen Bereich:
- Flutwasserbehälter
- Steuerstabführung und -einsätze
- Druckspeicher

2007 – 2009: 2. Phase
Entfernung der Großkomponenten:
- Abbau des Dampferzeugers
- Entfernen der Pumpen und des Primärkühlmittelkreislaufes

2008 – 2011: 3. Phase
Die radioaktiv am stärksten belasteten Komponenten werden entfernt und zwischengelagert:
- Reaktor-Druckgefäß
- Betonabschirmung (biologischer Schild)
- Betonriegel

ab 2011: 4. Phase
Entfernen von:
- Abwasseraufbereitungsanlagen
- Abluftanlagen
- Krananlage für die Brennelemente
- Wechselbühne
- Lüftung
- Schalldämpfer

Die Gebäude werden gereinigt und dekontaminiert.

bis 2026: Abriss und Rekultivierung
- Entlassung aus der atomrechtlichen Überwachung
- Abbruch der Gebäude
- „Grüne Wiese"

Die Kosten

Die Beseitigung des Kernkraftwerkes Stade kostet laut Betreiber 1 Milliarde €. Diese Summe wurde von der Betreiberfirma durch Rückstellungen während des Kraftwerkbetriebs aufgebracht.

> Beim Rückbau eines Kernkraftwerkes müssen unbelastete, kontaminierte und aktivierte Bestandteile getrennt entsorgt werden.

1 a) Nenne die Kategorien, in die die Bestandteile eines Kernkraftwerkes eingeteilt werden.
b) Nenne das angestrebte Ziel, das bei jedem vollständigen Rückbau erreicht werden soll.

2 Zähle die am stärksten radioaktiv belasteten Komponenten eines Kernkraftwerkes auf.

3 Begründe, dass der Rückbau eines Kernkraftwerkes teurer ist als sein Aufbau.

Starthilfe zu 4:
Überlege zunächst, welche Auswirkungen jede Art von Sprengung hervorrufen könnte.

4 Begründe, dass eine gezielte Sprengung des Kernkraftwerkgebäudes für den Rückbau nicht geeignet ist.

IM ALLTAG

Wohin mit dem radioaktiven Abfall?

Radioaktiver Abfall
Beim Umgang mit radioaktiven Stoffen entstehen Reststoffe, die nicht weiter genutzt werden können. Sie werden als **radioaktiver Abfall** bezeichnet. Dazu gehören Abfallprodukte aus der Nuklearmedizin und der Forschung ebenso wie der Atommüll aus den Kernkraftwerken. Auch alle Stoffe und Materialien, die radioaktiv kontaminiert sind, zählen zum radioaktiven Abfall. Je nach Aktivität der Stoffe wird zwischen **schwach-, mittel- und hochradioaktivem Abfall** unterschieden.

Entsorgung von radioaktivem Abfall
Radioaktiver Abfall gilt als Sondermüll und kann nicht einfach so entsorgt werden. Beim Zerfall der radioaktiven Stoffe werden ionisierende Strahlung und Wärme freigesetzt. Die chemischen Eigenschaften eines Stoffes bleiben dabei erhalten. Die Lagerung muss unter hohen Vorsichtsmaßnahmen und über lange Zeit erfolgen. Durch den Zerfall nimmt die Aktivität des radioaktiven Stoffes ab.

Zwischenlager
Da Deutschland kein **Atommüll-Endlager** hat, befinden sich zurzeit alle radioaktiven Abfälle in **Zwischenlagern.** Das sind oberirdische Hallen, in denen der radioaktive Abfall, verpackt in **Castoren®,** aufbewahrt wird. (→ Bild 1)
Zwischenlager haben eine Betriebserlaubnis für 40 Jahre, da davon ausgegangen wird, dass anschließend ein Endlager zur Verfügung stehen wird. In Deutschland gibt es 16 Zwischenlager.

Schwachradioaktive und mittelradioaktive Abfälle
Für schwach- und mittelradioaktive Abfälle gibt es in Deutschland bereits eine Endlagerstätte, das stillgelegte Eisenerzbergwerk Schacht Konrad in Salzgitter in Niedersachsen. Dort werden in 800 m bis 1300 m Tiefe dauerhaft radioaktive Abfälle eingelagert. Im Schacht Konrad werden etwa 90 % des gesamten Volumens der radioaktiven Abfälle innerhalb Deutschlands sicher verwahrt.

Hochradioaktive Abfälle
Für die Endlagerung hochradioaktiver Abfälle muss in Deutschland erst noch ein geeigneter Endlagerstandort festgelegt werden. Seit 2016 läuft ein aufwendiges Verfahren über das Bundesamt für die Sicherheit der nuklearen Entsorgung (BASE), mit dem unter wissenschaftlicher und öffentlicher Beteiligung ein geeigneter Standort für ein Endlager gefunden werden soll.

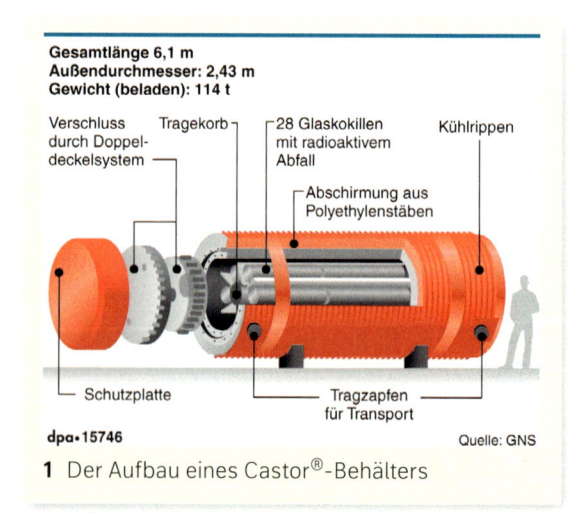

1 Der Aufbau eines Castor®-Behälters

❶ Recherchiere die Standorte der deutschen Zwischenlager.

❷ ❚ Bewerte die Aussage: „Wenn das richtige Endlager gefunden wurde, kann der Atommüll dort sicher gelagert werden."

IM ALLTAG

Die Suche nach einem Endlager

Anforderungen an ein Atommüll-Endlager

Das größte Problem stellt die Entsorgung der hochradioaktiven Stoffe dar, zu denen auch Plutonium gehört. Wegen seiner Halbwertszeit von 24 000 a muss über Jahrtausende sichergestellt werden, dass von dem radioaktiven und hochgiftigen Stoff keine Gefahr für Menschen und Umwelt ausgeht. Deshalb müssen Endlager wichtige **Kriterien** erfüllen:

- Undurchlässigkeit für Gase und Flüssigkeiten,
- gute Wärmeleitfähigkeit, damit die Wärme abgeführt werden kann,
- keine Verbindung zum Grundwasser,
- keine Austrittsmöglichkeiten zur Erdoberfläche,
- Hohlraumstabilität, damit es nicht zu Bergschäden kommen kann.

Drei Arten von Wirtsgesteinen

Bodenformationen, die diese Kriterien erfüllen, heißen **Wirtsgesteine.** Es kommen drei unterschiedliche Arten von Wirtsgesteinen zur Lagerung von Atommüll infrage: Steinsalz, Ton und Kristallingestein wie Granit.

2 Das Wirtsgestein-Vorkommen in Deutschland

Die Eigenschaften der Wirtsgesteine

Eigenschaft	Steinsalz	Ton/Tonstein	Kristallingestein (Granit)	Legende
Wärmeleitfähigkeit	hoch	schlechter Wärmeleiter	mittel	günstig
Temperaturbelastbarkeit	hoch	gering	hoch	mittel
Wasserdurchlässigkeit	praktisch undurchlässig	sehr gering bis gering	sehr gering (ohne Risse) bis durchlässig (mit Risse)	ungünstig
Festigkeit	mittel	gering bis mittel	hoch	
Verformungsverhalten	viskos	verformbar (verschließt Risse) bis spröde	spröde	
Hohlraumstabilität	Eigenstabilität, verschließt Hohlräume gut	stabilisiert Hohlräume unzureichend	hoch (ohne Risse) bis gering (mit Risse)	
Löslichkeit in Wasser	hoch	sehr gering	sehr gering	
Rückhaltevermögen	sehr gering	sehr hoch	mittel bis hoch	

3 Eine Bewertung der Eigenschaften der Wirtsgesteine

① Beschreibe die Anforderungen an ein Endlager.

② **II a)** Recherchiere die Anstrengungen Finnlands, um ein Endlager zu schaffen.
II b) Nenne die besonderen Eigenschaften, die dieses Endlager hat.

Auf einen Blick: Radioaktivität und Kernenergie

Die Radioaktivität
Stoffe, deren Atome sich durch Aussenden von Strahlung in andere Stoffe umwandeln, heißen **radioaktiv**. Dabei ist die Anzahl der Kernumwandlungen pro Sekunde die **Aktivität A** eines radioaktiven Stoffes: $A = \frac{n}{t}$ in $\frac{1}{1\,s} = 1\,Bq$.
In der Natur befinden sich viele radioaktive Stoffe, die zusammen die **Umgebungsstrahlung** erzeugen. Deren Stärke ist die **Nullrate**.

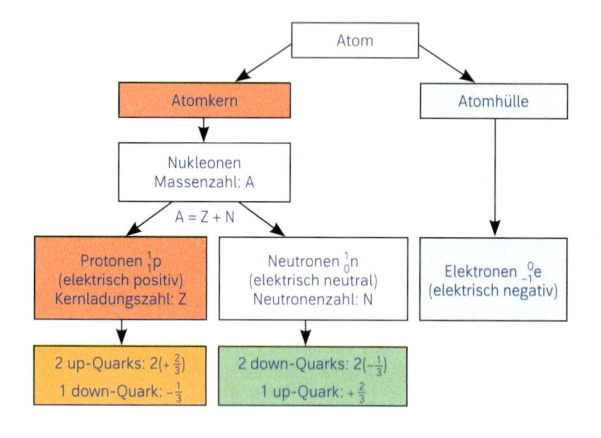

Der Nachweis der Radioaktivität
Die Strahlung eines radioaktiven Stoffes **ionisiert** Gase. Im **Geiger-Müller-Zählrohr** wird die ionisierende Wirkung zum Nachweis der Radioaktivität genutzt.

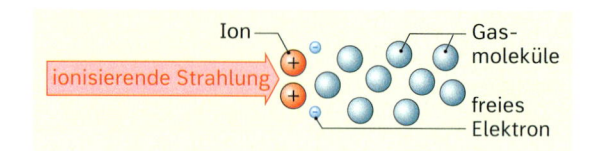

Das Kern-Hülle-Modell und das Kernmodell

```
                    Atom
                   /    \
              Atomkern   Atomhülle
                  |           |
            Nukleonen    Elektronen ⁰₋₁e
           Massenzahl: A  (elektrisch negativ)
            A = Z + N
           /         \
     Protonen ¹₁p    Neutronen ¹₀n
  (elektrisch positiv) (elektrisch neutral)
  Kernladungszahl: Z   Neutronenzahl: N

  2 up-Quarks: 2(+⅔)   2 down-Quarks: 2(−⅓)
  1 down-Quark: −⅓     1 up-Quark: +⅔
```

Strahlenschäden durch Ionisation
Trifft Strahlung auf Lebewesen, können die Atome in manchen Zellen ionisiert werden. Die betroffene Zelle oder auch der Zellkern verändern sich. Es treten **somatische Früh- oder Spätschäden** oder **genetische Schäden** auf.

Die 5 Regeln zum Strahlenschutz
- **A**bstand halten
- **A**ufenthaltsdauer verkürzen
- **A**bschirmung optimieren
- **A**ktivität verringern
- **A**ufnahme in den Körper vermeiden.

Die Eigenschaften der ionisierenden Strahlung

	α-Strahlung	β-Strahlung	γ-Strahlung
Teilchen	^4_2He oder α-Teilchen 2 Protonen 2 Neutronen	$^0_{-1}e$ oder β-Teilchen 1 Elektron	– Energiestrahlung
elektrische Ladung	zweifach elektrisch positiv geladene Heliumkerne	elektrisch negativ	elektrisch neutral
Reichweite in Luft	4 cm – 6 cm	mehrere Meter	mehrere Kilometer
Abschirmung	wenige Blätter Papier	1 mm Aluminium-Platte	Beton, Blei (keine vollständige Abschirmung möglich)
Nachweisgeräte	Geiger-Müller-Zählrohr, Nebelkammer, Dosimeter, Spinthariskop, Elektroskop		

WICHTIGE BEGRIFFE
- Aktivität
- Umgebungsstrahlung
- Nullrate
- ionisierende Strahlung
- Geiger-Müller-Zählrohr

WICHTIGE BEGRIFFE
- somatische Schäden
- Frühschäden/Spätschäden
- genetische Schäden
- Strahlenschutz

Radioaktivität und Kernenergie

Der radioaktive Zerfall
Isotope sind Atomkerne des gleichen chemischen Elementes, aber mit unterschiedlicher Anzahl von Neutronen.
Beim **radioaktiven Zerfall** wandeln sich Isotope unter Aussendung ionisierender Strahlung in Isotope anderer chemischer Elemente um.

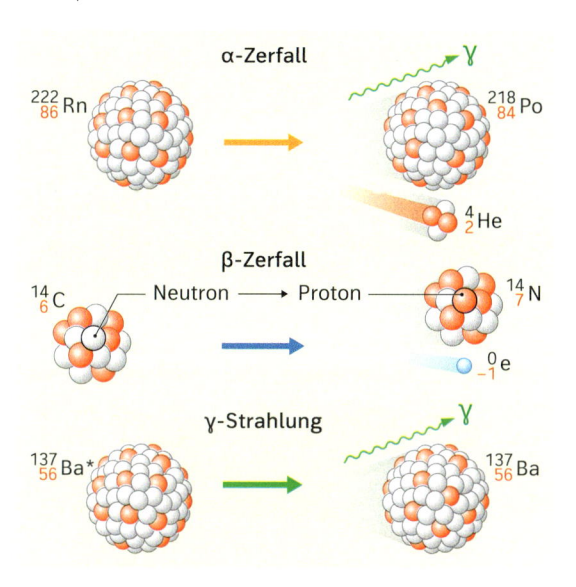

α-Zerfall: $^{222}_{86}\text{Rn} \rightarrow ^{218}_{84}\text{Po} + ^{4}_{2}\text{He} + \gamma$

β-Zerfall: $^{14}_{6}\text{C}$ (Neutron → Proton) $\rightarrow ^{14}_{7}\text{N} + ^{0}_{-1}e$

γ-Strahlung: $^{137}_{56}\text{Ba}^* \rightarrow ^{137}_{56}\text{Ba} + \gamma$

Die Halbwertszeit
Die **Halbwertszeit** $T_{1/2}$ gibt an, nach welcher Zeit die Hälfte der ursprünglich vorhandenen Kerne eines Isotops noch vorhanden sind. Sie lässt sich mithilfe des **Zerfallsgesetzes** bestimmen:

Kerne: $\quad N(t) = N_0 \cdot \left(\dfrac{1}{2}\right)^{\frac{t}{T_{1/2}}}$

Aktivität: $\quad A(t) = A_0 \cdot \left(\dfrac{1}{2}\right)^{\frac{t}{T_{1/2}}}$

Masse: $\quad m(t) = m_0 \cdot \left(\dfrac{1}{2}\right)^{\frac{t}{T_{1/2}}}$

Die Kernfusion
Bei der Kernfusion verschmelzen Wasserstoffisotope wie Deuterium H-2 und Tritium H-3 zu einem Heliumkern. Dabei wird ein Neutron ausgesendet und eine große Menge an innerer Energie in Form von Wärme wird frei.

$$^{2}_{1}\text{H} + ^{3}_{1}\text{H} \rightarrow ^{4}_{2}\text{He} + ^{1}_{0}\text{n} + \text{innere Energie}$$

Die unkontrollierte und kontrollierte Kettenreaktion
Die bei einer **Kernspaltung** freiwerdenden Neutronen spalten unbegrenzt weitere Urankerne. Es entsteht eine **unkontrollierte Kettenreaktion.** Wird die Anzahl der Spaltneutronen begrenzt, kommt es zu einer **kontrollierten Kettenreaktion.** Dieses Verfahren wird in **Kernkraftwerken** angewendet. Dort dient Wasser als **Kühlmittel** und als **Moderator.** Dabei bremst das Wasser die zu schnellen Neutronen ab.

Der radioaktive Abfall
Beim Umgang mit radioaktiven Stoffen entstehen Reststoffe, die nicht weiter genutzt werden können. Sie werden als **radioaktiver Abfall** bezeichnet. Je nach Aktivität der Stoffe wird zwischen schwach-, mittel- und hochradioaktivem Abfall unterschieden.
Der radioaktive Abfall aus den Kernkraftwerken wird in **Zwischenlager** gebracht. In Deutschland gibt es kein **Endlager.** Seit dem Jahr 2023 sind alle Kernkraftwerke in Deutschland abgeschaltet. Sie werden jetzt **zurückgebaut.**

WICHTIGE BEGRIFFE
- Isotope
- radioaktiver Zerfall
- Kernspaltung
- kontrollierte/unkontrollierte Kettenreaktion
- Kernkraftwerk, Kühlmittel, Moderator

WICHTIGE BEGRIFFE
- Halbwertszeit, Zerfallsgesetz
- Kernfusion
- radioaktiver Abfall
- Zwischenlager, Endlager
- Rückbau eines Kernkraftwerkes

Auf einen Blick

Lerncheck: Radioaktivität und Kernenergie

Atomaufbau und ionisierende Strahlung

1 Erläutere die Zusammensetzung der Umgebungsstrahlung.

2 a) Erläutere den Begriff ionisierende Strahlung.
b) Beschreibe den folgenden Vorgang.

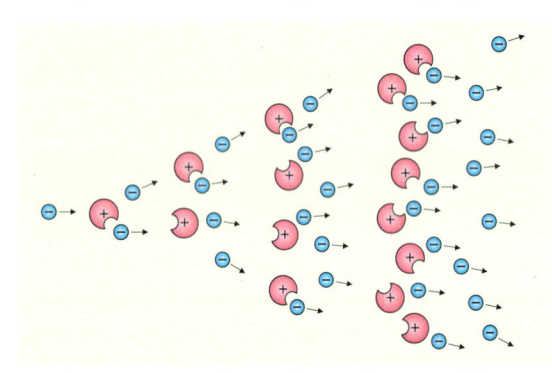

3 a) Benenne ein Gerät zum Nachweis von ionisierender Strahlung.
b) Beschreibe seinen Aufbau und seine Funktionsweise.

Strahlungsarten und ihre Eigenschaften

4 Definiere den Begriff Isotop.

5 a) Schreibe das Isotop Uran U-235 mit Massenzahl und Kernladungszahl auf.
b) Gib die Anzahl der Neutronen von Kohlenstoff C-14 an.
c) Gib die Protonenzahl von Beryllium Be-9 an.

6 a) Schreibe die Zerfallsgleichung für ein Neutron auf.
b) Nenne die Strahlungsart, bei der dieser Zerfall stattfindet.

7 Nenne Möglichkeiten, ionisierende Strahlungsarten abzuschirmen.

8 Bismut Bi-212 kann sowohl durch α- als auch durch β-Strahlung zerfallen. Gib für beide Zerfallsmöglichkeiten die entsprechenden Kernreaktionsgleichungen an.

DU KANNST JETZT ...

- ... den Aufbau von Atomen beschreiben.
- ... die Ursachen für die natürliche Radioaktivität erläutern.
- ... den Begriff ionisierende Strahlung erläutern.
- ... Nachweisgeräte für ionisierende Strahlung aufzählen und deren Funktion beschreiben.

DU KANNST JETZT ...

- ... den Begriff Isotop definieren.
- ... Informationen aus der Nuklidkarte entnehmen und verwenden.
- ... die drei Strahlungsarten benennen, deren Vorgänge im Atomkern beschreiben und ihre charakteristischen Eigenschaften aufzählen.
- ... die Kernzerfallsgleichungen von α- und β-Zerfällen mathematisch darstellen.

Kernzerfall – Folgen und Anwendungen ionisierender Strahlung

9 Definiere den Begriff Halbwertszeit.

10 Bismut Bi-214 zerfällt in der Reihenfolge: α → β → α → β → β.
a) Gib die fünf Zerfallsgleichungen an.
b) Nenne das daraus entstandene Nuklid.

11 Es sind 16 g Kr-85 vorhanden ($T_{1/2}$ = 10,8 a). Berechne, wie viel Gramm Krypton nach 30,3 Jahren noch vorhanden sind.

12 Nenne drei Faktoren, von denen die schädigende Wirkung ionisierender Strahlung für den Menschen abhängt.

13 Nenne fünf Maßnahmen zum Strahlenschutz.

14 Gib sechs natürliche oder technische Ursachen ionisierender Strahlung an.

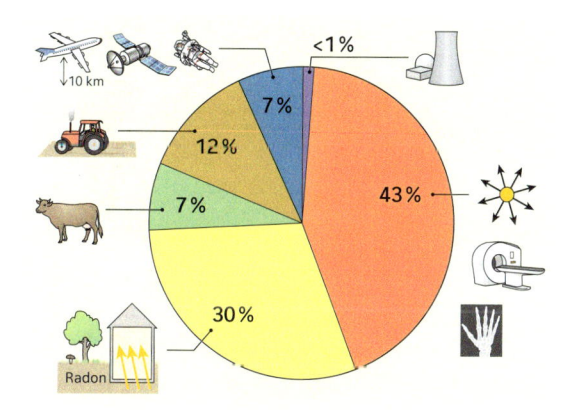

Kernspaltung, Kernfusion und Vorgänge in einem KKW

15 Beschreibe die Maßnahmen für eine kontrollierte Kettenreaktion.

16 a) Bei einer Kernspaltung von Uran U-235 sind Zinn Sn-131 und zwei Neutronen entstanden. Schreibe die zugehörige Kernreaktionsgleichung auf.
b) Benenne das zweite Isotop, das dabei entstanden ist.

17 Beschreibe den Vorgang der Kernfusion und gib die Kernreaktionsgleichung an.

18 a) Beschreibe den grundsätzlichen Aufbau und die Funktion eines Kernkraftwerkes.
b) Erläutere die Notwenigkeit getrennter Wasserkreisläufe in einem Kernkraftwerk

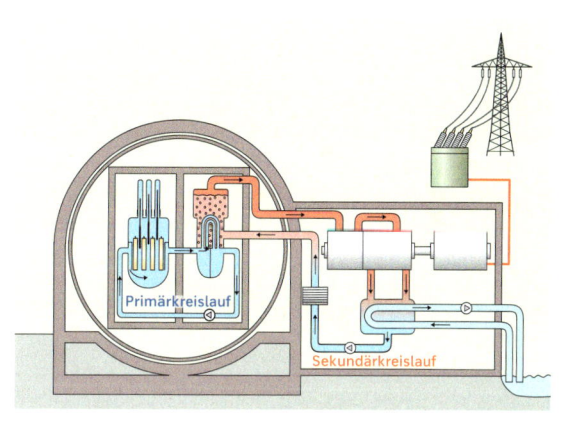

19 Erkläre den Begriff GAU.

DU KANNST JETZT …

- … die exponentielle Abnahme eines radioaktiven Zerfalls erklären.
- … Methoden zur Altersbestimmung beschreiben.
- … die biologische Wirkung der ionisierenden Strahlung beschreiben.
- … Regeln zum Strahlenschutz aufzählen.
- … natürliche und künstliche Ursachen ionisierender Strahlung im Alltag nennen.

DU KANNST JETZT …

- … den Prozess der Kernspaltung und den der Kernfusion jeweils in einer Kernreaktionsgleichung darstellen.
- … den Unterschied zwischen unkontrollierter und kontrollierter Kettenreaktion erläutern.
- … Vorgänge im Kernkraftwerk beschreiben.
- … die Aufgabe des Moderators beschreiben.
- … Schwierigkeiten beim Rückbau eines Kernkraftwerkes erläutern.

Stichwortverzeichnis

f. = die folgende Seite
ff. = die folgenden Seiten

A

α-Strahlung 436
α-Zerfall 436
Abfall, radioaktiver 462
Abklingbecken 456
Abklingen 460
Ablesefehler 192
ABS 305
Abschirmbarkeit 437
Abschirmung 136 ff.
Absolutdruck 273
Absorption 42
– Wärme 119
Abstoßung 183
ACC 305
achsenparalleler Strahl 65 f.
actio = reactio 311
Addition von Kräften 241
additive Farbmischung 81
Aggregatzustand 106
Airbag 247
Akku 343
aktiviert 460
Aktivität 425
Alterssweitsichtigkeit 73
Amplitude 19 ff., 341
Angriffspunkt 240
Anhalteweg 302
Anlage, regenerative 394
Anode 428
Anomalie, Wasser 115 ff.
antiproportionale Größen 14
Antriebsschlupfregelung 305
Anziehung 183
Anziehungskräfte 107
Arbeit 264
Assistenzsystem 305
astronomisches Fernrohr 77
Atmosphäre 447
Atom 182, 420
–, instabiles 424
atomare Masseneinheit 420
Atomhülle 182, 421
Atomkern 182, 421
Atommasse 420
Atommodell 182
Atommüll-Endlager 462 f.
Auflösung 70
aufsteigen 277
Auftrieb 280 f.

Auftriebskraft 280 f.
Auge 68 f.
Ausgleichsgerade 230
Auskopplung, Wärme 390
Auslenkung 21
Auslösefehler 192
Außenpolgenerator 351
Auswerten 13

B

β-Strahlung 436
β-Zerfall 436
Balkenwaage 244
Barometer 129
Batterie 331, 343
Batteriefach 170
Batteriesystem 386
Bausteine, Atome 420
Beobachten 12
Beschleunigung 294, 301
–, gleichmäßige 296
–, negative 299 f.
Beschleunigungsarbeit 315
Beschleunigungsspur 294
Betrag 240
Bewegung, beschleunigte 232
–, gleichförmige 228 ff.
–, gleichmäßig beschleunigte 294, 306
–, gleichmäßig negativ beschleunigte 298
Bewegungsenergie 90 ff., 102, 179, 260, 263, 315, 383
Bewölkung 126
BHKW 391
Bild, reelles 65, 69
–, scheinbares 67
–, virtuelles 61
Bildentstehung 53, 64
Bildgröße 64, 67
Bildsensor 69
Bildweite 64
Biogasanlage 395
biologische Strahlenwirkung 448 f.
Biomasse 394, 396
Biomassekraftwerk 394
Blitz 185
–, künstlicher 358
Blitzer 293
Blockheizkraftwerk 391
Bor 453
Braunkohle 91
Brechungswinkel 56 ff.

Bremsen 298
Bremsweg 302
Brennelemente 456
Brennpunkt 60 ff.
–, virtueller 61
Brennpunktstrahl 65 f.
Brennstäbe 456
Brennstoff, fossiler 91
Brennstoffzellenheizung 392
Brennweite 60 ff., 77
Brennwerttechnik 398
Brille 73

C

C-14-Methode 442
Cadmium 453
Camera obscura 52, 55
Castor 462
Celsius-Skala 98, 101
CERN 435
CO_2-Emission 377, 393
Cobalt 136
Confinement 433
CPU 120
Crash-Test 247, 316

D

Dämmstoff 123 ff.
Dampferzeuger 457
Dampfturbine 375 f.
Darstellung, grafische 14
Dehnungsfuge 110
Dekompression 274
Deuterium 455
Diagnostik, radiologische 451
Diagramm 216, 230
Dichte 276 ff.
–, optische 57
Differenzmethode 282
Digitalkamera 69
Diktieren 13
Dosimeter 431
Drahtpotenziometer 209
Drehfeld 348
Drehmoment 253
Drehpunkt 252
Drehstrom 349 ff.
Drehstromgenerator 349 f.
Druck 268 ff.
–, hydrostatischer 273
Druckkammer 274
Drucktaster 163
Druckwasserreaktor 457

Dummy 247
Durchdringung 136 ff.
Durchschnittsgeschwindigkeit 290 ff.

E

EffizienzhausPlus 401
Eigenstrahlung 424
Einfallslot 56
Einfallswinkel 43, 56 ff.
Einheitswürfel 276
Einschluss, sicherer 460
Eisen 136
Eisenfeilspäne 144
Eisenkern 333, 352
elektrisch negativ 182
elektrisch neutral 182
elektrisch positiv 182
elektrische Energie 90, 178
– Speicherung 386
elektrische Ladung 182, 185
elektrische Leistung 214 f., 363
elektrische Spannung 194
elektrische Stromstärke 190
elektrischer Schlag 183
elektrischer Widerstand 202 f.
elektrisches Feld 186 ff., 437
Elektrizität 182
Elektrizitätsquelle 9, 152 f., 156, 340
– Gleichspannung 343
– Wechselspannung 343
Elektrizitätszähler 215
Elektrolyse 386
Elektromagnet 332 ff.
elektromagnetische Induktion 336 f.
Elektromagnetismus 328
Elektron 182 f., 202, 420, 436
Elektronenmangel 182
Elektronenmikroskop 79
Elektronenstrom, Richtung 329
Elektronenüberschuss 182
Elektroskop 183
Element, chemisches 420
Elementarmagnet 141
Elementarteilchen 421, 433
Empfänger 26, 29
Endlager 463
Energie, chemische 90 f.
–, elektrische 90, 178, 180 ff., 215 ff., 340, 360, 392, 402, 406
–, entwertete 179
–, erwünschte 178 f.
–, innere 102 ff., 179, 360 ff., 374 ff., 388, 397 ff., 402, 456
–, kinetische 314 ff.
–, mechanische 103, 260 ff.

–, potenzielle 314
–, unerwünschte 179
Energieausweis 409
Energiebereitstellung 407
Energieeffizienz 409
Energieeffizienzklasse 219
Energieeffizienzlabel 219
Energieentwertung 179, 349, 364
Energieerhaltung 318
– Prinzip 179
Energieerhaltungssatz 261, 319
–, allgemeiner 364
Energiefluss 93, 178
Energieflussdiagramm 178, 345, 367
Energieform 90 ff., 381
Energiekosten 220
Energiemanagement 218 ff.
Energiemessgerät 219, 221, 366
Energierechnung 218
Energiespeicher, indirekte 388
Energiestrahlung 436
Energieträger 90 ff.
–, nicht regenerative 91
–, regenerative 91
Energieübertragung 194, 404
– Gleichstrom 410
Energieumwandlung 90, 181, 261, 318
Energieumwandlungskette 365
Energieversorgung, fossile 412
–, nachhaltige 413
–, regenerative 412
Energiewandler 93, 178, 345, 365
Entmagnetisieren 140
entwertete Energie 179
Erdanziehungskraft 236
Erdbeschleunigung 306
Erdblitz 185
Erder 211
Erdkern 149
Erdkruste 149
Erdmagnetfeld 149
Erdöl 91
Ersatzwiderstand 206 f.
Erstarren 114
Erste-Hilfe-Kasten 8
erwünschte Energie 178 f.
ESP 305
EU-Label 219, 409
Eurostecker 171
Experimentieren 8

F

Facharbeit 11
Fachraum, Verhalten 8
Fahrenheit-Skala 101
Fahrraddynamo 351

Fall, freier 306
Fallbeschleunigung 310
Fallgeschwindigkeit 307
Fallschirmsprung 310
Fallstrecke 307
Faraday'scher Käfig 187
Farbaddition 81
Farbcode für Widerstände 208
Farbfilter 82
Farbmischung, additive 81
–, subtraktive 81 f.
Farbspektrum 94
Farbsubtraktion 81
Farbzerlegung 80
Faustformel 303
Federkraftmesser 236
Fehlerstromschutzschalter 211
Feld, elektrisches 186 ff., 437
–, magnetisches 144, 188
Feldlinien 144 f., 187 f.
Fernrohr 77
–, astronomisches 77
Fernsicht 75
fest 106
Festwiderstand 203, 208
Feuerlöscher 8
Filmen 12
FI-Schalter 211
Fixpunkte, Celsius-Skala 98
Flaschenzug 249 ff.
fliegender Start 228
Fluchtweg 8
flüssig 106
Fotografieren 12
Fotokopierer 189
Fotovoltaikanlage 382, 385
freier Fall 306
Freileitung 402 ff.
Frequenz 19 ff., 341, 353
Fridays for Future 381
Frostschutzmittel 117
Frühschäden 448
–, somatische 448
Fukushima 459
Funkenstrecke 428

G

γ-Strahlung 436
Gangschaltung 257
Gas- und Dampfturbinenkraftwerk 390
gasförmig 106
Gasturbine 375
Gasturbinenkraftwerk 375
Gebärdensprache 28
Gefahrenbremsung 303
Gegenkraft 233
Gegenstandsgröße 64 ff.

Gegenstandsweite 64 ff.
Gehörgang 23
Gehörknöchelchen 23
Gehörlose 28
Geiger-Müller-Zähler 424
Geiger-Müller-Zählrohr 429 f.
Generator 337, 343, 348 ff.
Generatorbetrieb 387
genetische Schäden 448
geografischer Südpol 149
Geräusch 21
Gesamtwiderstand 206
Gesamtwirkungsgrad 320, 365
– Energieübertragung 405
Geschwindigkeit 228 ff., 315
Geschwindigkeitsmessung 293
Gesetz, ohmsches 204
Gesetze, newtonsche 312 f.
Gewichtskraft 236 ff., 244, 268 f., 280 f., 310, 314
Gewitter 185
Gezeitenkraftwerk 181
GHS-Piktogramme 477
gleichförmige Bewegung 228 ff.
Gleichgewicht, thermisches 118 f.
Gleichgewichtsorgan 23
gleichmäßig beschleunigte Bewegung 294, 306
gleichmäßig negativ beschleunigte Bewegung 298
gleichmäßige Beschleunigung 296
Gleichspannung 195, 340
Gleichstrom-Elektromotor 344 ff.
Glimmlampe 183
Gluonen 433
Goldene Regel der Mechanik 256 f.
Goldfolien-Experiment 423
GPS 151, 291
Graph 229 f.
Grenzfläche 56 f., 65
Grenzwert 429
- Strahlenschutz 449
Grundgleichung der Mechanik 310
Grundlast 407
grüner Wasserstoff 389
GS-Zeichen 9
GuD-Kraftwerk 390

H

H-3-Methode 442
Halbschatten 35, 37
Halbwertszeit 440, 447, 480
Handhabungsfehler 192
Hauptprozessor 120
Haus, energieeffizientes 401
Hausanschlusskasten 213
Hebebühne 271

Hebel 252 ff.
–, einseitiger 252
– Gleichgewicht 253
– Ungleichgewicht 253
–, zweiseitiger 252
Hebelarm 252, 256
Hebelgesetz 253
Heckenschere 160
Heizkessel mit Brennwerttechnik 398
Heizwert 393
Heliumkern 436, 455
Herzschrittmacher, Sicherheit 9
HGÜ 410
Higgs-Teilchen 435
Himmelsrichtung 148
Hitzeschild 235
Hochdruckgebiet 126
Hochspannung 171
Hochspannungs-Gleichstrom-Übertragung 410
Hochspannungsleitung 402
Hochspannungstransformator 357 f.
Hochstrom 358
Hochstromtransformator 356, 358
Höhenenergie 90, 260, 263, 267, 314
Höhenkrankheit 274
Holzhackschnitzelkraftwerk 394
Höreindruck 23
Hörgerät 143
Hörschnecke 23
Hubarbeit 267, 314
Hydraulik 271
Hydraulikzylinder 271
hydraulisches System 271
Hygrometer 129

I, J

ICE 363
Impulse 425
Impulsrate 425
Induktion, elektromagnetische 336 f.
Induktionsgesetz 337
Induktionsspannung 336 ff.
Informationen, Umgang 10
Infrarot-Lampe 120
Infrarotstrahlung 94
Innenohr 23
Input-Wert 197
Ionen 357
Ionenlawine 357, 428
Ionisation 357, 428, 448
ionisierende Strahlung 428, 439
IR-Strahlung 94
Isolator 164

Isotop 432 ff.
Isotopie 432
Joch 352
Joule 215
Justieren 236

K

Kabelsuchgerät 213
Kältekörperchen 95
Kamera 68
Kathode 428
Kation 357
Keil 243
Kelvin-Skala 101
Kernenergie 458
Kernfusion 455
Kernfusionskraftwerk 455
Kern-Hülle-Modell 182, 421 ff.
Kernkraftwerk 456 ff.
– Rückbau 460
Kernladungszahl 432
Kernmodell 433
Kernreaktionsgleichung 452 ff.
Kernschatten 35 ff.
Kernspaltung 452
Kettenreaktion 454
–, kontrollierte 453
–, unkontrollierte 453
Kettenschaltung 259
Kilowattstunde 215
kinetische Energie 314 ff.
Klimadiagramm 380
Klimaveränderungen 379
Knall 21
Knallgasexplosion 459
Knautschzone 247
Knickschutz 213
Kohlekraftwerk 374, 377
– Umrüstung 389
Kohlenstoffdioxid 379, 395
Kommutator 345
Kompass 148 ff.
Kompass-App 151
Kompassnadel 148
Komprimierung 375
Kondensator 457
Kondensieren 115
Konstantandraht 202 ff.
Kontaktlinsen 73
kontaminiert 460
kontrollierte Kettenreaktion 453
Konverter 411
Körper, beleuchteter 27
–, selbstleuchtender 27
kosmische Strahlung 424
Kraft 232 ff.
Kräftegleichgewicht 233
Kräfteparallelogramm 240 ff.

Kräftezerlegung 242 ff.
Kraftgesetz 310, 313
Kraftmesser 236
Kraftwandler 248 f., 257
Kraft-Wärme-Kopplung 391
Kraftwerk, regeneratives 382
Kraftwerksgenerator 337, 351
Kraftwirkung 242
Kuhfuß 255
Kühlkreislauf 457
Kühlmittelkreislauf 116
Kühlturm 457
Kurzschluss 210 ff.
Kurzschreibweise 432
Kurzsichtigkeit 72

L

Ladegerät 197
Ladung, elektrische 182 f., 420
Ladungsausgleich 183
Ladungstrennung 182
Lageenergie 90, 102
Lärm 25
Lärmquelle 25
Laserpistole 293
Laufruhe 345
Laufwasserkraftwerk 382
Lautsprecher 19, 335
Lautstärke 19, 25
LED 178
Leistung, elektrische 214 ff., 363
–, mechanische 265 f.
–, thermische 403 ff., 410
Leistungstransformator 363
Leiter, elektrischer 164, 173
Leiterlänge 203
Leitfähigkeit, elektrische 164 ff., 173
Leitfähigkeitsmessgerät 166
Leitung 152 f.
Licht 26, 34
  Eigenschaften 30
Lichtausbreitung 33
Lichtbogen 357
Lichtbogenschweißen 359
Lichtbrechung 56 ff., 61
Lichtbündel 30
Lichtgeschwindigkeit 26
Lichtintensität 447
Lichtmaschine 337, 351
Lichtmikroskop 79
Lichtquelle 27 f.
–, punktförmige 31
Lichtstrahl 31, 53, 60, 65
–, ausgezeichneter 65
Lichtweg 33
Liniendiagramme 216
Linke-Faust-Regel 329

Lochblende 31, 52 ff.
Lochkamera 52 ff.
Lot 43, 56
Luft 120
Luftdruck 126, 272
Luftfeuchtigkeit 127
Luftreibungskraft 311
Luftverdichtung 19
Luftverdünnung 19
Lupe 60, 79

M

Magnet 136
Magneteisenstein 151
Magnetfeld 144 ff., 328 ff.
magnetische Wechselwirkung
   136 f., 144, 332 f.
magnetischer Nordpol 149
magnetischer Südpol 149
Magnetisieren 140
Magnetismus 140
Magnetkraft 144
Magnet-Lineal 296
Magnetnadel 144
Masse 244 ff., 268, 276, 281, 310, 315
Masse-Gewichtskraft-Diagramm 237
Masseneinheit, atomare 420
Massenvergleich 244
Massenzahl 432
mechanische Leistung 265
Mehrfachsteckdose 159, 163
Messbereich 192, 236
Messen 13
Messfehler 192
Messgenauigkeit 192
Messgröße 192
Messwerttabelle 230
Metallgitter 203
Meteor 235
Meteorit 235
Meteoroid 235
Meteorologe 127
Methan 379
Mikroblockheizkraft 392
Mikrofon 18
Mikroskop 76, 79
Mindmap 71
Mischfarben 81
Mittelebene, Linse 60 ff.
Mittellast 407
Mittelpunktstrahl 65 f.
Modell 32, 108, 141, 155
– elektrische Feldlinien 188
– Elementarmagnete 141
– Lichtstrahl 31 f.
– magnetische Feldlinien 145, 188

– Feldlinien 186
– Kern 433
– Kern-Hülle 421
Moderator 456
Momentangeschwindigkeit 290 ff.
Mond 27
Mondfinsternis 41
–, partielle 41
–, totale 41
Mondphase 39 f.
Monokultur 396
Müll, radioaktiver 460
Mutationen 448

N

Nachhaltigkeit 125
Nachschlagen 13
Nacht 38, 40
Nachweisgerät, ionisierende
   Strahlung 431
Nahsicht 75
Nebelkammer 431
negativ beschleunigte Bewegung
   298
negative Beschleunigung 299 f.
Neptunium-Reihe 440
Netzgerät 152 f.
Netzhaut 68 ff.
Netzteil 359
Neumond 39
Neutron 421, 433, 455
–, freies 452
newtonschen Gesetze 312 f.
Nichtleiter, elektrischer 164, 173
Nickel 136
Niederschlag 127
Niederschlagsmesser 129
Niederspannungstransformator 356
Niederstromtransformator 357
Nordpol, geografischer 149
–, magnetischer 149
Normaldruck 272
Not-Aus-Schalter 8
Nukleonen 421
Nuklidkarte 432, 434, 482
Nulleffekt 425 f.
Nullenergiehaus 401
Nullrate 425 f.
Nutzer 152 f.

O

Objektiv 68, 76 f.
Objektivrevolvers 76
ODER-Schaltung 161 f.
Offshore-Windkraftanlage 410
ohmsches Gesetz 202

Ohr 22
Okular 76 f.
optisch dicht 57
optisch dünn 57
optische Dichte 57
optische Täuschung 52
Ordnungszahl 432
Ortsfaktor 244 ff.
OSL-Dosimeter 431
Oszilloskop 340, 342
Output-Wert 197

P, Q

Parabelast 295
Parabelflug 309
Parallelschaltung 156 f.
Pariser Klimaabkommen 381
Passivhaus 401
Periodensystem der Elemente 481
Perpetuum mobile 364
Perseiden 235
Pixel 68, 70
Plasma 455
Polarlichter 150
Pole 137
Polregel 137, 332
Polung 170
Potenzialdifferenz 194
potenzielle Energie 314
Potenziometerschaltung 209
Power-to-Heat-Verfahren 388
Power-to-Liquid-Verfahren 388
Präsentation 10 f., 15
Primärkreislauf 457
Primärspule 352
Primärstromkreis, Trafo 353
Prisma 97
proportionale Größen 14
Proton 421, 433
Protonenzahl 432
Pumpspeicherkraftwerk 387
Pupille 69
Quark 433
Querschnittsfläche 123, 203

R

Radar 293
Radarmessung 293
radioaktiv 424, 427
radioaktive Stoffe, Sicherheit 9
radioaktiver Abfall 462
radioaktiver Müll 460
radioaktiver Zerfall 436
Radioaktivität 424 ff., 442
Radiographie 451
Radiokarbon-Methode 442
Radium 427

Radon 450
Radonbelastung, natürliche 450
Randstrahlen 31 f.
Raumkapsel 235
RCD-Schalter 211
Reaktionsweg 302
Reaktordruckbehälter 456
Reaktorunglücke 459
Recherche 10, 71
reelles Bild 65, 69
Reflektorstreifen 44
Reflexion 42 ff., 56
–, Wärme 119
Reflexionsgesetz 43
Reflexionswinkel 43, 56 ff.
Regeln, Strahlenschutz 449
Regenbogen 80, 83
Reibung 95
Reibungskraft 233 f., 311
Reichweite 136, 437
Reihenschaltung 156 ff.
Rekombination 357
Resublimieren 115
Richtungshören 22, 24
Rohrzange 255
Rolle 258
–, feste 248
–, lose 248, 250
Röntgenstrahlung 427, 451
Rotlichtlampe 120
Rotor 344, 346
Rückbau, sofortiger 460
Rückhaltesystem 247
Rückstoßprinzip 313

S

Sammellinse 60 ff., 73
Sammelplatz 8
Sarkophag 459
Säulendiagramm 216
Schäden, genetische 448
–, somatische 448
Schädlingssterilisation 439
Schalen, Atomhülle 421
Schall 18 ff., 179
Schallausbreitung 19
Schallempfänger 18, 22
Schallgeschwindigkeit 19 f.
Schallsender 18
Schallüberträger 19
Schalter 152 f.
Schaltplan 152
Schaltzeichen 152 ff., 477
Schatten 34
– Weltall 38
Schattenbild 34, 36
Schattenraum 34
Schichtpotenziometer 209

Schiebewiderstand 209
Schlauchwaage 275
Schleifkontakte 344, 347
Schleifring 344 ff.
Schmelzen 114
Schmelzsicherung 210, 213
Schmelztemperatur 98
Schraubenfeder 236
Schukostecker 171
Schutzkontakt 171
Schutzleiter, gelb-grüner 171, 211
Schutzmaßnahmen, Gefahren des elektrischen Stromes 211
Schweben 277
Schweredruck 273
Schwerelosigkeit 309
Schwimmen 277 f.
Schwingung 18, 21
Schwingungsbild 21
Schwingungsdauer 21
Section Control 293
Sehfehler 72, 74
Sehnerv 68
Sekundärkreislauf 457
Sekundärspule 352
Sekundärstromkreis, Trafo 353
Sender 26
senkrechter Wurf 308
Sensor 68
sicherer Einschluss 460
Sicherheitsabstand 303
Sicherheitsgurt 247, 313
Sicherheitshinweis 169
Sicherheitsregeln 8 f.
Sicherheitsschaltung 160
Sicherung 210
Sicherungsautomat 210
Sicherungsschrank 213
Siedetemperatur 98
sinken 277
Sinneszellen 68
Sinuskurve 340
Siphon 275
SIT-Verfahren 439
Solarheizung 45
Solarkocher 400
Solarkollektoren 44
Solarladegerät 180
Solarmodul 382
Solarzelle 343, 382
somatische Frühschäden 448
– Spätschäden 448
Sonnenbrille 82
Sonnenfinsternis 41
–, partielle 41
–, totale 41
Sonnenkollektor 121, 398, 400
Sonnenwind 150

Spaltprodukte 452
Spannenergie 92, 260, 263
Spannung, elektrische 169, 194 ff., 198 ff., 337, 361, 402
Spannungsebene 406
Spannungsmessgerät 195
Spannungsübersetzung 369
Spätschäden, somatische 448
Speicherbecken 387
Speicherbetrieb 387
Speicherkraftwerk 382
Speicherung, elektrischer Energie 386
–, direkte 386
–, indirekte 386
Spektralfarben 80, 83
Spektrum 80, 97
Spiegelbild 43
Spitzenlast 407
Spitzenzählrohr 429
Sprinkleranlage 113
Spule 332
Spurhalte-Assistent 305
Stäbchen 68
Stabmagnet 137
Stand-by-Modus 219, 221
Stator 344
Steckdose 164, 178, 363
– 400 V 363
Steuerstäbe, Kernkraftwerk 453, 456
Stoßionisation 357
Strahlenbehandlung, medizinische 451
Strahlenkonstruktion 66
Strahlenkrankheit 448
Strahlenschäden 448
Strahlenschutz, Regeln 449
Strahlenschutzgesetz 449
Strahlentod 448
Strahlenwirkung, biologische 449
Strahltriebwerk 313
Strahlung, ionisierende 428, 439
–, kosmische 424
- Sonne 94
–, terrestrische 424
Strahlungsart 436
Strahlungsenergie 92
Strahlungsmessung 428
Streuung 42, 45
Stromkreis, elektrischer 152 ff., 194
Stromstärke, elektrische 190 ff., 198 ff., 333, 361, 402
Stromstärkemessgerät 191
Stromstärkenübersetzung 369
Strömung 243
Strukturieren 10

Sublimieren 115
subtraktive Farbmischung 81 f.
Südpol, geografischer 149
–, magnetischer 149
Symbolschreibweise 432
System, gekoppeltes 390, 397
–, hydraulisches 271
–, nicht gekoppeltes 374, 397
systematischer Fehler 192
Szintigramm 451

T

Tabelle 216
Tabellenkalkulationsprogramm 216
Tag 38 ff.
Tageslastkurve 407
Taschenlampe 181
Taucherkrankheit 274
Teilchen 109
Teilchenbeschleuniger 433, 435
Teilchenmodell 19, 102, 109, 111, 422
Teilchenstrahlung 436
Teilladung, elektrische 433
Temperatur 95 ff., 103, 203
Temperaturempfinden 96
Temperatur-Nullpunkt, absoluter 101
Temperatursinn 95
terrestrische Strahlung 424
Textaufgabe 14
thermische Leistung 403 ff., 410
thermisches Gleichgewicht 118 f.
Thermometer 98
-, analoges 99
-, digitales 99
Thermometerskala 101
Thorium-232-Zerfallsreihe 440
Tiefdruckgebiet 126
Ton 19
Tonhöhe 19
Totalreflexion 57
Totpunkt 345
Tracer-Methode 439
Trafo-Gesetze 353
Trägheit 246
Trägheitsgesetz 311, 313
Trägheitskraft 245
Transformator 352 ff., 405
-, belasteter 353 f.
-, idealer 360
-, unbelasteter 353 f.
Transformatorgesetze 355
Treibhauseffekt, anthropogener 378
-, natürlicher 378
-, zusätzlich verursachter 378

Treibhausgase 378, 395
Tritium 455
Tritium-Methode 442
Trommelanker 345
Trommelfell 23
Tschernobyl 459
Türgong, elektrischer 335
Typenschild 170, 191, 215, 360

U

Überlandleitung 164
Überlastung 210 ff.
Überlaufmethode 282
ultraviolette Strahlung 94
Umgebungsstrahlung 424
Umlaufbahn 421
Umschalter 161
Umschaltknarre 255
Umspannwerk 359, 405
UND-Schaltung 160 ff.
unerwünschte Energie 179
unkontrollierte Kettenreaktion 453
Unterbecken 387
Uran-235-Zerfallsreihe 440
Uran-238-Zerfallsreihe 440
Urheberecht 10
UV-Strahlung 94

V

VDE-Zeichen 9
vektorielle Größe 240
Verbrennung 95
verbundene Gefäße 275
Verbundnetz 406
Verdampfen 115
Verformung, elastische 232
–, plastische 232
Verformungsarbeit 264
Vergrößerung 70, 79
Verkehrsstrom 190
Versorgungsnetz, öffentliches 349
Versuchsprotokoll 62, 100
Verzögerung 298
Verzögerungswert 302
Videoanalyse 300
Vielfachmessgerät 191, 193, 195
virtuelles Bild 43, 65
Vollmond 39
Volta'sche Säule 331
Volumen 276, 280
Vortrag 11, 15

W

Wärme 90, 103, 392 f., 398
Wärmeausdehnung 110
Wärmedämmung 122 ff.
Wärmekörperchen 95

Wärmekraftwerk 374, 390, 456
Wärmeleiter 118, 124
Wärmeleitung 118 ff.
Wärmepumpe 399
Wärmequelle 98
Wärmespeicherung 122
Wärmestrahlung 94, 119 f.
Wärmeströmung 118 ff.
Wärmetauscher 121, 457
Wärmeübertragung 118 f.
Warmwasserkreislauf 121
Warnweste 44
Warnzeichen 9
Wasserkraftwerk 384
Wasserkreislauf 155, 194, 457
Wasserstoff 386
–, grüner 389
Wechselschaltung 161 f.
Wechselspannung 195, 337, 340 f.
Wechselwirkung 146, 188
Wechselwirkungsprinzip 311 ff.
Weg 228
Weitsichtigkeit 72 f.
Wellenkraftwerk 181
Werkstoffprüfung 439

Wertetabelle 228
Wetter 126 ff.
Wetterbeobachtungsbogen 128
Wetterbericht 127
Wetterdaten 128
Wetterelement 126
Wetterkarte 127
Wetterstation 126, 129
Wettersymbole 128
Wettervorhersage 127
Widerstand 166, 402
–, elektrischer 202 ff.
Wind 91, 126
Windgenerator 181
Windkraftanlage 320 f., 351, 383
Windmesser 129
Windung, Spule 332
Windungszahl 352
Wippschalter 163
Wirkung, biologische, ionisierende Strahlung 448
Wirkung, magnetische 136 f., 144, 332 f.
Wirkungsgrad 318 ff., 364 ff.
Wirkungslinie 252

Wirtsgestein 463
Witterung 126
World Wide Web 435
Wurf, senkrechter 308

Z

Zapfen 68
Zeit 228
Zeit-Geschwindigkeits-Diagramm 294, 299
Zeitintervall 290
Zeit-Spannungs-Diagramm 340 f., 348
Zeit-Weg-Diagramm 299
Zentralheizung 121
Zerfall, radioaktiver 436, 444
Zerfallsgesetz 444 ff.
Zerfallsgleichung 438
Zerfallsreihen 440 f., 480
Zerstreuungslinse 61, 72
zufälliger Fehler 192
Zwischenbild, reelles 76
Zwischenlager 462

Namensverzeichnis

Ampère, André-Marie 190, 331
Archimedes 280
Aristoteles 306
Bequerel, Antoine Henri 425, 427
Berners-Lee, Tim 435
Brout, Robert 435
Celsius, Anders 101
Chadwick, James 421
Curie, Marie 427
Curie, Pierre 427
Dalton, John 420
Demokrit 420
Englert, François 435
Fahrenheit, Daniel Gabriel 101

Faraday, Michael 187, 336, 338
Galilei, Galileo 77, 306
Galvani, Luigi 331
Geiger, Hans 429 f.
Gell-Mann, Murray 433
Giesel, Friedrich Oskar 427
Goethe, Johann Wolfgang von 420
Hahn, Otto 452
Helmholtz, Hermann von 364
Hertz, Heinrich 341, 353
Higgs, Peter 435
Hug, Marcel 231
Libby, Willard Frank 442
Lord Kelvin of Largs 101

Meitner, Lise 452
Müller, Walther 429, 430
Newton, Sir Isaac 236, 310
Oersted, Hans Christian 328
Pascal, Blaise 269
Röntgen, Wilhelm Conrad 427
Rutherford, Ernest 421, 423, 430
Strassmann, Fritz 452
Thomson, Joseph 420
Thomson, William 101
Thunberg, Greta 381
Volta, Alessandro 194, 331
Watt, James 265
Wiechert, Emil 420

Bildquellenverzeichnis

|Alamy Stock Photo, Abingdon/Oxfordshire: Rapt.Tv 272.1; Schonewille, Ben 273.1. |Alamy Stock Photo (RMB), Abingdon/Oxfordshire: ALLTRAVEL/Mross, Peter 122.1; Alvey & Towers Picture Library / Alamy Stock Alvey & Towers Picture Library 351.4; Avalon/Construction Photography 159.2; Azenha, Sergio 181.3; Blossey, Hans 262.2, 377.1; Boethling, Joerg 5.1, 226.1; BSIP SA 274.2; caia image/ Trevor Adeline 317.3; Cavan Images 185.1; Ceglarek, Przemyslaw 213.2; charistoone-images 147.5, 147.6, 147.7; Cornel Constantin, Razvan 79.2, 79.3; Cultura Creative RF 227.3; Dorling Kindersley ltd 136.2, 439.6; electrical/Green, David J. 209.5; Elk III, John 91.4; EThamPhoto 27.1; Fotograferen.net 301.4; fStop Images GmbH 247.3; Furrer, Oliver 310.1; GL Archive 421.6, 421.7, 427.1, 430.1; Global Warming Images/Cooper, Ashley 251.3; Glover, Keith 227.2; Granger Historical Picture Archive 421.3; Gusa, Cristian 119.2; Halsall, Sheila 133.3; Holden, Jim 243.1; Hubball, Ian 156.1; Image Source 115.3; Image Source/Jenkins, Corey 312.2; Images by Russell 98.1; incamerastock 376.2; industryview 197.3; Keski-Oja, Esko 91.1; Kuttig, Siegfried 382.2; Kuzmin, Andrey 124.2; Marom, Itsik 164.1; McGinnis, Ryan 127.2; Mira 91.2; Nature Picture Library 117.2; Nekrassov, Andrei 209.1; Obermayer, Matthias 119.1; Oleksiy Maksymenko Photography 337.2; PhotoAlto/Ventura, Ale 247.1; Pixel-shot 103.2; PSL Images 38.1; Radomski, Pawel 120.1; RSBPhoto1 318.1; Schmidt, Bernhard 314.1; Science History Images 30.1, 101.1; Sutton, Christopher 35.1; Tack, Jochen 28.3, 90.1, 373.1; The Natural History Museum 79.4; The Print Collector/Heritage Images 101.2; Titmuss, Peter 262.5; Tuchel, Lars 213.4; Vincenzo 36.1; Vorona, Volodymyr 191.3; Waldman, Simon 181.2; Zoonar GmbH 225.2, 260.2; Zoonar GmbH/Hofer, Alfred 244.1, 244.2; Zoonar GmbH/Kuster, Burkhard 91.3. |Artothek, Fürth: © Landesmuseum Hannover - ARTOTHEK 442.1, 442.2. |Astrofoto, Sörth: Koch, Bernd 49.2. |Atelier tigercolor Tom Menzel, Klingberg: 283.3. |BC GmbH Verlags- und Medien-, Forschungs- und Beratungsgesellschaft, Ingelheim: 8.4, 8.5, 9.3, 9.4, 167.2, 204.3, 279.3, 358.3, 428.4, 477.2, 477.3, 477.4, 477.5, 477.6, 477.7, 477.8, 477.9, 477.10. |Bridgeman Images, Berlin: Look and Learn/Elgar Collection 421.5. |CERN, Geneva 23: 435.1, 435.2. |CTC Global Corporation, Irvine: Dave Bryant 405.2. |Druwe & Polastri, Cremlingen/Weddel: 45.2, 45.3. |Forum Netztechnik/Netzbetrieb im VDE (FNN), VDE Verband der Elektrotechnik Elektronik Informationstechnik e. V., Berlin: 406.2, 406.3. |fotolia.com, New York: anankkml 270.1; antpkr 113.2; Dan Race 118.2; dieter76 271.2; Elena Schweitzer 287.1; Friedberg 99.3; galaxy67 223.5; ivo100 0.3; Ivonne Wierink 17.1, Kubben, Jean 89.2; lunaundmo 270.2; monropic 17.2; phantom1311 343.6; Pixelot 72.2; Reitz-Hofmann, Birgit 343.3; Schmidt, F. 373.2; Smileus 133.5; soniccc 186.1; stockphoto-graf 257.1; Thaut Images 46.1; thingamajiggs 203.2, 223.1. |Fridays for Future, Rendsburg: 381.2. |Gerecke, Stephanie, Seesen: 174.1, 174.2, 174.3, 384.2. |Gesellschaft für Anlagen- und Reaktorsicherheit (GRS) gGmbH, Köln: 456.1. |Getty Images (RF), München: Johner RF 95.3. |Goessel, Hannes von, Erding: 57.2. |goki, Güster: 286.1. |Heinrich, Christopher, Creußen: mit freundlicher Genehmigung der Viana-Entwickler, Berlin 300.1, 300.2, 300.3, 300.4. |Helukabel GmbH, Hemmingen: 223.4. |Herzig, Wolfgang, Essen: 18.2, 19.1, 19.3, 20.2, 21.3, 24.1, 24.2, 25.1, 41.1, 41.2, 45.1, 48.1, 48.2, 82.1, 93.4, 96.2, 111.1, 283.4. |Imago, Berlin: Tack, Jochen 44.6. |Interfoto, München: Danita Delimont/Prisma Archivo 328.1; Photoasia 427.3; Science & Society 336.2. |iStockphoto.com, Calgary: 0 26.3; absolut_100 26.2; adventtr 352.1; AleksandarNakic 34.3; alex-mit 87.2; AlexSava 413.1; AntonioGuillem 217.1; baranozdemir 178.1; Bhajanavorakul, Bhubeth 170.2; bluejayphoto 29.2; Cylonphoto 28.2; demarco-media 173.4; DmitriMaruta 136.3; Drimafilm 116.1; ebrink 92.2; eclipse_images 148.2; FangXiaNuo 240.1; FroggyFrogg 44.3; Ganser, Jason 18.1; Hale, Courtney 73.2; holgs 34.1; italianestro Titel; Jovanmandic 92.1; K_Thalhofer 26.1; Kate_Maleva 413.3; Korpsrisawat, Nut 70.1; lucentius 276.2; m-gucci 17.3, 51.3; ma-k 4.2, 176.1; marcin_szmyd 219.2; Maxiphoto 71.1; Mckeown, Paul 93.3; mihtiander 447.2; MrsVega 92.4; nikkytok 30.3; nycshooter 92.3; olcayduzgun 94.1; OlegAlbinsky 28.5; pelucco 405.1; PeopleImages 413.2; PhonlamaiPhoto 247.2; polarica 76.2; Rawpixel 412.1; Renphoto 68.1; ricul 27.2; ruiruito 28.1; Saro17 261.1, 261.2; Saturated 268.1; ShikharBhattarai 400.3; Sjale 408.1; Still, Shelly 77.2; stockstudioX 44.5; Tom Brown 385.1; TPopova 268.2; Tutschek, Kurt 262.4; typhoonski 301.2; wakila 221.1, 366.2; yulkapopkova 107.2; ZargonDesign 225.1. |Kranenberg, Hendrik, Drolshagen: 165.1, 169.1, 169.2, 169.3, 169.4, 175.3. |Langner & Partner Werbeagentur GmbH, Hemmingen: 166.2. |© LEYBOLD / LD DIDACTIC GmbH/https://eur04.safelinks.protection.outlook.com/?url=http%3A%2F%2Fwww.ld-didactic.de%2F&data=05%7C01%7Cgabriele., Hürth: 358.2. |Lohse, Martin, Wendisch Evern: 215.3. |LPS Landesanstalt für Personendosimetrie und Strahlenschutzausbildung, Berlin: 431.3. |Mall, Karin, Berlin: 466.1. |Marahrens, Olav, Hamburg: 20.1, 243.3, 243.4, 245.1, 245.2, 246.1, 246.2, 248.1, 248.2, 248.3, 280.2. |mauritius images GmbH, Mittenwald: Merten, Hans-Peter 402.1; Novarc/Schmies, Axel 30.2. |mauritius images GmbH (RF), Mittenwald: Creativ Studio Heinemann/imageBROKER 392.1. |Mazo Vivar, Alejandro del, Salamanca: 419.1, 431.2. |Mettin, Markus, Offenbach: 60.2, 61.1. |Microsoft Deutschland GmbH, München: 100.1, 216.3. |Minkus Images Fotodesignagentur, Isernhagen: 47.2, 53.1, 56.2, 58.1, 59.2, 63.1, 64.1, 74.1, 75.1, 75.2, 75.3, 78.1, 82.2, 83.1, 86.2, 107.7, 109.5, 110.3, 110.4, 110.5, 116.2, 137.1, 137.2, 146.2, 159.1, 166.1, 167.1, 167.3, 170.1, 182.1, 278.1, 278.2, 279.2, 282.1, 282.2, 283.1, 283.2. |Naumann, Andrea, Aachen: 207.2. |newVISION! GmbH, Pattensen. 94.2. |Nuklearforum Schweiz, Olten: Nuklearforum Schweiz, 2023 458.1, 458.2. |PantherMedia GmbH (panthermedia.net), München: alho007 239.3; HighwayStarz 221.2; t.r.o.t.z 343.9; U Pixel 141.3; Wavebreakmedia ltd 259.2. |PHYWE Systeme GmbH & Co. KG, Göttingen: 358.1. |Picture-Alliance GmbH, Frankfurt a.M.: akg-images 11.3, 11.4; AP Photo/Jaeckle, Christoph 443.1; CHROMORANGE/Feigl, A. 394.2; dieKLEINERT.de/Metzinger, Arnold 351.3; dpa 181.1, 419.3, 427.2; dpa Themendienst/Warnecke, Andrea 221.3; dpa-infografik 462.1; dpa/Balk, Matthias 190.1; dpa/Hibbeler, Markus 309.2; dpa/Kappeler, Michael 260.3; dpa/Kästle, Felix 124.3; dpa/Poguntke 309.1; dpa/Sauer, Stefan 455.2; dpa/Schuldt, Sina 190.3; Elena/Shotshop/Elena 118.2; imagoBROKER/Clifton 120.3; Keystone/Beutler, Christian 435.3; KEYSTONE/CRINARI, ALESSANDRO 321.2; KEYSTONE/DI NOLFI, SALVATORE 231.1; ZB/Burgi, Arno 8.1; ZUMAPRESS.com / Spacex 313.2; ZUMAPRESS.com/Spacex 289.1. |Pontes, Carolina, Rio de Janeiro: 101.3. |PreussenElektra GmbH, Hannover: 460.1, 460.2, 461.1. |RWTH Aachen University, Aachen: Andreas Scheungrab 296.4. |Scheungrab, Andreas, Vilshofen: 12.1, 12.2, 12.3, 13.1, 13.2, 15.1, 15.2, 15.3, 15.4, 296.1, 296.2, 296.3. |Schlierf, Birgit und Olaf, Lachendorf: 146.1, 204.4, 204.5, 279.4, 279.5. |Schobel, Ingrid, Hannover: 10.1, 10.2, 11.1, 11.2, 14.2, 14.3, 14.4, 21.1, 21.2, 23.1, 25.2, 31.1, 32.2, 33.1, 33.2, 34.2, 35.2, 35.3, 36.2, 37.1, 37.2, 38.2, 38.3, 39.1, 40.1, 40.2, 43.1, 43.2, 46.1, 47.3, 48.4, 54.1, 55.1, 56.3, 60.3, 61.2, 63.2, 68.2, 68.3, 69.1, 69.2, 71.2, 72.3, 73.1, 74.2, 77.1, 80.2, 80.3, 81.1, 81.2, 84.1, 84.2, 85.1, 85.2, 87.1, 99.1, 102.3, 107.4, 107.5, 107.6, 109.1, 109.2, 109.3, 109.4, 114.2, 114.3, 115.2, 115.4, 115.6, 118.3, 121.1, 130.1, 132.1, 132.2, 132.3, 132.4, 137.3, 137.4, 138.1, 144.3, 144.4, 145.3, 145.4, 148.3, 149.1, 150.1, 152.3, 152.4, 153.1, 153.2, 153.3, 153.4, 153.5, 153.6, 153.7, 153.8, 153.9, 154.1, 154.2, 154.3, 154.4, 155.1, 155.2, 155.3, 155.4, 155.5, 155.6, 155.7, 155.8, 155.9, 155.10, 156.2, 156.3, 157.1, 157.2, 158.1, 158.2, 159.3, 159.4, 160.3, 161.2, 161.3, 162.1, 162.2, 162.3, 163.3, 163.4, 172.4, 173.1, 173.2, 173.3, 174.4, 175.1, 178.2, 178.3, 179.1, 181.5, 182.2, 182.3, 183.1, 183.2, 183.3, 183.4, 183.5, 183.6, 183.7, 183.8, 185.2, 186.3, 186.5, 186.7, 187.1, 187.2, 187.3, 188.3, 188.4, 189.1, 189.2, 189.3,

189.4, 189.5, 189.6, 190.2, 191.2, 192.2, 193.3, 194.1, 194.2, 195.1, 198.2, 198.3, 199.2, 199.3, 202.2, 203.1, 204.1, 206.3, 207.2, 207.3, 208.1, 209.2, 209.4, 211.1, 214.2, 214.3, 215.1, 218.1, 219.1, 222.1, 222.2, 222.3, 224.1, 224.2, 224.3, 228.3, 229.1, 229.2, 230.1, 230.2, 230.3, 232.1, 233.1, 236.1, 237.1, 237.2, 240.2, 241.1, 241.2, 241.3, 243.2, 244.3, 244.4, 252.1, 252.2, 252.3, 256.3, 256.4, 257.2, 257.3, 258.1, 258.2, 258.3, 261.3, 264.2, 266.1, 266.2, 266.3, 267.1, 268.3, 269.1, 271.1, 272.2, 275.1, 275.3, 276.3, 284.2, 284.3, 284.4, 285.1, 290.2, 291.1, 291.2, 292.1, 292.2, 294.2, 295.1, 297.1, 298.2, 298.3, 299.1, 299.2, 301.1, 301.3, 302.2, 306.1, 306.2, 306.3, 307.1, 308.1, 308.2, 308.3, 308.4, 309.3, 310.2, 310.3, 311.1, 311.2, 311.3, 311.4, 312.1, 319.1, 320.1, 322.1, 322.2, 322.3, 322.4, 324.2, 328.2, 329.1, 329.3, 335.3, 336.1, 336.3, 340.8, 340.9, 341.1, 341.2, 345.1, 345.2, 345.3, 347.2, 347.3, 347.4, 347.5, 348.1, 348.2, 348.3, 349.1, 349.2, 352.2, 353.1, 353.2, 355.2, 356.2, 356.3, 357.1, 357.2, 357.3, 359.3, 360.1, 360.2, 362.1, 367.2, 368.1, 368.2, 369.1, 370.1, 371.1, 374.1, 374.2, 375.1, 378.1, 378.2, 380.1, 380.2, 383.1, 383.2, 385.2, 386.1, 386.2, 387.1, 387.2, 388.1, 388.2, 389.1, 390.1, 391.1, 394.1, 395.1, 398.2, 398.3, 399.1, 399.2, 400.2, 404.1, 404.2, 404.3, 406.1, 407.1, 407.2, 409.2, 410.2, 411.1, 412.2, 414.2, 414.3, 420.2, 420.3, 420.4, 421.1, 421.2, 422.2, 423.1, 428.3, 429.1, 431.1, 432.1, 433.1, 434.1, 434.2, 436.1, 436.2, 436.3, 437.1, 437.2, 438.1, 439.1, 439.2, 439.3, 439.4, 440.1, 445.1, 446.1, 447.1, 448.1, 449.1, 450.1, 451.2, 452.1, 453.1, 453.2, 455.1, 457.1, 463.1, 464.1, 465.1, 467.1, 467.2, 477.1; nach Daten vom Bundesamt für Strahlenschutz Salzgitter 424.2. |Schuchardt, Wolf, Göttingen: 140.5, 172.3. |Science Photo Library, München: Molloy, Cordelia 144.2, 145.1, 145.2; Pasieka, Alfred 451.1; Percival, Steve 151.2; Science Source 58.2; Science Source/Turtle Rock Scientific 86.1; Science Stock Photography 151.1; Winters, Charles D. 115.1. |Shutterstock.com, New York: agoi2 19.2; Andrey_Popov 29.1; Bodnar, Fedir 179.2; Bukhavets Mikhail 415.2; byswat 22.1; Dannhauer, Simon 42.1; demarcomedia 171.1; Elena_Nik 355.1; finchfocus 136.1; Gio.tto 331.1; Image Source Trading Ltd 280.1; kasarp studio 117.3; Kunertus 108.3; Maleo 294.1; Mar.K 364.5; mitifoto 181.4; New Africa 359.2; NiNe.iTsMe.YospoL99 102.2; peechaluk 102.1; PHOTO FUN 454.1; Pixel-Shot 220.1; Roovers, Johannes 113.1; Shift Drive 22.2; Som, Somchai 284.1; Studio Harmony 398.1; Xenlumen 343.5; yelantsevv 417.2. |Simper, Manfred, Wennigsen: 159.5, 160.2. |Steinkamp, Albert, Reken: 9.1, 104.1, 105.1, 105.2, 122.2, 122.3, 123.1, 123.2, 125.2, 125.3, 184.1, 191.1, 192.1, 193.1, 193.2, 195.2, 195.3, 196.1, 197.2, 198.1, 199.1, 200.1, 200.2, 201.1, 201.2, 204.2, 206.2, 207.1, 212.1, 212.2, 238.1, 238.2, 242.1, 242.2, 249.1, 249.2, 250.1, 250.2, 250.3, 250.4, 250.5, 250.6, 254.1, 254.2, 263.1, 330.1, 330.2, 333.1, 333.2, 334.1, 334.2, 337.1, 338.1, 338.2, 339.1, 339.2, 340.3, 342.1, 342.2, 345.4, 345.5, 346.1, 346.2, 347.1, 350.1, 350.2, 354.1, 354.2, 362.1, 366.1, 422.1, 425.1, 426.1, 444.1, 444.2, 444.3, 444.4, 444.5, 444.6. |stock.adobe.com, Dublin: 4th Life Photography 401.1; adrian_ilie825 221.4; afxhome 205.1; AK-DigiArt 451.3; ake1150 267.2; Aktrisa 168.1; alona_s 175.2; alphaspirit 317.1; An-T 276.1; Anastasiia 44.1; Annas, Karin & Uwe 257.4, 289.3; AntonioDiaz 151.3; Archivist 421.4; Arhelger, Tobias 363.2; ArndtChristoph 304.2; Arochau 228.1; ARochau 262.8; Art_man 133.6; artfocus 262.6; atleetalie 95.1; Aufwind-Luftbilder 416.2; Bäckersjunge 143.3; Bayer, Tom 416.1; be free 103.1; beckmarkwth 231.2; benjaminnolte 177.2; benoitgrasser 410.1; Bentin, Angelika 281.3; Best Stocker 363.3; Bikeworldtravel 161.1; bilanol 44.2, 234.1; BlueOrange Studio 4.1, 134.1; Buehner, Matthias 8.2; Camp's 364.1; Camus, Christian 110.1; chaipanya, wanchai 251.1; cosmicvue 235.2; dark_blade 135.1; Daxenbichler, Patrick 93.2; des1988rozhckov 227.1; diy13 180.1; djlfotografie 70.2, 70.3, 70.4; DOC RABE Media 367.1; dp@pic 163.2; Druxa 108.1; dule964 466.3; duncanandison 228.2; Ehrhardt, André 126.2; emkaphotos 286.3; Engineer 409.1; epitavi 439.5; Eppele, Klaus 95.2; Erica 177.1; esoxx 340.5; euthymia 340.7; exopixel 111.2; Fälchle, Jürgen 133.2, 362.3; Flexmedia 206.1; FotoIdee 213.1; Fotoimpressionen 171.3; frank peters 313.3; Franko, Leonardo 160.1; Fukume 28.6; Geithe, Ralf 239.1, 343.8; Goffkein 164.3; Golden Sikorka 293.1, 293.2; Gulben, Gilbert 49.1; Haertle, Andreas 6.2, 372.1; Hagen, Conny 325.1; HandmadePictures 463.2; Happypictures 315.1; harunyigit 332.1; Hempel, Shawn 223.6; HPW 256.2; hykoe 302.1; Jacobs, Azee/peopleimages.com 262.1; jakit17 356.1; Jakub Cejpek 251.2; jardul 67.2; Jargstorff, Wolfgang 325.2, 359.1, 417.1; K I Photography 382.1; K3Star 415.1; Kadmy 255.3; Kaltenbach, Tobias 223.3; Kara 48.3; kasarp 255.1; kerkezz 148.1; Klein, R.-Andreas 202.1; konradbak 316.1; Kosmayer, Dan 107.1; kosssmosss 106.1; KPixMining 327.3; Krasilnikov, Yuri 239.2; Krautwald, Sven 305.1, 305.2; ktsdesign 234.2; KukiLadrondeGuevara 57.1; L.Klauser 286.2; Large, Amanda/Stocksy 52.1; lucato 253.1; Lucky Dragon 327.2; M.Dörr & M.Frommherz 89.1; manfredxy 129.2; Manovector 415.3; Marko, Aliaksandr 235.1; Maxi_2015 324.1; mdesigner125 28.4; Michael 340.6; michal812 463.4; miladrumeva 97.1; Milert, Roman 255.2; Morphart 52.2; msk.nina 364.3; Naumov, Dmitry 152.1; New Africa 73.3; Nik 171.2; niknikp 117.1; noon@photo 79.1; nyul 93.1; OFC Pictures 400.1; Oleg 463.3; OMG Snap 60.1; online-pixel.com 72.1; ookawaphoto 340.2; OSORIOartist 89.3; pangoasis 419.2; papzi 313.1; pat_hastings 51.1; Pavel 446.2; pdm 6.1, 326.1; perfectmatch 126.1; petejau 150.2; Peter 303.1; Peter Atkins 46.2; petovarga 414.4; phoenix021 28.7; photopixel 51.2; PhotoSG 214.1; pixelnest 210.3; pongpongching 39.2; poravute 362.2; PRILL Mediendesign 262.9; Production Perig 343.1; promesaartstudio 3.1, 16.1; Radojko, Željko 396.2; Ragina, Tomas 99.4; red2000 99.2; reeel 14.1; Renze, Gundolf 135.3; roboriginal 263.2; rosinka79 115.5; Rosskothen, Michael 262.3; rost9 420.1; rottenman 32.1; Route16 265.1; rupbilder 163.1; S.T.A.R.S 3.3, 88.1; Sadiron, Ismail 108.2; Sanguis 210.2; sasapanchenko 256.1; Schäfer, Dietmar 303.2; Schlierner 343.2; schulzfoto 125.1; Schwier, Christian 363.1; sebastianosecondi 80.1; Sedlacek, Rostislav 215.2; serhat 340.1; serhio777 83.1; Seybert, Gerhard 396.1; Siebauer, Sven 264.1; sinhyu 129.4; siraphol 131.1; skif55 210.1; skypicsstudio 414.1; Slepitssskaya 274.1; Söllner, Thomas 213.3, 275.2; Stanislav 376.1; Stefan Körber 298.1; Stockcity 327.1; stockphoto-graf 364.2; StockPhotoPro 3.2, 50.1; StockRocket 76.1; Stolt, Matthias 297.2; studio023 447.3; Supertrooper 177.3; Sved Oliver 459.1; Swapan 124.1; Tarnero 321.1; Taro 56.1; Teteline 129.3; tiero 373.3; tommicris 304.1; torwaiphoto 133.1; Tristan 231.3; Tsuboya 152.2; tunedin 364.4; Vector FX 7.1, 418.1, 418.2; VIAR PRO studio 317.2; Vista Photo 118.1; vitalis83 120.2; vldcon 135.2, 164.2; Vogler, Helmut 262.7; vorclub 343.7; VTT Studio 143.1; Wall, Swetlana 231.4; weerapat1003 143.2; Wellnhofer Designs 275.4; wittaya 223.2; Wolfilser 289.2; Woods, Leon 129.1; Wylezich, Björn 343.4, 424.1, 466.2; Yan 260.1; yanlev 5.2, 288.1; ysbrandcosijn 44.4; Zajda, Tomasz 107.3; zauberblicke 114.1; zlikovec 428.1. |Tegen, Hans, Hambühren: 47.1, 57.3, 67.1, 130.2, 142.2, 144.1, 174.5, 184.2, 184.3, 186.2, 186.4, 186.6, 188.1, 188.2, 197.1, 209.3, 329.2, 332.2, 335.1, 335.2, 340.4, 344.1, 344.2, 344.3, 351.1, 428.2. |ullstein bild, Berlin: NMSI/Science Museum 430.2. |United Nations, Climate Change Conference (UNFCCC), Paris: 381.1. |vario images, Bonn: Cultura RF Monty Rakusen 351.2. |VDE Prüf- und Zertifizierungsinstitut GmbH, Offenbach: 9.2. |Viessmann Climate Solutions SE, Allendorf (Eder): 392.2. |Visum Foto GmbH, München: Heimbach, Markus 290.1. |Weserkraftwerk Bremen GmbH, Bremen: © Weserkraftwerk Bremen GmbH 384.1. |Wildermuth, Werner, Würzburg: 27.3, 42.2, 42.3, 42.4, 53.2, 55.2, 59.1, 59.3, 64.2, 65.1, 66.1, 66.2, 66.3, 66.4, 66.5, 70.5, 76.3, 78.2, 83.2, 83.3, 84.3, 84.4, 84.5, 96.1, 97.2, 97.3, 110.2, 112.1, 112.2, 127.1, 128.1, 128.2, 128.3, 128.4, 128.5, 128.6, 128.7, 128.8, 128.9, 133.4, 138.2, 139.1, 139.2, 140.1, 140.2, 140.3, 140.4, 141.1, 141.2, 142.1, 147.1, 147.2, 147.3, 147.4, 172.1, 172.2, 180.2, 180.3, 216.1, 216.2, 259.1, 270.3, 277.1, 279.1, 281.1, 281.2. |www.zotloeterer.com, Obergrafendorf (Österreich): 384.3. |XIAN Longjoy Foreign Trade Co., Ltd., Yanta District, Xi'an: 403.1.

Schaltzeichen

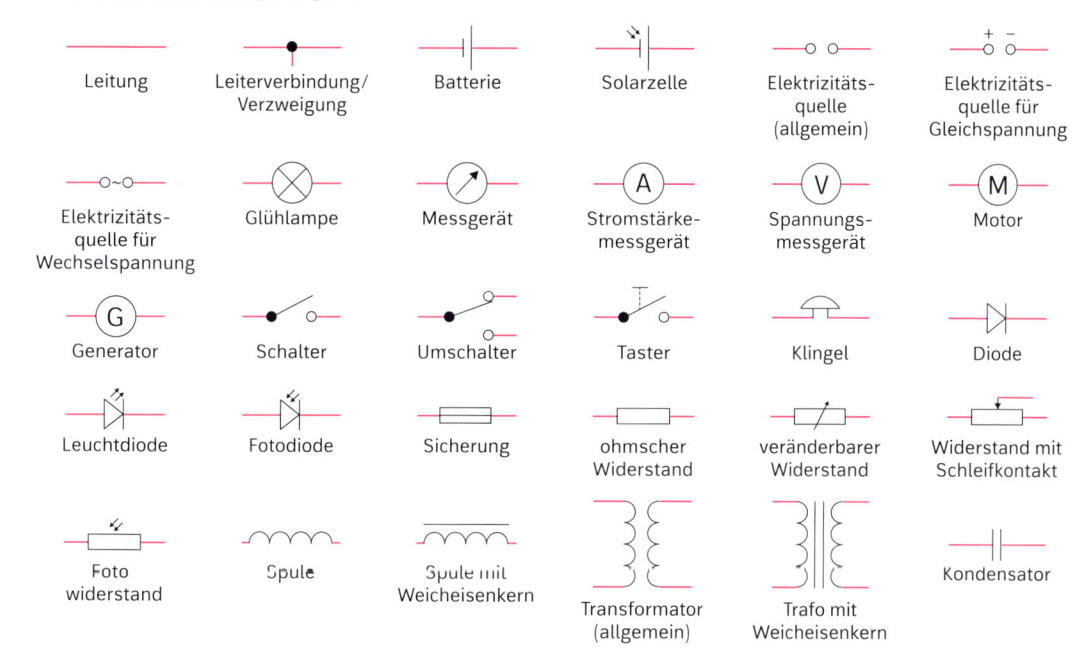

——	Leitung
—•—	Leiterverbindung/Verzweigung
—╢╟—	Batterie
Solarzelle	Solarzelle
—o o—	Elektrizitätsquelle (allgemein)
—o+ o−—	Elektrizitätsquelle für Gleichspannung
—o~o—	Elektrizitätsquelle für Wechselspannung
⊗	Glühlampe
Messgerät	Messgerät
(A)	Stromstärkemessgerät
(V)	Spannungsmessgerät
(M)	Motor
(G)	Generator
Schalter	Schalter
Umschalter	Umschalter
Taster	Taster
Klingel	Klingel
Diode	Diode
Leuchtdiode	Leuchtdiode
Fotodiode	Fotodiode
Sicherung	Sicherung
ohmscher Widerstand	ohmscher Widerstand
veränderbarer Widerstand	veränderbarer Widerstand
Widerstand mit Schleifkontakt	Widerstand mit Schleifkontakt
Fotowiderstand	Fotowiderstand
Spule	Spule
Spule mit Weicheisenkern	Spule mit Weicheisenkern
Transformator (allgemein)	Transformator (allgemein)
Trafo mit Weicheisenkern	Trafo mit Weicheisenkern
Kondensator	Kondensator

GHS-Piktogramme

Symbol	Wirkungsbeispiel	Symbol	Wirkungsbeispiel	Symbol	Wirkungsbeispiel
Explodierende Bombe	Explosionsgefahr durch Schlag, Reibung oder Feuer	Gasflasche	Gefahr durch unkontrolliert ausströmende Gase	Ausrufezeichen	schon einmaliger, kurzzeitiger Kontakt schädigt
Flamme	entzündbare Stoffe, auch selbstentzündbar	Verätzung	ätzende Wirkung auf Haut, Augen und Schleimhäute	Gesundheitsgefahr	Schädigung durch Schlucken, Einatmen, Hautkontakt
Flamme über Kreis	entzündend wirkende Stoffe	Totenkopf	Vergiftungsgefahr durch Berühren, Verschlucken oder Einatmen	Umwelt	akut oder chronisch Gewässer gefährdend

Vorsätze bei den Einheiten

Vorsatz	Vorsatzzeichen	Zehnerpotenz	Zahlwort
Peta	P	10^{15}	Billiarde
Tera	T	10^{12}	Billion
Giga	G	10^{9}	Milliarde
Mega	M	10^{6}	Million
Kilo	k	10^{3}	Tausend
Hekto	h	10^{2}	Hundert

Vorsatz	Vorsatzzeichen	Zehnerpotenz	Zahlwort
Dezi	d	10^{-1}	Zehntel
Zenti	c	10^{-2}	Hundertstel
Milli	m	10^{-3}	Tausendstel
Mikro	µ	10^{-6}	Millionstel
Nano	n	10^{-9}	Milliardstel
Pico	p	10^{-12}	Billionstel

Tabellen zur Physik

Physikalische Größen, Einheiten und Gesetze

Name	Größe	Name der Einheit	Einheit	Gesetz	Umrechnungen
Länge Weg, Strecke	ℓ s	Meter	m	$s = v \cdot t,\ s = \frac{1}{2} a \cdot t^2$	1 km = 1 000 m; 1 m = 100 cm; 1 cm = 10 mm;
Zeit	t	Sekunde	s	$t = \frac{s}{v},\ t = \sqrt{\frac{2 \cdot s}{a}}$	1 h = 60 min = 3600 s; 1 min = 60 s
Geschwindigkeit Lichtgeschwindigkeit	v c	Meter pro Sekunde Kilometer pro Stunde	$\frac{m}{s}$ $\frac{km}{h}$	$v = \frac{s}{t},\ v = a \cdot t$	$1\ \frac{m}{s} = 3{,}6\ \frac{km}{h}$ $c_{Vakuum} = 299\,792\ \frac{km}{s}$
Beschleunigung Fallbeschleunigung	a g	Meter pro Quadratsekunde	$\frac{m}{s^2}$	$a = \frac{v}{t},\ a = \frac{2 \cdot s}{t^2}$	$1\ \frac{m}{s^2} = 1\ \frac{N}{kg}$ $g_{Erde} = 9{,}81\ \frac{m}{s^2};\ g_{Mond} = 1{,}62\ \frac{m}{s^2}$
Masse	m	Kilogramm	kg		1 kg = 1 000 g; 1 g = 1 000 mg
Volumen	V	Kubikmeter; Liter	m^3 ℓ	$V = \ell \cdot b \cdot h$	$1\ m^3 = 1\,000\ dm^3;\ 1\ dm^3 = 1\ \ell$; $1\ \ell = 1\,000\ ml;\ 1\ ml = 1\ cm^3$
Dichte	ϱ	Gramm pro Kubikzentimeter; Gramm pro Liter	$\frac{g}{cm^3}$ $\frac{g}{\ell}$	$\varrho = \frac{m}{V}$	$1\ \frac{g}{cm^3} = 1\ \frac{kg}{dm^3} = 1\,000\ \frac{kg}{m^3}$; $1\ \frac{kg}{m^3} = 0{,}001\ \frac{g}{cm^3} = 0{,}001\ \frac{kg}{\ell}$
Kraft Gewichtskraft	F F_G	Newton	N	$F = m \cdot a$ mit $a = \frac{\Delta v}{\Delta t}$ freier Fall: $F_G = m \cdot g$	$1\ kg \cdot 1\ \frac{m}{s^2} = 1\ N;\ 1\ kN = 1\,000\ N$ $g = 9{,}81\ \frac{N}{kg} = 9{,}81\ \frac{m}{s^2}$
Druck	p	Pascal	Pa	$p = \frac{F}{A}\ (F \perp A)$ Normaldruck: 1013 hPa	$1\ Pa = 1\ \frac{N}{m^2};\ 1000\ hPa = 1\ bar$ $1\ hPa = 100\ Pa = 1\ mbar$
Drehmoment	M	Newtonmeter	Nm	$M = F \cdot a\ (F \perp a)$ Hebelgesetz: $M_1 = M_2$	
Arbeit, mechanische Hubarbeit	W W_{hub}	Newtonmeter Joule	Nm J	$W = F \cdot s\ (F \parallel s)$ $W_{hub} = F_G \cdot h\ (F_G \parallel h)$	1 Nm = 1 J 1 000 J = 1 kJ
Energie, mechanische Energie, potenzielle Energie, kinetische Energie, innere	E E_{pot} E_{kin} E_i	Newtonmeter Joule Wattsekunde	Nm J Ws	$E = F_G \cdot h;\ E = F \cdot s$ $E_{pot} = F_G \cdot h = m \cdot g \cdot h$ $E_{kin} = \frac{1}{2} m \cdot v^2$ Energieerhaltungssatz: $E_{ges} = E_{pot} + E_{kin} + E_i$	1 Nm = 1 J = 1 Ws $1\ Nm = 1\ kg \cdot 1\ \frac{m^2}{s^2}$
Leistung, mechanische	P	Newtonmeter pro Sekunde Watt	$\frac{Nm}{s}$ W	$P = \frac{E}{t} = \frac{F \cdot s}{t}$	$1\ \frac{Nm}{s} = 1\ W$ 1 000 W = 1 kW; 1 000 kW = 1 MW 1 000 MW = 1 GW
Spannung, elektrische	U	Volt	V	in Reihe: $U_{ges} = U_1 + U_2$ parallel: $U_{ges} = U_1 = U_2$	1 V = 1 000 mV 1 kV = 1 000 V
Stromstärke, elektrische	I	Ampere	A	in Reihe: $I_{ges} = I_1 = I_2$ parallel: $I_{ges} = I_1 + I_2$	$1\ A = \frac{6{,}241 \cdot 10^{18}\ \text{Elektronen}}{1\ s}$ 1 A = 1 000 mA; 1 mA = 0,001 A
Leistung, elektrische	P	Watt	W	$P_{el} = U \cdot I = \frac{E_{el}}{t}$	1 V · 1 A = 1 W; 1 000 W = 1 kW; 1 000 000 W = 1 000 kW = 1 MW
Energie, elektrische	E	Wattsekunde Kilowattstunde	Ws kWh	$E_{el} = P_{el} \cdot t$ $E_{el} = U \cdot I \cdot t$	1 Ws = 1 J; 1 000 Ws = 1 kWs 1 kWh = 3,6 · 10⁶ Ws = 3,6 MJ
Widerstand, elektrischer	R	Ohm	Ω	ohmsches Gesetz: $I \sim U;\ \frac{I}{U} = \text{konst.};\ R = \frac{U}{I}$ in Reihe: $R_{ges} = R_1 + R_2$ parallel: $\frac{1}{R_{ges}} = \frac{1}{R_1} + \frac{1}{R_2}$	$1\ \Omega = 1\ \frac{V}{A}$ 1 000 Ω = 1 kΩ 1 000 kΩ = 1 MΩ
Heizwert	H	Kilowattstunde pro Kilogramm Megajoule pro Kilogramm	$\frac{kWh}{kg}$ $\frac{MJ}{kg}$	$H_{Brennstoff} = \frac{E_{Brennstoff}}{m_{Brennstoff}}$ (E – frei werdende Energie)	$1\ \frac{kWh}{kg} = 3{,}6\ \frac{MJ}{kg}$
Wirkungsgrad	η	–		$\eta = \frac{\text{nutzbare Energie}}{\text{zugeführte Energie}}$	
Gesamtwirkungsgrad	η_{ges}	–		$\eta_{ges} = \eta_1 \cdot \eta_2 \cdot \ldots \cdot \eta_n$	
Aktivität	A	Becquerel	Bq	$A = \frac{n}{t}$	$1\ Bq = \frac{1}{s}$
Halbwertszeit	$T_{1/2}$	Sekunde	s	Zerfallsgesetz: $N(t) = N_0 \cdot \left(\frac{1}{2}\right)^{\frac{t}{T_{1/2}}}$	1 s = 1 000 ms = 1 000 000 μs

Energieeinheiten

	J = Nm	kWh	cal*
1 J = 1 Nm	1,000	$2{,}778 \cdot 10^{-7}$	0,2388
1 kWh	$3{,}600 \cdot 10^6$	1,000	$0{,}8598 \cdot 10^6$
1 cal*	4,187	$1{,}163 \cdot 10^{-6}$	1,000

* veraltete, nicht mehr zugelassene Einheit

Licht- und Schallgeschwindigkeiten

im Stoff	
Licht in Vakuum	$299\,792{,}458 \frac{km}{s}$
Licht in Luft	$299\,711 \frac{km}{s}$
Licht in Wasser	$225\,000 \frac{km}{s}$
Schall in Luft (20 °C)	$343 \frac{m}{s}$
Schall in Luft (10 °C)	$337 \frac{m}{s}$
Schall in Luft (0 °C)	$331 \frac{m}{s}$
Schall in Wasser (20 °C)	$1\,484 \frac{m}{s}$
Schall in Wasser (4 °C)	$1\,400 \frac{m}{s}$
Schall in Eis (−4 °C)	$3\,230 \frac{m}{s}$

Farbcode bei Festwiderständen

Farbe	1. Ring	2. Ring	3. Ring	4. Ring
schwarz	0	0		
braun	1	1	0	±1 %
rot	2	2	00	±2 %
orange	3	3	000	
gelb	4	4	0000	
grün	5	5	00000	
blau	6	6	000000	
violett	7	7	0000000	
grau	8	8	00000000	
weiß	9	9	000000000	
gold			:10	±5 %
silber			:100	±10 %

Heizwert und spezifische CO₂-Emissionen*

Energieträger	Heizwert H in $\frac{MJ}{kg}$	mittlere CO$_2$-Emission in $\frac{kg_{CO_2}}{kWh}$	mittlere CO$_2$-Emission in $\frac{kg_{CO_2}}{GJ}$
Holz (ohne Aufforstung)	16,0	0,395	109,6
Torf	15,0	0,382	106,0
Braunkohle · Lausitz · Mitteldeutschland · Rheinland	8,0 8,6 10,6 8,7	0,364 0,407 0,374 0,410	101,0 113,0 104,0 114,0
Steinkohle	26,7	0,354	98,3
Heizöl	42,6	0,279	77,4
Diesel	42,6	0,267	74,1
Rohöl	42,8	0,264	73,3
Kerosin	43,0	0,257	71,5
Benzin	43,5	0,250	69,4
LPG (Autogas)	46,3	0,227	63,1
Erdgas	45,0	0,202	56,1

* Quelle: UNF98; UBA14; IPCC06

Eigenschaften von festen Körpern

Festkörper	Dichte bei 20 °C	Schmelztemperatur in °C	Siedetemperatur in °C
Aluminium	2,702	660	2450
Blei	11,34	327	1750
Diamant	3,51	3540	≈ 4000
Eisen	7,9	1537	2730
Grafit	2,25	3800	4347
Jenaer Glas	2,50	–	–
Gold	19,32	1063	2700
Holz (Eiche)	0,80	–	–
Kupfer	8,933	1083	2350
Magnesium	1,74	650	1105
Platin	21,45	1770	3300
Plutonium	19,7	640	3200
Silber	10,50	960	2150
Uran	19,16	1133	≈ 3600
Wolfram	19,30	3380	5900
Zink	7,29	419	907

Eigenschaften von flüssigen Körpern

Flüssigkeiten	Dichte in $\frac{g}{cm^3}$ bei 20 °C, 1013 hPa	Schmelztemperatur in °C	Siedetemperatur in °C bei 1013 hPa
Benzol	0,879	5,5	80,1
Ethanol	0,789	−114	78,3
Glycerin	1,260	18	290,5
Petroleum	0,85	–	–
Quecksilber	13,546	−39	357
Wasser	0,998	0	100

Eigenschaften von gasförmigen Körpern

Gase	Dichte in $\frac{g}{l}$ bei 0 °C, 1013 hPa	Schmelztemperatur in °C	Siedetemperatur in °C bei 1013 hPa
Ammoniak	0,771	−77,7	−33,4
Argon	1,784	−189	−186
Chlor	3,214	−102	−34
Helium	0,1785	−272	−269
Kohlenstoffdioxid	1,9769	−78 (sublimiert)	
Krypton	3,708	−157	−153
Neon	0,90	−249	−246
Sauerstoff	1,429	−219	−183
Stickstoff	1,251	−210	−196
Wasserstoff	0,0899	−259	−253
Wasserdampf 100 °C	0,768	–	–
Xenon	5,89	−112	−108

Zerfallsreihen

Uran-Radium-Reihe (U-238-Zerfallsreihe)

Element	OZ	Nuklid	Zerfall	$T_{\frac{1}{2}}$
Uran	92	U-238	α (γ)	$4{,}468 \cdot 10^9$ a
Thorium	90	Th-234	β (γ)	24,10 d
Protactinium	91	Pa-234	β (γ)	1,17 min
Uran	92	U-234	α (γ)	$2{,}455 \cdot 10^5$ a
Thorium	90	Th-230	α (γ)	$7{,}54 \cdot 10^4$ a
Radium	88	Ra-226	α (γ)	$1{,}6 \cdot 10^3$ a
Radon	86	Rn-222	α (γ)	3,825 d
Polonium	84	Po-218	α (β, γ)	3,05 min
Blei	82	Pb-214	β (γ)	26,8 min
Bismut	83	Bi-214	β (α, γ)	19,9 min
Polonium	84	Po-214	α (γ)	164 µs
Blei	82	Pb-210	β (α, γ)	22,3 a
Bismut	83	Bi-210	β (α, γ)	5,013 d
Polonium	84	Po-210	α (γ)	138,38 d
Blei	82	Pb-206	stabil	

Uran-Actinium-Reihe (U-235-Zerfallsreihe)

Element	OZ	Nuklid	Zerfall	$T_{\frac{1}{2}}$
Uran	92	U-235	α (γ)	$7{,}038 \cdot 10^8$ a
Thorium	90	Th-231	β (γ)	25,5 h
Protactinium	91	Pa-231	α (γ)	$3{,}276 \cdot 10^4$ a
Actinium	89	Ac-227	β (α, γ)	21,773 a
Thorium	90	Th-227	α (γ)	18,72 d
Radium	88	Ra-223	α (γ)	11,43 d
Radon	86	Rn-219	α (γ)	3,96 s
Polonium	84	Po-215	α (β, γ)	1,78 ms
Blei	82	Pb-211	β (γ)	36,1 min
Bismut	83	Bi-211	α (β, γ)	2,17 min
Thallium	81	Tl-207	β (γ)	4,77 min
Blei	82	Pb-207	stabil	

Thorium-Reihe (Th-232-Zerfallsreihe)

Element	OZ	Nuklid	Zerfall	$T_{\frac{1}{2}}$
Thorium	90	Th-232	α (γ)	$1{,}404 \cdot 10^{10}$ a
Radium	86	Ra-228	β (γ)	5,75 a
Actinium	89	Ac-228	β (α, γ)	6,13 h
Thorium	90	Th-228	α (γ)	1,913 a
Radium	88	Ra-224	α (γ)	3,66 d
Radon	86	Rn-220	α (γ)	55,6 s
Polonium	84	Po-216	α (γ)	0,15 s
Blei	82	Pb-212	β (γ)	10,64 h
Bismut	83	Bi-212	β (α, γ)	60,60 min
Polonium	84	Po-212	α (γ)	0,3 µs
Blei	82	Pb-208	stabil	

Neptunium-Reihe (Np-237-Zerfallsreihe)*

Element	OZ	Nuklid	Zerfall	$T_{\frac{1}{2}}$
Plutonium**	94	Pu-241	β (α, γ)	14,35 a
Americium**	95	Am-241	α (γ)	432,2 a
Neptunium	93	Np-237	α (γ)	$2{,}144 \cdot 10^6$ a
Protactinium	91	Pa-233	β (γ)	27,0 d
Uran	92	U-233	α (γ)	$1{,}593 \cdot 10^5$ a
Thorium	90	Th-229	α (γ)	$7{,}88 \cdot 10^3$ a
Radium	88	Ra-225	β (γ)	14,8 d
Actinium	89	Ac-225	α (γ)	10,0 d
Francium	87	Fr-221	α (γ)	4,9 min
Astat	85	At-217	α (β, γ)	32,3 ms
Bismut	83	Bi-213	β (α, γ)	45,59 min
Polonium	84	Po-213	α (γ)	4,2 µs
Blei	82	Pb-209	β	3,253 h
Bismut	83	Bi-209	α	$19{,}2 \cdot 10^{18}$ a
Thallium	81	Tl-205	stabil	

* nicht mehr natürlich vorkommend
** im Kernkraftwerk technisch verursacht

Halbwertszeiten

Element	OZ	Nuklid	Zerfall	$T_{1/2}$
Blei	82	Pb-214	β (γ)	26,8 min
		Pb-212	β (γ)	10,64 h
		Pb-210	β (α, γ)	22,3 a
Caesium	55	Cs-137	β	30,17 a
Cobalt	27	Co-60	β (γ)	5,26 a
Gallium	31	Ga-67	α (γ)	3,3 d
Iod	53	I-123	β (γ)	13,2 h
		I-131	β (γ)	8,02 d
Iridium	77	Ir-192	β	73,8 d
Kalium	19	K-40	β (γ)	$1{,}28 \cdot 10^9$ a
Kohlenstoff	6	C-14	β	5730 a
Krypton	36	Kr-85	β (γ)	10,8 a
Phosphor	15	P-32	β	14,2 d

Element	OZ	Nuklid	Zerfall	$T_{1/2}$
Plutonium	94	Pu-236	α (γ)	2,858 a
		Pu-239	α (γ)	$2{,}411 \cdot 10^4$ a
		Pu-241	β (α, γ)	14,35 a
Polonium	84	Po-210	α (γ)	138,5 d
Radium	88	Ra-226	α (γ)	$1{,}6 \cdot 10^3$ a
		Ra-216	α	0,18 µs
Radon	86	Rn-220	α (γ)	55,6 s
Schwefel	16	S-35	β	87 d
Strontium	38	Sr-89	β	54 d
		Sr-90	β	29 d
Thallium	81	Tl-209	β (γ)	2,16 min
Thorium	90	Th-234	β (γ)	24,10 d
Wasserstoff	1	H-3	β	12,3 a

Das Periodensystem der Elemente

Legende:
- schwarz = feste Elemente
- rot = gasförmige Elemente
- blau = flüssige Elemente
- weiß = künstliche Elemente
- grün = natürliche radioaktive Elemente

- Metalle
- Halbmetalle
- Nichtmetalle
- nicht bekannt

Eine eingeklammerte Atommasse gibt die Masse eines wichtigen Isotops des Elements an.

Beispiel: Al — Atommasse 26,98 u, Ordnungszahl (Protonenzahl) 13, Aluminium

Hauptgruppen und Nebengruppen

Periode / Schale	I	II	III (Neb)	IV	V	VI	VII	VIII	VIII	VIII	I	II	III	IV	V	VI	VII	VIII
1 K-Schale	1,01 **H** 1 Wasserstoff																	4,00 **He** 2 Helium
2 L-Schale	6,94 **Li** 3 Lithium	9,01 **Be** 4 Beryllium											10,81 **B** 5 Bor	12,01 **C** 6 Kohlenstoff	14,01 **N** 7 Stickstoff	16,00 **O** 8 Sauerstoff	19,00 **F** 9 Fluor	20,18 **Ne** 10 Neon
3 M-Schale	22,99 **Na** 11 Natrium	24,31 **Mg** 12 Magnesium											26,98 **Al** 13 Aluminium	28,09 **Si** 14 Silicium	30,97 **P** 15 Phosphor	32,07 **S** 16 Schwefel	35,45 **Cl** 17 Chlor	39,95 **Ar** 18 Argon
4 N-Schale	39,10 **K** 19 Kalium	40,08 **Ca** 20 Calcium	44,96 **Sc** 21 Scandium	47,88 **Ti** 22 Titan	50,94 **V** 23 Vanadium	51,99 **Cr** 24 Chrom	54,94 **Mn** 25 Mangan	55,85 **Fe** 26 Eisen	58,93 **Co** 27 Cobalt	58,69 **Ni** 28 Nickel	63,55 **Cu** 29 Kupfer	65,39 **Zn** 30 Zink	69,72 **Ga** 31 Gallium	72,61 **Ge** 32 Germanium	74,92 **As** 33 Arsen	78,96 **Se** 34 Selen	79,90 **Br** 35 Brom	83,80 **Kr** 36 Krypton
5 O-Schale	85,47 **Rb** 37 Rubidium	87,62 **Sr** 38 Strontium	88,91 **Y** 39 Yttrium	91,22 **Zr** 40 Zirconium	92,91 **Nb** 41 Niob	95,94 **Mo** 42 Molybdän	(99) **Tc** 43 Technetium	101,07 **Ru** 44 Ruthenium	102,91 **Rh** 45 Rhodium	106,42 **Pd** 46 Palladium	107,87 **Ag** 47 Silber	112,41 **Cd** 48 Cadmium	114,82 **In** 49 Indium	118,71 **Sn** 50 Zinn	121,75 **Sb** 51 Antimon	127,60 **Te** 52 Tellur	126,90 **I** 53 Iod	131,29 **Xe** 54 Xenon
6 P-Schale	132,91 **Cs** 55 Caesium	137,33 **Ba** 56 Barium	**La-Lu** 57-71	178,49 **Hf** 72 Hafnium	180,95 **Ta** 73 Tantal	183,84 **W** 74 Wolfram	186,21 **Re** 75 Rhenium	190,23 **Os** 76 Osmium	192,22 **Ir** 77 Iridium	195,08 **Pt** 78 Platin	196,97 **Au** 79 Gold	200,59 **Hg** 80 Quecksilber	204,38 **Tl** 81 Thallium	207,20 **Pb** 82 Blei	208,98 **Bi** 83 Bismut	(209) **Po** 84 Polonium	(210) **At** 85 Astat	(222) **Rn** 86 Radon
7 Q-Schale	(223) **Fr** 87 Francium	(226) **Ra** 88 Radium	**Ac-Lr** 89-103	(267) **Rf** 104 Rutherfordium	(268) **Db** 105 Dubnium	(271) **Sg** 106 Seaborgium	(270) **Bh** 107 Bohrium	(269) **Hs** 108 Hassium	(278) **Mt** 109 Meitnerium	(281) **Ds** 110 Darmstadtium	(282) **Rg** 111 Roentgenium	(285) **Cn** 112 Copernicium	(286) **Nh** 113 Nihonium	(289) **Fl** 114 Flerovium	(289) **Mc** 115 Moscovium	(293) **Lv** 116 Livermorium	(294) **Ts** 117 Tenness	(294) **Og** 118 Oganesson

Elemente der Lanthan-Reihe

| 138,91 **La** 57 Lanthan | 140,12 **Ce** 58 Cer | 140,91 **Pr** 59 Praseodym | 144,24 **Nd** 60 Neodym | (147) **Pm** 61 Promethium | 150,36 **Sm** 62 Samarium | 151,96 **Eu** 63 Europium | 157,25 **Gd** 64 Gadolinium | 158,93 **Tb** 65 Terbium | 162,50 **Dy** 66 Dysprosium | 164,93 **Ho** 67 Holmium | 167,26 **Er** 68 Erbium | 168,93 **Tm** 69 Thulium | 173,04 **Yb** 70 Ytterbium | 174,97 **Lu** 71 Lutetium |

Elemente der Actinium-Reihe

| (227) **Ac** 89 Actinium | (232) **Th** 90 Thorium | (231) **Pa** 91 Protactinium | (238) **U** 92 Uran | (237) **Np** 93 Neptunium | (244) **Pu** 94 Plutonium | (243) **Am** 95 Americium | (247) **Cm** 96 Curium | (247) **Bk** 97 Berkelium | (251) **Cf** 98 Californium | (252) **Es** 99 Einsteinium | (257) **Fm** 100 Fermium | (258) **Md** 101 Mendelevium | (259) **No** 102 Nobelium | (266) **Lr** 103 Lawrencium |

Auszug aus der Nuklidkarte (vereinfacht)

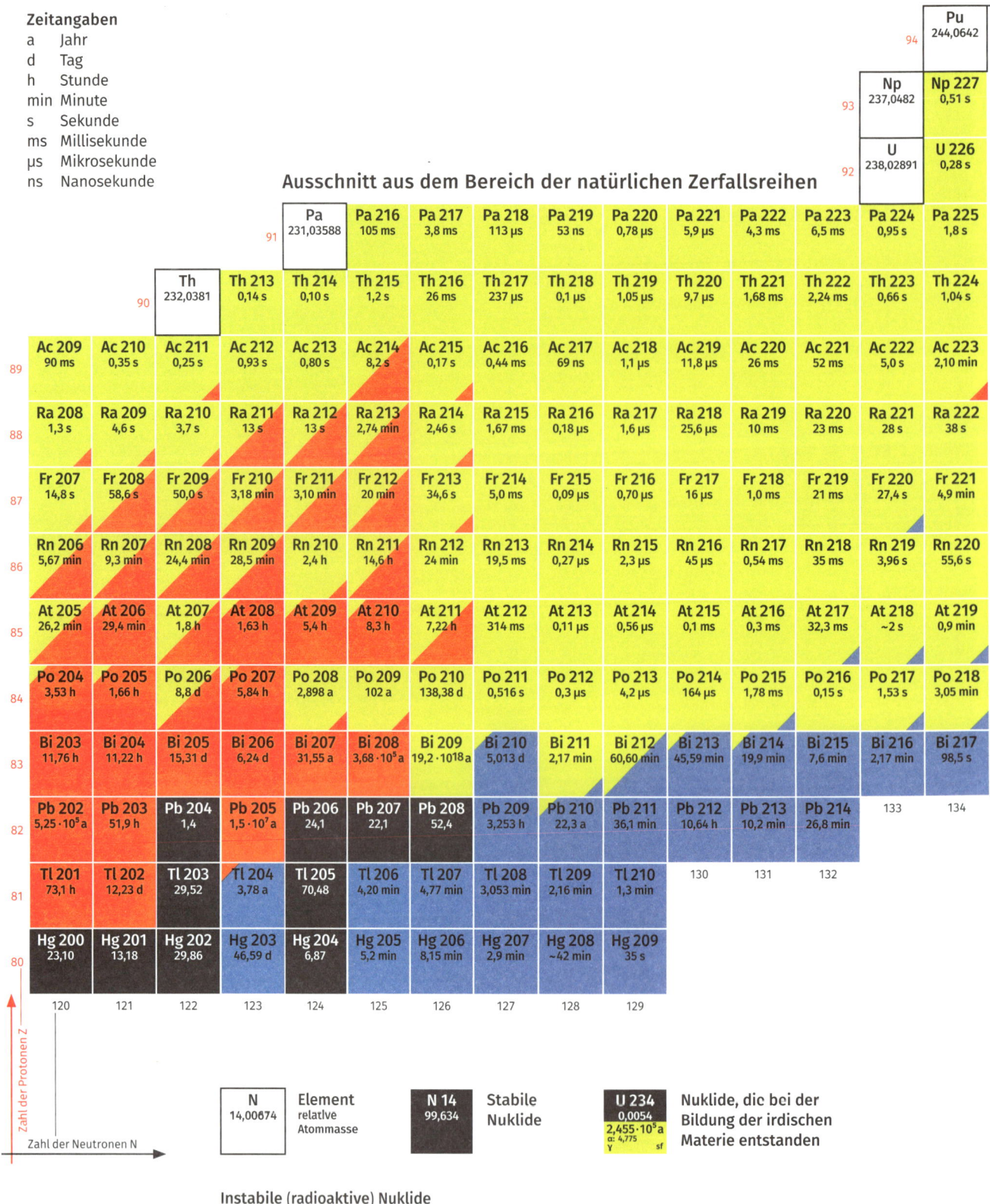

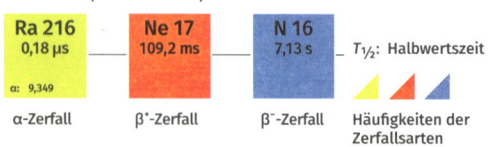

Zeitangaben
- a Jahr
- d Tag
- h Stunde
- min Minute
- s Sekunde
- ms Millisekunde
- µs Mikrosekunde
- ns Nanosekunde

Ausschnitt aus dem Bereich der natürlichen Zerfallsreihen

Z	120	121	122	123	124	125	126	127	128	129	130	131	132	133	134
94															Pu 244,0642
93														Np 237,0482	Np 227 0,51 s
92													U 238,02891	U 226 0,28 s	
91			Pa 231,03588	Pa 216 105 ms	Pa 217 3,8 ms	Pa 218 113 µs	Pa 219 53 ns	Pa 220 0,78 µs	Pa 221 5,9 µs	Pa 222 4,3 ms	Pa 223 6,5 ms	Pa 224 0,95 s	Pa 225 1,8 s		
90		Th 232,0381	Th 213 0,14 s	Th 214 0,10 s	Th 215 1,2 s	Th 216 26 ms	Th 217 237 µs	Th 218 0,1 µs	Th 219 1,05 µs	Th 220 9,7 µs	Th 221 1,68 ms	Th 222 2,24 ms	Th 223 0,66 s	Th 224 1,04 s	
89	Ac 209 90 ms	Ac 210 0,35 s	Ac 211 0,25 s	Ac 212 0,93 s	Ac 213 0,80 s	Ac 214 8,2 s	Ac 215 0,17 s	Ac 216 0,44 s	Ac 217 69 ns	Ac 218 1,1 µs	Ac 219 11,8 µs	Ac 220 26 ms	Ac 221 52 ms	Ac 222 5,0 s	Ac 223 2,10 min
88	Ra 208 1,3 s	Ra 209 4,6 s	Ra 210 3,7 s	Ra 211 13 s	Ra 212 13 s	Ra 213 2,74 min	Ra 214 2,46 s	Ra 215 1,67 ms	Ra 216 0,18 µs	Ra 217 1,6 µs	Ra 218 25,6 µs	Ra 219 10 ms	Ra 220 23 ms	Ra 221 28 s	Ra 222 38 s
87	Fr 207 14,8 s	Fr 208 58,6 s	Fr 209 50,0 s	Fr 210 3,18 min	Fr 211 3,10 min	Fr 212 20 min	Fr 213 34,6 s	Fr 214 5,0 ms	Fr 215 0,09 µs	Fr 216 0,70 µs	Fr 217 16 µs	Fr 218 1,0 ms	Fr 219 21 ms	Fr 220 27,4 s	Fr 221 4,9 min
86	Rn 206 5,67 min	Rn 207 9,3 min	Rn 208 24,4 min	Rn 209 28,5 min	Rn 210 2,4 h	Rn 211 14,6 h	Rn 212 24 min	Rn 213 19,5 ms	Rn 214 0,27 µs	Rn 215 2,3 µs	Rn 216 45 µs	Rn 217 0,54 ms	Rn 218 35 ms	Rn 219 3,96 s	Rn 220 55,6 s
85	At 205 26,2 min	At 206 29,4 min	At 207 1,8 h	At 208 1,63 h	At 209 5,4 h	At 210 8,3 h	At 211 7,22 h	At 212 314 ms	At 213 0,11 µs	At 214 0,56 µs	At 215 0,1 ms	At 216 0,3 ms	At 217 32,3 ms	At 218 ~2 s	At 219 0,9 s
84	Po 204 3,53 h	Po 205 1,66 h	Po 206 8,8 d	Po 207 5,84 h	Po 208 2,898 a	Po 209 102 a	Po 210 138,38 d	Po 211 0,516 s	Po 212 0,3 µs	Po 213 4,2 µs	Po 214 164 µs	Po 215 1,78 ms	Po 216 0,15 s	Po 217 1,53 s	Po 218 3,05 min
83	Bi 203 11,76 h	Bi 204 11,22 h	Bi 205 15,31 d	Bi 206 6,24 d	Bi 207 31,55 a	Bi 208 3,68·10⁵ a	Bi 209 19,2·10¹⁸ a	Bi 210 5,013 d	Bi 211 2,17 min	Bi 212 60,60 min	Bi 213 45,59 min	Bi 214 19,9 min	Bi 215 7,6 min	Bi 216 2,17 min	Bi 217 98,5 s
82	Pb 202 5,25·10⁵ a	Pb 203 51,9 h	Pb 204 1,4	Pb 205 1,5·10⁷ a	Pb 206 24,1	Pb 207 22,1	Pb 208 52,4	Pb 209 3,253 h	Pb 210 22,3 a	Pb 211 36,1 min	Pb 212 10,64 h	Pb 213 10,2 min	Pb 214 26,8 min		
81	Tl 201 73,1 h	Tl 202 12,23 d	Tl 203 29,52	Tl 204 3,78 a	Tl 205 70,48	Tl 206 4,20 min	Tl 207 4,77 min	Tl 208 3,053 min	Tl 209 2,16 min	Tl 210 1,3 min					
80	Hg 200 23,10	Hg 201 13,18	Hg 202 29,86	Hg 203 46,59 d	Hg 204 6,87	Hg 205 5,2 min	Hg 206 8,15 min	Hg 207 2,9 min	Hg 208 ~42 min	Hg 209 35 s					

↑ Zahl der Protonen Z
→ Zahl der Neutronen N

Legende:
- N 14,00674 — Element, relative Atommasse
- N 14 99,634 — Stabile Nuklide
- U 234 0,0054 2,455·10⁵ a α: 4,775 γ sf — Nuklide, die bei der Bildung der irdischen Materie entstanden

Instabile (radioaktive) Nuklide
- Ra 216 0,18 µs α: 9,349 — α-Zerfall
- Ne 17 109,2 ms — β⁺-Zerfall
- N 16 7,13 s — β⁻-Zerfall
- $T_{1/2}$: Halbwertszeit
- Häufigkeiten der Zerfallsarten